国家社科基金重大项目（23&ZD084）阶段性成果
浙江大学开放型经济与发展优势特色学科建设成果
浙江大学中国数字贸易研究院自主知识体系建构成果

新编21世纪研究生系列教材

中级数字贸易学

DIGITAL TRADE
ADVANCED TOPICS

胡增玺　房超　吴鹏　马述忠 等　著

中国人民大学出版社
·北京·

前　言

FOREWORD

改革开放 40 多年来，中国学界积极引进和吸收西方各种经济理论流派，诸如新古典综合学派、新剑桥学派、新凯恩斯主义学派、货币学派和理性预期学派等，为建构中国自主的知识体系做了充分的能力储备。随着中国经济的飞速发展，西方经济理论在指导中国经济实践上出现了偏差，甚至在未来可能会完全失效。因此，经济理论的发展到达了新的历史时点，有必要对现有的西方经济理论进行颠覆性的学术思考。通过不断探索适合中国国情的经济理论和方法，中国经济学和管理学的研究能力得到了空前提升，达到了颠覆性创新的水平，为建构中国自主的知识体系提供了可能性。与此同时，数字贸易的迅速发展颠覆了传统国际经济学和国际商务的理论范式，中国学者在数字贸易领域的率先实践为建构中国自主的数字贸易知识体系提供了历史机遇。因此，建构中国自主的数字贸易知识体系是建构具有中国特色、中国风格、中国气派的中国自主的知识体系的最佳前沿阵地。

习近平总书记曾明确指出："加快构建中国特色哲学社会科学，归根结底是建构中国自主的知识体系。要以中国为观照、以时代为观照，立足中国实际，解决中国问题，不断推动中华优秀传统文化创造性转化、创新性发展，不断推进知识创新、理论创新、方法创新，使中国特色哲学社会科学真正屹立于世界学术之林。"① 这要求我国学者在打造数字贸易标识性概念术语的基础上，总结新时代我国数字贸易实践经验，兼收并蓄构建数字贸易学科范式，形成数字贸易知识系统并不断迭代。高水平的教材体系是推动知识体系建构的重要载体，通过系统化的教材编写，可以为学生和研究者提供全面、系统的学习资源，帮助他们掌握数字贸易的基本理论和研究方法。

在建构中国自主的数字贸易知识体系的过程中，形成一个完整、明确、统一、具有指导性的知识系统是至关重要且不可或缺的。所谓体系必然是系统的，西方经济学的发

① 坚持党的领导传承红色基因扎根中国大地 走出一条建设中国特色世界一流大学新路．人民日报，2022-04-26.

展过程，就是碎片化的经济政策主张逐渐转变为系统化的知识体系的过程，数字经济中不同变量相互影响、各个环节紧密相扣、经济个体各自选择、多种因素相互结合造就了一个复杂但有序的经济系统。“建构中国自主的数字贸易知识体系”这一命题，首先是从底层逻辑对西方经济学话语、现代化话语霸权等思维的打破，只有建立在“破”上的“立”，才能称为“自主”，也只有将“立”建构成为“体系”，才能凸显其整体性、系统性与科学性。系统的知识体系不仅能够为学术研究和实际应用提供明确的理论框架和研究路径，更能够推动数字贸易领域的持续发展和创新。数字贸易作为全球经济发展的新动能，其研究需要系统化的理论支持，以便在学术界和实践中形成统一的认知和沟通基础。系统的知识体系能够促进学术交流和成果共享，提升研究的科学性和系统性，使研究者在统一的理论框架下进行深入探讨和合作。此外，数字贸易作为一个新兴的研究领域，其快速发展和不断变化的特点要求我们不断更新和完善知识体系，以应对新出现的问题和挑战。因此，形成一个系统的、完整的知识体系不仅是学术研究的需求，更是实践应用的迫切需要。

为了尽快建构中国自主的数字贸易知识体系，2023 年 9 月，由浙江大学马述忠教授发起，浙江大学中国数字贸易研究院和浙江大学开放型经济与发展优势特色学科共同成立了云海问道研习社。2023 年 11 月 18 日，数字贸易中国自主知识体系建构研讨会暨云海问道研习社启动仪式在浙江大学中国数字贸易研究院成功举办。会议上，浙江大学中国数字贸易研究院院长马述忠教授做了题为《数字贸易中国自主知识体系建构启动说明》的发言并介绍了《中级数字贸易学》等图书的编写工作。在此基础上，云海问道研习社动态化邀请中青年学者加盟数字经济与贸易自主知识体系建构团队，将中国学者在数字贸易领域做出的突出贡献浓缩成理论命题，形成《数字经济与贸易自主知识体系建构报告》，每半月发布一次，共同将云海问道研习社打造成建构中国自主知识体系的一个重要载体。立足于中国学者在数字贸易领域的突破性理论命题，《中级数字贸易学》则是对数字贸易自主知识体系的进一步系统性升华。

相较于传统的国际贸易学教科书，本书的数字贸易一般性分析框架是在充分汲取了数字贸易领域中国学者的原创性贡献并适当参考了西方学者具有价值的前沿研究成果的基础上提出的，能够更好地突出数字贸易发展的中国经验与中国特色，更好地反映数字贸易发展的世界潮流与时代特征，是具有科学性和合理性的动态演进的学术范式。同时，本书的数字贸易分析框架是动态演进的学术范式，有利于推动具有中国特色的数字贸易学科体系、学术体系、话语体系的形成。

负责本书撰写的研究团队由浙江大学中国数字贸易研究院专家团队和来自全国数十所高校的青年才俊与资深专家组成。逻辑框架由马述忠教授组织搭建，他还负责确定了全书的写作风格，并参与了全书的撰写工作。按照章节先后顺序，参与本书撰写工作的其他团队成员包括：第一章，中央财经大学胡增玺助理教授、浙江工商大学房超副研究员和浙江财经大学吴鹏讲师；第二章，中央财经大学胡增玺助理教授、中央财经大学张叶青助理教授和浙江大学张道涵博士；第三章，中国社会科学院王世强副研究员、南开大学李世杰教授和中国社会科学院刘诚副研究员；第四章，中国人民大学李三希教授、中央财经大学何佳助理教授、西安交通大学贺歌助理教授和湖南大学郭继文副教授；第五章，浙江财经大学吴鹏讲师和北京邮电大学严子淳副教授；第六章，浙江工商大学刘乐易讲师、中国人民大学李三希教授和浙大宁波理工学院沈雨婷讲师；第七章，南京审计大学杨飞副教授、吉林大学王林辉教授、广州大学孔高文副教授和浙江财经大学吴鹏讲师；第八章，浙江工商大学房超副研究员、中国人民大学孙浦阳教授和浙大城市学院郭雪瑶博士后；第九章，南开大学王永进教授、南开大学施炳展教授、浙江大学张道涵博士和中南财经政法大学李小平教授；第十章，浙江大学张洪胜副教授、对外经济贸易大学吕越教授和华南理工大学黄亮雄教授；第十一章，江西财经大学何小钢教授、浙江大学张洪胜副教授和浙江工商大学赵宸宇副教授；第十二章，浙江大学潘钢健博士后、浙江工商大学赵宸宇副教授和南开大学王永进教授；第十三章，南京大学韩剑教授、湖南大学郭继文副教授、浙江大学张洪胜副教授、浙江大学王晔辰博士、湖南大学王振国博士后和对外经济贸易大学刘斌研究员；第十四章，浙江工商大学王节祥教授；第十五章，南开大学王永进教授、中国社会科学院欧阳耀福副研究员和浙江工商大学王海教授；第十六章，中央财经大学肖土盛教授和浙江大学潘钢健博士后；第十七章，华东师范大学李云鹤副教授、四川大学杨金玉副研究员和宁波大学柴宇曦副研究员；第十八章，西安交通大学贺歌助理教授和浙江理工大学濮方清讲师；第十九章，西南财经大学唐浩丹讲师、浙江大学刘锴博士和浙江财经大学吴鹏讲师。全书由马述忠、胡增玺、房超和吴鹏统稿和定稿。感谢中国人民大学出版社朱含蓄对本书后期编辑工作提供的优良服务和全方位支持。

本书可供高等院校经济与管理类各专业硕士生、博士生以及相关研究机构和业务部门从业人员学习参考之用。作者已尽力确保本书准确可靠，但囿于精力和时间，部分细节难免有不妥之处，恳请同行专家、学者以及广大读者朋友不吝赐教，批评指正。

目　录
CONTENTS

中篇 基于消费者偏好的全球贸易平台

第一章

导 论

第一节 引 言

改革开放40多年以来，中国学界积极引进和吸收西方各种经济理论流派，诸如新古典综合学派、新剑桥学派、新凯恩斯主义学派、货币学派和理性预期学派等，为建构中国自主的知识体系做了充分的能力储备。随着中国经济的飞速发展，西方经济理论在指导中国经济实践上出现了偏差，甚至在未来可能会完全失效。因此，经济理论的发展到达了新的历史时点，有必要对现有的西方经济理论进行颠覆性的学术思考。

一方面，由于历史、文化、制度等方面的差异，西方经济理论并非完全适应中国国情，在解释中国经济快速发展奇迹上存在一定的局限性，在指导中国经济实践上出现了偏差；另一方面，西方经济理论建立在过往经济模式上，无法阐释数字经济时代的各种现象和问题，因此未来西方经济理论可能失效。

通过不断探索适合中国国情的经济理论和方法，中国经济学和管理学的研究能力得到了空前提升，达到了颠覆性创新的水平，为建构中国自主的知识体系提供了可能性。与此同时，数字贸易作为一个新兴领域，具有复杂性和多样性，急需理论支持。中国数字贸易的跨越式发展为建构中国自主的数字贸易知识体系提供了丰富的现实土壤。因此，建构中国自主的数字贸易知识体系是建构具有中国特色、中国风格、中国气派的中国自主的知识体系的最佳前沿阵地。

建构中国自主的数字贸易知识体系兼具理论价值和实践意义。一方面，建构中国自主的数字贸易知识体系有利于助力中国经济学学科体系、学术体系、话语体系的构建、完善和发展。2016年5月，习近平总书记在主持哲学社会科学工作座谈会时提出“结合中国特色社会主义伟大实践，加快构建中国特色哲学社会科学”[1] 的号召。2022年4月，习近平总书记在考察中国人民大学时又明确强调：“加快构建中国特色哲学社会科学，归

① 结合中国特色社会主义伟大实践 加快构建中国特色哲学社会科学，人民日报，2016-05-18.

根结底是建构中国自主的知识体系。”① 另一方面，建构中国自主的数字贸易知识体系不仅能够指导中国数字贸易经济实践，还有利于讲好中国故事，扩大中国数字贸易理论国际传播能力，为全球数字贸易发展提供理论支撑。

第二节　文献综述

西方哲学社会科学领域最早的学术流派可以追溯到公元前 6 世纪古希腊米利都学派。随着全球各国的经济社会的发展与技术进步，西方整个哲学社会科学百家争鸣。在历史学领域，分析性史学成为主流，后又衍生出年鉴学派、结构主义史学等；现代西方政治学衍生出行为主义理论学派、分析主义理论学派、体系主义理论学派以及理性主义理论学派；西方法学研究也形成了以自然法学派、分析法学派以及社会法学派为三大支柱流派的现代体系。需要注意的是，经济学领域学说学派的衍变是与全球经济发展相辅相成的。《赋税论》的出版标志着早期古典政治经济学的诞生，间接促成了一百年后的工业革命。18 世纪 60 年代的工业革命大大解放了生产力，催生了关注资本积累和经济增长的古典经济学派，1776 年《国民财富的性质和原因的研究》的出版，标志着该学派的诞生，经济学作为一门科学开始崭露头角。第一次世界大战后，国家垄断资本主义急剧发展，1922—1923 年的经济大危机对资本主义经济发展造成了极大破坏，催生了凯恩斯主义，此后衍生出了以新古典凯恩斯综合学派等为代表的国家干预主义流派和以现代货币主义学派等为代表的经济自由主义流派。然而，中国特色社会主义经济发展模式与西方发达国家有着最基本的差异，同时数字经济的迅速发展也展现出了大量颠覆性的事实，西方各种学说学派作为舶来品在阐释乃至指导中国数字经济发展上几乎失效。

习近平总书记在考察中国人民大学时指出，“加快构建中国特色哲学社会科学，归根结底是建构中国自主的知识体系”，引起了全国哲学社会科学界关于自主知识体系建构的思考和大讨论。如陈明明（2020）认为，中国政治学自主知识体系建构的核心应该是人与自然关系的政治阐释；张文显（2023）认为，要以“法治体系论”为基石建构中国自主法学知识体系；姜利标（2023）认为，中国社会学的自主知识体系应该聚焦知识生产过程中的实证性、人文性等理念。而在共性方面，经济学、法学、政治学、哲学等领域的学者认为，要摆脱照搬模仿西方学科范式的学徒思维，以马克思主义为理论领航，坚持以社会重大现实问题为导向，植根传统，继承和发展中华优秀文明成果，在原创性理论和科学范式之上建构中国自主的知识体系。在科学借鉴国外经济理论并汲取融通中国传统优秀经济思想的基础上，一些学者进行了建构中国自主的经济学知识体系的尝试，考察了中国独有的经济现象如刘易斯转折点、农村土地制度改革等（蔡昉，2022），构建了中国特色的经济发展理论如社会主义收入分配理论、国有企业分类改革论、大国发展格局论等成熟理论（黄群慧，2022），形成了《中国经济学手册》（谢伏瞻，2022）。与此同时，刘伟、陈彦斌等学者在梳理关于中国特色问题的有价值的原创性理论贡献基础上提炼出一般性分析框架，努力形成《中国经济学研究手册》。然而，这一系列尝试大多基

① 坚持党的领导传承红色基因扎根中国大地 走出一条建设中国特色世界一流大学新路．人民日报，2022－04－26.

于不存在数字技术或数字技术尚处于初期情况下的社会主义经济建设实践经验，没有彻底反映21世纪以来中国数字经济发展的巨大成就。

数字贸易是随着数字经济在经济学等领域的渗透而形成的阶段性的重点研究领域。近年来，随着中国数字贸易的迅猛增长，理论分析和实证分析的相关研究不断涌现。然而，这些研究往往集中在局部问题上，例如平台经济（寇宗来和李三希，2018）、跨境电商（马述忠和胡增玺，2022）、贸易成本（马述忠等，2019；张洪胜和潘钢健，2021）、数据（蔡跃洲和马文君，2021）等，缺乏一个全面的分析框架来系统地审视这一领域。从建构中国自主的知识体系视角来看，并没有学者给出数字贸易的整体框架和体系，仅有少数学者进行了初步尝试：马述忠等（2018）是首个对数字贸易的内涵、外部属性和特征进行提炼的研究，厘清了数字贸易对哪些传统理论存在颠覆效应；柴宇曦等（2021）在重新思考相关理论的基础上，率先提出了需求驱动的全球公司分析框架；更进一步，马述忠等（2023）从标识性概念界定入手构建数字贸易的中国话语体系，从而推动了数字贸易学术体系和学科体系的形成。这也是本书的贡献所在，本书所提出的数字贸易一般性分析框架，将推动形成中国自主的数字贸易知识体系。

第三节 基于数字技术创新的数字贸易分析框架

基于建构中国自主的知识体系的迫切需要，从中国数字贸易发展的典型事实出发，本书提出了一个一般性的分析框架来系统地审视数字贸易领域的学术研究。该分析框架一方面充分汲取了数字贸易领域中国学者的原创性贡献，另一方面也适当地参考了西方学者具有价值的前沿研究成果，以更好地突出数字贸易发展的中国经验与中国特色，更好地反映数字贸易发展的世界潮流与时代特征。该分析框架可以为后续数字贸易学术研究提供坚实的理论内核，为未来五至十年数字贸易学术研究提供具有指引性的研究方向。该分析框架将基于中国数字贸易发展的最新动态和学术研究的最新进展，不断地进行丰富与拓展，从而形成一种迭代效应，持续推动中国自主的数字贸易知识体系的建构。

本书构建的数字贸易分析框架如图1-1所示。

数字贸易分析框架的构建逻辑是：第一，现实中，数字技术的不断创新（如人工智能、区块链、大数据、3D打印等）已经在全球贸易中引发了革命性的变化；很多学者认为，数字技术创新在数字贸易中的基础性作用不断凸显（Freund & Weinhold，2004）。基于此，本书提出基于数字技术创新的数字贸易主分析框架。第二，贸易活动中，全球贸易平台已经崭露头角，并且逐渐成为全球贸易的主要载体；学者认为，这一转变将对国际贸易产生深远影响，消费者偏好将扮演越来越重要的角色（Carballo et al.，2022）。基于此，本书提出基于消费者偏好的全球贸易平台次分析框架。第三，商务活动中，大量数字技术跨国公司从其创立之初就倾向于全球化经营，消费者需求正成为产品创新、共同生产、国际营销等的原动力。借鉴柴宇曦等（2021）的研究，本书提出了基于需求驱动的全球公司次分析框架。

在本书构建的分析框架中，基于数字技术创新的数字贸易主分析框架是并集，其包括基于消费者偏好的全球贸易平台次分析框架和基于需求驱动的全球公司次分析框架两

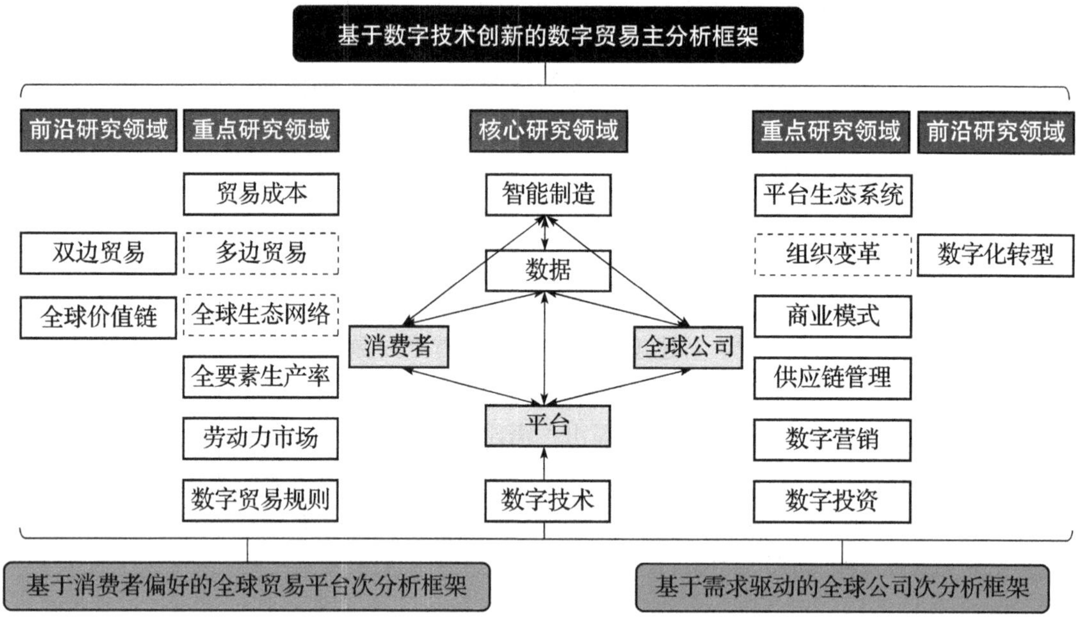

图 1-1 数字贸易主分析框架与次分析框架

个子集，二者分别对应传统经济时代的贸易和商务领域研究。分析框架包括核心研究领域、重点研究领域、前沿研究领域三个部分。其中，核心研究领域是两个次分析框架的交集，也是数字贸易研究的关键，其包括数字技术、平台、消费者、全球公司、数据、智能制造共 6 个研究模块。这些模块之间的逻辑关系是：数字技术充当平台的技术支持骨架；平台为消费者和全球公司搭建市场环境；消费者在平台上留存数据；全球公司基于平台分析和利用数据；数据成为智能制造的核心生产要素。重点研究领域分为贸易和商务两个部分，各自包含 6 个研究模块。前沿研究领域是在重点研究领域成为研究热点之前，与其最为接近的学术聚焦。

第四节 基于数字技术创新的数字贸易核心研究领域：以西方经典贸易和商务理论为参照系的比较

一、数字技术

西方经典理论的主流观点：内生增长理论认为，研发（R&D）发挥的“创造性破坏”作用促进的技术进步是经济增长的内生因素（Aghion & Howitt，1992）；传统信息理论认为，技术进步意味着海量信息的涌入，可以帮助企业预测，从而提高决策效率（Brynjolfsson et al.，2011）。

中国学者的原创性贡献：一方面，学者对数字技术的经济效应展开了多方位研究。以大数据技术等为代表的数字技术通过发挥管理赋能、投资赋能、营运赋能与劳动赋能功能，提高企业的生产效率和研发投入，促进了企业市场价值的提升和高质量发展，甚至可以通过数字连通（数字孪生、数字化生态嵌入）和数字协同（数字化开放式创新、数字化分布式协同）驱动高端颠覆性创新的产生（张叶青等，2021）。以跨境电子商务业态为代表的平台嵌入技术提升了城市内部协调发展水平，激活了欠发达区县成本优势，缓解了中高端劳动力分布不均，弥合了县际信息鸿沟，是跨境电商促进市域协调发展的关键普惠机制（马述忠等，2024）。另一方面，也有学者探究了数字技术创新的决定因素。胡增玺和马述忠（2023）认为，市场一体化是影响企业数字创新的核心因素，赋予了新古典理论中市场与创新研究在数字经济时代的全新内涵。

中国学者的原创性贡献与中国经验的切合性：国务院 2022 年发布的《“十四五”数字经济发展规划》提到的“促进数字技术向经济社会和产业发展各领域广泛深入渗透”以及中国信息通信研究院《中国数字经济发展研究报告（2023 年）》提到的中国数字技术与实体经济融合走深向实，产业数字化以 10%的年均增速持续增长的事实，切合了中国学者关于数字技术经济效应的研究；华为在被美国科技封锁的情况下成功自主研发高端的麒麟芯片的事实切合了数字技术企业高端颠覆性创新的研究。

西方学者的前沿研究及学术价值：关于数字技术的特征，Hund et al.（2021）基于以往的研究做了有价值的梳理；关于数字技术创新的实现路径，Tumbas et al.（2018）发现了知识获取的核心地位；关于数字技术应用的经济效应，Goldfarb & Tucker（2019）等做了有价值的探索。

二、平台

西方经典理论的主流观点：产业组织理论认为，价格歧视将降低产品产量，损害消费者福利（Varian，1992）；双边市场理论认为，平台具有绝对信息优势，交叉网络外部性源于定价策略的特殊性，会影响平台势力及用户需求弹性（Rochet & Tirole，2003）。

中国学者的原创性贡献：第一，学者对平台垄断与竞争展开了多方位研究。在质量上处于技术劣势的企业会选择歧视性定价（王世强等，2020），而平台则会通过强制“二选一”控制核心商户的多归属行为（蔡祖国和李世杰，2022）。第二，学者对平台的资源配置与效率提升展开了多方位研究。平台接入程度的提高以及流量倾斜可以通过优化线上声誉、缓解信息不对称等渠道促进企业资源配置效率的提升（刘诚，2023）。第三，学者对信号机制与平台搜寻展开了多方位研究。对于厂商而言，低质量的厂商借助信息不对称的客观条件实施逆向选择行为会使竞价排名机制的信息匹配功能失效（蔡祖国和李世杰，2020）。第四，学者对线上声誉展开了多方位研究。平台接入可以优化酒店声誉，提高非连锁酒店的入住率；在非连锁酒店进行平台接入之后，连锁酒店的入住率将会下降（刘诚等，2023）。

中国学者的原创性贡献与中国经验的切合性：中国的平台经济在过去 10 年里得到了迅猛发展，中国信息通信研究院《平台经济与竞争政策观察（2021 年）》指出，2015—2020 年中国超 10 亿美元的数字平台由 133 家增长至 197 家，总价值由 7 702 亿美元增长到 35 043 亿美元，年均增长率高达 35.4%。这一事实切合了中国学者关于平台竞争、资源配置与效率提升的研究；在高速发展的过程中衍生出的争议性现象如“二选一”垄断行为以及大数据杀熟等事实切合了中国学者关于平台垄断的研究。

西方学者的前沿研究及学术价值：关于平台企业的价格歧视，Choi et al.（2020）在消费者购买历史和组合歧视行为方面做了有价值的研究；关于平台流量倾斜研究，Iyer & Katona（2016）做了有价值的探索；关于线上市场资源配置，Hagiu & Wright（2020）认为，价格之外的因素才是核心。

三、消费者

西方经典理论的主流观点："基于行为的价格歧视"理论认为，无个人信息保护会使厂商利用消费者偏好信息进行一级价格歧视（Fudenberg & Tirole，2000）；新贸易理论在多样性偏好的基础上认为，规模经济是驱动贸易的重要因素（Krugman，1980）。

中国学者的原创性贡献：第一，学者对价格歧视展开了多方位研究。李三希等（2021）认为，个人信息保护政策会带来产品的无效分配，无个人信息保护时，消费者总剩余和社会总福利最大，生产者剩余最小，且不同厂商对个人信息保护政策的偏好不同。第二，学者对信息披露展开了多方位研究。一方面，消费者的信息披露行为可能存在非理性成分，强制收集消费者信息会使其额外披露非强制信息（何佳等，2022）；另一方面，个人信息保护政策提升了企业面临的合规风险，这显著减少了企业的新产品数量，但增加了其中高质量产品的数量；并且政策会促进在位产品的退出，主要体现为低质量产品的退出，从而有效缓解了平台上的逆向选择问题（马述忠等，2024）。第三，学者对消费者偏好对贸易的影响展开了多方位研究。一方面，互联网平台使得生产者和消费者实现了直接对接，地理距离的限制作用弱化；另一方面，跨境电商能够提供相比线下更为多样化的商品以及便捷的个性化定制服务。这意味着，在消费偏好差异越大的市场，中国越有可能通过跨境电商向该市场出口（郭继文和马述忠，2022）。

中国学者的原创性贡献与中国经验的切合性：中国不断强化个人信息保护，2021 年 11 月《中华人民共和国个人信息保护法》正式实施，该法案强调个人信息处理应以"知情同意原则"为核心，禁止强制收集非必要个人信息，这切合了中国学者关于消费者信息披露的研究；中国跨境电商企业基于消费差异化的需求快速发展，在阿里巴巴国际站上有大量通过个性化定制市场实现快速发展的成功案例，这切合了中国学者关于消费者偏好对贸易影响的研究。

西方学者的前沿研究及学术价值：关于价格歧视，Acquisti et al.（2015）和 Bergemann et al.（2015）做了有价值的探索；关于消费者信息披露，Kokolakis（2017）明确了"隐私悖论"的定义。Dengler & Prüfer（2021）进一步指出，消费者信息披露的决策是非理性的；关于产品信息披露，Galanis（2015）做了有价值的研究。

四、全球公司

西方经典理论的主流观点：垄断优势理论认为，跨国公司存在的充要条件是特定优势（Teece，2006）；OLI 范式认为，所有权优势是跨国经营的首要条件，内部化优势可节约交易成本（Dunning，1977）；乌普萨拉模型认为，国际扩张是企业过往经验和知识的函数（Forsgren，2002）。

中国学者的原创性贡献：一方面，学者对企业国际化的外部因素展开了多方位研究。马述忠等（2024）认为，国际海底光缆会通过促进中国与东道国双边信息流提高中国并购东道国企业的概率。马述忠等（2024）认为，美国对华技术封锁会产生消极示范效应和替代效应，促进中国向第三方经济体的技术型跨境并购。另一方面，学者对数字技术应用与企业国际化展开了多方位研究。企业在国际化扩张过程中的线上、线下国际化速度差导致了跨境电商平台的退出。企业线下社会网络的多样性和线下社会网络的规模能够缓解线上、线下国际化速度差对跨境电商平台退出的影响。东道国的制度距离能够缓解企业线上、线下国际化速度差对跨境电商平台退出的影响（严子淳等，2021）。

中国学者的原创性贡献与中国经验的切合性：AAE-1 海底光缆是中国积极参与国际海缆建设的标志性项目，由中国联通于 2012 年发起并主导建设，集合了 19 个不同国家和地区的运营商，在 2017 年正式投入使用。AAE-1 海底光缆支持所有形式的通信和应用，包括宽带互联网、视频、语音和数据，成为满足共建国家和地区日益增长的带宽需求的主要路线。共建国家和地区间经济交流的增多也不断提升了 AAE-1 海底光缆作为国际关键数字基础设施的地位。《2021 年度中国对外直接投资统计公报》显示，在美国实施技术封锁后，中国对美国的跨境并购数量呈现下降趋势，但是对其他国家的跨境并购数量在增加。以上事实切合了中国学者对企业国际化的外部因素的研究。中国作为数字技术和平台发展的领导者，孕育了阿里巴巴、字节跳动等数字化全球公司，这些公司凭借着母国积累的技术优势、数据资源和知识，不断创新商业模式，其中多个公司成为全球领先创新公司。这一事实切合了中国学者对数字技术应用与企业国际化的研究。

西方学者的前沿研究及学术价值：关于数字经济时代跨国公司的特定优势，Banalieva & Dhanaraj（2019）做了有价值的探索；关于数字化平台与跨国公司的关系，Brouthers et al.（2016）立足于平台企业作为跨国公司主体做了有价值的研究。

五、数据

西方经典理论的主流观点：生产要素主要包括劳动力、资本、土地、技术等（Solow，1956），并不涉及数据这一生产要素；绝对优势理论、比较优势理论、异质性企业贸易理论等认为，国家、企业间的差异主要是劳动生产率的差异（Melitz，2003）。

中国学者的原创性贡献：一方面，中国学者对数据的交易定价规则展开了多方位研究。从数据市场建设角度看，应当注意流量的竞争性和派生性特征，推动形成富有竞争性的市场结构，促进数据要素的有效配置（王勇等，2022）。从企业数据垄断策略的角度看，企业具有选择出售数据而放弃垄断的可能性，这可以为数据使用权的交易提供理论解释（程华等，2023）。另一方面，中国学者分析了数据流动对于国际贸易的促进作用。数据自由流动规则可以通过突破距离限制和互联网接入水平两个渠道促进全球货物贸易和服务贸易的发展，数据流动突破地理和文化距离限制推动贸易出口，对于互联网接入水平高的地区而言，数据自由流动的出口促进效应更强（Ma et al.，2024）。

中国学者的原创性贡献与中国经验的切合性：中国在数据交易方面开展先行先试，贵阳大数据交易所于 2015 年 4 月挂牌运营，是数据流通、数据交易价值和数据交易模式等方面的一个有益探索，这切合了中国学者关于数据交易定价的研究；自 2015 年以来，中国政府已经发布了多个聚焦数据要素的政策，如《大数据产业发展规划 2016—2020》等，党的十九届四中全会发布的《中共中央关于坚持和完善中国特色社会主义制度 推进国家治理体系和治理能力现代化若干重大问题的决定》首次将数据增列为生产要素，进一步明确了数据的战略地位，这切合了中国学者关于数据要素促进经济增长的研究。

西方学者的前沿研究及学术价值：关于数据隐私，Martin & Murphy（2017）做了有价值的探索；关于数据共享，Acemoglu et al.（2022）提出了过度数据共享问题；关于数据非竞争性，Jones & Tonetti（2020）基于理论建模给出了相关解释。

六、智能制造

西方经典理论的主流观点：内生增长理论认为，由于劳动投入过程包含教育形成的人力资本，物质资本积累过程包含着创新形成的技术进步，因此，经济能够不依赖外力推动实现持续增长，长期增长率为正（Lucas，1988；Romer，1990）。

中国学者的原创性贡献：一方面，有学者研究了智能制造对劳动力构成的挑战。孔高文等（2020）认为，机器人应用所引发的“技术性失业”与劳动力市场结构密切相关，且在时空分布上也有显著的就业溢出效应。王林辉等（2023）认为，人工智能技术既会诱致职业变迁，也会重塑职业的任务属性。人工智能技术的“去技能化”和“再技能化”特征会拓展劳动者的职业技能宽度，降低职业的技能深度。人工智能技术会推动职业地位向上流动，但对不同技术复杂度职业的工资收入、就业稳定性与工作满意度会产生差异化影响。另一方面，还有学者探究了智能制造的影响机制。其一，产业智能化通过人力资本积累、产业智能化的新工作创造效应和生产率效应促进了益贫式发展（杨飞和范从来，2020）。其二，智能制造会通过增加创新投入、提升创新产出以及促进创新成果的商业化三个渠道，推动中国跨境电商出口多样化（Ma et al.，2024）。

中国学者的原创性贡献与中国经验的切合性：宝钢股份1580热轧智能车间是工业和信息化部（简称“工信部”）智能制造的示范试点，相比于传统车间，智能车间的能源利用率、全自动轧钢率、劳动效率分别提升了5%、6%和10%，这切合了中国学者关于智能制造提高生产率的研究；截至2021年，宝钢股份机器人应用总量超过1 000套，通过建设和改造一批智能化产品线，构建了可以满足用户个性化需求的柔性研发、营销、制造、物流一体化体系，这切合了中国学者关于智能制造提高供需匹配的研究。

西方学者的前沿研究及学术价值：关于智能制造对长期生产率的影响，Summers（2014）为技术悲观派，Aghion et al.（2018）为技术乐观派，发现经济增长可能出现“奇点”；Nordhaus（2021）进一步指出了“奇点”出现的先决条件。关于智能制造对企业运营管理的影响，Braganza et al.（2017）做了有价值的探索。

第五节　基于消费者偏好的全球贸易平台重点研究领域：以西方经典贸易理论为参照系的比较

一、贸易成本

西方经典理论的主流观点：国际贸易的经典研究认为，贸易成本包括一系列因素，如运输成本、关税壁垒、通关程序、汇率波动以及信息不对称等（Anderson & Van

Wincoop，2004)；以引力模型为代表的实证研究发现，贸易成本越低，贸易流量越大(Carrère et al.，2020)。

中国学者的原创性贡献：中国学者对数字经济时代贸易成本这一研究主题展开了细分维度和整体层面的研究。从市场分割成本的角度看，相比于线下渠道，线上渠道更能克服自然性和制度性市场分割的负面影响，这使得企业更倾向于选择线上渠道(马述忠和房超，2020)。从搜索成本看，互联网搜索会对零售市场价格产生显著影响，而且这种影响对于不同价位的商品是存在差异的(孙浦阳等，2017)。从地理距离成本看，与传统贸易相比，跨境电商受地理距离的负面影响较小，互联网的发展能够弱化地理距离的负面影响(马述忠等，2019)。从整体层面看，跨境电商产业政策的实施，既促进了中国出口实现新的增长(马述忠和房超，2021)，也促进了中国进口规模的扩张(Ma et al.，2021)。

中国学者的原创性贡献与中国经验的切合性：根据《中国电子商务报告2022》，2022年全年中国跨境电商进出口额(含B2B)达2.11万亿元，同比增长9.8%，在新冠疫情导致国际贸易成本大幅增加的情况下，跨境电商实现了逆势增长，体现了跨境电商降低贸易成本的独特优势，这切合了中国学者关于贸易成本的研究；2023年1月，财政部、海关总署、税务总局三部门出台《关于跨境电子商务出口退运商品税收政策的公告》，进一步降低了跨境电商贸易成本，与中国学者的研究相切合。

西方学者的前沿研究及学术价值：关于“地理距离之死”，Akerman et al.(2022)提出了与已有研究迥异的观点；关于消费者福利，Malgouyres et al.(2021)就贸易成本下降进行了有价值的量化分析；关于语言沟通成本，Brynjolfsson et al.(2019)就机器翻译的作用进行了评估。

二、多边贸易

多边贸易是学术畅想和前瞻性研判，双边贸易则是已有研究的学术聚焦。下面围绕后者梳理相关的学术研究。

西方经典理论的主流观点：异质性企业理论认为，贸易自由化会导致资源配置到高生产率企业，从而提高整个行业的生产率(Melitz，2003)；多产品企业理论认为，产品范围调整既是企业出口增长的重要源泉，也是资源再分配的重要形式(Bernard et al.，2010)。

中国学者的原创性贡献：第一，学者对数字技术与出口绩效展开了多方位研究。信息化是比较优势的一个新的来源，企业信息化密度投入和地区信息基础设施水平提升会改善企业的出口绩效(李坤望等，2015)。互联网技术及其基础设施水平的提升通过提高企业的出口概率、促进企业持续出口，提升扩展边际和集约边际，降低出口价格、增加出口数量等途径提升了出口企业的产品质量和绩效(施炳展，2016)。第二，学者对互联网搜索和注意力配置展开了多方位研究。开放条件下注意力空间配置通过降低不确定性影响企业的出口空间分布，这体现了注意力等无形资源配置对商品有形资源配置系统的影响(施炳展和金祥义，2019)。互联网搜索降低了信息成本，通过提升企业生产效率、改进研发效率、降低外部交易成本最终影响企业出口产品的质量(金祥义和施炳展，2022)。互联网搜索既能提高偏好识别效率，也能助力有效供给的增加，因此能通过提升需求适配性促进跨境电商出口（马述忠等，2023）。第三，学者对数字贸易与企业产品选择展开了多方位研究。跨境电商的嵌入可以促进企业出口产品转换（李小平等，2023）。

中国学者的原创性贡献与中国经验的切合性：中国互联网在2000—2015年高速发展，网络带宽增长了约1 700倍，出口也同时实现了约17%的年均增速，这一事实切合了中国学者关于数字技术与出口绩效的研究；2020年11月发布的《国务院办公厅关于推进对外贸易创新发展的实施意见》提到，要支持企业不断提升贸易数字化和智能化管理能力，这切合了数字贸易与企业技术创新的研究；商务部数据指出，2022年中国跨境电商进出口额达2.11万亿元，在新冠疫情的冲击下，交易规模仍逆势上涨，这一事实切合了跨境电商对贸易影响的研究。

西方学者的前沿研究及学术价值：关于互联网对传统跨国贸易的影响，Choi（2010）做了有价值的探索；关于跨境电商对贸易的影响，Lendle et al.（2016）做了有价值的研究；关于人工智能对贸易的影响，Goldfarb & Trefler（2018）认为，人工智能会赋予传统贸易理论全新内涵。

三、全球生态网络

全球生态网络是学术畅想和前瞻性研判，全球价值链则是已有研究的学术聚焦。下面围绕后者梳理相关的学术研究。

西方经典理论的主流观点：价值链理论将企业的业务流程描绘成一个价值增值和价值创造的链状结构（Porter，1985）；全球价值链理论则进一步刻画了不同国家和地区的企业共同参与产品生产过程的结构，强调在各个环节增加价值的能力（Gereffi et al.，2005）。

中国学者的原创性贡献：中国学者主要关注产业数字化的发展对于价值链的影响。从国内价值链的角度看，产业数字化有利于提高全要素生产率、中间产品质量以及平均工资水平，分别从供给和需求角度促进国内大循环（张洪胜等，2024）。从全球价值链的角度看，人工智能可以通过替代从事低端环节生产的劳动力和提高企业的生产率两个渠道对价值链参与产生影响（吕越等，2020）；人工智能主要是通过劳动力替代和缓解资源错配两个渠道促进全球价值链网络的深化（吕越等，2023）。对于人工智能如何影响发展中国家参与全球价值链这一问题，有研究提出，工业机器人应用能够帮助发展中国家改善全球价值链的不利地位（黄亮雄等，2023）。

中国学者的原创性贡献与中国经验的切合性：近年来，美国试图以“小院高墙”策略构建美国主导、排除中国的数字技术体系，这与中国学者发现的全球数字价值链分工状态相切合；在数字化浪潮中，中国汽车产业在世界范围内居于领先地位，比亚迪、蔚来等新能源车企纷纷出海，2024年新能源汽车出口首次突破200万辆，这与中国学者发现的数字化转型促进全球价值链地位提升相契合。

西方学者的前沿研究及学术价值：关于数字价值链，Oliveira et al.（2021）进行了有价值的探索；关于价值链分工，Antràs（2020）对各国的比较优势动态变化进行了展望；关于工业智能化，Lee et al.（2023）考察了工业4.0对于全球价值链的影响。

四、全要素生产率

西方经典理论的主流观点：信息和通信技术的出现并没有提高美国企业的生产率，这被称为“索洛悖论”。宏观层面关于“索洛悖论”的结论大相径庭（Oliner & Sichel，2000）；微观层面认为并不存在“索洛悖论”（Brynjolfsson & Hitt，1995）。

中国学者的原创性贡献：一方面，中国学者对“索洛悖论”展开了多方位研究。Zhang et al.（2021）认为，1998—2002 年中国很可能陷入“索洛悖论”，但 2003 年以来，信息通信技术企业全要素生产率实现了快速增长，他们首次关注到中国的“索洛悖论”现象；何小钢等（2019）认为，高技能员工和长期雇佣员工均与 ICT 形成互补效应，能够显著提升 ICT 的生产率效应，为发展中国家克服“索洛悖论”提供了理论路径。另一方面，也有中国学者对数字技术与全要素生产率展开多方位研究。赵宸宇等（2021）则认为，数字化转型通过提高创新能力、优化人力资本结构、推动先进制造业和现代服务业融合发展以及降低成本的机制显著提高了企业全要素生产率。

中国学者的原创性贡献与中国经验的切合性：中国信息通信研究院《中国数字经济发展研究报告（2023 年）》指出，中国数字经济全要素生产率从 2012 年的 1.66 增长到了 2022 年的 1.75，而同期国民经济全要素生产率的提升幅度远小于数字经济全要素生产率的提升幅度，这一事实切合了中国学者对中国“索洛悖论”的研究；国务院 2022 年发布的《“十四五”数字经济发展规划》指出，要推进数字技术、应用场景和商业模式融合创新，形成以技术发展促进全要素生产率提升、以领域应用带动技术进步的发展格局，这与中国学者对数字技术与全要素生产率的研究相切合。

西方学者的前沿研究及学术价值：关于“索洛悖论”存在的新解释，Brynjolfsson et al.（2018）提出了四种可能的解释；Schweikl & Obermaier（2020）发现，管理不善是当前被忽视的焦点问题，并对其做了有价值的探索。

五、劳动力市场

西方经典理论的主流观点：技能偏向型技术进步理论认为，计算机技术会提高对高技能劳动力的需求和相对价格，对低技能劳动力则起到反作用（Acemoglu，2002）；程序偏向型技术进步理论认为，计算机技术与程序化工作替代，与非程序化工作互补，导致了劳动力市场的极化（Autor et al.，2006）。

中国学者的原创性贡献：第一，学者对劳动力价格展开了研究。数字技术进步对劳动力价格的影响符合“幂次定律”，即数字技术具备普惠性，但高技能劳动力的获益程度大于低技能劳动力（马述忠等，2022）。第二，学者对劳动力结构展开了研究。赵宸宇（2023）认为，数字化转型可以通过市场规模效应、经营范围效应和生产率效应三条路径扩张劳动力需求、拉动就业。同时，数字化转型还可以提高高学历人员占比和高技能人员占比，优化企业的劳动力结构。第三，学者还探讨了劳动力空间配置的变化。数字技术对劳动力市场造成的冲击不仅体现在技能和行业层面，也会反映在区域间。面对数字技术的冲击，劳动力通过行业和区域间重新配置进行调整，被取代工作的劳动力部分从制造业向非制造业流动，或从数字技术应用程度高的地区向应用程度低的地区流动。劳动力的跨部门和跨区域流动会减少数字技术对劳动力带来的负面影响（马述忠等，2023；王永进和刘玉莹，2023）。

中国学者的原创性贡献与中国经验的切合性：根据苏宁易购《2018快递员群体洞察报告》，快递小哥通过更多地送件来提高工资收入，这切合了中国学者关于劳动力价格的研究；根据58同城招聘研究院联合中国连锁经营协会发布的《2020年中国生活服务业就业指数报告》，2020年58同城招聘平台上生活性服务业相关职位数较2016年增长25.54%，同时生活性服务业包括所需职位更加多元化，包括老年健康评估师、游戏陪练、社群健康助理等职位，这切合了中国学者关于劳动力流动的研究。

西方学者的前沿研究及学术价值：关于劳动收入份额，Aghion et al.（2018）做了有价值的探索；关于数字技术影响劳动力市场的机制，Acemoglu & Restrepo（2020）把影响机制分为替代效应和生产率效应，Dauth et al.（2021）则提出了替代作用和再配置作用。

六、数字贸易规则

西方经典理论的主流观点：贸易规则是指国际贸易中不同国家和地区遵循的规范和原则，在国际贸易和商务活动中起着至关重要的作用，包括降低贸易壁垒、保护知识产权、解决贸易争端、促进资源有效配置等（Baldwin，1989）。

中国学者的原创性贡献：一方面，学者就数字贸易规则制定展开了研究。研究认为，全球贸易规则正在向以数字促进贸易为特征的第三代贸易规则推进，区域主义下数字贸易条款碎片化问题较为严重（韩剑等，2019）。另一方面，学者就数字贸易规则对于贸易的影响展开了多方位研究。以跨境电商综合试验区为代表的制度创新能够通过缓解企业融资约束、降低企业贸易成本来提升跨境电商出口（马述忠和郭继文，2022），还可以提升消费者福利收益（张洪胜等，2023）；“丝路电商”合作备忘录的签订能够通过制度型开放促进中国跨境电商出口，而且这一促进作用对于有相似电子商务法律法规和较高电商基础环境水平的出口目的国更强（马述忠等，2024）。还有一些研究关注数字贸易规则的其他方面影响：比如数字贸易规则能够通过促进研发要素跨境流动、推动企业数字化转型、提升管理专业化水平三条渠道促进中国企业全球价值链位置攀升（侯俊军等，2023）；比如数字贸易规则的签署可以有效降低要素跨境流动壁垒，促进研发要素流动（刘斌和甄洋，2022）。

中国学者的原创性贡献与中国经验的切合性：中国近年来积极参与数字贸易规则制定，申请加入《全面与进步跨太平洋伙伴关系协定》（Comprehensive and Progressive Agreement for Trans-Pacific Partnership，CPTPP）和《数字经济伙伴关系协定》（Digital Economy Partnership Agreement，DEPA），对标国际高标准数字贸易规则，这与数字贸易规则制定的研究相切合；2024年3月，中国公布《规范和促进数据跨境流动规定》，通过正面列明豁免清单的形式，降低了企业数据出境过程中需履行的合规成本，与数字贸易规则经济影响的研究相切合。

西方学者的前沿研究及学术价值：关于数字贸易规则，Burri & Polanco（2020）构建了专门性的条约数据库；关于传统贸易规则是否适合数字贸易，Staiger（2021）进行了有价值的理论建模分析；关于数字贸易关税政策，McCalman（2022）将双边市场理论引入关税模型中进行了分析。

第六节 基于需求驱动的全球公司重点研究领域：以西方经典商务理论为参照系的比较

一、平台生态系统

西方经典理论的主流观点：平台生态系统是数字经济时代的一个全新概念，经典理论并未对此进行分析；平台生态系统是一种互动的组织，通过链接和协调多个参与者，实现价值的创造（Jacobides et al.，2018）。

中国学者的原创性贡献：研究主要关注平台对企业的赋能，比如参与者对平台企业的互补性和依赖度存在同升同降的耦合困境，主要有三大解耦战略，包括多重身份战略、多栖定制战略和平台镶嵌战略（陈威如和王节祥，2021）。此外，传统企业作为生态参与者可以借助数字平台企业推进自身的数字化转型，参与者通过可视化、可重组的数字化行为，逐步实现效率提升、业务增长与生态构建；参与者与平台企业间的互补和依赖关系的平衡与演化是推动数字化进程的内生动力（王节祥等，2021）。

中国学者的原创性贡献与中国经验的切合性：阿里巴巴集团推出的企业级智能移动办公平台钉钉为包括企业、学校在内的超过 1 900 万个各类组织提供服务，成为全新的生产力工具。钉钉的核心功能包括即时通讯、在线会议、任务管理、日程安排、文件共享等，这些功能极大地提高了工作效率和团队协作的便捷性。通过钉钉，企业可以实现远程办公、移动审批、智能考勤等现代化管理需求，使得办公不再受时间和地点的限制。钉钉与中小企业之间的关系很好地切合了有关平台赋能的研究。

西方学者的前沿研究及学术价值：关于平台组织结构，Kretschmer et al.（2022）提出了元组织（meta-organization）的概念；关于反垄断监管的影响，Thatchenkery & Katila（2022）对不同类型的供应商创新做了有益探索。

二、组织变革

组织变革是学术畅想和前瞻性研判，数字化转型则是已有研究的学术聚焦。下面围绕后者梳理相关的学术研究。

西方经典理论的主流观点：经典组织变革理论认为，企业的组织变革分为进化性变革与革命性变革两类（Hannan & Freeman，1984）；Lewin 模型认为，组织变革由解冻、变革和再冻阶段组成（Lewin，1951）。

中国学者的原创性贡献：第一，学者对数字化背景下的企业组织变革展开了多方位研究。王永进等（2017）认为，信息化会通过降低信息不完全程度和增加企业的柔性，来提高企业产能利用率。第二，学者对企业数字化变革的赋能效应展开了多方位研究。欧阳耀福（2023）认为，互联网平台化组织模式的差异会影响线上生产企业的创新水平，首次揭示了数字化转型赋能企业高质量发展的理论路径。第三，学者对企业数字化变革的影响因素展开了多方位研究。数字基础设施政策和代际传承都是决定企业的数字化转型的重要因素（王海等，2023）。

中国学者的原创性贡献与中国经验的切合性：2022 年工信部出台了《中小企业数字化转型指南》和《中小企业数字化水平评测指标（2022 年版）》，明确了数字化转型的路径，这切合了中国学者关于数字化背景下的企业组织变革的研究；《中小企业数字化转型分析报告（2021）》发现，2021 年中国 79%的中小企业仍处于数字化转型升级的初步探索阶段，相较 2020 年下降 10 个百分点，12%的中小企业处于应用践行阶段，达到深度应用阶段的中小企业占比为 9%，这一事实切合了中国学者关于企业数字化变革的研究。

西方学者的前沿研究及学术价值：关于数字化变革的本质特征，Yoo et al.（2012）从数字技术渗透视角做了有价值的探索；关于数字适用性变革，Furr & Shipilov（2019）从企业数字化投入视角做了有价值的研究；关于数字化变革的经济效应，Goldfarb & Tucker（2019）做了有价值的分析。

三、商业模式

西方经典理论的主流观点：商业模式是企业在特定的经济、社会、文化和其他背景下创造、转移、收获价值的基本逻辑，是企业为了实现价值获取和价值创造而运用的一种战略层面的选择（Shafer et al.，2005）。

中国学者的原创性贡献：袁淳等（2021）发现，企业数字化转型显著提升了中国上市公司的专业化分工水平，并主要通过降低企业面临的外部交易成本来实现。这一研究系统剖析了微观企业数字化转型对企业边界的影响机理及效率后果。马述忠和潘钢健（2021）基于价值共创理论提出跨境电商平台生态圈协同进化模型，认为中小企业核心竞争力既包括实现传统核心竞争力数字化拓展的企业家心智和能力，也包括全面整合和开发平台资源衍生新型核心竞争力的知识和技能。

中国学者的原创性贡献与中国经验的切合性：SHEIN 作为一家全球领先的时尚和生活方式在线零售商，服务全球超 150 个国家和地区的消费者，其通过创新数字化柔性供应链，推出了“希有引力”百万卖家及全国 500 城产业带出海计划，推动产业链数字化升级，并助力全球范围内 1 万个商家实现年销售额突破百万美元的目标，很好地切合了有关跨境电商平台生态圈构建的研究。

中国电子商务产业近年来涌现出种类繁多的商业模式创新，直播电商模式下卖家通过实时直播向消费者展示产品并积极与消费者互动，创造了一种娱乐购物体验，社交电商模式通过融合社交媒体和电子商务，允许个人卖家直接向其社交网络销售产品，这些商业模式的创新切合了企业动态能力的研究。

西方学者的前沿研究及学术价值：关于消费者保护，Chawla & Kumar（2022）从法律制度视角审视了商业模式中信任的构建；关于中小企业和初创企业，Ghezzi & Cavallo（2020）进行了有价值的商业模式探索；关于技术创新的影响，Treiblmaier & Sillaber（2021）分析了区块链技术对传统商业模式产生的冲击。

四、供应链管理

西方经典理论的主流观点：经典供应链管理理论认为，供应链管理是为了降低成本而打破组织边界的物流、信息和关系管理（Carter & Narasimhan，1996）；供应商的选择理论认为，为了在动态的环境中适应市场需求，企业则需要不停地转换合作伙伴（Weber et al.，1991）。

中国学者的原创性贡献：一方面，学者对数字技术在供应链网络中的扩散和传染效应展开了多方位研究。李云鹤等（2022）认为，客户公司数字化转型能够通过供应链公司间治理联结与企业学习两个渠道沿供应链扩散并显著驱动上游公司数字化转型。杨金玉等（2022）认为，客户数字化转型具有溢出效应，主要通过倒逼效应（供应商响应客户创新需求和供应商数字化转型）和资源效应（知识溢出和创新溢出），显著提高了供应商的创新水平。另一方面，学者对供应链协同激励机制的影响因素展开了多方位研究。跨境电商平台总会因协同获利，而产品供应商的协同策略选择与消费者对于平台服务努力水平的敏感系数和税率状态的先验概率有关。当敏感系数位于中间水平且税率状态的先验概率满足一定条件时，跨境电商供应链存在帕累托优化的可能性，即恰当的协同激励机制可以促使产品供应商采取协同策略（马述忠等，2023）。

中国学者的原创性贡献与中国经验的切合性：《中国供应链发展报告（2022）》指出，供应链数字化转型升级与创新是中国供应链发展的显著特征，这切合了中国学者关于数字经济时代的供应链转型的研究；中国是目前唯一拥有完整工业体系的国家，一条完整的产品线几乎可以通过在国内上下游企业之间分配完成，不需要国外制造商的参与。工信部数据显示，2022 年重点平台工业设备连接数超过 8 000 万，关键工序数控化率达到 57.2%，这一事实切合了中国学者关于数字技术在供应链网络中的扩散和传染效应的研究。

西方学者的前沿研究及学术价值：关于供应链协同方面，Sanders（2008）基于信息技术视角做了有价值的探索；关于供应链网络传染效应，Isaksson et al.（2016）基于创新视角做了有价值的研究。

五、数字营销

西方经典理论的主流观点：经典国际营销乌普萨拉模型（Uppsala Model）认为，国际营销是国际化的伴生产物，表现为企业海外营销业务比重的上升（Wiedersheim-Paul & Johanson，1975）；经典国际营销环境理论认为，企业的内部和外部环境都会对国际营销战略的效率产生决定性影响（Sheth & Parvatiyar，2001）。

中国学者的原创性贡献：学者对质量认证的营销赋能效应展开了探索性研究。跨境电商的质量认证可以通过削弱产品的质量不确定性来缓解逆向选择问题（马述忠等，2024）。此外，学者也对在线广告与消费者搜索偏好展开了探索性研究。马述忠和濮方清（2022）认为，平台上的关键词搜索能够直接刻画消费者“碎片化”的需求偏好，形成各异的细分市场，具有时代性和原创性。

中国学者的原创性贡献与中国经验的切合性：2022 年国家市场监督管理总局印发的

《"十四五"广告产业发展规划》也提到鼓励支持互联网、人工智能、区块链、大数据、云计算等技术在广告产业广泛应用，鼓励传统广告媒体数字化改造和转型升级。中国国家统计局公布的数据显示，中国 2022 年电子商务平台交易额达 43.8 万亿元，网上零售额达 13.8 万亿元，实物商品网上零售占社会总消费品零售的比重接近 30%，互联网广告市场规模也达到约 5 088 亿元。这切合了中国学者关于在线广告的研究。

西方学者的前沿研究及学术价值：关于数字营销中的在线评论操纵，Mayzlin et al.（2014）做了有价值的探索；关于数字营销中的口碑传播过程，Rosario et al.（2020）做了有价值的研究；关于消费者搜索偏好，Ramaboa & Fish（2018）做了有价值的分析。

六、数字投资

西方经典理论的主流观点：国际生产折中范式认为，当企业同时具备所有权优势、区位优势和内部化优势时，才能够进行对外直接投资（Outward Foreign Direct Investment，OFDI）。所有权优势指一国企业拥有他国企业没有的特点优势，区位优势指东道国投资环境优势，内部化优势指企业将资产内部化的优势（Dunning，1973）。

中国学者的原创性贡献：一方面，学者对数字投资动因展开了研究。国际生产折中范式无法完全解释数字投资的动因，部分基于区位优势和内部化优势的动因下降。其一，数字化产品和服务的国际传输的成本极低，地理距离不再影响数字投资，因此，基于节约国际贸易成本和开拓国际市场的水平型跨国并购动机已经大大削弱，即区位优势中地理距离、市场潜力和贸易壁垒等方面的作用下降。其二，平台型企业形式缓解了信息不对称，让基于全球供应链的分散化生产更为便利，降低了垂直型跨国并购的动机，即内部化优势中信息成本的作用下降（蒋殿春和唐浩丹，2021）。其三，与数字经济相关的新兴制度会对跨国投资产生影响。例如马述忠等（2024）发现，数字经济税收对于中国以创新为动机的数字型绿地投资有吸引作用，而对于中国以避税为动机的数字型绿地投资没有吸引作用。另一方面，学者还分析了消费者对数字投资的影响。国际生产折中范式只是从企业角度解释跨境并购，而数字经济时代的消费者扮演着越来越重要的角色，因此需要从消费者角度理解数字投资。政府对消费者的数据保护政策会从增加跨境并购的成本和减少潜在收益两个方面降低数字投资概率（马述忠等，2023）。

中国学者的原创性贡献与中国经验的切合性：中国企业著名的数字投资案例包括美的集团收购德国的机器人行业巨头库卡（KUKA）和以色列运动控制系统解决方案提供商 Servotronix、阿里巴巴收购东南亚龙头电商企业 Lazada 和巴基斯坦电商平台 Daraz 等，这切合了中国学者关于数字投资动因的研究；中国数字企业的国际业务受到境外数据保护法规的影响，这切合了中国学者关于消费者对数字投资影响的研究。

西方学者的前沿研究及学术价值：关于 OFDI 动因，Luo（2021）提出了跨国公司对外直接投资的新优势，Banalieva & Dhanaraj（2019）基于企业特定优势做了有价值的分析；关于跨国公司企业组织，Castellani et al.（2021）发现了知识扩散的重要性；关于跨国公司的扩张行为，Hutzschenreuter & Matt（2017）做了有价值的探索。

第七节　本章小结

习近平总书记指出："加快构建中国特色哲学社会科学，归根结底是建构中国自主的知识体系。"数字贸易的迅速发展颠覆了传统贸易和商务的理论范式，数字贸易学作为新兴领域，尚未有学者给出其整体的分析框架乃至自主的知识体系。本书从中国数字贸易发展事实出发，以西方经典贸易和商务理论为对照，在全面梳理中国学者原创性贡献并适当参考西方有价值的前沿研究的基础上，首次提出了数字贸易学一般性分析框架。具体而言，数字贸易学一般性分析框架包括一个主分析框架和两个次分析框架；数字技术、平台、消费者、数据、全球公司和智能制造作为数字贸易学的核心研究领域构成了基于数字技术创新的数字贸易主分析框架；在贸易领域，贸易成本、多边贸易、全球生态网络、全要素生产率、劳动力市场和数字贸易规则作为数字贸易学的重点研究领域构成了基于消费者偏好的全球贸易平台次分析框架；在商务领域，平台生态系统、组织变革、商业模式、供应链管理、数字营销和数字投资作为数字贸易学的重点研究领域构成了基于需求驱动的全球公司次分析框架。

本书的数字贸易一般性分析框架是在充分汲取了数字贸易领域中国学者的原创性贡献并适当参考了西方学者具有价值的前沿研究成果的基础上提出的，能够更好地突出数字贸易发展的中国经验与中国特色，更好地反映数字贸易发展的世界潮流与时代特征，是具有科学性和合理性的动态演进的学术范式。当然，数字贸易研究中有一些子领域存在尚未突破的瓶颈，例如消费者数据确权与定价决策、企业数字化变革的核心动因、数字技术与传统技术特征的差异性及其异质性的经济效应、全球价值链数字化转型背景下的南北差异问题、WTO 等国际组织的贸易和关税协定在数字贸易时代的转型问题等。这些瓶颈的存在，阻碍了数字贸易部分研究子领域之间桥梁的打通，使得本书提出的分析框架不可避免地存在局限性和有待商榷之处，我们希望这一立足于中国学者原创性贡献的综合性、系统性的分析框架，能够起到抛砖引玉的作用，为未来五至十年数字贸易学术研究提供具有指引性的研究方向。中国数字贸易的跨越式发展为建构中国自主的数字贸易知识体系提供了丰富的现实土壤，这要求中国学者在洞悉数字贸易的鲜活事实中寻找学术灵感。我们希望同国内学者一起做进一步的颠覆式学术思考，伴随着中国学者在数字贸易领域做出进一步的理论贡献，进一步完善和修订该分析框架，并提出相应的理论命题，从而形成一种迭代效应，持续推动建构中国自主的数字贸易知识体系。

参考文献

上篇

基于数字技术创新的数字贸易

第二章

数字技术

第一节　问题的提出

数字技术的发展和应用，为全球贸易带来了前所未有的变革。它不仅重塑了传统的商业模式，还为全球市场提供了新的增长动力和创新机遇。在数字经济时代，数字技术的重要性不言而喻，它是实现高效、智能和可持续贸易的基础。在“基于数字技术创新的数字贸易主分析框架”中，数字技术是核心驱动因素，为全球贸易平台和全球公司提供技术支持骨架。数字技术的发展直接影响着平台的构建与运作、消费者行为的模式以及全球公司的运营策略。同时，它也是智能制造和数据分析的基础，这些模块共同构成了数字贸易的多维视角。本章将深入探讨数字技术在当前和未来全球贸易中的核心作用，揭示其在提升效率、创新商业模式和优化资源配置中的关键地位。

在本章中，我们将重点研究三个重要的数字技术领域的理论命题。命题一：大数据技术与企业市场价值。这一命题探讨了大数据技术如何通过提高生产效率和研发投入，促进企业市场价值的提升。同时，也指出了技术和人才供给的不足可能对企业增值效果产生制约。命题二：平台嵌入技术赋能市域协调发展的普惠逻辑。这一命题从数字技术的角度，解读了跨境电商如何通过激活区域成本优势、缓解劳动力分布不均和弥合信息鸿沟，促进市域协调发展，为区域发展提供了新的视角。命题三：数字技术创新的市场导向机制。这一命题分析了市场一体化如何通过市场规模和市场竞争影响企业的数字创新，揭示了市场与数字技术创新之间的互动关系，为数字经济时代的创新理论提供了新的研究路径。

通过对这三个命题的深入分析，本章将帮助读者理解数字技术在数字贸易中的核心地位、其在现代贸易中的应用及其对市场价值和区域协调发展的深远影响。同时，这些知识也将为后面章节的讨论提供有力的理论支撑，使读者能够全面理解数字贸易学的整体分析框架。

第二节 大数据技术与企业市场价值

一、概念

在正式进入该理论命题前，我们需要对该理论命题的核心概念“大数据”有一个整体的理解。

“大数据”一词最早出现于20世纪90年代中期，直至2011年才开始受到社会各界的广泛关注。从大数据“大”的角度来看，以往研究（如Chen et al.，2012；McAfee & Brynjolfsson，2012）通常以三大特征来定义大数据：大规模（volume）、高速度（velocity）和多样性（variety），也称“three Vs”。[①] 例如，高德纳咨询公司（Gartner，Inc.）将大数据定义为“海量、高速、多样化的信息资产”，它需要高效的、创新型的信息处理形式来提高洞察力和决策水平。国务院2015年印发的《促进大数据发展行动纲要》指出，“大数据是以容量大、类型多、存取速度快、应用价值高为主要特征的数据集合”。Farboodi et al.（2019）从大数据与实体企业融合的角度总结了大数据的四个重要的特征：（1）大数据是经济活动的副产品；（2）企业利用大数据来提高经营效率；（3）大数据与技术的不同之处在于它本质上是一种信息；（4）积累的大数据是企业的一种有价值的资产。

借鉴上述关于大数据的定义，张叶青等（2021）将企业应用的“大数据”定义为企业收集、处理与利用的海量、高速、多样化的数据要素或资产。

二、理论命题的提出

大数据对企业发展的影响可能有如下几条路径。一是大数据应用对生产效率的积极影响。企业预测各种宏观经济变量、行业供求环境和微观生产条件的能力增强，而准确的预测结果能够帮助企业做出更优的决策，提高生产效率（Brynjolfsson et al.，2011；Brynjolfsson & McElheran，2016；Agrawal et al.，2019；Tanaka et al.，2020；Babina et al.，2020）。大数据应用实现了传统产业生产过程的自动化转型，可以替代一部分原本由劳动力承担的生产工作，降低生产经营过程中人工参与的程度，从而降低每单位产出的劳动力成本（Brynjolfsson & Mitchell，2017；Agrawal et al.，2019；Babina et al.，2020）。大数据应用可以使企业内部各组织之间信息传递的成本更低、效率更高，从而缓解企业内部的组织管理问题，实现更加扁平、高效的管理模式，降低管理成本，提升生产效率（Brynjolfsson et al.，2011）。二是大数据应用对研究创新的积极影响。受益于大数据的积累和分析，企业在研发前期对市场需求的分析更具前瞻性，使得研发方向更加针对符合消费者需求结构的新产品或新服务，以提高产品或服务的竞争力，因此，研发成果商业化失败的风险大大降低（Cockburn et al.，2018）。三是大数据应用于企业生产

① 其中，大规模是指变量数与观测数多而导致的海量的数据量；高速度是指数据的收集、更新、分析速度之快；多样性是指结构化、半结构化和非结构化等多种大数据类型。

经营并不一定会展现立竿见影的积极影响，大数据应用过程可能存在摩擦，这使得大数据无法在短期内全面发挥为企业增值的效果。

基于此，张叶青等（2021）提出了“大数据技术与企业市场价值”这一理论命题。

理论命题 2-1

大数据的应用显著提高了企业的生产效率和研发投入，进而促进了企业市场价值的提升；技术和人才供给的匮乏可能会阻碍大数据应用对企业的增值效果。

资料来源：张叶青，陆瑶，李乐芸．大数据应用对中国企业市场价值的影响：来自中国上市公司年报文本分析的证据［J］．经济研究，2021，56（12）：42-59.

该理论命题首次以大数据这一新一代数字技术为切入点，实证检验了大数据应用对企业发展的积极意义，拓展了技术与经济发展理论的研究边界。西方经典内生增长理论认为，技术创新是经济增长和生产率提升的主要推动力（Romer，1990）。一方面，张叶青等（2021）将大数据作为新型生产要素从物质资本中剥离，以企业微观视角刻画了大数据驱动技术进步与生产率提升等在企业发展中起到的重要作用，为数字经济时代企业市场价值理论的研究提供了新证据，完善了企业发展影响因素的相关研究；另一方面，张叶青等（2021）立足于中国企业的数据探索了影响机制，充分结合大数据政策优势、数字基础设施建设、人才供应条件等中国宏观要素，提供了根植于中国实际的政策建议，助力中国经济的高质量发展。

三、理论命题的具体内容

西方经典内生增长理论认为，R&D发挥的“创造性破坏”作用促进的技术进步是经济增长的内生因素（Aghion & Howitt，1992；Aghion et al.，2009）；传统信息理论认为，技术进步意味着海量信息的涌入，可以帮助企业预测，从而提高决策效率（Brynjolfsson et al.，2011）。张叶青等（2021）以大数据这一新一代数字技术为切入点，实证检验了大数据应用对企业市场价值的积极意义，并深入探索了其影响机制，为数字技术应用对企业竞争力提高、宏观经济增长的传导路径构建了理论基础，提供了实证依据。

首先，张叶青等（2021）采用以下基准模型检验大数据应用程度对企业在股票市场上价值的影响：

$$Y_{ijpt}=\gamma_0+\gamma_1 \text{Bigdata}_{ijpt}+\gamma_2 \text{Controls}_{ijpt}+\delta_{pt}+\gamma_{jt}+\mu_i+\xi_{ijpt} \tag{2-1}$$

式中，Y_{ijpt} 为第 t 年 p 省份 j 行业的 i 企业市场价值指标，即托宾 Q 值（Tobin's Q）；核心解释变量 Bigdata_{ijpt} 表示企业层面的大数据应用程度（lnBigdata），即企业年报中披露大数据相关关键词的频率加一后取对数；Controls_{ijpt} 代表相关控制变量，包括企业的规模、杠杆率、固定资产比率、年龄、股权的国有性质、销售收入增长率和总资产收益率；δ_{pt} 表示“省份-年份固定效应”，以控制不同地区随时间变化的特征；γ_{jt} 表示“行业-年份固定效应”，以控制不同行业随时间变化的特征；μ_i 代表企业固定效应；ξ_{ijpt} 代表随机误差项，标准误在企业和年份层面上进行双向聚类。该理论命题重点关注系数 γ_1 估计值的符号及其显著性，其经济含义是大数据应用对企业市场价值的影响。

表 2-1 报告了估计结果。由于回归系数与标准误的估计结果可能在较大程度上受到固定效应的影响，第（1）列至第（4）列考察不同固定效应的控制对研究结论的影响，以确保结果的稳健性。第（1）列至第（4）列中 lnBigdata 的系数均在 1%的显著性水平上统计显著为正，即企业的大数据应用程度越大，其市场价值越高。可以看出，大数据应用显著提高了企业的市场价值这一结论非常稳健。以第（4）列为例，其披露了一个“大数据”相关关键词的企业的托宾 Q 值，比没有披露任何相关关键词的企业平均而言高出 4.21%（$=\ln 2\times 0.151/2.485$）。这说明大数据应用对企业市场价值的影响在经济意义上也是显著的。总体而言，研究结果表明，企业应用大数据越多，其在股票市场上的价值越高。

表 2-1 大数据应用与企业市场价值的基本回归结果

	托宾 Q 值			
	(1)	(2)	(3)	(4)
lnBigdata	0.157***	0.154***	0.153***	0.151***
	(0.037 5)	(0.035 5)	(0.035 4)	(0.033 7)
控制变量	是	是	是	是
固定效应	年份，企业	企业，行业-年份	企业，省份-年份	企业，行业-年份，省份-年份
观测值	20 623	20 623	20 623	20 623
调整的 R^2	0.695	0.698	0.699	0.702

注：*** 表示在 1%的显著性水平上统计显著，括号内为企业和年份层面双向聚类标准误。

资料来源：改编自张叶青，陆瑶，李乐芸. 大数据应用对中国企业市场价值的影响：来自中国上市公司年报文本分析的证据 [J]. 经济研究，2021，56 (12)：42-59。

从大数据影响企业市场价值的理论机制来看：

第一，大数据应用可以通过信息渠道来影响企业的生产效率。大数据应用的核心是对海量数据的生产、采集、存储、加工、分析等，而数据本质上是一种信息。首先，大规模数据的积累和分析可以为企业提供更加细致、信噪比更高、传播性更强的海量信息。根据信息理论，充足的信息可以提高企业的决策效率（Brynjolfsson et al.，2011；Brynjolfsson & McElheran，2016；Agrawal et al.，2019；Tanaka et al.，2020；Babina et al.，2020）。其次，大数据降低了企业的劳动力成本，从而提高了企业的生产效率。大数据应用实现了传统产业生产过程的自动化转型，可以替代一部分原本由劳动力承担的生产工作，降低生产经营过程中人工参与的程度，从而降低每单位产出的劳动力成本（Brynjolfsson & Mitchell，2017；Agrawal et al.，2019；Babina et al.，2020）。生产过程中的许多任务都是“预测性任务”，而与劳动力相比，基于大数据预测的边际成本更低、预测效率更高（Agrawal et al.，2019），因此，大数据替代常规劳动力能有效提高生产效率。最后，大数据可以从组织管理的角度降低企业生产运营的成本。以物流管理系统为例，数据系统可以通过对产品库存和发货情况进行监控来实现迅速调拨决策，有效平衡供应链的供需两端，降低物流费用，还可以为生产、业务部门及时捕捉市场需求，为下一期的生产销售提供决策依据。

第二，大数据应用也会对广义的技术创新过程产生深远影响。首先，大数据应用有利于企业更精准地把握消费者的需求，明确当前生产过程的不足和技术创新的方向，进而提高研发投入的需求。与传统数据相比，大数据从数据类型、产生速度和数据规模上都体现出明显优势。受益于大数据的积累和分析，企业在研发前期对市场需求的分析更具前瞻性，使得研发方向更加针对符合消费者需求结构的新产品或新服务，以提高产品或服务的竞争力，因此，研发成果商业化失败的风险大大降低（Cockburn et al.，2018）。其次，大规模、多样化、高速度数据的积累和分析能够大大提高预测能力（Brynjolfsson et al.，2011），从而降低了企业研发过程中的不确定性和研发成本，增强了研发的动机。最后，大数据的应用为研发过程积累了丰富的资源和信息，提高了企业的研发效率。一方面，大数据的海量规模和多样性扩大了企业信息搜索的空间，高速度提高了信息处理的效率，进而提高了企业从已有技术中提炼创新成果的能力。而过程创新往往建立在密集的信息处理和搜索的基础之上，对已有技术进行重新改进或组合，进而获得技术的新应用或新产品的创造。另一方面，大数据应用还可能催生对创新方法和产业结构的根本性革新。Cockburn et al.（2018）发现，大数据应用为研发创新提供了新的方法，可以改善创新进程的本质，从而对创新和经济增长产生更为深远的影响。

第三，大数据应用在转化为企业价值的过程中可能存在限制和挑战，主要体现在两方面。一方面，应用大数据相关技术的门槛较高、难度较大；另一方面，大数据对企业的增值作用离不开一系列互补性资产或资源的投入。大数据应用需要与生产、运营、管理、销售等企业的基本活动紧密结合，因此，除了大数据本身，企业还需要其他方面的投入加以配合，包括生产经营活动的重构、新的商业模式的建立、组织结构的调整、管理经验的升级、相关技术的员工培训、特定软件的定制开发等等（Bloom et al.，2012；Dranove et al.，2014；Brynjolfsson et al.，2021）。在引进大数据相关设备和人才的过程中，企业往往面临着内部资源的重新分配、劳动力和组织结构的重组、新的生产线的调试等调整成本。

为了检验生产效率提高的渠道是否有效，借鉴以往文献（Liu & Lu，2015；Liu & Qiu，2016），张叶青等（2021）采用全要素生产率（Total Factor Productivity，TFP）来衡量公司的生产效率，考察大数据应用程度对企业生产效率的影响，具体则采用当前主流的 LP 方法（Levinsohn & Petrin，2003）估算企业的全要素生产率。具体而言，按照中国证券监督管理委员会《上市公司行业分类指引（2012 年版）》中的二级行业划分标准，张叶青等（2021）利用销售收入、员工数目、固定资产和中间投入的信息，分行业来估计 TFP。将 TFP 作为被解释变量，表 2－2 中的第（1）列的结果表明：lnBigdata 的估计系数显著为正。这表明大数据的应用帮助企业显著提高了自身的生产效率。

表 2-2 大数据应用对企业市场价值的正向影响机制检验

	TFP (1)	R&D_Exp/Assets (2)	R&D Workers（%） (3)
lnBigdata	0.024 5**	1.503***	1.710***
	(0.010 8)	(0.477)	(0.298)
控制变量	是	是	是
观测值	20 542	20 623	20 621
调整的 R^2	0.989	0.699	0.656

注：所有回归均控制了企业固定效应、省份-年份固定效应和行业-年份固定效应。*** 表示在 1%的显著性水平上统计显著。括号内为企业和年份层面双向聚类标准误。

资料来源：改编自张叶青，陆瑶，李乐芸．大数据应用对中国企业市场价值的影响：来自中国上市公司年报文本分析的证据［J］．经济研究，2021，56（12）：42-59。

表 2-2 中的第（2）列和第（3）列汇报了大数据应用对企业研发强度的影响。张叶青等（2021）从 R&D 的资金投入和人员投入两个角度来衡量企业的研发强度：第（2）列的被解释变量是 R&D 支出除以滞后一期的总资产（R&D_Exp/Assets），其中总资产以千元计；第（3）列中的被解释变量是研发人员在所有员工中所占比例［R&D Workers（%）］。同样采用模型（2-1）进行回归，结果发现大数据应用程度的提高对企业的研发强度有显著的正向影响，从而印证了影响渠道：大数据应用通过促进企业研发来提高其市场价值。

为验证人才需求方面的摩擦，张叶青等（2021）分别从企业内部的技术人员储备和企业所在地区的外部的高学历人才供给两个层面进行检验。首先，张叶青等（2021）分析了在不同的技术人员储备的子样本下，大数据应用对企业价值影响的差异，从而体现企业内部的技术人员储备带来的摩擦。具体而言，基于企业在样本初期的员工中技术或研发人员占比的行业中值将企业样本划分为两组，并分别基于这两组子样本来估计模型（2-1）。结果在表 2-3 的第（1）列至第（2）列报告，第（1）列的 lnBigdata 系数估计值为 0.195 且在 1%的显著性水平上统计显著，而第（2）列的系数估计则统计不显著，两者之间的系数差异显著。因此，只有内部技术人员储备较为充足的企业才能更好地将大数据转化为公司的市场估值。

表 2-3 大数据应用中的摩擦

被解释变量	托宾 Q 值					
样本	内部的技术人员储备		外部的高学历人才供给		数据基础设施建设	
	>中值 (1)	<中值 (2)	>中值 (3)	<中值 (4)	国家大数据中心所在省份 (5)	其他省份 (6)
lnBigdata	0.195**	0.091 1	0.185***	0.111**	0.204**	0.142***
	(0.078)	(0.057)	(0.050)	(0.040)	(0.066 1)	(0.034 4)
控制变量	是	是	是	是	是	是
Difference	0.104（p 值<0.01）		0.074（p 值<0.01）		0.061 8（p 值<0.01）	

续表

被解释变量	托宾 Q 值					
	内部的技术人员储备		外部的高学历人才供给		数据基础设施建设	
样本	>中值 (1)	<中值 (2)	>中值 (3)	<中值 (4)	国家大数据中心所在省份 (5)	其他省份 (6)
观测值	6 050	6 776	9 904	10 512	1 835	18 778
调整的 R^2	0.667	0.709	0.699	0.701	0.737	0.700

注：Difference 为系数差异及对应的检验显著性结果，经验 p 值的计算基于 Cleary（1999）。*** 和 ** 分别表示在 1%和 5%的显著性水平上统计显著，括号内为企业和年份层面双向聚类标准误。

资料来源：改编自张叶青，陆瑶，李乐芸．大数据应用对中国企业市场价值的影响：来自中国上市公司年报文本分析的证据 [J]. 经济研究，2021，56（12）：42－59。

其次，张叶青等（2021）利用不同地区之间的高学历人才供给情况的差异，分析了基准效应的异质性。在大数据与实体经济的融合过程中，劳动力与组织管理的同步革新离不开当地劳动力市场中高学历人才的供给（Tambe，2014；Babina et al.，2020）。因此，张叶青等（2021）根据不同省份的劳动力市场供给条件的差异进行分样本检验。具体而言，张叶青等（2021）计算了企业所在省份的大专以上学历的人口占比，按照每年的中值将企业样本划分为两组，并分别基于这两组子样本来估计，结果在表 2－3 的第（3）列与第（4）列中报告。结果表明，第（3）列的 lnBigdata 系数估计值为 0.185 且在 1%的显著性水平上统计显著；而高学历人才供给较少的地区（第（4）列）对应的系数仅为 0.111。两者之间的系数差异显著（p 值<0.01）。因此，高学历人才供给充足的地区的公司能够更好地将大数据转化为公司的市场价值。

为了验证技术支持方面的摩擦，张叶青等（2021）以企业所在省份是否拥有“国家大数据中心（包括北京、贵州、乌兰察布）”作为对所在环境的数据基础设施建设情况的度量，将所有样本划分为位于“国家大数据中心所在省份”和“其他省份”两组子样本，并分别基于这两组子样本来估计，结果在表 2－3 的第（5）列与第（6）列中报告。结果表明，位于数据基础设施建设好的地区的企业能够更好地实现大数据对企业的增值效果，两组子样本之间的系数估计值差异显著（p 值<0.01）。

第三节　平台嵌入技术赋能市域协调发展的普惠逻辑

一、理论命题的提出

推动区域协调发展是中国经济社会发展的重要主题之一（陆铭和李鹏飞，2022）。同级别行政区划之间发展差距的缩小是区域协调发展的重要目标和主要表象（李兰冰，2020；李实，2021；叶堂林和王雪莹，2023）。在学界，大量研究已从省际、市际等不同尺度考察了中国区域协调发展的水平格局及其影响因素，但鲜有研究关注市域尺度的发展协调性。城市内部县际差距缩小是市域协调发展的重要表征，其关键在于欠发达区县经济的持续快速增长（彭刚等，2023；叶堂林和王雪莹，2023）。然而，在普惠性不足的传统贸易模式下，欠发达区县的企业往往面临着高额的贸易成本和严重的信息不对称问题，较低的生产率也使其更易被国际市场排除在外（Melitz，2003），这不利于欠发达区县共享贸易的福利效应。相比之下，跨境电商的贸易门槛大大降低，具有极强的普惠性特征。相关经济事实已超出新贸易理论和异质性企业贸易理论的解释范畴。一方面，跨境电商平台有利于欠发达区县企业以低成本参与贸易分工；另一方面，企业贸易决策不再严格受生产率的限制（马述忠等，2023）。

基于此，马述忠等（2024）提出了“平台嵌入技术赋能市域协调发展的普惠逻辑”这一理论命题。

理论命题 2－2

城市发展跨境电商能提升其内部协调发展水平，激活欠发达区县成本优势、缓解中高端劳动力分布不均以及弥合县际信息鸿沟是跨境电商促进市域协调发展的关键普惠机制。

资料来源：马述忠，张道涵，陈逸凡．跨境电子商务与市域协调发展［J］．经济学动态，2024（3）：77－95.

该理论命题首次解读了跨境电商对区域协调发展水平的影响，不仅基于数字技术视角突破了市场获得（Market Access）理论的边界，也为后续涉及市域尺度协调发展的研究提供了价值参考。一方面，西方学者认为，市场获得是周边地区（包括该地区自身）对该地区的产品需求之和（Redding & Venables，2004）。马述忠等（2024）基于长尾效应理论的思想（Brynjolfsson et al.，2011），认为跨境电商极大拓宽了欠发达区县的市场获得，使其能够以较低的成本面向全球范围的消费者，并进一步基于百度地图兴趣点（Point of Interest，POI）和全国人口普查等高颗粒度数据，构造了能较好量化城市内部区县间要素价格差异、劳动力存量差异和信息鸿沟的指标，从激活欠发达区县成本优势、缓解中高端劳动力分布不均和弥合县际信息鸿沟三个角度厘清了跨境电商促进市域协调发展的普惠逻辑。另一方面，可能受限于数据，目前有关区域协调发展的研究几乎都落脚于省际、市际差距。然而，市域尺度的协调发展情况同样值得关注。这是因为中国的城市是一个行政管辖范围的概念，其下一般都设有县级行政区，而县级行政区又往往进一步管辖乡镇级行政区。这不仅使得中国城市的空间范围往往大于其他国家定义的城市（陆铭和李鹏飞，2022），更导致其行政定义与经济功能定义存在较大出入，放大了内部发展失衡问题（Chen et al.，2022）。因此，马述忠等（2024）能在一定程度上为后续涉及市域尺度协调发展的研究提供前期学术土壤。

二、理论命题的具体内容

在理论分析方面，新经济地理学领域的西方学者提出的市场获得理论认为，一个地区面临的总需求来自该地区自身及其周边地区（Redding & Venables，2004）。根据该理论，在贸易活动中，欠发达地区具备的市场获得能力必然远小于发达地区。在数字经济时代，跨境电商已广泛融入中国居民的生产生活之中，并从家庭消费、企业行为、城乡差距等不同方面深刻影响着经济社会的发展（唐学朋等，2023；刘玉荣等，2023；李小平等，2023；黄先海等，2022）。跨境电商不仅具有虚拟化、平台化、个性化、集约化等内在属性，还展现出极强的普惠性特征（马述忠等，2018）。得益于平台技术的深度应用，跨境电商的贸易门槛大幅降低，欠发达地区市场主体的市场获得能力大幅提高，能够充分参与其中并获利，这有利于当地经济的快速增长，进而促进市域、省域等不同尺度的协调发展。具体来说，跨境电商平台不仅实现了全球消费需求和市场信息的汇总，还能为入驻企业提供金融、物流等方面的一体化解决方案（张洪胜和潘钢健，2021），这有利于在传统贸易中处于弱势地位的欠发达区县企业直接面向全球消费者，以极低的成本参与贸易分工。据此，马述忠等（2024）打破传统市场获得理论的思维范式，认为城市发展跨境电商应当有利于内部欠发达区县实现对发达区县的追赶，助力市域协调发展。

在对理论分析的实证检验方面，自 20 世纪下半叶以来，不断有研究指出，夜间灯光亮度能有效反映经济活动强度（Croft，1978；Elvidge et al.，1997；Sutton & Costanza，2002）。Henderson et al.（2012）首次采用夜间灯光数据刻画区域经济发展状况，发现夜间灯光亮度既能客观量化经济的长期增长，也能准确刻画其短期波动，是传统经济数据质量较差时，代理经济发展水平的合理指标。可能由于中国区县及以下层面的经济社会数据缺失严重，而夜间灯光亮度栅格数据覆盖面大、分辨率高且更新频繁（Gibson et al.，2021），逐渐有国内学者将其应用于市域协调发展水平的量化工作中（彭刚等，2023；郭峰等，2023；方锦程等，2023）。有鉴于此，马述忠等（2024）主要基于夜间灯光栅格数据量化市域协调发展水平。此外，得益于马述忠等（2021）所采用数据的高频度优势，马述忠等（2024）在实证模型中纳入了月份维度，从而可以更精确地识别跨境电商的普惠作用。具体而言，马述忠等（2024）的基准回归模型设定见公式（2-2）：

$$Co_{iym}=\alpha_0+\alpha_1\ln CBEC_{iym}+\alpha_2\ln TNL_{iym}+\alpha_3 ANL_{iym}+\lambda_{ym}+\lambda_{iy}+\lambda_{im}+\varepsilon_{iym} \tag{2-2}$$

式中，下标 i 表示城市，y 表示年份，m 表示月份；Co_{iym} 表示市域协调发展水平，基于区县层面的夜间灯光亮度构造；$\ln CBEC_{iym}$ 为跨境电商发展水平；控制变量中，$\ln TNL_{iym}$ 为总经济规模，ANL_{iym} 为内部平均发展水平；λ_{ym}、λ_{iy}、λ_{im} 分别表示年份-月份、城市-年份、城市-月份层面的固定效应。较严格的固定效应能很好地缓解遗漏变量问题，在马述忠等（2024）的完整模型中，中国整体的跨境电商产业趋势以及各城市的年度社会经济发展指标、季节性经济波动和历史文化因素等变量均会被固定效应吸收。ε_{iym} 为多维随机扰动项。受限于篇幅，指标的详细构建过程和数据来源参见马述忠等（2024）的原文。

表 2-4 展示了基准回归结果。在第（1）列中，马述忠等（2024）仅对两个核心变量进行包含常数项的 OLS 估计。在第（2）列中，马述忠等（2024）进一步加入了全部控制变量，并控制了年份-月份和城市层面的固定效应。在第（3）列中，马述忠等（2024）在加入全部固定效应的前提下，仅针对两个核心变量回归。以上三列回归结果中核心解释变量系数的估计结果均显著为正，符合马述忠等（2024）的预期。第（4）列加

入了全部的控制变量和固定效应，是对完整模型的估计。结果显示，lnCBEC 的系数显著为正，说明城市发展跨境电商有利于其内部协调发展水平的提升。此外，经济规模 ln TNL 的系数显著为正，这可能是因为城市经济发展形成的规模效应有利于县际协同分工和信息共享，进而缩小了县际差距。ANL 的系数显著为负，这说明城市内部平均发展水平的提升反而扩大了县际差距。可能的解释是，内部平均发展水平较高的城市往往收入水平也较高，进而能对劳动力等生产要素产生虹吸效应，而在传统经济模式下，这些生产要素又趋向于集聚在要素价格相对更高的发达区县，最终在一定程度上加剧了市域发展不协调问题。

表 2-4 基准回归结果

变量	(1)	(2)	(3)	(4)
lnCBEC	0.342***	0.061*	0.116***	0.105***
	(0.177)	(0.033)	(0.028)	(0.028)
lnTNL		1.301**		1.985***
		(0.605)		(0.576)
ANL		−0.643***		−0.810***
		(0.168)		(0.153)
常数项	76.908***	66.630***	77.762***	59.994***
	(1.099)	(5.834)	(0.107)	(5.637)
城市固定效应	否	是	是	是
年份-月份固定效应	否	是	是	是
城市-年份固定效应	否	否	是	是
城市-月份固定效应	否	否	是	是
R^2	0.009	0.940	0.976	0.977
观测值	9 895	9 895	9 883	9 883

注：***、** 和 * 分别表示在 1%、5%和 10%的显著性水平上统计显著，括号内为城市聚类稳健标准误。

资料来源：改编自马述忠，张道涵，陈逸凡．跨境电子商务与市域协调发展：兼论跨境电商的普惠逻辑 [J]. 经济学动态，2024 (3)：77-95。

根据异质性企业贸易理论，在普惠性不足的传统贸易模式下，欠发达区县的企业往往面临着高额的贸易成本和严重的信息不对称问题，较低的生产率使其更易被国际市场排除在外（Melitz，2003），这不利于欠发达区县共享贸易的福利效应。马述忠等（2024）则认为，跨境电商的贸易门槛大大降低，具有极强的普惠性特征。不同于传统贸易企业对规模经济的依赖（Krugman，1980），跨境电商企业的盈利逻辑在于挖掘个性化需求、获取差异化溢价，生产率不再是企业贸易决策的决定性因素（马述忠等，2023）。欠发达区县企业即使生产率受限，也能借助对商业信息的分析，在规避和发达区县企业同质化竞争的前提下，挖掘新的增长点。具体来说：

首先，跨境电商有利于激活欠发达区县成本优势。一方面，跨境电商的数字经济属性意味着供需匹配过程发生于平台上的虚拟店铺（李小平等，2023），并不依赖于企业和消费者在线下门店的互动；另一方面，跨境电商的外贸属性决定了企业面临的是国际市场，不必考虑本地市场的消费需求。因此，跨境电商企业往往不经营线下门店，且在选择办公、仓储等必需的线下场所时，更多考虑的是门面租金、厂房建设、人员工资等成本因素，而非当地线下经济活动和消费需求的密集程度。此时，相比发达区县，企业可能更倾向于在各种要素价格相对低廉的欠发达区县从事跨境电商（黄先海等，2022）。因此，城市发展跨境电商产业，意味着内部欠发达区县能得到更多的发展机会和全新的经济增长点。随着欠发达区县成本优势的充分发挥，加工、物流、包装等配套产业的聚集又能进一步刺激当地经济的增长（刘玉荣等，2023），缩小其和发达区县的发展差距。

其次，跨境电商有利于缓解中高端劳动力分布不均。在传统经济模式下，发达区县由于存在较强的经济集聚效应，往往对各类劳动力具有虹吸效应，进而增强马太效应，损害欠发达区县的长期可持续增长能力（洪银兴，2022）。在跨境电商模式下，随着企业出于成本因素向欠发达区县倾斜，当地也会出现大量就业机会（黄先海等，2022），进而吸引劳动力的回流、聚集，最终缓解因发达区县虹吸效应导致的市域发展不协调问题。不过，上述普惠作用更多来自中高端劳动力的流动。这是因为，一方面，跨境电商的从业门槛相对较低，不需要很高的外贸知识储备和数字技术素养，不局限于高端劳动力。例如，跨境电商平台不仅能通过智能翻译系统、商品搜索引擎等工具大大缓解信息不对称问题，还能通过整合金融机构和物流公司，简化传统贸易中较为烦琐的支付和物流手续（Brynjolfsson et al.，2019；马述忠等，2018），同时平台本身的底层算法并不需要入驻企业参与搭建。另一方面，考虑到数字鸿沟的客观存在，数字技能较差的人群往往难以有效利用数字经济业态创收（陈梦根和周元任，2023），而跨境电商从业者在处理日常的运营销售业务时，又必须能熟练运用在线远协、网络搜索等方面的简单数字技术，那么跨境电商的普惠作用可能难以深入惠及属于数字弱势群体的低端劳动力。因此，城市发展跨境电商产业，有利于中高端劳动力流向欠发达区县，缓解由其分布不均造成的市域发展不协调问题。

最后，跨境电商有利于弥合县际信息鸿沟。相比发达区县，出于通信基础设施建设落后等原因，欠发达区县对商业信息的可及性往往更低，这导致当地企业面临更高的搜寻和决策成本，抑制了要素资源的集中，阻碍了市场经济的健康稳定发展（刘修岩等，2017；方锦程等，2023）。可见，县际信息鸿沟是导致市域发展不协调的重要原因之一。鉴于跨境电商平台的外贸属性已使其成为信息、知识和技术溢出的有效渠道（史亚茹和于津平，2023），在欠发达区县因成本优势吸引跨境电商产业入驻后，当地相关企业能够从平台获取并积累大量商业信息，既包括国际市场前沿趋势（马述忠等，2023），如消费偏好趋向、热门产品类别和新的需求增长点，也包括更先进的管理经验（姚鹏和孙久文，2015），如同类型企业的定价策略、营销方案和产品组合等。上述信息能够为商业信息储备相对不足的欠发达区县带来可观的经济价值。因此，城市发展跨境电商产业，有利于弥合县际信息鸿沟，助力商业信息可及性相对不足的欠发达区县追赶发达区县。

据此，马述忠等（2024）打破了异质性企业贸易理论的思维范式，认为激活欠发达区县成本优势、缓解中高端劳动力分布不均和弥合县际信息鸿沟是跨境电商促进市域协调发展的主要普惠机制。

马述忠等（2024）基于调节效应思想验证了上述理论机制。首先，如果激活欠发达区县成本优势是跨境电商促进市域协调发展的普惠机制之一，那么县际要素价格差异越大，跨境电商的积极作用应当越强，相关指标应具有正向调节效应。这是因为当要素价格差异更大时，若企业选择在欠发达区县从事跨境电商产业，相比要素价格水平更高的发达区县，企业支付的厂房租金等固定成本和人员工资等可变成本更低，但得益于跨境电商平台的存在，其能获得的国际市场机会并不具有实质性差别，进而享有更大的盈利空间。因此，县际要素价格差异越大，欠发达区县的成本优势就相对更高。虽然马述忠等（2024）受限于区县级数据的可得性，无法直接量化要素价格差异，考虑到一个地区的商业建筑越多，以土地租金为代表的各类要素价格往往越高（张京祥和周子航，2021；常疆等，2011），马述忠等（2024）最终基于中国 2016 年典型商业建筑的 POI 数据构建相关指标。马述忠等（2024）首先选取商务写字楼 POI 构建指标。这一方面是因为商务写字楼是典型的商业建筑，一个区县的商务写字楼越多，其土地租金等要素价格很可能更高（张莉等，2022）。另一方面是因为在跨境电商的普惠性加持下，企业甚至可以不选择以商务写字楼为代表的商业建筑，而是依托宅基地等非商业用地建设线下经营场所（黄先海等，2022），进而规避欠发达区县商业基础设施不足的劣势，并更充分地发挥其成本优势。结合行政区划矢量数据，马述忠等（2024）计算了各区县的商务写字楼数量，进一步得到其在城市层面的泰尔指数，即表 2 - 5 中的 theil_off，以此代理市域要素价格差异。纳入 lnCBEC 与 theil_off 交互项的回归结果展示于表 2 - 5 的第（1）列，交互项系数显著为正，符合预期。

表 2 - 5　机制检验结果

变量	(1)	(2)	(3)	(4)
lnCBEC	0.052 (0.037)	0.029 (0.045)	−0.009 (0.056)	0.029 (0.046)
lnCBEC×theil_off	0.144* (0.087)			
lnCBEC×theil_mid		0.507** (0.248)		
lnCBEC×theil_high			0.280** (0.122)	
lnCBEC×theil_tel				0.373** (0.183)
控制变量	是	是	是	是
固定效应	是	是	是	是
R^2	0.977	0.977	0.977	0.978
观测值	9 820	9 769	9 832	9 776

注：** 和 * 分别表示在 5%和 10%的显著性水平上统计显著，括号内为城市聚类稳健标准误。

资料来源：改编自马述忠，张道涵，陈逸凡．跨境电子商务与市域协调发展：兼论跨境电商的普惠逻辑［J］．经济学动态，2024（3）：77 - 95。

其次，如果缓解中高端劳动力的分布不均是跨境电商促进市域协调发展的普惠机制之一，那么在样本考察期之前，城市初始的县际中高端劳动力存量差异越大，跨境电商促进市域协调发展的边际作用就越强，相应的指标应具有正向调节效应。为了在满足调节变量外生性要求的同时，兼顾数据的可得性、时效性和权威性，马述忠等（2024）最终基于2010年全国第六次人口普查数据构建相应指标。由于以学历为代表的人力资本水平是劳动力层次的重要划分依据（Caselli & Coleman，2006），借鉴李敏等（2019）的分类方式，马述忠等（2024）以各区县高中和专科学历的人数代理中端劳动力存量，并计算该指标在城市层面的泰尔指数，以此代理中端劳动力存量差异，记为 theil_mid；以各区县本科及以上学历的人数代理高端劳动力存量，并计算该指标在城市层面的泰尔指数，以此代理高端劳动力存量差异，记为 theil_high。相应交互项模型的回归结果展示于表2-5的第（2）、（3）列，两个交互项系数的估计结果均显著为正，验证了其正向调节效应。

最后，如果弥合县际信息鸿沟是跨境电商促进市域协调发展的普惠机制之一，那么城市内部初始的县际信息鸿沟越深，由跨境电商提供的商业信息为欠发达区县带来的边际价值就相对更高，相应的指标应具有正向调节效应。在数字经济时代，电信行业提供的通信服务保障了信息的高效流动。与此同时，电信服务网点的分布不均也是信息鸿沟形成的重要原因（叶堂林和王雪莹，2023；刘修岩等，2017）。有鉴于此，马述忠等（2024）采用电信服务网点 POI 数据构建相应的机制变量。具体来说，马述忠等（2024）分别计算了各区县2016年三大电信营业厅的数量，进一步得到其在城市层面的泰尔指数，即表2-5中的 theil_tel，以此刻画县际信息鸿沟。相应结果展示于表2-5的第（4）列，机制变量对跨境电商促进市域协调发展的积极作用具有显著的正向调节效应。

第四节　数字技术创新的市场导向机制

一、概念

在正式进入该理论命题前，我们需要对该理论命题的核心概念“数字创新”有一个整体的理解。

（一）数字创新的内涵

数字创新这一概念衍生于信息系统领域对数字技术特性的研究，大都将其认为是在数字技术应用的加持下传统创新的数字化变革（Yoo et al.，2010；Nambisan et al.，2017），也有部分观点认为其本质是数字化数据、数字要素、数字（组织）能力等（Barrett et al.，2015；Svahn et al.，2017）。尽管学界不同学者对其本质有不同的理解，但可以确定的是，不管是数字技术还是数字能力和数据，其最底层的逻辑都是数字化的思维和想法形成的数字组件（其组成部分包括一个或多个比特串的对象），数字化的思维和想法嵌入数字技术中捕捉了对数字创新的技术视角，而数字技术嵌入数字创新中包含了社会技术视角（Hund et al.，2021）。因此，数字创新最本质的属性是数字化思维和想法。

数字创新另一方面的本质属性是其创造过程。当前数字技术已经成为一种新的生产要素，新一代数字技术迅速迭代、不断演化，改变了产品与服务形态、企业组织形式以及产业结构，使得不同形态的边界之间不断交互、更加模糊（余江等，2017；Nambisan et al.，2019）。不断推陈出新的数字化的思维和想法，以及其与产品、服务、流程等的融合发展打破了对于原有创新过程和新生事物的认知，突破了原有的传统创新的理论范式。但是归根结底，数字创新的本质是创新。正如熊彼特（Schumpeter）所说："创新是引入新的产品、服务或改进提供的产品、服务的想法的现实实现。"数字创新则是利用现有的具有数字特性的组件，将其与其他组件进行重新组合、重新配置或重新设计而形成的，是一种动态的行为。

与传统创新相比，数字创新具有一些全新的特有属性，这些属性主要来自数字技术自身的特性（异质性、可编辑性和自参考性等）并在此基础上不断演变得来。第一，数字创新具有数字非竞争性。数字非竞争性的存在，使得数字创新所形成的产品具有比传统创新更低的生产和传播成本，从而产生更大的规模经济效应。知识的非竞争性是指新想法的成本主要源于研发过程，但在应用过程中，增加使用者并不会增加多少成本，也并不妨碍原有的使用者使用知识的效率，即其具有公共产品的特性。随着数字技术的发展，相比传统产品，无形成分如软件在数字创新所产生的新事物的价值上具有更高的比重。更高无形化的组成使得数字创新形成的产品的边际生产成本不断降低，甚至对于完全无形化产品（例如游戏软件），生产和传播成本无限接近零（Corrado et al.，2009）。这就产生了巨大的规模回报，该成果被应用的次数越多，平均生产成本就会越低。第二，数字创新具有更低的进入门槛（成本）。以软件、编程为代表的数字技术是数字创新的核心，其资本投入要求远远低于传统创新活动（例如生物医学制药等实验发明），这种进入壁垒的降低意味着更多潜在创新主体会不断涌入数字创新领域，加快了新数字产品取代现有数字产品的过程。在数字技术开放共享特点的加持下，企业可以低成本地将数字技术应用于创新过程，"创造性破坏"的概率大大提升（Guellec & Paunov，2017）。

综上所述，胡增玺和马述忠（2023）给出了数字创新的内涵：数字创新是以数字化思维和想法为导向，通过利用现有的以数字化为主的知识和物理部件来改进或创造新的事物，进而取得创新成果的行为，并具有数字非竞争性和更低的进入门槛这两个特有属性。

（二）数字创新的外延

从组成来看，数字创新既包括数字组件自身开创性的创新（如软件和通信方法），也包括数字组件和传统组件进行重组并由数字组件驱动而迭代形成的创新（如工业机器人、通信系统）；从物理特征来看，数字创新既包含无形的软件、代码和方法等数字技术和想法的创新，也包含有形的数字和物理部件结合的创新（如计算机和智能设备）；从创新结果来看，数字创新既包括数字产品创新（如无人机、半导体部件），也包括生产和服务流程应用的数字设备和技术创新（如工控系统、互联网平台）；数字创新的主体包括企业、国家、研究机构、个人等；数字创新的目的是在数字产品、技术、服务、基础设施以及解决方案等方面为数字经济发展提供内在动力。

二、理论命题的提出

产品市场一体化是指产品在不同地点之间的自由流动程度，本质是限制性贸易壁垒的下降。这种自由流动程度越高，市场一体化程度也越高（Donaldson，2015）。随着限制性贸易壁垒的降低，企业面临的市场规模会扩大，市场竞争压力也会加剧（Eaton & Kortum，2002；Melitz，2003；Melitz & Ottaviano，2008）。一方面，相比传统创新，数字创新具有更强的非竞争性，从而产生了更大的规模经济效应（Corrado et al.，2009）。在需求端，市场一体化所带来的更大市场规模会放大数字创新的规模经济效应，激励企业进行数字创新（范红忠，2007；钱学锋等，2021）。另一方面，相比传统创新，数字创新的准入门槛也更低，从而具有更高的“创造性破坏”概率（Guellec & Paunov，2017）。在供给端，全国统一大市场所带来的更多的竞争主体会放大“创造性破坏”效应，促进技术更迭。

基于此，胡增玺和马述忠（2023）提出了“数字技术创新的市场导向机制”这一理论命题。

理论命题 2-3

市场一体化可以通过市场规模和市场竞争两个渠道对企业数字创新的数量和质量产生影响，市场规模的扩大促进企业数字创新，市场竞争对企业数字创新的影响是非线性的倒 U 形。

资料来源：胡增玺，马述忠．市场一体化对企业数字创新的影响：兼论数字创新衡量方法[J]. 经济研究，2023，58（6）：155-172.

该理论命题首次提出，在迈向全国统一大市场的过程中，市场与数字技术创新的良性互动关系，建构了完整的数字技术创新市场导向机制理论，拓展了数字经济时代创新理论的研究边界。一方面，西方经典创新理论认为，需求端市场规模的扩大会促进企业的研发创新（Acemoglu & Linn，2004）。在此基础上，胡增玺和马述忠（2023）结合数字创新的特有属性，进一步印证了市场规模对数字创新的推动作用，完善了市场规模与创新的理论框架。另一方面，西方经典创新理论对供给端市场竞争对企业研发创新的影响尚未有定论，当前主要观点包括：市场竞争抑制企业创新（Schumpeter，1942；Autor et al.，2020），市场竞争促进企业创新（Arrow，1972），市场竞争对创新呈现先上升后下降的倒 U 形影响（Aghion et al.，2005）。胡增玺和马述忠（2023）结合数字创新的特有属性，从理论和实证两个方面厘清了市场竞争机制作用于数字创新的具体路径，为其下了定论，拓展了市场结构与创新的研究分支。

三、理论命题的具体内容

西方创新理论最先由熊彼特提出，而后逐渐形成“创造性破坏”的内生化创新的增长模型（Aghion & Howitt，1992）。经典的创新理论认为，市场是创新的决定性力量，市场一体化会促进生产率的提升（Romer，1990；Melitz & Ottaviano，2008）。胡增玺和马述忠（2023）将视角聚焦于产品市场一体化，结合数字创新这一全新事物的全新特征，将其纳入市场一体化的分析框架，从理论和实证两方面探究了市场一体化对企业数字创新的影响，是对市场与创新理论的重要完善，赋予了传统理论数字经济时代全新的内涵。

在理论分析方面，胡增玺和马述忠（2023）关注产品市场一体化。产品市场一体化是指产品在不同地点之间的自由流动程度，自由流动程度越高，市场一体化程度也越高（Donaldson，2015）。产品市场一体化程度的提高意味着限制性贸易壁垒的降低，即“冰山成本”τ_{ij} 会降低。① 一方面，在 Eaton-Kortum（EK）模型中，通过对引力模型的推导，随着 i 地和 m 地之间的贸易壁垒的降低（即 d_{mi} 降低），i 地感知到的目的地 m 的市场规模 $(d_{mi}/p_m)^{-\theta}X_m$ 在其他因素不变的情况下，会随着 d_{mi} 的降低而增加，即 i 地所面临的目的市场 m 的市场规模会增加（Eaton & Kortum，2002）。另一方面，在异质性企业模型中，当 τ_{ij} 下降时，零利润（ZCP）条件不断右移，由此内生决定的市场中的企业数目是增加的（Melitz，2003）。② 这意味着市场竞争的加剧（Melitz & Ottaviano，2008）。因此，市场规模和市场竞争是市场一体化作用于企业数字创新的两大渠道。首先，胡增玺和马述忠（2023）立足于市场与创新理论，通过对市场一体化和数字创新的特征事实进行探究，提出了假说 1。

假说 1： 市场一体化程度的提高对企业数字创新水平的影响是正向的。

在对理论分析的实证检验方面，胡增玺和马述忠（2023）创新性地使用自然语言处理与机器学习交叉范畴的预训练语言模型，基于 1985—2017 年中国专利全文数据库和数字经济核心产业分类描述文本进行数字创新识别工作，并将识别到的数字创新与天眼查企业数据库进行匹配，构成了数据样本。对于企业数字创新的数量，其使用企业每年被识别为数字创新的专利数加 1 取对数来刻画。对于企业数字创新的质量，其则采用专利被引来刻画。对于市场一体化指标，其借鉴吕冰洋和贺颖（2020）采用价格法计算城市与其所有相邻城市的产品市场分割指数，并参考盛斌和毛其淋（2011）的方法计算市场一体化程度。

验证假说 1 使用的基准回归模型为：

$$\text{DigInov}_{fcit}=\beta_0+\beta_1\text{MarketInt}_{ct}+\beta_2\text{Control}_{fcit}+\eta_f+\eta_t+\varepsilon_{fcit} \tag{2-3}$$

式中，被解释变量 DigInov_{fcit} 为年份 t、所在城市 c 和行业 i 的企业 f 的数字创新衡量指标（数量和质量）。核心解释变量 MarketInt_{ct} 为城市 c 在年份 t 的市场一体化水平。Control_{fcit} 为控制变量，包括企业年龄、注册资本与年份虚拟变量的交互，参保人数与年份虚拟变量的交互。η_f 为企业固定效应；η_t 为时间固定效应；ε_{fcit} 为随机误差项。

表 2-6 为市场一体化对企业数字创新的基准回归结果。结果显示，市场一体化的系数都是统计显著为正的，说明在其他条件不变时，市场一体化可以显著促进企业数字创新数量和质量。

---

① 即从 i 地运输到 j 地的成本，包括运输成本、交流成本、税收、制度性限制措施等一切可以反映在价格上的因素。一般由 τ_{ij} 表示，但由于习惯不同，在 Eaton & Kortum（2002）中使用 d_{mi}。

② 详见 Melitz（2003）的式（20）和式（21）。

表 2-6 市场一体化对企业数字创新的基准回归结果

	(1) Quantity	(2) Ave_cite	(3) Max_cite
MarketInt	0.078 8***	0.040 3***	0.050 5***
	(0.015 5)	(0.014 9)	(0.017 5)
Age	0.039 7***	0.016 8***	0.018 3***
	(0.001 04)	(0.001 00)	(0.001 19)
_cons	0.052 8***	0.058 7***	0.074 2***
	(0.006 95)	(0.006 67)	(0.007 83)
观测值	1 087 497	968 456	968 456
Capital×Year	√	√	√
Emp×Year	√	√	√
年份固定效应	√	√	√
企业固定效应	√	√	√
调整的 R^2	0.18	0.12	0.15

注：MarketInt 为市场一体化的衡量指标，Age 为企业年龄的衡量指标，Quantity 为企业数字创新数量的衡量指标，Ave_cite 为利用平均被引计算企业数字创新质量的衡量指标，Max_cite 为利用最大被引计算企业数字创新质量的衡量指标。Capital×Year 为注册资本和年份虚拟变量的交互，Emp×Year 为参保人数与年份虚拟变量的交互。回归中控制了年份固定效应和企业固定效应。*** 表示在 1%的显著性水平上统计显著，括号内为稳健标准误。

资料来源：改编自胡增玺，马述忠．市场一体化对企业数字创新的影响：兼论数字创新衡量方法 [J]. 经济研究，2023，58 (6)：155-172。

市场规模是市场一体化对企业数字创新的影响机制之一。西方经典创新理论认为，需求端市场规模的扩大会促进企业的研发创新（Acemoglu & Linn，2004）。胡增玺和马述忠（2023）则结合数字创新更强的非竞争性和更高的无形化特征，完善了市场规模与创新的理论框架。

在理论层面上，市场一体化对数字创新的影响，从需求端市场规模渠道来看：相比传统创新，数字创新所具有的更强的非竞争性和更高的无形化特征意味着与其相关的产品的边际生产成本更低（Corrado et al.，2009；Yoo et al.，2010），甚至有些数字软件的生产和传播成本接近零；同时，数字技术的可分配性特点赋予了数字创新不再受限于专有资源和创新中介的特性，数字创新一旦完成，则可以形成终端产品或者应用到终端服务上，加速了产品和服务的市场化进程（Autio et al.，2018）。以上特点意味着数字创新相比传统创新具有更强的规模经济效应。而市场一体化可以扩大一个地区中企业所面临的市场规模，企业生产的产品可以销售给更多的消费者，使得企业不仅可以利用本地市场，也可以利用外地市场。面对市场规模的扩张，企业通过加大研发投入，利用数字技术完善产品生产流程，生产数字产品，薄利多销，占领更多的市场份额，带来更大的收益，从而在规模经济的条件下获得更大的利润，弥补了创新投入的沉没成本（Aghion et al.，2022）。这也意味着市场一体化带来的更大市场规模会进一步放大数字创新的规模经济效应，甚至可能出现“赢者通吃”的格局，攫取大部分的市场利润，从而激励企业研发投入（Hall & Harhoff，2012），促使企业产出更多更高质量的数字创新成果。

基于此，胡增玺和马述忠（2023）提出了假说2。

假说2：市场规模的扩大是重要的影响机制之一，市场一体化程度的提高会扩大企业面临的市场规模，从而促进企业数字创新。

在市场规模机制的实证检验方面，胡增玺和马述忠（2023）借鉴江艇（2022）对渠道检验的论述，主要利用工具变量回归考察市场一体化与市场规模的因果关系来探究其中的影响渠道，并在构建机制变量后，基于最严格的固定效应回归单独检验了机制变量与被解释变量之间的关系。对于市场规模变量，其使用城市社会消费品零售总额并借鉴Aghion et al.（2022）的方法衡量一个城市及其所有相邻城市的需求变动。

表2-7报告了市场规模机制的回归结果。其中第（1）列为在城市时间层面基于工具变量法探究市场一体化对市场规模的影响，控制了城市和时间的固定效应。第（2）列是市场规模对企业数字创新数量的回归结果，第（3）列和第（4）列为市场规模对企业数字创新质量的回归结果。结果显示，市场一体化对市场规模的变动有正向且显著的影响，证实了市场规模是市场一体化对企业数字创新影响的渠道之一。市场规模对企业数字创新数量和质量的回归结果显著为正，意味着市场规模的扩大可以显著促进企业数字创新。

表2-7 市场规模机制

	(1) ΔDemand	(2) Quantity	(3) Ave_cite	(4) Max_cite
MarketInt	0.012 9*** (0.004 23)			
ΔDemand		0.076 0*** (0.008 45)	0.019 5** (0.007 84)	0.027 8*** (0.009 22)
_cons		0.080 6*** (0.001 95)	0.078 7*** (0.001 87)	0.098 6*** (0.002 21)
观测值	4 797	1 423 077	1 272 760	1 272 760
其他控制变量		√	√	√
Wald F	1 642.574			
汉森 Jχ^2	0.036 0			
调整的 R^2		0.19	0.12	0.16

注：MarketInt为市场一体化衡量指标，ΔDemand为市场规模衡量指标，第（1）列回归使用的工具变量为城市平均海拔和平均坡度（吕越等，2018；卞元超和白俊红，2021）。第（1）列为工具变量回归，控制了城市和时间固定效应。第（2）列至第（4）列为固定效应OLS回归，控制了企业、行业和时间固定效应。*** 和 ** 分别表示在1%和5%的显著性水平上统计显著，括号内为稳健标准误。

资料来源：改编自胡增玺，马述忠．市场一体化对企业数字创新的影响：兼论数字创新衡量方法[J]．经济研究，2023，58（6）：155-172。

市场竞争是市场一体化对企业数字创新影响的另一机制。市场竞争对创新的影响属于市场结构与创新的研究分支，西方经典理论对此尚未达成一致，主要有三个观点：第一，具有市场势力的企业在创新实力与风险承担方面占据优势，市场竞争不利于创新（Schumpeter，1942）。第二，竞争有利于创新企业降低成本，而垄断则会导致企业缺乏创新动力，从而不利于创新绩效的提升（Arrow，1972）。第三，在完全垄断的市场条件下，企业缺乏竞争对手，对研发的动力和热情不够高，不利于创新；在完全竞争的市场条件下，企业规模较小，难以承担研发费用和风险，不利于创新；而在处于两者之间的市场结构下，企业既能拥有上述优点，又能规避不足之处，从而最大限度有利于创新（Aghion et al.，2005）。而数字创新相比传统创新具有数字非竞争性、更低的进入门槛（成本）这两个本质差异以及由此衍生出的自生长性、不确定性、无边界性等特点（Corrado et al.，2009），可能会对悬而未决的理论主体造成冲击。胡增玺和马述忠（2023）则结合数字创新的以上全新特征，厘清了市场竞争机制作用于数字创新的具体路径，拓展了市场结构与创新的研究分支。

在理论层面上，市场一体化对数字创新的影响，从供给端市场竞争渠道来看：市场一体化意味着企业会面临其他地区同行业企业的竞争，市场竞争更加激烈。由于数字创新所需的成本和进入门槛大大降低，不具备市场势力的大量创新主体可以参与到数字创新中来，提高了“创造性破坏”的概率（Guellec & Paunov，2017）。[①] 这就意味着大企业才能承担创新成本，市场竞争不利于数字创新的理论可能无法立足。激烈的竞争使得企业有被淘汰的可能性，为了从激烈的竞争中脱颖而出，企业很可能借助所需固定资本投入更低的数字创新，在产品质量或者生产效率上战胜竞争对手（Correa & Ornaghi，2014）。尽管创新是一个长期的过程，但是对于数字创新而言，依靠具有自我迭代性特点的数字技术，使得此次科技革命比以往的工业革命要快得多，这意味着应对激烈的竞争采取的数字创新战略见效可能是迅速的。同时，数字创新更大的规模经济效应也会加速这一过程，一旦企业进行的数字创新成功迎合了市场，那么其将会迅速占领市场，打败竞争对手。此外，需要注意的是，除了开创性的数字创新外，大部分数字创新是在已有数字组件的基础上迭代演化的，这就意味着数字创新符合技术落后者必须首先赶上前沿技术，才能在未来争夺技术领先地位的逐步创新的内生增长框架。那么市场竞争对企业数字创新的影响可能是倒 U 形的：当两家企业在技术水平上并驾齐驱时，双方都可能有强大的创新动力来逃离竞争；如果某企业远远落后于技术前沿，产品市场竞争的加剧可能会降低创新的增量回报，从而产生抑制创新的效应（Aghion et al.，2005）。

基于此，胡增玺和马述忠（2023）提出了假说 3。

假说 3：市场竞争的加剧是重要的影响机制之一，市场一体化程度的提高会加剧企业面临的市场竞争，且如果数字创新符合逐步创新模型的设定，市场竞争对其的影响是非线性的倒 U 形。

在市场竞争机制的实证检验方面，胡增玺和马述忠（2023）采用与市场规模相同的

① 这种“创造性破坏”体现在数字创新所导致的产品、服务、商业模式乃至组织结构发生重大变化：在传统行业中通过应用数字技术并形成以服务为导向的新型产品开拓全新市场，数字创新所产生的数字赋能效应使企业能够优化客户体验，创建新的商业运营模式，重塑企业重大业务的过程（Fitzgerald et al.，2014），乃至改变价值创造方式，从而实现高质量发展（何帆和刘红霞，2019）。

方法。对于市场竞争变量，其采用常见的企业竞争对手数量来衡量市场竞争。

表 2-8 的第（1）列在控制了行业城市和行业时间固定效应下，基于工具变量回归考察市场一体化对市场竞争的影响。结果表明，市场一体化会提高市场竞争程度，证实了市场竞争是渠道之一。表 2-8 的第（2）列至第（4）列是在控制了企业、行业时间和城市时间固定效应下市场竞争对企业数字创新数量和质量的回归结果。结果显示，市场竞争对数字创新（数量和质量）的影响是倒 U 形的，即市场竞争对数字创新的促进作用随着市场竞争的提高先扩大再减小。市场竞争与企业数字创新的倒 U 形关系意味着市场竞争对数字创新的促进作用存在最优水平，只有适度且合理的竞争才可以最大限度地促进企业数字创新“提质增量”。

表 2-8 市场竞争机制

	(1) MarketCom	(2) Quantity	(3) Ave_cite	(4) Max_cite
MarketInt	0.009 47*** (0.002 57)			
MarketCom		0.135*** (0.016 0)	0.076 6*** (0.015 0)	0.115*** (0.018 4)
MarketCom2		−0.005 66*** (0.000 590)	−0.003 27*** (0.000 559)	−0.004 86*** (0.000 684)
_cons		−0.685*** (0.115)	−0.351*** (0.108)	−0.558*** (0.132)
观测值	111 820	1 423 562	1 273 200	1 273 200
其他控制变量		√	√	√
Wald F	37 828.354			
汉森 Jχ^2	8.569			
调整的 R^2		0.20	0.12	0.16

注：MarketInt 为市场一体化衡量指标，MarketCom 为市场竞争衡量指标，第（1）列回归使用的工具变量为城市平均海拔和平均坡度（吕越等，2021；卞元超和白俊红，2021）。第（1）列为工具变量回归，控制了行业城市、行业时间固定效应，第（2）列至第（4）列为固定效应 OLS 回归，控制了企业、行业时间、城市时间固定效应。*** 表示在 1%的显著性水平上统计显著，括号内为稳健标准误。

资料来源：改编自胡增玺，马述忠．市场一体化对企业数字创新的影响：兼论数字创新衡量方法［J］．经济研究，2023，58（6）：155-172。

第五节 中国证据

理论命题 2-1 指出：大数据在实体企业生产经营中的应用程度逐渐提高，大数据的应用切实提高了企业的生产效率和研发投入，其价值得到了投资者的认可，对企业长期竞争力的提高具有战略性意义。从中国企业的大数据应用程度特征事实来看，张叶青等（2021）借鉴 Saunders & Tambe（2013）的工作论文，提出了一种新的衡量方式：基于上市企业披露的年报的文本信息，通过 Python 程序批量抓取年报中与“大数据”应用相关的关键词，根据所有关键词在年报中出现的总次数来构造大数据相关变量。图 2-1 反映了 2006—2017 年间企业层面的大数据应用程度的变化趋势。可以看出，在 2012 年之前企业年报中提到“大数据”这一关键词的平均次数较少，之后企业年报中提及“大数据”的平均次数从 2012 年的 0.07 次快速增长到 2017 年的 1.8 次，涵盖的企业数量占比从不足 5%上升到 38.93%。“大数据应用”这一关键词出现的次数也呈现出类似的趋势。上述趋势与中央、各省市出台大数据行动计划的时间较为吻合。[①]

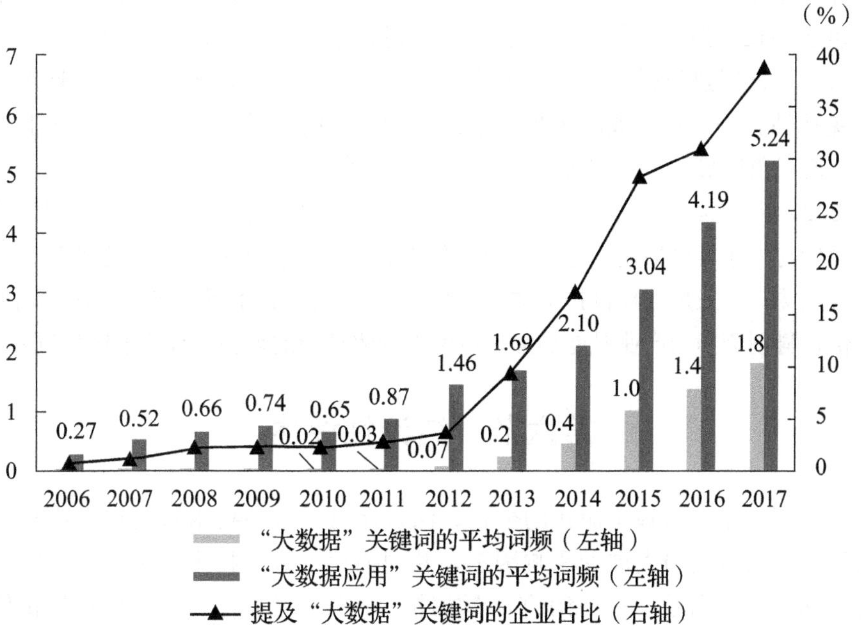

图 2-1 大数据应用情况的年度趋势

资料来源：张叶青，陆瑶，李乐芸．大数据应用对中国企业市场价值的影响：来自中国上市公司年报文本分析的证据 [J]. 经济研究，2021，56 (12)：42-59.

理论命题 2-2 指出：城市发展跨境电商能提升其内部协调发展水平。由于中国城市体系的行政定义和经济功能定义不匹配（Chen et al.，2022），加之相邻区县往往竞争大于竞合，多见同质化竞争、恶性竞争现象，城市内部依然存在较大的县际发展差距和普遍的欠发达区县收缩现象，37.2%的区县都处于人口流失状态（陆铭等，2023），并且城市人均收入的增长、财政支出的扩大和产业结构的高级化都无法显著改善此问题（彭刚等，2023），市域发展不协调已成为制约中国经济高质量发展的主要障碍之一（郭峰等，2023）。与此同时，近年来欠发达区县借助跨境电子商务实现经济快速增长的成功案例频频诞生，较为典型的案例包括徐州市丰县、梅州市平远县和黄山市休宁县等。[②] 有鉴于此，跨境电商很可能是促进市域协调发展的关键路径之一。

① 2012 年 7 月，国务院在《“十二五”国家战略性新兴产业发展规划》中首次明确提出对大数据的支持。从 2013 年开始，各省市陆续出台相关政策。

② 丰县人民政府：《“云”上掘金，丰县跨境电商“买卖全球”》，凤凰网，2023-03-14；何苑妮：《企业加速转型拓市场，跨境电商成平远县高质量发展新引擎》，《南方日报》，2023-05-25；柯新星：《休宁推动跨境电商新业态新发展》，《黄山日报》，2023-10-11。

理论命题 2-3 指出：市场一体化可以通过市场规模和市场竞争两个渠道对企业数字创新的数量和质量产生影响，市场规模的扩大促进企业数字创新，市场竞争对企业数字创新的影响是非线性的倒 U 形。由于市场规模机制对应的特征事实具有普遍性，因此本书在此仅给出市场竞争机制对应的相关特征事实。理论命题 2-3 的理论和实证分析指出：由于数字创新符合逐步创新模型的设定，市场竞争对其的影响是非线性的倒 U 形，这要求现实中不仅要健全公平竞争制度框架，更要引导形成合理有序的市场竞争结构。长三角一体化是全国统一大市场建设背景下推动区域协同创新、勇当科技和产业创新先锋的鲜活事实。长三角一体化立足产业发展的现状协调三省一市产业配置，尊重市场竞争形成的分工，同时进行强有力的规划引导，把有为政府和有效市场结合起来；在产业政策上避免恶性竞争，对有效的市场竞争既鼓励，也防止重复布局、一哄而上、过度竞争。《2022 长三角区域协同创新指数》指出，长三角区域协同创新指数从 2011 年的 100 分增长至 2021 年的 247.11 分，增长了近 1.5 倍，年均增速达到 9.47%，并呈现出三大趋势：研发经费与人才集聚加速，每万人拥有研发人员达全国平均水平的近 2 倍；前沿科学与技术融合加深，长三角国际科技论文合作数量 11 年间增长了近 6 倍，合作发明专利数量增长了 7 倍；科创资本与产业赋能加强，以资本为驱动力的创新链和产业链协同不断提升。

第六节　结论性评述

本章通过对三个核心理论命题的分析，深入探讨了数字技术对现代企业和社会经济发展的重要影响及其自身发展的影响因素，共同描绘了数字技术在现代经济中的多维作用和深远影响。理论命题 2-1 突出了大数据技术在提升公司生产效率和市场价值方面的潜力，同时警示了技术与人才短缺可能带来的挑战。理论命题 2-2 揭示了平台嵌入技术如何通过跨境电商促进市域协调发展，为区域经济均衡提供了新的视角和解决方案。最后，理论命题 2-3 则深入分析了市场一体化对企业数字创新的双重影响，提出了市场规模与竞争对创新的非线性关系。这些命题不仅为我们理解数字技术在推动企业增值和区域协调发展中的作用提供了新的视角，强调了在数字经济时代下，技术、市场与创新之间相互作用的重要性，也拓展了数字经济时代下技术与经济发展理论的研究边界。

与理论命题 2-1 相关的国外前沿研究主要有以下两个方面：一是大数据应用对生产效率的积极影响。企业预测各种宏观经济变量、行业供求环境和微观生产条件的能力增强，而准确的预测结果能够帮助企业做出更优决策，提高生产效率（Brynjolfsson et al.，2011；Brynjolfsson & McElheran，2016；Agrawal et al.，2019；Tanaka et al.，2020；Babina et al.，2020）。大数据应用实现了传统产业生产过程的自动化转型，可以替代一部分原本由劳动力承担的生产工作，降低生产经营过程中人工参与的程度，从而降低每单位产出的劳动力成本（Brynjolfsson & Mitchell，2017；Agrawal et al.，2019；Babina et al.，2020）。大数据应用可以使企业内部各组织之间信息传递的成本更低、效率更高，从而缓解公司内部的组织管理问题，实现更加扁平、高效的管理模式，降低管理成本，提升生产效率（Brynjolfsson et al.，2011）。二是大数据应用对研究创新的积极影响。受益于大数据的积累和分析，企业在研发前期对市场需求的分析更具前瞻性，使得研发方向更加针对符合消费者需求结构的新产品或新服务，以提高产品或服务的竞争力，因此，研发成果商业化失败的风险大大降低（Cockburn et al.，2018）。借鉴国外前沿研究，未来该命题的相关研究可以进行如下拓展：一是更为细致地识别大数据对生产效率和研发创新的影响机理，为中国企业的数字化转型提供更加细致的建议；二是进一步研究哪些因素可能对大数据造成积极影响，为中国企业的大数据应用方向提供参考。

与理论命题 2-2 相关的国外前沿研究主要有以下两类：一类是关于数字技术如何影响区域差距的研究。例如，Nakasone et al.（2010）基于发展中国家样本，发现移动电话的使用在总体上改善了农业市场的表现，有利于缩小城乡差距。Aker & Fafchamps（2010）则在对尼日尔移动电话扩张的分析中，发现数字技术普及并没有带来农产品价格的上涨。也有研究表明，区域间数字鸿沟会导致区域差距的进一步扩大（Kastrop et al.，2019；Braesemann et al.，2023）。另一类研究则更为微观，直接考察了数字经济时代个人收入差距的演变趋势。例如，Guellec & Paunov（2017）认为，数字技术创新会通过提高市场租金，进一步从反竞争政策视角提出相应建议。借鉴国外前沿研究，未来该命题的相关研究可以进行如下拓展：一是聚焦于更加细分的研究对象，从平台推送、大数据等与跨境电商密切相关的数字技术入手，研究其对区域差距的影响；二是研究数字贸易时代跨境电商等新型贸易业态对个人收入差距的影响。

与理论命题 2-3 相关的国外前沿研究主要有以下两个方面：一是数字技术创新相关技术（如 AI 技术）的测度。Miric et al.（2023）在当前研究的基础上进一步提出利用有监督的机器学习模型进行 AI 等数字技术识别的方法，并对比了众多大语言模型，提出了识别相关技术的最优模型方法。二是数字技术创新本身及企业所具有的全新特征。从数字技术创新本身的特征来看，已有研究发现，数字技术创新相比传统创新具有更高的创造性破坏概率、自生长性、不确定性等全新特性（Corrado et al.，2009；Yoo et al.，2010；Guellec & Paunov，2017；Hund et al.，2021）；从数字技术创新企业所具备的特征来看，McElheran et al.（2024）基于美国的企业调查数据探究了人工智能的企业和地理特征，认为受教育程度更高、经验更丰富、更年轻的企业所有者更有可能在企业中使用人工智能技术，且人工智能技术呈现的地理集中分布的态势，可能会加剧“数字鸿沟”。借鉴国外前沿研究，未来该命题的相关研究可以进行如下拓展：一是利用大语言模型进一步识别细分类别的数字技术创新并结合中国企业调查数据（如中国私营企业调查数据），探究中国数字技术创新发展的重大趋势、挑战及监管应对；二是进一步深化如探究融资约束、社会网络、产业集群和知识溢出等市场因素对数字技术创新的决定性影响。

参考文献

第三章

平　台

第一节　问题的提出

数字经济时代，平台经济已经成为全球经济活动的重要驱动力，其影响力和重要性不言而喻，已成为推动全球经济增长和创新的核心力量。平台作为数字贸易的核心枢纽，连接着供需两端，发挥着资源配置、信息匹配、交易促进等多重功能，促进了全球贸易的无缝对接，加速了信息的流动，并为全球公司提供了新的商业模式和增长机会。在数字贸易学分析框架中，作为“基于数字技术创新的数字贸易主分析框架”中的关键组成部分，平台起到了承上启下的作用。它既成为连接数字技术与消费者、全球公司的桥梁，又通过数据的积累和分析，推动智能制造的发展。

在本章中，我们将重点研究五个重要的平台领域的理论命题。命题一：数字经济中企业歧视性定价与质量竞争。数字经济中的歧视性定价能够使企业获得竞争优势，但也可能引发过度竞争，降低产品质量水平，从而损害社会福利。我们将探讨市场竞争中歧视性定价对产品或服务质量的影响。命题二：“二选一”策略性行为实施前平台中市场排序结果。当电商平台向所有平台商户提出“二选一”协议时，不同的激励措施对平台商户签订“二选一”协议的影响各不相同。我们将分析排他性协议对市场排序结果的影响，揭示平台商户行为背后的动因。命题三：数字化与线上市场配置效率。数字化进程对线上市场资源配置效率的影响尤为显著。通过实证分析，我们将探讨数字化如何提高资源配置效率，尤其是其中的数据机制的作用。命题四：产品质量信号的信息匹配效率提升机制。搜索引擎平台通过识别并提升产品质量信号，可以优化信息匹配效率。该命题将揭示搜索引擎平台如何通过竞价排名机制提升信息匹配效率，从而解决信息不对称问题。命题五：平台嵌入的线上声誉优化机制。平台接入能够显著优化酒店声誉，提升非连锁酒店的入住率。该命题将探讨线上声誉在市场资源配置中的作用，并分析平台接入对市场竞争格局的具体影响。

通过对这五个命题的深入分析，我们将全面理解平台在数字贸易中的多维作用与平台经济的复杂性和动态性，为进一步探索数字经济下的贸易模式和企业策略提供理论支持和实践指导。

第二节 数字经济中企业歧视性定价与质量竞争

一、理论命题的提出

数字经济呈现出一系列与传统经济相异的特征：市场竞争均衡时的市场结构具有自然寡头倾向（Economides，2010），消费者的注意力成为厂商争夺的新资源（Anderson & De Palma，2012），企业基于消费者个人信息开展多类新商业活动（Acquisti et al.，2016）等。企业的歧视性定价行为也具有新特点。一方面，在数字技术的加持下，企业对消费者收取“一人一价”的定制化价格在数字经济时代逐渐变为可能，由此衍生的“大数据杀熟”价格歧视现象，是数字经济时代的新问题。另一方面，伴随着消费者对个人隐私保护意识的增强，企业搜集消费者个人信息的难度也在发生变化。例如，若消费者对某企业品牌的忠诚度相对较低，其使用这一品牌产品的频率更低，也就更难让企业收集信息（Chen et al.，2020）。实务界对互联网企业基于大数据技术的歧视性定价行为的竞争属性尚无明确界定，反垄断与竞争监管标准需要根据市场展现出的新特征以及市场高质量发展的新要求做出调整。数字经济中，产品在质量水平上的纵向差异成为企业间博弈的关键形式。“质量”的内涵也伴随着数字经济的发展而不断丰富。将可量化评判的质量标准纳入竞争政策的分析评估框架，并在理论上对可能影响企业质量决策的市场因素进行细致探讨，揭示其作用于市场竞争状况的机理与路径，对引导企业在市场竞争中自主提升产品质量水平具有实际意义。

基于此，王世强等（2020）提出了“数字经济中企业歧视性定价与质量竞争”这一理论命题。

理论命题 3-1

数字经济中的歧视性定价会使企业获得竞争优势，企业广泛采用歧视性定价将引发过度竞争，降低产品质量水平，损害社会福利。

资料来源：王世强，陈逸豪，叶光亮．数字经济中企业歧视性定价与质量竞争［J］．经济研究，2020，55（12）：115-131.

该理论命题有效研究了市场竞争中歧视性定价对产品或服务的质量的影响。王世强等（2020）基于空间模型，考虑存在信息搜集成本时企业质量与定价方式的内生博弈。通过比较不同定价组合方式下产品或服务的质量和企业利润水平，分析市场博弈均衡状况和歧视性定价的福利效应，以及信息搜集成本的下降对市场均衡和社会福利可能产生的影响，是对数字经济微观理论研究的有效拓展。

二、理论命题的具体内容

王世强等（2020）从质量维度研究数字经济中的歧视性定价行为，开展理论分析工作，基于霍特林（Hotelling）线性市场模型，关注参与市场竞争的企业能够收集用户偏好信息时，允许其进行价格歧视将对产品质量和社会福利产生的影响。假设市场中存在两家企业，企业 0 和企业 1，分别位于线性市场 [0,1] 的左右两端 0 和 1 处。两家企业为均匀分布在市场中总量为 1 的消费者提供某类产品或服务。每位消费者对该产品愿意支付的保留价格为 v。[①] 在本部分中，消费者的水平偏好类型 x（以下简称“偏好类型”）以其在市场中所处的位置来表示。根据 Ishibashi & Kaneko（2008），假设偏好类型为 x 的消费者，在观测到产品价格 $P(x)$ 和质量水平 q 后，选择购买一单位或不购买该产品。若其选择购买，则所得效用为 $u(x)=v+q-P(x)$；不购买时效用为 0。此效用函数较为简洁地体现了消费者效用关于质量水平单调递增、关于产品价格单调递减的性质。进一步假设消费者的保留价格 v 足够大，故其一定选择购买此类产品。假设消费者选择购买使自身效用更大的产品。当购买两家企业的产品效用相同时，消费者选择与自身偏好类型更接近的企业的产品。由此可知，消费者购买产品的选择与产品质量和价格之差 $q_i-P_i(x)$ 相关。不失一般性地，称 $q_i-P_i(x)$ 为产品性价比。

对企业 $i(i=0,1)$而言，其可能存在三种类型的成本。第一类成本为质量成本。记其产品质量水平为 q_i，每件产品的质量成本为$\frac{q_i^2}{2k_i}$，其中 k_i 为其技术参数，反映企业进行质量提升的技术水平。对两家企业，质量成本参数 k_0 和 k_1 是公共信息。企业现有的质量水平越高，越难进一步提升，由此质量成本表现为质量水平的二次型。故质量水平越高，消费者效用水平越高，但却为企业带来了更大的负担。不失一般性地，假设企业 0 在质量提升方面具有技术优势，即 $k_0>k_1$。[②] 因此称企业 0 为质量技术优势企业，企业 1 为质量技术劣势企业。

第二类成本为满足消费者偏好所产生的定制成本。企业为卖出产品，需要满足消费者的特定偏好，因而需要承担与其偏好类型相关的定制成本。对偏好类型为 x 的消费者，企业 0 的该项成本为 tx，企业 1 的该项成本则为 $t(1-x)$，其中 t 为相同的单位定制成本。假设市场中消费者偏好的分布是公共知识，而每个消费者的偏好是私人信息。当企业无法掌握每个消费者的偏好信息时，其只能基于消费者偏好类型的分布，提供所有类型的产品，并由消费者自行选择购买。此时，其只能基于消费者偏好的分布进行均一定价（U），即排除定制成本后，产品价格对任意消费者偏好 x 均为常数。以企业 0 为例，即 $P_0(x)=p_0+tx$，其中 p_0 为常数。

在数字经济中，企业有可能产生第三类成本，即信息搜集成本。企业可以对消费者信息进行搜集、整理和甄别，精准识别每个消费者的偏好类型和支付意愿。为获取此类信息，企业需要付出信息搜集成本。这一成本与企业自身定位同消费者偏好间的差距相关。以网购平台为例，偏好特定平台的消费者更易在该平台留下搜索痕迹和购买记录，从而该平台对此类消费者进行精准画像所需付出的成本较低，其竞争对手对相同消费者进行精准画像所需付出的成本相应较高。因此，假设对偏好类型为 x 的消费者，企业 0

① 可证明当消费者最高支付意愿是可变函数 $v(x)$时，本部分所得的结论不会发生改变。

② 其中 $k_0-k_1<2t$，以保证技术劣势企业 1 不会被逐出市场，即质量成本参数差距存在上限。

所需付出的信息搜集成本为 $c_0(x)=cx$，企业 1 所需付出的信息搜集成本相应为 $c_1(x)=c(1-x)$。在此，假设不同企业使用的信息搜集技术相同，单位信息搜集成本均为 c。获取消费者偏好信息后，企业能够将具有某种特征的产品直接卖给特定消费者，并采用歧视性定价（D），即排除定制成本后，产品价格仍随消费者偏好 x 的变化而发生改变。以企业 0 为例，即 $P_0(x)=p_0(x)+tx$，其中 $p_0(x)$ 为与消费者偏好类型 x 相关的函数。消费者对产品水平特征的偏好使得企业能够通过满足消费者的偏好来弥补其产品在质量层面的不足，从而仍可以制定较高的产品价格（Wattal et al.，2009），这为企业选择进行歧视性定价提供了激励。

接下来对社会福利最优与四类定价策略运用的情况进行求解，所得的相应结论与对应的经济学分析如下：

引理 1：在企业定价博弈中，当市场中存在均一定价企业时，两家企业的产品性价比水平与两家企业的质量关系呈倒 U 形。当产品质量小于利润最大化水平时，质量提升使产品性价比提升；反之，质量提升将使产品性价比下降。

对均一定价企业而言（不失一般性地，假设为企业 0），提升产品质量将直接导致质量成本的增加，故其将主动提升产品价格。当初始产品质量较低时（$q_0<k_0$），提升质量引起的成本增速低于质量增速（$q_0/k_0<1$），从而价格增速相对较小时即可弥补成本的上涨，同时实现性价比水平的提升，故此时企业 0 的市场份额同样有增大的趋势。反之，当初始产品质量较高时（$q_0>k_0$），提升质量引起的成本增速大于质量增速（$q_0/k_0>1$），价格增速同样较快，所以此时企业 0 提升产品质量将导致产品性价比下降。而企业 0 的质量和价格水平变化将引起其竞争对手企业 1 经营策略的相应调整。当企业 0 的初始质量较低且提升产品质量时，若企业 1 同样为均一定价企业，一方面，如果企业 1 不调整产品质量，则企业 0 产品性价比的提升将使企业 1 下调产品价格，以维持自身的性价比水平；另一方面，若企业 1 的初始质量水平较低，与之前的分析相似，其同样可以选择通过提升产品质量来提升产品性价比，并通过提升价格来弥补成本损失。若企业 1 为歧视性定价企业，其通过改变自身质量和性价比水平，影响企业 0 的产品定价，进而改变自身价格。若其选择不进行质量投入，则其产品价格将因企业 0 产品性价比的提升而下降，限制其利润空间。若其选择进行质量投入，当企业 0 不调整产品价格时，这将使得企业 1 产品的性价比提升，从而使企业 0 的市场份额缩减，同时使企业 1 有能力提升产品价格。为限制这一效应，企业 0 同样将控制价格上涨的幅度，在保护自身利润的情况下，使两家企业的性价比保持同等程度的上升。反之，当两家企业的质量投入均过高时，两家企业均将减少质量投入。综上所述，当市场中存在均一定价企业时，两家企业的产品性价比关于质量的变化规律将完全一致，均关于质量增加先提升后降低。

接着，王世强等（2020）定义市场平均质量水平为以企业市场份额为权重的质量加权和，即 $q=q_0x_0+q_1(1-x_0)$。由模型求解过程可以得到描述存在均一定价企业时市场平均质量水平的命题 1。

命题 1：在企业定价博弈中，当市场中存在采用均一定价的企业时，每家企业的产品质量达到社会最优质量水平。然而，由于企业市场份额的权重因素，市场平均质量普遍低于社会最优水平；仅在（D,U）情况下且企业间质量技术差距较小时，市场平均质量将高于社会最优水平。

由引理 1，当市场中存在均一定价企业时，企业总会选择进行质量投入。这是因为当市场中存在均一定价企业时，产品价格能够反映产品质量成本的状况。与不进行质量投入相比，企业通过进行质量投入可以同时提升产品价格和性价比水平，从而提升产品利润。而企业质量投入的限度，将令质量增速、价格增速、成本增速三者相等，这恰好使得质量投入的边际收益等于边际成本，同时令产品性价比达到最高水平。前者令利润最大化，而后者令产品质量恰好等于社会福利最优水平。此时企业如果继续增加质量投入，则成本增速将大于质量增速，价格增速也需要相应提升才能弥补成本增加，产品性价比和市场份额将因此出现下降。

而两家企业的市场份额同样与其定价方式相关。对均一定价企业而言，其利润最大化的条件需要满足质量变化引起的边际收益与边际成本相等，故其在市场分界点总能取得正利润。而对歧视性定价企业而言，其利润最大化的条件是在保证在市场每一点利润非负的情况下扩大市场份额，所以其在市场分界点恰好保持了零利润。因此，歧视性定价企业的定价策略更具竞争性，也占据了相对更大的市场份额，从而当技术优势企业采用歧视性定价策略时，市场中平均质量才会出现提升。当两家企业均能够自行选择定价方式时，为分析市场中产品平均质量的实际变化情况，需要对两家企业都选择歧视性定价的情况进行讨论。

命题 2：在企业定价博弈中，当两家企业均采用歧视性定价（D,D）时，两家企业均不进行质量投入，市场平均质量处于最低水平。

事实上，企业对价格的整体调整能力和个体调整能力具有此消彼长的关系。进行均一定价的企业具备较高的整体调整能力，能够充分利用市场竞争信息，特别是自身成本信息，对产品价格进行整体控制，却无法灵活调整对市场中每一类消费者收取的价格。而进行歧视性定价企业的产品价格由自身质量和竞争对手策略决定，虽然无法在定价中体现成本特征，却可以通过为每一类消费者个体定制产品价格，充分获取市场利润。

当两家企业均进行歧视性定价时，企业对产品价格的整体调整能力消失，产品价格无法体现企业自身的成本特征。如果有企业提升质量，其质量成本出现增加，但产品价格的上限由竞争对手成本决定，无法随之提升。质量提升带来的市场份额扩张和销售额提升无法弥补成本的上升，不利于企业利润增加。进一步，由于边际质量成本的增速更快，企业更倾向于使用歧视性定价而非提升质量来增加利润，因此，歧视性定价将造成市场整体出现严重的恶性竞争，企业选择不进行任何质量投入。基于此，得到描述市场平均质量随信息搜集成本变化的推论 1。

推论 1：在企业定价博弈中，当市场中同时存在使用均一定价和歧视性定价的企业时，若进行价格歧视的是技术优势企业，市场平均质量 q^{DU} 随单位信息搜集成本 c 的下降而提升；若进行价格歧视的是技术劣势企业，市场平均质量 q^{UD} 随单位信息搜集成本 c 的下降而下降。

由推论 1 可知，数字经济时代单位信息搜集成本的下降，可以为企业创造扩大市场份额、提升利润的条件，从而使市场平均质量随之发生变化。这是因为，由引理 1 可知，当市场中存在均一定价企业时，两家企业总会进行质量投入，且质量水平恰好等于社会福利最优时的社会水平。由命题 1 可知，当市场中存在歧视性定价企业时，市场分界点与歧视性定价企业的成本相关，此处歧视性定价企业的产品价格刚好等于其生产成本。因此，在两家企业的质量投入不变的情况下，信息搜集成本的下降将帮助歧视性定价企业降低成本，从而促进其市场份额的进一步扩张，进而引起市场平均质量的相应变动。

基于上述命题和相关分析，可以进一步得到描述市场中产品平均质量的以下推论。

推论 2：*在企业定价博弈中，当技术优势企业采用歧视性定价，而技术劣势企业采用均一定价（D,U）时，市场中产品的平均质量最高。当两家企业均采用歧视性定价（D,D）时，市场中产品的平均质量水平最低。*

推论 2 表明，允许技术优势企业采用歧视性定价手段，而技术劣势企业采用均一定价，将为技术优势企业创造较大的利润空间，使其质量投入获得补偿，促进技术优势企业市场规模的扩张，从而使更大范围的消费者获得高质量产品，实现市场平均质量水平的提升。但这一情形能否实现，仍将依赖于市场博弈的均衡结果。

命题 3：*在内生定价博弈中，当两家企业技术差距较小时，市场均衡为两家企业均采用歧视性定价（D,D）；当两家企业技术差距较大时，市场均衡为技术优势企业采用均一定价，技术劣势企业采用歧视性定价（U,D）。*

命题 3 从两家企业的质量提升技术差距角度对影响市场均衡的因素进行分析，发现当两家企业技术差距增大时，在质量提升上具有技术优势的企业更倾向于采用均一定价。由引理 1 和命题 1，当市场中存在均一定价企业时，其质量提升对利润具有递进的三重效应。第一为成本效应，质量的提升将导致自身成本的直接增加。第二为价格效应，为补偿成本增加对利润造成的负担，企业自发地提升自身价格。第三为市场份额效应，当均一定价企业的质量发生变化时，产品价格、性价比和生产成本都将发生变化，引起市场份额发生变动。当两家企业都采用歧视性定价时，由命题 2，此时两家企业都不进行质量投入。如果有企业偏离这一定价方式的组合，采用均一定价且则其需要通过提升价格水平或占据较大市场份额来获得更大的利润。

当技术优势企业 0 采用均一定价时，由引理 1，其技术优势越大（k_0 越大），市场博弈均衡时其产品质量和性价比水平越高。由于企业 1 处于技术劣势且采用歧视性定价，从而其技术劣势越大，就需要制定越低的产品价格来同企业 0 的性价比保持一致。这将限制企业 1 的利润空间，使企业 1 选择只向更偏好自身产品的消费者提供定制化产品，以降低自身成本，这导致其市场份额缩小。此时技术优势企业可以在制定较高产品价格的同时获取可观的市场份额。而当两家企业的技术差距较小时，与均采用歧视性定价相比，企业 0 采用均一定价且进行质量投入时性价比提升较为有限，从而无法限制企业 1 的产品价格。故企业 1 的市场份额所受影响较小，而企业 0 的市场份额和利润空间也较小。综上所述，当企业 0 的技术优势较大时，采用均一定价可以通过增加质量投入、提升产品价格、争取市场份额来帮助其提升利润水平。当企业 0 的技术优势较小时，采用均一定价无法帮助其获得较大的市场份额，从而其将选择同样采用歧视性定价。

命题 4：在内生定价博弈达到均衡时，社会福利具有以下性质：

（1）市场均衡时的社会福利水平小于社会最优福利水平。

（2）伴随着信息搜集成本的下降，市场均衡时的社会福利水平上升。

允许企业进行歧视性定价，实际上为技术劣势企业提供了一种新盈利模式。在产品质量并不具有竞争力的情况下，技术劣势企业可以凭借自身产品同技术优势企业之间的横向差异，以歧视性定价方式获取较大的市场份额。由命题 1，当技术优势企业仍采用均一定价时，两家企业的质量水平都与社会最优时一致。但新产生的信息搜集成本和高质量产品较小的市场份额将使社会福利小于最优水平。由推论 3，单位信息搜集成本越高，两家企业都越倾向于采用歧视性定价。此时，两家企业的总信息搜集成本也同样越高；同时两家企业将不进行任何质量投资，消费者无法通过获取高质量产品获得效用提升，从而使得社会福利水平出现下降。

由上述分析，数字经济时代的市场竞争中，如果企业相对于消费者的市场势力较大，只要允许价格歧视行为存在，即使消费者可以保护个人信息，提升企业收集消费者信息的难度，市场博弈达到均衡时消费者的效用和社会福利仍会出现下降。且消费者保护自身信息的能力越强，均衡时社会福利的损失将越严重。因此，在数字经济时代对消费者个人特征信息的保护政策，需要在市场竞争结构的基础上进行设计。对于企业市场势力较强的市场结构，应从限制企业市场势力的使用和提升市场竞争程度出发，对企业的决策加以限制或引导，比如对企业基于大数据的歧视性定价行为进行规制，而非简单地赋予消费者选择是否允许企业提供定制化价格的权利。

将不同定价组合对应的社会福利进行比较，可以得出以下推论。

推论 4：在各种定价组合中，两家企业同时采用均一定价在多数情况下对应最大社会福利；随着信息搜集成本的上升，该概率会增加。

证明：可以证得当且仅当 $c<0.242t$，$k_1>\frac{t^2-c^2}{4(2t+c)}$，且 $k_0-k_1>g(c,t)$ 时，有 $W^{DU}>W^{UU}>\max(W^{UD},W^{DD})$①。由 $\frac{\partial g(c,t)}{\partial c}>0$ 可知，$g(c,t)$ 关于 c 单调递增。证毕。

与经典文献相比，将纵向差异因素纳入空间价格歧视模型框架，根据推论 4 讨论企业在歧视性定价和均一定价之间的策略选择对社会福利的影响。当参与竞争的两家企业在质量提升技术方面差距较大时，允许技术优势企业进行歧视性定价确实有利于社会福利的提升，这与现有文献的结论相似（Lederer & Hurter，1986；MacLeod et al.，1988）。传统文献认为，在歧视性定价下，因为企业之间存在较强的竞争，市场中的商品价格较低，消费者福利反而更大。加上企业在歧视性定价下有着更优的利润，所以歧视性定价下社会福利的结果更优。但此时上述结论不再成立。如果不对企业基于大数据的

---

① 其中，$g(c,t)=\frac{6\times(16t^4-24t^2c^2-10c^3t)^{1/2}-18t(t-c)}{7t-10c}$。可知 $\frac{\partial g(c,t)}{\partial c}>0$，$g(0,t)=6t/7$，$g(0.242t,t)=2t$。

歧视性定价行为进行禁止，两家企业或是都进行歧视性定价，质量投入不足；或是只有技术劣势企业进行歧视性定价，高质量产品的市场份额较小，这使得市场平均质量低于社会最优水平。同时，广泛进行的信息搜集行为使市场中产生了更高的信息搜集成本。当消费者能够有效保护个人信息时，企业的单位信息搜集成本会进一步提高，而这将使得企业有动力提升产品价格进行补偿。所以，在对消费者个人隐私信息进行保护的前提下，禁止基于大数据的歧视性定价能更好保护需求刚性的消费者，提升社会福利水平。

命题 5：在市场竞争中禁止基于大数据的歧视性定价总能提升社会福利；企业间技术差距的缩小，将使此时的社会福利更加接近社会最优福利水平。

禁止歧视性定价时，两家企业间技术差距越小，社会福利与最优福利水平之间越接近。这是因为当技术差距较大时，技术劣势企业的产品质量较低，需要通过较低的市场价格来扩张市场规模，从而导致技术优势企业的市场份额不足。伴随着企业间技术差距的缩小，两家企业的质量投入逐渐接近，从而使市场均衡时社会福利的偏离减小。数字经济时代企业的信息搜集技术和消费者的隐私保护技术均不断发展，此时最优的政策组合是对企业的歧视性定价行为普遍地加以约束，同时构建良好的科研环境，缩小企业间质量提升的技术差距。在这种政策指导下，借助市场发展规律，实现经济的良好有序运行和高质量发展。

第三节 “二选一”策略性行为实施前平台中市场排序结果

一、概念

所谓“二选一”策略性行为，就是指互联网平台企业要求平台商户在自身同另一家互联网平台企业间进行排他性选择。典型规制案例有“阿里巴巴集团二选一行为反垄断规制案”“美团外卖平台二选一行为反垄断规制案”等。

二、理论命题的提出

通常而言，“二选一”策略性行为可以提升互联网平台企业利润，巩固其垄断势力。具体地，有学者通过考察“二选一”策略性行为对平台商户收益及消费者福利的影响，探索“二选一”策略性行为推动互联网平台企业垄断的作用机理。研究发现，“二选一”策略性行为通过阻止平台商户接入竞争对手平台，降低平台商户收益并损害消费者福利，来提升互联网平台企业利润，从而增强互联网平台企业对双边用户的控制力（王岭和廖文军，2021；于左等，2021）。特别是，在消费者与平台商户之间信息不对称的情形下，“二选一”策略性行为将助推互联网平台企业获得垄断利润（张苇锟和杨明婉，2020）；当互联网平台企业之间存在竞争瓶颈时，互联网平台企业亦可借助“二选一”策略性行为获得更高的平台利润（周天一等，2019）。不仅如此，“二选一”策略性行为促使互联网平台企业形成攫取消费者剩余作为平台利润的路径依赖，进而降低互联网平台企业的商业创新激励，从而深层次地损害社会总福利（唐要家和杨越，2022）。

以电商平台为例，“二选一”协议是一个兼有惩罚措施与奖励措施的条款，即电商平台对签订“二选一”协议的平台商户将实施奖励，对拒签“二选一”协议的平台商户将实施惩罚。当电商平台向平台中市场全面要求平台商户执行“二选一”协议时，“二选一”协议势必打破平台中市场原有的竞争均衡，造成“一部分平台商户竞争优势明显、另一部分平台商户竞争劣势明显”的两极分化。然而，公开资料显示，执行“二选一”协议的平台商户未曾获得明显的优势；未执行“二选一”协议的平台商户则受到电商平台的严厉惩罚，遭受收益损失。为避免进一步的损失，前一阶段未签订“二选一”协议的平台商户最终还是签订了“二选一”协议。有趣的是，在电商平台要求平台商户执行“二选一”协议的6年时间内，消费者却始终未能察觉、推断平台商户是否执行了“二选一”协议；相反，消费者对电商平台给出的排序结果感到比较满意。换言之，平台中市场竞争均衡在平台商户执行“二选一”协议前后并未发生显著变化。

基于此，蔡祖国和李世杰（2022）提出了“‘二选一’策略性行为实施前平台中市场排序结果”这一理论命题。

理论命题 3-2

当电商平台向所有平台商户提出“二选一”协议时，奖励措施不能严格地激励平台商户签订“二选一”协议；惩罚措施则可严格地激励平台商户因惧怕损失而最终选择签订“二选一”协议。

资料来源：蔡祖国，李世杰．互联网平台“二选一”策略性行为的垄断机理研究［J］．世界经济，2022，45（12）：76-98.

选择签订“二选一”协议是平台商户惧怕既得收益损失的结果，而非平台商户可从“二选一”协议中获得明确收益的前因。这一启示与既有研究文献存在本质差异。部分研究文献指出，平台商户可从“二选一”协议中获得明确的收益，并且随着平台商户的既定收益降低，平台商户签订“二选一”协议的激励增强（曲创和刘龙，2021）。与之相反，该理论命题揭示出平台商户出于预防收益的损失而选择签订“二选一”协议，即电商平台通过“搜索降权”惩罚措施控制平台商户的多归属行为，实质就是降低平台商户排序位置以控制平台商户，而非通过“流量支持”奖励措施的方法约束平台商户的多归属行为。这一理论命题与排他性理论如 Armstrong & Wright（2007）的本质差异在于，其阐释了排他性协议是平台商户惧怕损失的结果，而非平台商户获得更高收益的前因。

三、理论命题的具体内容

设定电商平台市场中存在三类商户，分别是头部商户（top-rated seller，TRS）、中尾商户（mid-tail seller，MTS）、长尾商户（long-tail seller，LTS）。不仅如此，三类商户分别销售三款制造商品牌，且每款制造商品牌包含三种特征值存在差异的商品（即差异化商品）。对应关系：头部商户销售品牌 a 且差异化商品组合为（a_h, a_m, a_l）、中尾商户销售品牌 b 且差异化商品组合为（b_h, b_m, b_l）、长尾商户销售品牌 c 且差异化商品组合为（c_h, c_m, c_l）。其中，下脚标 h、m 及 l 表示商品特征值高水平、中等水平及低水平。

并且，消费者对品牌 a 的偏好强于品牌 b，对品牌 b 的偏好强于品牌 c，即 $p(a)>p(b)>p(c)$。进一步地，结合各制造商品牌影响差异，蔡祖国和李世杰（2022）对同一品牌内的差异化商品的消费者偏好顺序进行设置。具体地，品牌 a 差异化商品的偏好顺序为 $p(a_h)>p(a_m)>p(a_l)$；品牌 b 差异化商品的偏好顺序为 $p(b_m)>p(b_h)>p(b_l)$；品牌 c 差异化商品的偏好顺序为 $p(c_l)>p(c_m)>p(c_h)$。

进一步地，基于异质性商品的特征值差异与品牌偏好差异，可推导得到当特征值 i 与特征值 j 不同且品牌 x 与品牌 y 不同时，最优排序规则为电商平台按特征值强弱进行排序。电商平台对差异化商品的排序均衡为 $a_h, a_m, b_h, b_m, a_l, b_l, c_l, c_m, c_h$。这一排序均衡便契合产业实践的要求。首先，头部商户仍保持巨大的领先优势，但未能达到绝对优势。原因在于：头部商户所售商品 a_l 所获取的消费者点击率将低于中尾商户销售的 b_h 与 b_m。换言之，中尾商户通过强化商品特征值，仍可以形成对头部商户部分商品的相对优势。同时，由于头部商户与中尾商户均未获得绝对优势，长尾商户没有严格激励转向销售某一品牌商品，而是继续维持原有的品牌。其次，所有商户均有激励持续追求更好的排序位置，进而有激励参与电商平台的策略性行为，追逐更优排序位置。最优排序位置对所有商户的驱动力符合电商平台控制平台商户的初衷。因而，当商品特征值 i 与特征值 j 不同且商品品牌 x 与商品品牌 y 不同时，电商平台设立的最优排序规则应当是按特征值强弱进行排序。总结上述分析，可得到电商平台未实施“二选一”策略性行为时平台中市场的排序结果，即：

若电商平台不实施“二选一”策略性行为，则平台商户差异化商品的最优排序规则为消费者品牌偏好与消费者差异化商品偏好相结合的排序规则，并在出现分歧时按消费者差异化商品的偏好进行排序。

“二选一”策略性行为实施后平台中市场排序结果如下：

当上述三类平台商品同时选择是否签订“二选一”协议时，将呈现出 8 种情形。这些情形分别是：（1）头部商户签订“二选一”协议，中尾商户与长尾商户均不签订“二选一”协议；（2）中尾商户签订“二选一”协议，头部商户与长尾商户均不签订“二选一”协议；（3）长尾商户签订“二选一”协议，头部商户与中尾商户均不签订“二选一”协议；（4）中尾商户与长尾商户均签订“二选一”协议，头部商户不签订“二选一”协议；（5）头部商户与长尾商户均签订“二选一”协议，中尾商户不签订“二选一”协议；（6）头部商户与中尾商户均签订“二选一”协议，长尾商户不签订“二选一”协议；（7）头部商户、中尾商户及长尾商户均不签订“二选一”协议；（8）头部商户、中尾商户及长尾商户均签订“二选一”协议。

整体而言，签订“二选一”协议的平台商户即便是排序位置有明确上升，但其能否获得确切的消费者点击率增量，与电商平台的平台设计有着密切关系。由于尚未明确位置效应引致的衰减系数同排序效应引致的递减系数之间的差异，即位置效应与排序效应的叠加效果尚未明确，签订“二选一”协议的平台商户不能明确自身收益所在。特别是，加上平台商户因执行“二选一”协议而遭受的来自平台间市场的收益损失，平台商户签订“二选一”协议引致的收益不足以严格促成其签订“二选一”协议。尽管如此，签订“二选一”协议的平台商户因惧怕因排序位置下降而遭受的明确损失，而最优地选择签订“二选一”

协议。相反，未签订“二选一”协议的平台商户，则会存在两种情形：排序位置下降与排序位置保持不变。其中，排序位置保持不变，并非电商平台不惩罚未签订“二选一”协议的平台商户，而是由于用以惩罚平台商户的“搜索降权”措施已经被其他商户用尽。因而，排序位置下降的用户确实受到了电商平台的明确惩罚。受此驱使，排序位置下降且未签订“二选一”协议的平台商户在多轮重复博弈后，最优地选择签订“二选一”协议。排序位置不变且未签订“二选一”协议的平台商户在多轮重复博弈后，最优地选择签订“二选一”协议。原因在于：平台商户即便在微弱概率下签订“二选一”协议，也将因惧怕收益损失而最优地选择签订“二选一”协议。总结电商平台实施“二选一”行为对平台商户决策的影响，可得到“二选一”策略性行为实施后的平台商户中市场排序结果。即：当电商平台向所有平台商户提出“二选一”协议时，奖励措施不能严格地激励平台商户签订“二选一”协议；惩罚措施则可严格地激励平台商户因惧怕损失而最终选择签订“二选一”协议。

进一步地，对于平台商户实施“二选一”策略性行为的结果方面，若电商平台实施“二选一”策略性行为，平台中实现了市场竞争均衡：（1）平台商户均衡排序维持最优契合消费者偏好的商品排序；（2）获取消费者注意力的能力是电商平台选择“二选一”策略性行为实施对象的重要标准；（3）电商平台仅向头部商户及中尾商户发出“二选一”协议，且头部商户与中尾商户均最优地选择签订“二选一”协议。

理论命题显示，电商平台选择“二选一”策略性行为的实施对象并非随机事件，而是经过精心准备的。公开资料显示，电商平台借助以消费者注意力转化效率为核心的多项指标，对平台商户进行分层分析，确立高效率商户的名单。一方面，电商平台需要提升消费者注意力转化效果；另一方面，电商平台需要遴选出更具效率的商户，并通过控制高效率商户来实现对市场的控制，进而削弱竞争对手对消费者注意力的转化效果，从而巩固既有的垄断势力与市场地位。据此，蔡祖国和李世杰（2022）的实证部分将“二选一”协议签订结果设定为因变量，以平台商户的既得收益为自变量，实证考察“二选一”策略性行为的影响因素。相应地，估计模型如下：

$$\text{two\_one}_i = \beta_0 + \beta_1 \text{efficiency}_i + Z\text{Control} + \epsilon_i \tag{3-1}$$

采用国内某大型电商平台的产业实践数据的实证结果见表 3-1 和表 3-2。

表 3-1 列表式商品陈列的回归结果（以消费者点击率为解释变量）

	(1) two_one	(2) two_one	(3) two_one	(4) two_one
app_clickrate	3.393*** (0.048 5)	4.225*** (0.061 4)	5.793*** (0.080 1)	7.488*** (0.107)
月份固定效应	否	是	否	是
品牌固定效应	否	否	是	是
观测值	205 772	205 772	147 196	147 196
虚拟 R^2	0.064	0.079	0.282	0.308

注：*** 表示在 1%的显著性水平上统计显著，括号内为聚类稳健标准误。

资料来源：改编自蔡祖国，李世杰．互联网平台“二选一”策略性行为的垄断机理研究［J］．世界经济，2022，45（12）：76-98。

表 3-2 列表式商品陈列的回归结果（以消费者转化率为解释变量）

	(1) two_one	(2) two_one	(3) two_one	(4) two_one
app_convsrate	2.752*** (0.045 1)	3.341*** (0.050 9)	4.602*** (0.072 9)	5.705*** (0.086 7)
月份固定效应	否	是	否	是
品牌固定效应	否	否	是	是
观测值	205 772	205 772	147 196	147 196
虚拟 R^2	0.061	0.080	0.281	0.306

注：*** 表示在 1%的显著性水平上统计显著，括号内为聚类稳健标准误。

资料来源：改编自蔡祖国，李世杰．互联网平台“二选一”策略性行为的垄断机理研究［J］．世界经济，2022，45（12）：76-98。

表 3-1 与表 3-2 中，商品的消费者点击率及转化率，均为电商平台实施“二选一”策略性行为的重要参考依据。表 3-1 的第（1）列至第（4）列中，解释变量移动终端消费者点击率 app_clickrate 的回归系数统计显著且为正值，表明平台商户所售商品移动终端的消费者点击率越高，平台商户被电商平台选中并实施“二选一”策略性行为的概率就越高。移动终端狭小的屏幕空间可将消费者注意力高度凝聚起来；若商品能够快速激发消费者点击商品链接，便会受到电商平台的青睐并被置于较高的排序位置。相应地，表 3-2 的第（1）列至第（4）列中，解释变量移动终端消费者转化率 app_convsrate 的回归系数统计显著且为正值，显示当平台商户所售商品对消费者注意力的转化率越高，平台商户被电商平台选中并实施“二选一”策略性行为的概率就越高。这意味着如果电商平台能够给予高点击率与转化率的商品更多展示机会，则此类商品将为电商平台创造更高的消费者需求，实现电商平台与平台商户双赢。

第四节 数字化与线上市场配置效率

一、概念

在正式讨论该理论命题前，我们需要对该理论命题的核心概念“数据机制”有一个整体的理解。

（一）数据机制的内涵

在价格机制之外，线上市场存在哪些不同于传统经济的资源配置机制呢？综合现有文献来看，主要是数据机制。核心的观点是：线上数据更加丰富且便于累积，线上市场可以基于历史数据提供“自动”交易机会，这远远超出了线下交易数据的累积数量和应用范畴。

线上数据的优势集中表现为信号性强。根据经典理论，信息、声誉、口碑是表征产品品质等特征的信号，很大程度上决定了市场均衡，这在线上数据上表现得更加突出。一方面，快速、高频累积的线上数据在细节上对现实情境具有较高的还原度，例如许多用户对酒店口碑、声誉、品牌等信息一无所知，但可以通过线上交易和评价获得酒店舒适度、地理位置、价格、早餐质量等信息；另一方面，线上数据可以被平台、商家和用户等各类主体以低成本甚至零成本检索和使用。尽管部分线下交易数据可以通过口碑、信誉、商誉以及老字号等累积和流传，但更新速度较慢、传递范围较小。从延伸意义上看，线上数据还可以推动形成信用评级和担保体系，为线上市场资源配置提供规范性指引。

（二）数据机制的外延

线上市场的资源配置更多围绕价格之外的因素展开。数字化进程不是把线下经济活动简单地搬到线上，不是线下产业链供应链在线上的完美镜像，而是线上对线下的优化、重塑、改造和颠覆，改变生产关系和生产方式，从而改变资源配置效率。特别是，平台成为强大的参与者，与固有市场势力（如市场份额集中度、潜在竞争者等）一同决定资源配置，并重塑了许多产品和服务市场，在市场机制及其运行模式上留下了深深的“数字化”烙印。为此，需要深入洞察数字化之后形成的线上市场的运行模式，并找出影响资源配置的作用机制。一方面，由于双边市场、网络效应等因素，线上价格机制变得更加复杂甚至出现了一定的扭曲；另一方面，线上市场往往围绕价格之外的因素（如物流时间和个性化体验）使用非价格的方式配置资源。周潇（2021）以货运市场为例研究发现，车货交易场所从货运站的“小黑板”转向云端之后，货车司机、货运中介以及物流企业的境遇都发生了深刻变化。也有研究发现，即便平台上产品价格不具有竞争优势导致出现了“展厅效应”（从平台上对比选择产品却在实体店或商家官网等其他渠道下单），商家依然愿意入驻平台（Wang & Wright，2020）。毫无疑问，线上市场在价格机制之外存在着其他重要的资源配置方式。

二、理论命题的提出

信息通信技术的飞速发展促使企业加大数字化投入，诱使组织产生适用性变革，推动企业加快数字化进程。数据是数字经济时代的生产要素，这已成为学术界共识。但与劳动、资本、技术等其他生产要素经历了多轮配置方式的改革探索、已建立起较为完善的市场化配置体系、在市场竞争和均衡理论以及经济增长模型中得到充分研究的状况相比，数据如何参与生产活动及其对市场资源配置有何作用等相关问题的学术研究仍处于起步阶段。

基于此，刘诚（2023）着重分析和检验了数字化进程对线上市场资源配置效率的影响，尤其是对其中的数据机制进行了检验，提出了“数字化与线上市场配置效率”这一理论命题。

理论命题 3-3

数字化能够提高酒店入住率，可作为其提升线上市场配置效率的一个实证证据；数字化进程可以通过数据机制提高线上市场配置效率。

资料来源：刘诚．数字化进程与线上市场配置效率：基于平台流量倾斜的微观证据［J］．数量经济技术经济研究，2023，40（6）：175-194.

与已有理论和文献相比，该理论命题考察了线上市场资源配置的数据机制，并与价格机制进行比较分析。对于数字化推动经济增长的具体机制，已有文献主要从制度经济学的交易费用和搜寻成本入手分析，认为线上交易突破了地理界线（Krasnokutskaya et al.，2020）、委托代理问题等（Hubbard，2003），使产品和服务可以低成本地覆盖更多用户。而刘诚（2023）立足于线上市场与线下市场的本质差异，基于数据机制来检验线上市场的资源配置效率。一方面深入洞察线上市场的事实特征，探究相比传统的线下市场，线上市场在资源配置上的不同之处；另一方面找出影响资源配置的作用机制，分析平台及其数字生态替代市场配置资源的新机制（即数字化带来的数据要素及其算法），并与价格机制进行理论及实证比较。

三、理论命题的具体内容

该命题主要探讨数字化进程对线上市场配置效率（酒店入住率）的影响，并以酒店行业的相关样本和变量进行实证检验，基本回归方程如下：

$$\text{occupancy}_{ijt}=\alpha_1+\alpha_2\text{digital}_{ijt}+\theta X_{it}+\varepsilon_i+\lambda_t+\mu_{jt}+\phi_{ijt} \tag{3-2}$$

式中，下角标 i、j 和 t 分别表示第 t 日城市 j（全国所有地级及以上城市，不包括港澳台）的酒店 i。occupancy_{ijt} 是线上市场配置效率，用酒店每日的线上订单实现的入住率来衡量。digital_{ijt} 表示酒店数字化进程，用是否为携程网特牌酒店来表示。ε 表示酒店固定效应，λ 表示每日的时间固定效应，μ 表示城市时间联合固定效应。X 表示可能影响线上市场配置效率的机制变量和控制变量，包括：（1）数据机制（score），用网上评分来衡量。由于评分是长期累积而成，取值相对稳定，故使用样本期初的评分来测算。（2）线上匹配程度（leadtime），用当日入住客房的平均提前预订天数来刻画。（3）房间价格（price），使用酒店每日入住房间的平均价格来表示。（4）手机 App 订单占比（mobile），等于酒店每日来自手机 App 订单的入住客房数除以当日入住客房总数。（5）当日入住客房的平均预付比例（prepay），等于预付客房数除以入住客房数。（6）预约订单在当日的实际成行率（actual），等于入住客房数除以预订客房数。（7）房间总数（rooms），用以衡量酒店的规模。（8）成立时长（establish），表示酒店截至 2019 年已成立的年份数。（9）星级（star），根据酒店实际情况取值。（10）是否连锁品牌（nonchain），是取值为 0，否则为 1。

使用酒店入住率（occupancy）作为被解释变量、数字化进程（digital）作为主要解释变量，作面板固定效应回归，基本回归结果如表 3-3 所示。容易发现，表 3-3 的四列回归结果中数字化进程（digital）的系数都显著为正，且显著性水平都在 1%以上。从系数大小来看，以第（4）列回归结果为例，代表数字化程度较高的特牌酒店相比其他酒店而言，入住率提高了 4.5 个百分点。假如 digital 在其均值上翻一番（即增加 0.058），那么入住率普遍上涨 0.3 个百分点；如果 digital 提高一个标准差 0.234，那么入住率普遍上涨约 1 个百分点。而且，近年来酒店数字化程度大幅提高，很多酒店的平台接入实现了从 0 到 1 的跃升。可见，数字化进程对入住率的促进作用较大。

表 3-3 数字化对酒店入住率的影响

	(1) occupancy	(2) occupancy	(3) occupancy	(4) occupancy
digital	0.085 3***	0.046 9***	0.035 5***	0.045 0***
	(0.000 0)	(0.000 1)	(0.000 1)	(0.000 1)
price		−0.000 009***	−0.000 05***	−0.000 07***
		(0.000 0)	(0.000 0)	(0.000 0)
mobile		−0.063 3***	−0.067 8***	−0.060 1***
		(0.000 2)	(0.000 1)	(0.000 1)
prepay		0.008 1***	−0.028 8***	0.004 1***
		(0.000 2)	(0.000 1)	(0.000 1)
actual		−0.035 5***	−0.020 6***	−0.004 9***
		(0.000 2)	(0.000 1)	(0.000 3)
rooms			−0.000 8***	
			(0.000 0)	
establish			−0.000 9***	
			(0.000 0)	
star			−0.005 1***	
			(0.000 0)	
nonchain			−0.003 2***	
			(0.000 3)	
cons	0.101 2***	−2.484 3***	−0.160 7***	−2.024 6***
	(0.000 1)	(0.000 9)	(0.001 1)	(0.006 5)
酒店固定效应	是	是	否	是
城市固定效应	否	否	是	否
时间固定效应	是	是	是	是
城市-时间固定效应	否	否	否	是
观测值	17 157 641	17 157 641	17 157 641	17 157 641
R^2	0.023 4	0.180 5	0.437 4	0.206 7

注："是"表示控制相关变量；*** 表示在 1%的显著性水平上统计显著；括号内为聚类到城市层面的稳健标准误；当控制酒店固定效应时，不控制 rooms、establish、star、nonchain 四个变量。

资料来源：改编自刘诚．数字化进程与线上市场配置效率：基于平台流量倾斜的微观证据 [J]. 数量经济技术经济研究，2023，40 (6)：175-194。

以酒店客房收入简单估算数字化对经济增长的影响。文化和旅游部（简称"文旅部"）定期发布全国星级饭店统计报告，其中 2019 年上半年报告显示，入住率每提高 1

个百分点，大约可使客房收入每年增加 1.6 亿元。研究样本约是文旅部报告样本量 10 284 的 1 600 倍，据此简单推算，入住率每提高 1 个百分点，全国酒店每年客房收入约增加 2 560 亿元。数字化进程若在样本均值上翻番，则入住率约提高 0.3 个百分点，年度客房收入增加 768 亿元。当然，文旅部报告样本酒店的平均规模可能大于携程网上酒店的平均规模，所以该数值可能被高估。但携程网之外仍存在大量酒店，且酒店入住率带来的收益不仅是客房收入，还包括餐饮、旅游、会展等其他直接收入和间接收入。因此，数字化提高酒店配置效率而带来的经济增长效益是非常大的（见表 3 - 3）。

使用酒店的网上评分（score）作为代理变量，据此检验数据机制。如表 3 - 4 所示，网上评分 score 的系数显著为正，且统计显著性较大。以第（1）列回归结果为例，酒店网上评分每提高 1 分，则可使入住率提升 0.23 个百分点。第（2）列显示，交互项 score×digital 的系数显著为正，表明对于网上评分较高的酒店，数字化提高入住率的作用更大，验证了数据机制确实存在。

表 3 - 4 数据机制的检验结果

	(1) occupancy	(2) occupancy
digital		0.031 3*** (0.002 9)
score	0.002 3*** (0.000 4)	0.001 9*** (0.000 4)
score×digital		0.030 9*** (0.004 6)
控制变量	是	是
城市-时间固定效应	是	是
观测值	17 157 641	17 157 641
R^2	0.101 2	0.110 8

注：*** 表示在 1%的显著性水平上统计显著，括号内为聚类到城市层面的稳健标准误。

资料来源：改编自刘诚．数字化进程与线上市场配置效率：基于平台流量倾斜的微观证据 [J]．数量经济技术经济研究，2023，40（6）：175 - 194。

使用提前预订天数来度量线上匹配程度（leadtime），据此检验线上匹配机制。数字化促进了提前预订，这是线上市场相比线下市场所产生的符合人们直觉的重要事实，所以只需通过检验提前预订是否提高了入住率，就可以判断线上匹配机制是否存在。实证方法与数据机制类似，结果如表 3 - 5 所示，线上匹配程度 leadtime 的系数显著为正，且统计显著性较大。以第（1）列回归结果为例，酒店订单平均每提前 1 天，则可使入住率提升 0.18 个百分点。这表明，酒店通过吸引旅客作出长期旅行规划可以更好地抓住潜在市场份额，提高其每日入住率。在回归中加入提前预订天数与数字化进程的交互项，也是检验作用机制的常用方式。表 3 - 5 第（2）列显示，交互项 leadtime×digital 的系数显著为正，表明对于提前预订天数较长的酒店，数字化提高入住率的作用更大，再次验证了线上匹配机制确实存在。

表 3-5 线上匹配机制的检验结果

	(1) occupancy	(2) occupancy
digital		0.021 1***
		(0.003 0)
leadtime	0.001 8***	0.001 3***
	(0.000 3)	(0.000 3)
leadtime×digital		0.092 2***
		(0.001 2)
控制变量	是	是
城市-时间固定效应	是	是
观测值	17 157 641	17 157 641
R^2	0.120 3	0.121 0

注：*** 表示在1%的显著性水平上统计显著，括号内为聚类到城市层面的稳健标准误。

资料来源：改编自刘诚．数字化进程与线上市场配置效率：基于平台流量倾斜的微观证据［J］．数量经济技术经济研究，2023，40（6）：175-194。

数据机制和线上匹配机制是线上市场上出现的新机制，相比价格机制，它们的作用大小如何呢？有文献认为，网上评分在一定程度上将产品质量和购买价格（即性价比）内部化（Shin et al.，2023），故数据机制的存在可能降低了价格机制的作用；也有文献发现，即便平台上产品价格不具有竞争优势导致出现了“展厅效应”（从平台上对比选择产品却在产品商家官网等其他渠道下单的现象），商家依然愿意入驻平台并向平台支付佣金，因为线上市场提高了匹配质量（Wang & Wright，2020），这表明在充分考虑价格机制之后仍存在明显的线上匹配机制。

将三个市场机制对酒店入住率的作用大小进行比较，实证结果如表 3-6 所示。前三列分别将数据机制、线上匹配机制与价格机制进行单独检验，可以发现，酒店网上评分每提高 1 分，则可使入住率提升 0.23 个百分点；酒店订单平均每提前 1 天，则可使入住率提升 0.18 个百分点；酒店房间每降价 30 元，可使入住率提升 0.21 个百分点。表 3-6 第（4）列将三个机制同时进行检验，发现此时 score 和 leadtime 的系数依然都是显著的，表明数据机制和线上匹配机制确实是价格机制之外新出现的市场资源配置机制；相比第（3）列，price 的系数绝对值明显减小，表明数据机制和线上匹配机制降低了价格机制的作用；从三者对入住率促进作用的大小来看，网上评分提高 1 分、提前预订 1.4 天分别与房费降低 50 元的效果相当。可见，与价格机制相比，数据机制和线上匹配机制的作用较为突出。

表 3-6 数据机制、线上匹配机制与价格机制作用大小的比较

	(1) occupancy	(2) occupancy	(3) occupancy	(4) occupancy
score	0.002 3***			0.002 1***
	(0.000 4)			(0.000 4)
leadtime		0.001 8***		0.001 5***
		(0.000 3)		(0.000 3)
price			−0.000 07***	−0.000 04***
			(0.000 0)	(0.000 0)
控制变量	是	是	是	是
城市-时间固定效应	是	是	是	是
观测值	17 157 641	17 157 641	17 157 641	17 157 641
R^2	0.101 2	0.120 3	0.206 7	0.243 8

注：*** 表示在 1%的显著性水平上统计显著，括号内为聚类到城市层面的稳健标准误。

资料来源：改编自刘诚．数字化进程与线上市场配置效率：基于平台流量倾斜的微观证据 [J]. 数量经济技术经济研究，2023，40 (6)：175-194。

第五节 产品质量信号的信息匹配效率提升机制

一、概念

在正式讨论该理论命题前，我们需要对该理论命题的核心概念“竞价排名机制”有一个整体的理解。

竞价排名机制是指销售商以投标方式获取付费排名位置的拍卖机制（Varian，2007；Chen & He，2011）。包括谷歌、必应及百度等知名搜索引擎平台均以竞价排名机制作为主要商业模式，安排搜索服务中的付费搜索结果，并借此通过拍卖关键词检索结果，获取数百亿美元的巨额营业收入。相应地，消费者在付费搜索结果中能否获得自身所需的信息，并实施购买行为，关乎竞价排名机制能否实现消费者和销售商间的信息匹配，反映的是竞价排名机制的信息匹配效率（曲创和刘重阳，2019）。通常而言，在搜索引擎平台、销售商及消费者彼此知晓对方的信息类型的情景下，竞价排名可以实现销售商和消费者间的信息供给和需求的完全匹配。具体地，若搜索引擎平台能完全知晓两边用户的信息类型，则在付费搜索结果安排上，通常会按照消费者偏好强弱顺序将不同类型的销售商置于相应的付费位置（Chen & He，2011）；即便在消费者的搜索行为具有异质性或是存在一定的信息获取成本的情形下（Golrezaei & Nazerzadeh，2017），也是如此。

二、理论命题的提出

学界通常认为信息不对称条件下竞价排名机制并非完全有效的“前因”和“后果”。在前因方面，有学者指出，消费者依赖付费搜索结果位置的排序，实施连续检索行为，使得排名更靠前的付费搜索结果获取更高的点击率，进而吸引着销售商为争取更高付费位置进行过度投标，从而推动销售商造假售假获取超额收入，支付过度投标的费用（Bae & Kagel，2019）。然而，即便知晓消费者连续检索行为是销售商逆向选择的前因，也仅有产品质量潜在排名靠前的销售商愿意支付更高投标，通过真实报告产品质量，争取最优付费位置或次优付费位置，尝试阻止消费者无效检索，提升同消费者信息的匹配效率（Park & Agarwal，2018）。在后果方面，有研究文献发现，若搜索引擎平台对造假售假的销售商熟视无睹，则最终留在竞价排名市场的销售商均采取逆向选择，真实报告产品质量的销售商均离开竞价排名市场，即所谓劣币驱除良币。相应地，搜索引擎平台对逆向选择的销售商实施严厉处罚，或许是提升竞价排名机制信息匹配效率的唯一可行的措施（凌永辉和张月友，2017）。

基于此，蔡祖国和李世杰（2020）提出了“产品质量信号的信息匹配效率提升机制”这一理论命题。

理论命题 3-4

搜索引擎平台可通过识别销售商携带的产品质量信号，并将其置于较高的排序位置，来提升竞价排名机制的信息匹配效率。具体地，搜索引擎平台识别销售商产品质量信号也有着比较详细的步骤：（1）当销售商为搜索引擎平台的知识普及平台和知识问答平台所记录时，销售商就会被贴上产品质量的标签，其中，拥有制造商品牌的销售商被认为具有真实产品质量，转售商品的销售商则被认为具有潜在产品质量（Park & Agarwal，2018）；（2）知识普及平台和知识问答平台所记录的内容，以销售商的信誉度指标参与竞价排名均衡结果的安排，因为搜索引擎平台有激励优先检索和利用知识普及平台和知识问答平台的条目内容（曲创和刘洪波，2017）；（3）搜索引擎平台采用信誉度更优的制造商品牌作为产品质量信号，既是对知识普及平台和知识问答平台的深度利用，也是回应社会公众对其以投标金额作为唯一指标的质疑。因而，在搜索引擎平台优化竞价排名机制的信息匹配效率的过程中，关键在于销售商是否有激励确立起优质制造商品牌的产品质量信号。

资料来源：蔡祖国，李世杰．产品质量信号能提升竞价排名机制的信息匹配效率吗：基于中国搜索服务市场的分析 [J]. 中国工业经济，2020（10）：100-118.

该理论命题揭示了，搜索引擎平台可通过内生方案治理信息不对称问题，即使得销售商构建一个产品质量信号提升信息匹配效率。较之外生的治理措施，其有着较为明显的效率，即降低了信息不对称的治理成本，提升了销售商从信息不对称治理活动中所获取的收益。这些都是销售商有激励提升信息匹配效率的内在驱动因素。进一步地，互联网平台反垄断规制机构在推动反垄断规制的过程中，可通过促进销售商构建内生治理措施来提升治理效率、增进社会福利。

三、理论命题的具体内容

蔡祖国和李世杰（2020）指出，结合信息对称条件下的消费者搜索行为及搜索引擎平台的机制设计，可知竞价排名机制的信息匹配效率是最优的；进入信息不对称条件情景，搜索引擎平台可能没有激励主动设置产品质量信号，使得信息匹配效率陷入完全无效的状态。进一步地，当搜索引擎平台识别销售商的产品质量信号时，销售商获取产品质量信号的激励是存在差异的。因为不同销售商可能因占据不同排序位置而有着不同动机。当销售商 H_2 至 H_4 获取产品质量信号后，销售商 H_2 至 H_4 将同销售商 H_k 区分开来（即情形①）。销售商 H_2 至 H_4 获取产品质量信号的激励效应，则需要分析销售商 H_2 至 H_4 同销售商 H_k 区分开来的前后，销售商 H_2 至 H_4 及 H_k 的联合利润的变化情况。在情形①下，销售商 H_2 至 H_4 及 H_k 的联合利润为 π_j^1：$\pi_j^1=\beta[\pi(\gamma_k^1)-\sigma\pi(\gamma_1)+2\sigma^2\pi(\gamma_2)-\sigma^3\pi(\gamma_3)+\sigma^4\pi(\gamma_4)]$；当销售商 H_2 至 H_4 及 H_k 虚假报告产品质量时，即情形②下，销售商 H_2 至 H_4 及 H_k 的联合利润为 π_j^2：$\pi_j^2=\beta[\pi(\gamma_h)-\sigma^4\pi(\gamma_1)]$。不难发现，获取产品质量信号前后，销售商 H_2 至 H_4 及 H_k 的联合利润差值 $\Delta\pi_j^1$ 为：

$$\Delta\pi_j^1=\pi_j^1-\pi_j^2=-\beta[(\pi(\gamma_h)-\pi(\gamma_k^1))+\sigma\pi(\gamma_1)-2\sigma^2\pi(\gamma_2)+\sigma^3\pi(\gamma_3)-\sigma^4(\pi(\gamma_1)+2\pi(\gamma_4))] \tag{3-3}$$

式中，由于 $\pi(\gamma_4)<\pi(\gamma_3)<\pi(\gamma_2)<\pi(\gamma_1)<\pi(\gamma_k^1)<\pi(\gamma_h)$ 且 $0<\sigma<1/2$，通过仿真可知，在销售商单位利润差异较小（即市场竞争较为激烈）时，$\Delta\pi_j^1<0$。因而，为规避风险，销售商 H_2 至 H_4 没有激励获取产品质量信号。

继续分析销售商 H_1 获取产品质量信号的激励效应。当销售商 H_1 获取产品质量信号后，销售商 H_1 将同销售商 H_2 至 H_4 及 H_k 区分开来（情形②）。销售商 H_1 是否有激励获取产品质量信号，则需要考察销售商 H_1 同销售商 H_2 至 H_4 及 H_k 区分开来前后，销售商 H_i 的联合利润变化情况。在情形②下，销售商 H_i 的联合利润为 π_m^2：$\pi_m^2=\beta[\pi(\gamma_h)+\sigma^2\pi(\gamma_h)+\sigma^4\pi(\gamma_4)]$；当销售商 H_i 均虚假报告产品质量时，即情形③下，销售商 H_i 的联合利润为 π_m^3：$\pi_m^3=\beta[\pi(\gamma_h)+\sigma^2\pi(\gamma_h)]$。不难推导，自建产品质量信号前后，销售商 H_i 的联合利润的差值 $\Delta\pi_m^2$ 为：

$$\Delta\pi_m^2=\pi_m^2-\pi_m^3=\sigma^4\beta\pi(\gamma_4) \tag{3-4}$$

式中，由于 $\pi(\gamma_4)>0$，$\Delta\pi_m^2=\sigma^4\beta\pi(\gamma_4)>0$。因而，当销售商 H_1 获取产品质量信号后，销售商 H_i 的联合利润将有所增加。故销售商 H_1 有激励获取产品质量信号。

在销售商 H_2 至 H_4 及 H_k 通过虚假报告产品质量而占据付费位置 S_1 至 S_4 后，销售商 H_1 借助产品质量信号（如所售产品为知名品牌），向搜索引擎平台传递产品质量信息并获得认同，进而揭示其他销售商虚假报告产品质量，从而被安排至最优付费位置 S_1。为分析产品质量信号的作用机理，假定销售商 H_1 拥有产品质量信号 a 且产品质量为 γ_1，同虚报产品质量的销售商 H_2 至 H_4 及 H_k 进行付费投标竞争。首先，考察任一销售商 $H_j(j=2,3,4,k)$ 对付费位置 S_1 至 S_4 的投标金额 B_1^j 至 B_4^j：$B_1^j=\beta[\pi(\gamma_h)-\sigma\pi(\gamma_h)+\sigma^2\pi(\gamma_h)-\sigma^3\pi(\gamma_h)+\sigma^4\pi(\gamma_h)]$；$B_2^j=\beta[\sigma\pi(\gamma_h)-\sigma^2\pi(\gamma_h)+\sigma^3\pi(\gamma_h)-\sigma^4\pi(\gamma_h)]$；$B_3^j=\beta[\sigma^2\pi(\gamma_h)-\sigma^3\pi(\gamma_h)+\sigma^4\pi(\gamma_h)]$；$B_4^j=\beta[\sigma^3\pi(\gamma_h)-\sigma^4\pi(\gamma_h)]$。其次，不难推导出销售商 H_1 对付费位置的投标金额 B_1^a 至 B_4^a：$B_1^a=\beta[\pi(\gamma_1)-\sigma\pi(\gamma_1)+\sigma^2\pi(\gamma_1)-$

$\sigma^3\pi(\gamma_1)+\sigma^4\pi(\gamma_1)]$；$B_2^a=\beta[\sigma\pi(\gamma_1)-\sigma^2\pi(\gamma_1)+\sigma^3\pi(\gamma_1)-\sigma^4\pi(\gamma_1)]$；$B_3^a=\beta[\sigma^2\pi(\gamma_1)-\sigma^3\pi(\gamma_1)+\sigma^4\pi(\gamma_1)]$；$B_4^a=\beta[\sigma^3\pi(\gamma_1)-\sigma^4\pi(\gamma_1)]$。将销售商 H_1 的投标金额减去任一销售商 H_j 对相应付费位置的投标金额，可得到：$B_1^a-B_1^j=\beta(\pi(\gamma_1)-\pi(\gamma_h))(1-\sigma+\sigma^2-\sigma^3+\sigma^4)$；$B_2^a-B_2^j=\beta(\pi(\gamma_1)-\pi(\gamma_h))(\sigma-\sigma^2+\sigma^3-\sigma^4)$；$B_3^a-B_3^j=\beta(\pi(\gamma_1)-\pi(\gamma_h))(\sigma^2-\sigma^3+\sigma^4)$；$B_4^a-B_4^j=\beta(\pi(\gamma_1)-\pi(\gamma_h))(\sigma^3-\sigma^4)$。其中，由于 $\pi(\gamma_1)<(\gamma_h)$，$B_1^a-B_1^j<0$，$B_2^a-B_2^j<0$，$B_3^a-B_3^j<0$，$B_4^a-B_4^j<0$，表明若搜索引擎平台仅参考投标金额，则销售商 H_1 将不能进入付费搜索结果列表。显然，在搜索引擎平台识别了销售商 H_1 的产品质量信号 a 后，决定将销售商 H_1 收录至付费搜索结果列表。当销售商 H_1 被安排在最高付费位置 S_1 时，其支付金额为 b_1^a：$b_1^a=B_2^i$。相应地，其净利润为 π_1^a：$\pi_1^a=\beta(\pi(\gamma_1)-\sigma\pi(\gamma_h)+\sigma^2\pi(\gamma_h)-\sigma^3\pi(\gamma_h)+\sigma^4\pi(\gamma_h))$。若 $\frac{\pi(\gamma_1)}{\pi(\gamma_h)}>(\sigma-\sigma^2+\sigma^3-\sigma^4)$，则 $\pi_1^a>0$，即销售商 H_1 利用产品质量信号获取最高付费位置 S_1，并取得正常利润。若 $\frac{\pi(\gamma_1)}{\pi(\gamma_h)}<(\sigma-\sigma^2+\sigma^3-\sigma^4)$，则 $\pi_1^a<0$，即销售商 H_1 没有激励利用产品质量信号获得最高付费位置 S_1，而是被搜索引擎平台依随机原则安排在其他付费位置。

总结上述分析可知，在搜索引擎平台识别销售商产品质量信号的情形下，竞价排名有两类均衡：(1) 若 $\frac{\pi(\gamma_1)}{\pi(\gamma_h)}>(\sigma-\sigma^2+\sigma^3-\sigma^4)$，则销售商 H_1 将获得最优付费位置 S_1，销售商 H_j 依随机原则占据付费位置 S_2 至 S_4，以及自然搜索结果列表最优位置 S_k；(2) 若 $\frac{\pi(\gamma_1)}{\pi(\gamma_h)}<(\sigma-\sigma^2+\sigma^3-\sigma^4)$，则销售商 H_1 将主动放弃最优付费位置 S_1，而被搜索引擎平台随机安排在其他付费位置。进而，设定以产品质量信号为解释变量、以消费者信息匹配效率为被解释变量的计量模型：

$$\text{S\_1}=\alpha_0+\alpha_1\text{Signal\_H}+X\text{Con}+\varepsilon \tag{3-5}$$

结合国内大型搜索引擎平台的产业实践数据，蔡祖国和李世杰（2020）进行了实证检验，具体结果见表 3-7 与表 3-8。其中，Signal_H 为销售商自建的产品质量信号。

表 3-7 计量模型（3-5）的 Probit 回归结果（Id_1 为平台的产品质量信号）

	(1) S_1	(2) S_1	(3) S_1	(4) S_1	(5) S_1
Tao_1	1.262***	1.201***	1.572***	1.566***	1.566***
	(0.296)	(0.332)	(0.359)	(0.354)	(0.360)
Tmall_1	1.178***	1.138***	1.160***	1.196***	1.157***
	(0.243)	(0.232)	(0.242)	(0.442)	(0.241)
Jing_1	1.371***	1.311***	1.611***	1.606***	5.087***
	(0.264)	(0.297)	(0.322)	(0.324)	(0.276)

续表

	(1) S_1	(2) S_1	(3) S_1	(4) S_1	(5) S_1
Su_1	0.731** (0.313)	0.669** (0.330)	0.949*** (0.346)	0.944*** (0.349)	0.944*** (0.346)
Id_1		0.103 (0.162)	−0.122 (0.171)	−0.115 (0.189)	−0.115 (0.172)
Signal_H			0.631*** (0.163)	0.627*** (0.162)	0.627*** (0.163)
Id_Tmall				−0.047 3 (0.428)	
Id_Jing					−3.488*** (0.335)
_cons	−0.448*** (0.142)	−0.490*** (0.154)	−0.635*** (0.175)	−0.637*** (0.177)	−0.637*** (0.175)
观测值	784	784	784	784	784
观测值是否聚类	是	是	是	是	是
虚拟 R^2	0.154	0.155	0.181	0.181	0.181

注：*** 和 ** 分别表示在 1%和 5%的显著性水平上统计显著，括号内为稳健标准误。

资料来源：改编自蔡祖国，李世杰．产品质量信号能提升竞价排名机制的信息匹配效率吗：基于中国搜索服务市场的分析［J］．中国工业经济，2020（10）：100－118。

表 3－8 计量模型（3－5）的 Probit 回归结果（Tim_1 为平台市场信号）

	(6) S_1	(7) S_1	(8) S_1	(9) S_1
Tao_1	1.177*** (0.308)	1.473*** (0.327)	1.443*** (0.328)	1.478*** (0.327)
Tmall_1	1.120*** (0.238)	1.108*** (0.241)	2.635*** (1.023)	1.109*** (0.241)
Jing_1	1.230*** (0.285)	1.513*** (0.311)	1.473*** (0.309)	−2.059 (5.113)
Su_1	0.646** (0.318)	0.857*** (0.330)	0.830** (0.330)	0.860*** (0.330)
Tim_1	0.107 (0.067 8)	0.010 5 (0.067 4)	0.035 3 (0.074 5)	0.008 13 (0.067 4)
Signal_H		0.584*** (0.159)	0.558*** (0.160)	0.592*** (0.160)
Tim_Tmall			−0.366 (0.241)	

续表

	(6) S_1	(7) S_1	(8) S_1	(9) S_1
Tim_Jing				0.728 (1.048)
_cons	−0.831*** (0.278)	−0.705** (0.277)	−0.784*** (0.301)	−0.699** (0.276)
观测值	784	784	784	784
观测值是否聚类	是	是	是	是
虚拟 R^2	0.158	0.180	0.182	0.180

注：*** 和 ** 分别表示在 1%和 5%的显著性水平上统计显著，括号内为稳健标准误。

资料来源：改编自蔡祖国，李世杰．产品质量信号能提升竞价排名机制的信息匹配效率吗：基于中国搜索服务市场的分析［J］．中国工业经济，2020（10）：100－118。

不难发现，产品质量信号对销售商获取最优付费位置有显著促进作用。具体地，回归结果（3）至（5）以及回归结果（7）至（9）中，解释变量产品质量信号 Signal_H 的回归系数为正值且统计显著，表明销售商所售产品为某一特定制造商品牌时，其获得最优付费位置的概率将显著上升；并且回归系数数值也反映出拥有制造商品牌的销售商获取最优付费位置的概率将高于非制造商品牌 74.7%～88.0%。这意味着搜索引擎平台有意识地将销售制造商品牌商品的销售商置于最优付费位置。实质则是，搜索引擎平台通过在第一个付费位置安排真实报告产品质量的销售商，进而匹配消费者对产品质量的追求，从而局部优化竞价排名机制的信息匹配效率。即，当消费者追求的是产品质量时，其选择第一个付费位置的制造商品牌商品，所购买产品的质量为真实值的可能性要优于无制造商品牌的商品。当然，搜索引擎平台对销售商产品质量的判断，仅局限于对有无制造商品牌的信号判断，而较难进一步刻画销售商产品质量的差异。并且，产品质量信号对竞价排名机制的信息匹配效率的改善效果仅限于第一个付费位置。对其他付费位置则无相应的改善效应。综上，实证结果支持了上述理论命题。

第六节　平台嵌入的线上声誉优化机制

一、概念

在正式讨论该理论命题前，我们需要对该理论命题的核心概念“线上声誉”有一个整体的理解。

线上声誉对市场竞争格局的影响多来自对口碑、老字号、连锁店等传统声誉的替代。这可以通过连锁店和非连锁店在平台接入后的不同境遇做出检验。既有研究发现，连锁、品牌等线下声誉的价值在数字经济时代明显下降，企业选择直营或加盟的动机减弱。诚然，连锁店和非连锁店大都接入了数字平台，但非连锁店在传统声誉模式下处于相对劣势，其依靠线上声誉机制获取了相同的竞争机会，潜在结果是可能重塑市场竞争格局。

平台接入普及之后市场竞争格局的变化很可能由声誉机制自线下转到线上所引起。在市场竞争中，企业基于长期交易活动积累形成的声誉至关重要，被认为是企业最重要的无形资产之一。由于以往经济活动主要在线下，所以对声誉的研究主要围绕口碑、连锁、品牌以及老字号等传统声誉展开。

近年来，线上声誉机制逐渐兴起。数字平台大都设置了评分系统，还涌现了若干专业评分平台，对性价比、物流时间、售后服务等线上交易内容作评价。线上声誉和传统声誉本质相同，可以起到节省交易成本、促进供需匹配等作用，且其信息收集和处理能力以及信号作用更强，在一定程度上决定了企业的市场竞争力。现有文献对线上声誉机制的实证检验主要集中在数字化较早的电商（李维安等，2007）、电影（Tsang & Prendergast，2009）、酒店及餐饮行业（Dai & Luca，2020），这些实证检验大都发现了线上声誉对线上交易的正向作用。

二、理论命题的提出

平台接入为何会引发市场竞争格局变化？部分企业为何获益更多？刘诚等（2023）构建的理论模型深入洞察了线上声誉对市场竞争格局的影响，并首次使用中国企业的微观数据进行实证检验，提出了“平台嵌入的线上声誉优化机制”这一理论命题。

理论命题 3－5

平台接入可以优化酒店声誉，提高非连锁酒店入住率；在非连锁酒店进行平台接入之后，连锁酒店的入住率将会下降。

资料来源：刘诚，王世强，叶光亮．平台接入、线上声誉与市场竞争格局［J］. 经济研究，2023，58（3）：191－208.

尽管大量研究论述了数据促进供需匹配等平台经济带来的益处，却未揭示企业接入平台后的获益差异性，因而未充分刻画市场竞争格局的变化。因此，需从理论和实践中探寻平台接入作用于市场竞争的具体机制。该命题认为，线上声誉作用显著，是交易行为、产品质量等各类线上信息的综合体现，也是线上市场配置资源发挥作用的重要机制。

三、理论命题的具体内容

刘诚等（2023）主要检验了平台接入对酒店入住率及市场竞争格局的影响，基本回归方程如下：

$$\begin{aligned}\text{occupancy}_{ijt} = &\ \alpha_1 + \alpha_2 \text{platform}_{ijt} + \alpha_3 \text{nonchain}_i \times \text{platform}_{ijt} \\ &+ \theta X_{it} + \varepsilon_i + \lambda_t + \mu_{jt} + \phi_{ijt}\end{aligned} \tag{3-6}$$

下角标 i、j 和 t 分别表示第 t 日城市 j（包括全国地级及以上城市）的酒店 i。被解释变量 occupancy_{ijt} 衡量酒店每日入住率，并在 occupancy_{ijt} 的基础上以酒店房间数加权计算得到各城市每日非连锁酒店的市场份额（nonchain_share）。主要解释变量 platform_{ijt} 表示平台接入程度，用是否特牌酒店虚拟变量来衡量。$nonchain_i$ 表示是否连锁酒店虚拟变量，其为连锁酒店时取值为 0，否则为 1，交互项 $nonchain_i \times platform_{ijt}$ 的系数可以判断平台接入是否更大程度上提高了非连锁酒店入住率。ε 表示酒店固定效应，λ 表示时间固定效应，μ 表示城市时间联合固定效应。X 表示可能影响酒店入住率的机制变量和控制变量，包括：（1）线上声誉（reputation），使用期初评分（reputation1）和每日评分（reputation2）两个变量来表示；（2）平均评分（reputation_mean），使用每日城市内相同星级酒店的平均评分来测算；（3）房间价格（price），使用酒店每日入住房间的平均价格（price1）和酒店每日标准间的价格（price2）来表示；（4）客户数量（clients），使用酒店每日入住的客户人数来表示；（5）手机 App 订单占比（mobile），等于酒店每日来自手机 App 订单的入住客房数除以当日入住客房总数；（6）平均预付比例（prepay），等于酒店每日预付客房数除以当日入住客房总数；（7）订单实际成行率（actual），等于酒店每日客房实际入住数除以当日客房预订数；（8）房间总数（rooms），用以衡量酒店的规模；（9）成立时长（establish），表示酒店截至 2019 年已成立的年份数；（10）星级（star），根据酒店实际情况取值 2～5 星级；（11）是否民宿（homestay），民宿取值为 1，否则为 0。

具体地，使用两种方式来识别平台接入对连锁酒店和非连锁酒店的差异性作用，以验证平台接入对市场竞争格局的影响：一是检验平台接入是否对非连锁酒店入住率的提升作用更大，以分样本检验以及是否连锁变量（nonchain）与平台接入程度变量（platform）的交互项（nonchain×platform）的形式来实现；二是检验平台接入是否提高了各城市非连锁酒店的市场份额（nonchain_share），此时，平台接入程度（platform）和是否连锁酒店（nonchain）也加总到城市层面，分别得到 platform_city 和 nonchain_city 两个变量。

首先，使用酒店入住率（occupancy）作为被解释变量、平台接入程度（platform）作为主要解释变量，做面板固定效应回归，观察平台接入对酒店入住率的影响。然后，加入是否连锁变量（nonchain）与平台接入程度变量（platform）的交互项（nonchain×platform），通过交互项系数判断平台接入是否对非连锁酒店入住率的提升程度更大。进而将样本分为连锁酒店和非连锁酒店两个子样本，进行分样本检验，观察 platform 的系数显著性和大小差异。

实证结果如表 3-9 所示。第（1）列显示，代表平台接入程度较高的特牌酒店相比其他酒店而言入住率提高了 4.5 个百分点。第（2）列的交互项 nonchain×platform 显著为正，说明平台接入对非连锁酒店入住率的提升程度更大。第（3）列和第（4）列分别使用非连锁酒店和连锁酒店样本做固定效应回归，platform 的系数均显著为正，其在第（3）列的系数值大于第（1）列的结果，在第（4）列的系数值小于第（1）列的结果。这说明，平台接入对非连锁酒店的作用大于对全样本的作用，更大于对连锁酒店样本的作用。第（3）列和第（4）列结果比较显示，成为特牌酒店可使非连锁酒店入住率提高 5.2 个百分点，比对连锁酒店的系数高出 2.3 个百分点，表明较高程度的平台接入能够更大程度提升非连锁酒店的入住率。

表 3-9 平台接入对酒店入住率及市场份额的影响

	(1) occupancy 全样本	(2) occupancy 全样本	(3) occupancy 非连锁样本	(4) occupancy 连锁样本	(5) nonchain_share 城市样本	(6) nonchain_share 城市样本
platform	0.045 1***	0.023 2***	0.051 9***	0.028 6***		
	(0.000 1)	(0.000 2)	(0.000 2)	(0.000 2)		
nonchain×platform		0.031 1***				
		(0.000 3)				
nonchain_city					1.093 6***	1.081 5***
					(0.000 1)	(0.000 1)
platform_city						0.004 1***
						(0.000 1)
控制变量	是	是	是	是	是	是
酒店固定效应	是	是	是	是	否	否
城市固定效应	否	否	否	否	是	是
时间固定效应	是	是	是	是	是	是
城市-时间固定效应	是	是	是	是	否	否
观测值	17 157 641	17 157 641	12 146 674	5 010 967	52 413	52 413
R^2	0.206 7	0.207 0	0.253 9	0.183 4	0.849 8	0.849 8

注："是"表示控制相关变量；*** 表示在1%的显著性水平上统计显著，括号内为聚类到城市层面的稳健标准误；当控制酒店固定效应时，不控制 rooms、establish、star、homestay 四个变量。

资料来源：改编自刘诚，王世强，叶光亮．平台接入、线上声誉与市场竞争格局 [J]. 经济研究，2023，58 (3)：191-208。

连锁酒店与非连锁酒店的竞争格局变化情况可用市场份额来体现。使用非连锁酒店市场份额（nonchain_share）作为被解释变量，并把主要解释变量平台接入程度（platform）加总到城市层面，得到各城市平台接入程度平均值（platform_city），控制变量也相应加总到城市层面。进而使用城市日度面板数据做回归，实证结果如表 3-9 后两列所示。

表 3-9 第（5）列显示城市非连锁酒店数量占比（nonchain_city）每提高 1 个百分点，非连锁酒店市场份额（nonchain_share）的扩大超过 1 个百分点，说明非连锁酒店的市场竞争力在增强，证明酒店行业市场竞争格局正在发生变化。第（6）列的结果表明，特牌酒店相对其他酒店，会使非连锁酒店市场份额提高 0.41 个百分点，且 nonchain_city 的系数有所下降，说明平台接入是解释非连锁酒店竞争力提高的重要原因。

使用期初评分（reputation1）截面数据和每日评分（reputation2）面板数据来度量酒店的线上声誉，检验线上声誉机制在平台接入提高入住率、改变市场竞争格局中的作用。在回归中加入线上声誉与平台接入程度的交互项（reputation1×platform 和 reputation2×platform），据此判断对于平台接入程度较高的酒店（即特牌酒店），线上声誉对其入住率和市场份额的提升作用是否更大。

实证结果如表 3-10 所示，线上声誉 reputation1 和 reputation2 的系数都显著为正，且与平台接入程度的交互项的系数也显著为正。更重要的是，第（3）列和第（4）列使用非连锁酒店样本的回归结果中，两个交互项的系数明显大于前两列使用全样本的回归系数，表明线上声誉机制对非连锁酒店入住率的提升作用更大。第（5）列和第（6）列延续表 3-9 第（6）列的做法，从城市层面作出检验，reputation1_city 和 reputation2_city 为两个声誉变量的城市层面均值。结果显示，平台接入可以提高非连锁酒店的市场份额，且线上声誉是其中的重要机制。

表 3-10 线上声誉对市场竞争格局的影响

	(1) occupancy 全样本	(2) occupancy 全样本	(3) occupancy 非连锁样本	(4) occupancy 非连锁样本	(5) nonchain_share 城市样本	(6) nonchain_share 城市样本
platform	0.025 5***	0.039 7***	0.030 6***	0.003 12***		
	(0.000 0)	(0.000 3)	(0.000 2)	(0.000 4)		
reputation1	0.002 8***		0.004 0***			
	(0.000 4)		(0.000 2)			
reputation1×platform	0.041 5***		0.046 1***			
	(0.000 6)		(0.000 5)			
reputation2		0.007 4***		0.012 8***		
		(0.000 5)		(0.000 1)		
reputation2×platform		0.050 4***		0.093 3***		
		(0.001 0)		(0.000 2)		
platform_city					0.001 6***	0.001 5***
					(0.000 1)	(0.000 3)
reputation1_city×platform_city					0.000 7***	
					(0.000 1)	
reputation2_city×platform_city						0.000 8***
						(0.000 0)
控制变量	是	是	是	是	是	是
酒店固定效应	否	是	否	是	否	否
城市固定效应	否	否	否	否	是	是
时间固定效应	否	是	否	是	是	是
城市-时间固定效应	是	是	是	是	否	否
观测值	17 157 641	17 157 641	12 146 674	12 146 674	52 413	52 413
R^2	0.440 3	0.208 8	0.561 2	0.251 7	0.851 1	0.851 3

注：*** 表示在 1%的显著性水平上统计显著，括号内为聚类到城市层面的稳健标准误。

资料来源：改编自刘诚，王世强，叶光亮．平台接入、线上声誉与市场竞争格局［J］．经济研究，2023，58（3）：191-208。

线上评分的准确性是验证线上声誉机制的重要前提。事实上，各大数字平台或多或少存在数据操纵问题，这也引起了学术研究的重视，但人们普遍认为这不影响评分的重要作用（Luca，2016），且该问题会随着用户交易经验的积累以及数字技术的提升而下降（马钦海等，2012；Catalini & Gans，2020）。尽管如此，刘诚等（2023）从关键分值处入手进一步进行稳健性检验，以确保相关结论的稳健性。

如果酒店存在数据操纵问题，那么关键分值上的操纵行为将比其他分值处更加明显。例如，Zhong（2022）通过理论模型和淘宝数据证实，卖家会在评分达到特定的阈值之前降低价格，随后再提高价格。所以，如果在关键分值前后结论能够保持稳健，那么在所有分值上很可能都是稳健的，这就有效增强了线上声誉机制的稳健性。

基于样本期初评分（reputation1）选择了三个关键分值临界点（5.0 和 4.9、4.5 和 4.4、4.0 和 3.9），并设置 highscore 虚拟变量。当评分为 5.0 或 4.5 或 4.0 时 highscore 取值为 1，否则为 0。将 highscore 及其与 platform 的交互项作为解释变量。回归结果如表 3-11 所示，第（1）、第（3）和第（5）列 platform 的系数显著为正，说明在关键分值临界点平台接入仍可以显著提升入住率，其他三列加入了交互项 highscore×platform，其系数也显著为正，表明线上声誉机制仍显著存在。

表 3-11 关键分值处的回归结果

	(1) occupancy	(2) occupancy	(3) occupancy	(4) occupancy	(5) occupancy	(6) occupancy
	[5.0，4.9]区间样本		[4.5，4.4]区间样本		[4.0，3.9]区间样本	
platform	0.042 8***	0.005 3***	0.045 3***	0.003 9***	0.046 0***	0.003 2***
	(0.000 1)	(0.000 5)	(0.000 0)	(0.000 2)	(0.000 1)	(0.000 9)
highscore		0.000 5***		0.000 2***		0.000 4***
		(0.000 1)		(0.000 0)		(0.000 1)
highscore× platform		0.002 2***		0.001 1***		0.001 6***
		(0.000 2)		(0.000 0)		(0.000 1)
控制变量	是	是	是	是	是	是
城市-时间固定效应	是	是	是	是	是	是
观测值	335 140	335 140	4 198 842	4 198 842	1 464 513	1 464 513
R^2	0.240 8	0.241 2	0.235 1	0.235 3	0.240 5	0.240 6

注：*** 表示在 1%的显著性水平上统计显著，括号内为聚类到城市层面的稳健标准误。

资料来源：改编自刘诚，王世强，叶光亮．平台接入、线上声誉与市场竞争格局［J］．经济研究，2023，58(3)：191-208。

第七节 中国证据

理论命题 3-2 强调：不断筛选并控制住高效率平台商户，是该电商平台长时间占据市场垄断地位的主要原因。正是因为该电商平台不断追求效率，长时间将消费者聚集于平台之内，维持着极高的市场活跃度；这既得益于电商平台对整个购物体系的机制设计，也得益于商户的积极努力。其中，购物体系的机制设计基本由电商平台控制；平台商户的销售努力则在“二选一”协议的约束下，逐步纳入电商平台的掌控之中。结合所用指标的实际含义可知，电商平台先了解商品点击率与转化率，后再知晓商品获取额外消费者需求的能力。由于平台商户层面的签约率为7.7%，电商平台只需控制极少量的平台商户，便能对整个行业进行控制，进而削弱竞争对手的市场影响力，从而巩固既有的垄断势力与市场地位。

这一点也得到了中国市场的产业实践的证实。中国国家市场监督管理总局在2021年第28号行政处罚决定书中提到：

2015—2019年，当事人网络零售平台服务收入在中国境内10家主要网络零售平台合计服务收入中，份额分别为86.07%、75.77%、78.51%、75.44%、71.17%。二是从平台商品交易额看。平台商品交易额是指网络零售平台上的商品成交金额，是平台上所有经营者经营状况和消费者消费状况的综合反映。2015—2019年，当事人网络零售平台商品交易额在中国境内网络零售商品交易总额中，份额分别为76.21%、69.96%、63.58%、61.70%、61.83%。

2015—2019年，当事人净利润分别为（略），年均增长率为24.1%；市值从2015年12月的1.32万亿元增长至2020年12月的4.12万亿元，强大的财力可以支持当事人在相关市场及关联市场的业务扩张。二是当事人具有先进的技术条件。当事人凭借进入网络零售平台服务市场的先发优势，积累了大量的平台内经营者和消费者，拥有海量的交易、物流、支付等数据，对比其他竞争性平台优势明显。当事人具有先进的算法，能够通过数据处理技术实现个性化搜索排序策略，有针对性地满足消费者需求，并精准监测平台内经营者在其他竞争性平台上的经营情况。同时，当事人是中国境内最大的公有云服务提供商，具有强大的算力，为当事人网络零售平台服务提供大规模计算、大数据分析等一整套云服务。当事人还具有先进的人工智能技术，并建立了可靠的安全系统。上述财力和技术条件巩固和增强了当事人的市场力量。

进一步地，该行政处罚决定书指出：

当事人根据销售增长、商品能力、用户运营、品牌力、服务能力、合规经营等因素将平台内经营者由高到低划分为SSKA、SKA、KA、核腰、腰部、长尾、底部等七个层次，其中KA及以上经营者（以下统称为核心商家）是网络零售平台的关键竞争力。为增强自身竞争力，削弱其他竞争性平台的市场力量，当事人对核心商家提出禁止在其他竞争性平台开店的要求。

总结上述事实，能够清晰看到电商平台通过控制高质量平台商户，进而以奖惩并用的方法要求接受“二选一”协议。

理论命题3-3指出：数字化进程可以通过数据机制提高线上市场配置效率。由于线上数据种类和数量的增多、算法和智能技术的成熟，以及平台对入驻企业和整个数字生态系统资源配置权力的扩张，线上市场越来越倚重数据来调配资源。例如，电商App可以根据用户特征和偏好自动推荐商品，工业互联网能够根据用户个性化需求快速换件和换型以实现定制化生产，智能招聘系统可以帮助企业筛选应聘者。平台利用数据配置资源的背后可能内含了价格因素，即不排除其目的是获得更高（或更合适）的价格。但很多情况下二者是并行的市场机制，如网约车平台在向用户分配车辆时既考虑车型价格，也考虑车辆与用户的距离。因此，数据机制具有和价格机制相似但不同的资源配置能力，有必要对数据机制的具体作用进行深入探讨。

理论命题 3 - 4 指出：在最高排序位置上，即便拥有产品质量信号，寡头销售商仍占据主导地位。一方面，以寡头销售商占据最高排序位置的比例来看，淘宝网、天猫商城、京东商城及苏宁易购分别为 9.8%、14.8%、15.1%、6.9%（蔡祖国和李世杰，2020）；另一方面，寡头销售商对采用产品质量信号始终呈现一种抵触心理，即寡头销售商没有激励来采用产品质量信号，获取最高排序位置。面对此种情形，作为中国搜索服务市场的大型搜索引擎平台——百度搜索引擎平台为改善竞价排名机制的信息匹配效率进行了有意义的探索。

自第二次声誉危机以来，百度搜索引擎平台企业积极探索竞价排名策略性行为的治理措施，主要有两项：(1) 取消运营多年的实名认证制度；(2) 提升品牌销售商的搜索权重。所谓实名认证制度，是指凡接入百度搜索引擎平台并参与竞价排名的销售商，均须接受百度搜索引擎平台实名认证。其中，有三个认证等级，分别是 V1、V2 及 V3 等级。V1 等级的年度认证费用为 600 元，V2 等级的年度认证费用为 1 200 元，V3 等级的年度认证费用为 2 200 元。早期百度公司会派员工前往销售商，实地查看企业的生产资质。随着销售商规模不断增大，百度公司将实地取证工作委托给各地代理商进行实地查证。其后，本地代理商与销售商组成利益关联体，即销售商只需向代理商缴纳一定费用，即可获得相应的实名认证等级，并不会受到实地检查。相应地，实名认证制度也就失去了应有的门槛作用。特别是在第二次声誉危机后，百度公司曾总结指出，实名认证制度虽然已运营长达近 20 年，每年可为百度搜索引擎平台创造数亿元的营业收入，但实名认证制度并未起到对销售商设定质量筛选门槛的作用。自 2019 年 1 月 1 日起，百度搜索引擎平台企业正式取消了实名认证制度。

尽管如此，百度搜索引擎平台仍在探索提升销售商质量门槛的治理措施。其中，以增加品牌销售商搜索权重的治理措施尤为值得关注。具体地，百度搜索引擎平台利用其一体化的百科内容提供商——百度百科积累起来的大数据，对销售商品牌进行分析，进而对品牌销售商进行有效识别，从而为其在竞价排名活动中提升搜索权重。一方面，品牌销售商是竞价排名活动的主要参与者，为百度搜索引擎公司贡献了超过 60%的拍卖收入；另一方面，品牌销售商具有良好的口碑声誉，能够有效抓取消费者的点击率及其需求，是高质量销售商的典范。事实上，能够在竞价排名活动中积攒起良好口碑的销售商均已经过品牌认证。借此治理措施，百度搜索引擎平台初步稳定了消费者对竞价排名活动的信心。另外，百度搜索引擎平台也曾开发口碑传播的百度商家评价制度，但运营半年后，即被取消。可以看出，百度搜索引擎平台为改进竞价排名机制的信息匹配效率，治理竞价排名策略性行为的负面效果，进行了强有力的、实质性的探索。

理论命题 3 - 5 指出：一个基本事实是：消费者对酒店、餐饮、电影等的日常消费越来越倾向于依赖线上评分作出购买选择，传统声誉机制的作用在下降。具体到商业实践而言，企业以往依靠传统声誉进行竞争，平台接入后则逐步转向依靠线上声誉展开竞争，线上声誉成为平台接入影响市场竞争格局的重要机制。

第八节　结论性评述

本章通过对五个核心理论命题的分析，不仅洞察了平台经济的复杂性，也认识到了它们在塑造市场结构和消费者行为中的关键作用。理论命题 3-1 揭示了在数字经济的激烈竞争中，歧视性定价策略虽然可以为企业提供短期的竞争优势，但长期来看，可能会导致产品质量的下降和市场福利的损害。这提醒我们在制定市场策略时，需要平衡短期利益和长期可持续发展。理论命题 3-2 揭示了电商平台“二选一”策略背后的动机和后果。这一命题强调了平台商户在面对排他性协议时的心理机制，以及这种策略对市场多样性和竞争的潜在影响。理论命题 3-3 通过实证研究，展示了数字化如何通过数据机制提高线上市场的资源配置效率。这一发现为理解数字化在现代经济中的作用提供了新的视角。理论命题 3-4 深入探讨了搜索引擎平台如何通过识别和利用产品质量信号来优化信息匹配效率。这一命题不仅揭示了信息不对称问题的解决方案，也强调了品牌建设和信誉度在数字市场中的重要性。理论命题 3-5 则从平台接入的角度，分析了线上声誉对酒店业等服务业的影响。这一命题强调了线上声誉在资源配置中的关键作用，以及它如何影响市场竞争格局。这些理论命题不仅揭示了平台在市场竞争、资源配置、信息匹配等方面的重要作用，也为企业在数字贸易时代制定策略提供了有益启示。我们认识到，平台经济的发展并非一帆风顺，它既带来了效率提升、市场拓展等机遇，也伴随着歧视性定价、排他性协议等挑战。因此，如何在充分发挥平台优势的同时，规避其潜在风险，成为摆在我们面前的重要课题。

理论命题 3-1 主要涉及数字经济与歧视性定价相关联的相关文献。在数字经济时代，企业基于消费者信息进行价格歧视的方法不断丰富，如对消费者购买历史进行回溯（Fudenberg & Villas-Boas，2012；Choe et al.，2018），为消费者提供预售折扣（Nocke et al.，2011）或定制化的商品组合（Choi，2012）等。而消费者规避价格歧视的行为对企业决策和社会福利的影响同样得到广泛讨论，如隐藏个人信息（Chen et al.，2020）或使用比价网站（Moraga-González & Wildenbeest，2012）等。有研究认为，消费者通过隐藏个人信息规避价格歧视时，可能会使得企业对品牌忠诚度较高的消费者收取较高价格，并放弃服务隐藏个人信息的消费者，从而导致社会福利受损（Chen et al.，2020）。而 Rayna et al.（2015）通过理论建模表明，企业通过对消费者给予补贴，鼓励消费者披露个人信息，从而进行价格歧视的做法，可以促进社会福利的提升。世界范围内，实务界同样有声音认为，如果隐私保护政策能够赋予消费者保护个人信息的能力，竞争政策并不需要对企业歧视性定价行为进行过多限制，仍能实现技术发展和社会福利提升。借鉴国外研究前沿，未来本命题的相关研究可以进行如下拓展：一是人工智能新突破逐步产生重大商业价值并渗透至商业领域时，歧视性定价这一商业行为的演化路径，探究中国数字经济常态化监管所面临的潜在挑战与完善方向。二是进一步从理论结合实践的角度，立足中国数字经济现实情形，探究歧视性定价的衍生新类型、新方式，讨论其对应的福利效应。

与理论命题3-2相关的国外前沿研究通常将“二选一”协议视为排他性协议，即互联网平台强制要求平台商户实现单归属，排他性接入唯一的平台，削弱竞争对手的市场势力，实现市场圈定效应（Edelman & Lai，2016）。进一步地，依据排他性协议的实施效果，国外学者指出，“二选一”协议能够取得良好效果的驱动因素在于互联网平台存在竞争瓶颈，即互联网平台存在市场资源约束（Armstrong & Wright，2007）。因而，国外研究主要将“二选一”协议视为平台商户竞争的前因。相反，该命题认为，签订“二选一”协议是平台商户竞争的结果，主要表现有两点，即该命题可能存在两点理论边际贡献或创新之处。其一，蔡祖国和李世杰（2022）厘清了平台设计对互联网平台企业实施“二选一”策略性行为的决定性作用。电脑终端与移动终端的平台设计差异，以及消费者对不同终端的偏好，促使部分互联网平台企业必须思考究竟以何种终端的平台设计为基础，实施“二选一”策略性行为，控制平台商户。借此，蔡祖国和李世杰（2022）以电商平台为例，研究发现移动终端的平台设计是电商平台赖以实施“二选一”策略性行为的重要基础；电脑终端的平台内设计则无相应的辅助作用。其二，该命题发现，移动终端的平台设计可使平台商户对“二选一”策略性行为的惩罚性措施做出快速反应，致使平台商户因惧怕既得收益的损失而签订“二选一”协议；并且，既得收益越高的平台商户签约激励越强。损失厌恶偏好致使平台商户的既得收益与其是否签订“二选一”协议之间存在因果逻辑关系。

与理论命题3-3相关的国外前沿研究如下：有学者试图将数据要素直接引入经济增长模型（Jones & Tonetti，2020），或认为数据的价值附着在资本或技术上，以数据资本或数字技术的形式纳入内生经济增长模型（Farboodi & Veldkamp，2021），甚至主张用算法代替生产函数来刻画平台经济的资源配置（谢丹阳和周泽茜，2019）。也有部分文献从市场资源配置的角度，探讨了数据对线上市场的重要作用。Khern-am-nuai et al.（2024）研究发现，线上市场越来越多地加入了问答（Q&A）功能，商家在平台上回答消费者提问可以推动商品销量。Liao et al.（2023）借助互联网借贷平台的实验研究发现，平台向用户推送的征信提醒（短信通知还款并提示违约将影响信用）可以显著降低用户的违约概率。

与理论命题3-4相关的国外前沿研究如下：通常而言，当全部付费搜索结果均为真实报告产品质量的销售商且按产品质量降序排列时，竞价排名机制的信息匹配程度为完全匹配，效率是最优的；当全部付费搜索结果均为虚假报告产品质量的销售商时，则其信息匹配程度为完全不匹配，效率是最低的；当付费搜索结果既有真实报告产品质量的销售商，也有虚假报告产品质量的销售商时，则其信息匹配程度是局部匹配，效率处于中等水平。尽管学界的期望目标是将竞价排名机制的信息匹配效率提升至最优水平，却极少能付诸实现。原因在于：最优水平的完全匹配的前置条件是完全信息状态，与信息不对称的前置条件相矛盾（Chen & He，2011）。理论命题的边际贡献在于：产品质量较低的销售商更有激励进行逆向选择，以获取更优的付费位置，误导消费者购买，致使消费者福利遭受双重损失；产品质量较高的销售商则有激励运用产品质量信号，以获取更优的付费位置，激励消费者购买；无产品质量信号情形下，竞价排名的均衡结果完全不能匹配消费者的购买策略，严重损害消费者福利；在植入产品质量信号后，搜索引擎平台将提高竞价排名均衡结果与消费者购买策略的匹配程度，局部地优化竞价排名机制的信息匹配效率。并且，这一局部性不仅体现了付费位置的安排上仅有第一个付费位置才有信号传递现象，也体现了产品质量信号作用被限制在份额低于 60%的竞价排名市场内。

与理论命题 3-5 相关的国外前沿研究如下：线上声誉机制对市场竞争格局的影响受到学术界的关注。与该命题相近的一支文献（Luca，2016；Fang，2022）研究发现，在线评论平台、评分或评级对连锁店和非连锁店的影响具有异质性，但并未具体剖析市场竞争格局的变化。该命题不仅检验了连锁店和非连锁店在平台接入后的异质性表现，而且深入探究了二者的市场份额变化，详细论证了线上声誉对市场竞争格局的影响。此外，Hollenbeck（2018）研究了传统声誉价值下降问题，发现企业选择连锁直营模式的收入溢价大幅下滑。与之不同的是，该命题不关注企业营业模式决策问题，而侧重研究线上声誉对不同企业的不同作用。

参考文献

第四章

消费者

第一节　问题的提出

在数字经济时代，消费者不仅仅是商品与服务的需求者，更是公共数据生产者。消费者偏好和行为被系统地收集并转化为有价值的数据资源，对数字市场结构、价格机制以及生产效率等方面产生了深刻影响。因此，对消费者偏好和行为的研究尤为重要。在数字贸易学分析框架中，消费者是核心研究领域。消费者与平台、数据和智能制造形成了高度协同和互补的关系。具体而言，消费者通过平台生成数据，平台通过数据分析和智能算法提升消费者服务，智能制造则通过消费者产生的数据驱动实现生产优化和定制化生产。第一，平台是连接消费者和厂商的重要中介。电子商务平台、社交媒体平台和内容平台等，都是消费者获取信息、购买商品和享受服务的重要途径。第二，消费者在使用平台的过程中产生了大量的数据，包括浏览记录、搜索历史、购买记录、评价反馈等。这些数据不仅反映了消费者的偏好和需求，还揭示了他们的行为模式和消费习惯。平台通过大数据技术和算法分析，可以深入了解消费者需求，为消费者提供个性化的推荐和服务。第三，消费者对个性化和定制化产品的需求，推动了智能制造的发展。得益于平台收集到的消费者数据，厂商利用大数据、人工智能等手段，能够进行小批量、多品种的柔性生产，满足了消费者个性化、多样化的需求，提高了供需匹配效率。

在本章中，我们将重点研究四个消费者领域的重要理论命题：命题一：个人信息保护政策导致产品无效分配理论。这一命题揭示了不同消费者信息保护政策的福利差异，且不同厂商对个人信息保护政策的偏好不同。命题二：个人信息强制收集的挤入效应。这一命题探索了强制信息收集对个人信息披露行为的影响。命题三：消费者保护政策的影响。这一命题将消费者保护政策与跨境电商产品的市场进入和退出行为联系起来，揭示了个人信息强制收集产生了挤入效应。命题四：差异化偏好引致数字贸易增长理论。这一命题强调了偏好差异化对数字贸易的贡献。

本章通过对这四个关键命题进行深入的剖析和探讨，来帮助读者全面理解消费者在数字经济中的重要角色及其所做出的贡献。这些命题涉及价格歧视、信息披露决策、逆向选择等多个理论和概念，为后续章节提供了必要的理论支撑。

第二节　个人信息保护政策导致产品无效分配理论

一、理论命题的提出

Acquisti et al.（2016）指出，经济学文献中关注的消费者个人信息常常被定义为消费者对产品的偏好和保留价格，商家则通过获取这类信息来选择提供的服务或对消费者进行价格歧视，以最大化自己的利润。现有研究已证实，厂商会借助消费者信息施行价格歧视。例如，Mikians et al.（2012）发现，厂商通过个人信息对不同消费者采取不同定价，同种商品的价格差异可达到 10%～30%。而这一战略对厂商利润的影响因情况而异：Shiller（2013）发现，利用网络上消费者数据进行个性化定价将使奈飞（Netflix）公司利润提高 12.2%；张穹等（2019）认为，当销售的同类产品存在差异时，商家在一定程度上有了垄断势力，但需要面对更加激烈的价格竞争。发声反对歧视定价的是一部分支付了更高价格的消费者；Feri et al.（2016）得出了消费者信息披露可能会损害厂商利润的结论。

基于此，李三希等（2021）提出了“个人信息保护政策导致产品无效分配理论”这一理论命题。

理论命题 4-1

个人信息保护政策会带来产品的无效分配，无个人信息保护时，消费者总剩余和社会总福利最大，生产者剩余最小，且不同厂商对个人信息保护政策的偏好不同。

资料来源：李三希，武玙璠，鲍仁杰．大数据、个人信息保护和价格歧视：基于垂直差异化双寡头模型的分析 [J]．经济研究，2021，56（1）：43-57.

该理论命题首次考虑了不同消费者信息保护政策的福利差异。区别于传统西方理论研究，李三希等（2021）考虑了自愿性信息保护政策，即消费者可以自行选择是否让企业收集其个人信息；而传统西方理论要么仅考虑了无信息保护政策，要么仅考虑了强制性信息保护政策。需要注意的是，已有文献强调消费者往往会低估个人数据的价值，在选择是否公开自身隐私信息时是不够经济理性的（Gradwohl & Smorodinsky，2017；Norberg et al.，2007）。与此相反，李三希等（2021）在消费者完全理性假设下，细致计算对比了不同个人信息保护政策下各方福利的变化，是消费者相关理论研究的重要拓展。

二、理论命题的具体内容

西方经典文献通常考虑的不是一级价格歧视，比如基于行为价格歧视（BBPD）文献中考虑的是动态非一级价格歧视模型，厂商在第二期基于第一期购买行为进行价格歧视，消费者因此可以在第一期策略性地改变自己的行为，从而让厂商对自己的偏好做出误判（Taylor & Wagman，2014；Acquist & Varian，2005；Villas-Boas，2004）。在大数据技术如此发达的今天，厂商可以通过购买或交换用户数据等许多渠道，而不仅仅是通过消费者的购物行为对消费者的偏好进行判断，因此，消费者策略性地改变自己的购物行为从而误导厂商的假设不太符合现实。李三希等（2021）采用垂直差异化双寡头竞争模型，按照对消费者信息保护的强弱程度不同，分析三种类型的个人信息保护政策（无个人信息保护政策、自愿性个人信息保护政策和强制性个人信息保护政策），是对价格歧视理论在数字经济时代的拓展。

该命题的基本分析框架采用垂直差异化双寡头竞争模型。市场上存在两家厂商（1和2），它们开展同时行动的价格竞争。假设其产品质量外生给定，分别表示为 q_1 和 q_2，且 $q_1<q_2$。生产产品 i 需要 c_i 的边际成本，且有 $c_1<c_2$，即低质量产品的边际生产成本低于高质量产品的边际生产成本。

具有单位需求的消费者 j 购买产品 i 所得的净效用为 $u_j(q_i,p_i,\theta_j)=u_0+\theta_j q_i-p_i$，其中 u_0 为购买产品获得的固定效用；θ 刻画了消费者对产品质量的异质性偏好：θ 越大的消费者越在意产品质量，对质量变化也越敏感。不失一般性地，将消费者数量标准化为1并假设 θ 服从$[0,1]$上的均匀分布。消费者在不购买任何产品时的保留效用标准化为0。假设 u_0 非常大，确保均衡时所有消费者均购买产品。消费者偏好 θ 属于其私人信息，其余信息均为全体博弈参与主体的共同知识。

博弈时序如下：(1) 政府设定个人信息保护政策。(2) 若政府选择自愿性个人信息保护政策，消费者选择是否向厂商披露信息。(3) 厂商根据自己掌握的消费者信息进行定价。(4) 消费者做出购买决策。

需要说明的是，博弈的第二阶段取决于个人信息保护政策。在强制性个人信息保护政策下，消费者不存在向厂商披露信息的选择；在无个人信息保护政策下，厂商可以无限制、无成本地收集消费者信息。因此，博弈的第二阶段只存在于自愿性个人信息保护情况。

社会最优结果：在正式均衡分析之前，先进行社会最优分析，即假设存在一个以社会福利最大化为目标的社会计划者，由其进行资源分配。设边际消费者 $\hat{\theta}^*$ 满足：$u_0+\hat{\theta}^* q_1-c_1=u_0+\hat{\theta}^* q_2-c_2$；$\hat{\theta}^*\equiv\frac{\Delta c}{\Delta q}$。其中 $\Delta c=c_2-c_1$，$\Delta q=q_2-q_1$。在实现社会最优分配的情况下，位于$[0,\hat{\theta}^*]$上的消费者消费低质量产品，位于$(\hat{\theta}^*,1]$部分的消费者消费高质量产品。由于 $\theta\in[0,1]$，该命题假设$\frac{\Delta c}{\Delta q}<1$，以保证在达到社会最优结果时有严格正比例的消费者需要消费高质量产品。注意 Δq 表示产品质量差异，Δc 表示产品成本差异，因此$\frac{\Delta q}{\Delta c}$可表示产品相对质量差异。$\frac{\Delta c}{\Delta q}$越大，产品相对质量差异越小，代表低质量厂商越具有竞争优势；$\frac{\Delta c}{\Delta q}$越小，产品相对质量差异越大，代表高质量厂商越具有竞争优势。

本部分将依次求解强制性个人信息保护政策、无个人信息保护政策和自愿性个人信息保护政策下厂商定价策略，并对消费者购买行为进行刻画。

（一）强制性个人信息保护政策

假设政府采取强制性个人信息保护政策，禁止厂商收集消费者的任何信息用于商业活动。此时，厂商没有任何消费者信息，只能进行统一定价。存在一个边际支付意愿为 $\hat{\theta}^m$ 的消费者，其购买的两种产品无差异，即 $u_0+\hat{\theta}^m q_1-p_1=u_0+\hat{\theta}^m q_2-p_2$，从而 $\hat{\theta}^m=\dfrac{p_2-p_1}{\Delta q}$。

位于 $\hat{\theta}^m$ 左侧的消费者购买低质量产品，位于 $\hat{\theta}^m$ 右侧的消费者购买高质量产品。由此两个厂商的利润函数分别为：$\pi_1^m=(p_1^m-c_1)\hat{\theta}^m$；$\pi_2^m=(p_2^m-c_2)(1-\hat{\theta}^m)$。

根据利润最大化时的一阶条件求出均衡时两个厂商的定价分别为：$p_1^m=\dfrac{\Delta q}{3}+\dfrac{2c_1+c_2}{3}$；$p_2^m=\dfrac{2\Delta q}{3}+\dfrac{2c_2+c_1}{3}$。

边际消费者为 $\hat{\theta}^m=\dfrac{1}{3}(1+\hat{\theta}^*)$。

命题 1： 在强制性个人信息保护政策下，厂商只能统一定价，均衡时厂商的定价为 $p_1^m=\dfrac{\Delta q}{3}+\dfrac{2c_1+c_2}{3}$；$p_2^m=\dfrac{2\Delta q}{3}+\dfrac{2c_2+c_1}{3}$。在此价格下，若 $\theta<\hat{\theta}^m$，则消费者购买低质量产品；若 $\theta>\hat{\theta}^m$，则消费者购买高质量产品，其中 $\hat{\theta}^m=\dfrac{1}{3}(1+\hat{\theta}^*)$。

（二）无个人信息保护政策

无个人信息保护时，厂商可以无成本地收集消费者信息，准确估计出老消费者对质量的边际支付意愿。需要注意的是，厂商无法估计新消费者对质量的支付意愿。在此，将厂商不拥有信息的市场称为匿名市场，将厂商拥有信息的市场称为个性化市场。

在匿名市场上，厂商只能进行统一定价，均衡情况和强制性个人信息保护情形完全一样。

在个性化市场上，厂商拥有每一个消费者的相关信息，可以对其进行个性化定价。厂商 1 和厂商 2 对每一个消费者 θ 都展开价格竞争。在对质量不敏感消费者（$\theta<\hat{\theta}^*$）的竞争中，厂商 1 具有竞争优势。背后的逻辑是：当高质量厂商 2 采取边际成本定价 $p_2=c_2$ 时，厂商 1 可以通过定价 $p_1=c_1+\varepsilon$ 吸引消费者，并获得严格正利润，其中 ε 是正的无穷小量。同理，在对质量敏感消费者（$\theta>\hat{\theta}^*$）的竞争中，厂商 2 具有竞争优势。激烈的竞争压力使没有竞争优势的一方只能进行边际成本定价，而有竞争优势的厂商将提供个性化定价，恰好使消费者在购买两个产品时无差异（假设消费者无差异时会从有竞争优势的一方进行购买），从而吸引消费者购买自己的产品。

下面的命题严格刻画了无个人信息保护下的均衡：

命题 2： 假设无个人信息保护。则均衡时有：（A）企业在匿名市场上进行统一定价，均衡与命题 1 完全一致。（B）企业在个性化市场上进行个性化定价：①$\theta<\hat{\theta}^*$ 的消费者均购买低质量产品，$p_1^n(\theta)=c_2-\theta\Delta q$，$p_2^n(\theta)=c_2$。②$\theta>\hat{\theta}^*$ 的消费者均购买高质量产品，$p_1^n(\theta)=c_1$，$p_2^n(\theta)=c_1+\theta\Delta q$。

值得注意的是，当企业进行个性化定价时，消费者的最终支付价格并非其对质量的边际支付意愿 θ 的单调函数。对质量不敏感的消费者（$\theta<\hat{\theta}^*$）来说，其支付价格是支付意愿 θ 的单调减函数，表明消费者对质量越不敏感，低质量的厂商对其收取的价格越高。一般而言，消费者对质量的边际支付意愿和收入成正比，因此，该结论意味着：在高支付意愿的人群中，消费者收入越高，支付的价格越高。与之形成鲜明对比的是，在低支付意愿的人群中，消费者收入越低，支付的价格反而越高。这是因为，该命题假设市场被低质量厂商和高质量厂商全部覆盖，在低收入人群中，收入越低的消费者越是低质量厂商的忠实消费者，低质量厂商的垄断能力越强；同理，在高收入人群中，收入越高的消费者越会忠实地购买高质量产品，低质量厂商更不可能通过设定低价来竞争这部分消费者，高质量厂商也会凭借其垄断力量制定更高的价格。

相比统一定价的情形而言，企业采取个性化定价到底增加还是降低了消费者的支付价格及其净福利？对该问题进行回答需考虑两种情形。

情形 1：$\dfrac{\Delta c}{\Delta q}<\dfrac{1}{2}$。此时，有 $\hat{\theta}^m>\hat{\theta}^*$。对于 $\theta<\hat{\theta}^*$ 的消费者，其在匿名市场和个性化市场消费时都将购买产品 1，支付的价格分别为 p_1^m 和 $p_1^n(\theta)$，此时 $p_1^n(\theta)<p_1^m$。个性化定价的能力使厂商需要对每一个消费者进行价格竞争，剧烈的竞争压力使均衡价格低于统一定价时的价格。对该类消费者而言，个性化定价增加了其净福利。

对于 $\theta>\hat{\theta}^m$ 的消费者，其在匿名市场和个性化市场消费时都将购买产品 2，支付的价格分别为 p_2^m 和 $p_2^n(\theta)$，根据命题 2，当且仅当 $\theta>\dfrac{2}{3}(1+\hat{\theta}^*)$时，$p_2^n(\theta)>p_2^m$。从企业的角度看，个性化定价带来了两个相反的效应。一方面，个性化定价使企业能够通过提价更多地榨取消费者剩余，该命题将此效应称作剩余榨取效应；另一方面，个性化定价使企业必须对每一个消费者进行价格竞争，从而压低价格，该命题将该效应称作竞争效应。当消费者的支付意愿很高$[\theta>\dfrac{2}{3}(1+\hat{\theta}^*)]$时，剩余榨取效应占优于竞争效应，从而消费者需要支付的价格变高、福利变小。当消费者的支付意愿较低$[\hat{\theta}^m<\theta<\dfrac{2}{3}(1+\hat{\theta}^*)]$时，竞争效应占优于剩余榨取效应，从而消费者需要支付的价格变低、福利变大。

对 $\hat{\theta}^*<\theta<\hat{\theta}^m$ 的消费者而言，在匿名市场上消费时，将购买产品 1，支付的价格为 p_1^m；而在个性化市场上消费时，将购买产品 2，支付的价格为 $p_2^n(\theta)$。消费者在匿名市场上消费时的效用和在个性化市场上消费时的效用之差为 $\theta q_1-p_1^m-[\theta q_2-p_2^n(\theta)]<0$。因此，个性化定价使该类消费者福利增加。

综合而言，对于 $\theta>\dfrac{2}{3}(1+\hat{\theta}^*)$的消费者而言，个性化定价使其境况变得更差；对于 $\theta<\dfrac{2}{3}(1+\hat{\theta}^*)$的消费者而言，个性化定价使其境况变得更好。

情形 2：$\dfrac{\Delta c}{\Delta q}>\dfrac{1}{2}$。此时，有 $\hat{\theta}^m<\hat{\theta}^*$。利用和情形 1 类似的分类讨论可以知道，对于

$\theta>\hat{\theta}^*$ 的消费者，其在匿名市场和个性化市场上消费时都将购买产品 2，支付的价格分别为 p_2^m 和 $p_2^n(\theta)$，且 $p_2^n(\theta)<p_2^m$。对于 $\theta<\hat{\theta}^m$ 的消费者，其在匿名市场和个性化市场上消费时都将购买产品 1，支付的价格分别为 p_1^m 和 $p_1^n(\theta)$。当且仅当 $\theta<\frac{1}{3}(2\hat{\theta}^*-1)$ 时，$p_1^n(\theta)>p_1^m$。对 $\hat{\theta}^m<\theta<\hat{\theta}^*$ 的消费者而言，其在匿名市场上消费时将购买产品 2，而在个性化市场上消费时将购买产品 1。对比发现，消费者在个性化市场上消费获得的效用更高。综合而言，对于 $\theta<\frac{1}{3}(2\hat{\theta}^*-1)$ 的消费者而言，个性化定价降低了其效用水平；对于 $\theta>\frac{1}{3}(2\hat{\theta}^*-1)$ 的消费者而言，个性化定价提高了其效用水平。

总结情形 1 和情形 2 的结论，得到如下命题。

命题 3：（A）若 $\frac{\Delta c}{\Delta q}<\frac{1}{2}$，则个性化定价使 $\theta>\frac{2}{3}(1+\hat{\theta}^*)$ 的消费者的境况变差，其余消费者的境况变好。（B）若 $\frac{\Delta c}{\Delta q}>\frac{1}{2}$，则个性化定价使 $\theta<\frac{1}{3}(2\hat{\theta}^*-1)$ 的消费者的境况变差，其余消费者的境况变好。（C）若 $\frac{\Delta c}{\Delta q}=\frac{1}{2}$，则个性化定价使所有消费者的境况均变好。

（三）自愿性个人信息保护政策

上述两种情况考虑了两种极端的个人信息保护政策，即完全禁止企业收集消费者信息，以及允许企业无任何限制地收集消费者信息。本小节讨论一种折中的信息保护政策，由消费者决定是否允许企业收集个人相关信息。

根据该命题的前提假设，新消费者仍然处于匿名市场中。在自愿性隐私保护政策下，老消费者可以自由选择是否将自己的信息 θ 披露给企业。换言之，老消费者可以自行选择进入匿名市场或个性化市场消费。为简化起见，假设老消费者一旦选择进入个性化市场，则所有的企业都可以无成本地观测到其真实的支付意愿 θ。

首先分析所有的新消费者都进入匿名市场消费，而所有的老消费者都进入个性化市场消费的情况，此时企业的均衡定价和无个人信息保护政策下完全一样。根据命题 3，若匿名市场企业的定价分别为 p_1^m 和 p_2^m，则部分老消费者有激励选择不让企业收集自己的相关信息，即进入匿名市场消费。具体来说，如果 $\frac{\Delta c}{\Delta q}<\frac{1}{2}$，则 $\theta>\frac{2}{3}(1+\hat{\theta}^*)$ 的老消费者愿意选择进入匿名市场消费；如果 $\frac{\Delta c}{\Delta q}>\frac{1}{2}$，则 $\theta<\frac{1}{3}(2\hat{\theta}^*-1)$ 的老消费者愿意选择进入匿名市场消费。

如果有老消费者自我选择进入匿名市场，则匿名市场中消费者的支付意愿 θ 将不再服从均匀分布。若支付意愿 θ 较高的消费者选择进入匿名市场，则匿名市场中消费者的分布在尾端的密度将会变得更大；若支付意愿 θ 较低的消费者进入匿名市场，则匿名市场中消费者的分布在前端的密度将会变得更大。相应地，企业将据此调整其在匿名市场上的定价。而企业在匿名市场上定价的调整又会影响老消费者选择是否进入匿名市场，从而进一步影响企业在匿名市场上的定价。如此循环往复，最后达到一个新的均衡。下面的命题对该均衡进行了刻画：

命题 4：（A）在个性化市场上，企业的定价策略及消费者的购买决策和命题 2 中（B）部分完全一样。（B）厂商在匿名市场上采取统一定价策略，在此价格下，位于 $\hat{\theta}^v=\frac{1+\alpha\hat{\theta}^*}{2+\alpha}$ 的消费者购买高质量产品和低质量产品无差异。若 $\theta<\hat{\theta}^v$，则消费者购买低质量产品；若 $\theta>\hat{\theta}^v$，则消费者购买高质量产品。

本部分将根据前文求解出的厂商定价策略和消费者购买行为，计算并比较三种个人信息保护政策下的社会总福利、消费者剩余和生产者剩余。

1. 社会总福利

根据前文的计算，社会总福利在强制性个人信息保护政策、无个人信息保护政策以及自愿性个人信息保护政策下的表达式分别为 ss^m、ss^n 和 ss^v。

经过两两比较发现，$ss^n>ss^v>ss^m$。社会总福利在无个人信息保护政策下最大，在强制性个人信息保护政策下最小，折中的自愿性个人信息保护政策对应的社会总福利则介于两种极端政策之间。这一结论体现出个人信息被充分利用的重要性，表明从社会最优的角度出发，国家或政府应该支持厂商充分收集并利用消费者的个人信息。这个结论不仅符合一级价格歧视的社会总福利最大的结论，也一定程度地支持了 Liu & Serfes（2005）的社会总福利随消费者信息的精确程度单调递增这一结论。值得一提的是，Liu & Serfes（2005）假设厂商拥有的关于消费者偏好的信息精确度是外生给定的，而该命题假设信息的精确度是由消费者内生决定的。

2. 消费者剩余

对比强制性个人信息保护政策和无个人信息保护政策下对应的消费者剩余，得到 $cs^n>cs^m$，即无个人信息保护政策下的消费者总福利大于强制性个人信息保护政策下的消费者总福利。在无个人信息保护政策的竞争市场下，剧烈的竞争压力使均衡价格低于统一定价时的价格，竞争效应占优于企业对消费者的剩余榨取效应。因此，个性化定价反而增加了老消费者的净福利。由于不论在哪种个人信息保护政策下，厂商都无法获得新消费者的偏好信息，新消费者的福利在这两种情况下是完全相同的，从而消费者总福利在无个人信息保护政策下更高。

3. 生产者剩余

经过对比发现 $ps^n<ps^m$，即无个人信息保护政策下厂商的总利润小于强制性个人信息保护政策下厂商的总利润。

分别对比高低质量厂商在两种个人信息保护政策下的利润可以得到：

$$\begin{cases}\pi_1^m>\pi_1^n,\quad \pi_2^m<\pi_2^n,\quad \dfrac{\Delta c}{\Delta q}\in\left(0,\dfrac{5-3\sqrt{2}}{7}\right]\\ \pi_1^m>\pi_1^n,\quad \pi_2^m>\pi_2^n,\quad \dfrac{\Delta c}{\Delta q}\in\left[\dfrac{5-3\sqrt{2}}{7},\dfrac{2+\sqrt{11}}{7}\right]\\ \pi_1^m<\pi_1^n,\quad \pi_2^m>\pi_2^n,\quad \dfrac{\Delta c}{\Delta q}\in\left[\dfrac{2+\sqrt{11}}{7},1\right)\end{cases}$$

当产品的相对质量差异很大或很小时，高质量厂商和低质量厂商不会同时偏好同一种个人信息保护政策。厂商在不同个人信息保护政策下的利润高低与$\frac{\Delta c}{\Delta q}$有关：当$\frac{\Delta c}{\Delta q} \in \left(0, \frac{2+\sqrt{11}}{7}\right]$时，低质量厂商在强制性个人信息保护政策下利润更高，当$\frac{\Delta c}{\Delta q} \in \left[\frac{2+\sqrt{11}}{7}, 1\right)$时，低质量厂商在无个人信息保护政策下利润更高；当$\frac{\Delta c}{\Delta q} \in \left(0, \frac{5-3\sqrt{2}}{7}\right]$时，高质量厂商在无个人信息保护政策下利润更高，当$\frac{\Delta c}{\Delta q} \in \left[\frac{5-3\sqrt{2}}{7}, 1\right)$时，高质量厂商在强制性个人信息保护政策下利润更高。

对比可得出两个厂商在自愿性个人信息保护政策下和强制性个人信息保护政策下的利润大小：$\pi_1^n < \pi_1^v$，$\pi_2^n < \pi_2^v$。

此时，无个人信息保护政策下的生产者剩余小于自愿性个人信息保护政策下的生产者总剩余。这是因为，两个厂商在自愿性个人信息保护政策下均提高了匿名市场的统一定价，最终总利润高于无个人信息保护政策下的利润。

进一步比较厂商在强制性个人信息保护政策下和在自愿性个人信息保护政策下的利润水平。当$A_3 < \frac{\Delta c}{\Delta q} < A_4$时，有$ps^m < ps^v$；反之，$ps^m \geq ps^v$。需要注意的是，这一条件在$\alpha > 0.4$时始终成立，即恒有$ps^m < ps^v$。一方面，在自愿性个人信息保护政策下，厂商对选择公布自己信息的老消费者实行个性化定价，并需要通过激烈的价格竞争来吸引这部分消费者，利润较强制性个人信息保护政策下低；另一方面，由于两个厂商均提高了在匿名市场上的定价，厂商在新消费者部分榨取的消费者剩余比在强制性个人信息保护政策下更高。只有当新消费者比例足够大或相对质量差异适中时，生产者剩余才更可能高于在强制性个人信息保护政策下的生产者剩余。

第三节　个人信息强制收集的挤入效应

一、理论命题的提出

个人信息是指与特定个人相关联的、反映个体特征的具有可识别性的符号系统，包括个人身份、工作、家庭、财产、健康等方面的内容。与个人信息权紧密联系的概念是隐私权，但两者并不全然重合（王利明，2013）。伴随着数字经济的快速发展，我国不断强化个人信息保护。2021年11月1日开始施行的《中华人民共和国个人信息保护法》（以下简称《个人信息保护法》）是我国首部系统、全面规范个人信息处理活动的专门性法律，强调个人信息处理应以“知情同意原则”为核心，同时明确禁止产品和服务商对非必要个人信息进行强制收集。在知情同意的基础上，《个人信息保护法》进一步明确禁止对非必要个人信息的强制收集，这一要求对于保护个人信息发挥着怎样的作用？从另一个视角来看，“强制收集”这个过去常见的商业策略是如何影响个人信息披露决策的？

基于此，何佳等（2022）提出了“个人信息强制收集的挤入效应”这一理论命题。

理论命题 4-2

个人信息强制收集产生了挤入效应，使得消费者显著多披露了其他非强制信息。个人很可能存在有限理性，其信息披露行为容易受到决策环境的影响和操纵，哪怕有知情同意原则的保障，个人也很有可能做出次优选择。

资料来源：何佳，高彧，孟涓涓，等．个人信息披露决策：强制收集与挤入效应［J］．经济研究，2022，57（5）：158-175.

该理论命题首次利用现实数据，通过探索强制信息收集对个人信息披露行为的影响，拓展了数字化发展背景下个人信息问题的研究边界，丰富了个人信息保护工作的理论依据。一方面，传统理论模型往往发现，在理性假设与竞争性市场环境中，要求信息收集符合知情同意原则已经可以较好地保障消费者的利益；另一方面，既有实证结果显示，人们的隐私决策容易受到外部因素的影响，存在不一致性与可塑性（Acquisti et al.，2012；Brandimarte et al.，2013；Acquisti et al.，2015；Acquisti et al.，2016；Kokolakis，2017）。何佳等（2022）发现，个人信息强制收集产生了挤入效应，表明个体在个人信息披露相关决策中可能存在非理性成分。因此，通过立法进一步明确禁止对个人信息的强制收集、对个人用户所面临的决策环境做出限制和规范，有助于保护消费者，提升消费者福利。这些结果为监管部门规范平台信息收集范围和形式、规范行业隐私政策提供了实证支持，是对个人信息问题研究的重要完善。

二、理论命题的具体内容

Warren & Brandeis（1890）最早将隐私权理论引入学术视野，将其定义为一种保持独处且不被侵扰的权利，是一种精神性的人格权。在经济学领域，对个人信息的讨论既包含精神价值，也包含财产价值。“隐私悖论”是文献中的一个经典问题，是指人们往往在调查中表现出对隐私问题的担忧，但在行动上却轻易披露了隐私信息。何佳等（2022）首次使用了真实经济场景中的数据和因果推断方法进行实证研究，且包含了更多个人信息类别，探讨了信息强制收集的潜在后果，是对平台数据的隐私问题和行为偏误研究的重要拓展。

数字化、智能化是未来我国经济发展的主要方向，利用大数据、人工智能等技术对个人信息的收集、处理、使用推动了数字产业发展，但同时，对个人信息的过度收集和滥用也可能伤害消费者福利，带来严重的社会影响。例如，商家经常强制收集个人信息：用户在使用应用程序（App）前，往往会被询问是否允许获取定位、访问手机通讯录等，如果选择“拒绝”，则无法正常打开 App 或使用某些功能，因此，用户只能选择以个人信息换取应用服务，并面临潜在的个人信息泄露和滥用。伴随着数字经济的快速发展，我国不断强化个人信息保护。2021 年 11 月 1 日开始施行的《个人信息保护法》强调个人信息处理应以“知情同意原则”为核心，个人在充分知情的前提下自愿、明确做出选择；

进一步地，即使在知情同意原则下，《个人信息保护法》也禁止强制收集非必要个人信息，个人信息处理者不得以个人不同意授权使用其个人信息或者撤回同意为由，拒绝提供产品或者服务。那么，“强制收集”这个过去常见的商业策略，是如何影响个人信息披露决策的？讨论这一问题有助于更好地理解个人的信息披露行为，以及《个人信息保护法》的政策出发点和潜在执行效果。

何佳等（2022）利用某网络借贷平台“强制收集”条款的外生变动，基于自然实验方法来研究“强制收集”如何影响个人信息披露决策。在贷款申请过程中，申请者需要向平台披露或授权平台从相关信息持有者处查看多种个人信息，如身份证号、手机号、家庭住址、手机账单金额、虚拟信用分数等，这为研究人们的个人信息披露行为提供了很好的数据来源。2017 年 3 月底，该借贷平台个人信息收集条款发生了重大改变，平台要求申请者授权平台从支付宝方查看其芝麻信用分数（芝麻分）[①]，否则不能提交贷款申请；而其他个人信息项前后收集条款不变。而根据相关文件的界定，芝麻分属于网络借贷类平台提供服务的非必要个人信息。该研究选取政策冲击前后各一周内的 25 528 份单期借款申请样本，采用模糊断点回归方法来检验“强制授权”对申请者信息披露倾向的影响。断点回归的基本思想是利用决定样本是否被处理的、非连续的政策规则：当驱动变量（forcing variable）超过某个阈值（cutoff）时，样本就会被处理（treatment）。只要个体不能完全操控自己落在阈值哪一侧，因变量的变动就可以视作是由处理状态的变化引起的（张川川和陈斌开，2014）。在很多情况下，处理状态虽然是驱动变量的非连续函数，但在断点前后并非从 0 到 1 的变化，而只是增大了个体被处理的概率，这种情况称为模糊断点（Imbens & Lemieux，2008；Lee & Lemieux，2010）。

该借贷平台的芝麻分强制授权比例在 4 月 1 日后明显升高，因此日期作为驱动变量，4 月 1 日是相应的阈值；驱动变量超过阈值后，申请者被要求强制授权芝麻分（被处理）的概率明显提高。由于“强制授权”的时间点和比例由平台决定，申请者无法操纵平台强制授权条款的变化。基于断点回归的思想，有理由认为，因变量即信息授权行为的变化仅仅是“强制授权”导致的。在断点 4 月 1 日前后，用户被强制授权的概率并不是从 0 到 1 的变化，因此，模糊断点的方法适用于此研究情景。

模糊断点的参数估计方法是一种工具变量方法，将“驱动变量是否高于阈值”作为个体“是否被处理”的工具变量，以解决内生性问题。将以上思想更为严谨地表示如下：驱动变量是贷款申请所在日期距离政策断点的天数，用 D_t 表示；基于断点阈值构造分组指代变量 Post_t，$D_t \geqslant 0$ 意味着申请发生在政策断点之后，即 $\text{Post}_t=1$；$D_t<0$ 意味着申请发生在政策断点之前，即 $\text{Post}_t=0$。“处理变量”代表芝麻分是否强制授权，用哑变量 ZM_{it} 表示，芝麻分强制授权则 $\text{ZM}_{it}=1$。用 Y 表示被解释变量，并令 (Y_1, Y_0) 分别表示芝麻分强制授权和没有芝麻分授权情况下的可能结果，则局部平均处理效果（Local Average Treatment Effect，LATE）可以表示为：

---

① 芝麻信用分是支付宝对用户信用的评分，属于第三方独立根据用户各方面的信息、通过大数据分析对用户信用情况作出的评估。

$$E\{Y_1-Y_0\mid ZM=1,D=0^+\}=\frac{E\{Y\mid D=0^+\}-E\{Y\mid D=0^-\}}{E\{ZM\mid D=0^+\}-E\{ZM\mid D=0^-\}} \tag{4-1}$$

式中，$D=0^-$ 和 $D=0^+$ 分别表示断点前后很小的时间范围，隐含的条件是：Y_0 的均值在 $D=0$ 附近连续（Battistin et al.，2009；Lee & Lemieux，2010）。模糊断点模型的具体回归形式是：

$$Y_i=\beta_0+\beta_1 ZM_{it}+f(D_t)+\delta X_i+\varepsilon_{it} \tag{4-2}$$

用 $Post_t$ 作为 ZM_{it} 的工具变量，进行的一阶段回归是：

$$ZM_{it}=\gamma_0+\gamma_1 Post_t+g(D_t)+\alpha X_i+\varepsilon_{it} \tag{4-3}$$

β_1 是“强制授权”产生的局部平均处理效果结果。主要被解释变量是除芝麻分之外的授权项目数量（n），以及各个隐私信息项目是不是授权的哑变量。$\beta_1>0$ 则意味着芝麻分强制收集对其他信息项目的披露具有正向促进作用，即存在挤入效应。变量 D_t 代表了时间趋势效应，$f(D_t)$和 $g(D_t)$都表示 D_t 的多项式。① X_i 代表一系列控制变量，包括申请者个人信息，如年龄（以及年龄的平方项）、性别、省份、申请额度，还包括星期的固定效应（星期哑变量，周二至周日共六个），以控制星期效应对于申请者贷款申请和信息披露行为的潜在影响。在计算标准误时聚类在日期层面，以允许误差项在同一日期的申请者之间存在相关性。

表 4-1 展示了基于模糊断点回归式（2）和（3）的估计结果，其中奇数列为工具变量两阶段最小二乘法的回归结果，偶数列为相应回归设定下的一阶段回归。设定带宽为断点前后 7 天，并参考邹红和喻开志（2015）使用 AIC 信息准则选择 RD 多项式估计的最优阶数为 3 阶。除芝麻分之外的授权项目数量（n）可以体现强制收集对于各项信息披露决策影响的汇总。在不同的回归设置下，断点回归结果比较接近：处理变量“芝麻分是否强制授权”对应的系数 β_1 的值正向显著，且在 2.1 和 2.4 之间。这意味着，芝麻分强制授权显著提高了申请者群体对于其他隐私项目的授权总数，平均每个申请者会增加约两个其他隐私项目的披露。

表 4-1 强制收集对隐私披露意愿的局部多项式估计结果

	(1)	(2)	(3)	(4)
	2SLS	一阶段	2SLS	一阶段
被解释变量	除芝麻分之外的授权项目数量（n）	芝麻分强制授权	除芝麻分之外的授权项目数量（n）	芝麻分强制授权
强制收集政策断点		0.148***		0.156***
		(0.020 1)		(0.024 2)

① 以线性模型为例，时间趋势的多项式形式为 $f(D_t)=\varphi_0 D_t$，或考虑加入处理变量与驱动变量的交互项形式为 $f(D_t)=\varphi_0 D_t+\varphi_1 ZM_{it}D_t$。在主回归中，何佳等（2022）采用第一种形式，在稳健性检验中展示了加入交互项的结果。

续表

	(1) 2SLS	(2) 一阶段	(3) 2SLS	(4) 一阶段
芝麻分强制授权	2.386***		2.100***	
	(0.557)		(0.288)	
(日期-政策断点)	−0.041 1	0.018 1***	−0.027 8*	0.018 7***
	(0.028 8)	(0.005 44)	(0.016 0)	(0.005 40)
(日期-政策断点)^2	0.005 71***	−0.001 79***	0.005 53***	−0.002 02***
	(0.001 02)	(0.000 435)	(0.000 790)	(0.000 265)
(日期-政策断点)^3	−0.000 144	0.000 059 7	−0.000 157	0.000 009 46
	(0.000 289)	(0.000 120)	(0.000 180)	(0.000 093 5)
星期固定效应	否	否	是	是
个体控制变量	否	否	是	是
R^2	0.531	0.104	0.556	0.111
观测值	22 615	22 615	22 615	22 615
一阶段回归的 F 值	50.33		38.79	

注：*** 和 * 分别表示在 1%和 10%的显著性水平上统计显著，括号内为日期聚类标准误。第（1）、（3）列展示了工具变量回归结果，第（2）、（4）列为相应的一阶段回归结果；前两列为基本回归，后两列加入了星期固定效应（星期哑变量，周二至周日共六个）和个体控制变量（年龄以及年龄的平方项、性别、申请额度、省份）。

资料来源：改编自何佳，高彧，孟涓涓，等．个人信息披露决策：强制收集与挤入效应 [J]．经济研究，2022，57（5）：158－195。

信息强制收集后申请者倾向于在整体上增加其他个人信息的披露，这一现象背后的原因是什么？在贷款申请的研究情境下，用户有动机向贷款方披露有助于其获得贷款的个人信息，提高贷款申请通过率；同时披露行为会造成一定的心理成本和潜在的信息泄露导致的经济成本，借款方需要在披露信息的成本和收益之间进行权衡取舍。如果贷款申请人的决策是理性的且其他决策环境并未变化，那么在强制收集政策发生变化之前其个人信息披露决策已经是最优，不应该发现非强制信息披露的增加。反之，为了解释这一现象，需要探讨是否存在进一步的选择性效应、其他决策环境和偏好在前后是否发生了变化以及贷款者决策是否足够理性。依据这一思路，何佳等（2022）探讨了五种可能的解释：基于芝麻分缺失的自选择效应、贷款审批规则在断点前后产生了变化、用户申请贷款特征在断点前后产生了变化、芝麻分较低的用户补救性地披露了更多信息以及基于锚定效应的行为经济学解释。分析发现，强制收集带来的披露行为改变无法完全从传统经济学的理性选择角度加以理解，锚定效应更好地解释了数据的实证结果。

锚定效应（Anchoring Effect）认为，消费者在做决定时偏好并不稳定，而是将先验知识和参考信息作为起始值（“锚”），然后根据一些简单的原则和直觉，即心理捷径做出快速判断，减少认知消耗（Tversky & Kahneman，1974）。例如，Strack & Mussweiler（1997）先让被试判断勃兰登堡门的高度是否大于 150 米，从而给出 150 米的“锚”；在后续问题中人们对该建筑的高度估计会显著受到 150 米这个数字的影响。Acquisti et al.（2012）将锚定效应的相关概念引入隐私决策的讨论中。通过向被试发放个人敏感经历相关的调查问卷，并随机设定不同的问题敏感度顺序，Acquisti et al.(2012) 发现，当问题按照敏感度递减的顺序出现时，人们最容易披露信息，而当问题按敏感度递增的顺序出现时，人们披露信息的可能性变低。[①] 这显示出人们的信息披露决策可能受到锚定效应的影响：参与者的披露行为被锚定在调查问卷最初几个问题的敏感度水平上，从最敏感问题开始回答意味着设定了可接受信息敏感度较高的"锚"，因此后续信息披露倾向更高。类似地，在该命题网络借贷的情境下，当用户被强制同意披露某项信息后，如果用户设定了信息已披露为"锚"，则他们对其他信息的披露意愿可能随之发生改变，从而增加额外信息的披露。

文献研究同时发现，锚定效应的强弱受到锚定环节与后续决策环节相关程度的影响。如 Ariely et al.(2003) 论述了锚定效应对后续估计的影响仅出现在一个狭窄的范畴中，即仅限于与之前决策类似的选择。如前文的例子中给出的"锚"如果是关于门高度的数字，那么它会更显著地影响其他建筑高度的估计，而对建筑宽度的估计影响更弱。[②] 根据这些研究，可以推论该命题中挤入效应的强弱会受到个人信息种类是否和芝麻分相似的影响：如果如文献所示，芝麻分强制收集引起的锚定效应仅出现在狭窄范畴中，那么挤入效应也应当较大程度上出现在与芝麻分相近的个人信息类别里。而在理性模型下，不同类别信息的变化异质性主要取决于信息之间的替代或者互补属性，如芝麻分和信用卡类型相近，则理性模型预期其披露行为会互相替代，更不应该产生挤入效应。不同信息种类的异质性分析为检验锚定效应是否存在提供了良好的实证检验思路。

分别使用各个隐私信息项目"是否授权"的哑变量作为被解释变量，对芝麻分强制收集的哑变量 ZM_{it} 和时间趋势 D_t 的多项式进行回归，观察芝麻分"强制授权"对不同隐私项目授权行为的影响。由于单个隐私项"是否授权"是一个哑变量，其取值范围是 0 或 1，因此下文对各隐私项授权情况的考察均使用 ivprobit 回归，并汇报回归的边际影响。回归得到的系数 β_1 的值如表 4-2 所示，其中每一列代表了一类隐私授权项目作为被解释变量，每一行代表了不同阶数的多项式模型，每个单元格展示一个回归模型估计的系数。回归结果显示，京东白条、运营商、信用卡、学信网的估计系数相对较大，且结果显著，表明芝麻分强制授权主要提高了用户对这四类个人信息项目的披露水平。以线性模型的回归结果为例，当芝麻分强制收集后，对于最终选择提交申请的用户，其京东白条、运营商、信用卡、学信网的授权率分别提高了 95%、94%、18%和 17%。芝麻分强制收集也对社保相关信息的披露意愿产生了一定的影响，但是幅度相对较小；对公积金的披露意愿无显著影响，而紧急联系人的授权率则显著降低了 19%。结果显示，强制授权芝麻分后，对于与芝麻分相近类型的信息项目，如京东白条、运营商、信用卡，

---

① 如先提问"你是否偷窃过价值 100 美元以上的物品"，后提问"你是否曾经在公共场合乱扔垃圾"，即符合按照问题敏感度递减的顺序。详见 Acquisti et al.(2012) 的附录。

② Strack & Mussweiler (1997) 提出，锚定环节激活的信息在后续任务中的适用性决定了锚定效应的强度，例如：在锚定环节中让被试判断勃兰登堡门的高度是否大于 150 米，从而给出"锚"；在后续问题中让被试估计该建筑的高度（相同维度）或者宽度（不同维度）的具体数值，发现在不同维度情况下锚定信息的适用性更低、锚定效应也更弱。Mochon & Frederick (2013) 发现，让被试先估计无线鼠标和烤箱价格，再估计投影仪价格（相同维度），则估价会显著偏低；若让被试先估计一个草莓的热量值以及一台窗式空调的重量，再估计投影仪价格（不同维度），则不会影响估价。

申请者的披露意愿显著更高。对于其他授权项目，强制授权的影响相对较小甚至为负。以上异质性结果支持了锚定效应的预测。

表 4-2 各隐私项授权情况的模糊断点回归

被解释变量	(1) 京东白条	(2) 运营商	(3) 信用卡	(4) 学信网	(5) 社保	(6) 公积金	(7) 紧急联系人
线性模型	0.954***	0.940***	0.182***	0.166**	0.016 7*	−0.047 0	−0.194**
	(0.019 6)	(0.047 2)	(0.061 0)	(0.072 9)	(0.008 78)	(0.146)	(0.080 5)
二次多项式	0.957***	0.919***	0.202***	0.184***	0.017 8*	−0.093 3	−0.212**
	(0.011 8)	(0.064 5)	(0.047 1)	(0.056 4)	(0.009 17)	(0.218)	(0.087 6)
三次多项式	0.959***	0.946***	0.122***	0.215**	0.015 0	−0.001 39	−0.120
	(0.013 0)	(0.015 7)	(0.020 3)	(0.092 7)	(0.011 0)	(0.013 9)	(0.098 6)
观测值	22 615	22 615	22 615	22 615	22 615	22 615	22 615

注：***、** 和 * 分别表示在 1%、5% 和 10% 的显著性水平上统计显著，括号内为聚类标准误。该表报告的是 ivprobit 回归的边际效应结果。

资料来源：改编自何佳，高彧，孟涓涓，等．个人信息披露决策：强制收集与挤入效应 [J]. 经济研究，2022, 57 (5)：158-195。

第四节 消费者保护政策的影响

一、理论命题的提出

在跨境电商交易过程中，买卖双方往往只能通过互联网进行交流，地理距离、语言和文化差异等因素构成了显著的障碍，加剧了买卖双方的信息不对称。严重的信息不对称会导致逆向选择问题（Akerlof，1978），阻碍跨境电商的可持续发展。具体而言，由于消费者无法获知准确的产品质量信息，只愿意支付反映产品平均质量的价格（例如按照高质量和低质量的加权平均价格来出价），市场价格不能真实地反映产品质量。此时，低质量产品更有动力进入市场，而高质量产品则会因收到低价而选择不进入市场，导致市场交易产品的平均质量不断下降，在均衡状态下，市场交易可能趋于消失（Saeedi，2019）。

基于此，马述忠和贺歌（2024）提出了“消费者保护政策的影响”这一理论命题。

理论命题 4-3

消费者保护政策提升了企业面临的合规风险，这显著减少了企业的新产品数量，但增加了其中高质量产品的数量；并且政策会促进在位产品的退出，主要体现为低质量产品的退出，从而有效缓解了平台上的逆向选择问题。

资料来源：马述忠，贺歌．消费者保护政策能否减少逆向选择 [J]. 经济理论与经济管理，2024，44 (6)：77-92.

该理论命题首次将消费者保护政策与跨境电商产品的市场进入和退出行为联系起来，有效拓展了跨境电商背景下有关逆向选择问题的研究。一方面，消费者保护政策会对跨境电商交易产生影响，但现有研究主要从风险规避的视角出发，关注消费者保护政策对消费者行为的影响，专注于消费者保护政策对跨境电商供给端影响的文献相对较少（Che et al.，2019）。仅有的研究也并未直接分析政策对低质量产品退出的影响，同时未能关注到政策的市场进入效应。另一方面，马述忠和贺歌（2024）着重关注了由企业而非平台承担赔偿责任的典型消费者保护政策的影响，相应的理论分析和研究结论更具代表性和普适性，是对消费者保护政策与信息不对称相关文献的重要补充。

二、理论命题的具体内容

在西方的经典理论中，信息不对称的治理主要涉及信号传递机制和平台规制机制两种方式。而针对信息不对称的重要表现形式之一——逆向选择，学者们重点关注了信号传递机制对其的影响。比如，认为企业可以通过产品评分、退货退款保证、质量审查等“信号”来传达产品的质量信息，缓解逆向选择问题。然而研究表明，企业可能会刻意传达误导性的产品质量信息（Mayzlin et al.，2014）。这意味着，克服信息不对称可能不仅需要信息，还需要平台采取“硬性”规制，以确保企业信守其承诺。尽管消费者保护政策这一平台规制机制在在线市场上重要且极具普遍性，相关研究却比较匮乏。马述忠和贺歌（2024）首次系统性地研究了消费者保护政策对逆向选择问题的影响，是对西方信息不对称理论的重要完善。

首先，在企业的产品进入决策中，欺诈性履行订单政策引致的合规风险提高会促使企业在上架新产品时更加严格把控产品质量。合规风险是指企业在运营过程中，若未能遵守相关法律法规或者行业标准而可能面临的潜在损失，如罚款、声誉损失等。欺诈性履行订单政策规定：企业所销售的产品若被举报且核实存在严重质量问题，会被处以10 000美元的罚款。这就意味着，销售低质量产品的企业随时可能因质量不达标而受到处罚，即企业的合规风险提高。对跨境电商企业而言，其本身就因跨境结算不便、货币汇率波动等因素面临显著的流动性风险（欧阳海琴和凌爱凡，2022），合规风险的提高会促使跨境电商企业在上架新产品时更加审慎，尽可能将低质量产品排除在外。这就体现为政策实施后，企业的新产品数量减少，其中高质量产品的数量增加。

基于此，马述忠和贺歌（2024）提出了假说1。

假说1：斯诈性履行订单政策会减少新产品进入数量，但会增加其中高质量产品进入数量。

其次，在企业的产品退出决策中，合规风险提高会促使企业选择更激进的市场退出策略。由于产品质量不达标可能会引致高额罚款，低质量产品留在市场上的代价变得十分高昂。而企业总是根据潜在成本和收益的计算来选择行动方案，因此，企业会选择下架更多的风险产品，这就表现为低质量产品的退出数量增加，产品的总体市场退出也增加。值得注意的是，并非所有的消费者保护政策都能起到上述作用。这是因为，不同平台制定的消费者保护政策对于违规企业的事后惩罚力度差异较大。例如，eBay于2010年9月发布的消费者保护计划规定，如果消费者收到的产品质量与企业描述不符，则企业需向消费者退款（Hui et al.，2016）；亚马逊的卖家行为准则要求，企业必须始终向平台和消费者提供准确的信息，否则将采取取消商品、暂停或没收付款等举措[①]；eBay的消费者保护政策规定，在消费者投诉企业存在质量问题时，平台负责向消费者提供适当的经济补偿（Cai et al.，2013），但并未直接对企业进行经济处罚。在这些政策下，平台对于企业违反质量标准时的惩罚力度相对较低，对企业行为的影响有限。然而，在本研究背景下，Wish平台推出了颇为严格的消费者保护政策，潜在的高额罚款无疑极大提高了企业面临的合规风险，促使企业更激进地下架有质量风险的产品，尤其是不合规的低质量产品。

基于此，马述忠和贺歌（2024）提出了假说2。

假说2：欺诈性履行订单政策会增加企业下架的产品数量，尤其是下架的低质量产品数量。

为了检验假说1和假说2，马述忠和贺歌（2024）应用时间断点回归设计来探究消费者保护政策的经济效应，即利用断点前的数据构造未实施政策时产品进入数量的反事实结果，即对于企业 i 而言，正好小于时间断点的观测值是正好大于时间断点的观测值的近似反事实估计，从而获得政策的局部平均处理效应。估计模型如下：

$$Y_{iyw}=\gamma_1 \mathrm{Pol}_{yw}+\gamma_2 f(\mathrm{Pol}_{yw},\mathrm{Diff}_{yw}^{*})+\mu_i+\mu_{ym}+\mu_{ce}+\mu_{cf}+\varepsilon_{iyw} \tag{4-4}$$

式中，Y_{iyw} 为结果变量（企业 i 在 y 年 w 周的新产品数、新产品中认证产品数、下架产品数及下架产品中未认证产品数）；Pol_{yw} 为处理变量，若 y 年 w 周在2018年8月14日之后，则取1，否则取0；Diff_{yw}^{*} 为驱动变量，代表中心化后的时间，即 y 年 w 周距离2018年8月14日的周数差；ε_{iyw} 为误差项。

为了尽可能减轻遗漏变量的影响，马述忠和贺歌（2024）还控制了丰富的固定效应：（1）为了排除企业间不随时间变化的不可观测因素的影响，控制了企业固定效应 μ_i；（2）为了排除时间趋势的影响以及平台政策变动造成的统一冲击，控制了年-月固定效应 μ_{ym}[②]；（3）受工资发放周期的影响，一些消费者在月底会面临较大的资金压力，对特定商品的需求可能会减少，因而该命题控制了行业-月末固定效应 μ_{ce}；（4）该命题还控制了行业-节日固定效应 μ_{cf}，以排除某些节日的特定行业促销活动的影响。

表4-3显示了消费者保护政策对企业产品进入和产品退出的影响。第（1）列和第（2）列表明，在控制了各项固定效应后，政策会使得企业新产品数显著减少13.2%，但其中认证产品数显著提升，平均增加了3.3%，支持了假说1。对认证产品数而言，虽然3.3%的增幅不算特别大，但由于产品获得认证的难度极高，只要认证产品数显著增加，就表明企业已经付出了大量努力来提升新产品质量。这一趋势有助于缓解逆向选择问题。第（3）列和第（4）列的结果则支持了假说2，即该政策会使得下架产品数增加13.9%，其中未认证产品数增加13.4%。这是因为，消费者保护政策实施后，低质量产品更易使企业面临高额罚款，企业会主动撤回在售的低质量产品。这些结果反映了消费者保护政策下企业缓解逆向选择问题的自发性。即该命题发现的“高质量产品进入增加”和“低

① 政策红线：亚马逊销售政策和卖家行为准则. 亚马逊全球开店网站，2022-07-28.

② 此处未控制年-周固定效应，是因为该固定效应与该命题的驱动变量完全共线性。

质量产品退出增加”并非源于消费者保护政策的规定，而是来自政策约束下企业利润最大化目标引致的自发行为。

表 4-3 基准回归结果

变量	产品进入		产品退出	
	新产品数 (1)	新产品中认证产品数 (2)	下架产品数 (3)	下架产品中未认证产品数 (4)
Pol	-0.141^{***} (−27.496)	0.032^{***} (18.151)	0.130^{***} (31.596)	0.126^{***} (30.698)
Diff	0.009^{***} (6.462)	-0.003^{***} (−6.601)	0.021^{***} (22.393)	0.020^{***} (21.977)
Pol×Diff	-0.037^{***} (−20.591)	0.006^{***} (8.265)	-0.031^{***} (−20.350)	-0.031^{***} (−20.461)
常数项	0.610^{***} (134.918)	0.019^{***} (13.030)	0.499^{***} (153.859)	0.493^{***} (151.455)
企业固定效应	控制	控制	控制	控制
年-月固定效应	控制	控制	控制	控制
行业-月末固定效应	控制	控制	控制	控制
行业-节日固定效应	控制	控制	控制	控制
观测值	762 203	762 203	762 203	762 203
R^2	0.410	0.219	0.513	0.511

注：表中报告的是估计系数。*** 表示在 1%的显著性水平上统计显著，括号内为估计系数的 t 值。

资料来源：改编自马述忠，贺歌．消费者保护政策能否减少逆向选择［J］．经济理论与经济管理，2024，44(6)：77-92。

西方经典的信息不对称理论认为，在不对称的经济活动中，当一方拥有他方不知情且难以验证的信息时，往往会导致逆向选择问题。此时，只有进行适当的干预，才能诱导出真实的信息和适当的行为。而消费者保护政策被认为是一种行之有效的平台干预措施。马述忠和贺歌（2024）认为，正如垄断者或在位者增加广告投入、降低价格等行为能够形成市场壁垒，影响企业的战略决策，消费者保护政策会提高企业面临的合规风险，从而影响企业的经营行为，这是对信息不对称理论的一个深度拓展。

如果欺诈性履行订单政策确实会提高企业面临的合规风险，那么应当认为，所销售产品企业的合规风险越高，政策对其产品市场进入和退出决策的影响就越大。基于此，马述忠和贺歌（2024）比较了欺诈性履行订单政策对合规风险不同的企业的影响差异。参考李芳华和肖寒（2022）采用差分-断点回归，具体模型设置如下：

$$Y_{iyw}=\tau_0+\tau_1\mathrm{Pol}_{yw}+\tau_2 f(\mathrm{Pol}_{yw},\mathrm{Diff}^*_{yw})+\mathrm{Fra}_i[\alpha_0+\alpha_1\mathrm{Pol}_{yw} \\ +\alpha_2 f(\mathrm{Pol}_{yw},\mathrm{Diff}^*_{yw})]+\mu_i+\mu_{ym}+\mu_{ce}+\mu_{cf}+\varepsilon_{iyw} \tag{4-5}$$

式中，Y_{iyw} 代表企业 i 在 y 年 w 周的新产品数、新产品中认证产品数、下架产品数以及下架产品中未认证产品数；Fra_i 表示企业 i 面临的合规风险大小；其他变量的含义与基准回归一致；系数 α_1 反映了合规风险对消费者保护政策与产品市场进入和退出关系的边际影响。一般而言，企业面临的合规风险与产品的复杂度密切相关。产品的复杂度越高，企业需要投入的研发和测试资源越多，以确保产品的技术指标和性能达到标准，无疑面临着越高的合规风险。由于难以直接测度产品的复杂度，该命题分别利用企业所销售产品的技术复杂度和质量差异化程度来展开实证分析。

首先，该命题探讨了企业技术复杂度的影响。这是因为，从理论上讲，高技术产品的复杂度较高，生产通常需要遵循一系列严格的技术标准和规范，并且涉及尖端技术和创新。要确保产品质量，相关企业必须投入大量资源用于研发、生产和测试过程中的质量监管，导致产品合规的难度较大。例如，计算机的制造过程就涉及复杂的硬件和软件设计，需要在设计、制造和集成过程中严格控制产品质量，以确保整体系统的性能和稳定性，故销售计算机的企业面临较高的合规风险。相比之下，技术复杂度低的产品生产门槛低，具有相对简单的设计和制造过程，企业面临的合规风险也较低。因此，欺诈性履行订单政策对于销售高技术产品的企业应当影响更大。实证上，基于经济合作与发展组织（OECD）的分类，该命题根据企业所销售产品的技术复杂度将企业分为高技术企业和低技术企业。若企业属于高技术企业，则Fra_i 取 1；若企业属于低技术企业，则Fra_i 取 0。回归结果如表 4-4 所示，其中第（1）列和第（2）列表明，企业技术复杂度越高，政策实施后的新产品进入就越少，且其中高质量产品的数量越多；第（3）列和第（4）列表明，由于高技术企业面临的合规风险更高，在难以满足质量要求的情况下，企业会更多地下架在位产品，尤其是其中的低质量产品。

表 4-4　技术复杂度的交互项回归结果

	产品进入		产品退出	
	(1) 新产品数	(2) 新产品中认证产品数	(3) 下架产品数	(4) 下架产品中未认证产品数
Pol×Fra	−0.026***	0.007**	0.018***	0.017**
	(−3.125)	(2.216)	(2.603)	(2.467)
固定效应	控制	控制	控制	控制
观测值	753 034	753 034	753 034	753 034
R^2	0.410	0.219	0.514	0.513

注：表中报告的是估计系数。*** 和 ** 分别表示在 1%和 5%的显著性水平上统计显著，括号内为估计系数的 t 值。

资料来源：改编自马述忠，贺歌．消费者保护政策能否减少逆向选择［J］．经济理论与经济管理，2024，44（6）：77-92。

其次，该命题将产品区分为同质性产品与异质性产品。其中，异质性产品是指同类产品之间在功能性能、物理特征等质量维度差异化程度较高的产品，例如手工艺品、化妆品等；而同质性产品的标准化程度相对较高，同类产品间的质量差异较小，包括电子产品配件、化学品等。与同质性产品相比，异质性产品可以更好地满足多样化的消费者偏好。因此，异质性产品的复杂度更高，这意味着更复杂的生产流程和更高的合规风险。而同质性产品的生产标准化程度更高，产品面临的合规风险也相对较低（樊海潮和郭光远，2015）。基于此，该命题实证上参考 Rauch（1999）的分类标准，将产品区分为同质性产品与异质性产品。若企业销售异质性产品，则 Fra_i 取 1，否则取 0。实证结果如表 4-5 所示，政策推出后，销售异质性产品的企业受影响更大。

表 4-5 质量差异化程度的交互项回归结果

	产品进入		产品退出	
	(1) 新产品数	(2) 新产品中认证产品数	(3) 下架产品数	(4) 下架产品中未认证产品数
Pol×Fra	−0.022***	0.007**	0.021***	0.021***
	(−2.923)	(2.259)	(2.883)	(3.025)
固定效应	控制	控制	控制	控制
样本量	762 203	762 203	762 203	762 203
R^2	0.410	0.219	0.513	0.513

注：表中报告的是估计系数。*** 和 ** 分别表示在 1 和 5%的显著性水平上统计显著，括号内为估计系数的 t 值。

资料来源：改编自马述忠，贺歌．消费者保护政策能否减少逆向选择［J］．经济理论与经济管理，2024，44（6）：77-92。

第五节 差异化偏好引致数字贸易增长理论

一、理论命题的提出

在数字经济时代，消费需求的升级要求更多品类、更细层次、更加便利的国际贸易，以规模化、多环节、高门槛为主要特征的线下传统贸易渐渐难以跟上时代需求，在数字技术的助推下逐步向以虚拟化、平台化、普惠化等为主要特征的数字贸易演变。作为数字贸易的基础形态，跨境电商能够突破时空的限制，来自国内外的供需双方无须借助传统贸易中介就可直接在线上完成询盘问价、磋商沟通、合同订立、支付结算等贸易环节，特别是中小企业也具备了直接参与国际分工的机会（Anderson & Anderson，2002）。且随着时代的发展，物联网、大数据、云计算、人工智能等数字技术被不断运用于跨境电商模式中，贸易门槛持续降低、贸易流程不断简化，由此带来的贸易成本的削减以及贸易效率的提升使得消费者偏好能够被更好地掌握、预测及满足（Kim et al.，2017；Valarezo et al.，2018）。在此背景下，跨境电商逐步成为国际贸易的重要渠道，为世界各国或地区带来了广阔的商业机会（Zhu et al.，2019）。在传统贸易中，贸易双方依赖于标准化产品交易的规模经济效应获益，消费者的多样性偏好通过不同国家专业化分工后的贸易来满足（Krugman，1980），呈现出少批次、集中化、大额化的特征，且规模经济效应越大，贸易利益越显著。如果目的国消费需求差异化程度过高，反而有可能影响规模经济的发挥。与传统贸易不同，跨境电商交易以多批次、碎片化、小额化为特征，主要依靠多元化、定制化生产直接满足消费者的个性化、差异化偏好，对规模效应的依赖程度相对较低，这在偏好与贸易之间的关系上带给我们新的启发。

基于此，郭继文和马述忠（2022）提出了“差异化偏好引致数字贸易增长理论”这一理论命题。

理论命题 4-4

进口偏好差异化程度更大的目的国通过提供更多的市场机会吸引他国跨境电商企业对其进行更多出口。

资料来源：郭继文，马述忠．目的国进口偏好差异化与中国跨境电子商务出口：兼论贸易演变的逻辑［J］．经济研究，2022，57（3）：191-208.

该理论命题首次从跨境电商视角为剖析偏好与贸易之间的关系增添了新的维度，增进了对数字经济时代贸易动因的理解。现有贸易理论体系中，偏好与贸易关系的研究大致可归为两类：一类是 Linder（1961）所提出的偏好相似理论，认为两国的需求偏好越相似，两国间贸易联系越密切；另一类是以克鲁格曼（Krugman）为代表建立的新贸易理论，在沿用 Dixit & Stiglitz（1977）所提出的代表性消费者存在多样性偏好假设的基础上，认为国际贸易可以促进专业化生产、提高出口规模以实现规模经济，同时通过双边产品的交换来满足彼此国内的消费需求（Krugman，1980）。与上述理论不同，郭继文和马述忠（2022）发现，在跨境电商模式下，目的国的差异化偏好能够对他国的跨境电商出口产生直接的吸引力，成为双边贸易发生的重要动因，这是在数字经济时代消费需求走向更高层次、跨境交易实现线上化背景下，对偏好催生贸易这一关系新的发现和提炼，也有助于我们理解从传统贸易向数字贸易演变的内在逻辑。

二、理论命题的具体内容

规模经济理论是解释国家间贸易行为产生的经典理论，为刻画双边的贸易模式和结果提供了基准框架（Dixit & Stiglitz，1977；Krugman，1979；Krugman，1980）。依据规模经济理论，出口国和目的国的双边潜在交易规模越大，越容易建立贸易联系、提升贸易利润。然而，当目的国进口偏好差异化程度越大时，其进口来源国越广泛，平均来自每个国家的进口额越低，贸易的规模经济效应就越难以发挥，较低的贸易利润使得出口国倾向于减少向该目的国的出口。区别于规模经济理论，郭继文和马述忠（2022）认为，传统贸易下的一般性、标准化的产品已难以满足消费者日益凸显的个性化偏好，即在偏好差异化程度越大的市场，传统贸易越难建立出口优势，而这恰恰给跨境电商带来了市场机会。

在数字经济时代，随着人们收入水平的提高和生活方式的改变，消费偏好也呈现出新的形式，在消费多样化的基础上，消费者还更加注重消费的差异化。根据马斯洛（Maslow）的需求层次理论，在需求由低层次向高层次攀升的过程中，消费者更加注重自我的表达（Solomon & Rabolt，2004）。具体表现为在消费过程中，人们追求个性化、时尚化、标签化的趋势日趋明显，更加强调与众不同、凸显自我个性（Labrecque et al.，2013）。与新贸易理论中多样性偏好主要反映消费者对商品品类多寡的喜好程度不同，差异化偏好主要强调在一个消费群体中，即便是同一品类，彼此的偏好也并不一致，描述的是消费者对商品独特性的喜好情况，可以视为多样性偏好的进阶表现。在差异化偏好的驱动下，消费市场被持续细分，传统贸易下的规模化、标准化产品逐渐不能适应消费者的这种高度细分的需求。跨境电商的出现则为满足上述消费者的个性化、差异化偏好提供了可能。一方面，跨境电商能够借助互联网平台使得来自不同国家的生产者和消费者实现直接对接（Anderson & Anderson，2002），地理距离的限制作用大大弱化（Lendle et al.，2016；马述忠等，2019），即时捕捉消费偏好、了解消费需求成为现实，供需匹配效率得到大幅提升。另一方面，跨境电商能够有效扩大消费选择空间。Kim et al.（2017）、Valarezo et al.（2018）认为，跨境电商能够提供相比线下更为多样化的商品以及便捷的个性化定制服务，信息不对称程度大大降低。诸多研究也表明，消费者在跨境电商平台上买到自己喜欢的长尾商品的概率更高（Lendle et al.，2016；Goldfarb & Tucker，2019）。因此，直观上看，消费者需求的变化与跨境电商的模式非常契合。这意味着，在消费偏好差异越大的市场，对于跨境电商而言市场机会越多，越有可能向该市场出口。基于上述分析，郭继文和马述忠（2022）测算了各国在 HS6 位码行业层面的进口差异化程度，并在此基础上分析了进口偏好差异化对中国跨境电子商务出口的影响。验证理论分析的回归模型为：

$$\mathrm{lnvalue}_{ikt}=\alpha+\beta\mathrm{lnipd}_{ikt}+\sum_{m}\varphi_m x_{im}+\delta_t+\delta_k+\delta_i+\varepsilon_{ikt} \tag{4-6}$$

式中，i 表示国家，t 表示年份，k 表示 HS6 位行业，$\mathrm{lnvalue}_{ikt}$ 表示中国通过跨境电商方式向 i 国出口的金额。lnipd_{ikt} 为该命题的核心解释变量，即 i 国 t 年第 k 类行业的进口偏好差异化程度，回归中主要使用的是数量维度下通过相对泰尔指数测度的结果 $\mathrm{lnipdqr}_{ikt}$，出于稳健性考虑，也提供了数量维度下使用绝对泰尔指数 $\mathrm{lnipdqa}_{ikt}$、基尼系数 $\mathrm{lnqgini}_{ikt}$、相对平均偏差 lnqrmd_{ikt} 以及金额维度下使用相对泰尔指数 $\mathrm{lnipdvr}_{ikt}$ 的估计结果。x_{im} 代表出口目的国 i 的第 m 个控制变量，具体包括：（1）目的国国内生产总值 lngdp；（2）加权地理距离 lndist；（3）是否有共同语言 comlang，是取 1，否则取 0；（4）是否内陆国家 landlock，是取 1，否则取 0；（5）是否有共同法律渊源 comleg，是取 1，否则取 0；（6）是否接壤 border，是取 1，否则取 0；（7）是否签署自贸协定 fta，签署取 1，否则取 0；（8）目的国物流发展水平 lnlogistics，使用目的国的物流绩效得分来衡量；（9）目的国城镇化水平 lnurbanization，使用每百人口中的城镇人口来衡量；（10）目的国互联网发展水平 lninternet，使用每百人使用互联网数来衡量；（11）多边贸易阻力 lnmtr，用来控制影响双边贸易规模的综合阻力因素。δ_t、δ_k、δ_i 分别表示年份、行业和国家固定效应。ε_{ikt} 表示随机扰动项。

表 4－6 展示了目的国进口偏好差异化程度对中国跨境电子商务出口的影响。第（1）列为纳入所有控制变量，以及加入行业固定效应和年份固定效应后的回归结果，核心解释变量系数在 1%的显著性水平上显著为正。第（2）列进一步加入国家固定效应，核心解释变量系数有所缩小，但仍然高度正向显著。第（3）列至第（5）列分别使用数量维度下通过绝对泰尔指数、基尼系数、相对平均偏差三种方法测度的进口偏好差异化程度替换核心解释变量，发现系数正向稳健。在第（6）列中，使用金额维度下的相对泰尔指数测度结果时，核心解释变量系数为正，但未能通过显著性检验，这可能是源于使用贸易金额来测度时无法剥离价格、汇率等因素的影响，导致进口偏好差异化对我国跨境电

商出口的正向吸引作用未能被充分识别。总体而言，回归结果表明，目的国偏好差异化程度越高，中国向该地区跨境电商出口越多，这意味着目的国市场的差异化偏好对中国跨境电商出口产生了正向吸引作用。

表 4-6 目的国进口偏好差异化与中国跨境电商出口

	相对泰尔指数		绝对泰尔指数	基尼系数	相对平均偏差	相对泰尔-金额
	(1)	(2)	(3)	(4)	(5)	(6)
lnipdqr	0.080 0***	0.016 2***				
	(0.007 81)	(0.006 12)				
lnipdqa			0.022 0***			
			(0.005 92)			
lnqgini				0.064 8***		
				(0.012 4)		
lnqrmd					0.055 6***	
					(0.012 3)	
lnipdvr						0.006 30
						(0.005 46)
控制变量	是	是	是	是	是	是
年份固定效应	是	是	是	是	是	是
国家固定效应	否	是	是	是	是	是
行业固定效应	是	是	是	是	是	是
观测值	265 028	265 026	265 026	265 035	265 026	265 077
R^2	0.598	0.720	0.720	0.720	0.720	0.720

注：*** 表示在 1%的显著性水平上统计显著，括号内为聚类到 HS6 位码行业层面的标准误。

资料来源：改编自郭继文，马述忠. 目的国进口偏好差异化与中国跨境电子商务出口：兼论贸易演变的逻辑[J]. 经济研究，2022，57（3）：191-208。

依据传统的市场进入理论，企业在选择国际市场时，会综合考虑目的市场的供需情况以及自身的生产经营条件，选择预期利润空间最大的市场进入（Buckley & Casson，1998）。跨境电商青睐偏好更加差异化的市场与其相较于传统贸易的独有特征是密不可分的：首先，跨境电商能够借助互联网平台直接、即时、高效地捕捉消费者的偏好，信息不对称程度相比传统贸易大大降低；其次，跨境电商能够在线上提供非常丰富的商品选择，且相当一部分交易是在对接到海外市场需求后通过个性化定制来实现的；最后，跨境电商交易额往往是小额化、碎片化的，这决定了其难以像传统贸易那样通过规模经济获利，更多的是提高单位产品的溢价。消费偏好差异化程度比较高的市场往往更能发挥跨境电商在需求信息捕捉、多样化商品提供、个性化定制等方面的优势，对跨境电商企业而言市场机会更多，盈利空间也因此更加广阔。依据这一思路，郭继文和马述忠（2022）在基准回归模型的基础上加入了表征市场机会大小的变量与核心解释变量的交互项来进行实证检验，其直觉在于，在市场机会越多的国家，差异化偏好对中国跨境电商出口的吸引作用应该越显著。具体的模型设置如下：

$$\mathrm{lnvalue}_{ikt} = \alpha + \gamma \mathrm{lnipd}_{ikt} \times \mathrm{Market}_{it} + \beta \mathrm{lnipd}_{ikt} + \tau \mathrm{Market}_{it} + \sum_{m} \varphi_m x_{im} + \delta_t + \delta_k + \delta_i + \varepsilon_{ikt} \tag{4-7}$$

式中，$Market_{it}$ 为表征跨境电商市场机会大小的变量，系数 γ 反映了其对进口偏好差异化与中国跨境电商出口关系的边际影响。从现实角度出发，目的国市场机会的大小与国内的供给能力密切相关，当目的国国内供给能够满足本国消费者的差异化偏好时，中国跨境电商的盈利机会就相对较小，反之，跨境电商则有较大的市场空间。表 4-7 汇报了市场机会视角下的机制分析结果。

表 4-7 基于市场机会视角的机制分析结果

	国内电商发展 (1)	工业制造能力 (2)	工业门类数目 (3)	制造业数字化 (4)
lnipdqr	0.339*** (0.065 6)	−0.069 5*** (0.018 1)	0.501*** (0.106)	0.080 6*** (0.013 7)
lnipdqr×lnb2c	−0.206*** (0.041 1)			
lnipdqr×lncip		−0.027 6*** (0.006 17)		
lnipdqr×lnhs6n			−0.060 5*** (0.013 1)	
lnipdqr×digital				−0.020 4*** (0.003 53)
控制变量	是	是	是	是
年份固定效应	是	是	是	是
国家固定效应	是	是	是	是
行业固定效应	是	是	是	是
观测值	257 078	230 584	265 026	265 026
R^2	0.723	0.709	0.720	0.720

注：*** 表示在 1%的显著性水平上统计显著，括号内为聚类到 HS6 位码行业层面的标准误。

资料来源：改编自郭继文，马述忠. 目的国进口偏好差异化与中国跨境电子商务出口：兼论贸易演变的逻辑[J]. 经济研究，2022，57（3）：191-208。

首先，郭继文和马述忠（2022）探讨了目的国国内电商发展水平的影响。理论上，国内电商也能够通过线上平台满足消费者的差异化偏好，因此和跨境电商会存在一定的替代关系。当一国国内电商发展水平较高时，国内市场机会很大一部分会被国内电商占去，对跨境电商进口的依赖会相对较小。郭继文和马述忠（2022）使用世界经济论坛（World Economic Forum）发布的 2016 年网络就绪指数中的 B2C 指数来代表国内电商发展水平，该指数衡量了一国国内在多大程度上采用 B2C 的方式开展商业活动，数值越高，程度越深。将该变量的对数形式和核心解释变量交互后引入模型中，结果如表 4-7 第（1）列所示，国内电商发展水平越高的国家，其差异化偏好对中国跨境电商出口的正向影响越小。

其次，郭继文和马述忠（2022）考察了目的国工业发展水平的影响。目的国工业制造能力的强弱直接决定了能否根据本国消费者的需求提供相应产品，从而也就影响了跨境电商市场机会的大小。郭继文和马述忠（2022）以 2017 年、2018 年联合国发布的各国工业竞争力指数（CIP）代表工业制造能力水平，该指数介于 0 和 1 之间，数值越大，水平越强。同样以交互变量形式引入模型，结果如表 4-7 第（2）列所示，在工业制造能力越弱的目的国，差异化偏好对中国跨境电商出口的正向影响越强。

再次，郭继文和马述忠（2022）考察了目的国工业门类的作用。工业门类的多少也是衡量一国生产能力的重要指标，工业门类越齐全的国家，满足本国消费者个性化、差异化需求的能力越强，留给跨境电商的市场空间也就越小。郭继文和马述忠（2022）以具有高度相关性的一国出口的全部 HS6 位行业数（lnhs6n）来近似代表工业门类数，和偏好差异化程度交乘后纳入模型中，结果见表 4-7 第（3）列，工业门类数越少的国家，差异化偏好对中国跨境出口的吸引作用越强。

最后，郭继文和马述忠（2022）还考察了目的国制造业数字化水平的影响。在数字经济时代，满足消费者的差异化、个性化需求往往需要个性化定制或柔性化生产，这对生产制造的数字化能力提出了更高要求，因此，目的国的数字化生产能力也决定了中国跨境电商在该国市场机会的大小。联合国发布的《2020 年工业发展报告》将各国的制造业数字化水平由低到高划分为六类。郭继文和马述忠（2022）以 digital 代表分组情况，并依次为其赋值 1～6，然后以交互项形式纳入模型中，结果如表 4-7 第（4）列所示，差异化偏好对中国跨境电商出口的吸引作用随目的国制造业数字化水平的上升而减弱。

综上所述，目的国市场机会的大小是差异化偏好影响中国跨境电商出口程度的重要机制。

第六节　中国证据

理论命题 4-1 指出：虽然总体来看消费者的福利在无个人信息保护时最高，但当高低质量厂商的边际成本差异较小（较大）时，支付意愿或收入较高（较低）的消费者的福利在无个人信息保护政策下较在其他两种个人信息保护政策下是受损的。也就是说，在选择个人信息保护政策时应考虑到不同类别的消费者数量以及福利受损的程度，应选择最大化更多人福利的个人信息保护政策。中国消费者保护政策可以很好地印证李三希等（2021）的理论命题。中国在法律上已经明确表示应保护用户隐私和个人信息，如《中华人民共和国民法典》第一百一十一条规定：“自然人的个人信息受法律保护。任何组织或者个人需要获取他人个人信息的，应当依法取得并确保信息安全，不得非法收集、使用、加工、传输他人个人信息，不得非法买卖、提供或者公开他人个人信息。”目前的个人信息保护政策是在确保消费者知情的基础上，给消费者是否披露个人信息的选择权。中国电子商务协会政策法律委员会也提出，应积极建立行业自律组织，并制定行业自律规范。行业内自发组织的行业自治可以针对行业特点采取更有利于行业发展的措施；采用市场的手段约束行业内部企业，相比国家立法实施效果可能更好。在时机成熟时，再通过立法对行业组织进行积极的引导和规范。

理论命题 4-2 指出：个人信息强制收集产生了挤入效应，揭示了个体在个人信息披露相关决策中可能存在的非理性成分。这些发现为监管部门规范信息收集和隐私政策提供了理论支持。近年来我国数字经济快速发展，而数字化发展的数据需求与个人信息保护之间存在亟待解决的矛盾。一方面，利用大数据、人工智能等技术对个人信息的收集、处理、使用推动了数字产业发展，方便了人们的生活，创造了经济价值；另一方面，对个人信息的过度收集和滥用也可能损害消费者福利，带来严重的社会影响。因此以《个人信息保护法》为代表，我国不断完善个人信息保护机制，也更加重视对于侵犯个人信息行为的惩处。例如，近年来工信部、网信办等部门大力整治应用程序（App）违规收集使用个人信息等侵害用户权益行为，累计通报数千个应用名单，涉及超范围收集个人信息、违规收集个人信息等问题。最高人民检察院的统计数据显示，2022 年共起诉侵犯公民个人信息犯罪 9 300 余人。被侵害的个人信息类型多、范围广，且与下游犯罪密切相关。犯罪分子获取这些信息后，多用于电信网络诈骗等犯罪活动。

理论命题 4－3 指出：消费者保护政策会通过提高企业面临的合规风险，影响企业的产品进入和退出决策。《中华人民共和国消费者权益保护法实施条例》的出台很好地论证了这一理论命题。2014 年 7 月 1 日，《中华人民共和国消费者权益保护法实施条例》正式施行。作为《中华人民共和国消费者权益保护法》的第一部配套行政法规，该条例的施行增强了《中华人民共和国消费者权益保护法》的可操作性，针对近年来在传统消费领域与平台经济领域出现的新问题都做出了明确规定，有望有效遏制商品假冒伪劣、售后服务缺失、刷好评产业链、不公平格式条款等企业不诚信和违法行为，以提升电商企业的进入门槛，从而缓解市场上的逆向选择问题，推动市场朝着高品质、高信誉的方向发展。

理论命题 4－4 指出：目的国进口偏好差异化程度越大，中国对其跨境电商出口越多，核心机制在于该类市场为跨境电商提供了更多的市场机会。在跨境电商发展的中国实践中，有诸多例子可以证明这一观点。例如，当下中国的跨境电商出口的主要市场为美国、法国、德国、英国等发达国家，而发达国家往往也是消费偏好差异化程度更高的国家。类似的企业案例也有很多，在阿里巴巴国际站上有大量通过深耕欧美国家个性化定制市场实现快速发展的成功案例，典型如专注于生产定制化路由器的深圳市智博通电子有限公司，其借助平台的数字化工具对询盘来源地进行检测和分析，针对询盘量集中、定制需求旺盛的市场合理调整产品生产及营销方式，通过多样化产品提供及个性化定制的方式来重点满足该类市场的差异化偏好。在此经营思路下，该企业得以在大牌环绕的激烈行业竞争中脱颖而出，并在国际市场中建立了广泛的知名度。

第七节　结论性评述

本章通过对四个核心理论命题的分析，揭示了数字经济时代消费者的偏好和行为对企业定价决策、贸易增长、社会福利等多方面的影响。理论命题 4－1 揭示了个人信息保护政策会带来产品的无效分配。理论命题 4－2 证明了个人很可能存在有限理性，其信息披露行为容易受到决策环境的影响和操纵。理论命题 4－3 深入探讨了消费者保护政策如何缓解平台上的逆向选择问题。最后，理论命题 4－4 突出强调了进口偏好差异化对数字贸易增长的积极作用。深入理解和掌握这四个核心理论命题，有助于读者理解消费者在数字经济领域所扮演的角色及其所做出的经济贡献。

与理论命题 4-1 相关的国外前沿研究主要有以下两个方面：一是考虑市场结构差异，对理论模型进行优化。有不少文献考虑的是垄断市场结构（Conitzer et al.，2012），或者产品质量水平差异的寡头市场结构（Montes et al.，2019）。由于市场结构假设不同，结论也显著不同：在 Conitzer et al.（2012）的文章中，消费者总会选择对厂商隐藏信息；在 Montes et al.（2019）的文章中，所有消费者都选择向厂商披露信息；而在该命题中，部分消费者会选择披露信息，另一部分消费者会选择隐藏信息。二是在经济视角以外，考虑大数据使用对其他方面的影响。例如，Tirole（2017）担心保险企业在拥有了消费者详尽的健康数据后，会将身体健康状况差的用户排除在外，而这部分用户恰恰最需要保险，因此大数据技术的使用可能会使保险行业失去其为弱者提供保险的社会价值。借鉴国外前沿研究，未来本命题的相关研究可以进行如下拓展：一是结合法学相关知识，在《中华人民共和国民法典》《个人信息保护法》《中华人民共和国消费者权益保护法》《中华人民共和国电子商务法》等法律法规的基础上，探讨数字社会中算法消费者的个人信息保护体系构建；二是对个人信息遭到泄露、企业过度收集个人信息等问题进行定量分析。

与理论命题 4-2 相关的国外前沿研究主要有以下两个方面：一是对个人信息披露的态度和行为研究。"隐私悖论"是文献中的一个经典问题，是指人们往往在调查中表现出对隐私问题的担忧，但在行动上却轻易披露了隐私信息（Kokolakis，2017）。Acquisti et al.（2015）指出，人们的隐私决策容易受到外部因素的影响，具有商业或政策上的可塑性或可操纵性。Acquisti et al.（2012）向被试发放个人敏感经历相关的调查问卷，随机设定不同的问题敏感度顺序。作者发现，当参与者从最敏感的问题开始回答时，他们在后面的问题中倾向于透露更多敏感信息。二是评估隐私保护政策影响的研究。研究者从实证角度对欧盟在 2018 年颁布的《通用数据保护条例》（GDPR）的短期影响进行了检验，主要显示出 GDPR 在增强隐私保护的同时带来了一定的成本：如 Goldberg et al.（2019）提出，GDPR 提高了公司收集和使用消费者信息的成本，他们分析了 1 508 个欧洲公司的网站流量和电商销售数据，发现政策实施后网页的浏览量和利润都有所下降；Jia et al.（2021）从公司融资角度出发，发现 GDPR 对风险资本投资欧洲初创型技术公司有消极影响。借鉴国外前沿研究，未来本命题的相关研究可以进行如下拓展：一是采取实验室或者田野实验方法，进一步理解个人的隐私态度和信息披露行为；二是尝试探索个人信息保护相关措施的潜在效果和福利影响，协调推进新时代数字产业发展和个人信息保护工作。

与理论命题 4-3 相关的国外前沿研究主要有以下两个方面：一是探究信号传递机制对逆向选择的治理作用。在跨境电商平台上，典型的信号传递机制有消费者反馈机制（如产品评分评论等）、认证机制、保修和退款保证等（Klein et al.，2016；Hui et al.，2018；Che et al.，2019）。部分研究发现，消费者反馈机制和认证机制有利于减少低质量企业的市场份额，从而减少逆向选择（Hui et al.，2018；Saeedi，2019）。然而，也有学者指出，由于企业操纵行为的存在，消费者反馈机制的改善并未在缓解平台逆向选择问题方面产生显著效果（Klein et al.，2016；Fradkin et al.，2021）。二是关注消费者保护政策对逆向选择问题的影响。Cai et al.（2013）发现，中国国内电商 eBay 上的消费者保护政策会缩小市场规模。但一方面，该研究并未辨析清楚市场规模的变动是来自新产品的市场进入减少还是在位产品的市场退出增加；另一方面，其研究的消费者保护政策相对而言并不典型。该政策规定，当消费者遭遇欺诈行为时，赔偿费用是由平台而非企业承担。相较之下，Wish、eBay 和亚马逊（Amazon）等代表性跨境电商平台的消费者保护政策规定，对于违反平台质量标准的企业，其需自行负担赔偿消费者的责任，并可能面临额外的罚款。Hui et al.（2016）的研究发现，消费者保护政策给企业带来的额外成本会促进低质量企业退出市场，从而缓解逆向选择问题，但并未关注消费者保护政策对市场进入的影响。借鉴国外前沿研究，未来本命题的相关研究可以进行如下拓展：一是探究消费者保护政策对不同国家企业的异质性影响；二是基于结构估计，进一步考察消费者保护政策对于企业的跨平台经营行为的因果效应。

与理论命题 4－4 相关的国外前沿研究主要有以下两个方面：一是跨境电商模式同传统贸易的差异及由此带来的经济效应，包括“距离的死亡”（death of distance）及对贸易成本的影响（Hortaçsu et al.，2009；Gomez-Herrera et al.，2014；Lendle et al.，2016；Kim et al.，2017）、“去中介化”效应（Anderson & Anderson，2002）等，突出了跨境电商相较于传统贸易在模式上的诸多优越性。二是探讨跨境电商发展的促进因素和阻碍因素，包括消费者偏好、地理距离、文化距离、语言差异、信息摩擦等（Gomez-Herrera et al.，2014；Lendle et al.，2016；Valarezo et al.，2018），揭示了跨境电商模式发展所需的环境条件和要素条件。借鉴国外前沿研究，未来本命题的相关研究可以进行如下拓展：一是使用大规模的消费问卷调查数据来更加准确地刻画各国的消费者偏好的差异化情况，从而为目的市场的差异化偏好和跨境电商出口之间的关系提供更加可靠、稳健的经验证据；二是将差异化偏好纳入新新贸易理论下的异质性企业模型中，通过前提假设的变化推导新的均衡结果，为数字经济时代偏好与贸易的关系建立更加清晰的数理框架。

参考文献

第五章

全球公司

第一节 问题的提出

在全球化的浪潮中，全球公司扮演着举足轻重的角色。全球公司的行为和发展是全球数字贸易中至关重要的一环，它为我们揭示了在数字经济时代，全球公司如何进行战略布局、扩张与发展，不仅为我们提供了一个理解全球公司运作模式的窗口，更揭示了在数字经济时代全球公司如何通过创新和适应来实现可持续发展。在数字贸易分析框架中，全球公司不仅是数字技术应用的受益者和推动者，更是连接平台和消费者的桥梁。数字技术的进步为全球公司提供了新的业务模式和运营手段，促进了其在全球范围内的扩张和整合；全球公司需要深入了解不同地区消费者的偏好和需求，以制定有效的市场策略；数据的收集和分析对全球公司至关重要，它帮助企业优化决策，提高运营效率；全球公司通过平台进行市场接入和品牌推广，平台成为其连接消费者和进行全球贸易的重要渠道；全球公司通过智能制造提升生产效率和产品质量，满足全球市场的需求。

在本章中，我们将重点研究三个重要的全球公司领域的理论命题。命题一：数据保护与全球公司扩张。这一命题探讨了数字基础设施，如国际海底光缆，如何通过促进信息流动来提高中国企业并购东道国企业的概率。这一命题从双边信息流的角度出发，为理解数字基础设施在跨境并购中的作用提供了新的视角。命题二：投资壁垒与全球公司扩张。这一命题分析了投资壁垒，如美国对华技术封锁，如何影响中国企业向第三方经济体的技术型跨境并购。这一命题拓展了我们对投资壁垒和技术型跨境并购关系的认识。命题三：数字化平台赋能企业国际化的路径。这一命题研究了企业在国际化过程中线上与线下扩张速度的差异，以及这些差异如何影响跨境电商平台的稳定性。同时，探讨了企业线下社会网络和东道国制度距离对跨境电商平台退出的影响。

本章旨在探讨全球公司在数字化背景下如何实现扩张、降低信息成本以及利用数字化平台进行国际化的路径。通过对这三个命题的深入分析，本章将帮助读者更好地理解全球公司在数字经济时代面临的机遇与挑战，以及如何利用数字化平台和策略来实现全球扩张和市场竞争力的提升。

第二节　数据保护与全球公司扩张

一、理论命题的提出

跨境并购既是外国直接投资（Foreign Direct Investment，FDI）的重要形式，也是经济增长的重要渠道（Javorcik，2004）。与其他投资决策相比，跨境并购通常面临更大的信息扭曲、不确定性和风险（Faccio & Masulis，2005）。传统经济时代，世界各国（主要是发达国家）为推动跨境并购，采取多种不同形式帮助国内投资者更方便地获得外国投资机会的信息，包括信息服务和法律服务等（Harding & Javorcik，2011）。在进入数字经济时代后，一方面，数字技术的应用使跨境信息快速传输成为可能，投资者就可以更加方便、更低成本地获取外国投资信息；另一方面，信息传输的数字基础设施变得越来越重要，成为全球主要区域网络互联互通的大动脉。毫无疑问，海底光缆是当今世界最重要的数字基础设施，是国家参与国际经济社会运行和信息交互的基石，但鲜有研究验证其产生的经济效果，对 FDI 影响的研究更是空白。

基于此，马述忠等（2023）提出了“数据保护与全球公司扩张”这一理论命题。

理论命题 5-1

国际海底光缆会通过促进中国与东道国双边信息流提高中国并购东道国企业的概率。

资料来源：马述忠，吴鹏，房超．国际海底光缆、双边信息流与中国跨境并购［J］. 世界经济，2024，47（4）：3-30.

该理论命题首次将数字基础设施纳入跨境并购的分析中，能够为数字经济时代跨境并购的相关理论研究奠定基础。一方面，绝大部分对数字基础设施的研究主要是考察国内数字基础设施产生的经济和社会影响，虽然也有文献考察了非洲接入海底光缆对当地就业和银行业的影响，但没有从双边信息流的理论视角进行分析。该理论命题以亚非欧1号（AAE-1）海底光缆为例，研究与中国直接联通的数字基础设施对跨境并购的影响，构建了数字基础设施如何促进双边信息流，以减少母国和东道国信息不对称的理论框架，是对传统西方研究的拓展。另一方面，该理论命题首次利用 AAE-1 海底光缆进行研究，识别策略对其他实证研究具有一定的启发性。

二、理论命题的具体内容

传统国际金融文献信息证明信息不对称是抑制企业跨境并购的重要因素，而数字基础设施建设作为一种降低信息不对称的新型措施，缺乏相关的经验证据来验证其效果。区别于传统国际金融文献，马述忠等（2023）将数字基础设施纳入跨境并购分析，是对跨境并购研究在数字经济时代的拓展。

海底光缆覆盖广、带宽大、寿命长、成本低，因此综合考量传输效率和成本后，海底光缆在国际通信中发挥着主导作用。理论上，数字基础设施建设可以通过以下三个方面畅通并购相关的信息流动，从而提高跨境并购的成功概率。

第一，在企业并购前，数字基础设施可以使并购企业更快捷和更方便地了解东道国市场。并购企业在一个新环境中需要面临一系列问题，包括如何减少对于东道国市场的陌生感，如何避免受到歧视性对待（即“外来者劣势”），如何与东道国政府、消费者、供应商和其他社会主体建立良好关系等（潘镇等，2008）。并购企业可以使用公司的官方网站、社交媒体平台和其他互联网渠道获取东道国市场信息（Ang et al.，2021），降低对东道国市场的陌生感和“外来者劣势”。并购企业还可以通过即时通讯、在线会议等方法实时与东道国企业保持沟通，从而增加与东道国供应商和消费者等主体的关联度。

第二，在企业并购协商过程中，数字基础设施可以抑制管理者在避免风险并购活动中的机会主义行为，提高决策的科学性。管理者是跨境并购活动的主要决策者，对于高风险的跨境并购投资活动，管理者的利益与潜在成本是不对称的。也就是说，管理者不能获得跨境并购带来的全部利益，但要承担跨境并购失败导致的个人职业风险。同时，跨境并购活动的每一步都需要管理者付出巨大努力，但由于股东和管理者之间存在信息不对称，管理者的实际努力往往无法量化，股东也不容易知道，因此，管理者可能出现自利的机会主义行为（Tambe et al.，2024）。数字基础设施催生了大数据、云计算和人工智能等数字技术。一方面，管理者可以利用互联网搜索、数据挖掘等工具收集海外公司财务报表等传统特征信息，互联网传播可以有效减少信息的错误和遗漏，使信息可以更全面、更准确地传递给管理者（Blankespoor et al.，2014）。另一方面，管理者还可以借助云计算和人工智能等数字技术提高决策的科学性，降低跨境并购的风险。

第三，在企业并购之后，数字基础设施还可以减少母国和东道国因文化差异产生的摩擦，增加彼此的信任，扩大并购的协同效应。跨境并购的协同效应需要收购企业和目标企业的员工在合并后进行协调，如果双方员工不具有相似的文化价值观，彼此不信任、存在误解或者双方目标不匹配等障碍，可能会降低彼此的协调性。例如，在某些文化中，质疑权威比在其他文化中更容易被接受；团队合作的价值会高于个人诉求，而在其他文化中可能恰恰相反（Erel et al.，2024）。数字基础设施催生的社交媒体、即时通讯等工具，有助于增进交易双方了解不同民族和宗教等代代相传的信仰与价值观（Gu & Kurov，2020），进而增加对彼此的信任。随着对他国文化信任程度的提升，跨境并购的协同效应增加，跨境并购成功的概率也会增大（Maung，2022）。

基于此，马述忠等（2023）提出了假说 1。

假说 1：*海底光缆投入使用能通过增加双边信息流促进跨境并购，信息不对称情况越严重，海底光缆的这一作用越强。*

值得注意的是，数字基础设施建设产生的作用效果具有国家和行业异质性。第一，随着不同国家初始数字基础设施水平的不同，AAE-1 海底光缆产生的正向效应也有所不同。例如，截至 2022 年，柬埔寨全国除 AAE-1 海底光缆外，仅有 Malaysia-Cambodia-Thailand（MCT）Cable 这一条海底光缆；也门全国除 AAE-1 海底光缆外，仅有

Aden-Djibouti、FALCON 和 SeaMeWe-5 共三条海底光缆；而缅甸全国除 AAE-1 海底光缆外，仅有 SeaMeWe-3 和 SeaMeWe-5 共两条海底光缆。但法国、意大利、马来西亚、新加坡等其他国家除 AAE-1 海底光缆外有多条海底光缆。因此，马述忠等（2023）认为，AAE-1 海底光缆对于初始数字基础设施水平较低、发展较慢的国家会产生更大的边际效应，即对于中国跨境并购的促进作用更强。第二，AAE-1 海底光缆产生的效果还取决于东道国监管当局对国际信息传输的态度。在各国越来越注重国际数据流动安全性的背景下，对国际信息传输进行规制是普遍做法。理论上，东道国对国家信息传输的态度越开放，即东道国网络自由度越高，AAE-1 海底光缆产生的正向效应越强。第三，不同行业对信息交流的依赖程度也存在差异。相比于其他并购，高技术并购在并购发起、协商和整合的过程中，涉及大量的技术细节，并购企业和目标企业间面临着更加严重的信息不对称。双方能否充分沟通并建立高度的互信决定了并购的成败。因此，理论上，AAE-1 海底光缆能够对高技术行业并购产生更大的积极影响。

基于此，马述忠等（2023）提出了假说 2。

假说 2： *海底光缆投入使用对初始数字基础设施发展较慢和网络自由度更高的国家，以及高技术行业跨境并购的促进作用更强。*

为了检验假说 1 和假说 2，马述忠等（2023）使用的回归模型为：

$$MA_{ct}=\alpha_0+\alpha_1 Treat_c+\alpha_2 Post_t+\alpha_3 Treat_c\times Post_t \\ +\alpha_4 Z_{ct}+\lambda_c+\lambda_t+\varepsilon_{ct} \qquad (5-1)$$

式中，t 表示年份，c 表示国家（地区）。因变量 MA_{ct} 表示 t 年中国对国家（地区）c 跨境并购的数量。$Treat_c$ 为虚拟变量，如果是 AAE-1 海底光缆设点国家为 1（越南、柬埔寨、泰国、马来西亚、新加坡、缅甸、印度、巴基斯坦、阿曼、阿联酋、卡塔尔、也门、沙特阿拉伯、吉布提、埃及、希腊、意大利和法国），否则为 0。$Post_t$ 为虚拟变量，该命题根据 AAE-1 海底光缆投入使用的年份设定 2017 年及之后为 1，之前的年份为 0。

表 5-1 为中国对 AAE-1 海底光缆设点国家的跨境并购数量在 AAE-1 海底光缆投入使用前后的变化情况。回归结果表明，在 AAE-1 海底光缆投入使用后，中国对 AAE-1 海底光缆设点国家的并购数量相较于对世界其他地区的并购数量显著增加。这一结果与理论预期相符，因此可以认为中国主导建设的国际数字基础设施可以促进中国跨境并购。

表 5-1　基准回归结果

	(1)	(2)	(3)	(4)	(5)	(6)
Treat×Post	0.227**	0.321**	0.337**	0.227**	0.262**	0.255**
	(0.110)	(0.129)	(0.128)	(0.110)	(0.120)	(0.117)
Treat	0.296	0.081	0.103			
	(0.207)	(0.211)	(0.213)			
Post	0.033	0.123**	0.140***			
	(0.027)	(0.048)	(0.050)			

续表

	(1)	(2)	(3)	(4)	(5)	(6)
pGDP		0.073	0.079		0.075	0.040
		(0.054)	(0.056)		(0.314)	(0.302)
Growth		0.735	0.794		0.520	0.547
		(0.491)	(0.491)		(0.437)	(0.432)
RER		0.000***	0.000***		0.000	0.000
		(0.000)	(0.000)		(0.000)	(0.000)
RIR		0.006	0.006		0.000	0.000
		(0.006)	(0.005)		(0.002)	(0.002)
Stock		0.014***	0.014***		−0.001	−0.001
		(0.002)	(0.002)		(0.001)	(0.001)
ICRG		0.079***	0.076***		−0.030	−0.033
		(0.026)	(0.026)		(0.037)	(0.039)
DID_obor			−0.106			0.045
			(0.111)			(0.098)
年份固定效应	未控制	未控制	未控制	控制	控制	控制
国家固定效应	未控制	未控制	未控制	控制	控制	控制
观测值	1 716	1 051	1 051	1 716	1 051	1 051
R^2	0.017	0.468	0.470	0.795	0.806	0.806

注：*** 和 ** 分别表示在 1%和 5%的显著性水平上统计显著，括号内为聚类到国家层面的标准误。

资料来源：改编自马述忠，吴鹏，房超．国际海底光缆、双边信息流与中国跨国并购［J］．世界经济，2024，47（4）：3－30。

在传统跨境并购理论中，信息流通常无法观测，所以因信息摩擦造成的扭曲很难衡量。Steinwender（2018）收集了 19 世纪中叶英国和美国报纸中棉花价格的信息表征信息流。Lin et al.（2021）收集了 1880—1936 年当时最大的全国性报纸《上海新闻报》的文本，通过列举县名在报纸上报道的频率来衡量区域间的信息流。与传统报纸媒体上记录的信息流不同，一方面，马述忠等（2023）用谷歌搜索表征双边信息流，考察 AAE－1 海底光缆投入使用是否促进了双边的信息流；另一方面，马述忠等（2023）用制度、地理和文化距离表征信息不对称，考察 AAE－1 海底光缆投入使用是否减少了信息不对称。上述两方面是对已有研究的重要完善。

谷歌是全球最广泛的搜索引擎，在 2019 年享有全球 92.63%的市场份额。已有学者将谷歌趋势数据应用于国际贸易的研究（Ma & Fang，2021）。参考 Ma & Fang（2021）的方法，马述忠等（2023）用其他国家搜索中国（search_China）表征东道国对中国的单边信息流，用中国搜索其他国家（China_search）表征中国对东道国的单边信息流。表 5－2 的回归结果显示，AAE－1 海底光缆投入使用能显著促进其他国家搜索中国，也能显著促进中国搜索其他国家，即促进了双边信息流的提升。且 search_China 和 China_search 对 MA 都有正向促进作用。

表 5-2 双边信息流的机制分析结果

	search_China (1)	MA (2)	China_search (3)	MA (4)
search_China		0.217*		
		(0.118)		
China_search				0.347***
				(0.112)
Treat×Post	0.053**		0.270***	
	(0.026)		(0.064)	
DID_obor	0.000	0.065	0.068	0.033
	(0.028)	(0.106)	(0.060)	(0.100)
控制变量	控制	控制	控制	控制
观测值	1 027	1 027	1 027	1 027
R^2	0.952	0.810	0.907	0.815

注：***、** 和 * 分别表示在 1%、5%和 10%的显著性水平上统计显著，括号内为聚类到国家层面的标准误。

资料来源：改编自马述忠，吴鹏，房超．国际海底光缆、双边信息流与中国跨国并购［J］．世界经济，2024，47（4）：3-30。

制度、地理和文化距离通常被认为是信息不对称的来源，或者作为信息不对称的代理变量。为探究数字基础设施是否打破了制度、地理和文化距离限制，马述忠等（2023）从以下三个方面开展经验检验。对于制度距离，马述忠等（2023）使用世界银行世界治理指标（World Governance Indicators）测算了东道国和中国的制度距离。对于地理距离，马述忠等（2023）用两国人口最多城市的距离表示双边地理距离，并取了对数值，数据来自法国国际经济研究中心（CEPII）。对于文化距离，马述忠等（2023）参考已有文献，用共同宗教指数（CRI）反映中国和东道国的文化距离，数据也来自 CEPII。从表 5-3 的结果可知，AAE-1 海底光缆投入使用主要是缓解制度和文化距离产生的信息摩擦，即对与中国制度和文化距离更大国家的跨境并购具有更大的正向作用。综合上述回归结果，假说 1 得以验证。

表 5-3 三维距离的机制分析结果

	(1)	(2)	(3)
Treat×Post	−0.272	−5.170	1.049**
	(0.276)	(4.418)	(0.411)
Treat×Post×InsDis	0.527***		
	(0.126)		
Treat×Post×Dis		0.649	
		(0.534)	
Treat×Post×CRI			−50.439**
			(21.723)
DID_obor	−0.138	−0.175	−0.130
	(0.114)	(0.116)	(0.112)

续表

	(1)	(2)	(3)
控制变量	控制	控制	控制
观测值	1 027	1 039	868
R^2	0.505	0.494	0.534

注：*** 和 ** 分别表示在 1%和 5%的显著性水平上统计显著，括号内为聚类到国家层面的标准误。

资料来源：改编自马述忠，吴鹏，房超．国际海底光缆、双边信息流与中国跨国并购［J］．世界经济，2024，47（4）：3-30。

该命题从国际电信联盟（International Telecommunication Union，ITU）收集了三个指标来反映东道国数字基础设施的发展情况，包括国际带宽使用情况（bandwidth）、接入国际网络的成本（ICC）及电信部门的就业（employees）。其中，bandwidth 是指所有国际路线的平均流量，以 Mbit/s 表示；ICC 以国际带宽接入成本占零售价格的比重衡量；employees 指东道国电信运营商为提供电信服务（包括固定电话、移动蜂窝、互联网和数据服务）而雇用的总人数。由于不同国家数据在不同年份有不同程度的缺失，为保证所得指标尽可能覆盖更多的实验组，同时交互项相对外生，马述忠等（2023）计算了 2005 年相对于 2001 年国际带宽使用情况的变化和电信部门的就业变化，以反映东道国数字基础设施的发展情况。接入国际网络的成本变化非常小，相当于是一个截面数据。表 5-4 的回归结果表明，在初始数字基础设施发展较慢的东道国，AAE-1 海底光缆投入使用能对中国跨境并购产生更大的正向作用，反映了中国主导建设的数字基础设施有利于弥合全球数字鸿沟，同时也促进了中国企业“走出去”。

表 5-4 国家异质性的分析结果

	(1)	(2)	(3)	(4)
Treat×Post	0.575*	0.271	0.474	−0.843
	(0.300)	(0.302)	(0.373)	(0.621)
Treat×Post×bandwidth	−0.009*			
	(0.004)			
Treat×Post×ICC		0.001**		
		(0.000)		
Treat×Post×employees			−2.14**	
			(1.058)	
Treat×Post×InternetFree				0.026**
				(0.01)
DID_obor	−0.168	−0.128	−0.191	−0.254
	(0.118)	(0.114)	(0.116)	(0.177)
控制变量	控制	控制	控制	控制
观测值	1 051	1 027	1 003	473
R^2	0.493	0.501	0.505	0.647

注：** 和 * 分别表示在 5%和 10%的显著性水平上统计显著，括号内为聚类到国家层面的标准误。

资料来源：改编自马述忠，吴鹏，房超．国际海底光缆、双边信息流与中国跨国并购［J］．世界经济，2024，47（4）：3-30。

马述忠等（2023）将高技术行业并购总数（经对数化处理）和非高技术行业并购总数（经对数化处理）作为被解释变量进行回归。从表 5－5 中可知，AAE－1 海底光缆投入使用主要促进了中国对高技术行业的跨境并购，说明数字基础设施建设有利于中国高技术行业“走出去”。高技术行业并购更依赖于信息交流，更受制于信息不对称，理应更受益于海底光缆的建设。该命题的估计结果与这一逻辑高度相符，侧面论证了经验研究设定的合理性。综上，假说 2 得以验证。

表 5－5　行业异质性的分析结果

	(1)	(2)
Treat×Post	0.229**	0.160
	(0.107)	(0.115)
DID_obor	−0.023	0.031
	(0.066)	(0.091)
控制变量	控制	控制
观测值	1 051	1 051
R^2	0.769	0.778

注：** 表示在 5%的显著性水平上统计显著，括号内为聚类到国家层面的标准误。

资料来源：改编自马述忠，吴鹏，房超．国际海底光缆、双边信息流与中国跨国并购［J］．世界经济，2024，47（4）：3－30。

第三节　投资壁垒与全球公司扩张

一、理论命题的提出

技术型跨境并购是以获取目标企业技术资源为主要动机的跨境并购行为（McCarthy & Aalbers，2016）。美国经济学家奥利弗·威廉姆森指出，技术型并购的定义是大企业收购技术型小企业（Williamson，1968），其目的在于利用低成本提升技术水平，提升企业自身的创新力，从而完成企业技术革新（Bresman et al.，1999）。后来有观点指出，技术型并购本质在于并购企业为获得先进技术或能力而实施的并购行为，中小企业也适用（谢伟等，2011）。随着技术型并购方式的不断推广，技术型并购不只是为了获取先进技术、提升技术水平，其目的更多延伸到实现优势资源互补、形成协同效应、提高市场地位，或是进入新产业、获取新的盈利点等（Teece，1992），因此技术型并购动因更加多元化。新兴市场跨国公司的崛起呈现出与传统发达国家跨国公司不同的国际化特征，尤其是新兴市场跨国公司寻求先进技术的特征十分明显。而专门针对新兴市场的跨国公司理论主要包括“联系、杠杆、学习”模型、“跳板视角”理论和战略资产搜寻理论（谢恩等，2021）。国内学者通过对中国典型案例的分析发现，后发企业技术型并购是一个能力更新过程，通过海外并购，企业不仅可以实现技术的追赶，还能推动战略转型，从而形成国际竞争力（吴先明和苏志文，2014）。因此，新兴市场跨国公司的技术型并购常常受到发达经济体投资壁垒的阻碍。

基于此，马述忠等（2025）提出了“投资壁垒与全球公司扩张”这一理论命题。

理论命题 5-2

美国对华技术封锁会产生消极示范效应和替代效应，促进中国向第三方经济体的技术型跨境并购。

资料来源：马述忠，李诗燕，吴鹏．美国技术封锁对中国技术型跨境并购的影响［J］．科学学研究，2025，43（1）：38-48．

该理论命题首次将研究视角聚焦于投资壁垒和技术型跨境并购，拓展了数字经济时代跨境并购的研究边界。一方面，技术型并购在数字经济时代愈发普遍，然而现有研究多集中于技术壁垒与跨境并购大类关系的探讨，很少聚焦于行业层面探究技术型并购所受的具体影响。另一方面，传统跨境并购理论多从二元边际视角切入进行分析，马述忠等（2025）将消费者理论融入东道国市场行为中，从跨境并购层面的消极示范效应和替代效应，考察中国的技术型跨境并购，填补了2018年美国对华全面技术投资壁垒对中国并购影响的相关实证研究的空白，是对跨境并购研究的重要完善。

二、理论命题的具体内容

关于投资壁垒的研究相对较少，投资壁垒按类型可以分为三种：投资准入壁垒、投资经营壁垒和投资退出壁垒。其中，投资准入壁垒是中国企业目前OFDI的主要障碍，尤其是高科技行业多被东道国列为本国敏感投资领域，中国企业受到的阻碍更甚（王启洋和任荣明，2013）。对于投资壁垒对跨境并购影响的研究可以从投资壁垒减少和投资壁垒增加两个思路展开，总体上已有文献普遍发现，投资壁垒与OFDI存在反向关系。

从投资壁垒减少的文献来看，OECD国家的OFDI数据表明，通过减少投资壁垒，东道国OFDI流入的存量水平大幅提高（Ghosh et al.，2012）。针对中国的研究表明，国际金融危机后东道国资本管制对中国企业的OFDI也存在相同的影响。研究者发现，东道国放松资本管制会降低资本使用成本，从而显著增加中国企业OFDI的扩展边际（王忠诚等，2018）。还有研究从区域一体化的角度阐释投资壁垒的减少，并指出发展中国家在实施自由贸易区战略时应注重深度一体化，对于距离较远国家应以促进区内双向投资为目标，对于距离较近国家应构建单一投资区（东艳，2009）。

从投资壁垒增加的文献来看，已有研究主要关注投资保护对OFDI规模和壁垒模式的影响。在规模方面，东道国对外投资限制增强会阻碍中国的OFDI（余官胜等，2020），导致中国企业投资规模缩小（Ghosh et al.，2012），尤其是发达国家的投资保护和逆全球化出现之后的投资保护会产生更大的阻碍效应（余官胜等，2020）。而美国行业层面的面板数据也已证明，美国和东道国的综合投资壁垒会降低其产业内投资水平，高技术密集型行业的子公司数量受投资壁垒不对等的抑制更为显著（Alfaro & Charlton，2009）。

此外，也有观点认为，投资壁垒强度、透明度均与 FDI 存在正相关关系，美国负面清单模式国际投资协定（IIA）的经验数据证明，投资壁垒强度越高，其促进 FDI 增长的作用越大。从二元边际角度看，投资壁垒强度越高，从事海外投资的母公司数量越少，但平均规模越大（陆建明等，2020）。同时投资壁垒透明度的提升会进一步增加 FDI 的拓展边际（马亚明等，2021）。

2018 年 3 月，美国发布《301 调查报告》，指责中国不公平技术转让、境外投资等行为侵害美国企业利益。基于此，《2018 年外国投资风险审查现代化法案》（Foreign Investment Risk Review Modernization Act，FIRRMA）进一步扩大了其外国投资委员会（Committee on Foreign Investment in the United States，CFIUS）的安全审查权限，针对中国赴美投资并购的审查更为严苛，直指中国的高技术产业和“技术升级”国家战略，企图阻止中国企业获取美国的关键核心技术。中国企业在美投资并购的进程明显受阻，如峡谷桥 1 号基金对美莱迪思半导体的并购交易被美否决，TCL 收购 Novatel Wireless 旗下 MIFI、蚂蚁集团收购美国速汇金、蓝色光标收购美国 Cogint、重型汽车集团收购 UQM 科技等并购交易均因美国 CFIUS 审查而被撤销。中国企业尤其是高科技行业 OFDI 多被东道国列为敏感投资领域，受到较大阻碍，因而，系统研究和衡量投资壁垒对技术型跨境并购的影响具有重要的理论和现实意义。马述忠等（2025）以 2018 年美国《301 调查报告》为基础，结合 FIRRMA，基于 Security Data Corporation（SDC）数据库和双重差分法（DID），考察美国技术封锁对中国向第三方经济体技术型并购的影响以及潜在机制。具体而言，结合《301 调查报告》、FIRRMA 及美国对高技术行业类别划分，马述忠等（2025）将 2018 年作为政策冲击年，并从 SDC 数据库跨境并购各行业中识别出受到投资限制的高技术行业（包括半导体、软件、通信设备等 24 个行业）作为处理组，其他行业作为对照组，通过对比 2018 年美国技术封锁前后中国对第三方经济体处理组行业和对照组行业的跨境并购数量来实证检验美国技术封锁的影响，并对其采用 ln(1+并购数量）的形式。验证理论分析使用的回归模型为：

$$\mathrm{NUMB}_{iht}=\beta_0+\beta_1\mathrm{DID}_{ht}+\beta_2X_{it}+\mu_t+\nu_{ih}+\theta_{it}+\varepsilon_{iht} \tag{5-2}$$

式中，i 代表东道国；h 代表被并购企业所属行业；t 代表时间。被解释变量 NUMB_{iht} 代表 t 年中国在 i 国 h 行业并购的项目数量。解释变量 DID_{ht} 由 treat_h 和 post2018 组成，treat_h 为虚拟变量，根据行业是否为受美国投资限制的高技术行业，是取 1，否则取 0。post2018 以美国对华全面技术封锁作为外部冲击的时间点，2018 年以前为 0，2018 年及之后为 1。X_{it} 表示控制变量，包括与东道国的地理距离、制度距离、文化距离、经济规模、经济水平等变量。此外，还加入了时间、国家-行业、国家-时间固定效应；ε_{iht} 表示残差项。

表 5-6 为美国技术封锁对中国向第三方经济体技术型跨境并购的影响结果。回归结果表明，美国对华实施技术封锁后，中国对第三方经济体的技术型跨境并购数量显著增加，因此可以认为，美国对华技术封锁显著地增加了中国对第三方经济体的技术型跨境并购。

表 5-6 美国技术封锁对中国技术型跨境并购的影响

	(1)	(2)	(3)	(4)	(5)
DID	0.049***	0.042***	0.042***	0.041***	0.042***
	(0.014)	(0.014)	(0.014)	(0.014)	(0.015)
treat	0.010	0.012			
	(0.007)	(0.008)			
post2018	−0.007	−0.017**	−0.078***		
	(0.007)	(0.008)	(0.010)		
lngdp		0.026***	0.222***	−0.200**	
		(0.003)	(0.085)	(0.091)	
lngdpp		0.036***	0.131	0.258**	
		(0.009)	(0.101)	(0.102)	
growth		0.003***	0.002**	0.001	
		(0.001)	(0.001)	(0.001)	
insdist		−0.006*	−0.065***	−0.017	
		(0.004)	(0.011)	(0.012)	
RER		−0.005***	0.115***	−0.069	
		(0.002)	(0.031)	(0.042)	
控制变量	否	是	是	是	是
时间固定效应	否	否	否	是	是
国家-行业固定效应	否	否	否	是	是
国家-时间固定效应	否	否	否	否	是
聚类	无	无	国家×行业	国家×行业	国家×行业
观测值	15 301	11 219	11 219	11 219	11 154
R^2	0.002	0.019	0.017	0.274	0.321

注：***、** 与 * 分别表示在 1%、5%与 10%的显著性水平上统计显著，括号内为聚类稳健标准误。

资料来源：改编自马述忠，吴鹏，房超．国际海底光缆、双边信息流与中国跨国并购 [J]. 世界经济，2024，47 (4)：3-30。

美国技术封锁可能会产生消极示范效应和替代效应两个相反的作用力。一方面，消极示范效应可能引起东道国产生效仿行为，从而弱化投资者对其的并购意愿；另一方面，替代效应又会增加投资者对具有高可替代性经济体的投资倾向。若消极示范效应大于替代效应，则会导致减少中国对第三方经济体的技术型跨境并购，反之则会增加。因此，辨别消极示范效应和替代效应至关重要，有助于明晰美国技术封锁的影响的作用渠道。

示范效应原指个人消费行为会受到那些与其收入相近的人的消费行为的影响，分为积极示范作用和消极示范效应，消极的行为产生消极示范效应。在国际经济社会中，可以延伸为一个经济体的经济行为会潜移默化地影响到其他经济体，尤其是存在相似特征或密切联系的经济体，这些经济体受到示范作用后更容易产生一定程度的效仿行为。

国际分工的深化与经济全球化使各国的联系更加紧密，任何一个国家采取的政策都会影响其他国家的政策行为，特别是大国。美国作为世界超级大国，其实施的保护主义政策具有极大的示范作用，其他国家可能会趁机“搭便车”，制定类似的政策（张艳等，2013）。国际金融危机后各国纷纷跟随美国实施贸易保护主义政策明显验证了这一点。如

2011 年美国对我国光伏发动“双反”调查后，德国、西班牙、意大利等国随后也开启了对华光伏的“双反”调查。美国为维持其技术优势地位而对华实施技术封锁，欧盟、澳大利亚、加拿大等经济体受到美国的消极示范作用后，可能也会效仿美国实施技术保护，制定一系列外商投资安全审查等政策。这些效仿美国的经济体存在较高的商品技术水平，或与美国有密切的高技术交流关系，是技术劣势方寻求技术获取的主要目的地，它们受美国影响很可能为维护本国技术优势而采取类似的技术封锁措施。同时，由于政治关系是大国博弈中的重要因素，密切的政治联系也可能会促使东道国实施相似的保护主义政策，以显示本国的政治站位和维护与美国的关系。因此，美国的消极示范效应促使投资者预期东道国将出台技术保护政策，投资风险和投资成本可能大大提升，因而投资者更会转持谨慎态度，选择延迟并购或放弃并购。

基于此，马述忠等（2025）提出了假说 1。

假说 1：美国技术封锁会产生消极示范作用，减少中国对第三方国家的技术型跨境并购。

在消费者理论中，替代效应是指价格变动使消费者沿着无差异曲线改变消费簇的消费变动。同理，贸易和投资之间也存在替代关系，两国之间的贸易障碍会导致两国间的资本流动增加，资本流动存在障碍则会促进贸易发生（Mundell，1957）。然而，当贸易和资本流动均存在障碍时，贸易和资本流动的成本均提高，此时替代效应便会扩大到对贸易伙伴的选择上，即企业将寻找贸易或资本障碍较小的第三方伙伴进行合作。除需具备贸易或资本障碍较小的条件以外，第三方伙伴还需与原经济伙伴有相似的经济特征，可以取代原经济伙伴在合作中的位置，或已经与本国存在密切的经济联系，这可以大大降低两国之间开展新合作的信息成本和谈判成本。根据交易成本理论，投资壁垒会显著增加母国企业进入东道国的成本（杨栋旭和于津平，2022）。美国技术封锁的出台意味着中国技术型并购投资者进入美国的障碍和成本大大提高，美国贸易壁垒和投资壁垒并存迫使中国投资者只能寻求第三方经济体进行技术合作，这些经济体具有高可替代性，即与美国存在更相似的技术经济结构、较高的技术水平才能满足技术型并购的技术获取动机，且进入该市场的交易成本要低，这便需要东道国与中国经济联系更密切、相互依赖性更高，对其展开并购才具有可行性和经济性，中国投资者才会增加对这些国家的技术型并购。

基于此，马述忠等（2025）提出了假说 2。

假说 2：美国技术封锁会产生替代效应，增加中国对第三方国家的技术型跨境并购。

在机制检验方面，马述忠等（2025）从消极示范效应和替代效应两方面展开分析，其中消极示范效应主要作用于与美国贸易技术结构相似、政治联系密切的东道国，替代效应主要作用于与美国贸易技术结构相似、与中国高技术联系密切的东道国。因此，马述忠等（2025）采用东道国贸易结构相似性、双边政治关系和双边投入产出关系来衡量示范效应和替代效应。由于贸易结构相似性对示范效应和替代效应均有一定的代表性，其通过示范效应减少中国技术型跨境并购，通过替代效应增加跨境并购。因而，贸易结构与 DID 交互项回归系数的符号由替代效应和示范效应共同决定。若回归系数结果为正，则说明贸易结构相似性带来的替代效应大于示范效应；若为负，则示范效应大于替代效应。

表 5-7 报告了机制分析的回归结果。表 5-7 第（1）列的结果显示，高技术产品占东道国贸易额比例越高，中国越倾向于向该经济体进行技术型并购。这符合技术型并购的动机，也表明贸易结构相似性带来的替代效应超出了示范效应，意味着美国技术封锁会推动中国企业更多地在全球寻找技术水平较高的可替代市场进行技术并购，从而获取所需的技术。马述忠等（2025）进一步将贸易结构分为出口结构和进口结构，已得到更为细致的结论。第（2）列的结果证明，美国技术封锁带来的替代效应超出示范效应，中国更倾向于向更高可替代性的第三方经济体实施并购，它们在一定程度上可以替代美国成为中国技术型并购的备择选项，而第（3）列对进口结构的交互回归结果则不显著，说明东道国的进口结构并未显著影响中国的技术型跨境并购，主要由于进口结构仅代表第三方经济体的市场需求状况，与技术型并购获取技术的动机关系微弱，因而不会对中国技术型跨境并购产生显著影响。第（4）列和第（5）列汇报了东道国与美国的政治联系和经济联系，估计结果表明，美国与东道国的政治联系和经济联系对美国技术封锁增加中国技术型跨境并购的影响并不显著，说明美国技术封锁带来的示范作用减少中国对第三方国家技术型跨境并购的作用并不显著。第（6）列显示，东道国和中国双边高技术投入与 DID 的交互项系数显著为正，说明在美国的技术封锁下，中国倾向于对可替代性更强的东道国进行技术型并购，这也证明了假说 2 成立。

表 5-7　机制分析结果

	(1) 贸易结构	(2) 出口结构	(3) 进口结构	(4) 双边政治倾向距离	(5) 与美国双边高技术投入	(6) 与中国双边高技术投入
DID	−0.293*	−0.218***	0.414	0.081	−0.131	−0.251**
	(0.159)	(0.083)	(0.267)	(0.059)	(0.107)	(0.125)
DID×trdStructure	0.515**					
	(0.247)					
DID×exStructure		0.399***				
		(0.129)				
DID×imStructure			−0.575			
			(0.411)			
DID×Idealdiff				−0.037		
				(0.052)		
DID×HtechInputUSA					0.010	
					(0.007)	
DID×HtechInputCHN						0.017**
						(0.008)
控制变量	是	是	是	是	是	是
时间固定效应	是	是	是	是	是	是

续表

	(1) 贸易结构	(2) 出口结构	(3) 进口结构	(4) 双边政治倾向距离	(5) 与美国双边高技术投入	(6) 与中国双边高技术投入
国家-行业固定效应	是	是	是	是	是	是
国家-时间固定效应	是	是	是	是	是	是
聚类	国家×行业	国家×行业	国家×行业	国家×行业	国家×行业	国家×行业
观测值	11 219	11 219	11 219	11 219	11 219	11 219
R^2	0.275	0.275	0.275	0.275	0.275	0.275

注：trdStructure 表示东道国的高技术进出口额占该国总体进出口额的比重，代表东道国的高技术水平，exStructure 表示出口结构相似性，imStructure 表示进口结构相似性，Idealdiff 代表双边政治倾向距离，HtechInputUSA 代表东道国与美国的双边高技术投入，HtechInputCHN 代表东道国与中国的双边高技术投入。***、** 和 * 分别表示在 1%、5%和 10%的显著性水平上统计显著，括号内为聚类稳健标准误。

资料来源：改编自马述忠，吴鹏，房超．国际海底光缆、双边信息流与中国跨国并购［J］．世界经济，2024，47（4）：3－30。

第四节　数字化平台赋能企业国际化的路径

一、理论命题的提出

随着信息技术革命的发展，信息技术改变了全球价值链的成本，对于全球价值链的地理分布来说，ICT 鸿沟的影响体现在全球价值链的分布之中，在原有的全球价值链的格局之上叠加了 ICT 价值的分布。全球价值链中新增的数字价值拥有很高的专业技术含量，甚至有专业化、集中化的趋势。因此，电子商务在国际商务活动中扮演的角色越来越重要，Coviello et al.(2017) 基于数字情境，再次讨论了乌普萨拉模型对于当今社会的应用性质，认为新的数字化国际商务模式对乌普萨拉模型应用带来了新的挑战和机遇。跨境电商作为一种新的国际贸易模式，其出现使得企业在时间和空间上大大缩短了不同国家产品与市场的距离，能够更为便捷地与世界各国的商业伙伴建立商业联系，从而更加快速、广泛地进入东道国市场（Deng et al.，2017）。基于互联网平台对全球价值链活动的实时跨层次管控能力，从全球价值链的主体维度来看，借助数字信息技术与互联网平台能够实现更大范围的规模经济，与地理布局调整相联系的是全球价值链组织和主体的相应调整。对于企业来说，不论规模大小、成立时间长短，都可以通过互联网平台融入全球价值链的复杂开放生态系统。

一方面，基于社会网络，在企业借助跨境电商平台构建数字贸易生态圈的过程中，相对于传统的人力、技术等有形资本，社会关系网络这一无形资本对于互联网新技术的影响作用更加显著。随着企业国际化进程的深入，通过社会网络获得必要的国际化经验和知识，能够帮助企业获得新的组织学习优势，积累市场知识和渠道并减少国际化的风险，获取东道国市场资源并保持了企业在经营过程中的竞争优势（Harris & Weeler，2005；Gabrielsson et al.，2014）。另一方面，基于制度角度，企业利用跨境电商平台与传统的线下国际交易过程，在交易模式、路径、成本等方面存在较大差异。跨境电子商务虽然可以降低与物理距离相关的交易成本，但也会提高与语言、文化和制度等方面差异相关的其他贸易成本和感知风险，以及电子商务基础设施，如支付和配送包裹系统，同时也会带来额外的信息成本（Wang & Ahmed，2009；Gomez-Herrera et al.，2014）。在资源约束的条件下，在利用电子商务平台的国际扩张进程中，由于所面临的各个国家差异化的制度和文化条件，当企业线上经营所带来的信息化成本已经覆盖潜在收益时，企业甚至会退出线上经营渠道（Van Akkeren & Cavaye，2000）。

显然，企业国际化速度决定了企业在国际化环境中获取、分配、利用资源的能力，以及国际化过程的可持续性（Chetty et al.，2014）。而社会网络则为企业的国际化提供了分享复杂知识、调配同质资源、生成新资源和能力的源泉（Dagnino et al.，2016）。同时，迅捷的数字信息、优质的营销资源以及丰富的国际经营经验都是影响国际化速度的重要因素。然而，在国际化过程中，信息化的成本和收益需要与旧有的替代性手段进行比较，方可更好地确定信息化的步骤和程度（Liesch & Gary，1999）。基于制度环境的差异，企业是否采纳信息化及电子商务模式、在哪些国家采纳信息化及电子商务模式仍需进一步讨论，并且采纳信息化及电子商务模式的时机也存在巨大的差别（Liesch & Gary，1999）。因此，基于电子商务情境，解析企业国际化过程中面对不同的制度环境，“社会网络”这一无形资源的影响，有助于揭示企业在全球价值链的复杂开放生态系统下，海外市场进入中的新技术手段利用策略。

基于此，严子淳等（2021）提出了“数字化平台赋能企业国际化的路径”这一理论命题。

理论命题 5 - 3

企业在国际化扩张过程中线上、线下国际化速度差导致跨境电商平台的退出。企业线下社会网络多样性和线下社会网络规模能够缓解线上、线下国际化速度差对跨境电商平台退出的影响。东道国制度距离能够缓解企业线上、线下国际化速度差对跨境电商平台退出的影响。向低制度国家扩张时，企业线下社会网络多样性缓解作用的影响大于向高制度国家扩张时的影响。向低制度国家扩张时，企业线下社会网络规模缓解作用的影响大于向高制度国家扩张时的影响。

资料来源：严子淳，王伟楠，李欣，等．企业国际化扩张中的跨境电商平台利用：基于社会网络的研究 [J]. 南开管理评论，2021，24（6）：140－150.

目前企业的国际扩张过程中，对于跨境电商平台的利用效果的研究尚处于起步阶段，尚未有利用企业社会关系网络数据和线上、线下的国际化速度差进行企业利用跨境电商发展模式选择（跨境电商平台退出）的有力的学术研究，更缺乏区分不同经济、社会制度环境的有针对性的比较研究。基于此，严子淳等（2021）通过入户调研模式，收集了2016—2019 年 4 年间北京、上海、苏州、杭州、天津五个城市 456 个国际电子商务经销商总计 2 049 个观测值的销售数据和社会网络数据等客观数据，分析了企业国际扩张过程中线上和线下的国际扩张速度差对于跨境电商平台利用的影响，结合社会网络理论在分析线下社会关系网络的调节作用的基础上，进一步对不同制度环境的东道国加以区分讨论，解释了上述实践现象和回归结果的理论动因，最终提出了相关政策和管理学建议。

二、理论命题的具体内容

在信息科技不断延伸的背景下，知识共享、资源配置、组织经验等因素，对于企业国际化过程中的扩张能力和速度都产生着一定的影响（Qian et al.，2010）。线上经营可不受地理距离和心理距离的限制，非界限性优势明显，线下经营在扩张速度方面显然不及线上经营（Luo et al.，2005），然而线下经营则更能够与相关主体建立高效的连接（Freeman，2004）。一方面，企业在线下渠道循序渐进的经营方式让企业在每次决策中都充分考虑各方因素，并预留出发现、纠正错误的空间，多付出的时间能够为自身赢得收集、消化、适应不平衡市场环境的时间。另一方面，不同国别之间的监管、规范和文化认知间的差异，导致制度环境存在显著差异（Yang et al.，2012），尤其是在开放程度较低的市场，由于市场的不确定性，获取政府政策的支持至关重要（Rahaman，2016），而此类关系的建立无法依靠线上模式完成，经营者只能选择通过面对面拜访的商业活动形式，通过线下经营与目标市场政府建立稳固的联系，帮助企业及时借助诸如银行、政府等外部资源解决产生的问题。

尽管现有研究普遍认为，较早进入电子商务市场的企业与其他企业相比能够获得更高的业绩。然而较高的线上经营运维成本、复杂的信息科技技术成本等因素提高了企业适应线上经营的难度（Wang & Ahmed，2009；Van Akkeren & Cavaye，2000）。线上快速进入国际市场的行为并不能保证与目标市场建立稳定的连接，从而增加了市场不对称性造成的风险。为了规避风险、提升绩效，企业需要花费较多时间和精力通过线下接触的方式缩小经营活动涉及的范围，与目标市场少数且重要的市场主体（如关键客户、重要合作伙伴）建立稳固连接。尽管线下的国际化速度不及线上（Luo et al.，2005），但进入线下经营的企业可以为自身营造合理的市场适应缓冲区，这就会导致线下积累的商业资源无法匹配过快的线上扩张速度，造成经验和具体实践之间的脱节，反而削弱了企业通过跨境电商深入进行国际业务扩张的能力。因此，企业线上、线下国际化速度差产生的原因及其背后所隐含的商业经验差异，对其线上经营和电商平台的利用产生了重要的影响（杜江和严子淳，2020）。

基于此，严子淳等（2021）提出了假说 1。

假说 1： 企业的线上、线下国际化速度差导致跨境电商平台的退出。

对于线上经营的企业来说，其线下的社会网络仍是获得合法性的重要来源，社会网络的结构化特征保持了企业在经营过程中的竞争优势（Harris & Weeler，2005），帮助企业快速融入线上市场，节约时间和成本，为企业把握稍纵即逝的市场机遇提供了先决条件。企业的线下社会网络往往通过采用强关系的正式连接的途径来构建，通过与相关主体的高强度、高频次的交流、分享、维护行为完成。通过社会关系网络各个主体“枢纽”的紧密连接，企业在网络嵌入过程中接收了各方信息（Freeman，2004），快速了解、适应国际市场，提升在国际市场竞争中的能力（Gabrielsson et al.，2014），帮助企业降低交易成本和风险。

在进入不同制度环境的远距离特征市场时，企业社会网络会面对不同的市场环境和市场主体，在不同时间内扩张或收缩，形成相比原先完全不同的网络形态，从而导致截然不同的经营绩效（Burt，2009）。而在线上与线下两种国际化模式间，社会网络的构建与拓展的非均质性必然使企业产生线上线下国际化速度差。如果企业在一方市场渠道中付出了较多的运维成本，进而使线上、线下两方市场渠道不平衡，就会造成强烈的时间压缩成本，限制另一方市场渠道中社会网络的拓展（Dagnino et al.，2016）。因此，有必要从社会网络的视角，考虑企业的线上和线下国际化速度差对于企业选择利用跨境电商平台的影响。

现实中，利用跨境电商进行国际扩张的企业规模一般有限，多为中小型企业。相对于大企业而言，中小型企业的国际化更加依赖于其社会关系网络，并且企业内部关系网络与企业家个人关系网络难以区分，甚至企业家个人网络和企业组织网络几乎趋同。而网络中的个体社会资本一是来源于网络中每个成员以自己的权力所占有的资源的多少，二是能够有效地运用关系网络规模的大小（Bourdieu & Pierre，1986）。由于国际化的社会网络结构对国际化速度具有显著影响，因此，从社会网络的多样性与社会网络规模两个维度能够清晰刻画出企业国际扩张中线下社会网络的形态。

社会网络的多样性代表了主体之间的差异性，这体现为主体所处的行业、人口特征、文化归属等的不同，为企业提供了异质性资源渠道，降低了企业风险和资源获取成本（Freeman，2004）。企业需要多样化的连接主体来为生产、销售、管理伙伴关系等环节服务。例如，客户主体可为企业提供产品或服务等使用体验信息，帮助企业把握市场需求；政府主体可发布政策法规，提示企业潜在市场的经营风险，帮助企业减少市场不确定性；合作伙伴主体则可促进资源整合，提升企业资源使用率和利润率。企业在线下经营中社会网络多样性的缺乏会导致连接主体单一化，虽然连接数量充足，但关系主体所提供的信息资源具有同质性，对企业的经营不能提供全面的帮助。由于具有更为多样和广阔的社会网络关系能够弥补对于东道国市场的商业条件的信息缺失，所以企业线上、线下的国际化速度差所带来的经验及信息短板能够通过多样化的社会网络得到弥补。并且企业还能够借助社会网络建设线上销售所难以建立的关系网络，以及物流、品控和客户服务体系，帮助企业规避线下经验不足所带来的经营风险。

基于此，严子淳等（2021）提出了假说2。

假说2： 企业线下社会网络多样性能够缓解线上、线下国际化速度差对跨境电商平台退出的影响。

社会网络规模决定了资源的多样性程度，社会网络的规模扩大意味着有更多的信息流流经企业所在的网络位置，企业将会获取大量信息（马光荣和杨恩艳，2011）。在此过程中，企业可以提升自身学习能力，并将多方向市场主体纳入信息决策系统，通过增强自身反应力和知识学习共享能力减少对当地知识性资源的依赖，以此摆脱传统第三方市场中介，减少经营环节，提升市场进入速度。并且更大规模的社会网络能够为企业的资金融通、商业机会拓展、信息技术利用等提供相应的支持。企业在国际化过程中，社会关系数量越多，越有利于企业吸收外部市场信息，优化运营模式，积累实践经验，弥补高水平初始速度带来的高级运营模式经验匮乏的问题，推动企业的风险承担水平，加大海外市场资源承诺水平，促进深度进入后的国际化速度。并且，社会网络规模的扩大还与互联网信息传播速度快、用户基数大的特点相协同，企业线下积累的社会网络还会随着企业线上经营过程中线上辐射度的增强扩展至市场的各个角落，进一步加强了企业线上经营过程中获取关键市场、政策、消费者信息的有效途径（Baum et al.，2000）。

基于此，严子淳等（2021）提出了假说3。

假说3： 企业线下社会网络规模能够缓解线上、线下国际化速度差对跨境电商平台退出的影响。

在国际商业活动中，企业面临着东道国复杂且多变的制度环境，当东道国与母国制度距离较大时，制度和市场一致性差异也较大，当地国家市场缺乏合法性或市场经验，从而难以适应（熊名宁等，2020）。企业在东道国建立的社会关系有利于获取本土化的知识与能力，促进商业伙伴关系和价值链活动（Rosca et al.，2019）。对于企业的国际化能力而言，在向不同制度环境国家扩张的过程中，经验学习作用于企业的效果也不同，对企业国际化模式选择方面产生的影响也存在较大差异。当企业面对巨大的制度差异时，相对于依托市场中介缓慢地传递片面的信息，充分、快速把握各类信息才能真正做到快速市场进入，从而把握先动优势。与传统线下经营方式相比，线上经营更多地依靠同步反应系统（Luo et al.，2005），为企业提供了快速缩短地理距离和心理距离的渠道，并为企业的快速反应系统的建立奠定了基础。通过与客户、政府和其他市场主体快速交流的方式在短时间内促进信息交换，构建东道国制度环境的内部秩序和外部网络，扩展资源和能力，开发不同于本国的社会网络连接。

在面对制度差异较大的远距离特征市场时，有效的信息交流机制使进入线上经营的企业不必拥有强有力的本土支持基础或像线下企业一样遵循增量和序贯经营方法。通过迅速的线上扩张可以使企业依托自身学习能力，帮助企业快速积累市场知识、经营经验和信息洞察力（Qian et al.，2010），构建企业快速学习和反应机制，将多方向市场主体纳入信息决策系统。企业通过增强自身反应力和知识学习共享能力，能够减少对当地知识性资源的依赖，以此摆脱在接下来的市场扩张、新市场进入和本土管理等方面对于第三方中介经验借鉴的依赖，从而缓解了早期进入和退出跨境电商平台之间的关系，抵消了先前经验的影响（Oviatt & McDougall，1999；Gabrielsson et al.，2014）。

基于此，严子淳等（2021）提出了假说4。

假说4： 东道国制度距离能够缓解企业线上、线下国际化速度差对跨境电商平台退出的影响。

Deng et al.（2017）首次指出了企业国际化速度的矢量化特征，认为不同国家的不同国际化速度必然深刻影响企业的国际化模式和绩效。对于企业的国际化速度而言，由于高制度国家的制度同质性强于低制度国家，国际扩张过程的经验学习作用在高制度环境国家与低制度环境国家的效果也不同，在对国际贸易的影响和模式选择方面必然也会产生不同的效果。因此，在向高于或低于本国制度环境的不同国家扩张的过程中，社会网络的作用大小和作用机制存在着较大差异，企业利用社会网络在不同制度国家的商业活动中的效果也必然有较大区别。

当企业进入开放程度较高的市场时，由于良好的制度环境和市场化条件，东道国市场建设完善，正式制度的作用远远大于非正式制度和人际关系的作用（Hernández & Nieto，2015；Lin & Lee，2005）。因此进入门槛较低，竞争关系公平，快速灵活地应对市场变化至关重要。而企业进入开放程度低的市场中，企业与政治主体建立了更多连接，获取政府政策的支持尤为重要（Rahaman，2016），于是企业在线下渠道付出了更多的高昂关系维护成本，进而限制了在另一方市场上的扩张（Elfring & Hulsink，2007）。而社会网络是点、线与网络结构的总和，在自发性网络出现时，环境变化所引发的主体反应让相似的主体聚集到一起（Gulati et al.，2012），形成了小世界网络，并拥有高度到达性和本地集聚性的网络结构。当企业向低制度国家扩张时，企业在线下经营中社会网络多样性的缺乏会导致连接主体单一化，同质性的信息资源不能对企业在东道国的经营提供全面的帮助，更需要多样化的连接主体来为生产、销售、管理伙伴关系等环节服务。

基于此，严子淳等（2021）提出了假说 5a。

假说 5a： 向低制度国家扩张时，企业线下社会网络多样性缓解作用的影响大于向高制度国家扩张时的影响。

与传统线下经营方式相比，线上经营更多地依靠同步反应系统（Luo et al.，2005），即通过与客户、政府和其他市场主体快速交流的方式在短时间内促进信息交换。线上经营通常能够依靠互联网信息传播速度快、用户基数大的特点，企业的社会网络规模能够随着线上辐射度的增强扩展至市场的各个角落，帮助企业取得关键市场、政策、消费者信息。而信息传递的效率决定了企业进入市场速度的快慢。在市场环境较为开放的国家，贸易壁垒对企业造成的阻碍相对较少，各类市场主体信息相互流动，减少了信息不对称性，为企业的快速反应系统的建立奠定了基础。在开放程度较低的市场内，较快的扩张速度会引起强烈的时间压缩不经济性（Deng et al.，2017），扩张速度的提升则意味着企业自身从壁垒冲击中调整恢复的时间变少以及成本增加。受到市场不平衡的影响，企业自身拥有的经验资源也无法确保其在当地的竞争优势。企业容易遵循惯性，从而极有可能出现资源配置失误，地理距离对企业经营绩效影响较大（O'grady & Lane，1996）。此时，企业需要调整认知和结构才能适应目标市场环境，这就意味着企业需要更多的与东道国政治主体的连接（Rahaman，2016）。显然在这一过程中，建立更大规模的线下社会网络是十分必要的。

基于此，严子淳等（2021）提出了假说 5b。

假说 5b： 向低制度国家扩张时，企业线下社会网络规模缓解作用的影响大于向高制度国家扩张时的影响。

为了验证相关假说，严子淳等（2021）利用入户调研模式，收集了北京、上海、苏州、杭州、天津五个中国一线城市电子商务企业的客观数据。首先，通过各省市网信和电子商务管理部门，收集了上述五个城市工业产品电子商务销售企业名单，共计收集了 1 279 家电子商务销售企业。为了防止数据收集偏差，上述企业需要满足以下条件：第一，需要同时是生产企业和国际贸易销售企业而非单纯的外贸中间商；第二，需要在观测期内同时具有线上和线下销售经验；第三，需要上述企业在线上和线下都具有国际贸易销售经验；第四，在观测期内上述企业持续营业。接下来，利用入户走访和电话调研方式对上述国际电商销售企业 2016—2019 年 4 年间的销售数据和社会网络数据等客观数据进行了收集。其中仅有 456 个国际电子商务销售企业返回了有效数据，并形成了 4 期 2 049 个观测值的国际电子商务销售企业的数据库。相关变量定义如下：

（1）因变量。在国际贸易和电子商务市场研究中，利用比例风险模型研究市场退出的影响因素已经成为实证研究中较为主流的因变量选择，企业在国际贸易和电子商务市场上的退出行为（市场生存）往往代表着企业的整体业绩水平，企业的市场退出无疑是企业整体业绩较差的表现（Deng et al.，2014；Wang et al.，2013）。为衡量企业线上、线下国际化速度差对于企业国际电子商务利用的影响，选取电子商务销售企业在国际化过程中是否退出跨境电商平台作为因变量。因此，严子淳等（2021）对国际贸易销售者进行调研，以其退出所有电子商务市场作为衡量因变量的方法，如果当年之后企业退出了电子商务市场，则设定电子商务退出虚拟（Exit）变量为 1，否则为 0（Wang et al.，2013）。

（2）解释变量。对国际化速度的度量借鉴了 Deng et al.（2017）的研究，其研究界定了制度扩张速度的矢量化定义：将国际市场扩张分为向开放市场（向上）扩张和向不开放市场（向下）扩张两种。利用已有各企业跨国销售额和企业在该国进行对外贸易的时间构筑销售国际扩张速度变量如下：

$$\text{Speed}_{it}=\sum\frac{S_{ikt}}{t_{0it}-t_{ikt}+1} \tag{5-3}$$

式中，S_{ikt} 表示第 i 个企业在第 k 个国家第 t 期的销售额占总销售额的比例，t_{0it} 为第 i 个企业自第 t 期起计算的跨国贸易时间，t_{ikt} 为第 i 个企业自第 t 期起计算的在第 k 个国家进行贸易的时间，为了避免取得空值，在分母中加 1。Speed_{iton} 为线上国际化速度，Speed_{itoff} 为线下国际化速度，因此，线上、线下国际化速度差为：

$$\text{Gap}_{it}=\text{Speed}_{iton}-\text{Speed}_{itoff} \tag{5-4}$$

（3）调节变量。考虑到在国际扩张过程中，企业在其东道国或潜在东道国所具有的本地化社会关系能够帮助企业建立更为多样和广阔的市场渠道，规避经验不足所带来的经营风险，因此，在验证企业线下社会网络多样性时，将企业高管社会网络的地域多样性作为度量企业线下社会网络多样性的指标。利用 Baer（2010）的研究，通过调研统计了企业负责人或高管（法人代表、总经理、销售主管和财务主管）当年主要境外联络人（通讯录中最频繁通讯前 20 人）所在的城市。以 p_{it} 表示某一境外国家联络人在全部境外联络人中的占比。利用以下公式计算企业线下社会网络多样性：

$$\text{Netdiversity}_{it}=1-\sum p_{it}^{2} \tag{5-5}$$

社会网络规模则根据 Baer（2010）的研究，利用企业负责人或高管（法人代表、总经理、销售主管和财务主管）通讯录国际联系人（居住在国外）数量作为社会网络规模变量（Netsize）。

最后，严子淳等（2021）从全球治理指数（WGI）中选取了与电商平台关联度最高的六个治理维度并取平均值，然后以各国的出口份额作为权重来加权计算制度距离（Distance）。

（4）控制变量。为了提高模型的稳健性，消除模型数据偏差，严子淳等（2021）引入了相关控制变量。为了控制线上国际扩张速度对线上、线下国际化速度差的影响，根据公式（5－4），以当年企业线上国际化速度作为控制变量（Speedonline）。利用企业在线销售的年数作为线上销售时间变量（Age）。利用当年企业线上评价好评率作为控制变量（Rate），控制线上声誉对销售业绩的影响。根据当年销售者财务数据，利用线上销售平均利润率作为控制变量（Profitrate），并利用当年企业所有商品的平均销售价格对数值作为控制变量（Price）。利用当年企业销售者中正式员工的数量作为企业规模的控制变量（Size）。利用当年企业在线上、线下销售的产品种类数量作为产品多样性控制变量（Diversity）。利用当年企业线上、线下经营所涉及的境外国家数量作为国别多样性的控制变量（Counumber）。利用当年企业线上销售占整体销售额比例作为线上经营占比的控制变量（Salerate）。

为了检验相关假说，严子淳等（2021）首先利用比例风险回归模型（Cox 模型），以跨境电商退出虚拟变量（Exit）作为因变量，对相关解释变量对跨境电商退出的影响进行回归分析。

首先，检验主效应，即假说 1，相关回归结果输出见表 5－8。根据表 5－8 的回归结果，线上、线下国际扩张速度差（Gap）对企业退出跨境电商平台具有显著的正向影响，过大的国际化速度差会导致企业线下经验无法匹配速度过快的线上国际扩张，导致电商平台的退出。假说 1 被回归结果验证。

表 5－8　跨境电商平台退出（Cox 模型，全样本）

	(1)	(2)	(3)	(4)	(5)	
Speedonline	1.678***	−0.455***	−0.512***	−0.408***	−0.351***	−0.217***
	(0.344)	(0.444)	(0.441)	(0.441)	(0.443)	(0.443)
H1：Gap		5.168***	6.696***	8.523	10.579***	17.374***
		(0.620)	(0.796)	(1.101)	(2.568)	(2.977)
H2：Gap×Netdiversity			−6.943***			−7.534***
			(2.064)			(2.080)
H3：Gap×Netsize				−0.167***		−0.177***
				(0.043)		(0.044)
H4：Gap×Distance					−0.908***	−1.184***
					(0.412)	(0.431)
控制变量	是	是	是	是	是	是
地区虚拟变量	是	是	是	是	是	是
loglikelihood	−4 110.097	−4 067.094	−4 061.741	−4 060.424	−4 064.501	−4 051.080
LR chi^2	373.48	459.49	470.20	472.83	464.68	491.52
观测值	2 049	2 049	2 049	2 049	2 049	2 049

注：在 Cox 回归模型中，被解释变量为跨境电商平台退出，*** 表示在 1%的显著性水平上统计显著，括号内为 z 统计量。

资料来源：改编自严子淳，王伟楠，李欣，等．企业国际化扩张中的跨境电商平台利用：基于社会网络的研究[J]．南开管理评论，2021，24（6）：140－150。

根据表 5－8 的回归结果，国际扩张速度差（Gap）与线下社会网络多样性（Netdiversity）及线下社会网络规模（Netsize）的交互项都呈现显著负向的回归系数，证明线下社会网络的多样性与线下社会的规模能够缓解线上、线下国际化速度差带来的跨境电商平台退出作用，假说 2 和假说 3 继续得到验证。进一步，国际扩张速度差（Gap）与制度距离（Distance）交互项的回归系数也显著为负，证明东道国制度距离能够缓解国际化扩张过程中，线上、线下国际化速度差对跨境电商平台退出的影响，假说 4 得到验证。

严子淳等（2021）继续利用比例风险回归模型对假说 5a 和假说 5b 进行回归验证，首先以线上线下的国际化速度差（Gap）分别与社会网络多样性（Netdiversity）及社会网络规模（Netsize）组成交互项，分析线下社会网络多样性及线下社会网络规模对线上、线下国际化速度差的调节作用，得到与上述假说 2、假说 3 相同的检验结果。进一步再利用制度距离（Distance）分组和 Z 值检验分析不同制度环境下东道国扩张的企业线下社会网络多样性（Gap×Netdiversity）及线下社会网络规模（Gap×Netsize）的调节作用。由表 5-9 中的相关回归结果可知，尽管两组样本中交互项的相关系数均为负，但向低制度东道国扩张的分组样本的负向相关系数比向高制度东道国扩张的分组样本更加显著。因此分组结果表明：向低制度国家扩张时，企业线下社会网络多样性以及线下社会网络规模缓解作用的影响大于向高制度国家扩张时的影响，并且通过了 Z 值检验，因此假说 5a、假说 5b 通过检验。

表 5-9 国际市场退出（Cox 模型，子样本）

	(1)	(2)	(3)	(4)	(5)	(6)
Speedonline	−0.355	−3.415***	−0.343	−3.362***	−0.142	−3.346***
	(0.486)	(0.798)	(0.486)	(0.794)	(0.486)	(0.799)
H1：Gap	6.030***	10.534***	6.324***	12.406***	15.267***	15.027***
	(0.865)	(1.590)	(1.236)	(2.018)	(3.257)	(3.709)
H2：Gap×Netdiversity	−0.466	−8.237**			−1.347	−7.985*
	(2.378)	(4.063)			(2.381)	(4.167)
H5a：Z (Netdiversity)	1.851*		1.685*			
H3：Gap×Netsize			−0.021	−0.175**	−0.030	−0.173**
			(0.054)	(0.072)	(0.055)	(0.074)
H5b：Z (Netsize)		1.711*	1.695*			
H4：Gap×Distance					−1.430***	−0.253
					(0.469)	(0.698)
控制变量	是	是	是	是	是	是
地区虚拟变量	是	是	是	是	是	是
loglikelihood	−3 346.129	−1 084.409	−3 346.074	−1 083.760	−3 340.942	−1 081.892
LR chi^2	346.87	310.99	346.98	312.29	357.24	316.03
观测值	1 710	929	1 710	929	1 710	929

注：在 Cox 回归模型中，被解释变量为国际市场退出，***、** 和 * 分别表示在 1%、5%和 10%的显著性水平上统计显著，括号内为 z 统计量。

资料来源：改编自严子淳，王伟楠，李欣，等．企业国际化扩张中的跨境电商平台利用：基于社会网络的研究[J]．南开管理评论，2021，24（6）：140-150。

第五节 中国证据

理论命题 5－1 指出：海底光缆投入使用会显著促进中国与东道国的双边信息流。AAE－1 海底光缆在技术上的先进性和东道国对 AAE－1 海底光缆的依赖可以很好地论证这一理论命题。对于需要面向全球提供产品和服务的企业来说，跨地域网络的质量和安全性是普遍存在的需求。AAE－1 海底光缆是中国积极参与国际海底光缆建设的标志性项目，由中国联通于 2012 年发起并主导建设，集合了 19 个不同国家和地区的运营商，在 2017 年正式投入使用。AAE－1 海底光缆全长 25 000 公里，横跨欧亚大陆，部署了全球最先进的 100Gbps 传输技术，最低设计容量为 40Tbps，是世界上最长、最复杂、时延最低的大型国际海缆系统之一。AAE－1 海底光缆支持所有形式的通信和应用，包括宽带互联网、视频、语音和数据，成为满足沿线国家和地区日益增长的带宽需求的主要路线。沿线国家和地区间经济交流和增长也不断提升了 AAE－1 海底光缆作为国际关键数字基础设施的地位。据报道，2021 年 9 月，AAE－1 海底光缆出现故障，越南与国际互联网的联系被堵塞。据报道，AAE－1 海底光缆出现故障影响到越南与新加坡的互联网联系，特别是在高峰时期，用户在登录 Facebook、Youtube、Zoom 和 TikTok 等国际网站和应用时出现了网络连接速度缓慢或时断时续。

理论命题 5－2 指出：美国对华技术封锁显著地增加了中国对第三方经济体的技术型跨境并购。中国企业对外直接投资的数据可以很好地论证这一理论命题。根据《2021 年度中国对外直接投资统计公报》，在美国实施技术封锁后，中国对美国的跨境并购数量呈现下降趋势，但是对其他国家的跨境并购数量在增加。数据表明，2018 年中国跨境并购涉及信息软件服务业的项目仅 38 起，较 2016 年减少 65.1%。对美国并购金额为 29 亿美元，较 2016 年减少 91.7%；并购数量为 80 起，减幅为 52.1%，2018 年后继续减少至 2021 年的 54 起。与对美国并购不同的是，中国对其他国家的并购数量在 2017 年后转为增势，到 2021 年时达到 451 起。中国对美国的跨境并购数量和对其他国家的跨境并购呈现出相反的走势，这与马述忠等（2025）所提出的美国技术封锁增加了中国向第三方经济体的技术型跨境并购的命题是一致的。

理论命题 5－3 指出：企业的线上、线下国际化速度差导致了跨境电商平台的退出，而企业线下社会网络多样性和社会网络规模能够缓解线上、线下地区扩张速度差对跨境电商平台退出的影响。与企业向高制度国家扩张相比，当企业向低制度国家扩张时，线下社会网络多样性和社会网络规模的缓解作用更大。东道国制度距离能够缓解国际化扩张过程中线上、线下地区扩张速度差对跨境电商平台退出的影响。严子淳等（2021）通过入户调研模式收集到的 2016—2019 年 4 年间北京、上海、苏州、杭州、天津五个城市 456 个国际电子商务经销商总计 2 049 个观测值的销售数据和社会网络数据等客观数据可以进行相关印证。根据回归结果，线上、线下国际扩张速度差（Gap）对企业退出跨境电商平台具有显著的正向影响，过大的国际化速度差会导致企业线下经验无法匹配速度过快的线上国际扩张，导致了跨境电商平台的退出。国际扩张速度差（Gap）与线下社会网络多样性（Netdiversity）及线下社会网络规模（Netsize）的交互项都呈现显著负向的回归系数，证明线下社会网络的多样性与线下社会的规模能够缓解线上、线下国际化速度差带来的跨境电商平台退出作用。国际扩张速度差（Gap）与制度距离（Distance）交互项的回归系数也显著为负，证明东道国制度距离能够缓解国际化扩张过程中线上、线下国际化速度差对跨境电商平台退出的影响。向低制度东道国扩张的分组样本的负向相关系数比向高制度东道国扩张的分组样本更加显著。

第六节　结论性评述

本章通过对三个核心理论命题的分析，揭示了全球公司如何适应并引领数字化时代的全球经济趋势，全面审视了全球公司在数字贸易时代的战略布局与运营模式。理论命题 5－1 揭示了数字基础设施，特别是国际海底光缆，如何通过促进信息流动减少信息不对称，从而提高跨境并购的概率，为数字经济下的并购活动提供了新的理论视角。理论命题 5－2 探讨了投资壁垒，如美国对华技术封锁，如何激发中国企业向第三方经济体进行技术型跨境并购，展现了投资壁垒对全球公司战略选择的影响。最后，理论命题 5－3 则分析了企业在国际化过程中线上线下速度差异对跨境电商平台稳定性的影响，以及社会网络和东道国制度距离如何缓解这些影响，特别是在不同制度环境下企业如何调整其国际化策略。这三个命题不仅丰富了我们对全球公司在数字贸易时代行为模式的认识，也为全球公司如何在复杂多变的国际环境中制定有效的战略提供了理论支持和实践指导。

与理论命题 5－1 相关的国外前沿研究主要有以下两个方面：一方面是探讨如何减少信息不对称的影响，提高跨境并购成功的概率。例如，Siougle et al.（2014）的研究结果表明，电话会议不仅促进了并购相关信息的传递，使信息流向市场的速度更加顺畅，而且减少了并购事件发生前的知情交易。另一方面是研究数字基础设施的经济影响。首先，不同学者对数字基础设施的衡量标准有所不同，主要基于特定的产业政策，例如 3G 或 4G 基站数量（Guriev et al.，2021）和海底电缆与光缆系统（Eichengreen et al.，2016）。其次，学者们考察数字基础设施产生经济影响的方面非常丰富，主要包括对经济增长（Röller & Waverman，2001）、创新创业（Schade & Schuhmacher，2022）、企业进入与退出（Orlandi et al.，2021）的影响等。借鉴国外前沿研究，未来该命题的相关研究可以进行如下拓展：一是丰富海底光缆影响的经济领域；二是与计算机科学领域理论相结合，探讨数字基础设施建设加速跨国公司向全球公司转变的理论。

与理论命题 5－2 相关的国外前沿研究主要集中于知识产权保护制度对跨境并购的影响，有限的文献对发达市场东道国知识产权保护制度对新兴市场企业收购的影响提出了两种不同的观点：促进因素（Alimov & Officer，2017；Hasan et al.，2017；Khoury & Peng，2011）和抑制因素（Yoo & Reimann，2017；Estrin et al.，2018；Papageorgiadis et al.，2019）。持积极态度的观点主要基于制度一致性和清晰性有利于外企成功解读相关政策等原因。而基于新兴市场企业的研究中更多的是负面观点，认为由于新兴市场国家企业在知识产权保护程度较大的东道国中获取知识资产的渠道有限，加上新兴市场国家企业的能力有限且快速获取技术资产的意愿强烈，因此企业更愿意投资于知识产权保护实力相对较弱的东道国，以轻松获取本地知识，而不是投资于知识产权保护实力强大的经济体（Papageorgiadis et al.，2019；Yoo & Reimann，2017）。不过，目前大多数研究都只是在关注外国投资的总体流量或存量，并没有特别区分绿地投资和并购；并且对不同的投资并购动机的识别不够，比如技术寻求型、市场寻求型、资源寻求型或劳动力寻求型等。结合国外前沿研究，未来该命题的相关研究可以进行如下拓展：一是量化对比评估投资壁垒对不同行业类型的跨境并购的影响；二是区分发达国家市场和新兴市场国家市场的对外技术型并购所受投资壁垒/技术封锁的影响，以搭建普适性技术型跨境并购理论框架。

与理论命题 5－3 相关的国外前沿研究主要有以下三个方面：一是全球价值链（GVC）分析。伴随着经济一体化和互联网技术的迅猛发展，全球价值链的触角遍布全球并逐步细化，催生了跨境电商等新型贸易模式，推动了全球贸易新格局的变化（吕越等，2019），成为越来越多企业不可或缺的资源获取渠道和经营命脉（严子淳等，2021），全球价值链分析成为国际贸易领域的研究热点。二是企业全球化。1977 年由约翰森（Johanson）和瓦尔纳（Vahlne）首次提出的乌普萨拉模型，正是基于对企业在国际化过程中的国际区位选择过程和国际化进入模式问题的关注，认为企业国际化是一个缓慢和逐渐递增的过程，至此展开了对企业国际化速度的讨论。2009 年，约翰森和瓦尔纳为了应对天生国际化企业，将社会网络因素加入乌普萨拉模型，认为企业可以通过构建社会网络获得必要的国际化经验和知识，在这种条件下，乌普萨拉模型视角下的国际化进程不再必然是缓慢和逐渐递增的过程了。三是信息与通信技术（Information and Communications Technology，ICT）。随着信息技术革命的发展，信息技术改变了全球价值链的成本，对于全球价值链的地理分布来说，ICT 鸿沟的影响体现在全球价值链的分布之中，在原有的全球价值链的格局之上叠加了 ICT 价值的分布。电子商务在国际商务活动中扮演的角色越来越重要，Coviello et al.（2017）基于数字情境，再次讨论了乌普萨拉模型对于当今社会的应用性质，认为新的数字化国际商务模式对乌普萨拉模型的应用带来了新的挑战和机遇。跨境电商作为一种新的国际贸易模式，其出现使得企业在时间和空间上大大缩短了不同国家产品与市场的距离，能够更为便捷地与世界各国的商业伙伴建立商业联系，从而更加快速、广泛地进入东道国市场（Oxley & Yeung，2001；Deng & Wang，2016）。

参考文献

第六章

数　据

第一节　问题的提出

在数字经济时代，数据已成为与土地、劳动力、资本、技术并列的第五大生产要素，其经济价值日益凸显。数据的累积和分析为经济主体提供了前所未有的洞察力，使得资源配置更加高效、市场响应更加敏捷。作为一种非竞争性资源，数据能够在不消耗原始数据的情况下被多次使用和分析，其边际使用成本趋近于零，这为规模经济和范围经济的实现提供了新的可能性。经济学中，数据的这种非竞争性和非排他性特征，打破了传统生产函数的局限，使得数据驱动的创新成为推动全要素生产率增长的新引擎。数据的流通和共享能够促进知识溢出效应，加速技术扩散，提高社会整体的创新能力和竞争力。同时，数据的个性化和精准化应用，为消费者剩余的增加提供了新的途径，但也带来了市场势力的潜在集中和价格歧视的可能性。然而，数据的产权界定、隐私保护、跨境流动及其对市场竞争的影响等问题，也对经济政策和治理提出了新的挑战。如何在促进数据驱动的创新和经济增长的同时，确保数据安全、保护消费者权益和维护市场公平竞争，成为数字经济下经济学研究和政策制定的重要议题。

本章将集中探讨数据的三个核心问题，包括流量数据定价、数据交易与垄断以及数据跨境流动，这些问题对于理解数字经济时代数据要素的价值与意义至关重要。命题一：平台流量数据最优定价理论。这一命题分析了电子商务平台中流量数据定价的复杂性，指出平台企业如何根据是否垄断公域流量供给、商户能否从外部获取私域流量，以及商户间的流量需求竞争等因素来确定最优流量数据价格。命题二：企业数据交易与垄断策略理论。这一命题探讨了数据作为非竞争性生产要素的特性，以及企业在拥有消费者数据时出售数据给竞争对手的动机。命题三：跨境数据自由流动推动国际贸易发展理论。这一命题首次将数据自由流动纳入国际贸易理论，论证了数据流动如何通过减少地理和文化距离限制来促进全球货物贸易和服务贸易的发展，特别是在互联网接入水平高的地区。

通过对本章提出的三个理论命题的深入学习，读者不仅能够更深入地理解数据的核心价值和重要意义，而且能够洞察数据在数字经济中的多维作用和战略地位。本章的内容对于第十一章全要素生产率、第十三章数字贸易规则等章节的学习有一定的启发意义。

第二节 平台流量数据最优定价理论

一、理论命题的提出

数据要素的相关问题得到了学界和业界的广泛关注，然而，已有的文章大多是论述性和总结性的，重点在于阐明数据要素的特征以及数据作为生产要素的必要性，鲜有文章讨论如何根据不同的数据类型和使用场景对具体的数据进行定价。早期代表性文献是 Vives（1984），考察了在当厂商拥有市场需求函数的私人信息时，是否与对手分享信息的问题。Gal-Or et al.（2008）构建了一个包括一个制造商和两个零售商的市场，发现当传递信息有成本时，制造商只会与私人信息较少的零售商分享数据。但现有文献鲜有考察平台企业和商户之间的流量数据分享问题，尽管这一问题在现实中成为重要的经济实践。

基于此，王勇等（2022）提出了“平台流量数据最优定价理论”这一理论命题。

理论命题 6－1

平台企业对于流量数据的最优定价受到公域流量是否垄断供给、商务是否可以从外部平台获取私域流量以及商户之间的流量需求竞争等因素的影响。

资料来源：王勇，刘乐易，迟熙，等．流量博弈与流量数据的最优定价：基于电子商务平台的视角［J］．管理世界，2022，38（8）：116－131．

该理论命题结合数据要素的使用场景，考察了电子商务平台企业的公域流量数据这一特定数据的定价与配置问题，完善了企业间数据分享问题的研究。一方面提出了流量数据的可竞争性特征，拓展了对一般数据要素非竞争性特征的研究（Jones & Tonetti，2020）；另一方面构建了一个包括消费者、商户以及平台企业在内的完美信息动态博弈模型，融入了注意力经济学、广告经济学的关键要素（Simon & Newell，1971；Goldhaber，1997），为研究流量数据的派生性需求定价进行了框架性探索。

二、理论命题的具体内容

王勇等（2022）构建了一个包括消费者、商户以及平台企业在内的完美信息动态博弈模型，融入了注意力经济学、广告经济学的关键要素，为研究流量数据的派生性需求定价进行了框架性探索。主要包括以下假设：

1．流量数据的作用机制

对流量数据的需求属于派生需求，其底层的基础需求是消费者对商品的消费需要。

因此，需纳入基础商品的供给和需求的特点来考察对流量数据的需求。广告的本质是将企业置于消费者搜寻路径上的显著位置，促使消费者首先到访这家企业，并进一步转换为销量。王勇等（2022）认为，流量数据的作用机制与广告类似，且由于算法的支持会更加精准，因而假设流量数据可以通过转化率 t 直接影响商品销售。商品需求为 $P_g(Q_g)=a-bQ_g$，商品销量为 $Q_g(F)=Q_0+tF$。将商品供需代入平台内商户利润最大化决策：$\pi_i=P_g(Q_g)Q_g(F)-C_gQ_g(F)-P_FF$。得到商户对流量数据的需求：$F=\frac{(a-C_g-2bQ_0)t-P_F}{2bt^2}$。

2. 流量的场域性与流量博弈

平台企业负责吸引客流，招募商户入驻，提供结算、物流以及售后服务等，积累用户规模，形成平台的公域流量。向入驻平台的商户转售公域流量是平台企业主要的盈利手段，定价方式有进行 CPC（按点击计费）、CPM（按千次曝光计费）、CPT（按投放时间计费）等。

商户的私域流量由两部分组成：一是从平台内部公域流量获得的分发流量，二是从平台外部其他网站或平台引流。在第一种获取流量的方式中，平台商户依靠从平台内部购买来获取私域流量，进而提高商品销量。然而，随着平台商户数量的增加，流量价格也会上升，商户会转而向外部获取流量。

当入驻商户建立起私域流量池之后，平台企业的公域流量与私域流量在平台企业与入驻商户之间形成了双向流动与转化。在电商行业发展初期，商户的私域流量往往依靠向平台企业购买公域流量来获取，流量从平台企业流动至商户，即公域流量单向地转化为私域流量。随着商户获取流量的渠道更加多元化，商户建立起私域流量池，此时当商户入驻某个平台企业时，也会为该平台增加公域流量，即公域流量与私域流量在平台企业与入驻商户之间形成了双向流动与转化。

平台企业和入驻商户之间形成了流量博弈，产生了流量数据的价格，形成了流量资源的配置。

3. 市场结构对流量博弈的影响

平台商户为积累各自的私域流量展开竞争，有可能推高公域流量数据的价格。允许商户从平台外部购买私域流量既有正面效应，也有负面效应。正面效应：如果商户可以从多渠道获取流量，那么当其入驻平台企业时，就可以为平台企业带来私域流量向公域流量的转化，这也可以扩大平台企业的公域流量规模。负面效应：当平台企业的流量定价提高时，商户可以转而寻求其他获取流量的渠道，从而影响平台企业进行流量定价的核心地位。

4. 流量数据的社会最优配置

本小节考察一个良善的社会计划者选择配置给在平台上代表性商户的流量数据的社会最优水平。假设某一代表性商户销售一种商品 g，该商品的需求函数为 $P_g=a-bQ_g$，其中 a，$b>0$；商品的成本函数为 $C(Q_g)=C_gQ_g$，其中 $C_g>0$。商户所卖商品的需求必须由流量转化而来。王勇等（2022）将该商户可获得的流量记为 Q，将获取这些流量所付出的成本记为 $C(Q)=CQ$，其中 $C>0$；将商户所获流量转化为商品需求的转化率记为

$t>0$，因此，$Q_g=tQ$。

计划者的目标函数为商品的销售收益减去销售商品与获取流量所需付出的成本，即：

$$SW=P_gQ_g-C_gQ_g-CQ \tag{6-1}$$

将 $P_g=a-bQ_g$ 以及 $Q_g=tQ$ 代入上式，并对 Q 取导数，便可得到流量数据的社会最优配置水平：

$$Q^{FB}=\frac{(a-C_g)t-C}{2bt^2} \tag{6-2}$$

根据式（6-2），王勇等（2022）发现，流量数据的社会最优配置取决于商品需求的基本状况（如代表市场规模的截距参数 a 和影响需求价格弹性的参数 b）、商品的供给状况（如商品的平均生产成本），以及流量数据的获取成本与转化率。具体来说，社会最优的流量和商品需求规模成正比；与商品需求价格弹性系数成反比；与商品生产的成本成反比；和流量转化率则是非线性关系，在相关参数满足一定条件时成正比，反之则是反比关系。

5. 垄断情形下的公域流量定价

首先，假定博弈参与者只有平台企业和商户，在博弈的第一阶段，平台企业为流量制定价格，在博弈的第二阶段，入驻商户观察到流量价格后决定购买多少流量。记平台企业的公域流量为流量 F。为了获取利润，平台需要向入驻商户转售该流量，决策变量为其公域流量价格 P_F。平台企业获取公域流量也需要一定的成本，记成本函数为 $C(Q_F)=C_FQ_F$，其中 $C_F>0$。为简单起见，假定入驻平台的商户只销售一种商品 g，该商品的需求函数为 $P_g=a-bQ_g$，其中 a，$b>0$；商品的成本函数为 $C(Q_g)=C_gQ_g$，其中 $C_g>0$。为了增加销量，商户需要从平台企业购买流量数据，设流量的销量转化率为 $t_F>0$，则 $Q_g=t_FQ_F$。

根据逆向逻辑，王勇等（2022）先考察商户的流量购买决策。设其利润函数为 W_2：

$$W_2=P_gQ_g-C_gQ_g-P_FQ_F \tag{6-3}$$

式（6-3）表明，商户的利润是由销售收入减去销售成本和流量成本的净剩余。把 $Q_g=t_FQ_F$ 以及 $P_g=a-bQ_g$ 代入上式，根据利润最大化的一阶条件，可以得到：

$$Q_F=\frac{(a-C_g)t_F-P_F}{2bt_F{}^2} \tag{6-4}$$

假定平台企业的利润函数为：

$$W_1=P_FQ_F-C_FQ_F \tag{6-5}$$

参照现实中平台企业的实际做法，王勇等（2022）假定平台企业获取利润最大化的手段是制定流量数据的价格。故通过对上式求有关 P_F 的偏导，可以得到：

$$P_F=\frac{(a-C_g)t_F+C_F}{2} \tag{6-6}$$

将其代入式（6－4），可以得到：

$$Q_F=\frac{(a-C_g)t_F-C_F}{4bt_F{}^2} \tag{6-7}$$

为了使 $Q_F=\dfrac{(a-C_g)t_F-C_F}{4bt_F{}^2}$ 的均衡解有意义，需要满足 $(a-C_g)t_F-C_F>0$。由于 t_F 和 C_F 均大于 0，所以该条件可以进一步调整为：$a>C_g+\dfrac{C_F}{t_F}$。其含义是：商品的需求截距要足够大，才可以覆盖商品的单位生产成本和单位流量转化成本之和。

这一结果可以同社会最优加以比较，假定两种情况下的流量的销量转化率相等，即 $t_F=t$，且流量获取成本也相当，即 $C_F=C$，可以发现：

$$Q_F=\frac{1}{2}Q^{FB} \tag{6-8}$$

式（6－8）表明，在垄断条件下，因为存在垄断企业和商户的"双重加成定价"，即平台针对流量进行一次垄断的加成定价，之后商户针对商品需求，进而间接针对流量（因为商品需求是流量的线性函数）再次进行垄断加成定价，因此垄断条件下的均衡流量低于社会最优水平。

根据式（6－6）和式（6－7）可以看出，平台企业的流量定价决策和商户的流量购买决策主要取决于商户销售商品的需求函数、商品的成本、流量的销量转化率以及平台获取流量的成本。

从比较静态分析来看，首先，$\dfrac{\partial P_F}{\partial a}=\dfrac{t_F}{2}>0$，即随着 a 增大，P_F 增大。a 越大，意味着该种商品的市场需求规模越大，商户可以销售越多商品，也就对流量具有越多需求，平台倾向于对该商品提高流量价格。在现实中，也可以看到平台企业往往对服装、食品等需求规模较大的商品收取比较高的流量价格。

其次，$\dfrac{\partial P_F}{\partial C_g}=-\dfrac{t_F}{2}<0$，这表明随着商品的成本 C_g 上升，P_F 下降。商户的销量与对流量的需求量直接相关，当商品成本上升时，商户的销量下降，对流量的需求量下降，进而使得平台企业对流量的最优定价下降。

再次，$\dfrac{\partial P_F}{\partial t_F}=\dfrac{a-C_g}{2}>0$。从 $a>C_g+\dfrac{C_F}{t_F}$ 可以得到 $a-C_g>0$，故而 $\dfrac{\partial P_F}{\partial t_F}>0$，即平台对公域流量的最优定价会随着销量转化率 t_F 的上升而上升。直观上来说，随着电商流量的销量转化率的提高，商户会对电商流量更加依赖，从而愿意接受较高的流量价格。

最后，$\dfrac{\partial P_F}{\partial C_F}=\dfrac{1}{2}>0$，当平台获取流量的成本上升时，为了抵消这部分成本对利润的负面影响，平台会提高流量价格。

基于此，王勇等（2022）得到了结论 1。

结论 1：当平台企业处于垄断地位时，其提供的公域流量规模低于社会最优水平；

其对公域流量的最优定价与商品绝对需求规模、流量的销量转化率、流量获取成本成正比，与商品单位生产成本成反比。

上述结论表明，流量数据作为派生性生产要素，其需求方面的主要因素是基础商品的需求条件、供给条件以及流量的销量转化率，流量数据的最优价格会随着需求方面条件的改善而提高；在流量数据的供给方面，平台企业在自身获取流量数据的成本较高时，也会提高流量的定价水平。

6. 供给竞争对流量定价的影响

接下来，王勇等（2022）考察了流量供给渠道多元化、存在流量供给竞争的情形。随着互联网信息技术的飞快发展，除了平台企业具有流量集聚和配置的功能外，如短视频平台、社交平台、游戏娱乐平台也都具有流量分发的功能。此时商户不仅可以从平台企业获取流量，还可以从平台企业外的其他渠道获取流量。假设商户以 P_f 的价格从平台企业外部获取 Q_f 的流量，流量的销量转化率为 $t_f(t_f>0)$。此时 $Q_g=t_FQ_F+t_fQ_f$。当商户自带私域流量入驻平台企业时，商户的私域流量有可能转化为平台企业的公域流量，下面分为两种情形探讨引入外部平台对平台企业与入驻商户决策的影响。

情形 1：假设商户从平台企业外部获取的私域流量不能转化为平台企业的公域流量。

商户的利润函数为：

$$W_2=P_gQ_g-C_gQ_g-P_FQ_F-P_fQ_f \tag{6-9}$$

式中，$Q_g=t_FQ_F+t_fQ_f(t_F>0,t_f>0)$，$P_g=a-bQ_g(a,b>0)$。

根据利润最大化一阶条件，可以得到：

$$Q_F=\frac{(a-C_g)t_F-P_F}{2bt_F^{\ 2}}-\frac{t_f}{t_F}Q_f \tag{6-10}$$

平台的利润函数为：

$$W_1=P_FQ_F-C_FQ_F \tag{6-11}$$

式中，$Q_F=\dfrac{(a-C_g)t_F-P_F}{2bt_F^{\ 2}}-\dfrac{t_f}{t_F}Q_f$。

根据利润最大化一阶条件，可以得到：

$$P_F=\frac{(a-C_g)t_F+C_F}{2}-bt_Ft_fQ_f \tag{6-12}$$

将其代入 $Q_F=\dfrac{(a-C_g)t_F-P_F}{2bt_F^{\ 2}}-\dfrac{t_f}{t_F}Q_f$，可以得到：

$$Q_F=\frac{(a-C_g)t_F-C_F}{4bt_F^{\ 2}}-\frac{t_f}{2t_F}Q_f \tag{6-13}$$

从上述均衡解可见，当商户可以从外部获取私域流量且无法转换为平台企业的公域流量时，和平台企业处于流量垄断地位时相比，平台企业对流量的最优定价有所下降，而且其最优的公域流量规模也有所缩小，从而得到结论 2。

结论 2： 当存在流量供给竞争时，平台公域流量的最优定价和最优规模都会下降，其中，最优定价与外部流量的规模和转化率都成反比，最优规模与外部流量规模成反比，与外部流量转化率则是非线性关系。

上述结论表明，首先，消费者对商品的价格越敏感，商户愿意接受的流量价格就越低，由此限制了平台企业对流量数据的定价水平。其次，外部流量的转化率和外部流量的规模的提高也会限制平台企业对公域流量的定价水平。结合现实，也可以看到，当抖音、快手等短视频平台也可以引流时，多数商户会选择从电商平台之外的多个渠道获取流量，进而限制平台企业的流量定价能力。

情形 2：假设商户从平台企业外部获取的私域流量能够以转化率 t（$0<t\leqslant 1$）转化为平台企业的公域流量，平台企业获取这部分流量的成本为 C_f。

商户的利润函数为：

$$W_2=P_gQ_g-C_gQ_g-P_FQ_F-P_fQ_f \tag{6-14}$$

式中，$Q_g=t_FQ_F+t_fQ_f\,(t_F>0,\ t_f>0)$，$P_g=a-bQ_g\,(a,b>0)$。

根据利润最大化一阶条件，可以得到：

$$Q_F=\frac{(a-C_g)t_F-P_F}{2bt_F^{\ 2}}-\frac{t_f}{t_F}Q_f \tag{6-15}$$

平台的利润函数为：

$$W_1=P_F(Q_F+tQ_f)-C_FQ_F-C_fQ_f \tag{6-16}$$

式中，$Q_F=\dfrac{(a-C_g)t_F-P_F}{2bt_F^{\ 2}}-\dfrac{t_f}{t_F}Q_f$。

根据利润最大化一阶条件，可以得到：

$$P_F=\frac{(a-C_g)t_F+C_F}{2}-bt_FQ_f(t_f-tt_F) \tag{6-17}$$

将其代入 $Q_F=\dfrac{(a-C_g)t_F-P_F}{2bt_F^{\ 2}}-\dfrac{t_f}{t_F}Q_f$，可以得到：

$$Q_F=\frac{(a-C_g)t_F-C_F}{4bt_F^{\ 2}}-\frac{t_f+tt_F}{2t_F}Q_f \tag{6-18}$$

从上述均衡解可见，当商户可以从外部获取私域流量且可以部分转换为平台企业的公域流量时，平台企业对流量的最优定价决策取决于流量转化为销量的销量转化率以及外部流量与电商流量之间的转化率的相对大小，从而得到结论 3。

结论 3： 当外部流量可以部分转化为公域流量时，若外部流量的销量转化率高于平台间流量转化率与公域流量的销量转化率的乘积，平台企业对公域流量的最优定价就会下降；否则会上升。最优公域流量规模也和外部流量规模以及转化率成反比。

这是一个比较有意思的结论。该结论表明，当商户获得的外部流量可以部分转化为平台企业的公域流量时，这一部分流量又会进一步促进对商户销量的贡献。如果该贡献高于外部流量对于商户的直接贡献（用外部流量的销量转化率来衡量），就会提高平台企业的定价能力；反之亦然。这说明，平台企业对商户从外部引流的政策不应该“一刀切”，需要综合考察外部流量对平台企业的影响。在现实生活中可以看到，对于电子商务平台来说，商户从搜索引擎和社交平台获得的外部流量由于销量转化率较低，反倒会提高平台企业对公域流量的定价能力；但商户从抖音、快手等短视频平台获取的直播流量由于销量转化率较高，则会削弱平台企业对公域流量的定价能力。所以，淘宝等电商平台往往采用“二选一”的政策，限制商户从抖音、快手等短视频平台引流，但几乎不限制商户从百度等搜索引擎引流。

7. 需求竞争对流量数据定价的影响

接下来考虑平台企业上入驻两个商户的情况。与基础模型类似，平台企业和商户进行一个两阶段的完全信息动态博弈。在博弈的第一阶段，平台企业为流量制定价格；在博弈的第二阶段，两个入驻商户在观察到流量价格后同时决定购买多少流量。由于在现实中，平台企业上的商户之间通常使用购买更好的网站展示位置、站内搜索排序以及参加平台组织的各种促销活动等方式来获取更多的用户流量数据，因此，在博弈的第二阶段，王勇等（2022）使用古诺竞争博弈来描述两个商户之间的流量竞争。与前文的设定类似，平台根据面临的市场需求函数 $P_F(Q_F)$ 以及获取流量的成本 $C(Q_F)$ 来决定以何种价格 P_F 向商户配置流量，其中成本函数为 $C(Q_F)=C_FQ_F(C_F>0)$。入驻平台的商户 i 都只销售一种商品 g，该商品的需求函数为 $P_g=a-bQ_g(a,b>0)$。商户 i 的成本函数为 $C(Q_{gi})=C_{gi}Q_{gi}(C_{gi}>0)$，为简单起见，假设 $C_{g1}=C_{g2}=C_g$，且与基础模型的假设一致，$a-C_g>0$。商户 i 向平台购买的流量数量为 Q_{Fi}，流量的销量转化率为 t_{Fi}，$i=1,2$。不失一般性，假定 $t_{F1}>t_{F2}$。进一步假定 $Q_F=Q_{F1}+Q_{F2}$，$Q_g=Q_{g1}+Q_{g2}$。

以商户 1 为例，其需要决定购买多少流量，设其利润为 W_{21}：

$$W_{21}=P_gQ_{g1}-C_gQ_{g1}-P_FQ_{F1} \tag{6-19}$$

式中，$Q_{g1}=t_{F1}Q_{F1}(t_{F1}>0)$，$P_g=a-bQ_g(a,b>0)$。

根据利润最大化一阶条件，可以得到：

$$Q_{F1}=\frac{(a-C_g)t_{F1}-bt_{F1}t_{F2}Q_{F2}-P_F}{2bt_{F1}^2} \tag{6-20}$$

同理，对商户 2，其利润函数为：

$$W_{21}=P_gQ_{g1}-C_gQ_{g1}-P_FQ_{F1} \tag{6-21}$$

根据利润最大化一阶条件，可以得到：

$$Q_{F2}=\frac{(a-C_g)t_{F2}-bt_{F1}t_{F2}Q_{F1}-P_F}{2bt_{F2}^2} \tag{6-22}$$

联立可得：

$$Q_{F1}=\frac{t_{F1}t_{F2}(a-C_g)+(t_{F1}-2t_{F2})P_F}{3bt_{F1}^2t_{F2}} \tag{6-23}$$

$$Q_{F2}=\frac{t_{F1}t_{F2}(a-C_g)+(t_{F2}-2t_{F1})P_F}{3bt_{F1}t_{F2}^2} \tag{6-24}$$

对于平台企业来说，需要决定流量的价格，设其利润为 W_1：

$$W_1=P_FQ_F-C_FQ_F \tag{6-25}$$

式中，$Q_F=Q_{F1}+Q_{F2}$。

根据利润最大化一阶条件，可以得到：

$$P_F=\frac{C_F}{2}+\frac{t_{F1}t_{F2}(t_{F1}+t_{F2})(a-C_g)}{4(t_{F1}^2-t_{F1}t_{F2}+t_{F2}^2)} \tag{6-26}$$

与前文一致，当假定两商户的流量转化率对称，即 $t_{F1}=t_{F2}=t$，且流量获取成本也与社会最优情况相当，即 $C_F=C$ 时，此结果也可以同社会最优水平进行比较。此时，可以看出：

$$Q_{F1}=Q_{F2}=\frac{1}{3}Q^{FB} \tag{6-27}$$

$$Q_F=Q_{F1}+Q_{F2}=\frac{2}{3}Q^{FB} \tag{6-28}$$

式（6-28）表明，在需求竞争的条件下，为了获得更多的竞争优势，商户倾向于提高向平台购买的流量水平，因此，此时的均衡流量水平高于商户垄断条件下的均衡流量水平；同时，此时平台企业的垄断地位依然存在，因此，此时的均衡流量依然低于社会最优水平。

从式（6-26）可以看出，与基础模型类似，平台企业的流量定价决策和商户的流量购买决策主要取决于商户销售商品的需求函数、商品的成本、流量的销量转化率以及平台获取流量的成本。下面对上述均衡解进行比较静态分析。

首先，$\frac{\partial P_F}{\partial a}=\frac{t_{F1}t_{F2}(t_{F1}+t_{F2})}{4(t_{F1}^2-t_{F1}t_{F2}+t_{F2}^2)}>0$，即随着 a 的增大，P_F 也增大；$\frac{\partial P_F}{\partial C_g}=-\frac{t_{F1}t_{F2}\ (t_{F1}+t_{F2})}{4\ (t_{F1}^2-t_{F1}t_{F2}+t_{F2}^2)}<0$，即当商户的销售成本上升时，商户对流量的需求量下降，平台倾向于降低流量价格；$\frac{\partial P_F}{\partial C_F}=\frac{1}{2}>0$，即当平台获取流量的成本上升时，则会提高流量价格。以上结果和基础模型类似。

其次，$\frac{\partial P_F}{\partial t_{F1}}=-\frac{t_{F2}^2(a-C_g)}{4(t_{F1}^2-t_{F1}t_{F2}+t_{F2}^2)}(2t_{F1}^2-2t_{F1}t_{F2}-t_{F2}^2)$，当 $1<\frac{t_{F1}}{t_{F2}}<\frac{1+\sqrt{3}}{2}$ 时，$\frac{\partial P_F}{\partial t_{F1}}>0$；当 $\frac{t_{F1}}{t_{F2}}>\frac{1+\sqrt{3}}{2}$ 时，$\frac{\partial P_F}{\partial t_{F1}}<0$。这表明当两个商户之间的销量转化率差别比较小时，平台企业对流量的最优定价随着高转化率商户的销量转化率提高而提升；而当两个商户之间的销量转化率差别较大时，平台对流量的定价随着高转化率商户的销量转化率提高而降低。

根据以上讨论，可以得到结论 4。

结论 4：当存在商户流量需求竞争时，最优定价受不同商户流量的转化率大小影响：当两类商户的流量转化率相差不大时，即当 $1<\frac{t_{F1}}{t_{F2}}<\frac{1+\sqrt{3}}{2}$ 时，流量的最优定价随着高转化率商户的销量转化率提高而提升；而当两类不同商户的流量转化率差异较大时，即当 $\frac{t_{F1}}{t_{F2}}>\frac{1+\sqrt{3}}{2}$ 时，流量的最优定价随着高转化率商户的销量转化率的提高而降低。

这一结论表明，当商户之间存在流量需求竞争时，平台企业对流量的最优定价会参照不同商户的销量转化率，特别是当商户的销量转化率差别不大时，商户对流量竞争就会更加激烈，导致平台企业可以提高流量价格；而当商户之间的销量转化率差距比较大时，高转化率商户的销量转化率进一步提高，反倒会抑制平台企业的定价能力。

在平台企业现实的定价实践中，可以看出，对于很多没有自身品牌号召力、同质化程度较高的产品，其销量转化率差别不大，平台企业往往收取较高的流量价格；而对于一些品牌企业，其销量转化率往往高于同类产品，平台反倒会降低流量价格。

第三节　企业数据交易与垄断策略理论

一、理论命题的提出

与传统生产资料不同，数据作为互联网时代涌现的新型生产要素，具有非竞争性的特点（Jones & Tonetti，2020；Cong et al.，2021），意味着从效率上要求全社会所有需要这个数据的人都能够使用它。因此，非竞争性在效率上的引申含义是数据应该充分地流通和共享。已有文献在不同市场结构下就数据交易共享问题展开了研究（Taylor，2003；Liu & Serfes，2006；De Nijs，2017）。

基于此，程华等（2023）提出了“企业数据交易与垄断策略理论”这一理论命题。

理论命题 6-2

拥有消费者数据的厂商总有激励出售消费者数据给其竞争对手，拥有信息的厂商竞争优势越弱，就会出售越多的消费者数据给其竞争对手，出售消费者数据会提高总生产者剩余和社会总福利，但会降低消费者福利。

资料来源：程华，武玙璠，李三希．数据交易与数据垄断：基于个性化定价视角［J］．世界经济，2023，46（3）：154-178.

该理论命题重点剖析讨论企业数据交易与垄断的策略。一方面，关于数据交易，以往大部分文献都讨论数据的无偿分享，而程华等（2023）着重讨论数据的有偿共享，即允许数据交易。另一方面，关于数据垄断，现有观点普遍认为，数据所有者有动机也有能力选择数据垄断，利用数据优势滥用市场地位（Jones & Tonetti，2020），而程华等（2023）发现，在允许数据交易且完全由数据所有者拥有全部定价权时，厂商出于最大化总生产者剩余的考虑，总会选择将数据出售给其竞争对手，在充分利用数据的同时也提高了社会总福利。

二、理论命题的具体内容

假设在一个垂直差异化的双寡头垄断市场上有两家厂商，分别销售不同质量的产品，根据销售的产品质量，其中厂商 L 销售低质量产品，厂商 H 销售高质量产品。产品质量和生产该产品所需的成本均外生给定且不变，分别记为 q_L、q_H，c_L、c_H，且 $q_L<q_H$，$c_L<c_H$。

在消费者方面，用 u_0 表示消费者购买一单位商品获得的效用，θ 表示消费者对产品质量的支付意愿，程华等（2023）假设消费者均匀分布在 $[0,1]$ 区间上，则消费者购买一单位厂商 i 生产的商品后效用为 $u(q_i,p_i,\theta)=u_0+\theta q_i-p_i$。程华等（2023）假设消费者 u_0 足够大，因此消费者总会选择在一家厂商处购买产品，即市场被两家厂商完全覆盖。

对于支付意愿为 θ 的消费者，其在厂商 i 处购买一单位产品产生的社会净剩余等于购买产品得到的效用减去产品的生产成本，即 $u_0+\theta q_i-c_i$。从社会最优分配的角度来看，位于 $\hat{\theta}^*=\Delta c/\Delta q$ 处的消费者购买两种产品是无差异的。其中 $\Delta c=c_H-c_L$，$\Delta q=q_H-q_L$。对质量的支付意愿小于 $\hat{\theta}^*$ 的消费者会选择购买低质量产品，另一部分消费者会选择购买高质量的产品。为保证总有消费者在社会最优分配时购买高质量产品，程华等（2023）假设 $\Delta c/\Delta q<1$。其中，提高产品质量所需的平均成本 $\Delta c/\Delta q$ 可以衡量两家厂商的竞争优势。例如较低的 $\Delta c/\Delta q$ 意味着提高产品质量所需要的成本相对较低，所以高质量厂商能够以略高的成本生产更高质量的产品，因此高质量厂商更具有竞争优势，且在社会最优分配时有更多消费者购买高质量产品；相反，$\Delta c/\Delta q$ 越高，意味着低质量的厂商越具有竞争优势。

为研究厂商的数据销售策略，程华等（2023）假设在初始情况下，有且仅有一家厂商拥有全部的消费者数据，该厂商（厂商 i）可以选择是否将数据出售给其竞争对手（厂商 j）。程华等（2023）假设厂商会出售消费者的完全信息，即消费者的真实类型 θ，而不是分享一些模糊信息给其竞争对手，这主要是出于以下三个方面的考虑：一是从大数据角度看，厂商可以通过消费者的购买或搜索行为等历史数据推断出所有消费者对产品质量的支付意愿，因此厂商能够拥有消费者的精确信息而非模糊信息；二是从数字技术角度看，现实中只分享模糊信息存在一定的困难，如需要拆分数据或进行模糊化处理来防止数据购买方反推或加工出精确数据；三是从文章建模角度看，分享模糊信息比只考虑分享精确信息更复杂，分享如消费者类别、标签等模糊信息更加类似于三级价格歧视，而出售完全信息的假设使得可以用一级价格歧视来刻画大数据时代厂商的价格竞争行为。此外，数据既可以是厂商在前期通过大量销售积累起来的，也可以是其通过向数据销售商购买的。程华等（2023）重点不是讨论厂商 i 如何获得数据，而是假设厂商 i 已经拥有数据后，是否会以出售数据（消费者偏好信息）的方式放弃数据垄断，与竞争对手“有偿分享”数据。

在这一设定下，拥有消费者偏好信息的厂商 i 能够根据其竞争厂商 j 的定价进行价格歧视，通过吸引更多消费者和充分攫取消费者剩余的方式获取更高的利润，因此厂商 j 将有激励购买数据，但购买数据的费用 P 必须不超过获得数据使其增加的利润额。在完成数据出售后，两家厂商根据所拥有的消费者数据分别定价，消费者做出购买决策。初始阶段拥有数据的厂商 i 的总收益包括出售信息获得的收入 P 以及销售产品获得的利润 π_i，厂商 i 的目标是最大化总收益。

博弈时序如下：

第一阶段：厂商 i 提供一份数据出售合约（$[\underline{\theta},\overline{\theta}],P$）给其竞争对手（厂商 j），即以 P 的价格出售 $[\underline{\theta},\overline{\theta}]$ 部分的消费者数据给厂商 j。

第二阶段：厂商 j 决定接受或拒绝该合约。如果厂商 j 拒绝该合约，则该厂商无法获取任何有关消费者支付意愿的信息，只能提供统一定价；如果厂商 j 接受该合约，则可对获得信息的部分消费者差异化定价。

第三阶段：两家厂商制定定价策略。厂商对拥有信息的消费者可提供个性化定价，对所有其他“匿名”消费者则提供统一定价。没有消费者数据的厂商（厂商 j）首先设定一个统一的价格，在观察到厂商 j 的统一价格之后，厂商 i 根据厂商 j 的价格向每个消费者提供单独的价格。

情形 1：高质量厂商不向低质量厂商出售任何用户数据（或是低质量厂商拒绝合约）。

命题 1：假设高质量厂商选择不出售数据或低质量厂商拒绝购买数据，即发生了数据垄断，则均衡时，低质量厂商统一定价为 $p_L^{NHU}=(c_H+c_L)/2$，高质量厂商对消费者实行个性化定价 $p_H^n(\theta)=p_L^{NHU}+\theta\Delta q$。在 $\hat{\theta}^{NH}=\Delta c/2\Delta q$ 左侧的消费者会在低质量厂商处购买产品，其他消费者则会在高质量厂商处购买产品。

情形 2：高质量厂商出售 $[\underline{\theta},\overline{\theta}]$ 部分消费者数据，低质量厂商以 P 的价格购买。

命题 2：当 $\Delta c/\Delta q>2/3$ 时，高质量厂商的最优数据销售策略是以 $P=2\Delta c-\Delta q-3(\Delta c)^2/(4\Delta q)$的价格出售$[0,3\Delta c/\Delta q-2]$部分的消费者数据，此时低质量厂商的利润为 $\pi_L^{SH}=2\Delta c-\Delta q-(\Delta c)^2/(2\Delta q)$，高质量厂商的利润为 $\pi_H^{SH}=2(\Delta q-\Delta c)^2/(\Delta q)$。当 $\Delta c/\Delta q\leqslant 2/3$ 时，高质量厂商不会出售信息，各厂商的定价策略及利润与数据垄断时相同。

命题 3：高质量厂商的另一种最优数据销售策略是以 $P=[(\Delta c)2]/(4\Delta q)$的价格出售 $[0,\Delta c/\Delta q]$ 部分的消费者数据，此时，低质量厂商所获利润为 $\pi_L^{SH}=(\Delta c)^2/(2\Delta q)$，高质量厂商所获利润为 $\pi_H^{SH}=\Delta q/2-(\Delta c)^2/(2\Delta q)$。

命题 4：高质量厂商的最优数据销售策略是以 $P=\pi_L^{SH}-\pi_L^{NH}=(\Delta c)^2/(4\Delta q)$的价格向低质量厂商出售 $[0,\Delta c/\Delta q]$ 部分的消费者数据。

情形 3：低质量厂商不向高质量厂商出售任何用户数据（或是高质量厂商拒绝合约）。

命题 5：当低质量厂商不向高质量厂商出售任何用户数据或是高质量厂商拒绝该合约时，均衡结果为高质量厂商统一定价为 $p_H^{NLU}=(c_L+c_H+\Delta q)/2$，低质量厂商对所有消费者提供个性化定价 $p_L^n(\theta)=p_H^{NLU}-\theta\Delta q$，在 $\hat{\theta}^{NL}=(\Delta c+\Delta q)/(2\Delta q)$左侧的消费者从低质量厂商处购买产品，其他消费者购买高质量产品。

情形 4：低质量厂商出售 $[\underline{\theta},\overline{\theta}]$ 部分的消费者数据，高质量厂商以 P 的价格购买。

命题6：当$\Delta c/\Delta q<1/3$时，低质量厂商的最优数据销售策略是以$P=[(\Delta q-\Delta c)^2-(2\Delta c)^2]/(4\Delta q)$的价格出售$[3\Delta c/\Delta q,1]$部分的消费者数据。当$\Delta c/\Delta q\geqslant 1/3$时，低质量厂商不会出售任何信息，各厂商定价策略及利润与数据垄断时相同。

命题7：低质量厂商的另一种最优数据销售策略是销售$[\Delta c/\Delta q,1]$部分的消费者数据，此时，低质量厂商所获利润为$\pi_L^{SL}=\Delta c-(\Delta c)^2/(2\Delta q)$，高质量厂商所获利润为$\pi_H^{SL}=(\Delta c)^2/(2\Delta q)+\Delta q/2-\Delta c$。

命题8：低质量厂商的最优数据销售策略是以$P=\pi_H^{SL}-\pi_H^{NL}=\Delta q\left(\frac{\Delta c}{\Delta q}-1\right)^2/4$的价格出售$[\Delta c/\Delta q,1]$部分的消费者数据。

第四节 跨境数据自由流动推动国际贸易发展理论

一、理论命题的提出

随着数字经济的发展，数据正逐渐成为生产中的重要因素，在流转、共享、加工等过程中创造价值。对数据流的限制性规定可能会影响在线广告（Goldfarb & Tucker，2011）、网络流量（Goldberg et al.，2024）、技术创新（Jia et al.，2018）和国际贸易等各方面。从宏观层面看，严格的数据政策虽然一定程度上有助于保护国家安全和各类知识产权（Meltzer，2015），但是却不利于数据密集型服务的进口（van der Marel & Ferracane，2021）。从微观层面看，数据流动限制会对企业业绩产生负面影响，更严格的数据流动限制政策将会对下游企业的绩效产生显著的负向影响，而这种负面影响对于拥有强大技术网络的国家和服务型企业而言更为明显（Ferracane et al.，2020）。

基于此，Ma et al.（2024）提出了"跨境数据自由流动推动国际贸易发展理论"这一理论命题。

理论命题6-3

数据自由流动规则可以通过突破距离限制和互联网接入水平两个渠道促进全球货物贸易和服务贸易的发展，数据流动突破地理和文化距离限制会推动贸易出口，对于互联网接入水平高的地区而言，数据自由流动的出口促进效应更强。

资料来源：Ma S，Shen Y，Fang C. Can data flow provisions facilitate trade in goods and services?：Analysis based on the TAPED database [J]. The Journal of International Trade & Economic Development，2024（3）：343-368.

该理论命题首次将数据纳入国际贸易的决定因素，从正面论证了数据流动对于国际贸易的作用，丰富了国际贸易理论体系，完善了数字经济时代数据相关理论。一方面，西方理论对于数据流动的作用尚未有统一定论（Ichihashi，2020）。Ma et al.（2024）通过定量评估数据流的作用，为理解数据在整体经济活动中的作用，特别是数据自由流动对国际贸易的具体影响提供了新的理论参考，完善了数据流动与贸易的理论框架。另一方面，传统国际贸易理论中，贸易会受到诸如地理距离（Mundell，1957）、比较优势（Krugman，1980）和价格（Atkeson & Burstein，2008）等的影响。Ma et al.（2024）在此基础上，将数据要素纳入国际贸易的决定因素中，进一步验证了数据自由流动将会促进国际货物贸易与服务贸易的出口，拓展了国际贸易理论的边界。

二、理论命题的具体内容

传统国际贸易理论中，国际贸易的影响因素包含了地理距离（Mundell，1957）、比较优势（Krugman，1980）和价格（Atkeson & Burstein，2008）等。Ma et al.（2024）结合了数字经济时代贸易发展的新特征，将数据要素纳入国际贸易的决定因素中，从理论和实证两方面探究了数据自由流动条款签署对于国际贸易（包括货物贸易和服务贸易）的影响。该理论是对传统国际贸易理论的进一步拓展，也是对数字经济数据理论的进一步完善。

在理论分析方面，Ma et al.（2024）关注数据自由流动条款签署后，跨境数据自由流动对于贸易的影响与作用。随着数据自由流动的开展，企业可以更快捷、更方便地从更广泛的消费者群体中获取与需求相关的数据，这有助于跨国公司降低市场准入的固定成本（Freund & Weinhold，2004）、减弱地理隔离的影响（Meltzer，2015）等，从而促进国际贸易。此外，数字环境更好的国家将从数据流中获得更强烈的贸易效应。由于这些国家可以吸引更多数据密集型产业并促进数字产业的快速发展，因此数据的自由流动将对数字产业产生更显著的影响（van der Marel & Ferracane，2021）。然而，随着数据流限制的增加，产品推荐与用户偏好之间的匹配效率将降低（Ichihashi，2020），消费者的点击率和购买量也将下降（Sun et al.，2024），这不利于国际贸易的开展。对于企业而言，为了避免由于经营成本增加而导致的失业和市场退出（Christensen et al.，2013），其更愿意在目的地国家设立分支机构进行生产，而不是出口商品（Chen et al.，2021），从而导致跨境贸易的减少。

基于此，Ma et al.（2024）提出了假说 1。

假说 1： *签署关于数据自由流动的规定将影响跨境数据流动，最终促进国际贸易。*

在对理论分析的实证检验方面，Ma et al.（2024）通过构建多期 DID 模型，分别探讨了签署数据自由流动相关条款对国际货物贸易和服务贸易的影响，具体如下：

$$\ln\text{Goods}_{ijt}=\alpha+\beta_1\text{Datafree}_{ijt}+\beta_2 X_{ijt}+\eta_{it}+\eta_{jt}+\eta_{ij}+\varepsilon_{ijt} \tag{6-29}$$

$$\ln\text{Serv}_{ijt}=\alpha+\beta_1\text{Datafree}_{ijt}+\beta_2 X_{ijt}+\eta_{it}+\eta_{jt}+\eta_{ij}+\varepsilon_{ijt} \tag{6-30}$$

式中，Goods_{ijt} 表示 t 年国家 i 出口至国家 j 的货物贸易总值，Serv_{ijt} 表示 t 年国家 i 出口至国家 j 的服务贸易总值。Datafree_{ijt} 是虚拟变量，表示国家 i 和 j 在 t 年是否签署了与数据自由流动相关的条款。如果签署了，Datafree_{ijt} 取值为 1，否则取值为 0。X_{ijt} 包括影响两国之间出口贸易流量的其他因素，如国家间的地理距离、是否相邻以及它们是否为彼此的殖民地。η_{it} 表示出口国和时间的交互固定效应，η_{jt} 表示进口国和时间的交互固定效应，η_{ij} 表示出口国和进口国之间的固定效应，ε_{ijt} 是误差项。表 6-1 为数据自由流动条款签署对于国际贸易影响的基准回归结果。

表 6-1 基准回归结果

	货物贸易		服务贸易	
	(1)	(2)	(3)	(4)
DataFree	0.157***	−0.019	0.966***	0.041***
	(0.021)	(0.017)	(0.011)	(0.007)
lnGoods			0.137***	0.078***
			(0.001)	(0.000)
lnDistance	−1.266***		−0.398***	
	(0.004)		(0.002)	
Border	1.640***		0.979***	
	(0.024)		(0.014)	
$Hegemon_{ij}$	0.868***		0.285***	
	(0.042)		(0.024)	
$Hegemon_{ji}$	0.907***		0.039*	
	(0.042)		(0.024)	
_cons	14.587***	2.775***	3.152***	−0.118***
	(0.036)	(0.001)	(0.022)	(0.001)
出口国-年份固定效应	是	是	是	是
进口国-年份固定效应	是	是	是	是
出口国-进口国固定效应	否	是	否	是
观测值	932 568	1 205 400	699 102	904 050
R^2	0.715	0.910	0.810	0.968

注：*** 和 * 分别表示在 1%和 10%的显著性水平上统计显著，括号内为稳健标准误。

资料来源：改编自 Ma S，Shen Y，Fang C. Can data flow provisions facilitate trade in goods and services?: Analysis based on the TAPED database [J]. The Journal of International Trade & Economic Development，2024 (3)：343 - 368。

突破距离限制是数据自由流动条款签署对国际贸易影响的机制之一。西方理论中虽有提出跨境数据自由流动能够减弱地理隔离的影响（Meltzer，2015），但主要限于地理距离视角且尚未有实证检验。Ma et al.（2024）则综合考虑了地理距离与文化、制度距离，完善了数据流动影响国际贸易的理论框架。

在理论层面，无论是地理、行政、经济还是文化距离，都将继续影响贸易交换模式（Ghemawat，2001）。从地理距离层面看，在传统的货物国际贸易过程中，随着地理距离的扩大，企业获取目标市场信息的难度增大，从而加剧了出口的信息不对称，并导致企业的生产、营销、销售和运输成本增加。跨境数据流帮助出口商从更远的国家获取市场信息，减少地理距离所导致的信息不对称问题。此外，跨境数据自由流动还可以帮助货物出口商在一定程度上降低语言沟通障碍和合同成本（Lewis，2011）。服务贸易受地理距离的影响不同，限制服务贸易的主要原因之一是许多服务贸易需要生产者和消费者之间的实际接触（Freund & Weinhold，2002）。对于服务贸易而言，一方面，随着地理距离的扩大，服务贸易主体间的宗教、文化等差异也会扩大（Baldwin & Dingel，2022）；另一方面，远程但必须同步执行的离岸服务贸易对于时间的要求也依旧存在，不同时区的主体间会存在时差（Bahar，2020）。因此，可以推测，在服务贸易过程中，跨境数据自由流动可以在一定程度上削弱地理距离的限制，但效果可能较弱。

从制度和文化距离层面看，国家之间的制度和文化差异将进一步加剧信息不对称问题，因为外国买家对出口商的产品质量和声誉不熟悉（Nguyen et al.，2014）。此外，具有相似文化的人倾向于分享类似的产品偏好或更有可能在群体内进行贸易（Guiso et al.，2006）。在特定制度和文化差距的背景下，跨境数据自由流动可以有效地解决信息不对称问题（Goldfarb & Tucker，2019），例如目的地国市场的消费者偏好、产品需求、市场规则、法律和法规等。然而，无论是传统的服务贸易还是数字化服务贸易，都更容易受到文化和制度差异的限制（Freund & Weinhold，2002）。尽管跨境数据自由流动在一定程度上可以缓解信息不对称问题，但文化和制度差异无法完全消除。无论是在线上还是线下，服务贸易往往离不开买卖双方之间的接触和沟通，这导致了不同文化和宗教信仰的国家在服务贸易方面的思想和其他方面的差异与冲突。因此，从服务贸易的角度来看，跨境数据自由流动不能显著降低来自制度和文化距离的影响。

基于此，Ma et al.（2024）提出了假说 2。

假说 2：签署数据自由流动条款可以通过克服地理距离的限制来促进货物和服务贸易的增长；可以通过克服制度和文化距离的限制来促进货物贸易的增长，但对服务贸易的影响不显著。

在突破距离限制的实证检验方面，Ma et al.（2024）首先检验了数据自由流动条款签署对贸易影响的地理距离突破机制，根据样本国家是否签署了促进数据自由流动的条款将所有国家分为两组，进行分样本回归，与此同时也构建了跨境数据自由流动与地理距离的交互项以进行验证。表 6－2 报告了突破地理距离机制的回归结果。其中第（1）列和第（4）列显示了未签署数据自由流动条款的国家的结果，第（2）列和第（5）列显示了已签署数据自由流动条款的国家的结果，第（3）列和第（6）列显示了构建交互项后的结果。由于国家之间的地理距离是固定的，主要控制了国家固定效应。结果显示，地理距离对于贸易出口有显著的负向影响，而数据自由流动条款签署后，跨境数据自由流动可以有效减弱地理距离对货物贸易的负面影响并促进出口。

表 6－2　地理距离机制

	货物贸易			服务贸易		
	(1)	(2)	(3)	(4)	(5)	(6)
lnDistance	−1.267***	−1.430***		−0.536***	−1.129***	
	(0.004)	(0.012)		(0.002)	(0.008)	
DataFree×lnDistance			0.032**			−0.050***
			(0.015)			(0.007)
Border	1.845***	0.523***		1.157***	0.435***	
	(0.026)	(0.045)		(0.016)	(0.028)	
$Hegemon_{ij}$	0.670***	0.560***		0.335***	1.048***	
	(0.045)	(0.076)		(0.027)	(0.048)	
$Hegemon_{ji}$	0.711***	0.496***		0.094***	0.827***	
	(0.045)	(0.076)		(0.027)	(0.048)	

续表

	货物贸易			服务贸易		
	(1)	(2)	(3)	(4)	(5)	(6)
_cons	14.372***	20.669***	3.433***	4.722***	13.079***	0.166***
	(0.037)	(0.102)	(0.001)	(0.022)	(0.064)	(0.001)
出口国-年份固定效应	是	是	是	是	是	是
进口国-年份固定效应	是	是	是	是	是	是
出口国-进口国固定效应	否	否	是	是	是	是
观测值	890 848	41 560	952 672	667 812	31 170	716 758
R^2	0.689	0.907	0.912	0.774	0.890	0.971

注：*** 和 ** 分别表示在 1%和 5%的显著性水平上统计显著，括号内为稳健标准误。

资料来源：改编自 Ma S，Shen Y，Fang C. Can data flow provisions facilitate trade in goods and services?: Analysis based on the TAPED database [J]. The Journal of International Trade & Economic Development，2024 (3)：343 - 368。

在突破制度和文化距离层面，Ma et al. (2024) 通过构建交互项的形式，将 DataFree 与制度距离（InsDistance）和文化距离（CulDistance）进行交互，以检验跨境数据自由流动能否通过突破制度和文化距离来推动贸易出口。表 6 - 3 报告了制度和文化距离机制的结果。结果均控制了出口国-年份、进口国-年份以及出口国-进口国三种固定效应。结果显示，对于货物贸易而言，数据自由流动条款的签署对于制度差异较大的国家对之间的贸易促进效应更显著；对于服务贸易而言，数据自由流动条款的签署无法从削弱制度和文化距离的途径推动服务贸易的发展。

表 6 - 3 制度和文化距离机制

	货物贸易		服务贸易	
	(1)	(2)	(3)	(4)
DataFree×CulDistance	−0.000		0.000	
	(0.001)		(0.000)	
DataFree×lnDistance		0.042***		−0.031***
		(0.011)		(0.004)
_cons	7.357***	3.937***	4.816***	0.341***
	(0.007)	(0.009)	(0.005)	(0.004)
出口国-年份固定效应	是	是	是	是
进口国-年份固定效应	是	是	是	是
出口国-进口国固定效应	是	是	是	是
观测值	19 840	724 726	14 880	583 252
R^2	0.992	0.914	0.987	0.973

注：*** 表示在 1%的显著性水平上统计显著，括号内为稳健标准误。

资料来源：改编自 Ma S，Shen Y，Fang C. Can data flow provisions facilitate trade in goods and services?: Analysis based on the TAPED database [J]. The Journal of International Trade & Economic Development，2024 (3)：343 - 368。

数字化环境是数据自由流动对贸易影响的另一影响机制。西方理论中有关数字化环境的研究较少，仅提出数字化环境更好的国家受到更严格数据政策的负面影响更大（van der Marel & Ferracane，2021）。Ma et al.（2024）则从正面角度验证了不同数字化环境水平对于跨境数据自由流动条款签署效应的影响，丰富了数据流动相关理论。

在理论层面上，互联网使跨境数据流能够以网络化、动态化和实时化的方式发生（Meltzer，2015）。对于货物和服务的贸易而言，买方和卖方可以通过互联网交换数据和信息，提高供需匹配的效率，促进国际交易。在互联网渗透更广的地区，一方面，消费者将能够获取更多的商品信息和更便捷的购买渠道，在线需求也会相应增加。另一方面，随着在线市场的扩大，企业将更愿意加速数字化转型，发展在线业务。因此，在互联网渗透率较高且数字化环境较好的国家和地区，企业数字化水平会更高，数字化行业占所有行业的比重也更大。因此，在签署数据自由流动条款后，这些地区的数字经济将会享受到更多跨境数据自由流动所带来的好处。

基于此，Ma et al.（2024）提出了假说3。

假说3： *在互联网使用更为密集的地区，货物和服务贸易受到的数据自由流动条款签署的影响将更为显著。*

在数字化环境机制的实证检验方面，Ma et al.（2024）采用构建交互项的形式进行检验，分别将代表互联网渗透率的变量国际互联网带宽在企业对消费者（B2C）活动中的使用（Bandwidth）和B2C活动中互联网使用程度（B2CInternetUse）与核心解释变量交互。

表6-4报告了回归结果，均控制了出口国-年份、进口国-年份以及出口国-进口国三种固定效应。结果显示，数据自由流动在货物贸易层面的作用并不受互联网接入程度的显著影响，但在服务贸易层面，在互联网接入水平较高的地区，数据跨境自由流动对服务贸易的促进作用更明显。

表6-4 数字化环境机制

	货物贸易		服务贸易	
	(1)	(2)	(3)	(4)
DataFree	0.109	−0.130	−0.062	0.114
	(0.116)	(0.440)	(0.044)	(0.169)
DataFree×Bandwidth	−0.027		0.022**	
	(0.023)		(0.009)	
DataFree×B2CInternetUse		0.020		−0.012
		(0.085)		(0.033)
_cons	4.177***	4.166***	0.725***	0.731***
	(0.004)	(0.005)	(0.002)	(0.002)
出口国-年份固定效应	是	是	是	是
进口国-年份固定效应	是	是	是	是
出口国-进口国固定效应	是	是	是	是
观测值	174 195	139 405	174 195	139 405
R^2	0.957	0.963	0.980	0.983

注：*** 和 ** 分别表示在1%和5%的显著性水平上统计显著，括号内为稳健标准误。

资料来源：改编自 Ma S，Shen Y，Fang C. Can data flow provisions facilitate trade in goods and services?: Analysis based on the TAPED database [J]. The Journal of International Trade & Economic Development，2024（3）：343-368。

第五节　中国证据

理论命题 6－1 指出：平台商户对流量需求广泛，销售富有价格弹性的商品的商户对流量的需求更大。2019 年，在抖音平台上购买红人流量（KOL）排在前二的行业为个护化妆与服饰鞋包，在快手平台上则为个护化妆与食品饮料。类似地，2020 年活跃在淘宝直播间的商品类目主要包括美妆、服饰、珠宝，聚划算榜单的品类相比直播间增加了零食与水果这类食品。这一特征性事实反映出商品特性对流量配置的影响，体现出流量数据的派生性需求特征。平台商户更愿意购买转化率高的数据。对于流量数据，商户会仔细比较独立访客数量（UV）、页面浏览数据（PV）、销量转化率等重要指标，寻求可以提高自身商品销量的流量。为满足商户的需求，淘宝、京东等电商平台会大量使用千人千面的个性化推荐；抖音与快手的流量分发会采用定向技术，包括分时间段定向，分 IP 地址进行地域定向，分性别、年龄等社会属性与购买意向进行人群定向等，以提高售出流量的销量转化率。

理论命题 6－2 指出：拥有消费者数据的厂商总有激励出售消费者数据给其竞争对手。《中共中央 国务院关于构建更加完善的要素市场化配置体制机制的意见》于 2020 年 3 月颁布，将数据列为与土地、劳动力、资本、技术并列的五大生产要素之一，提出要加快培育数据要素市场，推进政府数据开放共享，提升社会数据资源价值，加强数据资源整合和安全保护。中商产业研究院发布的《2025—2030 年中国数据要素市场调研及发展趋势预测报告》显示，2023 年中国数据要素市场规模为 1 332 亿元，较上年增长 26.48%。

理论命题 6－3 指出：数据自由流动条款的签署能够推动全球货物贸易与服务贸易的出口。中国海关数字化建设推动通关信息在各部门间流动、降低贸易成本、提升贸易效率、推动贸易增长可以很好地论证这一理论命题。2014 年，上海率先在全国建立了国际贸易“单一窗口”试点，如今已迭代升级至 3.0 版本，依托电子口岸，该窗口形成了 16 大功能模块、66 项特色应用，覆盖通关作业全流程和贸易监管主要环节，服务超过 60 万家企业，每年可为其节省超过 20 亿元的贸易成本。2023 年 12 月 18 日，上海海关推动的上海航空物流公共信息平台正式上线运行。该平台实现了上海空运物流各相关主体之间的数据互通共享，全面提升了航空货运供应链全链路服务能级。同时，上海海关积极打通相关环节数据，在上海国际贸易“单一窗口”上线实验室状态查询与订阅功能，企业可以一键掌握相关货物的实验室检测情况，使进出口货物通关更加顺畅便捷。

第六节　结论性评述

本章以数据作为数字经济时代的关键生产要素，深入分析了其在不同经济活动中的作用和价值。理论命题 6－1 详细探讨了平台企业在面对不同市场条件和商户需求时，如何制定流量数据的价格。这一命题指出：在垄断市场中，平台企业可能会因为追求利润最大化而将流量定价设置在低于社会最优水平的位置，导致资源配置效率降低。理论命题 6－2 进一步分析了数据交易与垄断策略之间的关系。这一命题指出：尽管企业可能因为数据垄断而获得竞争优势，但在某些情况下，出售消费者数据给竞争对手能够提升社会总福利。这种策略虽然可能会减少消费者的剩余利益，但从宏观角度出发，却有利于整个社会的经济效率和福利提升。理论命题 6－3 着重讨论了数据流动的价值，特别是跨境数据流动对国际贸易的推动作用。该命题认为，数据自由流动有助于打破地理和文化障碍，促进货物和服务的全球交易。在数字化基础设施较为发达的地区，数据流动对服务贸易的正面影响尤为显著，能够显著提高贸易效率和促进经济增长。通过这三个理论命题的深入分析，本章不仅揭示了数据在现代经济体系中的多重角色，也为数据的合理定价、有效流通和利用提供了理论依据和政策建议。

与理论命题 6－1 相关的国外前沿研究主要有以下两个方面：一是消费者把自身数据与平台企业共享的问题，也称为消费者信息披露问题。对于消费者的信息披露问题，Acemoglu et al.（2022）考察了当消费者向平台企业披露的信息中包含了有关其他消费者的相似信息时，该披露行为会使得其他消费者缺乏足够的动机来保护自身的信息，以致造成过多的信息共享，反倒会损害消费者利益。Ichihashi（2020）则发现，在垄断条件下，当消费者向卖方披露个人隐私数据时，尽管可以获得更加精准的推荐，但会遭遇价格歧视；即使卖方承诺不进行价格歧视，也照样会损害消费者利益，由此反倒不如减少披露。二是该命题讨论的平台企业和商户之间的数据共享问题。对于平台企业和商户之间的数据共享问题，不少文献是基于数据价值的互补性来考虑数据共享问题。比如，Goldfarb & Tucker（2019）基于数据的互补性，讨论数据共享和数据定价问题。Kirpalani & Phillippon（2020）研究了在平台企业借助推荐技术和匹配技术向平台上的商户推荐合适消费者的情形下，平台企业可以通过这些数据仿制商户产品或限制商户对消费者的触达从而构成对商户的市场势力，因此需要加强对平台企业的监管。借鉴国外前沿研究，未来该命题的相关研究可以进行如下拓展：一是将消费者个人隐私数据的披露纳入模型，考虑消费者披露意愿与价格歧视问题；二是进一步讨论流量垄断问题与流量市场治理问题。

与理论命题 6－2 相关的国外前沿研究主要有以下两个方面：一是数据共享及数据交易。Jones & Tonetti（2020）发现，若数据拥有者与数据买方存在竞争关系，主动共享数据将违反理性原则。De Nijs（2017）研究了三个寡头厂商的情况，发现均衡时存在从中等规模与大规模厂商向小规模厂商单方向的信息售卖现象。二是价格歧视。Bergemann et al.（2015）认为，厂商利用消费者个人信息等进行价格歧视，在影响交易量的同时也将改变买卖双方生产者剩余和消费者剩余的分配方式。借鉴国外前沿研究，未来该命题的相关研究可以考虑纳入异质性厂商，并尝试利用政策冲击实证分析消费者福利和社会总福利等。

与理论命题 6－3 相关的国外前沿研究主要有以下两个方面：一是全球数字贸易政策的制定与影响。González & Ferencz（2018）从理论上探讨了数字化变革对国际贸易的影响，并实证估算了数字连接增加对贸易的影响。Staiger（2021）将数字贸易纳入世界经济模型，探讨数字贸易发展对国际贸易协议的影响。由于电子商务发展水平和开放程度不同，各国对数字贸易规则制定有不同的需求，导致不同国家以及地区和国际组织签署的数字贸易协议内容存在显著差异。主要争议集中在跨境数据流、数据本地化、数字税、数字知识产权保护和跨境电子商务便利化等方面。与传统的区域贸易协议类似，区域数字贸易协议也可能对双边贸易、多边贸易以及合约各方的经济产生影响。例如，Ferracane et al.(2020）发现，严格的数据政策对数据密集型服务的进口具有显著的负面影响。二是数据流动的影响。多数学者通过研究数据流动规定的影响探讨了数据流动的作用，尽管主要是从限制的角度。他们认为，对数据流动的限制性规定可能会对在线广告（Goldfarb & Tucker，2011）、网络流量（Goldberg et al.，2024）、技术创新（Jia et al.，2018）和国际贸易产生影响。借鉴国外前沿研究，未来该命题的相关研究可以进行如下拓展：一是如果未来能够获得企业级别的贸易数据，可以通过使用更详细的数据，考虑国内政策和区域数据规定，更好地评估跨境数据流动的作用；二是未来的研究延伸可以探究跨境数据流动如何影响不同方面的价值，包括国家、企业和消费者。

参考文献

第七章

智能制造

第一节　问题的提出

智能制造是制造业数字化发展的必然选择，对推动产业变革、优化产业结构、增强竞争优势、促进数字经济和实体经济深度融合等具有重要意义。因此，对智能制造的研究尤为重要。在数字贸易学分析框架中，智能制造是核心研究领域，不仅是数字技术发展的产物，促进了全要素生产率的提高和劳动力市场的结构性调整，而且对多边贸易产生了深远的影响。第一，数字技术的进步，例如物联网、大数据、云计算和人工智能等，催生了智能制造，为制造业带来了根本性的变革。传统的批量生产逐渐向个性化定制和柔性化生产转变，形成了新的规模经济。这种转变不仅提升了要素的利用率，还提高了生产的灵活性，进而满足了消费者多样化、个性化的需求，提高了供需匹配的效率。第二，智能制造推动了生产过程的自动化，减少了对低技能劳动力的需求，同时增加了对高技能劳动力的需求。这导致了劳动力市场的结构性变化：高技能劳动力的需求上升，低技能劳动力的需求下降。第三，智能制造对多边贸易的影响主要体现在：一方面，智能制造提高了生产效率，降低了生产成本，减少了贸易中的信息不对称，这使得产品在国际市场上更具价格竞争力；另一方面，智能制造使得企业能够在成本和效率之间找到新的平衡点，令企业重新审视其全球价值链布局。

在本章中，我们将重点研究四个重要的智能制造领域的理论命题：命题一：产业智能化的新工作创造效应和生产率效应。这一命题揭示了新工作创造效应和生产率效应是智能制造促进益贫式发展的两个重要路径。命题二：人工智能技术冲击下的职业变迁方向与平等性。这一命题揭示了智能制造既会诱致职业变迁，也会重塑职业的任务属性。命题三：人工智能技术的就业溢出效应。这一命题为中国劳动力市场的结构变化提供了理论依据，从产业政策层面进一步揭示了智能制造和就业的关系。命题四：智能制造推动跨境电商出口多样化理论。这一命题突出了创新投入和创新产出对智能制造推动跨境电商出口多样化的重要性。

通过对这四个命题的深入分析，本章将帮助读者理解智能制造在数字经济时代的重要性，以及智能制造如何影响经济增长、劳动力市场和数字贸易。同时，这些知识与第二章至第六章的讨论相呼应，也为后续章节提供了有力的理论支撑。

第二节　产业智能化的新工作创造效应和生产率效应

一、理论命题的提出

机器人的大规模应用以及机器学习等新一代人工智能对劳动力的替代引起了社会和学术界的普遍关注（Sachs et al.，2015；陈永伟和曾昭睿，2019）。产业智能化虽然在短期内降低了规则化劳动（中等技能劳动）的需求和收入，但也提高了高技能劳动和低技能劳动的需求和收入，并且会创造更多的新工作岗位（Autor & Dorn，2013；Acemoglu & Restrepo，2018；Aghion et al.，2020）。因此，从长期来看，产业智能化对就业和劳动收入是否造成威胁还不确定，因为过去几个世纪的工业化和现代化经验表明，机器的大规模应用总体上提高了就业和劳动收入，那些被机器替代的劳动力会转岗就业，从而使劳动力市场的结构性失业不会持续存在（Autor，2015）。但根据中国改革开放以来共同富裕的理论实践可以推断，产业智能化与益贫式发展是相容的，政府可以通过适当的政策措施促进产业智能化与共同富裕的协调发展。

基于此，杨飞和范从来（2020）提出了“产业智能化的新工作创造效应和生产率效应”这一理论命题。

理论命题 7－1

产业智能化通过人力资本积累、产业智能化的新工作创造效应和生产率效应促进益贫式发展。

资料来源：杨飞，范从来．产业智能化是否有利于中国益贫式发展？[J]．经济研究，2020，55(5)：150－165.

该理论命题较早提出产业智能化与益贫式发展是相容的，政府可以通过适当的政策措施促进产业智能化与共同富裕的协同发展，为政府促进产业智能化和共同富裕协同发展提供了理论依据。一方面，相比西方人工智能的劳动替代效应理论，杨飞和范从来（2020）的理论模型将高、中、低技能劳动纳入人工智能影响劳动力市场的理论模型，能够更为微观地分析人工智能对劳动力市场异质性的影响。另一方面，相比西方人工智能加剧收入不平等理论，杨飞和范从来（2020）从益贫式发展的角度探讨人工智能对劳动力市场的影响，是对西方理论的重要完善。

三、理论命题的具体内容

西方基于任务的人工智能经济学模型只将劳动分为高、低技能两类劳动，不能很好地刻画产业智能化与非规制化低技能劳动的互补性，从而不能解释产业智能化的益贫式特点。杨飞和范从来（2020）将劳动进一步细化为高、中、低技能三类劳动，能够较好地分析产业智能化对益贫式发展的影响机制，是对西方基于任务的人工智能经济学模型的完善和拓展。

（一）模型设计

为了分析产业智能化对益贫式发展的影响，借鉴 Acemoglu（2002）、Autor & Dorn（2013）和 Acemoglu & Restrepo（2018，2019a）构建包含高、中、低技能劳动的内生人工智能创新模型。假设经济由高技能产品 Y_H、中等技能产品 Y_R 和低技能产品 Y_M 等三部门组成，这三部门产品分别由高技能劳动 L_H、中等技能劳动 L_R 和低技能劳动 L_M 生产。其中，中等技能产品和高技能产品共同生产制造品 Y_I。设定制造品 Y_I 和总产品 Y 的生产函数为固定替代弹性（constant elasticity of substitution，CES）生产函数：

$$Y_I=\left[\gamma Y_R^{\frac{\beta-1}{\beta}}+(1-\gamma)Y_H^{\frac{\beta-1}{\beta}}\right]^{\frac{\beta}{\beta-1}}，\ Y=\left[\lambda Y_I^{\frac{\varepsilon-1}{\varepsilon}}+(1-\lambda)Y_M^{\frac{\varepsilon-1}{\varepsilon}}\right]^{\frac{\varepsilon}{\varepsilon-1}} \tag{7-1}$$

三部门产品的生产函数为柯布-道格拉斯生产函数：

$$Y_i=\frac{1}{1-\sigma}L_i^{\sigma}\int_0^{A_i}x_i^{1-\sigma}(j)\mathrm{d}j，\ i=H,R,M \tag{7-2}$$

式中，λ，$\gamma\in(0,1)$为产品 Y_i 在 CES 生产函数中的相对重要性。A_i 为产品种类数，用来表示 i 要素增强型技术进步。由于需要高技能劳动进行研发和应用，因此，人工智能属于高技能增强型技术进步，即人工智能创新表现为人工智能新产品种类的增加。x_i 为中间品。$\beta\in(0,+\infty)$为高技能产品与中等技能产品的替代弹性。ε 为低技能产品与高（中）技能产品的替代弹性。σ 为柯布-道格拉斯生产函数的份额参数。

（二）产品市场均衡

设高、中、低技能产品的价格分别为 p_H、p_R、p_M，制造品价格为 p_I，将总产品价格标准化为 1。竞争性条件下产品的价格等于其边际产品价值，所以有：

$$P=\left[\lambda^{\varepsilon}p_I^{1-\varepsilon}+(1-\lambda)^{\varepsilon}p_M^{1-\varepsilon}\right]^{\frac{1}{1-\varepsilon}}=1，\ p_I=\left[\gamma^{\beta}p_R^{1-\beta}+(1-\gamma)^{\beta}p_H^{1-\beta}\right]^{\frac{1}{1-\beta}}$$

$$p_I=\lambda\left(\frac{Y_I}{Y}\right)^{-\frac{1}{\varepsilon}}，\ p_M=(1-\lambda)\left(\frac{Y_M}{Y}\right)^{-\frac{1}{\varepsilon}}，\ \frac{p_R}{p_I}=\gamma\left(\frac{Y_R}{Y_I}\right)^{-\frac{1}{\beta}}，\ \frac{p_H}{p_I}=(1-\gamma)\left(\frac{Y_H}{Y_I}\right)^{-\frac{1}{\beta}} \tag{7-3}$$

式（7-1）和式（7-2）的利润最大化问题分别为：

$$\max_{L_R,L_H,x_R,x_H} p_IY_I-w_RL_R-w_HL_H-\int_0^{A_R}\chi_R(j)x_R(j)\mathrm{d}j-\int_0^{A_H}\chi_H(j)x_H(j)\mathrm{d}j$$

$$\max_{L_M,x_M} p_MY_M-w_ML_M-\int_0^{A_M}\chi_M(j)x_M(j)\mathrm{d}j \tag{7-4}$$

式中，χ_i 为中间品价格。对式（7-4）求偏导，可以得到中间品的需求和工资：

$$x_i(j)=\left(\frac{p_i}{\chi_i}\right)^{\frac{1}{\sigma}}L_i，\ w_i(j)=p_i\ \frac{\sigma}{1-\sigma}L_i^{\sigma-1}\int_0^{A_i}x_i^{1-\sigma}(j)\mathrm{d}j \tag{7-5}$$

（三）技术市场均衡

假设中间品厂商为垄断型厂商，以便获得垄断利润并进行技术创新。中间品厂商的利润函数为 $\max_{x_i(j)}(\chi_i(j)-\phi)x_i(j)$。借鉴 Acemoglu（2002），设三类中间品的边际成本为 $\phi=1-\sigma$，对中间品数量求导，可以得到中间品价格为 $\pi_i(j)=\sigma p_i^{\frac{1}{\sigma}}A_i(j)L_i$。根据中间品价格和式（7-5），可以得到中间品厂商的利润为 $\pi_i(j)=\sigma(p_i)^{\frac{1}{\sigma}}L_i$。根据利润公式可知，高（中或低）技能产品的价格越高，企业的利润越高，企业越有激励研发高（中或低）技能产品的新技术，此为价格效应。同样，根据利润公式可知，高（中或低）技能劳动供给越高，企业的利润越高，因为高（中或低）技能劳动供给数量越多，企业研发基于该种要素的市场规模也越大，利润也就越高，此为市场规模效应。由于要素供给越多，生产该要素密集型产品的价格越低，所以市场规模效应与价格效应对企业技术创新的影响方向相反。

相比短期利润，企业更关注其长期市场价值，根据利润公式可以得到高、中、低技能产品的市场价值 $V_i=\int_0^{+\infty}\pi_i\,\mathrm{e}^{-rt}\,\mathrm{d}t=\frac{\pi_i}{r}$。假设技术市场为完全竞争市场，设技术创新动态为 $\dot{A}_i=\xi_j\mathfrak{R}_i$，其中，$\xi_i$ 为研发成功的概率，$\mathfrak{R}$ 为总产品表示的研发投入。在平衡增长路径下，三部门的经济增长率和技术进步率相同，因此，研发市场自由进出条件为 $\xi_H V_H=\xi_R V_R=\xi_M V_M$。不失一般性，假设 $\xi_H=\xi_R=\xi_M$。根据利润表达式和研发市场出清条件可以得到：

$$\left(\frac{p_H}{p_R}\right)^{\frac{1}{\sigma}}\frac{L_H}{L_R}=1,\ \left(\frac{p_M}{p_R}\right)^{\frac{1}{\sigma}}\frac{L_M}{L_R}=1 \tag{7-6}$$

（四）技术进步的方向

利用式（7-3）、式（7-5）和式（7-6）可以得到相对技术水平：

$$\frac{A_H}{A_R}=\left(\frac{1-\gamma}{\gamma}\right)^{\beta}\left(\frac{L_H}{L_R}\right)^{\eta-1} \tag{7-7}$$

$$\frac{A_M}{A_R}=\left(\frac{1-\lambda}{\lambda\gamma}\right)^{\varepsilon}\left(\frac{L_M}{L_R}\right)^{\theta-1}\left[\gamma+(1-\gamma)^{\beta}\gamma^{1-\beta}\left(\frac{L_H}{L_R}\right)^{\eta-1}\right]^{\frac{\beta-\varepsilon}{\beta-1}} \tag{7-8}$$

式中，$\eta=\sigma\beta-\sigma+1$，为高-中技能劳动的替代弹性；$\theta=\sigma\varepsilon-\sigma+1$，为低技能劳动与中、高技能劳动的替代弹性。可以发现，当 $\eta>1$ 时，$\beta>1$；当 $\theta>1$ 时，$\varepsilon>1$；当 $\eta>\theta$ 时，$\beta>\varepsilon$。可见，产品间的替代弹性关系与劳动间的替代弹性关系一致，下文会根据论证需要交替使用。根据式（7-7），当替代弹性 $\eta>1$ 时，市场规模效应大于价格效应，高技能劳动相对供给的上升会促进高技能增强型技术进步（人工智能创新），进而提升产业智能化程度。当替代弹性 $\eta<1$ 时，市场规模效应小于价格效应，高技能劳动的相对供给上升会促进中等技能增强型技术进步。

式（7-8）表明，如果高-中技能劳动的替代弹性大于高-低技能劳动的替代弹性（$\beta>\varepsilon$），则高技能劳动相对供给的增加会促进低技能增强型技术进步。η 是否大于 1 不影响该结论，原因在于高技能劳动与低技能劳动的替代弹性较低，高技能劳动相对供给的增加在促进高技能增强型技术进步的同时，也提升了对低技能劳动的需求，进而促进了有利于益贫式发展的低技能增强型技术进步。可见，人力资本积累最终有利于实现益贫式发展。

推论 1： 人工智能创新（产业智能化）取决于高、中、低技能劳动结构及其替代弹性。如果高-中技能劳动的替代弹性 $\eta>1$，高技能劳动相对供给增加会促进产业智能化。如果替代弹性 $\beta>\varepsilon$，高技能劳动相对供给增加会促进低技能增强型技术进步。总体而言，在满足替代弹性 $\beta>\varepsilon$ 的条件下，高-中技能劳动的替代弹性越大，高-低技能劳动的替代弹性越小，越有利于出现促进益贫式发展的人工智能创新。人力资本积累对产业智能化与益贫式发展协调发展至关重要。

在西方基于任务的人工智能经济学模型中，只考虑了高、低技能劳动替代弹性在技能溢价中的作用机制，无法考察益贫式发展。杨飞和范从来（2020）将劳动进一步细分为高、中、低技能劳动，并推导了三类技能劳动替代弹性如何影响产业智能化与益贫式发展的关系，是对西方基于任务的人工智能经济学模型的进一步深化拓展。

杨飞和范从来（2020）利用 Klump et al.（2007）的标准化供给面系统法估计高、中、低技能劳动的替代弹性。将模型（7－1）简化为三层嵌套的 CES 函数：$Y_I=\left[\gamma(A_RL_R)^{\frac{\beta-1}{\beta}}+(1-\gamma)(A_HL_H)^{\frac{\beta-1}{\beta}}\right]^{\frac{\beta}{\beta-1}}$，$Y=\left[\lambda Y_I^{\frac{\varepsilon-1}{\varepsilon}}+(1-\lambda)(A_ML_M)^{\frac{\varepsilon-1}{\varepsilon}}\right]^{\frac{\varepsilon}{\varepsilon-1}}$。

利用该生产函数构建标准化供给面系统，采用可行广义非线性最小二乘法估计。估计结果显示，高-低技能劳动的替代弹性 ε 为 6.794，高-中技能劳动的替代弹性 β 为 9.55，$\beta>\varepsilon$，$\eta>2$ 且 $\theta>2$（见表 7－1）。这表明，替代弹性满足出现促进益贫式发展的人工智能创新的条件。现实生活中，人工智能（机器学习等）对低技能劳动操作的工作替代范围在扩大，产业智能化对低技能劳动操作的工作既存在新工作创造效应，也存在替代效应，关键取决于这些工作的可编程（可学习）程度以及人工智能的发展方向，政策应该促进有利于增加就业的人工智能创新。计量数据来源于 2000—2014 年世界投入产出数据库（WIOD）。

表 7－1 参数估计结果

	系数	标准误	Z 值	$P>z$（P 值）	95%置信区间	
弹性 ε	6.794	0.582	11.68	0	5.655	7.934
弹性 β	9.550	0.694	13.76	0	8.189	10.911
λ	0.504	0.008	63.11	0	0.489	0.520
γ	0.757	0.003	265.98	0	0.752	0.763

资料来源：改编自杨飞，范从来．产业智能化是否有利于中国益贫式发展？[J]．经济研究，2020，55（5）：150－165。

（五）相对工资

利用式（7－5）、式（7－6）、式（7－7）、式（7－8），可以得到技能劳动的相对工资：

$$\frac{w_H}{w_R}=\left(\frac{1-\gamma}{\gamma}\right)^{\beta}\left(\frac{L_H}{L_R}\right)^{\eta-2} \tag{7-9}$$

$$\frac{w_M}{w_R}=\left(\frac{1-\lambda}{\lambda\gamma}\right)^{\varepsilon}\underbrace{\left(\frac{L_M}{L_R}\right)^{\theta-2}}_{\text{生产率效应}}\underbrace{\left[\gamma+(1-\gamma)^{\beta}\gamma^{1-\beta}\left(\frac{L_H}{L_R}\right)^{\eta-1}\right]^{\frac{\beta-\varepsilon}{\beta-1}}}_{\text{新工作创造效应}}\qquad(7-10)$$

将式（7－9）代入式（7－10），可得：

$$\frac{w_M}{w_H}=\left(\frac{1-\lambda}{\lambda\gamma}\right)^{\varepsilon}\left(\frac{1-\gamma}{\gamma}\right)^{-\beta}\underbrace{\left(\frac{L_M}{L_R}\right)^{\theta-2}}_{\text{生产率效应}}\underbrace{\left(\frac{L_H}{L_R}\right)^{2-\eta}\left[\gamma+(1-\gamma)^{\beta}\gamma^{1-\beta}\left(\frac{L_H}{L_R}\right)^{\eta-1}\right]^{\frac{\beta-\varepsilon}{\beta-1}}}_{\text{新工作创造效应}}\qquad(7-11)$$

式（7－9）表明，如果高-中技能劳动的替代弹性 $\eta>2$，高技能劳动相对于中等技能劳动的供给增加会提升高技能劳动的相对工资。原因在于，高技能劳动的相对供给增加会降低高技能劳动的相对工资，但此时也会促进高技能劳动增强型技术进步，进而又提高了高技能劳动的相对工资，后者的效应大于前者的效应，导致高-中技能劳动的相对工资上升；相反，如果高-中技能劳动的替代弹性 $\eta<2$，后者的效应小于前者的效应，高技能劳动的相对供给增加会降低高-中技能劳动的相对工资。可以看出，产业智能化不仅提高了高技能劳动对中等技能劳动的替代，而且创造了新的人工智能产品种类，导致高技能劳动的相对工资和需求上升。借鉴 Acemoglu & Restrepo（2018），我们将此称为产业智能化对高技能劳动的新工作创造效应。

式（7－10）等号右边第三项为产业智能化对低技能劳动相对于中等技能劳动的新工作创造效应。当替代弹性 $\beta>\varepsilon$ 时，由于高技能劳动与低技能劳动的替代弹性更小，结合式（7－8）可知，产业智能化导致高技能劳动的相对需求和工资上升，这会进一步提升对低技能劳动相对于中等技能劳动的需求和工资。这是由产业智能化对高技能劳动的新工作创造效应所导致，为此，杨飞和范从来（2020）将此称为产业智能化对低技能劳动的新工作创造效应。或者说，由于高技能产品与低技能产品的替代弹性更小，相比中等技能产品，产业智能化使得低技能产品（或服务）的利润更高，因而激励了低技能增强型技术进步，提升了低技能劳动的相对工资。

同理，式（7－11）等号右边第四项为产业智能化对低技能劳动相对于高技能劳动的新工作创造效应。当替代弹性 $\beta>\varepsilon$ 时，如果 $\eta<2$，高技能劳动的相对供给增加会提升低-高技能劳动的相对工资。如果 $\eta>2$，新工作创造效应的第（1）项表明，高技能劳动的相对供给增加会使低-高技能劳动相对工资下降，而新工作创造效应的第（2）项表明，在 $\beta>\varepsilon$ 的情况下，高技能劳动的相对供给增加反而会使低-高技能劳动的相对工资上升。所以，在 $\eta>2$ 和 $\beta>\varepsilon$ 的情况下，高技能劳动的相对供给增加通过新工作创造效应对低-高技能劳动的相对工资的影响方向不确定，取决于具体参数的大小。深层次的原因是产业智能化对高技能劳动和低技能劳动同时存在新工作创造效应。

式（7－10）等号右边第二项和式（7－11）等号右边第三项为产业智能化的生产率效应。为进一步梳理生产率效应的传导机制，将式（7－8）代入式（7－10）和式（7－11），可得到下式：

$$\frac{w_M}{w_R}=\left(\frac{1-\lambda}{\lambda\gamma}\right)^{\varepsilon}\left(\frac{1-\lambda}{\lambda\gamma}\right)^{\frac{\varepsilon(\theta-2)}{1-\theta}}\underbrace{\left(\frac{A_M}{A_R}\right)^{\frac{\theta-2}{\theta-1}}}_{\text{生产率效应}}\underbrace{\left[\gamma+(1-\gamma)^{\beta}\gamma^{1-\beta}\left(\frac{L_H}{L_R}\right)^{\eta-1}\right]^{\frac{\beta-\varepsilon}{(\beta-1)(\theta-1)}}}_{\text{新工作创造效应}}\qquad(7-12)$$

$$\frac{w_M}{w_H}=\left(\frac{1-\lambda}{\lambda\gamma}\right)^{\varepsilon}\left(\frac{1-\gamma}{\gamma}\right)^{-\beta}\left(\frac{1-\lambda}{\lambda\gamma}\right)^{\frac{\varepsilon(\theta-2)}{1-\theta}}$$

$$\underbrace{\left(\frac{A_M}{A_R}\right)^{\frac{\theta-2}{\theta-1}}}_{\text{生产率效应}}\underbrace{\left(\frac{L_H}{L_R}\right)^{2-\eta}\left[\gamma+(1-\gamma)^{\beta}\gamma^{1-\beta}\left(\frac{L_H}{L_R}\right)^{\eta-1}\right]^{\frac{\beta-\varepsilon}{(\beta-1)(\theta-1)}}}_{\text{新工作创造效应}} \tag{7-13}$$

由上式可知，产业智能化的新工作创造效应导致低技能劳动的相对需求上升，这意味着低-中技能劳动的相对就业增加。由于技术进步的内生性，这会进一步促进低技能增强型技术进步（生产率水平）。根据式（7-12）和式（7-13）可知，在$\theta>2$的情况下，这进一步提高了低技能劳动相对于中-高技能劳动的工资。可见，这是由于产业智能化通过提升低技能劳动的相对生产率水平进而导致了对低技能劳动相对工资的增加，称为生产率效应。

结合推论1、式（7-12）和式（7-13）可知，高技能劳动的相对供给增加有利于促进产业智能化程度的提升，并通过高技能劳动占比上升（人力资本积累）、新工作创造效应和生产率效应提升低技能劳动的相对工资，从而实现益贫式发展。这也表明，相比技术外生的情况，在技术内生条件下，人力资本积累可以有效地促进产业智能化，这更有利于实现益贫式发展。值得注意的是，在满足替代弹性条件$\eta>2$和$\beta>\varepsilon$的情况下，产业智能化会降低中等技能劳动的相对工资，此为产业智能化对中等技能劳动的替代效应，这需要通过政策引导促进中等技能劳动转岗就业。

推论2： 产业智能化通过新工作创造效应和生产率效应促进益贫式发展的实现。当替代弹性$\eta>2$和$\beta>\varepsilon$时，由于高技能劳动与低技能劳动的替代弹性更小，高技能劳动的相对供给增加会促进产业智能化程度的提升，并通过新工作创造效应提升低-中技能劳动的相对工资，进而促进益贫式发展。当替代弹性$\theta>2$时，产业智能化通过生产率效应提升低-高技能劳动的相对工资，进而促进益贫式发展的实现。当替代弹性$\eta>2$和$\beta>\varepsilon$时，产业智能化通过新工作创造效应对低-高技能劳动相对工资（益贫式发展）的影响方向不确定。人力资本积累可以促进产业智能化，提升人工智能与实体经济的融合程度，更有利于实现益贫式发展。

为了检验推论2，计量模型设定如下：

$$\begin{aligned}\ln W_{it}=&\alpha_0+\alpha_1\ln \mathrm{AI}_{it}+\alpha_2\mathrm{New}_{it}+\alpha_3\ln\mathrm{AI}_{it}\times\ln\mathrm{Tfp}+\alpha_4\ln\mathrm{Tfp}\\&+\alpha_5\mathrm{Hlabor}+\alpha_6\mathrm{Hlabor}^2+\alpha_6\Psi_{it}+\upsilon_{it}\end{aligned} \tag{7-14}$$

式中，i为行业，t为年份，ln表示取自然对数。W为益贫式发展，AI为产业智能化，New为新工作创造效应，Tfp为全要素生产率，交叉项为产业智能化与全要素生产率相乘，衡量生产率效应对益贫式发展的影响。Hlabor为高技能劳动占比，根据推论2，高技能劳动的相对供给对低技能劳动的相对工资存在非线性影响，因此在解释变量中增加高技能劳动占比的平方项。Ψ为控制变量，包括资本深化、产业服务化、贸易开放度、FDI和市场竞争程度以及年份和行业固定效应等。υ为随机扰动项。

（1）产业智能化。基于数据可得性和已有研究，采用世界投入产出表全球计算机制造业和信息服务业投入中国每个行业的直接消耗系数作为产业智能化的代理指标。

(2) 新工作创造效应。借鉴 Acemoglu & Restrepo (2020)，将新工作创造效应设定为 $\max\left\{0,\frac{1}{2}\sum_{\tau=t-1}^{t}\left[\Delta\ln Ls_{j\tau}-(1-\overline{\omega})(1-Ls_{j\tau})\left(\Delta\ln\left(\frac{w_{j\tau}}{r_{j\tau}}\right)-\Delta\ln\left(\frac{A_{L,j\tau}}{A_{K,j\tau}}\right)\right)\right]\right\}$，该式值越大，表示新工作创造效应越大。采用 Klump et al. (2007) 的标准化供给面系统法估计的资本-劳动替代弹性 $\overline{\omega}$ 为 0.88。由于产业智能化表现为资本增强型技术进步，所以，$\frac{A_{L,jt}}{A_{K,jt}}$ 的增长率采用产业智能化的倒数代理。杨飞和范从来 (2020) 采用美国、英国、德国和法国等四个国家信息通信技术 (ICT) 的资本价格指数作为产业智能化的工具变量。

表 7-2 采用 OLS 和 2SLS 方法进行了估计。估计结果表明，在没有控制年份固定效应的情况下，产业智能化对低技能劳动的相对工资存在显著的正向影响，在考虑了内生性问题后，产业智能化对低技能劳动的相对工资的影响显著增加。但在控制了年份固定效应以后，产业智能化对低技能劳动的相对工资的影响的显著性减弱，只对低-中技能劳动的相对工资存在显著影响，这说明产业智能化的影响大都体现为新工作创造效应和生产率效应。新工作创造效应对低技能劳动的相对工资存在显著的正向影响，这表明产业智能化通过新工作创造效应能够显著提升低-中技能劳动的相对工资和低-高技能劳动的相对工资。该结论同理论模型和下文对技能劳动间替代弹性的检验相吻合，即当满足替代弹性 $\beta>\epsilon$ 时，产业智能化对低技能劳动的新工作创造效应比较显著。该结果也表明，产业智能化对中等技能劳动存在替代效应，从而导致低-中技能劳动的相对工资显著上升。

表 7-2 基准估计结果

相对工资	(1) 低-高	(2) 低-中	(3) 低-高	(4) 低-中	(5) 低-高	(6) 低-中	(7) 低-高	(8) 低-中
估计方法	OLS	OLS	2SLS	2SLS	OLS	OLS	2SLS	2SLS
产业智能化	0.110*** (0.038)	0.058*** (0.022)	0.470*** (0.101)	0.253*** (0.059)	0.026 (0.040)	0.016 (0.023)	0.083 (0.122)	0.183** (0.074)
新工作创造效应	3.515*** (1.056)	2.190*** (0.622)	3.515*** (1.112)	2.215*** (0.647)	2.791** (1.091)	1.550** (0.638)	2.584** (1.043)	1.525** (0.632)
生产率效应	0.046 8** (0.020)	0.008 (0.012)	0.107*** (0.036)	0.037* (0.021)	0.012 (0.020)	−0.012 (0.012)	0.067** (0.034)	−0.001 (0.020)
全要素生产率	−0.150 (0.094)	−0.085 (0.055)	0.040 (0.130)	0.005 (0.076)	0.190* (0.105)	0.113* (0.062)	0.295** (0.143)	0.052 (0.086)
高技能劳动占比	0.525*** (0.067)	0.231*** (0.040)	0.550*** (0.070)	0.244*** (0.041)	0.554*** (0.070)	0.220*** (0.041)	0.553*** (0.068)	0.202*** (0.041)
高技能劳动 占比的平方	0.061*** (0.009)	0.029*** (0.005)	0.063*** (0.009)	0.030*** (0.005)	0.059*** (0.009)	0.025*** (0.005)	0.059*** (0.008)	0.024*** (0.005)
控制变量	是	是	是	是	是	是	是	是
行业固定效应	是	是	是	是	是	是	是	是
年份固定效应	否	否	否	否	是	是	是	是
观测值	646	646	646	646	646	646	646	646
拟合度	0.281	0.204	0.394	0.336	0.350	0.291	0.523	0.434

注：***、** 和 * 分别表示在 1%、5% 和 10% 的显著性水平上统计显著，括号内为标准误。

资料来源：改编自杨飞，范从来. 产业智能化是否有利于中国益贫式发展？[J]. 经济研究，2020，55 (5)：150-165。

产业智能化的生产率效应对低-高技能劳动的相对工资存在显著的正向影响，对低-中技能劳动的相对工资的影响不显著。2005 年后中国的中-高技能劳动的相对工资上升，新工作创造效应和生产率效应的估计结果同实际情况相符。相关文献也支持这一结论，Autor（2015）表明，机器虽然对劳动存在替代效应，但也提高了生产率，扩大了生产规模，从而增加了对低技能服务和劳动的需求。全要素生产率的系数显著为正，这进一步说明了生产率上升对低技能劳动需求具有正向影响。比较新工作创造效应和生产率效应可知，新工作创造效应对低技能劳动的相对工资的影响更大，而生产率效应的影响相对较小，但两者均有利于实现益贫式发展。这说明机器替代劳动的担忧可能过于悲观，而且 Aghion et al.（2020）表明，产业智能化显著增加了法国等发达国家的总就业。

高技能劳动占比及其平方项对低技能劳动的相对工资存在显著的正向影响，在控制了内生性问题后，估计系数显著提高，这表明人力资本积累确实对益贫式发展存在显著的非线性影响。由于高技能劳动占比一次项的系数为正，这表明目前中国的人力资本积累已经开始更有利于提升低技能劳动的相对工资，正在促进益贫式发展，这也验证了上文推论 2 关于人力资本积累作用的论述。

由表 7－1 各个影响因素的估计结果可知，促进益贫式发展的主要措施是通过人力资本积累提升产业智能化程度，进而通过新工作创造效应和生产率效应提升对低技能劳动的相对需求。而且，估计结果还显示，产业智能化对低技能劳动的相对工资不存在显著的负向影响，这有利于国家进一步推动产业智能化，更好地实现人工智能与实体经济深度融合。估计结果同已有研究看似存在差异实则互补。例如，Autor & Salomons（2018）、Acemoglu & Restrepo（2019a）表明，人工智能会减少就业和劳动报酬份额，但是杨飞和范从来（2020）将劳动细分为高、中、低技能劳动，人工智能虽然替代了规则化的中等技能劳动，但通过新工作创造效应和生产率效应提升了低技能劳动的相对需求和收入，只要能够实现中等技能劳动转岗就业，就能更好地促进益贫式发展。

第三节　人工智能技术冲击下的职业变迁方向与平等性

一、理论命题的提出

通常，新旧职业更替往往与技术进步相伴而生，人工智能技术的不断发展与应用将会催生新的职业场景。人工智能技术正逐渐改变生产任务和创造新职业，现有文献或关注人工智能的劳动替代和岗位创造效应（Arntz et al.，2017；Nedelkoska & Quintini，2018；Acemoglu & Restrepo，2020），或考察人工智能冲击下的岗位招聘需求变化情况（Acemoglu et al.，2022；Autor et al.，2022；Albanesi et al.，2023），尚未重视人工智能冲击对职业变迁会产生何种影响。实际上，技术变革带来了新的生产场景和新的职业机会，也对传统职业形成了冲击。结果是，一些过时的旧职业不断消失，而一些新的职业应运而生，新旧职业不断更迭即产生了职业变迁（Frey & Osborne，2017；Autor et al.，2022）。

基于此，王林辉等（2023）提出了“人工智能技术冲击下的职业变迁方向与平等性”

这一理论命题。

理论命题 7-2

人工智能技术既会诱致职业变迁，也会重塑职业的任务属性。人工智能技术的“去技能化”和“再技能化”特征会拓展劳动者的职业技能宽度，降低职业的技能深度。人工智能技术会推动职业地位向上流动，但对不同技术复杂度职业的工资收入、就业稳定性与工作满意度会产生差异化影响。

资料来源：王林辉，钱圆圆，周慧琳，等．人工智能技术冲击和中国职业变迁方向［J］．管理世界，2023，39（11）：74-93.

该理论命题从职业变迁视角评估人工智能的技术冲击，为全面了解人工智能技术对劳动力市场的冲击提供了一个新的研究视角，主要体现在以下几方面：（1）采用职业代码变化表征职业变迁，通过梳理历次《中华人民共和国职业分类大典》的修订变化来识别新职业，探究了人工智能技术对职业变迁的冲击和中国的职业变迁方向；（2）创新性地从职业的任务属性视角，基于任务数量、任务繁重度、任务复杂度以及任务自由度等维度，探究了人工智能技术是否会诱致职业任务属性变化；（3）构建职业技能宽度与深度指标，分析了人工智能技术应用对职业技能需求的影响；（4）引入职业收入、就业稳定性、工作满意度以及职业地位等，剖析了人工智能技术对职业平等性的冲击，旨在进一步探讨人工智能技术诱致职业变迁的经济社会后果。

二、理论命题的具体内容

亚当·斯密在《国民财富的性质和原因的研究》中论述分工与专业化问题时，认为分工有利于提高劳动生产率和节省劳动时间，随着市场范围的扩大会产生专业化分工并形成职业。技术进步则会提高生产率，促使分工进一步细化，在新职业的形成与新旧职业的更替过程中扮演着重要角色。王林辉等（2023）认为，技术进步会提高专业化分工效率和促进分工细化，进而衍生出新生产任务、新工种或新职业，一部分劳动者将从传统职业转向新职业，是对传统分工与专业化理论的拓展。

Autor et al.（2003）用矩阵分类法，将职业类型按照是否可被程序化划分为常规型和非常规型两类；按照是否需要认知能力划分为认知型和非认知型两类。相关研究发现，人工智能应用对常规任务都存在明显的替代，但会提升从事非常规任务的劳动力需求（Reijnders & De Vries，2018；Acemoglu & Restrepo，2019；Atalay et al.，2020；De Vries et al.，2020；余玲铮等，2021）。在技术日新月异的环境中，智能机器的使用将彻底改变组织运作和任务执行方式（Spreitzer et al.，2017）。人工智能通过不同领域的算法交互处理，将繁杂的任务拆分成一系列单一生产任务，替代劳动或以人机协作的形式执行生产任务。原本复杂的生产任务通过拆分，交给机器人执行，而需要劳动者执行的任务逐步呈现简单化、轻松化特征，劳动者工作的自主性也会不断提高（Ge et al.，2021）。同时，人工智能应用有助于非正规就业的兴起，职业任务的灵活性和自主性相对于传统职业自然更高（Nawakitphaitoon & Tang，2021；王天夫，2021；隋想，2022）。任务自主性不仅体现为灵活决策（即自主地安排工作任务和进度），也体现为工作方式方面的灵活自由（Humphrey et al.，2007）。一些固定地点或时间的工作模式将逐步被打破，传统观念中难以想象的远程办公、居家办公已变成现实（Wisskirchen et al.，2017）。

基于此，王林辉等（2023）提出了假说 1。

假说 1： 人工智能技术既会诱致职业变迁，也会重塑职业的任务属性。

智能机器的规模化使用将产品生产过程逐一分解成一道道工序，机器人的"执行替代"易使劳动者技能退化（许怡和叶欣，2020）。例如，传统手工艺人拥有经过漫长岁月沉淀的工艺品制作手艺，但借助先进设备可以将生产工艺标准化和自动化，产品生产周期更短且效率更高，流水线上的工人只需进行简单的技能培训就能执行生产任务（Deming & Noray，2020；莫怡青和李力行，2022；Brynjolfsson，2022）。同时，当技术迭代使产品生产从自动化流水线生产不断转向智能化生产，人工智能拥有强大的推理、判断、归纳和决策等能力，可以胜任更多生产任务。新生产场景中很多任务开始交由机器人执行，一些机器人无法较好完成的任务也只需与普通工人配合处理就可以完成，这无疑会降低劳动者的技能深度（Xue et al.，2022；Downey，2021）。

人工智能应用不仅会"去技能化"，也会激励劳动者"再技能化"。人工智能技术创造出新的岗位，执行新的生产任务需要新技能，此时劳动者需要"再技能化"才能适应新任务。如人工智能算法工程师需要掌握深度学习、神经网络、决策树等算法及参数设计，人工智能训练师则需要拥有数据标注、人机交互设计和人工智能产品性能跟踪测试等技能。相较于传统技术，人工智能技术更具渗透性和通用性，其应用场景不断拓展，推动新环境中的工作形式、对象和内容更加多元化，不同岗位之间的边界趋于模糊，劳动分工的"去边界化"成为新趋势（郜清攀，2022）。然而，新任务和新问题的解决又需要多学科、多部门和多领域的专业知识协同。因此，劳动者的技能越多元即技能宽度越广，劳动者就越能适应新技术环境，也越能顺畅地转换到新岗位。换言之，人工智能将促使劳动者掌握多元化技能，即不断扩大自身技能宽度，以适应新技术环境（Arendt et al.，2023）。

基于此，王林辉等（2023）提出了假说 2。

假说 2： 人工智能技术的"去技能化"和"再技能化"特征，会拓展劳动者的职业技能宽度和降低职业的技能深度。

为了检验假说 1 和假说 2，王林辉等（2023）构建了如下计量模型：

$$\text{occupcha}_{ijt}=\alpha_0\ln AI_{jt}+\alpha_1 X_{ijt}+\alpha_2\ln Z_{jt}+\mu_j+\delta_t+\varepsilon_{ijt} \tag{7-15}$$

$$\text{direction}_{ijt}=\beta_0\ln AI_{jt}+\beta_1 X_{ijt}+\beta_2\ln Z_{jt}+\mu_j+\delta_t+\varepsilon_{ijt} \tag{7-16}$$

采用模型（7-15）来检验人工智能技术对职业变迁影响的存在性，其中 occupcha_{ijt} 表示 t 年 j 城市 i 个体是否发生了职业变迁，取 1 时表示发生了职业变迁，取 0 时表示未发生职业变迁。采用模型（7-16）来检验人工智能技术诱发的职业变迁方向，其中 direction_{ijt} 表征 t 年 j 城市 i 个体的职业变迁方向，从职业类型、任务属性、技能深度和宽度等维度加以考察，分析人工智能技术冲击下职业变迁的方向性特征。

在模型（7-15）和模型（7-16）中，AI_{jt} 表示 t 年 j 城市的人工智能技术，X_{ijt}、Z_{jt} 分别表示个体层面和城市层面的控制变量。个体层面的控制变量包括劳动者的年龄（age）、年龄的平方项（age2）、受教育年限（schooling）、性别（gender）和户口类别（hukou）。城市层面的变量包括经济发展水平（pgdp）、产业结构（ind）、城镇化水平（urb）、城市就业规模（emp）以及城市工资水平（avgwage）等。当被解释变量是二元变量时，采用 Probit 模型估计。此外，在模型回归时还加入了城市固定效应 μ_j 和时间固定效应 δ_t。

为检验假说 1 中人工智能技术职业变迁效应的存在性，王林辉等（2023）采用 Probit 模型对模型（7-15）进行回归，表 7-3 第（1）列的被解释变量是以五位代码变化衡量的职业变迁。结果显示，人工智能技术的边际效应是 0.025，且在 5%的显著性水平上统计显著，说明人工智能技术能够显著地推动劳动者发生职业变迁。劳动者的职业变迁可能是在传统职业内小范围变动，也可能是流动到与先前职业类别、技能要求甚至职责都不相同的职业领域，譬如技术员改行做销售、教师改行做人事管理工作。那么，人工智能引发劳动者发生职业变迁，是发生在原职业范围内的小幅度调整，还是跨职业流动？为了回答上述问题，分别对比劳动者上一份职业和当前职业的三位代码（中类）、一位代码（大类），将发生变化的样本标记为 1，未发生变化的样本标记为 0，采取同样的方法进行估计，结果见表 7-3 的第（2）列和第（3）列。结果显示，人工智能技术的系数分别在 5%和 1%的显著性水平上统计显著，表明人工智能技术不仅会促进劳动者职业发生小幅度变迁，也可能发生跨职业流动。

表 7-3　人工智能技术与劳动者的职业变迁

变量	(1) 职业五位代码变化	(2) 职业三位代码变化	(3) 职业一位代码变化
人工智能技术	0.025**	0.029**	0.031***
	(0.011)	(0.012)	(0.010)
年龄	0.015***	0.016***	0.009**
	(0.005)	(0.005)	(0.004)
年龄的平方项	−0.000***	−0.000***	−0.000
	(0.000)	(0.000)	(0.000)
性别	0.058***	0.051***	0.013
	(0.010)	(0.011)	(0.012)
户口类别	0.019*	0.015	0.024**
	(0.010)	(0.010)	(0.011)
受教育年限	0.010	0.015*	0.032***
	(0.009)	(0.009)	(0.011)
人均 GDP	0.302***	0.181**	0.309**
	(0.099)	(0.092)	(0.129)
产业结构	−0.118	0.064	0.036
	(0.130)	(0.129)	(0.121)

续表

变量	(1) 职业五位代码变化	(2) 职业三位代码变化	(3) 职业一位代码变化
城镇化率	0.129	0.112	0.367**
	(0.144)	(0.171)	(0.170)
城市就业规模	0.043	0.069	0.069
	(0.048)	(0.067)	(0.067)
城市工资水平	−0.026	0.025	−0.030
	(0.023)	(0.025)	(0.024)
固定效应	年份+城市	年份+城市	年份+城市
观测值	10 415	10 415	10 415
虚拟 R^2/R^2	0.141	0.121	0.079

注：***、** 和 * 分别表示在 1%、5%和 10%的显著性水平上统计显著，括号内为省份和年份层面的聚类标准误。

资料来源：王林辉，钱圆圆，周慧琳，等．人工智能技术冲击和中国职业变迁方向［J］．管理世界，2023，39（11）：74－93.

为了从新职业与数字职业视角考察人工智能技术引发的职业变迁方向特征，王林辉等（2023）采用 Probit 模型检验人工智能技术是否会促进劳动者从事新职业和数字职业，结果见表 7－4。由表可知：在 5%的显著性水平上，人工智能技术的系数显著为正，说明人工智能技术能促进劳动者从事新职业；在 5%的显著性水平上，人工智能技术能提高劳动者从事数字职业的概率。人工智能技术会促进劳动者从传统职业转向新职业、从非数字职业转向数字职业，即人工智能技术促进了新旧职业变动。

表 7－4 职业变迁方向检验：新职业与数字职业

变量	(1) 新职业	(2) 数字职业	(3) 转向新职业	(4) 转向数字职业
人工智能技术	0.039**	0.005**	0.035*	0.013**
	(0.015)	(0.002)	(0.019)	(0.007)
控制变量	是	是	是	是
固定效应	年份+城市	年份+城市	年份+城市+ 上一份职业类型	年份+城市+ 上一份职业类型
观测值	41 355	33 497	5 625	6 048
虚拟 R^2	0.067	0.112	0.105	0.153

注：** 和 * 分别表示在 5%和 10%的显著性水平上统计显著，括号内为聚类标准误。

资料来源：王林辉，钱圆圆，周慧琳，等．人工智能技术冲击和中国职业变迁方向［J］．管理世界，2023，39（11）：74－93.

为了检验假说 1 的任务变迁特点，王林辉等（2023）整理出《中华人民共和国职业分类大典》描述的任务特征，并结合劳动者职业任务特性，从任务数量和任务内容变动维度，分析人工智能技术是否会引发职业任务属性的变化，估计结果见表 7－5。由表可知，在 10%的显著性水平上，人工智能技术会诱致职业任务发生变迁；在 1%的显著性水平上，人工智能技术会诱发职业任务从繁重向非繁重、复杂化向简单化方向转变。此外，人工智能技术会引发劳动者职业向工作内容、工作进度、工作量和工作强度、工作地点更加自由的方向发展。

表 7-5　职业变迁方向检验：任务属性

变量	(1) 任务是否变动	(2) 任务繁重度变动	(3) 任务复杂度变动	(4) 工作内容自由度	(5) 工作进度自由度	(6) 工作量和强度自由度	(7) 工作地点自由度
人工智能技术	0.008*	0.047***	0.015***	0.171**	0.146**	0.174***	0.113*
	(0.004)	(0.013)	(0.005)	(0.074)	(0.069)	(0.067)	(0.058)
控制变量	是	是	是	是	是	是	是
固定效应	年份+城市	城市+年份	城市+年份	城市+年份	城市+年份	城市+年份	城市+年份
观测值	7 781	5 038	7 789	29 387	29 387	29 389	41 194
虚拟 R^2/R^2	0.273	0.167	0.073 9	0.127 5	0.097	0.101	0.091

注：***、** 和 * 分别表示在 1%、5%和 10%的显著性水平上统计显著，括号内为省份和年份层面的聚类标准误。

资料来源：王林辉，钱圆圆，周慧琳，等．人工智能技术冲击和中国职业变迁方向 [J]. 管理世界，2023，39 (11)：74-93.

为了检验假说 2，王林辉等（2023）从技能宽度和技能深度两个角度，考察人工智能技术对职业技能需求的影响，估计结果见表 7-6。表 7-6 的第（1）列汇报了被解释变量是技能宽度的回归结果，在 10%的显著性水平上，人工智能技术对技能宽度的作用系数显著为正，说明人工智能技术能够提升劳动者的技能宽度。同时，参考被各国广泛认可的国际标准职业分类，将职业分成高技术复杂度和低技术复杂度两组。对不同技术复杂度的职业，分组回归结果见表 7-6 的第（2）列和第（3）列。可知对于高技术复杂度职业，人工智能技术的系数在 5%的显著性水平上为正，但对低技术复杂度职业的技能宽度的影响并不显著，说明人工智能技术会促进高技术复杂度职业技能宽度的增加。表 7-6 的第（4）列汇报了被解释变量是技能深度的回归结果。结果显示，在 5%的显著性水平上，人工智能技术对技能深度的作用系数显著为负，说明人工智能技术应用存在降低劳动者技能深度的倾向。同样地，表 7-6 的第（5）列和第（6）列是按照职业技术复杂度高低进行分组的回归结果，发现人工智能技术会显著地降低那些高技术复杂度职业的技能深度，对于低技术复杂度职业的影响则不显著。

表 7-6　职业变迁方向检验：技能宽度和技能深度

变量	(1) 技能宽度	(2) 低技术复杂度职业	(3) 高技术复杂度职业	(4) 技能深度	(5) 低技术复杂度职业	(6) 高技术复杂度职业
人工智能技术	0.046*	0.044	0.025**	−0.114**	−0.036	−0.260***
	(0.026)	(0.028)	(0.012)	(0.053)	(0.069)	(0.065)
控制变量	是	是	是	是	是	是
固定效应	城市+年份	城市+年份	城市+年份	城市+年份	城市+年份	城市+年份
观测值	5 942	4 859	1 012	3 625	2 762	789
R^2	0.360	0.358	0.256	0.241	0.229	0.256

注：***、** 和 * 分别表示在 1%、5%和 10%的显著性水平上统计显著，括号内为省份和年份层面的聚类标准误。

资料来源：王林辉，钱圆圆，周慧琳，等．人工智能技术冲击和中国职业变迁方向 [J]. 管理世界，2023，39 (11)：74-93.

传统分工与专业化理论忽视了职业复杂度、就业稳定性和工作满意度等。王林辉等(2023)讨论了在人工智能技术诱发职业变迁过程中，技术对不同技术复杂度职业的收入、就业稳定性、工作满意度的影响存在差异，是对传统分工与专业化理论的重要拓展。

首先，人工智能技术在生产中广泛应用，常规型任务交由机器来执行，这些职业的部分劳动者可能被挤出劳动力市场，其工资收入可能受损（Susskind，2017）。而高技术复杂度职业的劳动者，因其被机器人替代的可能性小，若能借助新技术实现人机协作，劳动者的生产率提高还会使其工资不降反升（余玲铮等，2021）。其次，人工智能技术会削弱对低技术复杂度职业的劳动控制权，降低此类职业的就业稳定性（许怡和叶欣，2020）。主要原因在于，一方面，人工智能的“去技能化”效应将技术工艺和生产工序分离，简化低技术复杂度职业的工作内容，劳动者对于企业的重要性降低，企业更愿意选择非稳定的雇佣关系（余玲铮等，2021）；另一方面，人工智能的“再技能化”效应会对劳动者的技能提出新要求，如实现人机协作所需的数字技能等。而那些低技术复杂度职业的劳动者通常在学习新技能方面存在困难，加上新技术的快速更新又会增加企业的培训成本，企业对低技术复杂度职业群体更倾向于采用松散的临时雇佣方式（朱斌，2022）。最后，从工作满意度上看，人工智能技术可以替代劳动者执行重复、繁重甚至危险的工作，将提升从事这类任务劳动者的工作满意度（Martin & Omrani，2015；Gihleb et al.，2022）。

基于此，王林辉等（2023）提出了假说 3。

假说 3：*人工智能技术会推动职业地位向上流动，但对不同技术复杂度职业的工资收入、就业稳定性与工作满意度会产生差异化影响。*

为了检验假说 3，王林辉等（2023）分别从职业地位、工资收入、工作满意度以及就业稳定性等角度，考察人工智能技术对不同技术复杂度职业的差异性影响，剖析人工智能引发的职业平等性问题。人工智能技术冲击对职业收入和就业稳定性的差异性影响的估计结果如表 7－7 所示。由此可知，人工智能技术能显著增加高技术复杂度职业的收入，减少低技术复杂度职业的收入，但该影响不显著。可见，人工智能技术对职业的影响具有差异性，会扩大高、低技术复杂度职业的收入差距，引发职业不平等。人工智能技术通常会降低低技术复杂度职业劳动者的就业稳定性，而对于高技术复杂度职业劳动者的影响不显著。可见，人工智能技术对高、低技术复杂度职业的就业稳定性会产生差异化的影响，明显降低低技术复杂度职业的就业稳定性。

表 7－7 人工智能技术冲击下的职业平等性（一）

变量	(1)	(2)	(3)	(4)	(5)	(6)	(7)	(8)	(9)
	职业收入			合同签订与否			合同签订时长		
	全样本	低技术复杂度职业	高技术复杂度职业	全样本	低技术复杂度职业	高技术复杂度职业	全样本	低技术复杂度职业	高技术复杂度职业
人工智能技术	0.012	−0.003	0.093**	−0.031**	−0.033**	−0.013	−0.063*	−0.059*	−0.018
	(0.019)	(0.020)	(0.039)	(0.013)	(0.015)	(0.031)	(0.033)	(0.034)	(0.068)
控制变量	是	是	是	是	是	是	是	是	是
固定效应	年份+城市	年份+城市	年份+城市	年份+城市	年份+城市	年份+城市	年份+城市	年份+城市	年份+城市

续表

变量	(1)	(2)	(3)	(4)	(5)	(6)	(7)	(8)	(9)
	职业收入			合同签订与否			合同签订时长		
	全样本	低技术复杂度职业	高技术复杂度职业	全样本	低技术复杂度职业	高技术复杂度职业	全样本	低技术复杂度职业	高技术复杂度职业
观测值	11 493	9 925	1 568	7 408	6 267	1 141	5 758	4 396	1 362
R^2	0.970	0.969	0.982	0.185	0.188	0.301	0.173	0.192	0.214

注：** 和 * 分别表示在 5% 和 10% 的显著性水平上统计显著，括号内为省份和年份层面的聚类标准误。

资料来源：王林辉，钱圆圆，周慧琳，等．人工智能技术冲击和中国职业变迁方向 [J]. 管理世界，2023，39 (11)：74－93.

表 7－8 汇报了人工智能技术冲击对总体满意度、安全满意度和职业地位的差异性影响的估计结果。结果显示，第一，人工智能技术能够显著地提升劳动者工作总体满意度，且无论是对高技术复杂度职业，还是对低技术复杂度职业的提升效应均显著。在工作安全满意度方面，人工智能技术更有助于提升低技术复杂度职业的工作安全满意度，而对高技术复杂度职业的工作安全满意度的影响不显著。原因在于，低技术复杂度职业的工作环境通常更加危险、艰苦和恶劣，而人工智能技术的应用有利于将劳动者从此类危险环境中解脱出来。第二，人工智能技术能够引发劳动者的职业地位向上流动，无论是高技术复杂度职业还是低技术复杂度职业，人工智能技术的职业地位提升效应均显著存在。

表 7－8 人工智能技术冲击下的职业平等性（二）

变量	(1)	(2)	(3)	(4)	(5)	(6)	(7)	(8)	(9)
	总体满意度			安全满意度			职业地位		
	全样本	低技术复杂度职业	高技术复杂度职业	全样本	低技术复杂度职业	高技术复杂度职业	全样本	低技术复杂度职业	高技术复杂度职业
人工智能技术	0.059**	0.054**	0.161*	0.057**	0.064***	−0.003	0.028**	0.025**	0.077**
	(0.024)	(0.025)	(0.097)	(0.023)	(0.025)	(0.091)	(0.011)	(0.010)	(0.034)
控制变量	是	是	是	是	是	是	是	是	是
固定效应	年份＋城市	年份＋城市	年份＋城市	年份＋城市	年份＋城市	年份＋城市	城市＋年份	城市＋年份	城市＋年份
观测值	40 598	36 735	3 863	40 355	36 494	3 861	6 370	5 631	739
R^2	0.030	0.030	0.060	0.026	0.026	0.044	0.078	0.081	0.397

注：***、** 和 * 分别表示在 1%、5% 和 10% 的显著性水平上统计显著，括号内为省份和年份层面的聚类标准误。

资料来源：王林辉，钱圆圆，周慧琳，等．人工智能技术冲击和中国职业变迁方向 [J]. 管理世界，2023，39 (11)：74－93.

第四节 人工智能技术的就业溢出效应

一、理论命题的提出

技术变革作为颠覆劳动力市场均衡的重要冲击，长期以来受到国家决策者、业界和经济金融学者的关注。以工业机器人为例，从原理上讲，“技术性失业”初步回答了机器人是否会挤占人类工作岗位、如何影响劳动力市场就业水平和企业生产效率等问题（Autor et al.，2003；Acemoglu & Autor，2011；Benzell et al.，2015；Susskind，2017；Acemoglu & Restrepo，2018）。然而，现有的基于西方国家行业与宏观层面的经验证据仍然较少，而且存在明显分歧。例如：Acemoglu & Restrepo（2020）发现，机器人应用会降低美国劳动力市场的就业水平和平均工资；而 Graetz & Michaels（2018）基于跨国样本指出，机器人应用对劳动力市场整体上没有显著影响。随着中国工业机器人产业表现出强劲需求和高速发展，以及众多导向作用较强的产业政策逐渐落地生效，在人口结构和劳动力结构发生重大变化的时代背景下，业界和政府均迫切需要明晰以机器人应用为代表的智能制造变革对中国本土劳动力市场的影响。

基于此，孔高文等（2020）提出了“人工智能技术的就业溢出效应”这一理论命题。

理论命题 7-3

机器人应用所引发的“技术性失业”与劳动力市场结构密切相关，且在时空分布上也有显著的就业溢出效应。

资料来源：孔高文，刘莎莎，孔东民．机器人与就业：基于行业与地区异质性的探索性分析[J]．中国工业经济，2020（8）：80-98.

该命题较早地为中国劳动力市场的结构变化提供了更精细的证据，能够从产业政策层面进一步协调机器人应用和就业的关系。一方面，传统劳动力市场理论研究主要考察行业或地区层面平均效应的不足，无法进一步探索和深入明晰机器人应用对中国劳动力市场的影响；另一方面，区别于传统劳动力市场理论研究，孔高文等（2020）引入中国不同行业或地区在劳动力市场结构方面的丰富差异，并结合产业链、劳动力可替代性考察了机器人应用的溢出效应，既丰富了劳动力市场研究的视角，也有助于全面地识别机器人产业对国民经济的影响并制定合适的宏观经济对策。因此，孔高文等（2020）是对传统劳动力市场理论研究的重要完善。

二、理论命题的具体内容

西方文献主要考察了机器人是否会挤占人类工作岗位、机器人如何影响劳动力市场就业水平和企业生产效率等问题，以验证是否存在“技术性失业”问题。然而，此类研究存在较多争议和不足，对现实世界，特别是对中国现实的指导意义较弱。孔高文等（2020）结合中国地区与行业层面的机器人应用数据和劳动力就业数据，研究机器人应用对本地不同行业劳动力就业水平的影响，是对已有研究的拓展。

工业机器人与人工智能和信息技术等已有技术革新具有显著的差异（Brynjolfsson & Mitchell，2017），相比后者更注重软件理论或基础设施方面的突破，工业机器人更强调自动化在大规模工业生产中的具体应用，更强调技术的落地价值。这使得工业机器人具有更迅速、更直接、更深远的影响。随着业界和学界对这一差异的认知程度不断加深，越来越多的研究开始聚焦于直接考察工业机器人对劳动力市场所带来的新的变化（Martinez，2019；Acemoglu & Restrepo，2020；Hémous & Olsen，2022）。

在评估机器人应用对劳动力市场的冲击时，大部分研究倾向于从宏观层面出发，基于偏向性技术进步的视角，强调工业机器人在复杂任务下所表现出的能力优势对劳动力的替代。然而，具体到劳动力市场，对于机器人如何影响真实就业，现有研究却持有不同观点。部分文献认为，工业机器人具有显著的替代优势，最终会显著降低劳动力就业（Acemoglu & Restrepo，2020；Dinlersoz & Wolf，2024），然而也有研究认为，机器人应用对劳动力就业具有积极的促进作用，能够调节劳动力在不同行业间的分布，在降低特定行业就业水平的同时，会刺激其他相关行业的就业（Dauth et al.，2018；Arntz et al.，2017）。与此同时，微观层面的研究也揭示出不同经济体下、不同行业内机器人应用对就业的真实影响不尽相同。

机器人应用对劳动力就业的影响之所以复杂难辨，可归因于：一方面，随着技术进步和工业机器人在工业生产中的大规模应用，机器人的竞争优势日渐提高，劳动力市场中普通劳动力的竞争日趋呈现劣势。机器人产品不断进步的技术和不断降低的成本，会吸引企业逐渐增加有关资本投入，逐步引入更高效率的机器人，取代相应岗位的劳动力，导致当地同行业劳动力就业规模的缩小。另一方面，随着机器人的引入，企业生产规模增大了，盈利能力也增强了，在机器人尚无法成为劳动力完全替代品的前提下，这会扩大企业对劳动力的需求。与此同时，随着机器人的引入，部分企业需要对原有岗位的劳动力进行升级培训或者招聘高人力资本的劳动力，才能更高效率地操作和维护机器人，真正释放机器人的生产效率。这都会导致在资本要素或机器人增加的同时，当地同行业劳动力的需求也随之增加，增加理论辨析的难度和可靠性。

基于此，孔高文等（2020）提出了假说 1a 和假说 1b。

假说 1a： 机器人应用规模的增大，会降低当地同行业的就业水平。

假说 1b： 机器人应用规模的增大，会提高当地同行业的就业水平。

为了验证上述假说，孔高文等（2020）首先从地区与行业两个层面捕捉机器人应用规模，定义了 $\mathrm{RA}_{i,t}$ 为 t 年度 i 省份新增机器人规模的自然对数值、$\mathrm{RI}_{j,t}$ 为 t 年度 j 行业新增机器人规模的自然对数值；其次，定义 $\Delta\mathrm{lnNum}_{i,j,t+1}$ 为 $t+1$ 年度 i 省份 j 行业城镇单位就业人员数量的自然对数的变化值，以衡量机器人应用对劳动力就业水平的影响。验证理论分析使用的回归模型为：

$$\begin{aligned}\Delta\mathrm{lnNum}_{i,j,t+1}=&\alpha+\beta_1\mathrm{RA}_{i,t}\times\mathrm{RI}_{j,t}+\mathrm{Ind}\times\mathrm{Year}+\mathrm{Prov}\times\mathrm{Year}\\&+\mathrm{Ind}\times\mathrm{Prov}+\epsilon\end{aligned}\tag{7-17}$$

式中，下标 i 代表省级行政单位或直辖市，j 代表《国民经济行业分类》中的行业门类，t 代表年度。被解释变量 $\Delta\mathrm{lnNum}_{i,j,t+1}$ 代表下一年度的劳动就业增长率，$\mathrm{RA}_{i,t}$ 代表地区机器人应用水平，$\mathrm{RI}_{j,t}$ 代表行业机器人应用水平，Ind 为行业固定效应，Prov 为地区固定效应，Year 为年份固定效应，ϵ代表残差项。

表 7－9 为地方-行业联合层面的劳动力就业水平与机器人应用的关系。回归结果表明，在控制了一系列的行业-年度、省份-年度和行业-省份固定效应之后，机器人应用规模越

大，本地同行业的劳动力就业增长率下降就越多，并且这一结论在不同样本中均稳健存在。这一发现支持了机器人应用会导致中国在短期内存在技术性失业现象，从而验证了假说 1a。

表 7-9 机器人应用与劳动力就业水平

	$\Delta \ln Num_{i,j,t+1}$		
	全样本	第二产业	IFR 覆盖行业
	(1)	(2)	(3)
$RA_{i,t} \times RI_{j,t}$	-0.1773^{***}	-0.2469^{***}	-0.1509^{***}
	(−3.005 3)	(−24.600 1)	(−4.964 2)
Cons	12.4710^{***}	22.0421^{***}	14.2871^{***}
	(3.109 8)	(23.132 2)	(4.549 2)
固定效应	是	是	是
观测值	7 220	4 740	4 750
调整的 R^2	0.377 1	0.353 9	0.376 4

注：*** 表示在 1%的显著性水平上统计显著，括号内为 t 值。

资料来源：孔高文，刘莎莎，孔东民．机器人与就业：基于行业与地区异质性的探索性分析［J］．中国工业经济，2020（8）：80-98.

传统理论鲜有考察机器人应用所导致的短期技术性失业问题产生的原因，也缺乏对地区和行业异质性的考虑。孔高文等（2020）通过引入中国不同行业或地区在劳动力市场结构方面的丰富差异，从人力资本、劳动者保护、制度建设等视角出发，进行了大量的横截面检验，同时也结合产业链方向、劳动力可替代性深入考察了机器人应用的溢出效应，以及这一溢出效应在不同情景下的差异，丰富了后续研究的视角。

尽管随着机器人行业的迅猛发展，工业机器人已经逐步在焊接、刷漆和组装等复杂应用中得到大规模使用，但受限于其天然属性，依然无法完全代替人工作业。对于一些工作更为精巧、更依赖工人的自主决策能力的行业而言，人力资本相对较高，难以被机器所取代。此外，这类人力资本较高的行业更加注重员工在积累人力资本过程中所掌握的特有知识与技能，这进一步增加了企业解聘高人力资本员工的成本，限制了企业调节劳动力数量的手段和力度。

企业的劳动力调整决策除了受企业内部资本成本和劳动力成本的影响之外，还显著受到企业外部环境的影响。在劳动力保护程度较高的地区，受限于诉讼成本和监管约束，企业无法随意调整或解除与员工签订的劳动合同。即使引入机器人，企业也无法按照最优配置调节劳动力数量。与此类似，在市场化程度较低的地区，政府对企业的干预力度较大。地方政府为了实现保增长、促就业等方面的目标，往往会通过税收优惠、信贷资金等稀缺资源的分配来干预企业劳动力决策。这一干预也会大大削弱企业调节劳动力数量的自主权，使得企业也无法按照最优配置调节劳动力数量。

基于此，孔高文等（2020）提出了假说 2。

假说 2： *在人力资本较低的行业，或在劳动力保护较弱、市场化程度较高的地区，机器人应用对劳动力的替代效应更强。*

表 7-10 报告了不同情景下机器人应用影响的差异。表 7-10 中 Panel A 基于人力资本的视角展开分析。鉴于教育经历是人力资本积累过程中的一个重要因素，通过教育所获得的知识有助于其更好地适应新环境与新技术，第（1）列和第（2）列使用劳动者的

学历直接衡量劳动力人力资本水平。同时，考虑到地区失业率与经济社会运行的稳定性密切相关，且结构性失业会扭曲劳动力市场的供需关系，第（3）列和第（4）列也额外使用不同地区的城镇登记失业率来衡量失业率，考察企业解雇员工的动机对机器人应用的替代效应的影响。第（2）列和第（3）列的结果表明，机器人应用对劳动力的替代效应，主要体现在低学历员工占比较高或城镇登记失业率较低的地区。Panel B 基于劳动力保护的视角展开分析，并分别从劳动工会组织数量和劳动争议案件数量两方面度量地区的劳动力保护水平。第（1）列和第（3）列的结果表明，在劳动工会组织数量较少的地区和劳动争议案件少的地区，机器人应用对劳动力市场的冲击更强，即机器人应用的替代效应主要集中于劳动力保护较弱的地区。Panel C 基于市场化程度的视角展开分析，并分别使用不同地区的市场化总指数和政府与市场关系指数来衡量市场经济的发展状况。第（2）列和第（4）列的结果表明，机器人应用对劳动力市场的冲击主要集中在市场化进展较快的地区。综合表 7－10 的估计结果，假说 2 成立。

表 7－10 机器人应用与劳动力转移：异质性分析

	$\Delta\ln Num_{i,j,t+1}$			
	（1）	（2）	（3）	（4）
Panel A：人力资本				
	低学历劳动力占比		城镇登记失业率	
	低	高	低	高
$RA_{i,t}\times RI_{j,t}$	−0.075 8	−0.325 3***	−0.209 8***	−0.002 0
	(−0.502 7)	(−7.804 5)	(−3.684 1)	(−0.037 9)
Cons	2.610 4	23.859 3***	15.560 6***	−0.983 6
	(0.236 8)	(9.128 9)	(4.129 6)	(−0.260 3)
固定效应	是	是	是	是
观测值	3 543	3 536	3 421	3 567
调整的 R^2	0.527 0	0.497 8	0.451 9	0.414 1
Panel B：劳动力保护程度				
	劳动工会组织数量		劳动争议案件数量	
	少	多	少	多
$RA_{i,t}\times RI_{j,t}$	−0.196 1***	0.270 5***	−0.213 6***	−0.052 9
	(−3.140 8)	(3.344 3)	(−3.557 1)	(−0.190 8)
Cons	11.548 4***	−17.843 8***	13.940 6***	3.786 3
	(2.923 4)	(−3.038 4)	(3.862 4)	(0.179 8)
固定效应	是	是	是	是
观测值	3 648	3 525	3 554	3 525
调整的 R^2	0.329 0	0.558 2	0.362 5	0.596 9
Panel C：市场化程度				
	市场化总指数		政府与市场关系指数	
	小	大	小	大
$RA_{i,t}\times RI_{j,t}$	0.137 6	−0.211 5***	0.269 6*	−0.197 1***
	(1.000 6)	(−3.261 4)	(1.834 9)	(−3.119 1)
Cons	−8.972 2	12.512 8***	−18.318 7	11.345 3***
	(−0.871 1)	(3.147 2)	(−1.675 8)	(2.903 9)

续表

	$\Delta\ln Num_{i,j,t+1}$			
	(1)	(2)	(3)	(4)
	Panel C：市场化程度			
	市场化总指数		政府与市场关系指数	
	小	大	小	大
固定效应	是	是	是	是
观测值	3 525	3 695	3 525	3 695
调整的 R^2	0.553 1	0.335 3	0.533 7	0.339 6

注：*** 和 * 分别表示在 1%和 10%的显著性水平上统计显著，括号内为 t 值。

资料来源：孔高文，刘莎莎，孔东民．机器人与就业：基于行业与地区异质性的探索性分析 [J]. 中国工业经济，2020 (8)：80 - 98.

工业机器人的偏向型技术进步特征会扭曲就业市场结构，导致劳动力从中等技能需求的行业流向高技能需求或低技能需求的行业，加剧劳动力市场就业分布和工资分布的极化现象，因此，机器人应用在不同技能需求的行业之间具有溢出效应。此外，机器人的大规模使用也会提高行业要素生产效率、降低产成品价格，并导致产业链下游行业的生产成本下降，进而会刺激下游行业追加资本和劳动力投入以扩大生产规模。产业链下游增加的劳动力需求能够吸收上游行业中被机器人取代的劳动力，实现劳动力跨产业链的调整，即机器人应用对产业链下游行业的就业同样具有溢出效应。

同时，机器人并不能够完全替代劳动力，机器人的使用范围和使用规模也与行业内部劳动力的可替代性密切相关。对于劳动力可替代性较强的行业，机器人的大规模使用会严重挤压行业内部现有的劳动力需求，尤其是人力资本较低、行业或职位经验较少的劳动力。由于这类劳动力不具备专有性人力资本投资的特点，其在不同行业或职位之间流动的摩擦较小，能够较快地适应其他行业的工作要求。因此，当其被机器人取代后，这类劳动力很可能选择流向对人力资本要求较低的其他行业或职位。尽管机器人在短期内有更高的竞争优势，能够代替劳动力，但是随着生产方式的转变和生产力的提高，行业内部最终能够创造出更多新的工作机会，特别是与服务管理相关的工作机会，能够用以弥补被机器人取代的体力工作。这些新的工作机会能够调整行业内部的劳动力组成，催生出新的技能，增加企业的工作岗位，最终能够扩大中长期的就业规模。

基于此，孔高文等（2020）提出了假说 3。

假说 3：机器人应用对下游产业链、可替代性较强的行业和中长期就业具有明显的溢出效应。

表 7 - 11 报告了产业链方向溢出效应的回归结果。这一部分基于 WIOD 提供的中国不同行业之间的投入产出表，识别出每个行业的下游行业和上游行业。表中 $\Delta\ln Num_{i,jd,t+1}$、$\Delta\ln Num_{i,ju,t+1}$ 和 $\Delta\ln Num_{\overline{-i},jd,t+1}$ 分别为下游行业、上游行业和外地同行业的就业人员数目的平均对数增加值。第（1）列和第（3）列的结果表明，机器人应用会逐渐驱动劳动力转移到本地的重要下游行业和外地行业，且跨行业的溢出效应显著大于跨地区的溢出效应。

表 7-11　机器人应用与劳动力转移：基于供应链方向

	$\Delta\ln Num_{i,jd,t+1}$ (1)	$\Delta\ln Num_{i,ju,t+1}$ (2)	$\Delta\ln Num_{\overline{-i},jd,t+1}$ (3)
$RA_{i,t}\times RI_{j,t}$	0.164 9**	−0.029 5	0.018 5***
	(2.473 5)	(−0.282 2)	(3.628 7)
Cons	−10.394 5**	5.855 6	−1.154 1***
	(−2.310 6)	(0.646 1)	(−3.335 2)
固定效应	是	是	是
观测值	5 226	4 690	7 220
调整的 R^2	0.699 5	0.696 9	0.988 1

注：*** 和 ** 分别表示在 1%和 5%的显著性水平上统计显著，括号内为 t 值。

资料来源：孔高文，刘莎莎，孔东民．机器人与就业：基于行业与地区异质性的探索性分析 [J]. 中国工业经济，2020 (8)：80-98.

表 7-12 报告了行业劳动力的可替代性角度的溢出效应。这一部分分别基于行业内可机械臂化任务占比和行业职位被机器人局部或全部取代的可能性来衡量行业的劳动力可替代性。第（1）列和第（3）列的结果表明，机器人应用的溢出效应还扩展至产业链之外，即本地某行业机器人应用同样可以显著提高本地其他劳动力替代性较高的行业的就业规模。

表 7-12　机器人应用与劳动力转移：基于行业劳动力的可替代性

	$\Delta\ln Num_{i,\overline{-j,h1},t+1}$ (1)	$\Delta\ln Num_{i,\overline{-j,l1},t+1}$ (2)	$\Delta\ln Num_{i,\overline{-j,h2},t+1}$ (3)	$\Delta\ln Num_{i,\overline{-j,l2},t+1}$ (4)
$RA_{i,t}\times RI_{j,t}$	0.018 8*	−0.000 2	0.034 5***	−0.004 5
	(1.787 5)	(−0.069 9)	(3.361 6)	(−1.299 6)
Cons	−2.289 5***	0.556 1***	−5.220 0***	3.853 9***
	(−3.209 6)	(3.076 2)	(−7.479 5)	(16.430 1)
固定效应	是	是	是	是
观测值	7 220	7 220	7 220	7 220
调整的 R^2	0.989 8	0.987 9	0.984 2	0.996 0

注：*** 和 * 分别表示在 1%和 10%的显著性水平上统计显著，括号内为 t 值。

资料来源：孔高文，刘莎莎，孔东民．机器人与就业：基于行业与地区异质性的探索性分析 [J]. 中国工业经济，2020 (8)：80-98.

表 7-13 报告了机器人应用在时间维度的溢出效应的回归结果。表中 TRA_i 和 TRI_j 分别表示行业和地区层面的 2011—2017 年机器人增加总规模。表 7-13 表明，机器人应用在中长期可一定程度上提高该行业的劳动力就业水平。综合表 7-11、表 7-12 和表 7-13 的估计结果，假说 3 成立。

表 7-13　机器人应用对劳动力就业水平的中长期影响

	$\Delta\ln TNum_{i,j}$	
	全样本	IFR 覆盖样本
	(1)	(2)
$TRA_i\times TRI_j$	−0.004 1	0.028 8*
	(−1.438 8)	(2.119 1)

续表

	$\Delta\ln TNum_{i,j}$	
	全样本	IFR 覆盖样本
	(1)	(2)
Cons	0.173 4*	−1.567 9*
	(1.791 9)	(−2.148 4)
行业固定效应	是	是
地区固定效应	是	是
观测值	1 439	915
调整的 R^2	0.331 2	0.307 6

注：* 表示在 10%的显著性水平上统计显著，括号内为 t 值。

资料来源：孔高文，刘莎莎，孔东民. 机器人与就业：基于行业与地区异质性的探索性分析 [J]. 中国工业经济，2020 (8)：80－98.

第五节　智能制造推动跨境电商出口多样化理论

一、理论命题的提出

出口多样化是指一个国家扩大其出口的产品或市场范围，从而降低出口集中度的过程（Iqbal et al.，2021）。在技术进步和消费者偏好转变的推动下，跨境电子商务正在日益成为国际贸易的重要渠道，为企业扩大业务范围和利用全球市场创造了新机会。然而，跨境电商出口的真正潜力在于其实现多样化的能力。随着新兴市场的崛起，企业产品范围、目标市场和销售渠道的多样化变得至关重要。智能制造，也被称为工业 4.0，通过整合人工智能（AI）、大数据分析、机器人和物联网等先进技术，革新了传统的制造过程（Zhong et al.，2017；Zhou et al.，2019）。这种整合不仅提高了效率和生产力，更赋予了制造商生产个性化、高质量产品的能力，以满足全球消费者日益多样化的消费需求（Lyytinen et al.，2016；Graetz & Michaels，2018）。这一生产方式的变革不仅为国际贸易注入了新的活力，也通过"商产融合"为跨境电商的研究开辟了新的视野。

基于此，Ma et al.(2024) 提出了"智能制造推动跨境电商出口多样化理论"这一理论命题。

理论命题 7－4

智能制造会通过增加创新投入、提升创新产出以及促进创新成果的商业化三个渠道，推动中国跨境电商出口多样化。

资料来源：Ma S，Huang S，Wu P. Intelligent manufacturing and cross-border e-commerce export diversification [J]. International Review of Economics and Finance，2024，94，103369.

该理论命题首次将智能制造和跨境电商出口多样化纳入统一架构进行分析，拓宽了工业 4.0 背景下跨境电商领域的研究边界。此前，多数研究往往局限于智能制造与传统出口模式之间的探讨（Gu，2021），却忽略了智能制造对跨境电商出口多样化可能带来的深远影响。Ma et al.（2024）将创新理论的最新研究成果纳入分析框架，深入剖析了创新在智能制造与跨境电商出口多样化之间的桥梁作用，是对跨境电商研究的重要完善。

二、理论命题的具体内容

国际贸易理论是出口多样化的理论基础，强调国家间基于资源、技术和生产成本等方面的差异进行专业化生产和贸易，以实现资源的优化配置和贸易双方的经济利益最大化（Ohlin & Harrod，1934；Krugman，1979）。然而，数字经济的发展催生了新的贸易形态、交易平台和商业模式，对基于传统贸易的出口多样化研究提出了挑战。Ma et al.（2024）着眼于跨境电商的出口多样化，并将智能制造这一新生产方式纳入分析框架，结合数字创新理论探讨了智能制造对跨境电商出口多样化的影响。

智能技术与供、储、运、产、销的深度融合，为跨境电商的发展奠定了基础和提供了支撑，彻底改变了国际贸易的商业模式。这种整合促使制造企业将其业务边界延伸至服务业，为用户提供贯穿产品全生命周期的服务（Li et al.，2017）。智能制造技术通过物联网、大数据等手段实现供应链的透明化管理，跨境电商企业可以实时掌握和传递库存、物流等信息，优化物流路径和仓储布局，降低物流成本，增强全球供应链的敏捷性和响应能力（Iansiti & Lakhani，2014），从而提高产品和服务的质量，优化海外消费者的跨境购物体验。智能制造显著提高了跨境电商出口的效率和产品质量，使企业能够以更具竞争力的价格在跨境电商平台上提供更加多样化、个性化的产品，精准对接海外消费者日益增长的购物需求。大数据与人工智能的深度融合，不仅显著增强了用户在产品设计流程中的参与度和影响力，还极大地提升了营销活动的精准度与互动性。这些前沿技术能够即时洞悉全球市场的微妙变化与趋势，精准预测并灵活匹配各国市场的供需动态（Ghasemaghaei & Calic，2019）。这使得企业能够更加精准地定位目标市场，快速开发出贴合消费者需求的新产品或进行产品迭代升级，有助于跨境电商出口企业保持竞争优势，并不断丰富出口产品种类，以实现出口业务的持续增长。因智能化而带来的额外收入，则可以进一步投入市场拓展、品牌强化与产品创新等跨境电商出口的关键领域，提高企业在跨境电商平台上的知名度，进一步促进出口多样化。

基于此，Ma et al.（2024）提出了假说 1。

假说 1： 智能制造对跨境电商出口多样化有促进作用。

为了验证假说 1，Ma et al.（2024）基于 2017—2019 年中国头部跨境物流企业的运营数据库和国际机器人联合会（International Federation of Robotics，IFR）提供的工业机器人数据，经过清洗、加总、匹配、公式计算等数据处理操作后，最终构建了一个涵盖中国 262 个地级市、893 个 HS4 位行业的非平衡面板数据。在衡量跨境电商出口多样化方面，其采用了两项指标：一是通过统计非零跨境电商出口产品线的数量来量化出口范围的广度，二是通过运用公式计算赫芬达尔指数来衡量出口结构的集中度与多样性。对于智能制造水平，则用分解到城市层面的工业机器人渗透度来衡量。

实证检验的计量模型如下：

$$\text{diver}_{ikt}=\alpha+\beta\ \text{robotics}_{ikt}+\sum\phi_m x_{imt}+\delta_i+\delta_k+\delta_t+\varepsilon_{ikt} \tag{7-18}$$

式中，被解释变量 diver_{ikt} 表示中国 i 城市 t 年第 k 类 HS4 位行业的跨境电商出口多样化水平，包括 mrkdiver_{ikt} 和 prodiver_{ikt}，分别表示出口市场多样化和出口产品多样化；robotics_{ikt} 为核心解释变量，即 i 城市 t 年第 k 类 HS4 位行业的智能制造水平。x_{imt} 表示 i 城市 t 年第 m 个控制变量，包括：（1）人均地区生产总值（lnpgdp_{it}）；（2）实际利用外资额（lnfdi_{it}）；（3）规模以上工业企业数（lnfdi_{it}）；（4）科研和教育支出占财政支出比重（gov_{it}）；（5）移动电话用户数（lnmobile_{it}）。δ_i、δ_k、δ_t 分别表示城市、HS4 位行业和年份固定效应，ε_{ikt} 为扰动项。

表 7-14 为智能制造对中国跨境电商出口多样化的基准回归结果。结果显示，智能制造的系数都是显著为正的，这说明在其他条件不变时，智能制造可以显著促进中国跨境电商出口市场和产品多样化，包括出口范围的扩大和出口结构的优化。因此，可以认为智能制造促进了中国跨境电商出口多样化，证实了假说 1。

表 7-14 智能制造对中国跨境电商出口多样化的基准回归结果

变量	(1)	(2)	(3)	(4)
	N_mrk	HHI_mrk	N_pro	HHI_pro
robotics	2.059***	−0.008***	0.285***	−0.014***
	(0.439)	(0.002)	(0.064)	(0.003)
控制变量	是	是	是	是
年份固定效应	是	是	是	是
城市固定效应	是	是	是	是
HS4 位码行业固定效应	是	是	是	是
观测值	46 897	46 897	46 897	46 897
R^2	0.563	0.291	0.483	0.396

注：robotics 为智能制造水平衡量指标，N_mrk 为出口市场范围衡量指标，HHI_mrk 为出口市场结构衡量指标，N_pro 为出口产品种类衡量指标，HHI_pro 为出口产品结构衡量指标。*** 表示在 1%的显著性水平上统计显著，括号内为稳健标准误。

资料来源：改编自 Ma S，Huang S，Wu P. Intelligent manufacturing and cross-border e-commerce export diversification [J]. International Review of Economics and Finance，2024，94，103369。

生产过程的网络化、数字化、智能化不仅深刻地重塑了创新流程及其成果，还催生了以复杂创新网络为基石的数字创新浪潮（Yoo et al.，2012；Nambisan et al.，2017；Ferreira et al.，2019）。智能技术和高端装备的应用，显著增加了企业对高技能劳动力的需求（Acemoglu & Restrepo，2018；Koch et al.，2021）。这一转变通过注入前沿的创新理念和管理技能，直接加速了组织内部创新效率的提升（Ferreira et al.，2019；Sun et al.，2019）。与此同时，产业链上下游之间的紧密互动与信息的高度共享，强化了企业与外部研发团队的协作，促进了跨职能、跨组织的创新合作（Garcia et al.，2023；Engelsberger et al.，2022）。智能制造的兴起极大地降低了信息获取成本，推动了数据驱动的创新实践（Ghasemaghaei et al.，2017；Ghasemaghaei & Calic，2019）。通过收集和分析来自生产线的实时数据，企业能够精准识别生产瓶颈、低效环节和需要改进的其他领域，进而在流程优化上做出更为明智的决策，实现生产率的跃升与资源浪费的减少，为更高层次的战略创新活动释放资源（Graetz & Michaels，2018）。人工智能技术的融入，使企业能够海量挖掘并智能分析市场与消费者数据，通过自我学习机制发掘有价值的信息，从而精准预测市场趋势，明确创新方向。此外，智能制造还促进了用户参与度的提升，将用户直接纳入产品创新流程，极大地丰富了企业的知识库（Zhao et al.，2023）。大规模定制将将个性化和多样化的用户需求融入产品中（Silva et al.，2017；Zhong et al.，2017），并允许企业灵活测试新产品功能，即时获取并响应客户反馈。这种快速迭代的测试与改进机制，极大加速了创新步伐，使企业能够迅速将创新产品推向市场，抢占先机。

基于此，Ma et al.(2024）提出了假说 2。

假说 2：智能制造对企业创新有促进作用。

在跨境电商语境下，这种创新赋能使得企业能够在保持成本控制的同时实现产品种类的多元化，从而扩大了跨境电商出口的选择范围。数字化流程的采用将企业管理的重点从价值链扩展至价值网络（Ferreira et al.，2019）。这一过程通过实时追踪、仓库自动化及库存管理系统优化等先进技术手段，实现了供应链流程的精简、成本的有效控制及交付效率的显著提升，这些均为跨境电商的全球化扩张提供了坚实的支撑。通过采集并深度分析生产与销售环节中的海量实时数据，企业能够运用数据驱动的管理策略，降低市场波动、供需失衡及竞争态势的不确定性，实现供应链的智能化优化，并显著提升运营周转效率与市场响应速度。这种基于数据的决策模式，为企业在全球市场中保持战略灵活性与竞争优势提供了科学依据。根据产品生命周期理论（Vernon，1966），在产品的引入与成长阶段，技术创新是推动企业抢占跨境电商平台先机的关键因素。通过不断推出新产品并快速推向市场，企业能够在全球范围内树立品牌形象，并扩大市场份额。而在成熟市场中，面对同质化竞争的压力，企业则需借助先进的数字技术深入挖掘长尾市场需求，推动交互式产品创新，以差异化的产品满足国际消费者的个性化需求，从而开辟新的市场空间。

基于此，Ma et al.(2024）提出了假说 3。

假说 3：创新对跨境电商出口多样化有促进作用。

在全球化的推动下，创新已成为制造业获得竞争优势的重中之重。智能制造的应用通过低技能劳动力的有效替代、高技能人力资本的加速积累以及外部知识资源的广泛汲取，为制造业创新提供了基础和动力，增加了制造业企业为提高生产能力和满足消费者需求而进行的创新投资。各种智能技术和设备降低了生产和信息流通成本，为创新活动释放了人力、物力和财力资源，使这些资源得以更高效地配置于更具战略价值的创新领域。智能制造还促进了包括供应商、制造商和客户在内的利益相关者之间的沟通和互动。这种强化的连接扩大了技术和知识溢出的范围，推动了企业之间的协同创新，以保持在跨境电商市场的成本和质量优势。此外，生产和消费过程中产生的海量数据是创新的宝贵资源，促进了数据驱动的产品开发，提高了创新的敏捷性和用户参与度。创新能力的提高进一步提升了整个贸易链的运作效率，为多样化的出口活动奠定了坚实的技术基础，促进了跨境电商出口多样化。

基于此，Ma et al.(2024）提出了假说 4。

假说 4： 创新在智能制造与跨境电商出口多样化的关系中发挥了中介作用，智能制造水平的提高会促进创新，从而推动跨境电商出口多样化。

为验证假说 2、3、4，Ma et al.（2024）借鉴 Baron & Kenny（1986）提出的"三步法"构建了如下中介效应模型：

$$\text{diver}_{ikt}=\alpha+\beta_1\ \text{robotics}_{ikt}+\sum\phi_m x_{im}+\delta_i+\delta_k+\delta_t+\varepsilon_{ikt} \tag{7-19}$$

$$M_{it}=\alpha+\beta_2\ \text{robotics}_{ikt}+\sum\phi_m x_{im}+\delta_i+\delta_k+\delta_t+\varepsilon_{ikt} \tag{7-20}$$

$$\text{diver}_{ikt}=\alpha+\beta_3\ \text{robotics}_{ikt}+\gamma M_{it}+\sum\phi_m x_{im}+\delta_i+\delta_k+\delta_t+\varepsilon_{ikt} \tag{7-21}$$

式中，M_{it} 为中介变量，代表 i 城市 t 年的创新水平，由研发人员数量、专利授权数量和新产品项目数量来衡量，分别代表城市的创新投入、创新产出和创新成果的商业化。从理论上讲，智能制造作为现代工业体系的先进形态，其核心价值在于高效汇聚并稳固高技能研发人才资源，能够扩大提升创新过程中的人力资本投入，并通过优化资源配置、激发人才潜能等，提升创新效率，显著增加创新产出。进一步地，智能制造的实施加速了新技术从实验室到市场的转化进程，通过高效的研发—生产—销售链条，将前沿技术迅速转化为贴近消费者需求的实用产品和服务，极大地缩短了创新成果的商业化周期。由于缺乏中国城市层面的创新指标数据，机制分析所采用的数据集仅包含 2018 年和 2019 年部分城市的研发人员和专利授权信息。此外，新产品项目数据仅能细分到省级，时间跨度为 2017—2019 年。表 7 - 15 的第（1)列至第（4）列和第（5)列至第（6）列分别为剔除研发人员和专利授权缺失值后，智能制造对中国跨境电商出口多样化的回归结果，与全样本回归结果基本一致，再次证实了假说 1。

表 7 - 15　异质性分析

变量	(1) N_MRK	(2) N_PRO	(3) HHI_MRK	(4) HHI_PRO	(5) N_MRK	(6) N_PRO	(7) HHI_MRK	(8) HHI_PRO
robotics	2.634***	0.337***	−0.006	−0.011***	1.883***	0.262***	−0.006***	−0.012***
	(0.574)	(0.082)	(0.004)	(0.004)	(0.407)	(0.061)	(0.002)	(0.003)
控制变量	是	是	是	是	是	是	是	是
年份固定效应	是	是	是	是	是	是	是	是
城市固定效应	是	是	是	是	是	是	是	是
HS4 位码行业固定效应	是	是	是	是	是	是	是	是
观测值	24 643	24 643	24 643	24 643	34 054	34 054	34 054	34 054
R^2	0.591	0.508	0.355	0.422	0.609	0.507	0.339	0.423

注：*** 表示在 1%的显著性水平上统计显著，括号内为聚类标准误。

资料来源：改编自 Ma S, Huang S, Wu P. Intelligent manufacturing and cross-border e-commerce export diversification [J]. International Review of Economics and Finance, 2024, 94, 103369。

西方经典贸易理论证明，创新是出口多样化的重要影响因素。但传统研究缺乏在数字经济背景下对跨境电商出口的考察，更鲜有研究聚焦于智能制造的作用。Ma et al.（2024）认为，创新是智能制造对跨境电商出口多样化的影响渠道，是对经典贸易理论的重要完善。

首先，Ma et al.（2024）考察了智能制造对创新投入的影响。在实证研究中，研发人员数量常被用作指代创新投入的一个重要指标，是创新活动的核心力量并与创新投入直接关联。表 7 - 16 第（1）列的结果显示，智能制造对研发人员的增加有显著的正面影响，从创新投入的角度验证了假说 2。其次，Ma et al.（2024）深入探讨了智能制造和创新对跨境电商出口多样化的共同影响。创新投入的增加对跨境电商出口产生了深远且多维度的积极影响，这不仅体现在生产效率的提升与成本的优化上，更体现在整个行业技术革新的推进上。其通过系统性地强化产品创新与研发能力，显著提升了出口市场的适应性，使企业在全球市场中能够灵活应对多变的消费者需求与行业动态。这一过程不仅涉及产品的持续迭代与优化，而且涉及稳固的知识产权体系的构建，从而有效保障了企业的创新成果免受侵犯。此外，以研发人员为代表的创新投入增加还深刻改变了企业内部的工作模式，加强了团队协作与知识共享机制，促进了跨学科、跨领域的创新合作，为跨境电商出口的多样化发展注入了活力。表 7 - 16 第（2)列～第（5）列展示了以创新投入为中介变量的回归结果，验证了假说 3 和假说 4。

表 7 - 16　创新投入的中介作用

变量	(1)	(2)	(3)	(4)	(5)
	RD_per	N_MRK	N_PRO	HHI_MRK	HHI_PRO
robotics	0.003***	2.624***	0.337***	−0.006	−0.011***
	(0.001)	(0.574)	(0.082)	(0.004)	(0.004)
RD_per		3.629***	0.192***	−0.014**	−0.020***
		(0.329)	(0.023)	(0.007)	(0.004)
控制变量	是	是	是	是	是
年份固定效应	是	是	是	是	是
城市固定效应	是	是	是	是	是
HS4 位码行业固定效应	是	是	是	是	是
观测值	24 643	24 643	24 643	24 643	24 643
R^2	0.999	0.592	0.508	0.355	0.423

注：RD_per 为创新投入衡量指标。*** 和 ** 分别表示在 1%和 5%的显著性水平上统计显著，括号内为聚类标准误。

资料来源：改编自 Ma S，Huang S，Wu P. Intelligent manufacturing and cross-border e-commerce export diversification [J]. International Review of Economics and Finance，2024，94，103369。

专利授权数量能够直接反映创新活动的产出情况和创新成果的质量，专利授权的增加通常意味着其技术创新和研究能力的加强。表 7 - 17 第（1）列的结果显示，智能制造对专利授权的增加有显著的正面影响，从创新产出的角度验证了假说 2。创新产出的增加推动了新产品和新技术的出现，为跨境电商出口提供了更加多样化的产品和更加丰富的解决方案，显著提升了其在全球市场上的竞争力。这些具有竞争力的新产品和新技术不仅满足了国际市场对高品质、高性能产品的需求，还为企业开拓新市场、挖掘新增长点提供了有力支撑，从而促进了跨境电商出口的多样化。表 7 - 17 第（2)列至第（4）列为以创新产出为中介变量的回归结果，再次验证了假说 3 和假说 4。

表 7-17 创新产出的中介作用

变量	(1) Patent	(2) N_MRK	(3) N_PRO	(4) HHI_MRK	(5) HHI_PRO
robotics	0.010***	1.859***	0.258***	−0.007***	−0.012***
	(0.003)	(0.408)	(0.060)	(0.002)	(0.003)
Patent		2.356***	0.148***	−0.007**	−0.010***
		(0.206)	(0.016)	(0.003)	(0.002)
控制变量	是	是	是	是	是
年份固定效应	是	是	是	是	是
城市固定效应	是	是	是	是	是
HS4 位码行业固定效应	是	是	是	是	是
观测值	33 799	33 799	33 799	33 799	33 799
R^2	0.984	0.611	0.510	0.340	0.425

注：Patent 为创新产出衡量指标。*** 和 ** 分别表示在 1%和 5%的显著性水平上统计显著，括号内为聚类标准误。

资料来源：改编自 Ma S, Huang S, Wu P. Intelligent manufacturing and cross-border e-commerce export diversification [J]. International Review of Economics and Finance, 2024, 94, 103369。

新产品从研发到投放市场，是一个典型的商业化过程。在这个过程中，新产品需要经历市场测试、消费者反馈收集、产品优化等多个环节，最终才能成功上市并为企业带来经济效益。因此，新产品项目数量的增加，也意味着有更多的创新成果正在或即将进入商业化阶段。表 7-18 第（1）列的结果显示，智能制造对新产品项目的增加有显著的正面影响，从创新成果商业化的角度验证了假说 2。这些新产品可直接转化为跨境电商出口商品，满足不同国家和地区消费者日益增长的多样化需求。随着新产品项目的持续涌现，跨境电商平台上可供选择的出口产品种类将持续扩容，极大地丰富了出口商品的多样性，有力地推动了出口贸易向更加多元化和细分化的方向发展。表 7-18 第（2）列至第（4）列为以新产品项目数为中介变量的回归结果，进一步验证了假说 3 和假说 4。综上，创新在智能制造对跨境电商出口多样化的正向影响中发挥了中介作用。智能制造水平的提升对从创新投入到创新产出，再到创新成果商业化的各个环节均有正面影响，从而提升了企业在海外市场上的竞争力和适应能力，推动了跨境电商出口多样化。

表 7-18 创新产出的中介作用

变量	(1) New_pro	(2) N_MRK	(3) N_PRO	(4) HHI_MRK	(5) HHI_PRO
robotics	0.050***	2.040***	0.285***	−0.008***	−0.014***
	(0.005)	(0.444)	(0.065)	(0.002)	(0.003)
New_pro		1.191***	0.082***	−0.004*	−0.006***
		(0.120)	(0.009)	(0.002)	(0.001)
控制变量	是	是	是	是	是
年份固定效应	是	是	是	是	是
城市固定效应	是	是	是	是	是

续表

变量	(1) New_pro	(2) N_MRK	(3) N_PRO	(4) HHI_MRK	(5) HHI_PRO
HS4 位码行业固定效应	是	是	是	是	是
观测值	47 396	33 799	33 799	33 799	33 799
R^2	0.980	0.611	0.510	0.340	0.425

注：New_pro 为创新成果商业化衡量指标。*** 和 * 分别表示在 1%和 10%的显著性水平上统计显著，括号内为聚类标准误。

资料来源：改编自 Ma S，Huang S，Wu P. Intelligent manufacturing and cross-border e-commerce export diversification [J]. International Review of Economics and Finance，2024，94，103369。

第六节 中国证据

理论命题 7－1 指出：产业智能化与益贫式发展是可以兼容的，产业智能化也有利于益贫式发展，无须过度担忧人工智能会加大收入差距或取代人类。当然，随着未来人工智能的发展，政府应该规制人工智能的发展方向，促进劳动扩张型人工智能技术的创新。图 7－1 利用上文数据绘制了产业智能化与技能劳动工资比的趋势。图 7－1 左图显示，低-中技能劳动工资比从 2002 年开始上升，而低-高技能劳动工资比从 2005 年开始上升，这表明我国技能劳动收入分配从 2002 年开始呈现益贫性。图 7－1 右图显示，随着产业智能化程度的提升，低技能劳动的相对工资上升，结合我国机器人发展趋势可知，我国产业智能化与益贫式发展的趋势相一致。在经济事实方面，中国是数字经济大国，在一

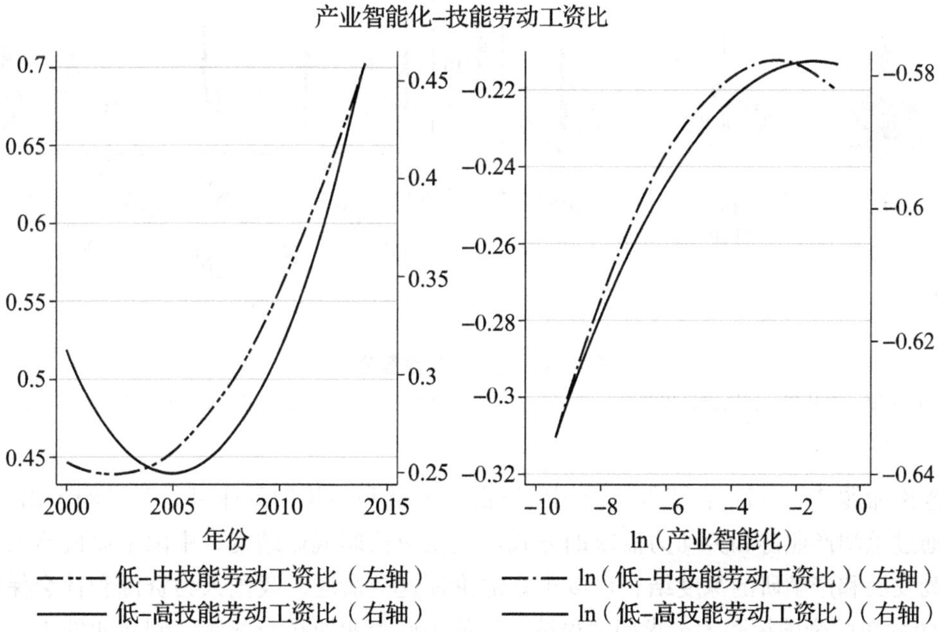

图 7－1 产业智能化趋势与技能劳动工资比

资料来源：WIOD 数据库。

些人工智能技术领域处于国际领先地位。我国是全球最大的产业机器人市场，也培育出了全球知名的数字经济企业，如华为和 TikTok 等。福布斯 2023 数字贸易行业企业 100 强名单中，中国和美国企业占据绝对优势，其中，中国在企业数量方面占优，而美国在技术方面占优。英国品牌评估机构“品牌金融”（Brand Finance）发布的 2022 全球科技品牌价值 100 强中，有 26 家中国企业，绝大多数属于数字技术企业。

理论命题 7-2 指出：伴随着技术进步，职业分工通常会日益细化，职业任务会在原先的任务内容上更加明确。1999 年、2015 年和 2022 年《中华人民共和国职业分类大典》的职业任务数量分布变化可以很好地印证王林辉等（2023）的理论命题。根据图 7-2 左图，从时间维度来看，这三个时期的职业任务数量分布整体呈现出类纺锤形，大部分任务数量集中于中位数附近。然而，当任务数量超过 15 条时，2015 年和 2022 年的职业分布密度明显低于 1999 年，1999 年部分职业任务数量甚至高达 20 余条。可见，在职业演进过程中，新技术应用可降低职业任务数量或简化职业任务内容。特别是人工智能在生产中的应用，通过“机器换人”或“人机协作”等生产方式，促进了职业任务朝着简单化方向发展。进一步地，从职业视角对比 1999 年和 2022 年 5 个职业大类的任务数量分布，探究不同类别职业任务变动的差异。从图 7-2 右图可以看出，农林牧渔业生产及辅助人员、生产制造及有关人员这两大类职业任务数量分布区间缩短，尤其是区间上限值明显减小，表明在职业演进过程中，部分职业的任务数量在逐渐减少，职业的任务复杂度呈现出逐渐降低的趋势。

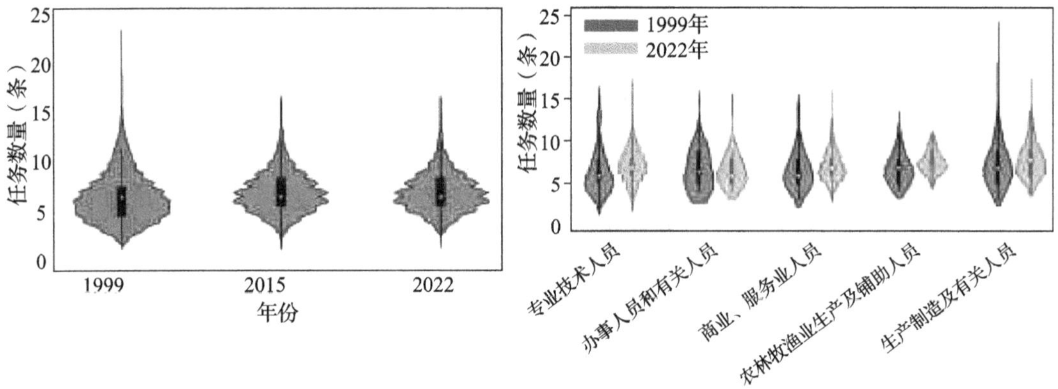

图 7-2 职业任务数量分布

资料来源：王林辉，钱圆圆，周慧琳，等．人工智能技术冲击和中国职业变迁方向［J］. 管理世界，2023，39（11）：74-93.

理论命题 7-3 指出：机器人应用对下游产业链和中长期就业具有明显的溢出效应，能够通过重塑产业链和劳动力需求的方式，优化中长期就业结构。中国工业机器人市场的蓬勃发展和产学研的深度结合可以很好地论证这一命题。我国人力资源和社会保障部 2020 年发布的全国招聘大于求职“最缺工”的 100 个职业排行显示，制造业缺工状况持续，“工业机器人系统操作员”等职业缺工程度加大。相关数据显示，机器人行业人才缺口就高达 500 万人。达闼机器人相关负责人在采访时表示：“目前机器人操作系统、多模态机器人等核心领域均处于人才紧缺状态，市场缺乏具备机器人操作、安装、调试、编程、维护能力的综合人才，甚至'一将难求'。”为应对复合型、高层级的工业机器人人才稀缺局面，大量企业加快跨界融合，与高校深入推进协同创新。2024年，武汉大学联合小米成立机器人系，整合来自测绘、遥感、导航、机械、电子等各个学科的教育资源，构建机器人学科核心内容，通过双方深度合作培养具备基础知识技能、创新能力和实践经验的优秀人才。

理论命题7-4指出：发展智能制造能够有效促进创新，从而推动中国跨境电商出口多样化。“推进商产融合，助力产业数字化转型”是《“十四五”电子商务发展规划》的重要内容。中国政府高度重视智能制造和跨境电商的融合发展，并出台了一系列政策措施来支持这一新兴业态。这些政策不仅降低了跨境电商企业的运营成本，还提升了其市场竞争力。例如，杭州市萧山区政府就通过召开“跨境电商+智能制造”企业座谈会等方式，积极推动当地制造业企业转型跨境电商，并取得了显著成效。许多中国企业在智能制造技术的支持下，不断提升产品竞争力和创新能力，进而在跨境电商领域取得了显著成绩。在2024年世界互联网大会数字丝路发展论坛上，乐其SmallRig以创新“快制造”供应链模式成功入选《世界互联网大会跨境电商实践案例集（2024年）》，成为全球影像场景领域唯一入选企业。乐其SmallRig通过整合采购及生产环节的优质资源，实现了供应链的快速响应和优化，构建了小批量、多品类、高频次和半定制的“快制造”能力。这一模式使得乐其SmallRig能够每天诞生1.6个新品，一年迭代300～400款产品，新品开发到上市最快仅需45天。这种高效的制造模式不仅满足了市场需求的快速变化，还为企业赢得了宝贵的时间优势。通过与跨境电商平台的合作，乐其SmallRig的产品已远销全球160多个国家和地区，被广泛应用于直播、VLOG、短视频、纪录片、好莱坞院线大片等领域。

第七节　结论性评述

本章通过对四个核心理论命题的分析，揭示了智能制造对经济增长、劳动力市场和数字贸易的影响。这四个命题共同构成了对智能制造研究的拓展，不仅拓展了劳动力分工、就业极化和出口多样化理论的研究边界，也为我们理解数字经济时代智能制造的多样化经济影响提供了深刻见解。理论命题7-1突出了新工作创造效应和生产率效应在智能制造领域对经济益贫式发展的贡献。理论命题7-2剖析了智能制造对职业平等性的冲击，旨在进一步探讨人工智能技术诱致职业变迁的经济社会后果。理论命题7-3揭示出智能制造所引发的“技术性失业”与劳动力市场结构变迁的相关性。最后，理论命题7-4深入剖析了创新在智能制造与跨境电商出口多样化之间的桥梁作用。

与理论命题7-1相关的国外前沿研究主要有以下两个方面：一是研究人工智能影响劳动者的就业及其收入的机制，包括生产率效应、替代效应和产业联系效应（Acemoglu & Restrepo，2018，2019a；Autor & Salomons，2018）。二是利用企业微观数据重点分析人工智能对不同技能劳动力的影响，例如Aghion et al.（2020）利用法国等欧洲国家的最新数据研究发现，产业智能化的生产率效应大于替代效应，从而增加了总就业。Albanesi et al.（2023）也得到了欧洲产业数字化增加了就业的结论。Acemoglu & Restrepo（2020）构建的人工智能研究表明，相比之前的信息化和自动化，人工智能不会扩大技能劳动间的收入差距，因为人工智能对不同层次技能的劳动力影响更为平等，对不同技能劳动起到了赋能的作用。

与理论命题 7-2 相关的国外前沿研究主要有以下两个方面：一是技术进步对劳动力市场的影响。已有研究发现，在人工智能应用的初始阶段，其劳动替代效应往往高于岗位创造效应（Acemoglu & Restrepo，2020）。文献从职业维度评估人工智能技术的就业替代风险，推测未来将有 47%～55%的职业面临高替代风险（Frey & Osborne，2017；David，2017）。考虑到人工智能可能只是替代职业中的部分任务而未必是整个职业，若从职业层面测算可能会高估职业替代风险。因此，一些文献从任务属性视角修正测算方法，重新评估各国的职业替代风险（Arntz et al.，2017；Nedelkoska & Quintini，2018；王林辉等，2022）。二是技术进步对职业变迁的影响。文献主要基于在线职位招聘数据，分析人工智能对新职业衍生的影响（Autor et al.，2022），以及相关职业的招聘需求变化和招聘岗位的人工智能暴露程度（Acemoglu et al.，2022；Albanesi et al.，2023）。借鉴国内外前沿研究，未来本命题的相关研究可以进行如下拓展：可以充分利用大语言模型，运用招聘数据等海量数据深挖人工智能技术特别是生成式 AI 冲击下不同岗位的技能需求变迁特点，为有效应对人工智能技术冲击，提升劳动者的中长期人力资本积累，进而为实现更加充分、更高质量的就业提供更翔实的决策依据和更具针对性的政策建议。

与理论命题 7-3 相关的国外前沿研究主要有以下两个方面：一方面是突破现有数据困境，结合具体实践场景，采用颗粒度更细的数据来明晰以工业机器人为代表的技术变革的真实影响。Dauth et al.（2021）使用详细的行政数据，进一步考察了德国工业机器人对劳动力市场结构、岗位质量与报酬、劳动者教育偏好的影响。Acemoglu et al.（2023）基于荷兰的劳动者层面的微观数据考察了工业机器人对劳动者收入和就业率的影响，发现机器人对劳动力的不均衡影响不仅存在于企业内部，也会溢出到竞争对手内部。另一方面是聚焦于劳动者，考察工业机器人对劳动者的工作质量和福祉的影响。Gihleb et al.（2022）指出，工业机器人尽管能够减少工伤事故，但却导致美国工人心理健康水平下降。与此类似，Nikolova et al.（2024）指出，工业机器人的普及会削弱工作的意义和自主性，并且这一影响远远超出了对就业和工资的影响。借鉴国外前沿研究，未来本命题的相关研究可以进行如下拓展：一是深入企业内部，利用丰富的微观数据和现实情景考察我国工业机器人的真实经济影响；二是重视强调人民的主体地位，基于劳动者的视角全面评估工业机器人应用等技术变革对社会民生的影响。

与理论命题 7-4 相关的国外前沿研究主要有以下两个方面：一是智能制造与数字创新的关系的相关研究。Ferreira et al.（2019）认为，数字化转型作为一种战略手段，将数字技术与创新理念相结合，为企业创新提供了新的、颠覆性的市场机会。Lyytinen et al.（2016）分析了数字技术如何重塑创新网络中的知识创造和共享，认为数字技术的进步通过降低通信成本和扩大覆盖范围，增加了创新网络的连通性，加快了数字融合的速度，扩大了其范围，从而提高了网络知识的异质性和整合需求。二是跨境电商的影响因素的研究。在微观层面，已有研究考察消费者感知、信任水平、交易成本等因素对跨境电商交易的影响（Bucko et al.，2018；Valarezo Unda et al.，2018；Zhu et al.，2022），主要聚焦于这些因素如何在线上交易过程中影响消费者的偏好选择、用户体验及购买意愿等。在宏观层面，现有研究考察了双边地理距离、文化差异、制度壁垒等因素对跨境电商市场进入或交易规模的影响（Blum & Goldfarb，2006；Gomez-Herrera et al.，2014；Lendle et al.，2015），主要聚焦于探讨贸易中一些典型的引力因素是否在跨境电商交易中仍然重要。借鉴国外前沿研究，未来本命题的相关研究可以进行如下拓展：一是利用国际贸易、电子商务、数字创新等多领域理论，进一步构建智能制造与跨境电商出口多样化之间的互动机制模型，分析智能制造如何释放创新活力，促进跨境电商出口多样化以及跨境电商市场需求的变化如何反馈到智能制造环节；二是从产业集群、知识溢出等多角度深化智能制造对跨境电商出口多样化的影响。

参考文献

中篇

基于消费者偏好的全球贸易平台

第八章

贸易成本

第一节　问题的提出

在数字经济的浪潮中，贸易成本呈现显著降低的趋势，这一现象正在深刻地重塑全球贸易的格局。互联网技术的广泛应用大幅削减了信息获取和交易协调的成本，使得市场信息更加透明、交易决策更加高效。电子商务平台的兴起不仅简化了供应链，还通过减少中间环节降低了整体交易成本，从而使得中小企业也能参与全球市场竞争。同时，先进的物流管理系统和自动化技术提升了配送效率，降低了运输和仓储开支，使得全球供应链变得更加灵活和高效。电子口岸、电子清关和其他数字化贸易便利化措施进一步简化了跨境贸易流程，加速了货物通关，减少了烦琐的手续和等待时间。此外，机器翻译和多语言服务平台的普及使企业能够跨越语言障碍，更好地与国际市场对接，扩大了国际业务的覆盖面。随着贸易成本的降低，企业和国家得以更经济高效地开拓新市场并加深全球供应链的融合。这一趋势让中小企业也能通过数字平台跨越国界，使产品直接触达全球消费者，同时促进了供应链的全球化整合，提升了效率和抗风险能力。成本降低还加强了国家间的经济协作，推动了资本、商品、技术和劳动力的自由流动，加速了技术创新和知识的国际传播。然而，这也带来了市场竞争加剧和本土产业保护的挑战，要求企业和国家提升竞争力并加强国际合作，以适应日益激烈的全球市场环境。

在本章中，我们将全面探讨贸易成本领域五个关键的理论命题，以揭示数字经济如何深刻影响国际贸易的格局。命题一：电子商务突破市场分割机制。这一命题阐明了国内市场的自然性和制度性分割如何促使企业转向电子商务。命题二：电子商务降低搜寻成本机制。这一命题揭示了电子商务平台通过提高消费者搜寻效率和降低市场搜寻成本，对零售市场价格产生的显著影响。命题三：跨境电商突破地理距离机制。这一命题提出，与传统国际贸易相比，跨境电商出口受地理距离的负面影响较小。命题四：跨境电商推动中国出口增长理论。这一命题强调了跨境电商产业政策如何通过降低信息成本和强化规模经济，促进中国出口的增长。命题五：跨境电商推动中国进口增长理论。这一命题探讨了跨境电商平台如何通过数字技术提升消费者体验，降低文化差异对进口贸易的影响。

通过对这五个命题的深入分析，本章将帮助读者理解数字经济时代贸易成本如何发生变化，并对进出口贸易产生深远影响。同时，这些知识也将为后续章节的学习打好基础。

第二节　电子商务突破市场分割机制

一、理论命题的提出

在 Melitz（2003）提出的经典异质性企业贸易模型中，企业可以进入国内和国际两个市场。其中，国内市场是统一完整的。但中国的现实情况并非如此。一方面，国内市场分割是中国由计划经济向市场经济转轨过程中的特殊现象，其会使得国内资源利用效率大幅降低，比较优势难以发挥，地区贸易处于次优状态（Young，2000）。朱希伟等（2005）将国内市场分割引入 Melitz（2003）模型中，提出国内市场分割会倒逼企业首先利用国际市场，这促成了中国出口的快速扩张。另一方面，电子商务作为一种新型贸易形态，具有区别于传统贸易的突出特性，比如：不再需要固定的交易场所，能够突破空间的限制（Lendle et al.，2016）；广泛应用声誉系统、机器翻译、搜索引擎等数字化工具，在很大程度上减少各类信息摩擦（Brynjolfsson et al.，2019；Reimers & Waldfogel，2021）。从这个角度看，电子商务是企业在面临国内市场分割的情况下，除出口之外的另一个重要替代性选择。

基于此，马述忠和房超（2020）提出了“电子商务突破市场分割机制”这一理论命题。

理论命题 8－1

市场分割会倒逼企业选择通过线上渠道拓展国内市场，而且这一作用对于生产率水平较低的企业更强，这促成了中国电子商务产业的快速发展。

资料来源：马述忠，房超．线下市场分割是否促进了企业线上销售：对中国电子商务扩张的一种解释［J］．经济研究，2020，55（7）：123－139.

该理论命题首次提出线下市场分割是企业应用电子商务的一个重要原因，为理解中国电子商务产业的高速增长提供了一个独特的理论视角。一方面，与传统异质性企业贸易模型考虑国内和国外市场不同（Melitz，2003；Helpman et al.，2004），马述忠和房超（2020）将线上市场与线下市场同时引入模型中，考察企业的线上销售渠道选择行为，并从企业生产率的角度探讨异质性，是对异质性企业贸易理论的一个重要拓展。与西方学者认为税收优势是电子商务快速发展的重要成因不同（Goolsbee，2000；Einav et al.，2014；Baugh et al.，2018；Baker et al.，2021），马述忠和房超（2020）结合中国背景从市场分割的视角解释电子商务发展，是对电子商务发展研究的重要完善。

二、理论命题的具体内容

在西方经典的贸易模型中，通常仅涵盖了内贸和外贸这两种基本贸易形式。比如，异质性企业贸易理论通过设定不同的固定成本和可变成本区分内贸和外贸，并通过模型推导出只有高生产率的企业才能通过自选择进行出口（Melitz，2003）。然而，在全球数字经济发展的背景下，贸易形式已经变得更加多样化和复杂。除了传统的内贸和外贸之外，电子商务、跨境电商等新兴贸易形式也逐渐崭露头角，并在国际经济中担任着日益重要的角色。马述忠和房超（2020）将线上线下双渠道纳入异质性企业贸易理论中，探讨自然性市场分割和制度性市场分割对企业的线上渠道选择的影响，并基于世界银行企业调查数据进行实证检验。

考虑一个封闭经济体，经济体内有 $D+1$ 个不同的区域。任何一个区域 d 内的企业在本区域进行销售都需要支付一次性市场进入成本 f_l，不需要支付运输成本。企业通过线下渠道（传统贸易渠道）将产品销售到国内的其他区域需要支付一次性市场进入成本 f_o 以及运输成本 τ_o。运输成本采取“冰山融化”的形式，即运送 τ_o 单位的商品，只有 1 单位抵达目的地。企业还可以通过线上渠道（互联网、电子商务等）将产品销售到其他区域。与线下渠道中企业进入每一个市场都要支付一次固定成本不同，企业采用线上方式只需支付一次性的线上店铺建设成本 f_e，即可将产品销售到除本区域外的所有区域。企业通过线上渠道销售产品，需要支付运输成本 τ_e。

企业生产的成本函数为 $l=f+q/\varphi$，其中，f 表示企业生产的固定成本，q 表示生产的产品数量，φ 表示企业边际成本的逆指数（劳动生产率）。假设代表性消费者具有 CES 形式的效用函数：

$$U=\left[\sum_{i=1}^{N} x_i^{\rho}\right]^{1/\rho},0<\rho<1 \tag{8-1}$$

式中，N 代表消费者消费的产品种类数，$\sigma=1/(1-\rho)$ 代表任意两种产品之间的替代弹性。代表性企业 i 的产品在本区域的销售价格为 $p_i^l(\varphi)=1/(\rho\varphi)$，通过线下渠道在其他区域销售的价格为 $p_i^o(\varphi)=\tau_o/(\rho\varphi)$，通过线上渠道在其他区域销售的价格为 $p_i^e(\varphi)=\tau_e/(\rho\varphi)$。假设所有区域都是对称的，则任何一个区域的消费者从市场上购买的产品组合的价格指数都为：

$$P=\left[\sum_{i=1}^{N^l}(p_i^l)^{1-\sigma}+\sum_{i=N^l+1}^{N^l+\mathrm{D}N^o}(p_i^o)^{1-\sigma}+\sum_{i=N^l+\mathrm{D}N^o+1}^{N^l+\mathrm{D}N^o+\mathrm{D}N^e}(p_i^e)^{1-\sigma}\right]^{\frac{1}{1-\rho}} \tag{8-2}$$

式中，N^l 代表本区域企业供应的产品种类数，N^o 代表其他某个区域企业通过线下渠道供应的产品种类数，N^e 代表其他某个区域企业通过线上渠道供应的产品种类数。代表性企业面临的本区域市场、其他区域线下市场、其他区域线上市场的需求函数分别为：

$$q_i^l(\varphi)=\frac{1}{P}(P\rho\varphi)^{\sigma},\quad q_i^o(\varphi)=\frac{\tau_o^{-\sigma}}{P}(P\rho\varphi)^{\sigma},\quad q_i^e(\varphi)=\frac{\tau_e^{-\sigma}}{P}(P\rho\varphi)^{\sigma} \tag{8-3}$$

企业的利润为企业从某个市场上获得的收益减去进入这个市场的固定成本。其中，企业若想进入其他区域线下市场，进入每个市场均需支付一次固定成本。企业进入其他区域线上市场，只需要支付一次固定成本即可进入所有市场。代表性企业在三个市场的利润函数分别为：

$$\pi_i^l(\varphi)=\frac{(P\rho\varphi)^{\sigma-1}}{\sigma}-f_l,\quad \pi_i^o(\varphi)=\tau_o^{1-\sigma}\frac{(P\rho\varphi)^{\sigma-1}}{\sigma}-f_o,$$

$$\pi_i^e(\varphi)=\tau_e^{1-\sigma}\frac{(P\rho\varphi)^{\sigma-1}}{\sigma}-\frac{f_e}{D} \tag{8-4}$$

可以看到，企业进入任何一个市场的利润随着生产率水平 φ 的提高而增加，随着运输成本 τ_o、τ_e，市场进入成本 f_l、f_o、f_e 的增加而减少。令利润函数等于零，可以得到三个生产率水平的临界点：φ_l^*，即企业是否选择进行生产的临界点；φ_o^*，即企业是否通过线下渠道销售到其他区域市场的临界点；φ_e^*，即企业是否通过线上渠道销售到其他区域市场的临界点。

$$\varphi_l^*=\frac{1}{P\rho}(f_l\sigma)^{\frac{1}{\sigma-1}},\quad \varphi_o^*=\frac{1}{P\rho}(f_o\sigma)^{\frac{1}{\sigma-1}}\tau_o,\quad \varphi_e^*=\frac{1}{P\rho}\left(\frac{f_e}{D}\sigma\right)^{\frac{1}{\sigma-1}}\tau_e \tag{8-5}$$

企业线下、线上销售渠道的选择取决于 φ_o^* 和 φ_e^* 之间的相对位置，而这又取决于两种渠道的冰山运输成本的大小、市场进入成本的大小以及区域数量的多少。下面从自然性市场分割、制度性市场分割和跨区域销售三个方面分析企业销售渠道选择行为。自然性市场分割主要是指因空间距离、山川河流等自然因素而形成分割的市场（范欣等，2017）。自然性市场分割对企业经营活动的影响主要体现为企业在国内跨区域销售时面临较高的运输成本。制度性市场分割，即传统意义上的地方保护主义，包括完全禁止或数量限制、技术壁垒等（银温泉和才婉茹，2001）。制度性市场分割主要影响企业进入其他区域市场时所需支付的固定成本。因而，设定自然性市场分割和制度性市场分割分别会提高企业从线下渠道进入其他区域市场的冰山运输成本和固定成本，令 $\tau_o=\alpha+\lambda NS$，$f_o=\beta+\eta IS$。其中 NS 表示自然性市场分割，IS 表示制度性市场分割，α、β、λ 以及 η 均大于 0。

与线下渠道不同，企业通过线上渠道进入其他区域市场较少受市场分割的影响。一般而言，自然性市场分割同样会影响企业线上渠道销售，因为线上渠道销售的产品最终仍要通过快递物流等方式寄送给需求方，空间距离等自然性市场分割因素会提高快递物流成本。但已有研究表明，线上销售受地理距离的限制较少，弱化了消费的空间不平等（Lendle et al.，2016；Kim et al.，2017；Fan et al.，2018）。因而，与传统的线下渠道相比，线上销售受自然性市场分割制约较少。制度性市场分割则对线上市场中的企业难以发挥作用，数量限制手段、技术壁垒等地方保护主义行为主要针对企业传统的线下销售行为，对企业在线上市场上的经营活动很难产生制约作用。为了简化模型分析，假定线上渠道销售的固定成本和冰山运输成本不随市场分割程度的变化而变化，而只设定线下销售渠道会受到自然性市场分割和制度性市场分割的影响。

为了更好地说明企业的销售渠道选择行为，参考赵玉奇和柯善咨（2016）的做法，将企业线上销售倾向 Ψ 定义为以下表达式：

$$\Psi=\frac{\varphi_o^*}{\varphi_e^*}=\frac{\alpha+\lambda \mathrm{NS}}{\tau_e}\left(\frac{\beta+\eta \mathrm{IS}}{f_e}D\right)^{\frac{1}{\sigma-1}} \tag{8-6}$$

企业通过线下渠道进入其他区域市场的生产率门槛 φ_o^* 越高，通过线上渠道进入其他区域市场的生产率门槛 φ_e^* 越低，企业线上销售的倾向就越强。线上销售倾向这一指标主要反映了相对于线下渠道，企业对于线上渠道的偏好程度。这与实证部分的被解释变量 OLSale（企业是否进行线上销售）是对应的。

考虑自然性市场分割对企业线上销售倾向的影响，将线上销售倾向 Ψ 对 NS 求偏导：

$$\frac{\partial \Psi}{\partial \mathrm{NS}}=\frac{\lambda}{\tau_e}\left(\frac{\beta+\eta \mathrm{IS}}{f_e}D\right)^{\frac{1}{\sigma-1}}>0 \tag{8-7}$$

基于此，马述忠和房超（2020）提出了假说 1。

假说 1：由于线下渠道受自然性市场分割的负面影响较大，而线上渠道则在一定程度上突破了空间距离的限制，企业在面临自然性市场分割时会更倾向于选择线上渠道。

再考虑制度性市场分割对企业线上销售倾向的影响，将线上销售倾向 Ψ 对 IS 求偏导：

$$\frac{\partial \Psi}{\partial \mathrm{IS}}=\frac{\eta D(\alpha+\lambda \mathrm{NS})}{\tau_e f_e(\sigma-1)}\left(\frac{\beta+\eta \mathrm{IS}}{f_e}D\right)^{\frac{2-\sigma}{\sigma-1}}>0 \tag{8-8}$$

基于此，马述忠和房超（2020）提出了假说 2。

假说 2：制度性市场分割会提高企业通过线下渠道进入其他区域市场的固定成本，但对企业线上销售的影响较小，企业在面临制度性市场分割时会更倾向于选择线上渠道。

为了检验假说 1 和假说 2，马述忠和房超（2020）参照张杰等（2010）、吕越等（2018）的设定，构建了如下计量模型：

$$\begin{aligned}\mathrm{OLSale}_{iocj}=&\alpha_0+\alpha_1 \mathrm{NS}_{iocj}+\alpha_2 \mathrm{IS}_{iocj}+\alpha_3 \mathrm{CR}_{iocj}+\alpha_4 \ln \mathrm{TFP}_{iocj}\\&+\alpha X_{iocj}+\omega_o+\nu_c+\mu_j+\varepsilon_{iocj}\end{aligned} \tag{8-9}$$

式中，下标 i 表示企业，o 表示企业所有制，c 表示企业所在城市，j 表示企业所属行业。

实证数据来自 2005 年世界银行中国企业投资环境调查。被解释变量 OLSale 表示企业是否进行线上销售。基于世界银行中国企业投资环境调查数据中通过互联网和电子邮件实现的收入的比例指标，处理得到 OLSale 变量。若企业通过互联网和电子邮件实现的收入占比大于 0，则 OLSale 取 1，否则 OLSale 取 0。NS 表示企业经营所面临的自然性市场分割，即企业经营和发展中受交通影响的程度。IS 表示企业经营所面临的制度性市场分割，即企业受地方保护主义影响的程度。CR 表示企业国内跨区域销售额占总销售额的比重，即世界银行中国企业投资环境调查数据中企业国内销售额中省外部分占其总销售的比重，即为企业跨区域销售占比。lnTFP 表示企业全要素生产率的自然对数；X 表示其他控制变量，包括企业规模 lnsize、资产收益率 roa、企业信息化率 pcuse、企业年龄 lnage；ω_o、ν_c、μ_j 分别表示所有制、城市、行业固定效应；ε_{iocj} 表示随机扰动项。

为了考察自然性市场分割和制度性市场分割对企业线上销售的影响，对模型（8-9）进行回归分析，结果见表 8-1。第（1）列中 NS 的估计系数为 0.009 65，在 10%的显著性水平上统计显著。而当 NS 变量以类别虚拟变量的形式引入时，四个类别的估计系数均为正，但仅 NS=1 和 NS=2 两个类别的估计系数显著。这意味着，与不受自然性市场分割影响的企业相比，受自然性市场分割影响的企业更有可能选择线上销售，但受自然性市场分割影响非常大的企业并不会倾向于进行线上销售。这可能是因为 NS 报告为 3 和 4 的企业数量较少，使得估计结果不太显著。调查问卷的提问方式也可能会使得企业报告存在一定的偏差。为了剔除极端类别的影响，后文的估计中剔除了 NS 为 3 和 4 的样本。此处使用类似的方法，分析制度性市场分割对线上销售的影响。第（3）列中 IS 的估计系数为 0.017 1，且在 1%的显著性水平上统计显著。第（4）列中 IS 的各类别虚拟变量系数均为正，且系数大小随着受市场分割影响程度的增强而变大，但显著性水平有所下降。与不受制度性市场分割影响的企业相比，受制度性市场分割影响的企业更有可能采取线上销售，但受制度性市场分割影响非常大的企业并不倾向于进行线上销售。后文中同样剔除了 IS 为 3 和 4 的样本。第（5）列中同时引入 NS 和 IS 两个核心解释变量，对剔除极端类别后的样本进行回归估计，NS 和 IS 的估计系数为 0.018 2 和 0.016 4，二者分别在 5%和 10%的显著性水平上统计显著。同时加入 NS 和 IS 两个变量进行回归的估计系数不太显著，可能是由于 NS 和 IS 之间存在一定的共线性。综合上述分析，自然性市场分割和制度性市场分割均可能是企业选择线上销售的动因，假说 1 和假说 2 得到验证。

表 8-1　自然性、制度性市场分割与企业线上销售

	(1) LPM	(2) LPM	(3) LPM	(4) LPM	(5) LPM	(6) Logit	(7) Logit
NS	0.009 65*				0.018 2**	0.104***	
	(0.004 98)				(0.007 93)	(0.033 7)	
IS			0.017 1***		0.016 4*		0.105***
			(0.005 88)		(0.008 88)		(0.037 8)
NS=1		0.025 0**					
		(0.012 4)					
NS=2		0.048 9***					
		(0.015 1)					
NS=3		0.007 48					
		(0.017 7)					
NS=4		0.036 2					
		(0.047 4)					
IS=1				0.031 3***			
				(0.012 0)			
IS=2				0.033 1**			
				(0.016 8)			
IS=3				0.046 7*			
				(0.024 8)			
IS=4				0.050 0			
				(0.061 4)			
lnTFP	0.010 7***	0.010 6***	0.010 8***	0.010 9***	0.011 2***	0.051 8***	0.052 1***
	(0.003 46)	(0.003 46)	(0.003 47)	(0.003 46)	(0.003 84)	(0.017 7)	(0.017 7)

续表

	(1) LPM	(2) LPM	(3) LPM	(4) LPM	(5) LPM	(6) Logit	(7) Logit
lnsize	0.006 37 (0.004 33)	0.006 36 (0.004 32)	0.005 95 (0.004 34)	0.005 77 (0.004 34)	0.008 11* (0.004 79)	0.039 7* (0.022 0)	0.040 0* (0.022 0)
roa	−0.004 42 (0.004 98)	−0.004 25 (0.004 98)	−0.004 61 (0.004 99)	−0.004 74 (0.004 99)	−0.003 04 (0.005 52)	−0.014 4 (0.025 5)	−0.013 6 (0.025 5)
pcuse	0.277*** (0.029 0)	0.275*** (0.029 1)	0.274*** (0.029 1)	0.274*** (0.029 1)	0.298*** (0.032 2)	1.360*** (0.142)	1.360*** (0.142)
lnage	0.008 71 (0.007 50)	0.008 88 (0.007 50)	0.008 00 (0.007 51)	0.007 98 (0.007 51)	0.014 4* (0.008 30)	0.067 9* (0.037 3)	0.063 6* (0.037 3)
所有制固定效应	是	是	是	是	是	是	是
城市固定效应	是	是	是	是	是	是	是
行业固定效应	是	是	是	是	是	是	是
观测值	9 578	9 578	9 578	9 578	8 104	8 104	8 104
R^2/虚拟R^2	0.096	0.097	0.096	0.096	0.107	0.083	0.083

注：***、** 和 * 分别表示在 1%、5%和 10%的显著性水平上统计显著，括号内为稳健标准误。

资料来源：马述忠，房超．线下市场分割是否促进了企业线上销售：对中国电子商务扩张的一种解释 [J]. 经济研究，2020，55 (7)：123 - 139.

西方经典的异质性企业贸易理论认为，不同生产率水平的企业将表现出不同的行为，生产率水平较低的企业退出市场，生产率水平位于中间水平的企业只进行国内销售，生产率水平较高的企业则既内销又出口（Melitz，2003）。Helpman et al.（2004）进一步将对外直接投资纳入异质性企业模型中，发现生产率更高的企业会通过对外直接投资服务海外市场。马述忠和房超（2020）在引入线上线下两个市场之后，探讨市场分割对于不同生产率企业线上渠道选择的差异性影响，是对异质性企业贸易理论的一个重要拓展。

基于上文的理论模型，探讨生产率水平对企业生产与销售渠道选择的影响。对于生产率水平低于 φ_l^* 的企业而言，它们不会选择生产。对于生产率水平高于 φ_l^* 但远低于 φ_o^* 和 φ_e^* 的企业而言，由于没有达到线上和线下跨区域销售的生产率门槛，这些企业主要服务本地市场，不会选择线上销售。而对于生产率远高于 φ_o^* 和 φ_e^* 的企业而言，其具有很强的实力，市场分割对这些企业的影响较小。对于生产率处于 φ_o^* 和 φ_e^* 附近的企业而言，其具备跨区域销售的能力，渴望开拓其他区域市场，但又受到市场分割的制约。这些企业在面临较高的市场进入门槛时，更有可能选择线上销售渠道。

基于此，马述忠和房超（2020）提出了假说 3。

假说 3： *生产率位于中间水平的企业更有可能选择线上销售渠道，生产率较高的企业能够克服市场分割的负面影响。*

为了检验假说 3，在基准模型的基础上加入 lnTFP 的二次项，结果如表 8 - 2 第（1）列所示。lnTFP 一次项的估计系数显著为正、二次项的估计系数显著为负。这意味着生产率对企业线上销售决策的影响呈现倒 U 形关系。对于 lnTFP 小于 9.5 的企业（占所有企业的比重约为 72%）而言，生产率的提高会提高线上销售的可能性；而对于 lnTFP 大于 9.5 的企业而言，生产率的提高会降低线上销售倾向。进一步地，在基准模型的基础上分别加入 NS、IS 与 lnTFP 的交互项，结果如第（2）列和第（3）列所示。NS、IS 与 lnTFP 交互项的系数都为负，分别在 5%和 10%的显著性水平上统计显著。这说明企业生产率越高，企业经营活动受自然性市场分割和制度性市场分割的制约越小。基于上述估计结果，马述忠和房超（2020）认为，生产率高的企业能够在一定程度上突破市场分割带来的负面影响。综合上述分析，假说 3 得到验证。

表 8－2　生产率水平与线上销售

	(1)	(2)	(3)
NS	0.018 3**	0.060 7***	0.017 9**
	(0.007 94)	(0.022 4)	(0.007 94)
IS	0.016 0*	0.016 7*	0.061 8**
	(0.008 88)	(0.008 89)	(0.025 8)
CR	0.052 8***	0.053 0***	0.053 3***
	(0.017 0)	(0.017 0)	(0.017 0)
lnTFP	0.039 0***	0.014 2***	0.013 6***
	(0.009 62)	(0.004 20)	(0.004 10)
$\ln TFP^2$	−0.002 06***		
	(.000 645)		
NS×lnTFP		−0.005 44**	
		(0.002 69)	
IS×lnTFP			−0.005 66*
			(0.003 04)
其他控制变量	是	是	是
三类固定效应	是	是	是
观测值	8 099	8 104	8 104
R^2	0.109	0.108	0.108

注：***、** 和 * 分别表示在 1%、5%和 10%的显著性水平上统计显著，括号内为稳健标准误。

资料来源：马述忠，房超．线下市场分割是否促进了企业线上销售：对中国电子商务扩张的一种解释［J］．经济研究，2020，55（7）：123－139.

第三节　电子商务降低搜寻成本机制

一、理论命题的提出

国内外学者运用实证方法检验了电子商务对特定行业或者种类的产品的影响（Lee & Clark，1996；Lee，1998；Brynjolfsson & Smith，2000；Haynes & Thompson，2008；周黎安等，2006；杨居正等，2008；吴德胜和李维安，2009）。从理论分析来看，电子商务平台通过提高消费者的搜寻效率，整合不同地区商品的供给方和需求方，以及增大同质商品销售的聚集程度来有效降低商品零售价格（Heil & Prieger，2010；Tang et al.，2010）。搜寻理论能够有效解释电子商务平台对商品零售价格的影响机制。然而，这些研究并未从微观层面揭示电子商务平台对不同种类商品零售价格的影响是否具有差异。

基于此，孙浦阳等（2017）提出了“电子商务降低搜寻成本机制”这一理论命题。

理论命题 8-2

电子商务交易平台通过有效增加消费者搜寻次数、降低市场搜寻成本，对零售市场的价格产生了显著影响。

资料来源：孙浦阳，张靖佳，姜小雨．电子商务、搜寻成本与消费价格变化 [J]. 经济研究，2017，52（7）：139-154.

该理论命题探讨了电子商务如何降低搜寻成本。一方面，在搜寻理论框架下得到了消费者运用电子商务平台搜寻价格信息的搜寻次数对不同商品零售价格具有差异性影响的假设；另一方面，在搜寻理论框架中引入了消费者运用电子商务平台的边际搜寻成本，揭示了电子商务平台对商品零售价格影响的城市级别的差异，拓展了有关电子商务平台定价的理论研究。

二、理论命题的具体内容

根据 Stigler（1961），外部搜寻主要的衡量因素包括搜寻次数和搜寻成本。为了更加有效地度量电子商务平台对消费者价格外部搜寻的影响，孙浦阳等（2017）在基础模型和扩展模型中分别研究了搜寻次数以及搜寻成本对电子商务平台上出售商品的均衡价格的影响。

孙浦阳等（2017）通过公式推导得到了命题 1。

命题 1： 当商品价格高于某一临界值时，消费者通过电子商务平台搜寻次数越多，均衡价格的累积分布函数增大，价格均值下降；而对价格低于这一临界值的商品来讲，消费者通过电子商务平台搜寻次数越多，均衡价格的累积分布函数减小，价格均值上升。

在时间一定的情况下，每个消费者搜寻次数的增加就是消费者搜寻效率的提高。基于此，根据命题 1，孙浦阳等（2017）提出了假说 1。

假说 1： 电子商务平台通过提高消费者搜寻效率对商品均衡价格产生的影响具有产品差异性。当商品价格高于某一临界值时，电子商务平台的建立使该商品均衡价格下降；而对价格低于这一临界值的商品来讲，电子商务平台的建立使该商品均衡价格反而上升。

孙浦阳等（2017）构建了如下模型对假说 1 进行检验。

$$\begin{aligned} \text{lnprice}_{ict} = & \beta_0 + \beta_1 \text{Treat}_i + \beta_2 \text{Post}_t + \beta_3 \text{Treat}_i \times \text{Post}_t \\ & + \beta_4 X_t + d_p + d_t + \varepsilon_{ict} \end{aligned} \tag{8-10}$$

式中，i 表示行业，t 表示时间，c 表示以城市为单位的消费市场，模型中的被解释变量 lnprice_{ict} 为产品价格的对数。虚拟变量 Treat_i 表示产品是否属于实验组，若属于实验组商品则取 1，若属于对照组商品则取 0。虚拟变量 Post_t 表示时间维度差异，2003 年 5 月淘宝网成立及之后的时期 Post_t 取 1，2003 年 5 月之前 Post_t 取 0。此外，该模型还控制了省份固定效应 d_p 和年份固定效应 d_t。X_t 为控制变量。

以物业服务费为对照组，分别对三大类商品及对应的 9 种具体实验组商品进行回归检验，同时加入省份、年份固定效应和控制变量，得到的结果如表 8-3 所示。

表 8-3　淘宝网成立对商品零售价格影响的基础结果（三大类）

	低级生活品			中高端生活品			电器类		
	(1)	(2)	(3)	(4)	(5)	(6)	(7)	(8)	(9)
	lnprice	lnprice	lnprice	lnprice	lnprice	lnprice	lnprice	lnprice	lnprice
Treat	2.206***	2.206***	2.210***	3.800***	3.800***	3.804***	8.676***	8.677***	8.682***
	(203.76)	(203.83)	(201.38)	(202.07)	(202.08)	(200.17)	(799.61)	(800.07)	(794.95)
Post	0.052***	0.052***	0.052***	0.109***	0.109***	0.111***	0.099***	0.099***	0.101***
	(3.72)	(3.73)	(3.66)	(4.56)	(4.56)	(4.58)	(7.09)	(7.11)	(7.19)
Treat×Post	−0.032**	−0.033**	−0.032**	−0.097***	−0.097***	−0.098***	−0.114***	−0.115***	−0.117***
	(−2.30)	(−2.32)	(−2.25)	(−4.01)	(−4.01)	(−4.02)	(−8.12)	(−8.14)	(−8.22)
lncost		0.047***	0.029***		−0.004	−0.029***		0.080***	0.022***
		(14.48)	(7.77)		(−0.48)	(−3.36)		(27.83)	(6.59)
lnfexpend		−0.012***	−0.004*		0.031***	0.038***		−0.014***	−0.024***
		(−6.15)	(−1.80)		(6.63)	(7.11)		(−7.64)	(−11.50)
lnpop			−0.008***			0.004			−0.027***
			(−3.74)			(0.87)			(−14.52)
lngdp			0.010***			0.015***			0.055***
			(5.80)			(4.05)			(37.38)
tran			0.023***			0.029***			0.002
			(9.35)			(5.28)			(0.92)
年份固定效应	是	是	是	是	是	是	是	是	是
省份固定效应	是	是	是	是	是	是	是	是	是
观测值	586 378	586 378	571 639	316 153	316 153	306 839	737 298	737 298	716 864
R^2	0.321	0.321	0.323	0.269	0.269	0.271	0.688	0.689	0.691

注：***、** 和 * 分别表示在 1%、5%和 10%的显著性水平上统计显著，括号内为 t 值。

资料来源：孙浦阳，张靖佳，姜小雨．电子商务、搜寻成本与消费价格变化［J］．经济研究，2017，52（7）：139－154.

首先，表 8－3 将商品分为低级生活品、中高端生活品和电器类三大类别，回归发现这三大类商品所对应的 Treat×Post 项系数均显著为负，即淘宝网的成立使商品的零售价格下降，这与假说 1 中消费者通过电子商务平台进行搜寻会使商品的零售价格下降的预期相符。同时，孙浦阳等（2017）在控制了商品流通成本（tran）、城市人口（pop）以及城市 GDP（gdp）等特征因素后，发现 Treat×Post 项的系数发生了明显的变化，尤其是中高端生活品和电器类的系数绝对值明显增大。这说明城市的特征能够影响淘宝网所发挥的降低商品零售价格的作用。这一特点在扩展模型中会更加显著地体现出来。此外，孙浦阳等（2017）控制了商品物流成本，将电子商务平台通过降低流通成本所带来的价格下降与其通过增强消费者搜寻能力所带来的价格下降进行分离。从表 8－3 的结果来看，食用盐的平均价格远小于其他各类商品，因此假说 1 中电子商务平台对零售价格的影响存在产品差异性的理论预期得到了很好的证明。

在考察了消费者利用电子商务平台搜寻次数对企业均衡价格的影响后，孙浦阳等（2017）进一步考察了消费者的搜寻成本 c 对均衡价格的影响。他们通过公式推导得到命题 2。

命题 2： 当均衡价格累积分布函数与搜寻次数之间的关系满足一定条件时，边际搜寻成本越大，则均衡价格的累积分布函数增大，价格均值下降；当均衡价格累积分布函数与搜寻次数之间的关系满足一定条件时，边际搜寻成本越大，则均衡价格的累积分布函数增加，价格均值上升。

命题 2 揭示了消费者运用电子商务平台的边际搜寻成本对商品均衡价格的影响同样具有异质性。边际搜寻成本的度量在实证中需要通过代理变量进行刻画，根据既有研究，搜寻成本主要包括搜寻信息的货币成本和机会成本（Smith et al.，1999）。电子商务平台能够降低搜寻成本中的货币成本是指消费者能够运用互联网搜寻企业价格信息，而不需要实际到每个企业进行调查，因此节约下来的成本；而搜寻成本中的机会成本的降低是指消费者通过互联网搜寻企业价格信息所用的时间远小于实际到每个企业调查所用的时间。

基于此，根据命题 2，孙浦阳等（2017）提出了假说 2。

假说 2： 消费者运用电子商务平台的边际搜寻成本，即互联网覆盖程度对商品均衡价格的影响存在两种情况。当均衡价格累积分布函数与搜寻次数之间的关系满足特定条件时，互联网覆盖程度高，则商品均衡价格下降；当均衡价格累积分布函数与搜寻次数之间的关系满足特定条件时，互联网覆盖程度高，则商品均衡价格上升。

为了检验假说 2，孙浦阳等（2017）构建了如下模型：

$$\begin{aligned}\text{lnprice}_{ict}=&\beta_0+\beta_1\text{Treat}_i+\beta_2\text{Post}_t+\beta_3\text{Internet}_c+\beta_4\text{Treat}_i\times\text{Post}_t\\&+\beta_5\text{Treat}_i\times\text{Internet}_c+\beta_6\text{ Internet}_c\times\text{Post}_t\\&+\beta_7\text{Treat}_i\times\text{Post}_t\times\text{Internet}_c+\beta_8X_t+d_p+d_t+\varepsilon_{ict}\end{aligned}\tag{8-11}$$

式中，Internet_c 代表地区的互联网的边际搜寻成本，即互联网覆盖程度。对低级生活品、中高端生活品和电器类三大类商品进行检验，得到表 8－4。表 8－4 中 Treat×Post×Internet 项系数显著为负，即淘宝网成立后，在互联网覆盖率较高的城市，商品零售价格显著降低，这有效验证了假说 2 中消费者运用互联网进行搜寻的边际成本对商品零售价格具有显著的负向影响。

表 8-4 引入消费市场互联网覆盖程度的扩展结果（三大类）

	低级生活品			中高端生活品			电器类		
	(1)	(2)	(3)	(4)	(5)	(6)	(7)	(8)	(9)
	lnprice	lnprice	lnprice	lnprice	lnprice	lnprice	lnprice	lnprice	lnprice
Treat	2.133***	2.110***	2.087***	4.000***	3.988***	4.001***	8.666***	8.668***	8.684***
	(26.02)	(25.79)	(24.74)	(40.43)	(40.32)	(39.40)	(117.77)	(117.79)	(115.25)
Post	−0.918***	−0.986***	−0.972***	0.055	0.023	0.044	0.338***	0.342***	0.351***
	(−10.84)	(−11.67)	(−11.17)	(0.54)	(0.22)	(0.42)	(4.45)	(4.50)	(4.52)
Internet	0.198**	0.227**	0.153	0.179	0.198*	0.128	0.093	0.090	0.176**
	(2.11)	(2.42)	(1.59)	(1.58)	(1.75)	(1.11)	(1.11)	(1.07)	(2.05)
Treat×Post	0.218**	0.233***	0.270***	−0.132	−0.121	−0.123	−0.408***	−0.410***	−0.425***
	(2.56)	(2.74)	(3.08)	(−1.28)	(−1.18)	(−1.17)	(−5.33)	(−5.36)	(−5.42)
Post×Internet	0.218**	0.192**	0.200**	0.205*	0.190	0.180	0.204**	0.207**	0.197**
	(2.22)	(1.97)	(2.00)	(1.74)	(1.61)	(1.49)	(2.32)	(2.36)	(2.21)
Treat×Internet	−0.112	−0.103	−0.089	−0.080	−0.074	−0.092	−0.107	−0.108	−0.128
	(−1.19)	(−1.09)	(−0.92)	(−0.70)	(−0.65)	(−0.79)	(−1.26)	(−1.27)	(−1.47)
Treat×Post×Internet	−0.278***	−0.295***	−0.320***	−0.210*	−0.221*	−0.204*	−0.181**	−0.179**	−0.151*
	(−2.81)	(−2.99)	(−3.16)	(−1.76)	(−1.85)	(−1.68)	(−2.04)	(−2.02)	(−1.67)
lncost		0.512***	0.389***		0.362***	0.358***		−0.101**	−0.154***
		(11.50)	(7.82)		(6.27)	(5.71)		(−1.97)	(−2.79)
lnfexpend		−0.776***	−0.869***		−0.395***	−0.406***		0.056*	0.035
		(−25.56)	(−27.21)		(−10.44)	(−10.30)		(1.67)	(1.00)
lnpop			−0.135***			−0.029***			−0.027***
			(−16.28)			(−3.12)			(−3.23)
lngdp			0.120***			0.037***			0.011**
			(21.19)			(6.38)			(2.18)
tran			−0.074***			0.064***			−0.125***
			(−7.01)			(5.25)			(−11.27)
年份固定效应	是	是	是	是	是	是	是	是	是
省份固定效应	是	是	是	是	是	是	是	是	是
观测值	169 060	169 060	163 704	180 190	180 190	173 315	127 313	127 313	122 816
R^2	0.252	0.255	0.258	0.244	0.245	0.246	0.795	0.795	0.797

注：***、** 和 * 分别表示在 1%、5%和 10%的显著性水平上统计显著，括号内为 t 值。

资料来源：孙浦阳，张靖佳，姜小雨．电子商务、搜寻成本与消费价格变化 [J]. 经济研究，2017，52 (7)：139-154.

第四节　跨境电商突破地理距离机制

一、理论命题的提出

传统国际贸易研究已经对引力法则达成了基本共识，即一国与距离较近且经济规模较大的国家有更多的贸易往来，而与距离较远、经济规模较小的国家有较少的贸易往来（Blum & Goldfarb，2006）。基于引力法则的国际贸易引力模型形式虽然非常简单，但已在涉及国际贸易、区域和空间经济、跨国投资等多个经济学领域得到了印证，被形容为“经济学中仅有的明了而且又显著的实证发现之一”（Disdier & Head，2008）。互联网时代，经济社会各个层面高度联通，交易成本和资源配置成本降低（江小涓，2017）。

基于此，马述忠等（2019）提出了“跨境电商突破地理距离机制”这一理论命题。

理论命题 8-3

相比于传统国际贸易，跨境电商出口受地理距离的负面影响较小，贸易伙伴国互联网的发展能够在一定程度上弱化地理距离的负面影响。

资料来源：马述忠，房超，张洪胜．跨境电商能否突破地理距离的限制 [J]. 财贸经济，2019，40（8）：116-131.

该理论命题重新审视了地理距离与贸易规模这一传统理论命题。一方面探讨了跨境电商出口中互联网弱化地理距离负面影响的理论机制，为跨境电商中“距离效应消失”提供了一种解释（Petersen & Rajan，2002；Blum & Goldfarb，2006；Lendle et al.，2016）；另一方面从贸易增长二元边际的角度，考察了地理距离、互联网等因素对跨境电商企业出口扩展边际和集约边际的影响，拓展了新业态促进贸易增长的实证研究（杨坚争等，2014；江小涓，2017）。

二、理论命题的具体内容

传统国际贸易研究认为，地理距离之所以会对国际贸易产生负面影响，不仅与运输成本效应有关，还与陌生效应密切相关（Huang，2007）。运输成本效应是指因为两国之间地理距离增大而直接导致的运输货物物流成本的提高和运输时间的增加；而陌生效应是指因为两国之间地理距离增大而间接引致的信息扭曲（Anderson & Van Wincoop，2004）。信息扭曲主要表现在以下三个方面：搜寻成本，即买家与卖家之间实现匹配所需的成本，地理距离越远的交易双方的搜寻成本越高；沟通障碍，包括语言障碍、文化差异等，地理距离越远的交易双方之间的沟通障碍越高；合同成本，即在签订和执行合同过程中，由于信息不对称而产生的成本，地理距离越远的交易双方实施监督的成本越高。

在跨境电商贸易中，地理距离带来的最直接的效应——运输成本上升和运输时间增加，仍然无法避免。事实上，与传统贸易的大批量运输方式不同，跨境电商物流主要采取邮政、快递等运输方式，其平均运输成本相对于传统贸易更高。Gomez-Herrera et al.（2014）基于欧盟跨境电商数据的实证分析认为，跨境电商引入了新的贸易成本，即包裹的寄送费用。目前，我国跨境电商出口物流主要有邮政快递、国际快递、海外仓、跨境专线物流、国内快递国际化服务五种模式，邮政快递份额超过 50%。这些模式分别应用于不同的场景，具有各自的优势，但是都存在运输成本高、运输时间长、丢包率高等问题（庞燕，2015）。与传统贸易相比，用户在跨境电商平台上购物时，对物流成本、时间、丢包率等因素更加敏感，更有可能选择从地理距离较近的商家处购买商品。从这一角度看，与传统贸易相比，跨境电商受到的地理距离的直接影响可能更加明显。

基于此，马述忠等（2019）提出了假说 1。

假说 1： 地理距离会对跨境电商出口存在负面影响，贸易伙伴国距离越远，跨境电商对其出口的规模越小。

参考 Kim et al.（2017）构建的计量模型以及上文中的理论模型，构建计量模型（8－12），用以检验地理距离是否对跨境电商出口和传统贸易出口存在负面影响：

$$\ln Q_i = \beta_0 + \beta_1 \ln \mathrm{dist}_i + \beta_2 \ln \mathrm{gdp}_i + \beta X_i + \varepsilon_i \qquad (8-12)$$

式中，Q_i 表示中国对 i 国的出口贸易额，分为跨境电商出口和传统贸易出口。dist_i 表示中国与 i 国之间的地理距离。gdp_i 表示贸易伙伴国 i 的总收入水平。X_i 表示贸易伙伴国 i 的其他控制变量，包括人均 GDP（lngdp）、共同语言（comlang）、自由贸易协定（fta）等。ε_i 是随机误差项。使用的跨境电商出口数据来自深圳市顺友跨境物流股份有限公司，传统贸易出口数据来自 UN comtrade 数据库。

估计结果如表 8－5 所示。考虑到模型可能存在的异方差问题，汇报异方差稳健的标准误。观察第（1）列至第（2）列和第（3）列至第（4）列，以出口额和出口单数作为被解释变量的估计结果基本一致。仅将地理距离作为被解释变量时，地理距离的估计系数分别为－1.693 和－1.647，且在 1%的显著性水平上统计显著。但是将 net、GDP、人均 GDP 等其他控制变量引入后，地理距离的估计系数虽然为负但并不显著。以传统贸易出口额作为被解释变量的第（5）列至第（6）列，无论是否加入其他控制变量，地理距离的估计系数均显著为负。在以传统贸易中跨境电商相关类别出口额作为被解释变量的第（7）列中，地理距离的估计系数显著为负，但在加入其他控制变量之后，地理距离的估计系数不再显著。总体来看，回归结果与引力模型的假设仍然是一致的。但也注意到，与传统贸易相比，在跨境电商出口中，地理距离的负面影响似乎不再那么大。一方面，这可能与跨境电商出口商品的品类相关。在传统贸易中，与全品类的出口商品［第（6）列］相比，跨境电商相关类别［第（8）列］受到地理距离的负面影响较小。另一方面，可能是因为互联网弱化了跨境电商出口中的信息扭曲。第（2）列和第（4）列中互联网普及率的估计系数显著为正，而第（6）列和第（8）列中则不显著。这意味着，东道国互联网发展水平越高，中国对其跨境电商出口规模越大，互联网发展对传统贸易的影响较为有限。

表 8-5　基准检验：地理距离的限制作用

	(1)	(2)	(3)	(4)	(5)	(6)	(7)	(8)
	跨境电商出口额		跨境电商出口单数		传统贸易出口额		传统贸易中跨境电商相关类别出口额	
lndist	−1.693***	−0.430	−1.647***	−0.398	−1.693***	−0.387**	−1.518***	−0.254
	(−3.47)	(−1.56)	(−3.58)	(−1.27)	(−3.47)	(−2.32)	(−3.85)	(−1.53)
net		0.062***		0.065***		−0.000		0.004
		(5.63)		(5.81)		(−0.08)		(0.65)
lngdp		0.995***		0.954***		0.972***		1.110***
		(16.56)		(14.90)		(16.60)		(25.61)
ln_gdpp		−0.290		−0.291		−0.277**		−0.332**
		(−1.35)		(−1.37)		(−2.04)		(−2.46)
comlang		−4.267*		−3.706*		1.868***		1.977***
		(−1.74)		(−1.95)		(3.50)		(2.88)
fta		0.446		0.323		0.357		0.136
		(1.28)		(0.83)		(1.65)		(0.62)
观测值	180	180	180	180	180	180	180	180
R^2	0.057	0.780	0.053	0.753	0.057	0.826	0.082	0.861

注：***、**和*分别表示在1%、5%和10%的显著性水平上统计显著，括号内为 t 值。

资料来源：马述忠，房超，张洪胜．跨境电商能否突破地理距离的限制［J］．财贸经济，2019，40（8）：116-131.

值得注意的是，地理距离所间接引致的信息扭曲在跨境电商交易中却大幅降低。这是跨境电商区别于传统贸易的一个重要特征，有必要进行详尽分析。基于前文提供的视角，马述忠等（2019）依次从搜寻成本、沟通障碍、合同成本三个角度展开分析：

第一，互联网降低了搜寻成本。在传统贸易中，由于买方和卖方位于世界各地，双方交易达成比较困难。跨境电商将多个卖方的多个产品汇集于一个互联网平台，提供差异化的商品供买方选择，大大降低了搜寻成本（Lendle et al.，2016）。此外，跨境电商平台为用户提供了强大的检索服务，部分平台基于用户画像等技术为用户提供精准的产品和服务。这些技术缩短了用户的搜寻时间，提高了交易效率（Chen et al.，2004；Ellison & Ellison，2009）。

第二，互联网减少了沟通障碍。由于不同区域语言、文化等因素的不同，传统国际贸易中买卖双方沟通困难，交易成本高（Melitz，2008）。在跨境电商交易中，互联网平台提供了多种语言的服务支持，有助于降低沟通成本，提高交易效率。以我国两大跨境出口电商平台为例，阿里速卖通和敦煌网为外国用户提供了英语、西班牙语、葡萄牙语等多语言网站版本，语言沟通障碍大大降低。此外，用户还可以通过跨境电商平台提供的沟通工具与商家进行实时交流，以便更充分地了解商品信息。

第三，互联网降低了合同成本。在传统贸易中，由于交易双方距离远，买方无法对卖方实施有效的监督，信息不对称情况较为普遍。而跨境电商中的很多机制设计，比如店铺信用评分机制、产品照片和相关信息的披露机制、用户评分评论机制等为买方提供了充分的交易信息，减少了交易中的逆向选择风险，从而大大降低了合同成本（Lewis，2011；Lendle et al.，2016）。

基于此，马述忠等（2019）提出了假说 2。

假说 2: 互联网能够弱化地理距离引致的信息扭曲，促进跨境电商出口的增长。贸易伙伴国互联网普及率越高，地理距离对跨境电商出口的负面影响越小。

为了考察跨境电商出口中，互联网是否在一定程度上弱化了地理距离的负面影响，马述忠等（2019）在模型（8－12）的基础上，引入互联网普及率 net_i 以及互联网普及率与地理距离的交互项 $lndist_i \times net_i$。

$$\ln Q_i = \beta_0 + \beta_1 \ln dist_i + \beta_2 net_i + \beta_3 \ln dist_i \times net_i + \beta_4 \ln gdp_i + \beta_5 X_i + \varepsilon_i \qquad (8-13)$$

估计结果如表 8－6 所示，在第（1）列和第（2）列中，地理距离的估计系数均在 1%的显著性水平上统计显著为负。如果剔除互联网的偏效应，地理距离对跨境电商出口的负面影响仍然是显著的。互联网普及率的估计系数均在 1%的显著性水平上统计显著为正。在第（1）列和第（2）列中交互项的估计系数分别为 0.023 和 0.021，二者均较为显著。这意味着，地理距离对跨境电商出口的负面影响随着伙伴国互联网普及率的提高而减弱，互联网能够在一定程度上弱化地理距离的负面影响。在第（3）列和第（4）列中，传统贸易出口额和传统贸易中跨境电商相关类别出口额作为被解释变量的模型在加入交互项后，地理距离、互联网以及交互项均不再显著，这意味着传统贸易出口中地理距离与互联网普及率不存在显著的交互作用。

表 8－6 机制分析：互联网的弱化作用

	(1)	(2)	(3)	(4)
	跨境电商出口额	跨境电商出口单数	传统贸易出口额	传统贸易中跨境电商相关类别出口额
lndist	−1.646***	−1.547***	−0.263	0.021
	(−3.69)	(−3.10)	(−0.80)	(0.06)
net	0.065***	0.067***	−0.001	0.004
	(5.90)	(6.00)	(−0.11)	(0.56)
lndist×net	0.023***	0.021**	−0.002	−0.005
	(2.73)	(2.17)	(−0.56)	(−1.10)
其他控制变量	是	是	是	是
观测值	180	180	180	180
R^2	0.786	0.759	0.826	0.862

注：*** 和 ** 分别表示在 1%和 5%的显著性水平上统计显著，括号内为 t 值。

资料来源：改编自马述忠，房超，张洪胜．跨境电商能否突破地理距离的限制［J］．财贸经济，2019，40（8）：116－131。

第五节 跨境电商推动中国出口增长理论

一、理论命题的提出

在数字经济背景下，人们不仅能够以更低的成本开展原有的商业活动，而且可以凭借这些技术颠覆原有的商业活动，创造出崭新的商业活动（Borenstein & Saloner，2001)。跨境电商是其中的一个代表，其日渐成为我国外贸新旧动能转换的重要推动力量

(裴长洪和刘斌，2019)。由于交易方式独特等原因，对跨境电商的统计是一个国际难题，跨境电商对进出口贸易的促进作用也很难准确衡量，跨境电商促进贸易增长的作用机制则更难进行分析。传统研究主要集中在对比跨境电商与传统贸易中贸易成本的差异，比如固定成本、可变成本等（Lendle et al.，2016；马述忠等，2019；鞠雪楠等，2020)。

基于此，马述忠和房超（2021）提出了“跨境电商推动中国出口增长理论”这一理论命题。

理论命题 8-4

跨境电商产业政策推动了中国出口的增长，这一作用主要是通过降低信息成本和强化规模经济实现的。

资料来源：马述忠，房超．跨境电商与中国出口新增长：基于信息成本和规模经济的双重视角[J]．经济研究，2021，56（6）：159-176.

该理论命题首次量化评估跨境电商产业政策的出口促进作用。一方面，不仅仅局限于总量上的分析，而是将传统的贸易流量结构性分解方法应用于跨境电商的研究（Chaney，2008；王孝松等，2014)，从二元边际的角度探讨跨境电商促进出口增长的实现机制；另一方面，已有研究跨境电商与贸易的文献集中于跨境电商如何降低贸易成本（Lendle et al.，2016；鞠雪楠等，2020)，该理论命题基于信息成本和规模经济的双重视角，探讨跨境电商促进出口增长的理论机制，特别是分析了需求方规模经济在平台贸易中的重要作用，拓展了有关互联网与国际贸易的相关研究。

二、理论命题的具体内容

跨境电商作为一种全新的贸易业态，对国际贸易产生了深远且复杂的影响。这种影响可以从多个维度进行分析。首先，跨境电商对地理距离和固定成本等方面产生了显著的影响。例如，Lendle et al.（2016）和马述忠等（2019）指出，跨境电商在一定程度上缩短了国际贸易中的地理距离，使得交易更为便捷。同时，鞠雪楠等（2020）也强调了跨境电商对固定成本的影响，尤其是在物流和仓储方面的成本优化。其次，跨境电商的兴起拓展了贸易主体，丰富了贸易内容。郭四维等（2018）的研究表明，跨境电商不仅使得更多的企业能够参与国际贸易，还丰富了交易品类和服务类型，这种多样化推动了市场的进一步发展。此外，跨境电商还对价值链分工和生产组织方式产生了重要影响。裴长洪和刘斌（2019）的研究发现，跨境电商促进了全球价值链的重组，使得生产和供应链的组织方式更加灵活高效。通过优化生产和供应链管理，跨境电商推动了全球贸易模式的变革。

基于此，马述忠等（2021）提出了假说 1。

假说 1：跨境电商的发展会促进出口规模的增长。

借鉴 Kim et al.（2017）在研究欧盟市场跨境电商时所构建的单一出口国对数线性化引力模型，同时参考 Moser & Voena（2012）双重差分的研究设计，建立回归模型进行实证检验，以检验假说 1。具体而言，马述忠和房超（2021）通过对比分析两组产品类别（在跨境电商平台上交易的产品类别和不在跨境电商平台上交易的产品类别）在跨境电商产业政策颁布前后出口规模的变化情况来论证跨境电商产业政策的出口促进作用。马述忠和房超（2021）构建的实证模型如下：

$$\ln EX_{itj}=\alpha_0+\alpha_1 CBEC_i\times Post_t+\alpha_2 CBEC_i+\alpha_3 Post_t+\alpha_4 X_{tj}+\varepsilon_{itj} \quad (8-14)$$

式中，i 代表 HS6 位码产品类别；t 代表时间；j 代表贸易伙伴国；被解释变量 $\ln EX_{itj}$ 表示我国在 t 时间向 j 国出口的 i 产品类别金额的对数值；解释变量 $CBEC_i$ 为虚拟变量，表示 i 产品类别是否为在跨境电商平台上交易的产品类别，是则 $CBEC_i$ 取 1，否则 $CBEC_i$ 取 0；$Post_t$ 为虚拟变量，表示 t 时间是否为跨境电商产业政策实施之后的年份，2012—2016 年样本的 $Post_t$ 取 1，2009—2011 年样本的 $Post_t$ 取 0；X_{tj} 表示 t 时间 j 国的控制变量，包括地理距离、制度距离、文化距离、GDP、人均 GDP、互联网普及率等变量；ε_{itj} 表示影响出口的其他随机因素。

为了控制年份、产品类别层面的不可观测因素，在模型（8-14）的基础上加入年份固定效应 v_t、类别固定效应（HS6 位层面）u_i。参照 Moser & Voena（2012）的做法，再加入主类别（HS2 位层面）×年份固定效应 w_{it}，以控制某些随类别、年份变化的因素，比如政府针对某个出口行业的产业政策。加入各类固定效应后的模型如下所示：

$$\ln EX_{itj}=\alpha_0+\alpha_1 CBEC_i\times Post_t+\alpha_2 X_{tj}+v_t+u_i+w_{it}+\varepsilon_{itj} \quad (8-15)$$

估计结果如表 8-7 所示。第（1）列～第（3）列在模型（8-14）的基础上逐步引入控制变量，第（4）列～第（6）列基于模型（8-15）的设定逐步引入三类固定效应。从总体上看，估计结果与前文的预测是一致的：一方面，双重差分相关变量的估计结果表明，跨境电商产业政策的实施使得相关产品类别出口显著增长；另一方面，引力模型相关变量的估计结果表明，贸易伙伴国与我国的地理、制度、文化等距离越疏远，我国对其出口越少；贸易伙伴国经济规模越大，我国对其出口越多。在第（1）列中，CBEC×Post 的估计系数为 0.046 3，在 1%的显著性水平上统计显著。这一结果意味着，我国跨境电商产业政策实施之后，相关产品类别出口增长了 4.63%。第（2）列～第（6）列逐步引入了多边距离、GDP、人均 GDP 等变量以及三类固定效应后，CBEC×Post 的估计系数有所增大，且均在 1%的显著性水平上统计显著。这说明在控制了各类因素之后，跨境电商产业政策的出口促进作用仍然显著存在，且提升作用为 4%～9%。

表 8-7 政策效应的检验结果

	(1)	(2)	(3)	(4)	(5)	(6)
CBEC×Post	0.046 3***	0.065 9***	0.075 0***	0.073 9***	0.088 9***	0.084 2***
	(0.007 71)	(0.006 84)	(0.008 20)	(0.008 20)	(0.006 16)	(0.008 16)
CBEC	0.466***	0.722***	0.989***	0.990***		
	(0.006 12)	(0.005 43)	(0.006 48)	(0.006 48)		
Post	0.174***	0.183***	0.161***			
	(0.004 74)	(0.004 39)	(0.005 53)			

续表

	(1)	(2)	(3)	(4)	(5)	(6)
lndist		−0.428***	−0.277***	−0.277***	−0.415***	−0.415***
		(0.002 97)	(0.004 69)	(0.004 70)	(0.003 47)	(0.003 47)
insdist			−0.102***	−0.102***	−0.110***	−0.110***
			(0.001 96)	(0.001 97)	(0.001 49)	(0.001 49)
culdist			−0.019 1***	−0.015 8***	−0.013 4***	−0.013 5***
			(0.002 26)	(0.002 26)	(0.001 74)	(0.001 74)
lngdp		0.626***	0.721***	0.721***	0.921***	0.921***
		(0.000 814)	(0.001 45)	(0.001 45)	(0.001 16)	(0.001 16)
lngdpp			−0.204***	−0.214***	−0.280***	−0.280***
			(0.004 17)	(0.004 34)	(0.003 42)	(0.003 42)
Internet			0.442***	0.472***	0.586***	0.585***
			(0.018 3)	(0.019 6)	(0.014 8)	(0.014 8)
contig			−0.046 5***	−0.053 1***	−0.106***	−0.105***
			(0.009 53)	(0.009 54)	(0.007 43)	(0.007 43)
comlang			1.041***	1.050***	1.429***	1.429***
			(0.012 8)	(0.012 8)	(0.009 22)	(0.009 21)
smctry			0.815***	0.826***	1.013***	1.012***
			(0.022 2)	(0.022 2)	(0.017 7)	(0.017 7)
年份固定效应	否	否	否	是	是	是
类别固定效应	否	否	否	否	是	是
主类别×年份固定效应	否	否	否	否	否	是
观测值	2 779 458	2 734 821	1 900 024	1 900 024	1 899 984	1 899 984
R^2	0.007	0.210	0.185	0.186	0.534	0.535

注：*** 表示在 1%的显著性水平上统计显著，括号内为稳健标准误。

资料来源：马述忠，房超．跨境电商与中国出口新增长：基于信息成本和规模经济的双重视角 [J]. 经济研究，2021，56 (6)：159－176.

经典的国际贸易引力模型认为，两国之间的贸易流量与两国之间的地理距离成反比，与两国的经济规模成正比（Tinbergen，1962）。早期的研究中，学者仅将地理距离解释为运输成本。但随着研究的深入，学者们逐渐发现，如果仅将地理距离解释为运输成本是不合理的，运输成本只是距离效应中很小的一部分（Deardorff，1998），距离效应还包括地理距离所间接引致的信息成本（Cawley & Philipson，1999；Huang，2007；Allen，2014）。马述忠等（2019）通过简单的理论模型刻画了地理距离的两种效应：一是运输成本效应，二是信息成本效应。前者比较简单，就是单纯的交通物流费用，后者突出地表现为国际贸易中一方很难寻找到另一方，或者说贸易双方的匹配成本很高。

跨境电商对运输成本效应的影响并不显而易见（Gomez-Herrera et al.，2014；Kim et al.，2017），但对信息成本的降低作用则是非常直接的。首先，跨境电商平台将全球连接成统一的大市场，可以提供相对完善且对称的供需信息（郭四维等，2018）。一方面，无论是谷歌、百度等大型搜索引擎网站，还是跨境电商平台内部的搜索引擎，都可以通过用户输入的关键词信息将买方导引到所需产品的页面，从而大大降低搜索成本

(Bakos，1997；Ellison & Ellison，2009；江小涓，2017；Dinerstein et al.，2018)；另一方面，平台根据用户的消费记录与浏览记录，基于推荐系统中的机器学习、用户画像等算法，为用户精准推送产品，从而降低搜索成本（Senecal & Nantel，2004；Xiao & Benbasat，2007；江小涓，2017）。其次，跨境电商平台构建了一种网络空间的惩罚机制。平台通过用户评论评分等手段，提高企业机会主义行为的成本，从而减少由于信息不对称而导致的道德风险（Chen & Wu，2021）。这种网络空间的制度安排与现实中的法律法规是类似的。最后，跨境电商集成了人工智能、机器翻译等功能，能够帮助不同语言文化背景的交易双方顺畅沟通，在很大程度上减少了信息摩擦（Brynjolfsson et al. 2019）。

下面进一步分析跨境电商所带来的信息成本降低效应通过何种边际对贸易流产生影响。国内外的研究均发现，贸易成本的变化对扩展边际的影响更加明显（钱学锋，2008；Lawless，2010；陈勇兵和陈宇媚，2011）。这是因为贸易成本主要对建立新的贸易联系产生作用。一个典型的例子是，如果贸易成本下降，很多零贸易流会变成正贸易流。信息成本是贸易成本中的一种（Anderson & Van Wincoop，2004），上文提到的搜索引擎的匹配功能以及推荐算法的功能，事实上都是使得原本没有联系的双方建立新的贸易联系。也就是说，跨境电商发展所带来的信息成本下降，主要是沿着扩展边际促进出口规模的增大。

基于此，马述忠等（2021）提出了假说 2。

假说 2：跨境电商的发展使得地理距离、制度和文化差异引致的信息成本下降，贸易双方匹配的概率提升，从而促进出口沿着扩展边际实现增长。

上述分析中提到，地理距离具有运输成本效应和信息成本效应。也就是说，地理距离可以部分地衡量贸易中信息成本的大小。基于此，在表 8-8 第（1）列的估计中，以扩展边际为被解释变量，以 lndist 与 CBEC×Post 的交互项为核心解释变量，进行最小二乘估计。可以看到，地理距离与处理效应交互项的估计系数为 0.005 52，并不显著。这意味着，跨境电商快速发展后，地理距离对出口扩展边际的负面影响并没有发生明显的变化，这与预测不一致。这可能是因为跨境电商虽然对信息成本有降低作用，但跨境电商碎片化、小额化的贸易方式增加了包裹寄送成本，提高了单位运输成本（Gomez-Herrera et al.，2014）。因而，从总效应来看，跨境电商发展后，地理距离对出口扩展边际没有显著的影响。

为了更好地分析信息成本效应，加入制度距离、文化距离与双重差分项的交互项进行估计。这主要是因为，制度距离、文化距离与运输成本没有直接的关系，但与信息成本是密切相关的。制度和文化层面的差异会提高道德风险和信息交换难度（Huang，2007），制度距离、文化距离可以比较好地捕捉信息成本效应。从表 8-8 第（2）列和第（3）列的估计结果中可以看到，制度距离、文化距离与处理效应交互项的估计系数均在 1%的显著性水平上统计显著为正。这意味着，跨境电商促进出口扩展边际增长的作用随着制度、文化距离的增加而增强。这一结果从侧面说明，跨境电商可能可以依托声誉机制等制度设计以及机器翻译等功能，降低由于制度、文化差异而引致的信息成本，促进出口在扩展边际上的增长。

表 8-8 扩展边际的作用机制检验

	(1)	(2)	(3)	(4)	(5)
CBEC×Post	0.340 (0.310)	0.296*** (0.046 3)	0.288*** (0.048 4)	−0.869*** (0.205)	−2.025*** (0.184)
CBEC×Post ×lndist	0.005 52 (0.033 8)				
CBEC×Post ×insdist		0.055 1*** (0.010 3)			
CBEC×Post ×culdist			0.048 1*** (0.010 7)		
CBEC×Post ×alibaba				0.061 8*** (0.000 957)	
alibaba				−0.044 3*** (0.007 10)	
CBEC×Post ×aliexpress					0.118*** (0.008 85)
aliexpress					0.110*** (0.007 32)
lndist	−0.195*** (0.018 2)	−0.193*** (0.017 0)	−0.194*** (0.017 0)	−0.239*** (0.020 8)	−0.238*** (0.017 8)
insdist	−0.266*** (0.006 25)	−0.273*** (0.006 41)	−0.264*** (0.006)	−0.286*** (0.006 73)	−0.204*** (0.006 76)
culdist	0.031 7*** (0.006 41)	0.031 7*** (0.006 41)	0.023 0*** (0.006 72)	0.055 0*** (0.006 79)	0.040 4*** (0.006 48)
lngdp	0.798*** (0.004 57)	0.800*** (0.004 58)	0.799*** (0.004 57)	0.838*** (0.007 34)	0.711*** (0.007 21)
lngdpp	−0.312*** (0.011 8)	−0.315*** (0.011 9)	−0.314*** (0.011 9)	−0.345*** (0.014 3)	−0.286*** (0.013 1)
Internet	0.659*** (0.057 6)	0.665*** (0.057 6)	0.664*** (0.057 6)	0.699*** (0.066 7)	0.064 5 (0.064 7)
contig	−0.425*** (0.032 8)	−0.426*** (0.032 8)	−0.425*** (0.032 8)	−0.313*** (0.035 1)	−0.618*** (0.037 6)
comlang	1.976*** (0.057 7)	1.980*** (0.057 7)	1.973*** (0.057 7)	1.999*** (0.058 5)	2.010*** (0.058 2)
smctry	1.131*** (0.111)	1.132*** (0.110)	1.131*** (0.110)	1.041*** (0.111)	1.483*** (0.113)
年份固定效应	是	是	是	是	是
类别固定效应	是	是	是	是	是
主类别-年份固定效应	是	是	是	是	是
观测值	636 401	636 401	636 401	581 639	599 969
R^2	0.150	0.150	0.150	0.151	0.152

注：*** 表示在 1%的显著性水平上统计显著，括号内为稳健标准误。

资料来源：马述忠，房超．跨境电商与中国出口新增长：基于信息成本和规模经济的双重视角［J］．经济研究，2021，56（6）：159-176.

为了进一步论证跨境电商降低信息成本的作用，马述忠和房超（2021）还基于世界各国搜索“Alibaba”“Aliexpress”关键词的频率构建搜索热度指标 alibaba、aliexpress，并将之与 CBEC×Post 进行交互，再加入回归方程中。这主要是因为线上搜索是跨境电商贸易中降低信息成本的最主要的手段之一。当然，这一指标也是一个间接的指标，无法直接衡量各国用户搜索商品的情况。但这一指标也可以提供一些侧面的证据。第（4）列和第（5）列的估计结果显示，两个搜索热度指标与处理效应交互项的估计系数均在1%的显著性水平上统计显著为正。也就是说，跨境电商促进出口扩展边际的增长，对于线上搜索我国跨境电商平台更频繁的贸易伙伴国而言更加明显。从某种程度来说，跨境电商相关线上搜索降低了信息成本，从而促进了我国出口沿着扩展边际实现增长。综合表 8-8 的估计结果，有理由认为假说 2 得到验证。

在国际贸易引力模型中，除地理距离外，经济规模是另一重要的贸易决定因素。经济规模意味着需求市场的大小。在 Krugman（1980）构建的贸易模型中，企业定位于大的需求市场以实现规模经济效应。与传统贸易时代相比，数字经济时代需求市场经济规模的重要性进一步提升（邱泽奇等，2016）。跨境电商贸易的基本载体——平台，是一个典型的双边市场（Rochet & Tirole，2003），具有明显的网络外部性特征。跨境电商平台内卖家能够获得的价值取决于平台内买家的数量（Armstrong，2006），买家数量越多，意味着平台内的卖家所面对的市场需求越大，而且根据梅特卡夫定律，市场需求的价值与买家数量的平方成正比。

长尾效应可以很好地解释为何平台交易中市场规模变得更加重要。传统贸易理论常常忽视消费者偏好所引致的异质性需求（裴长洪和刘斌，2020），而在数字经济时代，平台近乎为零的货架成本以及搜索引擎等数字化工具，使得消费者可以根据自身的喜好任意搜寻商品（Brynjolfsson et al.，2006；Brynjolfsson et al.，2011）。如果需求市场规模较小，满足差异化需求的单位成本较高；而如果市场规模足够大，差异化需求通过平台的汇聚和组合产生规模效应，从而能够被更好地发现和更低成本地满足。也就是说，差异化需求的价值因为市场规模而放大化和显性化（邱泽奇等，2016）。

下面进一步分析跨境电商发展所带来的规模经济效应强化会通过何种边际对贸易流产生影响。在传统贸易的研究中，学者发现，与贸易成本不同，经济规模主要作用于集约边际（钱学锋和熊平，2010；项松林，2020）。其中的逻辑也是简单的：贸易伙伴国经济规模的扩大，意味着市场容量和消费潜力的增长，因此需要进口更多的商品，也就是原有的贸易联系得到强化。而跨境电商的发展则进一步激发了原有经济规模的需求潜力，包括消费者差异化需求等，从而促进了原有贸易规模的进一步扩张。换句话说，在跨境电商贸易中，由于网络外部性和长尾效应的存在，使得经济规模的吸引作用进一步强化，从而促进出口在集约边际上的增长。

基于此，马述忠和房超（2021）提出了假说 3。

假说 3： *跨境电商贸易中规模经济效应更加突出，使得贸易伙伴国市场规模的需求潜力被进一步激发，从而促进出口沿着集约边际实现增长。*

为了检验假说 3，马述忠和房超（2021）以集约边际为被解释变量，将代表经济规模的 lngdp 变量与 CBEC×Post 进行交互，再进行最小二乘估计，结果如表 8-9 第（1）

列所示。可以看到交互项的估计系数为 0.050 5，且在 1%的显著性水平上统计显著。这意味着跨境电商促进出口集约边际增长的作用，随着贸易伙伴国经济规模的增大而强化。理论部分提到，平台经济时代规模经济能够发挥更大的作用，长尾效应是一条很重要的渠道。为了进一步说明跨境电商促进出口沿着集约边际增长是通过满足差异化需求实现的，参照 Rauch（1999）提供的产品类别划分方法，将产品类别划分为有组织的交易所交易的产品类别、有参考价格的产品类别以及差异化的产品类别三类（产品的差异化程度依次递增），并对这三个类别进行分样本回归，结果如表 8-9 第（2）列、第（3）列和第（5）列所示。可以看到，第（2）列中双重差分的估计系数不显著；第（3）列和第（5）列中，双重差分估计系数分别为 0.401 和 0.288，且在 1%的显著性水平上统计显著。也就是说，跨境电商产业政策对于高度同质化产品出口的集约边际而言没有明显的促进作用，但对差异化的产品则具有显著影响。为了进一步验证理论分析中提出的机制——差异化需求的价值因为市场规模而放大化和显性化，使用与第（1）列同样的方法，在第（3）列和第（5）列回归的基础上加入 lngdp 与 CBEC×Post 的交互项。第（4）列和第（6）列的估计结果中，交互项的估计系数分别为 0.094 9 和 0.038 4，均在 1%的显著性水平上统计显著。也就是说，对于经济规模越大的国家而言，跨境电商产业政策促进差异化产品出口沿着集约边际增长的作用越强，理论机制分析部分提出的假说 3 得到验证。

表 8-9 集约边际的作用机制检验

	(1)	(2)	(3)	(4)	(5)	(6)
	全样本估计	有组织的交易所交易的产品类别	有参考价格的产品类别		差异化的产品类别	
CBEC×Post	−1.026***	−0.289	0.401***	−2.091***	0.288***	−0.711***
	(0.090 1)	(0.235)	(0.047 9)	(0.295)	(0.016 6)	(0.098 6)
CBEC×Post ×lngdp	0.050 5***			0.094 9***		0.038 4***
	(0.003 37)			(0.010 9)		(0.003 69)
lndist	−0.558***	−1.852***	−0.725***	−0.724***	−0.434***	−0.433***
	(0.006 04)	(0.060 5)	(0.013 5)	(0.013 5)	(0.006 78)	(0.006 78)
insdist	−0.115***	0.058 2**	−0.159***	−0.159***	−0.107***	−0.107***
	(0.002 68)	(0.029 5)	(0.006 57)	(0.006 57)	(0.002 96)	(0.002 96)
culdist	−0.028 9***	0.028 0	−0.073 1***	−0.073 8***	−0.009 78***	−0.010 2***
	(0.003 31)	(0.039 1)	(0.008 27)	(0.008 27)	(0.003 67)	(0.003 67)
lngdp	1.229***	1.048***	1.296***	1.283***	1.235***	1.221***
	(0.002 52)	(0.025 2)	(0.005 42)	(0.005 72)	(0.002 42)	(0.002 89)
lngdpp	−0.413***	−0.313***	−0.461***	−0.459***	−0.417***	−0.416***
	(0.006 66)	(0.076 0)	(0.016 8)	(0.016 8)	(0.007 36)	(0.007 37)
Internet	0.587***	−0.603*	0.031 1	0.033 0	0.813***	0.814***
	(0.028 1)	(0.319)	(0.070 4)	(0.070 4)	(0.031 0)	(0.031 0)
contig	−0.103***	−0.281**	0.052 9*	0.055 6**	−0.201***	−0.200***
	(0.012 6)	(0.120)	(0.027 0)	(0.027 0)	(0.014 6)	(0.014 6)
comlang	1.989***	1.341***	2.129***	2.122***	1.961***	1.958***
	(0.016 0)	(0.161)	(0.036 5)	(0.036 6)	(0.017 7)	(0.017 7)

续表

	(1)	(2)	(3)	(4)	(5)	(6)
	全样本估计	有组织的交易所交易的产品类别	有参考价格的产品类别		差异化的产品类别	
smctry	1.169***	1.901***	0.515***	0.511***	1.447***	1.444***
	(0.028 3)	(0.238)	(0.062 1)	(0.062 1)	(0.031 7)	(0.031 7)
年份固定效应	是	是	是	是	是	是
类别固定效应	是	是	是	是	是	是
主类别-年份固定效应	是	是	是	是	是	是
观测值	1 501 645	29 177	347 480	347 480	1 045 271	1 045 271
R^2	0.457	0.307	0.382	0.382	0.491	0.491

注：有组织的交易所交易的产品类别、有参考价格的产品类别以及差异化的产品类别三个类别即 Rauch（1999）所提供的 goods traded on an organized exchange，reference priced and differentiated product 的保守分类（conservative classification）。马述忠和房超（2021）也使用了自由分类（liberal classification）进行分组，估计结果与保守分类一致。***、** 和 * 分别表示在 1%、5%和 10%的显著性水平上统计显著，括号内为稳健标准误。

资料来源：马述忠，房超．跨境电商与中国出口新增长：基于信息成本和规模经济的双重视角 [J]. 经济研究，2021，56（06）：159-176.

第六节 跨境电商推动中国进口增长理论

一、理论命题的提出

基于互联网技术的跨境电子商务，凭借效率高和成本低的优势吸引了交易双方主体在跨境电商平台达成交易，为全球不同国家和地区创造了贸易机会。跨境电商对国际贸易影响的研究主要包括参与主体、作用机制（如地理距离、文化距离、制度距离）以及贸易增长。学界普遍认为，跨境电商能够突破地理空间的限制，降低贸易成本，实现买卖双方的交易（Kim et al.，2017）。传统引力模型中的地理距离不能完全解释国际贸易成本，文化（Cyrus，2012）和制度上的差异会给企业开展跨境贸易增加无形成本。

基于此，Ma et al.(2021) 提出了“跨境电商推动中国进口增长理论”这一理论命题。

理论命题 8-5

与传统贸易相比，跨境电子商务通过影响地理、文化和制度距离显著地拉动了中国进口规模增大。

资料来源：Ma S，Guo X，Zhang H. New driving force for China's import growth：Assessing the role of cross-border e-commerce [J]. The World Economy，2021，44（12）：3674-3706.

该理论命题首次从地理、文化和制度贸易成本视角考察跨境电商对进口贸易增长的影响，拓展了数字经济时代贸易成本的研究边界。一方面，现有文献对互联网贸易、线上交易、跨境电商的研究为该理论命题提供了逻辑起点和理论支撑。大量文章研究互联网在促进国际贸易中的作用（Casella & Rauch，2002；Combes et al.，2005），认为互联网降低了企业参与贸易的成本，增加了企业参与出口的可能性。主流观点普遍认为，跨境电商会影响国际贸易成本结构、创新贸易交易手段、促进国际分工深化、提升贸易便利化水平（Ma et al.，2018）。另一方面，以往研究聚焦于地理距离，例如以 Lendle et al.（2016）为代表的文献开始探究在跨境电商领域是否存在"地理距离的死亡"。它们普遍认为，跨境电商能够突破地理空间的限制，降低贸易成本，实现买卖双方的交易。Ma et al.（2021）将文化和制度同样视作"距离"，作为贸易成本引入引力方程中，这些影响贸易信息成本的因素也会随着跨境电商的出现呈现上升、下降或者相反的趋势。

二、理论命题的具体内容

距离是国际贸易模型中的一个关键变量。它基本上是一个包罗万象的术语，展现了影响国内和进口商品相对价格的跨境贸易成本。距离所展现的贸易成本可以概括为运输成本、进口关税、监管制度差异以及合约执行风险成本等等（Gomez-Herrera et al.，2014）。地理距离被纳入国际贸易模型中考量最早可追溯至引力模型。随着引力模型的广泛应用，更多诸如文化、制度等因素也开始被视作贸易距离。

数字经济时代，随着数字技术逐渐应用于国际贸易，距离效应也发生了改变。在传统国际贸易中，运输成本和运输时间相比于国内贸易占据着非常重要的成本。而跨境电商在跨境物流方面带来了非常多商业模式的变革。跨境电子商务供应商有多种选择来缩短与国外在线客户的距离。消费者可以选择用自己的母语访问跨境电商网站，卖家能够基于消费者的购物历史和个人信息披露来提供个性化服务（Kim et al.，2017）。在地理、文化和制度成本发生变化的背景下，跨境电子商务如何影响一个国家的进口增长是一个十分值得探讨的问题。但目前对跨境电商影响贸易增长的分析，仍然基于传统贸易增长的研究方式，如 Melitz（2003）关于贸易的集约边际和扩展边际。具有普惠性质的跨境电子商务有助于广大发展中国家开展对外贸易。作为代表性的发展中国家，中国以其独特的优势在跨境电子商务行业积累了丰富的实践经验，并且正在逐步形成一套独创的商业模式、可推广的行业规则、可借鉴的成功经验。Ma et al.（2021）基于 2012 年 3 月商务部颁发的《关于利用电子商务平台开展对外贸易的若干意见》作为政策冲击，采用双重差分法来构建实证模型，以比较传统贸易方式和跨境电商方式对进口增长的差异作用。参考 Lendle et al.（2016）筛选在 eBay 上交易产品的相关 HS 类别作为区分的方法，根据 2016 年中国政府公布的《跨境电子商务零售进口商品清单》来区分在跨境电商平台销售的产品。处理组为在跨境电商平台上销售的产品类别（即 CBEC＝1），控制组为不在跨境电商平台上销售的产品类别（即 CBEC＝0）。处理时间为 2012 年，时间跨度为 2009—2017 年。将 2009—2011 年的样本作为处理前样本（即 Post＝0），将 2012—2017 年的样本作为处理后样本（即 Post＝1）。验证理论分析的回归模型为：

$$\ln IM_{itj}=\beta_0+\beta_1 CBEC_i\times Post_t+X_{tj}\beta+\lambda_i+\lambda_t+\mu_{itj} \tag{8-16}$$

式中，i 表示 HS6 位码产品；t 表示年份；j 表示中国的进口贸易伙伴国；被解释变量 $\ln IM_{itj}$ 表示我国在 t 时间从 j 国进口的 i 产品金额的对数值；解释变量 $CBEC_i$ 表示产品 i 类是否为跨境电商产品；$Post_t$ 表示 t 时间是否为处理后的年份；$CBEC_i\times Post_t$ 的系数是双重差分估计量，其测度传统贸易类别与跨境电商类别在跨境电商发展前后进口规模的差异；X_{tj} 表示 t 时间 j 贸易伙伴国的控制变量，具体包括：贸易伙伴国与我国的地理距离（lndist）、中国贸易伙伴国国内生产总值（lngdp）、中国贸易伙伴国人均国内生产总值（lngdpp）、互联网普及率（Internet）、与我国是否有共同边界（contig）、与我国是否有共同语言（comlang）、与我国是否有殖民关系（colony）、与我国是否曾为同一个国家（smctry）。λ_i 是 HS6 位码层面行业固定效应，λ_t 是年份固定效应，μ_{itj} 是误差项。

表 8-10 为中国进口贸易规模在跨境电商政策实施前后的变化情况。第（1）列至第（4）列的双重差分估计量及其交互项都在 1%的显著性水平上统计显著，且交互项都显著为正，数值在 30%～40%范围内。这说明，与传统贸易类别相比，跨境电商政策实施后跨境电商类别的进口规模增大 30%～40%。这一项实证结果证实了 Ma et al.(2021) 提出的假设：跨境电商的发展推动了我国进口增长。回归结果表明，相比于传统贸易，跨境电子商务对推动中国进口规模增大具有显著的作用。

表 8-10 跨境电商对进口贸易增长的影响

	(1)	(2)	(3)	(4)
CBEC×Post	0.356***	0.313***	0.378***	0.362***
	(0.019)	(0.183)	(0.343)	(0.045)
CBEC	−1.242***	−0.951***		
	(0.016)	(0.156)		
Post	0.083***	0.048***		
	(0.010)	(0.010)		
控制变量	否	是	否	是
年份固定效应	否	否	否	是
行业固定效应	否	否	否	是
年份-国家固定效应	否	否	是	否
行业-国家固定效应	否	否	是	否
观测值	880 723	880 693	917 914	880 622
R^2	0.015	0.015	0.854	0.355

注：*** 表示在 1%的显著性水平上统计显著，括号内为聚类到国家层面的标准误。

资料来源：Ma S, Guo X, Zhang H. New driving force for China's import growth: Assessing the role of cross-border e-commerce [J]. The World Economy, 2021, 44 (12): 3674-3706.

从国际贸易的交易环节来看，跨境电商作为一种新的贸易模式，可以降低贸易成本。跨境电商对贸易成本的降低作用主要体现在以下两个方面：一方面，传统国际贸易的交易方式主要在线下进行，买卖双方由于存在地理和文化等原因的阻隔而产生信息扭曲。跨境电商凭借互联网技术和数字技术能够帮助买卖双方在线获取产品信息和交易信息。跨境电商模式下交易主体之间的搜寻效率大幅度提升，交易成本也进一步缩减（Lendle et al.，2016）。此外，跨境电商平台通过提供评价和反馈服务来减少交易过程中买卖双方的信息不对称，有效地降低了信息成本（Tadelis，2016）。另一方面，跨境电商促成了买卖双方的在线交易，买家可以直接在跨境电商平台上与卖家进行价格磋商并达成线上交易，绕开了多层的分销平台，减少了中间环节，从而缩减了中间环节的成本。

多数学者从地理、文化距离等维度来考察对进出口贸易的影响。在国际贸易的引力模型中，通常将地理距离作为关键变量引入，认为其对两个国家的贸易流量具有负面作用。但随着现代通信技术和互联网的发展、全球物流体系的智能化发展，地理距离对跨国贸易的阻碍作用逐渐降低。Lendle et al.（2016）对比 eBay 和国际贸易流发现，搜索成本的降低以及 eBay 的卖家评级技术使得地理距离对销售的影响降低，即跨境电商的出现使得跨境电商产品可以销售到更远的国家。但是 Chaney（2018）认为，由于信息摩擦的不断增大，贸易伙伴之间需要直接的互动，因此地理距离仍然是影响国际贸易的重要因素。文化距离会通过作用于贸易成本和消费者选择，通过文化风俗、消费习惯等方式来影响贸易（Ellis，2007）。大多数学者认为，文化距离对国际贸易的影响表现为阻碍作用。但在跨境电商模式下，跨境电商平台为了降低消费者的感知距离，会选择优化产品界面，优先使用消费者母语进行沟通，使得消费者在跨境电商平台购物的体验更加接近国内电子商务平台，从而缓解了文化距离的影响。在跨境电商的交易模式下，制度距离对双边贸易流量仍然具有负面作用。解决跨境纠纷的费用、供应商对跨境销售的限制、交付成本、税收规则以及对国外规则的了解将阻碍跨境电商的发展（Duch-Brown & Martens，2015）。

基于此，Ma et al.（2021）提出了假说 1。

假说 1：地理距离和制度距离仍然是阻碍中国跨境电子商务进口的重要因素，跨境电商显著降低了文化距离对进口的阻碍作用。

在机制检验方面，Ma et al.（2021）从地理、文化和制度距离视角展开分析。Ma et al.（2021）引入了中国与贸易伙伴国之间的地理距离来刻画由地理距离产生的贸易成本，基于学者霍夫斯泰德（Hofstede）的文化维度来构建我国与贸易伙伴国的文化距离，具体的文化距离维度被划分为权力距离、不确定性规避、个人/集体主义、男性化/女性化、长期/短期倾向、自身放纵/约束这六个维度。根据 Kogut & Singh（1988）提出的方法，具体的测算公式为：

$$\mathrm{CD}_j=\frac{\sum_{i=1}^{n}\left[(C_{ij}-C_{ih})^2/\mathrm{CV}_i\right]}{n} \tag{8-17}$$

式中，CD_j 表示我国与贸易伙伴国之间的文化距离，C_{ij} 表示我国在第 i 个文化维度上的指数，C_{ih} 表示我国贸易伙伴国在第 i 个维度上的指数，CV_i 表示第 i 个文化维度的方差，n 表示文化维度的个数。

根据 De Groot et al.（2004）构建的公式来测算制度距离。对制度距离的测算，数据来源于世界银行的 Worldwide Governance Indicators 数据库，主要包括以下六个维度的指标分数：控制腐败（Control of Corruption）、政府效能（Government Effectiveness）、政治稳定和预防暴力（Political Stability and Absence of Violence/Terrorism）、法治（Rule of Law）、管制质量（Regulatory Quality）以及话语权和问责制（Voice and Accountability）。具体的测算公式为：

$$\mathrm{ID}_{jt}=\frac{1}{6}\sum_{k=0}^{6}(I_{kt}-I_{jkt})^2/V_{jkt} \tag{8-18}$$

式中，ID_{ijt} 表示我国在 t 年与贸易伙伴国 j 的制度距离，I_{kt} 表示我国在 t 年的第 k 个维度的得分，I_{jkt} 表示 j 国在 t 年的第 k 个维度的得分，V_{jkt} 则表示样本国家 j 在 t 年的第 k 个维度分数的方差。

在对文化、地理、制度距离变量处理的基础上，Ma et al.（2021）将地理距离、文化距离和制度距离作为第三重差分引入实证模型。表 8－11 汇报了地理距离、文化距离和制度距离视角的回归结果。由三重差分变量前的回归系数可知，地理距离和制度距离对跨境电商进口规模增长的影响作用是显著为负的，文化距离对跨境电商进口具有正向作用，这与理论预测相符。综合表 8－11 的回归结果，假说 1 成立。

表 8－11　地理距离、文化距离和制度距离视角的机制分析结果

	(1)	(2)	(3)
CBEC×Post×lndist	−0.066***	−0.073***	−0.069***
	(0.023)	(0.026)	(0.021)
Post×lndist	0.116***	0.128***	0.154***
	(0.013)	(0.014)	(0.011)
CBEC×lndist	−0.139***	−0.030	
	(0.043)	(0.047)	
CBEC×Post×cdist		0.066***	0.041**
		(0.024)	(0.021)
Post×cdist		0.032**	0.083***
		(0.013)	(0.012)
CBEC×cdist		−0.105***	
		(0.029)	
CBEC×Post×idist		−0.094***	−0.023**
		(0.014)	(0.012)
Post×idist		−0.033***	−0.129***
		(0.008)	(0.007)
CBEC×idist		−0.056***	−0.059*
		(0.022)	(0.030)
CBEC×Post	1.022***	1.153***	0.711***
	(0.203)	(0.210)	(0.169)
idist		0.177***	0.248***
		(0.020)	(0.019)
常数项	10.522***	9.803***	9.589***
	(0.141)	(0.160)	(0.081)
控制变量	是	是	是
年份固定效应	是	是	是
国家固定效应	是	是	是
HS6 位行业固定效应	是	是	是
年份- HS4 位码行业固定效应	否	否	是
国家- HS6 位码行业固定效应	否	否	是
观测值	786 367	786 367	756 870
R^2	0.419	0.420	0.824

注：***、** 和 * 分别表示在 1%、5%和 10%的显著性水平上统计显著，括号内为聚类到国家层面的标准误。

资料来源：Ma S，Guo X，Zhang H. New driving force for China's import growth：Assessing the role of cross-border e-commerce [J]. The World Economy，2021，44（12）：3674－3706.

第（1）列为只引入地理距离变量，并控制年份、国家、HS6 位码行业固定效应的三重差分结果，双重差分变量前回归系数显著为负，说明地理距离仍然阻碍跨境电商进口增长。这和 Chaney (2018) 的估计结果一致，他认为由于信息摩擦的不断增长，贸易伙伴之间需要直接的互动，地理距离仍然是影响国际贸易的重要因素。可能的原因在于跨境电商进口大多为零售的小包裹，单件商品的物流成本较高，从而阻碍了跨境电商进口的增长。因此，跨境电商只能促进从近距离国家的进口贸易。第 (2) 列在第 (1) 列的基础上，引入了文化距离和制度距离等变量。由三重差分变量前回归系数可知，地理距离和制度距离对跨境电商进口规模增长的影响作用显著为负，文化距离对跨境电商进口具有正向作用。这说明跨境电商拉近了贸易国的文化距离，原因在于与中国文化距离较近的国家，产品进入中国市场的成本更小，因此国内购买渠道多，从而跨境电商平台上销量小；而与中国文化距离较远的国家，产品在中国市场销售渠道少，消费者更多通过跨境电商平台购买。但制度距离仍具有阻碍作用，原因在于不同国家的政治、经济、法律和社会体制不同，制度距离的差异会增加国际贸易的风险，从而阻碍跨境电商进口。跨境电商在促进中国从地理距离和制度距离较近的国家进口方面具有更大的作用，但也有利于克服文化距离，促进中国从文化距离较远的国家进口。可能的原因在于，跨境电商平台为了降低消费者的感知距离，会选择优化产品界面，优先使用消费者母语进行沟通，使得消费者在跨境电商平台购物的体验更加接近国内电子商务平台。这反过来又使得跨境电商有利于从文化距离较远的国家进口商品。事实上，一些研究已经证实了这一观点。Kim et al. (2017) 认为，电子商务供应商有多种选择来缩短与国外在线客户的距离。消费者可以选择用自己的母语访问跨境电商网站，卖家能够基于消费者的购物历史和个人信息披露来提供个性化服务，从而减少跨境消费者的心理障碍。

第七节 中国证据

理论命题 8-1 指出：国内市场的自然性分割和制度性分割会倒逼企业基于电子商务开展经营活动，而且这一作用对于生产率水平较低的企业更强。中国电子商务发展的区域性特征可以很好地印证马述忠和房超 (2020) 的理论命题。根据《中国统计年鉴 2018》，各省份电子商务普及率（有电子商务交易活动的企业占企业总数的比重）呈现出不同的特征，北京普及率最高，为 19%；海南、浙江、西藏等省份次之；辽宁、吉林、黑龙江三省的普及率最低。综合来看，东南沿海电子商务产业较为发达，在全国范围内处于领先地位，但也可以看到，海南、西藏等非传统经济发达省份的电子商务普及率表现颇为亮眼。参考市场分割的价格法计算方法（桂琦寒等，2006；张杰等，2010），基于国家统计局 2013—2017 年省市-年度-商品（8 类）三维价格数据计算得到各省份各年度市场分割指数。2017 年，天津的市场分割指数明显高于其他省份，海南、江苏、浙江、贵州、西藏、北京等省份的市场分割程度较高，广东、河北、陕西的市场分割程度较低。进一步分析市场分割指数与电子商务普及率之间的相关关系，全样本的相关系数为 0.123，剔除离群值天津后的相关系数为 0.454。也就是说，市场分割越强的省份，电子商务普及率越高，这与马述忠和房超 (2020) 的理论命题是高度一致的。此外，根据由北京大学中国社会科学调查中心指导亿欧智库发布的《2022 双 11 电商金融服务报告》，中小微企业是电子商务的主体，超过 80%的电商卖家年销售额在300万元以内。这与马述忠和房超（2020）理论命题后半部分所提出的生产率水平较低的企业更有可能受市场分割影响而选择线上销售是高度一致的。

理论命题8-2指出：电子商务发展会对零售市场的价格产生显著影响。双十一等电子商务购物节通过提供前所未有的折扣和优惠，显著降低了商品价格，有效提高了消费者的购买意愿。例如，2009年首届双十一，淘宝商城以五折清仓的手段吸引了大量消费者，成交额达到了5 200万元，这一数字远超参与品牌的日常销售额。随着双十一的逐年发展，电商平台和品牌方通过红包营销、购物津贴、预售等多样化的促销策略，进一步降低了消费者的购买成本。此外，直播带货的兴起也为消费者提供了更多低价购买的机会。例如2021年双十一期间，顶级奢侈品商场北京SKP一年的销售额，被一些头部主播在短短几天内轻松超越。这些数据充分说明了电子商务购物节在降低商品价格、刺激消费方面的显著效果。

理论命题8-3指出：跨境电商能够在一定程度上突破地理距离的限制。中国跨境电商贸易伙伴的多元化发展能够很好地说明跨境电商的这一优势。根据海关总署发布的《中国跨境电商贸易年度报告》，2022年从出口目的地看，美国市场占34.3%，英国占6.5%，德国占4.6%，马来西亚占3.9%，俄罗斯占2.9%，此外还有新加坡、日本、加拿大、法国，以及泰国、菲律宾、巴西、越南等新兴市场国家。从进口来源地看，日本占我国跨境电商进口总额的21.7%，美国占17.9%，澳大利亚占10.5%，法国占7.5%，来自韩国、荷兰、德国、新西兰、瑞士、加拿大、英国、印度尼西亚、泰国、越南等贸易伙伴的货物，也通过跨境电商进入中国大市场。

理论命题8-4指出：跨境电商的发展具有促进出口实现新的增长的潜力。为了推动跨境电商的发展，政府已在全国范围内设立了165个跨境电商综合试验区，这些综合试验区覆盖了全国31个省区市。这些综合试验区通过先行先试的方式，复制和推广先进的经营模式和经验，从而为跨境电商的扩展提供了有力支持。目前，跨境电商主体已超过10万家，独立站点数量超过20万个，而综合试验区内的跨境电商产业园区数量约为690个。这些措施和基础设施的建设显著推动了跨境电商的发展。商务部发布的数据显示，跨境电商在中国货物贸易进出口中的比重从2015年的1%增长至2022年的5%。这一显著增长反映了跨境电商对中国外贸的推动作用，也标志着跨境电商从一种新兴的外贸业态逐渐演变为外贸的“新常态”。

理论命题8-5指出：跨境电商显著降低了文化距离对进口的阻碍作用。中国跨境电商进口平台的成功案例可以很好地论证这一理论命题。数字经济时代，跨境电商平台、卖家和消费者依靠现代信息网络相互联系。在线消费者体验的主导是消费者，主要由消费者和环境、服务人员、政策和管理实践之间的互动产生。根据Google与德勤中国联合发布的《2021年中国跨境电商发展报告》中的调查可知，情感因素在消费者复购中起到了重要作用。跨境电商网站的互动性、品类多样性和便利性等因素丰富了消费者的线上购物体验，也帮助跨境电商网站提升了营业额。跨境电子商务通过数字技术能够基于消费者行为数据洞察消费者需求趋势，通过大数据影响消费者的主观判断（刘向东和张舒，2019），进一步提升消费者体验。天猫国际是中国交易量最大的跨境进口电商平台，通过精准的本地化营销方案，帮助海外商品快速“入乡随俗”，打开中国市场，赢得中国消费者的认可和信任。一方面，天猫国际不断创新模式，使得海外品牌进入中国市场的渠道不断畅通。目前海外卖家通过跨境电商渠道出口到中国消费市场主要有三种模式：海外直购、品牌自主开店和分销模式。这几种不同的模式使得海外卖家可以根据自身的战略规划和业务诉求来灵活选择。另一方面，基于平台积累的消费者数据，天猫国际能够洞察中国消费趋势变化，帮助海外品牌更好地适应中国市场，通过中国消费者偏好的营销方式推荐给中国用户。截至 2023 年 4 月，来自 90 多个国家和地区的近 4 万个海外品牌，通过天猫国际服务超过 10 亿的中国消费者。

第八节　结论性评述

本章全面而深入地探讨了在数字贸易时代背景下，多维贸易成本如何实现显著下降，以及这种成本的降低如何深刻影响进出口贸易的发展。理论命题 8－1 提出：国内市场的自然性分割和制度性分割推动企业利用电子商务开展活动，特别是对生产率水平较低的企业影响更大。理论命题 8－2 发现：电子商务对零售市场价格有显著影响，比如双十一通过大幅折扣和优惠降低了商品价格，有效促进了消费。理论命题 8－3 提出：跨境电商能够突破地理距离的限制，中国跨境电商的多元化贸易伙伴也体现了这一点。理论命题 8－4 强调：跨境电商的发展有潜力促进出口实现新的增长，政府设立的跨境电商综合试验区为跨境电商提供了支持，显著推动了其发展。理论命题 8－5 则认为，跨境电商显著降低了文化距离对进口的阻碍作用。跨境电商平台的案例表明，数字技术能够提升消费者体验，促进进口。

与理论命题 8－1 相关的国外前沿研究主要有以下两个方面：一是线上市场与线下市场之间的关系。从产品视角看，已有研究发现，线上零售和线下零售存在实质性的替代关系，主流产品的替代程度高，而线上零售的小众产品极少受线下市场的影响（Ellison & Ellison，2006；Brynjolfsson et al.，2009；Baugh et al.，2018）；从价格视角看，Cavallo（2017）的研究发现，线上价格与线下价格之间的相关性约为 72%。二是电子商务发展的经济影响。Fan et al.（2018）和 Couture et al.（2021）使用结构估计、随机对照试验等多种方法评估电子商务发展的经济影响，发现电子商务降低了企业进入市场的固定成本，弱化了地理距离对贸易成本的负面影响，通过降低消费端成本使得农民获益。借鉴国外前沿研究，未来该命题的相关研究可以进行如下拓展：一是从渠道、产品、价格等多角度分析电子商务与传统贸易之间的互动关系，二是使用结构估计和随机对照试验等方法量化评估电子商务整合区域性商品市场的作用。

与理论命题 8－2 相关的国外前沿研究主要有以下两个方面：一是电子商务对相对价格的影响。Jo et al.（2022）使用日本数据的研究发现，电子商务公司的进入提高了实体店中在线销售密集商品的城市间价格趋同的速度，但对其他商品则没有影响。二是电子商务对价格黏性的影响。Hillen & Fedoseeva（2021）利用大量的亚马逊生鲜价格数据，分析在线价格变动的频率和幅度。研究发现，亚马逊生鲜销售的所有主要食品类别价格调整频繁且大多数调整幅度较小。他们认为，亚马逊确实将一种新的动态定价方式引入了食品零售领域。借鉴国外前沿研究，未来该命题的相关研究可以进行如下拓展：一是从相对价格和市场整合的角度考察电子商务对区域零售价格的影响；二是更深入地分析电子商务平台的价格形成机制，包括价格调整的幅度、频率、周期等。

与理论命题 8－3 相关的国外前沿研究主要有以下两个方面：一是细化有关地理距离

成本的研究。Gomez-Herrera et al.（2014）基于欧盟 27 国线上消费者调查数据的研究发现，与线下交易相比，线上交易中距离相关成本大大减弱了，但语言沟通、包裹寄送、线上支付系统等相关贸易成本有所增加。二是考虑地理距离影响国际贸易的其他机制。Akerman et al.（2022）基于挪威企业数据的研究发现，互联网技术的采用降低了信息摩擦，会扩大出口商和进口商的选择范围，从而使得需求对贸易成本和距离的弹性更大。借鉴国外前沿研究，未来该命题的相关研究可以进行如下拓展：一是对比跨境电商与传统贸易在物流运输、仓储、寄送等方面的各类成本，探讨跨境电商与传统贸易的互补与替代关系；二是分析跨境电商发展下的贸易联系及其变化，探讨这种联系与传统国际贸易中买卖双方联系的不同，以更深入地探讨地理距离对于两种贸易模式的差异化影响。

与理论命题 8-4 相关的国外前沿研究主要有以下两个方面：一是引力模型的理论基础与最新进展。Carrère et al.（2020）概述了引力在国际贸易中的作用，开发了一些工具来说明引力的作用，并讨论了扩展标准模型的几种方法。二是关注互联网平台中的机制设计与国际贸易的联系，比如，Brynjolfsson et al.（2019）发现，跨境电商平台提供的机器翻译功能会促进国际贸易的增长；Chen & Wu（2021）发现，平台上出口商的用户评分对其出口有显著的影响。借鉴国外前沿研究，未来该命题可以进行如下拓展：一是基于拓展引力模型评估跨境电商的贸易促进作用，并使用一般均衡方法评估多维的影响；二是将平台中的机制设计融入跨境电商贸易促进效应的理论和实证分析中，探讨更具体的作用机制。

与理论命题 8-5 相关的国外前沿研究主要有以下两个方面：一方面是从跨境电商平台机制出发，深入分析跨境电商对贸易增长的影响。Jean et al.（2021）使用阿里巴巴国际站内入驻的 1 500 多家中国出口企业数据，研究发现，跨境电商平台具有信号传递的作用，能帮助出口卖家吸引到更多海外买家，并提高出口绩效。Carballo et al.（2022）以跨境电商 B2B 平台 ConnectAmericas 企业为研究对象，研究结果表明，跨境电商平台可以降低企业寻找业务合作伙伴的搜寻成本，加入该平台导致企业的总出口增加，特别是那些规模较小或没有数字业务的企业、差异化产品以及向不太熟悉的目的地的出口。另一方面是深入分析语言和文化对贸易的影响。Jeon et al.（2021）通过研究小型开放经济体中外国和国内内容分发平台之间的双边市场竞争发现，双语通过加大消费者对外国平台的集中度来增加母语内容的数量。双语使母语内容面临外语内容的竞争，软化了平台竞争，从而减少了母语内容的数量。借鉴国外前沿研究，未来该命题的相关研究可以进行如下拓展：一是基于跨境电商平台机制探究跨境电商带来的贸易成本变化；二是结合文化和语言视角，深入分析跨境电商模式下语言对贸易的影响机制。

参考文献

第九章

多边贸易

第一节　问题的提出

多边贸易不仅是全球贸易的重要组成部分，也是实现全球经济一体化的关键。随着信息通信技术的不断进步和新一代数字技术的广泛应用，多边贸易在推动全球经济发展、优化资源配置和促进国际合作方面发挥了前所未有的重要作用。本章与其他章之间的关系紧密而复杂。多边贸易以数字技术、平台、消费者、全球公司等模块为支撑，通过促进各国之间的信息流动和资源共享，降低了国际贸易的成本，提升了全球贸易平台的效能。通过深入分析多边贸易，我们能够更好地理解数字技术如何通过降低贸易成本、优化全球生态网络、提升全要素生产率等方式影响贸易行为。通过本章的学习，读者将能够理解多边贸易在数字贸易体系中的独特作用，以及它如何与其他章节内容相互作用，共同推动数字贸易的发展。

在本章中，我们将重点研究六个重要的多边贸易领域的理论命题。命题一：信息化密度和信息基础设施水平的贸易创造效应。信息化不仅是比较优势的新来源，更是企业信息化密度投入和地区信息基础设施水平提升的直接推动力。这一命题首次将信息化与企业的出口绩效联系起来，拓展了信息化背景下企业出口绩效的研究边界。命题二：互联网降低国际贸易信息成本理论。互联网通过降低信息成本，影响企业的贸易行为，包括出口决策、价格、数量和产品组合。这一命题强调了数字技术在国际贸易中的重要性，完善了异质性企业贸易理论框架。命题三：注意力空间配置降低不确定性理论。开放条件下，注意力空间配置通过降低不确定性来影响企业出口的空间分布。这一命题从无形资源角度丰富了主流贸易理论。命题四：互联网搜索的降本增效理论。互联网搜索通过降低信息成本，提升企业生产效率和研发效率，最终影响企业出口产品质量。这一命题完善了异质性企业出口产品质量理论。命题五：跨境电商模式下互联网搜索出口促进效应的演变。互联网搜索通过提升需求适配性促进跨境电商出口。这一命题首次解读了供给侧针对需求侧的互联网搜索如何影响跨境电商出口，拓展了跨境电商贸易成本与供需匹配效率的理论边界。命题六：跨境电商影响企业出口产品转换的内在机制。跨境电商作为一种贸易新业态，通过企业内外环境变化触发企业出口产品转换并产生资源配置效应。这一命题丰富和拓展了跨境电商对企业微观效应方面的研究。

通过对这六个命题的深入分析，本章不仅为读者提供了一个全面的多边贸易视角，使读者能够全面把握数字化背景下多边贸易的复杂性和动态性，也为数字贸易的研究提供了新的理论工具和分析框架。

第二节　信息化密度和信息基础设施水平的贸易创造效应

一、理论命题的提出

在古典贸易理论中，李嘉图提出了劳动生产率差异是比较优势的一个重要来源。Melitz（2003）提出的经典异质性企业贸易模型中，也十分重视生产率在企业出口绩效差异解释中的重要性。在信息化背景下，信息技术作为一种通用技术，可以形成新的产品和服务，开拓出新的市场领域（Karlsson et al.，2010），并降低了信息化要素的价格，使得企业的通信成本和协调成本降低，从而提高了生产绩效（Milgrom & Roberts，1990）。另一方面，一国的信息化发展会通过降低出口商获取信息、建立分销渠道、广告以及其他交易成本等支出，减少国际贸易中的货物延误等问题，促使服务贸易更为便利等方面促进该国的贸易（Liu & Nath，2013）。从这个角度来看，信息化是企业和地区在贸易上获得竞争优势的重要动力。

基于此，李坤望等（2015）提出了“信息化密度和信息基础设施水平的贸易创造效应”这一理论命题。

理论命题 9-1

信息化是比较优势的一个新的来源，企业信息化密度投入加大、地区信息基础设施水平提升会改善企业的出口绩效。

资料来源：李坤望，邵文波，王永进．信息化密度、信息基础设施与企业出口绩效：基于企业异质性的理论与实证分析 [J]. 管理世界，2015（4）：52-65.

该理论命题首次从信息化的角度，将企业和地区的信息投入与出口比较优势纳入统一分析框架，拓展了信息化背景下企业出口绩效的研究边界。传统异质性企业贸易模型考察的是不同企业由于劳动生产率的差异而导致的出口绩效差异，却未说明企业之间劳动生产率差异的根源所在，忽略了企业由于对信息化密度的选择不同而造成的劳动生产率差异。李坤望等（2015）将信息化投入密度和信息基础设施水平引入模型中，考察信息化与比较优势、信息化与企业出口绩效的关系，完善了劳动生产率与出口绩效的理论框架，是对异质性企业贸易理论的重要拓展。

二、理论命题的具体内容

李坤望等（2015）借鉴 Melitz（2003）的主要思想，将厂商的信息化密度和国家的信息基础设施水平纳入分析框架。Melitz（2003）考察的是不同厂商由于劳动生产率的差异而导致的出口绩效差异，其中一个关键的假定是：所有潜在厂商在投入一个相同的固定成本 f_e 之后，随机获得一个劳动生产率水平，潜在的厂商对于自身的劳动生产率并没有任何选择的权利，因而无法说明厂商之间劳动生产率差异的根源所在。

李坤望等（2015）试图说明在信息化背景下，厂商的劳动生产率差异主要来源于固定投入中的信息化投入所占的比重，这一比重被定义为信息化密度，用 θ 表示，$\theta\in[0,+\infty]$。厂商的信息化密度越高，其生产设备和流水线的自动化和智能化程度也就越高，表现为投入的生产设备和流水线更为先进，很明显，在其他条件相同的情况下，其生产能力也就越高，即生产技术更为先进，反之亦然。正是由于厂商对信息化密度的选择不同造成了劳动生产率的差异。厂商对未来不确定性的判断决定了其对信息化密度的选择，具体如下：

之所以有的厂商会选择高的信息化密度从而享受高的劳动生产率，而有的厂商则宁愿承受低劳动生产率而选择低的信息化密度，是因为信息化密度越高，所需投入的固定成本也就越多，反之亦然。如果厂商对未来不确定性的预期比较悲观，则更倾向于选择较低的一次性固定成本投入①，从而只能获得较低的劳动生产率；相反，那些对未来预期乐观的潜在厂商则愿意投入更高的固定成本。在生产中，信息化密度更高的企业享有更高的劳动生产率，从而具有更好的出口绩效。

下面进一步阐述信息化密度影响出口的微观机制，并且将厂商信息化密度高低与地区的信息基础设施水平联系起来，分析信息基础设施水平变化对不同信息化密度的影响。

模型具体设定如下：

（一）需求

沿用 Melitz（2003）的假定，代表性消费者对差异化产品 X 的效用函数是 CES 形式：

$$U=\left[\int_{i\in\Omega}x(i)^{\rho}\mathrm{d}i\right]^{\frac{1}{\rho}},0<\rho<1$$

因此，X 产品之间的替代弹性为 $\sigma=\dfrac{1}{1-\rho}>1$。通过消费者效用最大化，有 $Q\equiv U$，并且可以得到 X 产品的总体价格指数、差异化产品的需求函数以及厂商的收益分别为：

$$P=\left[\int_{i\in\Omega}p(i)^{1-\sigma}\mathrm{d}i\right]^{\frac{1}{1-\sigma}},\ x(i)=Q\left(\frac{p(i)}{P}\right)^{-\sigma},r(i)=R\left(\frac{p(i)}{P}\right)^{1-\sigma}$$

式中，$R=PQ=\int_{i\in\Omega}r(i)\mathrm{d}i$ 表示总支出。

---

① 这是因为这些固定投入属于沉没成本，在发生不利冲击的条件下不可回收。

（二）生产

1. 基本设定

大量的研究已经从国家和行业层面（Jorgenson & Stiroh，1999；Van Ark & Piatkowski，2004；Venturini，2009；Basu & Fernald，2007）以及微观企业层面（Brynjolfsson & Hitt，2000；Karlsson et al.，2010；Bayo-Moriones et al.，2013）证实了信息化投入对于劳动生产率的促进作用，基于此，可以假定企业和信息化密度越高，劳动生产率就越高，即：如果用 a 代表劳动生产率，那么必然有 $\frac{\partial a}{\partial \theta}>0$。并且，厂商的信息化密度对于劳动生产率的影响还要受其他因素的影响（Melville et al.，2004），这里仅考虑信息基础设施的作用。信息基础设施包括信息化的硬件设施、相关的人才和配套服务等等。自然地，在信息基础设施水平高的国家或地区，信息服务的质量和效率也会更高，厂商可以更有效地利用信息技术，同等信息化密度的厂商可以获得更高的劳动生产率。用 η 表示一国的信息基础设施发展程度，η 越大表示信息基础设施发展越完善，那么有 $\frac{\partial a}{\partial \eta}>0$。

另外，信息基础设施水平的提高对于不同信息化密度的厂商的影响是有差异的，那些信息化密度高的厂商相对更为依赖与信息化相关的资源，当信息基础设施水平提高后，对这些厂商的影响更大，相反，那些信息化密度较小的厂商对于信息基础设施水平的变化则不太敏感。因此可以进一步假定 $\frac{\partial^2 a}{\partial \theta\,\partial \eta}>0$，即信息基础设施水平的提高对于信息化密度高的厂商的作用更大。

综合以上三个方面，同时为分析方便，可以假定劳动生产率 $a(\theta,\eta)=\eta\theta^2$。

假定厂商在生产之前需要投入一个固定的进入成本 F（以劳动力来衡量），用于购买生产设备以及流水线等，并假定这些设备一旦投入后就不可回收，但可以永远使用。如上所述，信息化密度 θ 越大，劳动生产率就越高，但与此同时成本也会相应增加——先进的机械设备的价格相对更高，因此可以假定 $F=F(\theta)$，$F'(\theta)>0$。

其他的基本假定与 Melitz（2003）相似。假定每个厂商生产一种商品，只有劳动一种要素投入，并且劳动力的供给是无弹性的。厂商的生产函数为：$x=a(l-f)$，其中 l 表示劳动，f 表示固定成本投入①。

与 Melitz（2003）的推导过程完全相同，可以得到垄断竞争厂商的价格、收益和利润函数分别为：

$$p(\theta)=\frac{1}{\rho\eta\theta^2} \tag{9-1}$$

$$r(\theta)=R(P\rho\eta\theta^2)^{\sigma-1} \tag{9-2}$$

$$\pi(\theta)=\frac{R}{\sigma}(P\rho\eta\theta^2)^{\sigma-1}-f=\frac{r(\theta)}{\sigma}-f \tag{9-3}$$

---

① f 可以看成是生产过程中弥补固定资本折旧的新增投资等等。

同理有：

$$\frac{x(\theta_1)}{x(\theta_2)}=\left(\frac{\theta_1}{\theta_2}\right)^{2\sigma},\frac{r(\theta_1)}{r(\theta_2)}=\left(\frac{\theta_1}{\theta_2}\right)^{2(\sigma-1)} \tag{9-4}$$

说明信息化密度更高的厂商规模更大、价格更低并且获得的利润更高。

在均衡情况下，有数量为 M 的厂商，其信息化密度为在 $\theta\in[0,+\infty]$上的分布 $\mu(\theta)$，因此，产品的总体价格指数 P 为：

$$P=\left[\int_0^{+\infty}p(\theta)^{1-\sigma}\mu(\theta)\mathrm{d}\theta\right]^{\frac{1}{1-\sigma}}$$

令：

$$\widetilde{\theta}=\left[\int_0^{+\infty}\theta^{2(\sigma-1)}\mu(\theta)\mathrm{d}\theta\right]^{\frac{1}{2(\sigma-1)}} \tag{9-5}$$

有：

$$P=M^{\frac{1}{\sigma-1}}p(\widetilde{\theta})$$

式中，$\widetilde{\theta}$ 表示所有厂商的加权平均信息化密度。产品的总产量 Q、厂商的总收益 R 和总利润 Π 以及平均收益 $\bar{r}$ 和平均利润 $\bar{\pi}$ 分别为：

$$Q=M^{\frac{1}{\rho}}x(\widetilde{\theta}),R=Mr(\widetilde{\theta}),\Pi=M\pi(\widetilde{\theta}),\bar{r}=R/M=r(\widetilde{\theta}),\bar{\pi}=\Pi/M=\pi(\widetilde{\theta})$$

2. 厂商的选择

潜在厂商在进入之前预先决定一个固定投入 F 的大小，虽然投入的 F 越大，获得高信息化密度的概率也就越大，但在进入之前厂商并不能确切预知自己进入后所能获得的信息化密度值，只能根据自身的情况选择自己认为合适的 F。① 潜在厂商所决定的 F 的大小与其对未来的预期有关。② 在生产过程中厂商有可能会因受到一些外生的偶然因素冲击而退出，每个潜在的进入厂商在进入之前必须对产生这种情况的可能性 $\delta,\delta\in[0,1]$有一个估计。当潜在的厂商对未来的不确定性相对悲观，估计的 δ 值较大时，其愿意投入的沉没成本 F 就越小，获得的信息化密度 θ 也就越小，反之亦然，这也就解释了只有信息化密度高的厂商可以获得更高的利润，而不是所有的厂商都选择高信息化密度的原因③，假定 $F=c/\delta,c>0$。

3. 零利润条件

在进入后，根据厂商选择的 F 值会获得一个信息化密度 $\theta,\theta\in[0,+\infty)$，$\theta$ 服从 $g(\theta)$的分布，分布函数为 $G(\theta)$。选定了 θ 后，是否生产取决于是否有 $\pi(\theta)\geqslant 0$。

---

① 类似于一个投标的过程，厂商的固定成本投入相当于对 θ 的报价，每个厂商不知道其他厂商的报价，只能根据自身的情况选择合适的报价，最终的 θ 是按照价高者得的逻辑进行分配的。

② 实际上企业所受到的融资约束以及与政府的关系等因素都会影响企业对未来的预期，但是理论部分的分析中假定其他的这些因素是既定的，重点考察其他条件相同的前提下不同企业对于信息化投入的差异。

③ 当然，固定投入大小的选择还与厂商的融资约束以及行业特征等诸多方面的因素有关，这里仅考虑对不确定性预期的影响。

当 $\theta=0$ 时，$\pi(0)=\frac{r(0)}{\sigma}-f=-f<0$，厂商不会选择生产。随着 θ 的增大，$\pi(\theta)$ 逐渐提高，当 $\theta=\theta^*$ 时，$\pi(\theta^*)=0$，因此，$\pi(\theta)\geqslant 0$ 的条件要求厂商所选择的 θ 的范围是 $\theta\in[\theta^*,+\infty]$。故 $\mu(\theta)$ 是 $g(\theta)$ 的条件分布函数：

$$\mu(\theta)=\begin{cases}\frac{g(\theta)}{1-G(\theta)}, & \text{当 } \theta\geqslant\theta^* \text{ 时}\\ 0, & \text{当 } \theta<\theta^* \text{ 时}\end{cases} \tag{9-6}$$

从而有：

$$\widetilde{\theta}(\theta^*)=\left[\frac{1}{1-G(\theta^*)}\int_{\theta^*}^{+\infty}\theta^{2(\sigma-1)}\mu(\theta)\mathrm{d}\theta\right]^{\frac{1}{2(\sigma-1)}} \tag{9-7}$$

平均收益和平均利润分别为：

$$\bar{r}=r(\widetilde{\theta})=\left[\frac{\widetilde{\theta}(\theta^*)}{\theta^*}\right]^{2(\sigma-1)}r(\theta^*) \tag{9-8}$$

$$\bar{\pi}=\pi(\widetilde{\theta})=\left[\frac{\widetilde{\theta}(\theta^*)}{\theta^*}\right]^{2(\sigma-1)}\frac{r(\theta^*)}{\sigma}-f \tag{9-9}$$

由 $\pi(\theta^*)=0$ 可得 $r(\theta^*)=\sigma f$，从而有：

$$\bar{\pi}=\int_{\theta^*}^{+\infty}\pi(\theta)\mu(\theta)\mathrm{d}\theta=fk(\theta^*) \tag{9-10}$$

式中，

$$k(\theta^*)=\left[\frac{\widetilde{\theta}(\theta^*)}{\theta^*}\right]^{2(\sigma-1)}-1$$

4. 自由进出条件

厂商对于长期所获得的总利润的预期值为：$\pi^e=\frac{1-G(\theta^*)}{\delta}\pi(\theta)-F$。由于不能预知自身所能获得的信息化密度值，所以潜在厂商只能按照平均利润来估计自身进入市场后所可能获得的利润，即 $\pi^e=\frac{1-G(\theta^*)}{\delta}\bar{\pi}-F$。当 $\pi^e>0$ 时，厂商选择进入。均衡条件下必然有 $\pi^e=0$，即

$$\bar{\pi}=\frac{\delta F}{1-G(\theta^*)}=\frac{c}{1-G(\theta^*)} \tag{9-11}$$

(三) 封闭均衡

运用与 Melitz (2003) 相同的逻辑，由零利润条件确定的平均利润 $\bar{\pi}$ 是 θ^* 的减函数，由自由进出条件确定的 $\bar{\pi}$ 是 θ^* 的增函数，两者仅相交一次。通过式 (9-10) 和式 (9-11) 就可以确定均衡的 θ^*。

总劳动力 $L=L_p+L_e$，其中 L_p 和 L_e 分别表示生产中的劳动力和新进入厂商前期投

资所使用的劳动力。如果在位厂商的数量为 M，新进入厂商的数量为 M_e，那么有 $[1-G(\theta^*)]M_e=\bar{\delta}M$，其中 $\bar{\delta}$ 表示实际退出的概率，假定等于所有厂商预期 δ 的均值，即 $\bar{\delta}=\int_0^1\delta\psi(\delta)\mathrm{d}\delta$，$\psi(\delta)$ 表示 δ 的密度函数，$\psi(\delta)$ 对于厂商是未知的。用 $\bar{F}$ 表示实际退出概率所对应的固定成本，因此 $L_e=M_e\bar{F}=\frac{\bar{\delta}M}{1-G(\theta^*)}\bar{F}=M\pi=\Pi$，并且 $L_p=R-\Pi$，从而有 $R=L_p+L_e$。

这说明总收益 R 一部分用于支付生产中工人的工资 L_p，另一部分就是获得的总利润 Π，而总利润全部补偿了前期的固定投入（以劳动力来衡量）L_e，收入与支出相等，实现了均衡。均衡价格 $P=M^{\frac{1}{1-\sigma}}p(\tilde{\theta})=\frac{M^{\frac{1}{1-\sigma}}}{\rho\eta\tilde{\theta}^2}$。厂商数量也是内生决定的：

$$M=\frac{R}{\bar{r}}=\frac{L}{\sigma(\bar{\pi}+f)} \tag{9-12}$$

(四) 开放情况

假定本国与外国的情况完全相同，厂商出口需要支付固定成本 f_x，"冰山成本"为 τ，并且假定 $\tau^{\sigma-1}f_x>f$①，厂商进行国内生产和出口的利润分别为：

$$\pi_d(\theta)=\frac{r_d(\theta)}{\sigma}-f \tag{9-13}$$

$$\pi_x(\theta)=\frac{r_x(\theta)}{\sigma}-f_x=\frac{\tau^{1-\sigma}r_d(\theta)}{\sigma}-f_x \tag{9-14}$$

由 $\pi_x(\theta_x^*)=0$ 可得出口厂商的最小信息化密度 θ_x^*，对于 $\theta<\theta_x^*$ 的厂商，$\pi_x(\theta)<0$，因此它们不会选择出口。故有 $r_d(\theta_x^*)=\sigma\tau^{\sigma-1}f_x>r_d(\theta^*)=\sigma f$，从而 $\theta_x^*>\theta^*$，说明只有信息化密度高的厂商才会出口，并且结合（9-3）式，信息化密度与产出、收益和利润成正比，由此可以得到命题 1。

命题 1：厂商的信息化密度是出口的重要影响因素，在其他条件相同的情况下，信息化密度高的厂商更倾向于出口，并且在出口厂商中信息化密度高的厂商出口更多，获得的利润更高，具有更好的出口绩效。

为了验证命题 1，企业的信息化程度对于其出口有重要的促进作用。李坤望等（2015）建立了以下计量模型：

$$\begin{aligned}\ln(\mathrm{export}_{fic}+1)=&\alpha+\beta f_{fic}+\gamma_1\mathrm{Age}_{fic}+\gamma_2\mathrm{Awage}_{fic}+\gamma_3\mathrm{Temploy}_{fic}\\&+\gamma_4\mathrm{RD}_{fic}+\gamma_5\mathrm{Income}_{fic}+\gamma_6\mathrm{Ownership}_{fic}\\&+\sum_i\lambda_i\mathrm{Industrydummy}_i+\sum_c\lambda_c\mathrm{Citydummy}_c+\varepsilon_{fic}\end{aligned} \tag{9-15}$$

式中，f、i 和 c 分别表示企业、行业和城市编号；被解释变量 export 表示出口，主要解

① 做此假定是为了研究部分厂商出口的一般情况，而不讨论全部厂商都出口抑或都不出口的极端情况。

释变量 f 表示企业的信息化密度，期望该项的回归系数为正，因为这就说明企业的信息化密度与出口是正向的促进关系；由于企业的出口行为与其他很多因素有关，包括企业的规模以及所拥有的资源禀赋等，因此，为了计量的稳健性，模型中还加入了其他控制变量。在控制变量的选择上，借鉴已有许多关于企业出口的研究的做法，如 Ma et al.（2010）等，主要有：表示企业成立期限长短的 Age、体现企业规模的企业总雇员数 Temploy 和总销售收入 Income、企业的平均工资 Awage、研发投入 RD、是否为国有企业的虚拟变量 Ownership，以及行业虚拟变量 Industrydummy 和城市虚拟变量 Citydummy，用以控制行业和地区的固定效应。

具体回归结果见表 9-1，第（1）列和第（3）列分别表示两种不同的企业信息化密度指标在控制了行业和地区固定效应后的 Tobit 回归结果，第（2）列和第（4）列则加入了相应的控制变量。结果显示，两种指标所衡量的企业的信息化密度与出口均显著正相关，并且在加入其他控制变量后，结果和显著性均没有发生改变，一定程度上证实了理论部分的假说。其他控制变量的回归结果与已有的文献（Ma et al.，2010；钟昌标，2007；唐宜红和林发勤，2009；赵伟等，2011）大体一致：lnage 的回归系数显著为负，可以认为新进入的企业更有活力，劳动生产率一般较高，导致新企业的出口绩效更好；平均工资 lnawage 代表企业雇佣劳动力的整体技能水平，反映了企业的劳动力禀赋状况，其回归系数符号为负，可以认为可能是由于我国较多出口劳动密集型产品，相对于资本密集型产品，劳动密集型产品的生产所需的劳动力的整体技能水平更低，导致技能与出口负相关，但是回归系数不显著，说明该因素的影响有限；反映企业规模的 lntemploy 和 lnincome 的回归系数都显著为正，表明规模大的企业出口更多；R&D 投入项也显著为正，说明在其他条件相同的情况下，R&D 投入增加可以提高企业的出口；ownership 的回归系数说明在我国出口的主要是民营企业和外企。

表 9-1 出口对企业信息化密度的 Tobit 回归结果

	(1)	(2)	(3)	(4)	(5)	(6)
	lnexport	lnexport	lnexport	lnexport	lnexport	lnexport
f1	0.095 6***	0.092 0***				
	(4.24)	(4.76)				
f2			0.067 4***	0.076 3***		
			(2.79)	(3.71)		
I1					0.125***	0.111***
					(6.05)	(6.10)
lnage		−0.201**		−0.205**		−0.327***
		(−2.23)		(−2.29)		(−3.56)
lnawage		−0.038 4		−0.046 3		−0.534*
		(−0.13)		(−0.16)		(−1.79)
lntemploy		1.352***		1.352***		1.567***
		(14.49)		(14.49)		(17.06)
lnRD		0.272***		0.277***		0.256***
		(8.00)		(8.13)		(7.47)
lnincome		0.825***		0.822***		0.685***
		(10.89)		(10.85)		(9.33)

续表

	(1)	(2)	(3)	(4)	(5)	(6)
ownership		−1.733***		−1.743***		−2.060***
		(−8.82)		(−8.88)		(−10.23)
_cons	−1.870***	−16.11***	−1.816***	−15.97***	−0.818	−12.70***
	(−2.69)	(−7.62)	(−2.62)	(−7.56)	(−1.28)	(−5.93)
行业固定效应	是	是	是	是	否	否
城市固定效应	是	是	是	是	是	是
虚拟 R^2	0.071 6	0.125	0.071 4	0.125	0.057 3	0.110
loglikelihood	−20 045.5	−18 895.0	−20 050.6	−18 899.4	−20 355.1	−19 214.2
观测值	12 400	12 400	12 400	12 400	12 400	12 400

注：***、** 和 * 分别表示在 1%、5%和 10%的显著性水平上统计显著，括号内为 t 值。

资料来源：李坤望，邵文波，王永进．信息化密度、信息基础设施与企业出口绩效：基于企业异质性的理论与实证分析 [J]. 管理世界，2015 (4)：52-65.

在分析了企业层面的情况后，再简单分析一下行业的情况。第（5）列是控制了地区固定效应①之后直接进行 Tobit 回归的结果，第（6）列则加入了其他控制变量。从结果来看，行业的信息化密度与出口也显著正相关；控制变量的情况与企业层面的分析结果基本相同。

既然在企业层面和行业层面信息化密度与出口都显著正相关，那么企业的信息化密度对于出口的影响在不同的信息化密度行业是否有差异呢？为此，李坤望等（2015）引入行业和企业的交互项作为解释变量，回归结果见表 9-2。从回归结果来看，行业信息化密度与企业信息化密度的交互项显著为正，说明在其他条件相同的情况下，行业的信息化密度越高，企业的信息化密度对出口的影响越大，控制变量的回归结果均没有变化。

表 9-2 出口对行业和企业信息化密度交互项的 Tobit 回归结果

	(1)	(2)	(3)	(4)
	lnexport	lnexport	lnexport	lnexport
f1×I1	0.011 4***	0.009 30***		
	(3.79)	(3.61)		
f2×I1			0.008 91***	0.007 65***
			(2.70)	(2.72)
控制变量	否	是	否	是
行业固定效应	是	是	是	是
城市固定效应	是	是	是	是
虚拟 R^2	0.056 7	0.110	0.056 6	0.109
loglikelihood	−20 366.3	−19 226.3	−20 369.8	−19 229.1
观测值	12 400	12 400	12 400	12 400

注：*** 表示在 1%的显著性水平上统计显著，括号内为 t 值。

资料来源：李坤望，邵文波，王永进．信息化密度、信息基础设施与企业出口绩效：基于企业异质性的理论与实证分析 [J]. 管理世界，2015 (4)：52-65.

① 基于行业层面的分析要考虑不同行业之间的影响，因此没有加入行业固定效应，下同。

开放情况下均衡情况的分析与封闭情况相同：所有厂商的加权平均信息化密度 $\widetilde{\theta}_t$、产品的总体价格指数 P 和总产量 Q、厂商的总收益 R 和总利润 Π 以及平均收益 $\bar{r}$ 和平均利润 $\bar{\pi}$ 分别为：

$$\widetilde{\theta}_t=\left\{\frac{1}{M_t}\left[M\widetilde{\theta}^{2(\sigma-1)}+nM_x\tau^{1-\sigma}\widetilde{\theta}^{2(\sigma-1)}\right]\right\}^{\frac{1}{2(\sigma-1)}}, \tag{9-16}$$

$$P=M_t^{\frac{1}{\sigma-1}}p(\widetilde{\theta}_t),Q=M_t^{\frac{1}{\rho}}x(\widetilde{\theta}_t),R=M_tr_d(\widetilde{\theta}_t),\Pi=M_d\pi_d(\widetilde{\theta}_t),$$

$$\bar{r}=r_d(\widetilde{\theta})+[1-G(\theta_x^*)]nr_x(\widetilde{\theta}_x),\bar{\pi}=\pi_d(\widetilde{\theta})+[1-G(\theta_x^*)]n\pi_x(\widetilde{\theta}_x)$$

式中，n 为外国的数量，M_x 表示出口厂商数量。

$$M_x=[1-G(\theta_x^*)]M \tag{9-17}$$

M_t 表示在本国销售产品的厂商总数量。

$$M_t=M+nM_x \tag{9-18}$$

由零利润条件$\begin{cases}\pi_d\ (\theta^*)=0\\ \pi_x\ (\theta_x^*)=0\end{cases}$可得：

$$\bar{\pi}=fk(\theta^*)+[1-G(\theta_x^*)]nf_xk(\theta_x^*) \tag{9-19}$$

自由进出条件与封闭情况相同。

由$\dfrac{r_x\ (\theta_x^*)}{r_d\ (\theta^*)}=\tau^{1-\sigma}\left(\dfrac{\theta_x^*}{\theta^*}\right)^{2(\sigma-1)}=\dfrac{f_x}{f}$可得：

$$\theta_x^*=\theta^*\tau^{\frac{1}{2}}\left(\frac{f_x}{f}\right)^{\frac{1}{2(\sigma-1)}} \tag{9-20}$$

由式（9－20）即可确定开放情况下国内市场进入的最小信息化密度 θ^* 和出口的最小信息化密度 θ_x^*。

均衡分析与封闭情况下相同，$L_e=M_e\bar{F}=M\bar{\pi}=\Pi$，并且 $L_p=R-\Pi$，$R=L_p+L_e$。

厂商数量：

$$M=\frac{R}{\bar{r}}=\frac{L}{\sigma\{\bar{\pi}+f+[1-G(\theta_x^*)]nf_x\}} \tag{9-21}$$

$$M_t=M+nM_x=\{1+n[1-G(\theta_x^*)]\}M \tag{9-22}$$

均衡价格：

$$P=M_t^{\frac{1}{\sigma-1}}p(\widetilde{\theta}_t)=\frac{M_t^{\frac{1}{1-\sigma}}}{\rho\eta\widetilde{\theta}_t^2}$$

开放情况下厂商所获得的平均利润包括国内生产和出口两部分，如式（9－19）所示，相对于封闭情况，开放情况下同等条件获得的平均利润更大，即由零利润条件确定的 $\bar{\pi}$ 与 θ^* 的关系曲线向右移动。因为自由进出条件不变，所以相对于封闭情况，开放均衡下的信息化密度最小值 θ^* 更大，说明厂商进入的“门槛”提高了。

由式（9－21）可知，开放条件下的在位厂商数量 M 减少了；对照式（9－22）和式（9－12），有 $M_t>M$（注意这里的 M 是封闭条件下的厂商数量），说明虽然国内在位厂商的数量减少了，但是进口厂商的总数量 nM_x 要大于在位厂商的减少数量，总体的厂商（包括国内生产的厂商和在本国销售的外国厂商）数量 M_t 增加了，也意味着产品种类相对于封闭条件下更为丰富。

（五）信息基础设施的影响

之前的讨论中暗含了信息基础设施水平 η 保持不变的假定，现在来分析当 η 提高后对于厂商的影响。

一方面，在信息化密度不变的情况下，由于信息基础设施水平提高，造成投入要素利用效率的提升，提高了劳动生产率，由此增加了厂商的收益和利润，即 $\frac{\partial r(\theta,\eta)}{\partial\eta}>0$，$\frac{\partial\pi(\theta,\eta)}{\partial\eta}>0$。由于 $r(\theta^*)=\sigma f$，$r(\theta_x^*)=\sigma\tau^{\sigma-1}f_x$，因此，在其他条件相同的情况下，信息基础设施水平提高会造成国内进入的最小信息化密度 θ^* 和出口的最小信息化密度 θ_x^* 的降低，结合式（9－17）和式（9－21），很自然可以得到出口厂商数量会增加。

另一方面，由于信息基础设施水平的提高对于不同信息化密度的厂商的劳动生产率的影响是有差异的，进而会造成收益和利润的不同，$\frac{\partial^2 x(\theta,\eta)}{\partial\theta\partial\eta}>0$，$\frac{\partial^2 r(\theta,\eta)}{\partial\theta\partial\eta}>0$，$\frac{\partial^2\pi(\theta,\eta)}{\partial\theta\partial\eta}>0$。当信息基础设施水平提高后，所有厂商的产出和利润都会增加，并且信息化水平更高的厂商增加得更多。

基于此，李坤望等（2015）提出了命题 2。

命题 2：信息基础设施水平同样会影响厂商的出口决策，在其他条件相同的情况下，信息基础设施水平改善会提高厂商的出口绩效，并且信息化密度高的厂商会获得更大的提高。

命题 2 说明，当信息基础设施水平提高后，会促使更多的厂商参与出口，出口总量和单个厂商的出口都会增加，并且信息基础设施水平高的厂商增加得更多。

以上分析考虑的是在对称条件下，各国信息基础设施水平整体提高的影响，在非对称条件下，如一国信息基础设施水平提高而其他国家不变，分析方法不变，此时本国信息基础设施水平提高对于本国厂商的影响与对称条件下相同，但是对于外国的影响则相反，说明信息基础设施改善增加了本国的比较优势。一方面，由于本命题重点研究的是信息基础设施水平提高对于厂商出口绩效的影响，对于贸易利得等的研究不属于本命题的考虑范围；另一方面，非对称条件下的研究方法相同，结论也一目了然，所以针对非对称条件不再赘述。

为了把信息基础设施考虑在内，验证命题 2，即地区的信息基础设施水平的提高对企业出口有促进作用，并且对信息化密度高的企业出口的促进作用更大，参考 Rajan & Zingales（1998）和 Nunn（2007）的主要思想，将地区信息基础设施水平和企业投入的信息化密度的交互项加入，建立如下计量模型：

$$\begin{aligned}\ln(\text{export}_{fic}+1)=&\alpha+\beta f_{fic}\times P_c+\gamma_1\text{Age}_{fic}+\gamma_2\text{Awage}_{fic}+\gamma_3\text{Temploy}_{fic}\\&+\gamma_4\text{RD}_{fic}+\gamma_5\text{Income}_{fic}+\gamma_6\text{Ownership}_{fic}\\&+\sum_i\lambda_i\text{Industrydummy}_i+\sum_c\lambda_c\text{Citydummy}_c+\varepsilon_{fic}\end{aligned}\qquad(9-23)$$

式中，P_c 表示城市 c 的信息基础设施水平，当城市的信息基础设施水平与企业的信息化密度交互项 $f_{fic}\times P_c$ 的回归系数显著为正时，则说明地区的信息基础设施改善对信息化密度高的企业的出口有显著的促进作用。

将地区信息基础设施水平与企业的信息化密度的交互项作为主要解释变量进行回归，结果见表 9-3。回归结果表明，用不同指标衡量的交互项回归系数显著为正，表明信息基础设施水平的提高对企业出口有明显的促进作用，并且对信息化密度更高的企业作用更明显，从而验证了理论部分的命题 2，与预期一致。在加入其他各项控制变量后并没有改变解释变量的显著性，并且其余变量的符号与表 9-1 的回归结果也是一致的，进一步说明结果是稳健的。

表 9-3　出口对企业信息化密度和地区信息基础设施交互项的 Tobit 回归结果

	(1) lnexport	(2) lnexport	(3) lnexport	(4) lnexport
f1×P1	0.027 7***	0.025 5***		
	(3.83)	(4.12)		
f2×P2			0.009 96***	0.010 9***
			(2.60)	(3.35)
控制变量	否	是	否	是
行业固定效应	是	是	是	是
城市固定效应	是	是	是	是
虚拟 R^2	0.071 5	0.125	0.071 3	0.125
loglikelihood	−20 047.1	−18 897.7	−20 051.1	−18 900.6
观测值	12 400	12 400	12 400	12 400

注：*** 表示在 1%的显著性水平上统计显著，括号内为 t 值。

资料来源：李坤望，邵文波，王永进．信息化密度、信息基础设施与企业出口绩效：基于企业异质性的理论与实证分析 [J]. 管理世界，2015 (4)：52-65.

同样，作为对比，继续分析地区信息基础设施水平改善对信息化密度不同行业的影响，构建了 I1、I21 和 I22 三个指标用以衡量行业的信息化密度，采用行业的信息化密度与地区信息基础设施水平的交互项作为解释变量进行回归，具体回归结果见表 9-4。结果发现，信息化密度高的行业，在信息基础设施水平高的地区同样会获得更大的比较优势，与企业的情况基本相同，这也就证实了信息化的发展确实有利于增加或者扩大国家（或地区）的比较优势。

表 9-4　出口对行业信息化密度和地区信息基础设施交互项的 Tobit 回归结果

	(1)	(2)	(3)	(4)	(5)	(6)
	lnexport	lnexport	lnexport	lnexport	lnexport	lnexport
I1×P1	0.040 3***	0.033 5***				
	(5.69)	(5.40)				
I21×P1			0.651***	0.234***		
			(7.33)	(3.03)		
I22×P2					0.479***	0.323***
					(7.23)	(5.61)
控制变量	否	是	否	是	否	是
行业固定效应	否	否	否	否	否	否
城市固定效应	是	是	是	是	是	是
虚拟 R^2	0.057 2	0.110	0.057 7	0.109	0.057 6	0.110
loglikelihood	−20 357.2	−19 218.2	−20 346.6	−19 228.2	−20 347.4	−19 217.0
观测值	12 400	12 400	12 400	12 400	12 400	12 400

注：*** 表示在 1%的显著性水平上统计显著，括号内为 t 值。

资料来源：李坤望，邵文波，王永进．信息化密度、信息基础设施与企业出口绩效：基于企业异质性的理论与实证分析 [J]. 管理世界，2015 (4)：52-65.

第三节　互联网降低国际贸易信息成本理论

一、理论命题的提出

信息成本是国际贸易成本的重要组成部分，会影响贸易规模、贸易结构与贸易利益。Anderson & Van Wincoop (2004) 指出，贸易成本是广泛存在的，由信息不完全造成的搜寻匹配成本是其重要组成部分。自然的推论是：信息成本降低可以扩大贸易规模，特别是对差异化产品的作用更大，从而影响贸易结构。早期实证研究基于国家-产品层面数据，从相对宏观层次证实移民网络通过降低信息成本扩大贸易规模，但缺乏微观证据，如 Rauch (1999)、Rauch & Trindade (2002)、Rauch & Casella (2003) 等。经典异质性企业贸易理论模型及其扩展框架大多基于完全信息假设，如 Melitz (2003)、Melitz & Ottaviano (2008)、Mayer et al. (2014)、Hallak & Sivadasan (2013) 等，上述文献在完全信息框架内讨论了企业是否出口、企业出口规模、成本加成率、多产品企业出口产品转换、出口产品质量等问题；较近的文献开始注意不完全信息的重要性，在信息不完全框架下考察了企业搜索、出口动态、贸易福利等，如 Allen (2014)、Aeberhardt et al. (2014)、Krolikowski & McCallum (2021) 等。总之，尽管现有研究已经指出信息不完全对贸易规模、贸易结构、贸易利益的可能影响，但考察不完全信息与异质性企业贸易行为的理论文献和经验证据仍然较少。

基于此，施炳展 (2016) 提出了“互联网降低国际贸易信息成本理论”这一理论命题。

理论命题 9-2

互联网通过信息成本渠道降低了可变贸易成本和固定贸易成本，从而影响企业贸易行为，包括企业是否出口、出口边际、出口价格、出口数量以及出口产品组合。概言之，互联网通过信息成本渠道影响了贸易规模、贸易模式与贸易利益。

资料来源：施炳展．互联网与国际贸易：基于双边双向网址链接数据的经验分析［J］．经济研究，2016，51（5）：172-187.

该理论命题强调了不完全信息纳入异质性企业贸易理论框架的必要性，展现了互联网等数字技术对于后发国家的重要性，这完善了主流经典异质性企业贸易理论框架。一方面，中国融入世界经济市场体系的时间晚于大部分发达国家，中国与世界存在双向信息不对称。Melitz（2003）、Eaton & Kortum（2002）等主流经典贸易理论强调生产率和创新对于国际贸易的决定作用，但在中国转型经济、后发经济背景下，中国企业与国外供应商、国外消费者之间存在高度信息不对称，这种高度信息不对称造成的贸易壁垒可能削弱中国的比较优势。该理论命题的提出强调了信息对于异质性企业贸易理论的重要性，基于发展中大国视角完善并丰富了异质性企业贸易理论。另一方面，该理论命题强调了互联网等数字技术的重要性，为开放数字经济时代中国对外贸易研究提供了新维度。中国迅速抓住了互联网技术浪潮，成为颇受世界瞩目的数字经济大国。该理论命题的提出强调了以互联网为代表的数字通信技术对于开放经济发展的重要性，为进一步从理论层面将互联网等数字技术纳入异质性企业贸易理论框架奠定了基础，也较早地为中国开放经济研究提供了数字经济视角。

二、理论命题的具体内容

以互联网为代表的信息技术被看作是世界经济第五次康德拉季耶夫周期（Kondratieff Cycle）的标志；互联网作为一种通用目的技术（General Purpose Technology），对社会各领域、各个层次均产生了广泛影响。概括来讲，互联网可以降低经济主体间的信息成本和交易成本，促进知识、信息和观念的产生与传播，提升企业内、企业间、企业与消费者之间、企业与生产要素之间、国家间的资源配置效率，最终对生产效率、经济增长、就业与国际贸易均产生积极影响。Jorgenson et al.（2008）、Van Ark et al.（2008）讨论了以互联网为代表的信息技术对生产效率的影响，Röller & Waverman（2001）、Czernich et al.（2011）、Choi & Yi（2009）讨论了互联网与经济增长的关系。互联网对国际贸易的影响是这类文献中的一个重要分支，下面分别从理论和实证两个方面进行总结。

在理论方面，互联网通过降低信息成本来扩大国际贸易规模。Anderson & Van Wincoop（2004）认为，贸易成本是广泛存在的，信息成本是其重要的组成部分，包括搜寻成本、匹配成本等；互联网可以降低国际贸易的搜寻成本和匹配成本，从而促进贸易发展。Rauch（1999）在 SITC 四分位水平上将产品划分为差异化产品和同质产品，了解差异化产品需要充分的信息，因此，企业需要支付较高的搜寻成本；同质产品一般由国际大宗市场定价，企业支付的搜寻成本较低；基于引力模型进行回归，论文结论发现，地理距离对差异化产品的阻碍作用大于同质产品，由此推论认为地理距离不仅包含了运输成本，还包含了搜寻成本。Blum & Goldfarb（2006）发现，即使对于不需要支付运输成本的网络产品如免费网络游戏、软件下载服务等，地理距离仍然具有显著负向的影响，由此证实了搜寻成本的存在性。Fink et al.（2005）给出了国际贸易交流成本的经验证据，结论发现：双边交流成本越高，国际贸易规模越小。显然，随着互联网技术的发展，企业可以极为方便地进行网上产品搜寻，通过互联网了解产品信息并进行有效沟通，Bakos（1997）等讨论了互联网降低搜寻成本和交流成本的重要性。当然，部分文献从更广的视角探讨了互联网对各类成本的影响，如 Venables（2001）认为互联网降低了企业生产成本、组织管理成本、物流运输成本等。总之，互联网可以通过信息成本渠道促进国际贸易发生、扩大国际贸易规模。

基于此，施炳展（2016）提出了假说 1。

假说 1：互联网通过降低信息成本增加了国际贸易。

文献进一步将贸易成本划分为固定成本和可变成本，互联网通过国际贸易固定成本和可变成本两种方式引入实证模型框架。Freund & Weinhold（2004）基于国际贸易固定成本角度建模，认为企业出口需要支付进入成本，这与 Melitz（2003）的逻辑是一致的：互联网发展可以降低企业进入成本，这样出口企业数目、出口产品种类、企业贸易伙伴数目均增加，最终扩大贸易规模，由此可见，互联网会影响出口的扩展边际。Hellmanzik & Schmitz（2015）则直接将双边互联网发展纳入双边贸易成本，这类似于引力模型引入地理距离的方式，从这个角度看，互联网主要影响出口集约边际。Freund & Weinhold（2004）基于跨国数据研究了互联网发展对国际货物贸易的影响，采用出口方网址数量多少衡量互联网发展，采用货物贸易出口衡量国际贸易，结果发现：出口方网址数量增加会提升该国贸易增长率。Freund & Weinhold（2002）采用类似方法研究了互联网对服务贸易的影响，结果发现：一国网址数量增加会促进该国服务贸易。

基于此，施炳展（2016）提出了假说 2。

假说 2：互联网通过可变贸易成本、固定贸易成本影响国际贸易，从而影响贸易边际，包括企业进入退出、扩展边际与集约边际、数量与价格。

为了验证假说 2，参考 Freund & Weinhold（2004）、Hellmanzik & Schmitz（2015）的实证方法，以引力模型为基础进行分析，模型如下：

$$\ln v_{ijp}=\beta_0+\beta_1 \text{links}_j+\beta_2 \text{process}_{ijp}+\sum_m \delta_m X_{j,m}+\lambda_{ip}+\varepsilon_{ijp} \tag{9-24}$$

式中，i，j，p 分别代表企业、进口方和产品，被解释变量 $\ln v_{ijp}$ 为中国企业 i 对贸易伙伴 j 出口产品 p 的价值量（value）。links_j 是核心解释变量，表示中国与贸易伙伴 j 之间的网址链接数量，如中国网页中贸易伙伴 j 国的网址链接、贸易伙伴 j 国网页中中国的网址链接，具有双边、双向特点。process_{ijp} 是加工贸易虚拟变量，如果一笔贸易记录为加工贸易（包括来料加工、进料加工），取为 1，否则为 0。$X_{j,m}$ 代表贸易伙伴 j 的第 m 个控制变量，如地理距离、经济规模、多边阻力等。λ_{ip} 是企业-产品层面二维虚拟变量，可以控制三方面因素。其一，企业 i 的相关特征。在截面数据中，该虚拟变量控制了所有企业特征，如生产效率、生产规模等；在面板或混合数据中，该变量控制了所有不随时间变化的企业特征，如企业地理位置等。其二，产品 p 不随时间变化的相关特征，如产品要素密集度等。其三，企业 i 产品 p 层面的不随时间变化的特征。由于加入了企业-产品固定效应，计量模型的含义在于用进口方的差异性解释同一企业同一产品在不同市场间出口规模的差异性。ε_{ijp} 为随机扰动项。

核心解释变量 $links_j$ 是双边双向网址链接数据，体现了互联网应用的开放程度，数据来自 Chung（2011）。该数据库包含了 2003 年、2009 年世界 87 个国家双边双向网址链接数量，实证分析选择了该数据库中的中国相关指标。Chung（2011）基于 2009 年 Yahoo 提供的 470 亿个网址进行数据库构建，利用各个国家的国码顶级域名（Country Code Top-Level Domain）来识别各网址所属国家，如中国为 CN、德国为 DE、日本为 JP、英国为 UK、美国为 US。但有一些网址因具有公共域名而无法确定其所属国家，如 com、org、edu 等域名。Chung（2011）采用一定技术手段对 2009 年的这些公共域名的网址进行了细致分析，确定了各网址所属国家。因此，2009 年的网址链接数据更准确全面，该理论命题将其作为基准变量，而将 2003 年的网址链接数据作为辅助性变量。由于网址链接数据仅有 2003 年、2009 年两个年份，基准回归部分以 2009 年数据为基础进行截面数据最小二乘回归分析。在表 9-5 中，所有回归均加入了企业-产品二维固定效应，因此控制了所有企业特征，如生产效率等；考虑到出口同一产品企业之间的可能相关性，回归采用经过产品 cluster 调整后的稳健标准误。

表 9-5 互联网与企业出口规模

	(1)	(2)	(3)	(4)	(5)	(6)	(7)
links09	0.304***	0.303***	0.104***	0.072***	0.053***	0.064***	0.083***
	(49.780)	(49.771)	(8.573)	(4.586)	(3.706)	(4.490)	(5.778)
process		0.058***	0.057***	0.056***	0.056***	0.056***	0.056***
		(12.759)	(12.500)	(12.361)	(12.351)	(12.318)	(12.314)
lngdp			0.432***	0.205***	0.215***	0.185***	0.186***
			(29.616)	(10.689)	(12.378)	(11.473)	(11.546)
distance			−0.046***	−0.137***	−0.133***	−0.458***	−0.391***
			(−3.176)	(−7.569)	(−7.219)	(−17.650)	(−15.722)
tig			0.064**	0.143***	0.158***	0.098***	0.059**
			(2.462)	(5.023)	(5.108)	(4.469)	(2.045)
landlock			−0.220***	−0.246***	−0.247***	−0.364***	−0.393***
			(−8.713)	(−9.981)	(−9.966)	(−14.876)	(−16.074)
exchange				0.005**	0.006**	0.048***	0.021***
				(2.116)	(2.302)	(7.637)	(3.425)
volatility				−13.247***	−12.904***	−15.005***	−14.949***
				(−18.993)	(−20.918)	(−23.470)	(−23.595)
migrants					0.008**	0.045***	0.020***
					(1.998)	(9.755)	(4.179)
language						0.090***	0.272***
						(2.847)	(8.248)

续表

	(1)	(2)	(3)	(4)	(5)	(6)	(7)
comleg						0.435***	0.365***
						(16.909)	(14.335)
lnmres							−0.051***
							(−12.806)
_cons	4.299***	4.284***	−1.185***	3.648***	3.520***	6.430***	6.195***
	(45.647)	(45.453)	(−4.575)	(9.973)	(10.290)	(17.658)	(17.383)
观测值	3 303 085	3 303 085	3 303 085	3 303 085	3 303 085	3 303 085	3 303 085
调整的 R^2	0.467	0.467	0.471	0.473	0.473	0.474	0.475

注：所有回归中均加入了企业-产品二维固定效应；标准误为产品聚类调整后的稳健标准误，*** 和 ** 分别表示在1%和5%的显著性水平上统计显著，括号内为 t 值。

资料来源：改编自施炳展．互联网与国际贸易：基于双边双向网址链接数据的经验分析 [J]. 经济研究，2016，51 (5)：172-187。

表 9-5 第（1）列仅加入核心解释变量 links09。考虑到加工贸易与一般贸易的差异性，第（2）列加入了加工贸易虚拟变量。第（3）列进一步加入了传统引力模型控制变量，包括经济规模和地理特征。考虑到人民币双边汇率对中国出口的影响，第（4）列加入了汇率水平和汇率波动变量；如果贸易伙伴中有较多的中国移民，移民网络也可以通过降低贸易成本渠道影响国际贸易。第（5）列加入了移民存量指标。如果贸易伙伴与中国具有接近的文化，文化认同也会促进国际贸易，为此第（6）列进一步加入了共同语言、共同法律渊源指标。最后，为了减弱遗漏变量问题，按照 Anderson & Van Wincoop (2003) 的做法，第（7）列进一步加入了多边阻力指标。回归发现，在控制了企业特征、进口方多方面特征后，核心解释变量 links09 的回归系数均显著为正，说明以网址链接数量代表的互联网技术确实促进了中国企业出口。回归系数介于 0.053 和 0.304 之间，说明双边网址链接量增加 1%，中国出口将增加 0.053%～0.304%，这是具有显著经济意义的。

为了检验互联网降低信息成本这一理论假说，实证分析将样本进行了分类回归，分类标准主要考虑不同样本的信息成本差异性。表 9-6 列出了分样本回归结果。其中第（1）列和第（2）列按照贸易形态将样本分为一般贸易样本和加工贸易样本；第（3）列和第（4）列按照 Rauch (1999) 提出的产品差异化程度将产品分为差异化产品和同质产品；第（5）列～第（7）列按照企业所有制性质将样本划分为国有企业、私营企业和外资企业。

表 9-6 互联网、信息成本与企业出口规模

	贸易形态		产品差异化程度		企业所有制		
	一般	加工	差异化	同质	国有	私营	外资
links09	0.085***	0.077***	0.091***	−0.034	0.070*	0.096***	0.018
	(4.636)	(2.900)	(6.020)	(−0.357)	(1.950)	(2.921)	(0.739)
观测值	2 303 252	999 833	2 822 040	194 280	455 065	497 699	522 940
调整的 R^2	0.471	0.476	0.462	0.563	0.386	0.450	0.507

注：标准误为产品聚类调整后的稳健标准误，*** 和 * 分别表示在1%和10%的显著性水平上统计显著，括号内为 t 值。

资料来源：改编自施炳展．互联网与国际贸易：基于双边双向网址链接数据的经验分析 [J]. 经济研究，2016，51 (5)：172-187。

从贸易形态看，无论是一般贸易样本还是加工贸易样本，回归结果均显著，但一般贸易样本系数绝对值稍大，加工贸易样本已经与国外有关企业取得贸易关联，因此对信息成本的反映程度要小于一般贸易样本。从产品差异化程度看，差异化样本显著，但同质产品样本不显著，主要是由于差异化产品贸易的信息成本较高，出口方和进口方需要充分了解产品特征，因此对互联网的依赖度较高，而同质产品定价一般由国际大宗市场或参考价格完成，受信息成本影响较小，从而对互联网的反映不显著。从企业所有制看，国有企业、私营企业中互联网系数显著，但外资企业不显著。本土企业进行出口贸易要进行较多的国际市场营销与宣传，而外资企业由于其与国外母公司的天然联系，有着比较成熟的销售网络，因此对互联网的反映不敏感；而私营企业相对于国有企业具有更高的资源利用效率，因此互联网的促进作用更明显一些。可见，互联网对一般贸易、差异化产品和本土企业的影响程度更显著，这主要源自不同样本的国际贸易信息成本异质性。

为了验证互联网对固定贸易成本和可变贸易成本的影响，实证分析进一步探究了互联网对企业贸易边际的影响。表 9－7 汇报了互联网对出口企业进入与持续出口的影响，即互联网是否会影响企业开始或保持出口状态。按照 Roberts & Tybout（1997）的分析，企业过往的贸易行为会影响企业当前的行为，为此将选取 2008 年、2009 年两个年份进行分析。如果 2008 年没有对该市场出口而 2009 年开始出口则定义为“新进入”企业，如果 2008 年已经对该市场出口而且 2009 年持续出口则定义为“持续”。这样，施炳展（2016）按照 2008 年是否出口对 2009 年样本进行分类，然后分别按照线性概率模型（Linear Probability Model）、Probit 模型、Logit 模型进行回归，被解释变量是 2009 年企业是否对该市场出口，结果如表 9－7 所示。

表 9－7 互联网、出口企业进入与持续出口

	LPM		Probit 模型		Logit 模型	
	(1)	(2)	(3)	(4)	(5)	(6)
	新进入	持续	新进入	持续	新进入	持续
links09	0.003***	0.012***	0.017***	0.058*	0.024***	0.159***
	(6.077)	(4.657)	(11.932)	(1.869)	(16.271)	(4.531)
观测值	3 795 402	638 241	3 795 402	638 241	3 795 402	638 241
调整的 R^2	0.180	0.213				

注：标准误为产品聚类调整后的稳健标准误，*** 和 * 分别表示在 1%和 10%的显著性水平上统计显著，括号内为 t 值。

资料来源：改编自施炳展．互联网与国际贸易：基于双边双向网址链接数据的经验分析［J］．经济研究，2016，51（5）：172－187。

由表 9－7 可以看出，links09 的系数在所有回归模型中均显著为正，说明互联网可以促进企业实现出口，增大企业出口的可能性，而且可以促进企业持续出口。这一结果表明，互联网可以降低企业国际贸易的固定成本和可变成本。

第四节　注意力空间配置降低不确定性理论

一、理论命题的提出

注意力空间配置通过降低经济系统的不确定性来影响开放经济的绩效。首先，大量文献证实国际贸易面临诸多不确定性。从外延看，不确定性至少包括需求侧、供给侧、宏观或微观、政策的不确定性等。关于经济政策不确定性对国际贸易的影响成为一个前沿研究领域，如 Handley & Limão（2017）、Bloom（2014）、鲁晓东和刘京军（2017）等。一个共识的结论是：不确定性会减小国际贸易规模。但更为重要的问题是如何降低经济系统的不确定性。其次，有效信息获得可以降低不确定性。信息论创始人 Shannon（1948）认为，信息本质上是一种降低信源不确定性的资源，信源不确定性程度下降越多，该信息所内含的信息量越大。不确定性下降程度成为测度信息量大小的指标。最后，注意力是获取信息的必要条件。既然获取信息是降低不确定性的关键，那么为何经济主体不获取所有相关信息呢？Simon（1955）指出，随着信息技术的发展，信息不再稀缺，但经济主体为了获得信息而付出的注意力将成为稀缺资源；Sims（2003，2006）则进一步丰富了注意力概念，认为经济主体的注意力是一种稀缺资源，经济行为可以看作信息流处理过程；由于注意力是有限的，经济主体不可能处理经济系统的所有信息，因此，注意力空间配置会决定经济主体的信息规模和信息结构，从而影响经济系统不确定性降低的程度，最终影响经济行为和经济绩效。综合上述逻辑分析过程，经济系统不确定性是基本前提，信息是降低经济系统不确定性的必要条件，而信息规模和信息结构受限于注意力有限性和注意力配置结构特征，因此，注意力空间配置成为影响经济绩效的一个重要变量。这一逻辑在众多经济学领域得到了广泛应用，可参见 Gabaix（2019）、Bartosz et al.(2018)。

基于此，施炳展和金祥义（2019）提出了“注意力空间配置降低不确定性理论”这一理论命题。

理论命题 9-3

开放条件下注意力空间配置通过降低不确定性影响企业出口空间分布，这体现了注意力等无形资源配置对商品有形资源配置系统的影响。

资料来源：施炳展，金祥义．注意力配置、互联网搜索与国际贸易［J］．经济研究，2019，54（11）：71-86.

该理论命题的提出从无形资源角度丰富了西方主流贸易理论。首先，西方主流贸易理论关注有形资源配置系统，缺乏对注意力等无形资源的充分关注。Melitz（2003）强调劳动力资源在企业间调整是贸易利益的来源之一，Eaton & Kortum（2002）强调经过要素价格、贸易成本“折减后”的技术条件是构建各国各行业比较优势的基础，这些经典贸易理论及其后续扩展更多关注开放对要素、技术等传统有形资源的影响，较少关注经济主体的无形资源配置系统。其次，发展中国家经济主体的注意力配置变化是一个显著的经济现象。作为后发转型经济体，中国从计划经济走向市场经济、从封闭经济走向开放经济的历史进程中，几乎在每个关键节点都涉及对已有发展思想、发展战略的突破和再认识，比如计划经济与市场经济的关系、社会主义制度与市场经济的关系、资源引入与经济系统安全的关系等；宏观思想体系、战略体系的调整变化不断影响、更新微观主体的注意力配置，比如中国企业的空间视野逐步从国内走向国际，再聚焦当下双循环。施炳展和金祥义（2019）提出的理论命题客观地反映了中国经济发展历史进程中经济主体的注意力空间配置调整，强调了无形资源配置系统在主流贸易理论中的地位。

二、理论命题的具体内容

贸易成本及其结构是国际贸易研究的一个重要领域。传统理论指出，地理距离是国际贸易成本的重要组成部分；但近期研究指出，信息摩擦和信息成本举足轻重，信息成本对双边贸易具有重要解释力（Anderson & Van Wincoop，2004；Head & Mayer，2013；Wilson，2016）。由于信息成本的广泛存在，贸易双方无法获取充分信息，从而交易系统存在广泛的不确定性，最终降低贸易发生概率、减小贸易规模。经济主体注意力“支付”是信息成本的重要形式之一，是获取信息的必要条件，由此经济主体的注意力配置会影响贸易双方的信息量，进一步影响贸易规模与贸易空间结构。接下来，按照不确定性阻碍双边国际贸易、信息获取降低不确定性、注意力空间配置制约信息获取的逻辑思路进行理论假说论证。

首先，大量文献指出，不确定性阻碍了国际贸易发展。Helpman & Razin（1978）将资本市场引入贸易模型，探究了股市波动对国际贸易的不利影响。近年来随着逆全球化现象愈演愈烈，各国经济政策和贸易政策的不确定性影响成为重要主题。Handley（2012）指出，贸易政策不确定性延迟了企业进入海外市场，降低了企业申请关税减免的积极性。Novy & Taylor（2020）指出，外部不确定性会迫使企业进行供应链调整，企业通过减少与外商之间的货物订单量来调节商品存货，从而减少国际贸易。Handley & Limão（2017）也得出了类似的结论，发现相关经济与政策环境的不确定性，很好地解释了美国在2008年期间的贸易缩减，贸易协定可有效缓解不确定性的负面影响。Greenland et al.（2019）演绎得出贸易规模与海外市场不确定性负相关。可见海外市场的不确定性将对贸易企业造成不利冲击，阻碍国际贸易发展。

其次，信息获取降低了经济系统的不确定性。Shannon（1948）提出了信息熵概念，用熵函数表示信源不确定性，决策者获取的价值信息可有效降低其面临的不确定性，因此信息的价值可以表现为信源熵值下降，即不确定性的减少程度。Shannon（1948）的主要贡献在于用具体的数理公式来表示抽象的不确定性概念，这为后续学者的研究提供了理论基础。Cover et al.（1994）指出，信息学中的所有问题都可以基于两个概念展开，即熵和互信息。熵函数描述了随机变量中包含的不确定性，而互信息则表示在信源信号下，随机变量不确定性的下降程度。熵值、互信息、信息量可以通过式（9-25）表示。

$$K = I(X,Y) = H(X) - H(X|Y) \tag{9-25}$$

式中，$I(X,Y)$在信息学上表示互信息（mutual information），代表信息量 K 的价值，是决策者获取信息量 K 后，导致 X 熵函数数值减少的主要原因，因此信息量 K 与不确定性负相关。当上述公式对应贸易不确定性问题时，$H(X)$为变量 X 的信源熵值，代表先验分布下信源的不确定性，可表示某一分布下的贸易环境不确定性的先验概率；$H(X|Y)$为信号冲击 Y 下的 X 条件信源熵值，可表示出口方获取额外信息后面临的不确定性。因此，两者的差值可以表示为出口方获取信息后不确定性的下降程度。

最后，注意力空间配置制约了信息获取。Wiederholt（2010）立足于决策者注意力空间配置与商品定价问题，通过建立有限信息模型考察相关决策行为，发现决策者对目标信息注意力空间配置越多，获取信息的规模也越大，相关产品定价变化也越激烈。Matejka & Mckay（2014）指出，由于决策者个人精力有限，其获取的信息量取决于对外部信息分配的注意力大小。这意味着个人处理加工信息的能力存在上限，当决策者进行最优决策时，其获取的外部信息量往往与注意力配置息息相关。Gabaix（2019）建立了有限注意力经济人的最优决策模型，通过相关数理推导认为，注意力配置与信息规模正相关，即对外注意力配置增加可扩大信息规模。进一步地，按照上述逻辑，如果经济主体面对多个信源，那么在不同信源上的配置比例会影响经济行为的空间结构，如 Mondria et al.(2010)、Dasgupta & Mondria（2018）等。

综上所述，施炳展和金祥义（2019）认为，注意力配置会影响信息规模和经济系统的不确定性，从而影响经济行为和经济绩效，由此提出了假说 1。

假说 1：开放条件下经济主体注意力空间配置通过降低不确定性影响国际贸易的空间结构，一国的出口贸易额是对外注意力空间配置的增函数。

为了验证上述假说，施炳展和金祥义（2019）构建了如下形式的计量模型，并选取相关变量进行实证分析。

以引力模型为基础，参考施炳展（2016）、Freund & Weinhold（2003）和 Manova & Zhang（2012）的实证方法构建了如下计量模型：

$$\ln v_{jkt} = \alpha + \beta \ln\mathrm{index}_{jt} + \gamma \overrightarrow{\mathrm{Ctrl}}_{jkt} + \delta_t + \delta_k + \delta_j + \varepsilon_{jkt} \tag{9-26}$$

式中，$\ln v_{jkt}$ 表示中国 t 年对 j 国出口 k 类产品的贸易额，$\ln\mathrm{index}_{jt}$ 为核心解释变量，即注意力空间配置，以 t 年中国对 j 国市场的互联网年均搜索频数的对数表示；为了降低互联网搜索频数极端值对回归结果的影响，施炳展和金祥义（2019）还将互联网年均搜索频数中位值的对数形式 $\ln\mathrm{mindex}_{jt}$ 作为注意力空间配置的替代变量。$\overrightarrow{\mathrm{Ctrl}}_{jkt}$ 为国家层面的控制变量向量，不再赘述。

值得注意的是，互联网搜索是注意力空间配置的有效衡量。大量文献指出，互联网搜索指标是注意力空间配置的合理代理变量，这些指标涉及消费、金融、劳动、居住、交通、医疗等多个领域，表明互联网搜索指标可以作为多类经济变量的先行指数（Ginsberg et al.，2009；Vosen & Schmidt，2011；Fondeur & Karame，2013；Veldhuizen et al.，2016；Kim et al.，2019）。互联网搜索指标由于具有高时效性和可获取性，因此可以改善现行宏观指标的迟滞性和偏倚性，进而有效提高宏观经济行为的预测效果（孙毅等，2014；刘涛雄和徐晓飞，2015；Kholodilin et al.，2009），从而是研究宏观经济波动和运行的有效指标（Fondeur & Karame，2013）。同时互联网搜索对个体经济行为及大脑意识有着重要影响，心理学研究认为，搜索会降低个体储存和记忆信息的能力（Small et al.，2009）。Kapounek et al.（2016）表明，互联网搜索指标可以作为经济个体大脑认知和情感变化的近似变量，影响个体自身的储蓄和消费行为。因此，互联网搜索指标是经济个体行为决策的良好体现，作为经济主体注意力空间配置的代理变量，有着其内在的合理性和丰富的文献依据。该命题的核心指标注意力空间配置以互联网搜索频数作为代理变量。互联网搜索数据来源于百度指数，百度指数中关于搜索指标的统计是以网民在百度中的搜索量为数据基础，以关键词为统计对象，科学分析并计算出各个关键词在百度网页搜索中的搜索频数加权和，并且提供搜索关键词日频、周频、月频及其他不同频率的相应数据。

根据基础回归方程，对注意力空间配置与中国产品出口贸易额之间的关系进行回归分析，具体结果报告于表 9-8 中。

表 9-8 注意力空间配置与出口贸易规模

	(1)	(2)	(3)	(4)	(5)	(6)
lnindex	1.073***	0.104***	0.030***			
	(824.513)	(71.220)	(8.236)			
lnmindex				1.165***	0.120***	0.088***
				(906.631)	(72.740)	(17.195)
年份固定效应	是	是	是	是	是	是
产品固定效应	是	是	是	是	是	是
国家固定效应	否	否	是	否	否	是
观测值	3 266 721	3 266 721	3 266 721	3 266 721	3 266 721	3 266 721
R^2	0.356	0.522	0.551	0.371	0.522	0.551

注：加入国家固定效应后，双边距离等国家层面不随时间变化的变量将被吸收。*** 表示在 1%的显著性水平上统计显著。括号内为修正了异方差后的 t 值，聚类到进口方层面。

资料来源：改编自施炳展，金祥义．注意力配置、互联网搜索与国际贸易 [J]. 经济研究，2019，54（11）：71-86。

表 9-8 中第（1）列至第（3）列是以核心解释变量 lnindex 进行回归的结果；同时为了减少极端值对回归结果可能产生的干扰，第（4）列至第（6）列用 lnmindex 作为稳健性指标进行回归分析。从第（1）列和第（2）列的结果可以得知，在逐渐加入相关变量之后，注意力空间配置对产品出口贸易额的系数显著为正，这初步表明注意力空间配置对中国出口贸易具有积极作用。第（3）列的结果在此基础上加入了国家固定效应，回归结果显示，注意力空间配置的系数依旧显著为正，这表明在控制了非观测的年份固定效应、产品固定效应、国家固定效应及其他相关变量的可能影响之后，中国对其他国家市场注意力空间配置越多，相应产品出口的贸易额也越大。同时，从第（4）列至第（6）列的回归结果中可以发现，在考虑核心解释变量极端值对结果造成的干扰后，注意力空间配置对相关出口贸易额的影响依旧显著为正，这表明注意力空间配置对中国相关产品出口的促进作用具有较强的稳健性。

前文就注意力空间配置对中国出口贸易的影响展开了初步分析，但并没有印证不确定性降低这条渠道。在不完备信息环境中，出口方对信息的获取很大程度上依赖于其对外的注意力空间配置，注意力空间配置可以降低出口面临的不确定性，减少信源熵值，提高出口方对进口市场的了解程度，最终增加出口贸易额。为此，施炳展和金祥义（2019）通过构建回归模型（9－27）来探究注意力空间配置的具体作用渠道：

$$\text{lnuct}_{jkt}=\beta_0+\beta_1\text{lnindex}_{jt}+\beta\overrightarrow{\text{Ctrl}}_{jkt}+\delta_t+\delta_k+\varepsilon_{jkt} \tag{9-27}$$

式中，lnuct_{jkt} 表示出口方 t 年出口 k 类产品到进口国 j 市场上面临的贸易不确定性，Li（2018）和 Sousa et al.（2020）均表明，出口方面临的不确定性主要源于需求侧因素，需求因素的变化将影响出口方最优决策，因此可将需求侧因素的方差作为出口商面临的不确定性。在需求侧因素中，产品价格是一个重要的因素，可以反映需求侧信息的变动，因此将价格的方差作为需求侧不确定性的衡量指标能够符合基本要求。同时，该指标的构造主要参考 Gervais（2018）的思路，并借鉴 Aghion et al.（2018）对出口企业面临冲击的构造方法，构建产品层面的贸易不确定性。具体而言，对于某类特定的 HS6 分位产品，施炳展和金祥义（2019）先通过中国海关数据库将 HS8 分位产品汇总到 HS6 分位上，计算 t 年中国企业向 j 国出口 k 类产品价格的方差，并根据产品、年份、国家三个维度将该数据与 CEPII 数据进行合并，以此作为中国在出口时面临的产品层面的贸易不确定性 lnuct，最终结果如表 9－9 所示。

表 9－9　注意力空间配置与不确定性

	(1)	(2)
	lnuct	lnuct
lnindex	-0.079^{***}	
	(−4.636)	
lnmindex		-0.150^{***}
		(−6.239)
年份固定效应	是	是
产品固定效应	是	是
国家固定效应	是	是
观测值	2 526 948	2 526 948
R^2	0.775	0.775

注：第（1）列考察核心解释变量——注意力空间配置与不确定性之间的回归结果，结果显示，对外的注意力空间配置能够显著降低出口方面临的贸易不确定性；第（2）列采用 lnmindex 进行回归，相应结果并未发生实质性的改变。这表明不确定性是注意力空间配置作用于出口贸易的重要机制。*** 表示在 1%的显著性水平上统计显著。括号内为修正了异方差后的 t 值，聚类到进口方层面。

资料来源：改编自施炳展，金祥义．注意力配置、互联网搜索与国际贸易 [J]. 经济研究，2019，54（11）：71－86。

第五节　互联网搜索的降本增效理论

一、理论命题的提出

企业出口产品质量的内生决定机制是异质性企业贸易理论的一个重要问题，但大多数文献并没有考察信息不完全的作用。在封闭条件下，Nicholson & Snyder（2012）指出，企业进行产品质量决策时，其一阶均衡条件是质量提升的边际成本与边际收益相等；在开放条件下，异质性企业产品质量的内生决定仍然遵循这一理论逻辑，如 Khandelwal et al.（2013）、Hallak & Sivadasan（2013）等，不同的是要考察开放条件下双边可变贸易成本和固定贸易成本的影响。上述讨论并没有考虑到信息不完全的作用，但信息成本是国际贸易成本的重要组成部分（Rauch，1999；Allen，2014），直观上，企业内信息成本降低可以提升企业自身的生产效率和研发效率，企业间信息成本降低可以影响交易成本，最终信息成本会通过生产侧、交易侧影响出口产品质量。但现有理论文献或者忽略了信息成本的作用，或者仅关注信息成本对生产、交易影响的某个侧面。

基于此，金祥义和施炳展（2022）提出了“互联网搜索的降本增效理论”这一理论命题。

理论命题 9-4

互联网搜索降低了信息成本，通过提升企业生产效率、改进研发效率、降低外部交易成本最终影响企业出口产品质量。

资料来源：金祥义，施炳展．互联网搜索、信息成本与出口产品质量［J］．中国工业经济，2022（8）：99-117.

该理论命题的提出从如下两个方面完善了异质性企业出口产品质量理论。首先，大多数主流异质性企业贸易理论忽略了信息不完全对产品质量的影响。基于 Melitz（2003）的基础框架，Gervais（2015）、Khandelwal et al.（2013）、Kugler & Verhoogen（2012）、Hallak & Sivadasan（2013）等大量文献探讨了异质性企业出口产品质量的内生决定问题，但这些文献均忽略了不完全信息的影响。大多数发展中国家的企业是世界市场的新进入者，这些企业是国际经济规则规制体系的接受者，也对国际经济市场缺乏足够的了解和认识，国外消费者对这些企业产品质量更是缺乏足够的历史经验和精确认知，这很容易导致发展中国家出口产品陷入低质量陷阱。由此，基于发展中国家了解世界的客观需要，该理论命题强调了信息因素对异质性企业产品质量升级的影响，无疑丰富了现有异质性企业贸易理论。其次，该理论命题厘清了信息因素影响企业出口产品质量的多维机制。该理论命题提出，互联网搜索可以通过生产效率、研发效率、交易成本渠道影响出口产品质量，这从生产和流通环节指出了互联网搜索的重要意义，更为全面地揭示了数字技术影响国际贸易的理论机制，丰富了异质性企业出口产品质量理论。

二、理论命题的具体内容

贸易成本包括固定贸易成本和可变贸易成本；信息因素对这两类贸易成本均会产生影响。一方面，企业在决定出口产品质量之前，需要支付信息成本来获取进口方市场信息（Allen，2014），由此产生的信息成本应视为企业出口的固定贸易成本；另一方面，Rauch（1999）认为，地理距离至少包含运输成本和信息成本，因此贸易信息成本与运输成本具有类似的函数形式，同时 Wilson（2016）指出，信息成本与贸易规模密切相关，因而信息成本也具有可变贸易成本的特征。接下来在 Hallak & Sivadasan (2013) 的基础上，将信息成本因素纳入异质性企业贸易模型框架中，探究互联网搜索对企业出口产品质量的影响及其作用机理。

考虑产品垂直差异化的情况下，j 国代表性消费者的效用服从 CES 的函数形式：

$$U_j=\left[\int_{k\in\Omega_j}(\lambda_k q_{jk})^{\frac{\sigma-1}{\sigma}}\mathrm{d}k\right]^{\frac{\sigma}{\sigma-1}} \tag{9-28}$$

消费者获得的效用与 k 类产品的质量 λ 和数量 q 相关，其中 σ 表示种类间替代弹性，Ω_j 表示 j 国产品集合。容易得到 j 国消费者对产品 k 的需求函数：

$$q_{jk}=\tau_j^{1-\sigma}I_{jk}{}^{1-\sigma}\lambda_k^{\sigma-1}p_{jk}^{-\sigma}\frac{E_j}{P^{\sigma-1}} \tag{9-29}$$

式中，I_{jk} 表示出口企业在向 j 国出口 k 类产品时的信息成本；τ_j 表示出口企业将产品出口到 j 国市场时，除信息成本外的贸易可变成本（如地理距离等）；p_{jk} 表示企业向 j 国出口产品 k 的价格；P 表示价格指数；E_j 表示 j 国消费者的总支出。从式（9-29）可以看出，国外消费者对产品 k 的需求量与产品质量正相关、与价格负相关，即取决于相关产品的“性价比”。同时价格指数 P 的具体形式如下：

$$P=\left[\int_{k\in\Omega_j}p_{jk}^{1-\sigma}\lambda_k^{\sigma-1}\mathrm{d}k\right]^{\frac{1}{1-\sigma}} \tag{9-30}$$

对于出口企业生产相应产品的设定，与 Hallak & Sivadasan (2013) 类似，即垂直差异化产品的生产成本取决于企业的两种生产能力属性——流程生产能力 φ 和工艺生产能力 ξ。流程生产能力 φ 表示企业生产产品各流程的加工效率，可以表示为企业的产品生产效率，这与企业的可变成本相关；工艺生产能力 ξ 表示企业在特定成本投入下，将高质量产品的创新设计或理念快速转换成实际产品的能力，即企业以更低成本生产高质量产品的能力，例如，企业生产部门能够迅速将消费者对高质量产品不断变化的口味转化为满足这些品味的产品的生产能力，这与企业的固定成本相关。此时企业面临的边际成本为：

$$c_k(\lambda_k,\varphi)=\frac{\kappa}{\varphi}\lambda_k^{\beta} \tag{9-31}$$

式中，c_k 表示企业面临的生产边际成本；κ 是外生给定的，表示影响企业边际成本的其他因素，且 $\kappa>0$；β 表示产品 k 的质量边际成本弹性，且 $0<\beta\leqslant 1$。进一步地，企业面临的固定成本为：

$$F_k(\lambda_k,\xi)=F_0+\frac{f}{\xi}\lambda_k^{\alpha} \tag{9-32}$$

式中，F 表示企业生产产品 k 面临的固定成本，是不变固定成本 F_0 和工艺生产能力 ξ 的函数；f 表示影响企业生产固定成本的其他外生参数，且 $f>0$；α 表示产品 k 的质量固定成本弹性，且 $\alpha>0$。此时企业在国外市场的利润表达式为：

$$\pi(q_{jk},p_{jk},\lambda_k,I_{jk})=\tau_j^{1-\sigma}I_{jk}{}^{1-\sigma}\lambda_k^{\sigma-1}p_{jk}^{-\sigma}\frac{E_j}{P^{\sigma-1}}\left(p_{jk}-\frac{\kappa}{\varphi}\lambda_k^{\beta}\right)-\frac{f}{\xi}\lambda_k^{\alpha}-F_0-f_x \quad (9-33)$$

式中，f_x 表示企业进入外国市场时支付的沉没成本①，即固定贸易成本，如营销广告成本、开发市场的隐性支出等，还包括前文提及的企业进行市场信息搜索时支出的信息成本。同时，企业在给定的需求函数和成本函数下，通过求解利润最大化过程，可以得到产品质量的公式：

$$\lambda_{jk}=\left[\frac{1-\beta}{\alpha}\tau_j^{1-\sigma}I_{jk}{}^{1-\sigma}\left(\frac{\sigma-1}{\sigma}\right)^{\sigma}\left(\frac{\varphi}{\kappa}\right)^{\sigma-1}\frac{\xi}{f}E_jP^{\sigma-1}\right]^{\frac{1}{\alpha'}} \quad (9-34)$$

式中，$\alpha'=\alpha-(1-\beta)(\sigma-1)$，且 $\alpha'>0$；进一步地，通过调整等式参数位置，可以得到互联网影响企业出口产品质量的两个层面、三个渠道，具体如下式所示：

$$\lambda_{jk}=\left[\frac{1-\beta}{\alpha}\tau_j^{1-\sigma}\underbrace{\underbrace{I_{jk}{}^{1-\sigma}}_{\text{信息成本}}}_{\text{交易层面}}\left(\frac{\sigma-1}{\sigma}\right)^{\sigma}\underbrace{\underbrace{\varphi^{\sigma-1}}_{\text{生产率}}\underbrace{\xi}_{\text{创新效率}}}_{\text{生产层面}}\frac{E_j}{f}\left(\frac{P}{\kappa}\right)^{\sigma-1}\right]^{\frac{1}{\alpha'}} \quad (9-35)$$

根据式（9－35）可以得知，企业出口产品质量与企业生产层面和交易层面的因素相关，生产层面主要包括企业生产效率（φ）和创新效率（ξ），交易层面主要是企业贸易成本中的信息成本（I）。可见互联网搜索通过生产率水平提升、创新效率升级、信息成本削减三方面来影响企业出口产品质量。

首先，在生产率水平提升方面。互联网搜索是互联网技术发展的重要产物，也是数字时代下企业应用数字技术进行数字化转型的一种体现。企业基于互联网搜索不仅可以获取目的地市场的需求数据信息，还能掌握竞争对手在产品销售和关键技术领域的发展数据信息，降低企业数据信息获取的难度，大大提高企业获取核心数据信息的准确性（施炳展，2016；Abeliansky & Hilbert，2017）。一方面，互联网搜索通过数据信息获取来提高企业潜在的生产率水平。数据信息是企业生产过程中的关键投入要素，数据信息的实时变化将影响企业经营决策的具体模式，因此，基于核心数据信息的不断捕获与更新，企业可以动态调整生产环节的要素投入比例，通过优化生产结构来增强自身的生产率水平，进而带来生产率水平的提升（黄群慧等，2019；Grimes et al.，2012）。另一方面，互联网搜索以搜索引擎为平台、以数字技术为支撑，能够更大效率发挥数字技术发展带来的生产率瓶颈突破效应，推动数字经济辐射范围内企业的技术进步（Goldfarb & Tucker，2019；蒋仁爱和冯根福，2012），并由此进一步影响企业的出口产品质量。

其次，在创新效率升级方面。互联网搜索为企业登上"信息高速公路"提供了技术支撑，企业创新发展离不开信息的获取，而互联网搜索基于大数据的分析系统，能够从海量信息中提取与企业创新困境相关的解决方案，扩散企业的创新思维，引起企业组织管理结构的创新变革，进而助力企业创新效率升级，最终带来颠覆式的创新发展（Calic &

---

① 由于固定贸易成本中的信息成本不会对后续的最优质量求解产生影响，因此将其与其他固定贸易成本一同放置于 f_x 之中。

Ghasemaghaei，2021)。同时，互联网搜索为企业提供外部信息共享和信息的高速流通创造了理想的渠道，由于互联网搜索能够带来信息溢出的外部性，企业通过互联网搜索可以打破信息孤岛壁垒，共享研发成果，加速创新知识整合，增大企业的研发投入规模，进而提高企业的创新效率（杨德明和刘泳文，2018)。此外，互联网搜索凭借信息通信技术可以扩大企业各生产环节的流程创新性，促使企业形成积极的创新意识（Cui et al.，2015)，并且能够进一步推动企业内部创新资源的良性配置和高效整合，改善内部低效率生产环节的资源占用率，实现资源重新配置产生的研发投入作用，提高企业开展创新活动的热情（Czernich et al.，2011)，最终推动企业创新效率水平跃升，并影响企业出口产品质量的提高。这意味着创新效率升级可能是互联网搜索影响企业出口产品质量的一个重要方面。

最后，在信息成本削减方面。互联网搜索是企业获取外部信息的重要方式，能够降低企业出口过程面临的信息成本。(1) 互联网搜索可以提高信息搜索方获取实时信息的速度（Jeon & Nasr，2016；Hoag，2006)，互联网的发展改善了信息搜索方获取标的市场相关信息的时滞情况，从而使得出口方在面临更多信息冲击时，能够及时调整相应的出口策略，改善出口处境。(2) 互联网搜索可以提高信息搜索方获取信息的数量（Abeliansky & Hilbert，2017；Mondria et al.，2010)，贸易方通过互联网进行信息搜索时面临着更低的搜索成本，一定时间内能够获取更多关于标的市场的信息，从而能够对标的市场产品结构及相关消费者偏好进行充分了解，为出口方甄选合适的市场与恰当的产品种类做好事前准备。(3) 信息搜索方通过互联网进行信息搜索时，能够提高获取信息的精确性（刘涛雄和徐晓飞，2015；Mondria et al.，2010)，最终通过企业面临的信息成本来影响其出口产品的质量。

基于此，金祥义和施炳展（2022）提出了假说 1。

假说 1： *互联网搜索通过生产率水平提升、创新效率升级、信息成本削减渠道影响企业出口产品质量，即互联网搜索的降本增效功能。*

为了验证该假说，金祥义和施炳展（2022）首先对互联网搜索与企业出口产品质量之间的关系进行了系统检验。考虑到以平均数为基础进行互联网搜索指标构建可能存在极端值的干扰，金祥义和施炳展（2022）还采用各省对外搜索频数的中位数作为指标的构建基础，重新计算互联网搜索的加权指标，以检验回归结论的稳健性，具体结果报告于表 9-10 中。其中，第（1）列和第（2）列是以平均数为基础的互联网搜索指标；第（3）列和第（4）列是以中位数为基础的互联网搜索指标。首先，观察第（1）列结果可知，在控制了各类固定效应对企业出口产品质量的可能影响后，互联网搜索的系数通过了 1%显著性水平上的显著性检验，初步表明互联网搜索程度的提高能够促进企业出口产品质量的提升。其次，第（2）列在此基础上加入了相关控制变量，结果显示，互联网搜索对企业出口产品质量的促进作用并未发生明显变化，较好地证明了互联网搜索是影响企业出口产品质量的重要因素，这与前文理论部分的分析一致。最后，观察第（3）列和第（4）列结果可以发现，在考虑了互联网搜索的极端值影响后，随着企业对外互联网搜索程度的提高，相应出口产品的质量也逐渐提升，从而表明基准回归的结论较为稳健。

表 9-10 互联网搜索对出口产品质量的提升作用

变量	(1)	(2)	(3)	(4)
lnindex	0.013 5***	0.044 7***	0.010 0***	0.035 2***
	(7.588 3)	(21.355 6)	(6.166 3)	(18.799 1)
Others	否	是	否	是
企业-省份-年份固定效应	是	是	是	是
观测值	12 850 353	12 850 353	12 850 353	12 850 353
R^2	0.220 6	0.220 7	0.220 7	0.220 7

注：Others 表示回归中的相关控制变量，并且回归中均纳入了常数项。*** 表示在 1%的显著性水平上统计显著，括号内为修正了异方差后的 t 值。

资料来源：改编自金祥义，施炳展．互联网搜索、信息成本与出口产品质量 [J]．中国工业经济，2022 (8)：99-117。

表 9-10 只验证了互联网搜索与出口产品质量的关系；进一步地，互联网搜索的生产率水平提升、创新效率升级、信息成本削减效用有待进一步检验。为此，金祥义和施炳展（2022）进一步将生产率水平、创新效率、信息成本对互联网搜索指标进行回归。在指标构建上，金祥义和施炳展（2022）将海关数据库与工业企业数据库进行合并处理，来获取用于分析的机制变量。首先，在生产率水平变量（tfp）的构造上，根据 LP 的方法对企业生产率水平进行测算。其次，在创新效率变量（rd）衡量方面，根据施炳展和邵文波（2014）的做法，以新产品产值与研发支出的比值表示创新效率水平。最后，在信息成本测算上，互联网搜索可以影响企业出口的信息成本，而信息成本的大小可以用企业贸易过程中市场价格的方差进行表示（Steinwender，2018；Allen，2014）。例如，Steinwender（2018）研究了 1866 年美国与英国成功铺设跨大西洋电报电缆后市场价格的变化情况，在信息成本测度上，其核心思路是以价格的方差表示出口方面临的信息成本，认为跨大西洋电报电缆的成功铺设有效降低了出口方面临的信息成本，而信息成本的下降反映为价格方差的下降。Allen（2014）认为，贸易过程中信息摩擦导致的信息成本是普遍存在的，信息摩擦的存在使得市场价格发生了离散波动，价格波动越剧烈，贸易过程的信息成本越大，因此市场价格的方差可以反映信息成本的大小。据此，金祥义和施炳展（2022）将出口企业面临的信息成本用市场价格的方差进行衡量。回归结果如表 9-11 所示。

表 9-11 互联网搜索的降本增效功能

变量	tfp (1)	rd (2)	info_cost (3)
lnindex	0.069 8***	0.002 8***	−0.420 1***
	(5.871 8)	(4.449 7)	(−25.445 8)
Others	是	是	是
企业-省份固定效应	是	是	否
省份-年份固定效应	是	是	否
企业-省份-年份固定效应	否	否	是
观测值	10 592 815	2 874 743	12 850 353
R^2	0.943 0	0.964 4	0.568 8

注：Others 表示回归中的相关控制变量，并且回归中均纳入了常数项。*** 表示在 1%的显著性水平上统计显著，括号内为修正了异方差后的 t 值。

资料来源：改编自金祥义，施炳展．互联网搜索、信息成本与出口产品质量 [J]．中国工业经济，2022 (8)：99-117。

首先，在生产率水平提升机制上。由表 9－11 第（1）列的结果可知，互联网搜索的系数显著为正，表明互联网搜索能够显著促进企业生产率水平的提高，反映了企业生产率水平提升的潜在机制。其次，在创新效率升级机制上。表 9－11 第（2）列的结果显示，互联网搜索的系数也显著为正，表明随着企业互联网搜索程度的提升，企业创新效率水平会提高，较好地证明了企业创新效率升级这一机制的存在。最后，在信息成本削减机制上。观察表 9－11 第（3）列结果不难发现，互联网搜索的系数在 1%的显著性水平上统计显著为负，意味着互联网搜索能够有效降低企业面临的信息成本，较好地支持了信息成本削减机制的成立。

第六节　跨境电商模式下互联网搜索出口促进效应的演变

一、理论命题的提出

在数字经济时代，平台对差异化偏好的聚集能使在传统经济中不被重视的个性化产品占据重要市场地位（Brynjolfsson et al.，2011）。这意味着供给侧要改善对需求侧的适配性，必须提高偏好识别效率并增加有效供给。数字技术是提升需求适配性的重要手段，而最典型的数字化工具莫过于互联网搜索（Ginsberg et al.，2009）。西方新贸易理论认为，贸易企业的盈利逻辑在于利用大批量的标准化产品实现规模经济（Krugman，1980）。考虑到传统贸易的“菜单成本”和碎片化定制生产的成本较高，供给侧的需求适配性提升空间小，互联网搜索对出口方的决策支持可能局限于是否出口、库存数量、要素配置等基本策略。然而，随着传统贸易向数字贸易的演变，在跨境电商模式下，西方经典贸易理论提出的相似性偏好、多样性偏好式微（Linder，1961；Krugman，1980），差异化偏好的重要性却日益凸显，提升需求适配性成为跨境电商出口企业获取差异化溢价的关键。

基于此，马述忠等（2023）提出了“跨境电商模式下互联网搜索出口促进效应的演变”这一理论命题。

理论命题 9－5

互联网搜索既能提高偏好识别效率，也能助力有效供给的增加，因此能通过提升需求适配性促进跨境电商出口。

资料来源：马述忠，张道涵，潘钢健．互联网搜索、需求适配性与跨境电商出口［J］．国际贸易问题，2023（9）：52－70.

该命题首次解读了供给侧针对需求侧的互联网搜索能够如何影响跨境电商出口，拓展了跨境电商贸易成本与供需匹配效率的理论边界。一方面，考察跨境电商贸易成本的经典西方文献大多落脚于跨境电商的引力模型分析框架，并对跨境电商中“距离之死”的现象进行反复论证（Hortaçsu et al.，2009；Gomez-Herrera et al.，2014；Lendle et al.，2016；Kim et al.，2017）。马述忠等（2023）则从需求适配性视角将互联网搜索纳入跨境电商贸易成本的理论体系，也为解释数字经济发展的“中国速度”提供了新思路。另一方面，针对数字技术与贸易关系的研究大多落脚于传统贸易领域，且对数字技术的刻画较为笼统，多基于主机数量、互联网接入等指标（Freund & Weinhold，2004；Clarke & Wallsten，2006）。此外，也有中国学者梳理了互联网搜索降低贸易不确定性的内在逻辑（施炳展和金祥义，2019；Ma & Fang，2021），但受限于传统贸易的供需模式，大多以信息成本为分析切入点。马述忠等（2023）基于需求适配性重构了互联网搜索影响对外贸易的机理，基于提高偏好识别效率、助力增加有效供给这两类与需求适配性直接相关的机制，完善了互联网搜索提升供需匹配效率的理论框架。

二、理论命题的具体内容

在理论分析方面，西方学者对跨境电商贸易成本的研究仅关注地理距离等较为传统的贸易成本因素（Hortaçsu et al.，2009；Gomez-Herrera et al.，2014；Lendle et al.，2016；Kim et al.，2017）。随着数字技术对贸易格局的重塑，西方学者也尝试较为笼统地探讨互联网技术对传统贸易的促进作用（Freund & Weinhold，2004；Clarke & Wallsten，2006）。然而，上述研究大多局限在 Krugman（1980）新贸易理论的逻辑框架下，以规模经济和多样性偏好为研究切入点，并未触及跨境电商等数字贸易新业态的本质特征。数字经济时代贸易演变过程中相似性偏好向差异化偏好的主导地位让渡，催生出了跨境电商区别于传统贸易的诸多业态特征。在传统贸易中，出口方的盈利依赖标准化产品交易产生的规模经济（Krugman，1980），因此考虑到较高的市场进入成本，若产品在目的国可观测到的需求量低于一定水平，出口方将不会开展贸易活动。加之较高的“菜单成本”使出口方难以灵活调整供给策略，互联网搜索提升需求适配性的作用无法充分发挥。在跨境电商中，得益于较低的固定成本，出口方面临的是平台上多国甚至全球消费者需求的加总（Armstrong，2006），此时即使是较为小众的需求也能由平台汇总后形成可观的规模，获取长尾效应带来的差异化溢价成为盈利关键。加之较低的“菜单成本”提高了供给决策的灵活程度，出口方利用互联网搜索提升需求适配性的门槛更低，收益却更高。据此，马述忠等（2023）打破西方学者新贸易理论下的思维范式，认为相比传统贸易情境，互联网搜索通过提升需求适配性，很可能在跨境电商中发挥更积极的作用。

在对理论分析的实证检验方面，为论证互联网搜索能通过提升需求适配性促进跨境电商出口，核心变量必须有利于供需动态的识别。因此，马述忠等（2023）的核心解释变量采用国家-年份层面的互联网搜索量。该指标以国家名为搜索关键词，能够较好地代理供给侧，主要是我国跨境电商出口企业对需求侧，即目的国信息的搜索强度。受限于数据，马述忠等（2023）无法分离来自跨境电商出口企业以外主体的搜索量，但使用宏观数据反而可以很好地将互联网搜索的信息溢出效应纳入考量（金祥义和施炳展，2022）。马述忠等（2023）的核心被解释变量为产品-国家-年份层面的跨境电商出口量。细化至相对微观的产品层面不仅能很好地缓解反向因果问题，还有利于捕捉跨境电商的碎片化供需特征，并规避由行业间禀赋差异导致的识别偏误。具体而言，以引力模型为基础，参考 Lendle et al.(2016)、施炳展和金祥义（2019）等的研究，马述忠等（2023）

的基准回归模型设定如下：

$$\ln v_{ikt}=\alpha_0+\alpha_1 \ln \text{index}_{it-1}+X'_{it}\beta+\lambda_{ik}+\lambda_{kt}+\varepsilon_{ikt} \tag{9-36}$$

式中，被解释变量 $\ln v_{ikt}$ 表示中国 t 年通过跨境电商方式对 i 国出口第 k 类 HS8 分位产品的总金额对数值。核心解释变量 lnindex_{it-1} 为我国对 i 国滞后一期的互联网搜索量对数值。使用滞后数据的原因在于：一方面，同期的互联网搜索与跨境电商出口间有很强的反向因果关系，例如出口方可能更关注市场表现较好的目的国，以保障持续盈利，因此，使用滞后数据能缓解内生性问题；另一方面，利用互联网搜索整理需求侧信息也是出口方从事跨境电商的必要准备，其与实际出口间可能存在平台入驻、营销设计、物流布局等环节，因此，使用滞后数据更符合现实逻辑。此外，对核心变量进行对数化处理后，虽然无法提取来自跨境电商企业的搜索量，但此时核心解释变量的系数更可能被低估，因为其他主体的搜索对跨境电商需求适配性和出口规模的影响程度必然相对较低，若此时还能得到显著为正的估计系数，则可以进一步增强结论的可靠性。X'_{it} 为控制变量，包括引力模型中较为常见的以下 N 个变量：国内生产总值对数 lngdp、人均国内生产总值对数 lnpergdp、实际汇率对数 lnrer 和多边阻力对数 lnmres。考虑到跨境电商的业态特点，控制变量还包括跨境电商平台热度对数 lnali、邮递设施环境评分对数 lnipd 以及移动互联网活跃用户率对数 lnacnet。λ_{ik} 和 λ_{kt} 分别表示国家-产品固定效应和产品-年份固定效应。较严格的固定效应能很好地缓解遗漏变量问题，在完整模型中，地理距离等非时变目的国特征、产品属性、样本期内目的国对不同产品的偏好程度等变量均会被固定效应吸收。ε_{ikt} 为多维随机扰动项。

在数据来源上，跨境电商数据来自深圳顺友物流有限公司。互联网搜索量来自以国名为关键词的百度指数年均值，可以较为精确地反映供给侧对需求侧信息的搜索强度。lngdp 和 lnpergdp 来自 CEPII 的 GeoDist 数据库和 Gravity 数据库。lnrer 来源于 IMF 的 IFS 数据库。lnmres 参考 Kancs（2007）的计算，源于 CEPII 的 BACI 数据库。lnali 是国家层面以“AliExpress”为主题的谷歌趋势指数对数，反映了全球速卖通这一我国最大的 B2C 跨境电商平台在目的国的热度。lnipd 来自万国邮政联盟发布的邮政发展综合指数，该指数衡量了一国邮政的可靠性、覆盖面、相关性和弹性，可以有效代理邮政环境的发展程度。lnacnet 由国际电信联盟提供，选取该指标的合理性在于，通过跨境电商方式购买商品需要消费者具有一定的数字技术熟练度，即跨越第二阶“数字鸿沟”（Attewell，2001），相比移动互联网活跃用户率，互联网覆盖率等相关指标难以考察这一点。

表 9－12 呈现了互联网搜索对跨境电商出口的影响。第（1）列展示了完整模型的估计结果，lnindex 的系数显著为正，说明我国对一国互联网搜索量的增加可以显著扩大对该国的跨境电商出口规模。具体来说，当其他因素不变时，互联网搜索量增加 1%，跨境电商出口规模将提高 0.181%。参考施炳展和金祥义（2019）的研究，可以发现互联网搜索对跨境电商出口的积极作用大约是其对传统贸易出口积极作用的 6 倍，这很可能得益于此时互联网搜索提升需求适配性的门槛更低、收益更高。在第（2）列，马述忠等（2023）将 lnindex 从百度指数年均值替换为年度中位数，其系数同样显著为正，增强了结论的可靠性。该做法的合理性在于：受各国政党选举等重大事件影响，百度指数的日

度搜索数据存在波动峰值，使用中位数则可以在一定程度上缓解该问题。在第（3）列中，由于美国是我国跨境电商出口的第一大国，马述忠等（2023）考察了剔除美国样本后的估计结果。马述忠等（2023）还对被解释变量进行了 1%的缩尾处理，相应的回归结果汇报于第（4）列。第（3）列和第（4）列两列的结果都再次验证了基准回归结论的稳健性。最后，为了考虑零贸易流的影响，马述忠等（2023）采用赫克曼（Heckman）两阶段模型处理潜在的样本选择偏差问题。在第一阶段，基于补充零贸易流的样本，马述忠等（2023）采用二元选择模型对我国是否通过跨境电商方式对各国出口某类产品进行回归，并根据要求增加了是否为共同法律渊源、宗教相似度、移动电话普及率等指标，以得到变量 imr，即“逆米尔斯比”。在第二阶段，马述忠等（2023）将 imr 纳入基准回归模型，估计结果见第（5）列。可以发现，imr 的系数显著，表明考虑零贸易流导致的样本选择偏差问题是有意义的。与此同时，lnindex 的系数显著为正且相比基准回归大幅升高，这也说明在控制了零贸易流的影响后，互联网搜索对我国跨境电商出口的积极影响依然十分稳健。

表 9-12　互联网搜索对跨境电商出口的影响

变量	(1) 基准模型	(2) 使用中位数	(3) 剔除美国	(4) 缩尾处理	(5) 零贸易问题处理
lnindex	0.181***	0.267***	0.183***	0.180***	0.340***
	(0.008)	(0.016)	(0.008)	(0.008)	(0.003)
imr					6.567***
					(0.051)
产品-年份固定效应	是	是	是	是	是
产品-国家固定效应	是	是	是	是	是
观测值	338 880	338 880	331 578	338 880	1 571 120
R^2	0.892	0.892	0.889	0.891	0.918

注：*** 表示在 1%的显著性水平上统计显著，括号内为国家-产品层面的聚类稳健标准误。所有回归均控制了基准回归设定的控制变量。

资料来源：改编自马述忠，张道涵，潘钢健．互联网搜索、需求适配性与跨境电商出口 [J]. 国际贸易问题，2023 (9)：52-70。

西方新贸易理论认为，目的国消费者的多样性偏好在贸易流的形成过程中扮演了重要角色（Krugman，1980）。然而在跨境电商中，消费者的差异化偏好才是直接的贸易动因（郭继文和马述忠，2022）。马述忠等（2023）认为，得益于跨境电商中间环节少、市场范围大等特征，互联网搜索能有效提高出口方对消费者差异化偏好的识别效率。一方面，在交易模式上，张洪胜和潘钢健（2021）指出，跨境电商中供需双方直接交易的模式可以极大压缩中间环节，但中介的缺失也要求出口方通过互联网搜索等方式掌握更多的消费者偏好信息，以合理调整供给策略。另一方面，在市场选择上，不同于传统贸易中出口方往往以邻近国家为主要市场的特征（岳云嵩和李兵，2018），由于跨境电商省去了建立实体店铺等固定成本，出口方可以将贸易扩展至更远的市场（鞠雪楠等，2020），但遥远的距离会加剧信息摩擦（Huang，2007），并提高出口方通过实地考察等方式识别消费者偏好的成本，此时低成本的互联网搜索技术不失为更好的选择。

为了验证互联网搜索能通过提高偏好识别效率促进跨境电商出口，马述忠等（2023）

基于需求侧视角，检验了与目的国消费者偏好显性化程度，主要是跨境电商平台热度和社交媒体网络强度相关的调节效应。相关结果列于表 9 - 13 的前半部分。

表 9 - 13 互联网搜索促进跨境电商出口的机制检验结果

变量	(1)	(2)	(3)	(4)
	需求侧：偏好识别效率		供给侧：有效供给	
	跨境电商平台热度	社交媒体网络强度	机器人增长率	新增机器人
lnindex	0.089***	0.147***	0.079***	0.049
	(0.027)	(0.011)	(0.012)	(0.043)
lnindex×mec×anism	0.033***	1.236***	0.284***	0.015***
	(0.009)	(0.295)	(0.021)	(0.005)
产品-年份固定效应	是	是	是	是
产品-国家固定效应	是	是	是	是
观测值	338 880	327 150	295 795	295 795
R^2	0.892	0.891	0.888	0.888

注：除了控制变量 lnali 外，此表中涉及的机制变量的单独影响已被固定效应吸收。产品层面分析过程中涉及的编码转换问题均已得到处理。在 Bailey et al. (2021) 的研究中，Facebook 数据来源于 2020 年，被解释变量则是 2017 年的传统贸易数据。尽管贸易数据存在滞后，但他们通过大量稳健性检验指出，基于该数据计算得到的指标在长期是较为稳健的，因此，虽然该指标的选取存在一定的时间偏差，但依然可以得到较为可靠的结果。*** 表示在 1%的显著性水平上统计显著，括号内为国家-产品层面的聚类稳健标准误。

资料来源：改编自马述忠，张道涵，潘钢健．互联网搜索、需求适配性与跨境电商出口 [J]. 国际贸易问题，2023 (9)：52 - 70。

一方面，跨境电商平台的热度越高，意味着平台会受到越多的消费者关注和使用，那么相关网络痕迹会使消费者的偏好特征越容易被识别和归纳，即目的国消费者偏好的显性化程度越高。此时互联网搜索提高偏好识别效率的作用将大大增强，因此该指标应具有正向调节效应。马述忠等（2023）使用的机制变量为实证模型中的控制变量 lnali，结果汇报于表 9 - 13 第（1）列，显著为正的交互项系数很好地验证了其观点。

另一方面，在传统贸易中，社交媒体往往仅能发挥降低搜寻成本和合同成本的媒介作用（Bailey et al.，2021）。而在由差异化偏好驱动的跨境电商中，社交媒体平台虽然很少再扮演交易媒介的角色，却允许消费者通过分享动态、发表观点等方式提高其偏好的显性化程度（Qin，2020），进而助力出口方开发国外消费者的独特需求（Shaheer & Li，2020）。因此，更高的社交媒体网络强度有利于出口方通过互联网搜索充分识别消费者偏好，该指标应具有正向调节效应。马述忠等（2023）使用的机制变量基于 Bailey et al. (2021) 提供的社会联通指数构建。具体来说，Bailey et al. (2021) 衡量一国的对外社会联通指数时，原指数计算公式为两国 Facebook 好友对的数量与两国 Facebook 用户数的乘积之比；衡量一国内部的社会联通指数时，原指数计算公式的分子变为国内好友对的数量，分母变为国内用户数和（国内用户数－1）的乘积。鉴于 Facebook 是全球最大的社交媒体平台，且由于 Facebook 未进驻中国，这在很大程度上规避了其本身的贸易媒介作用。社会联通指数本身也是社交媒体网络强度的合适代理变量，能很好地量化偏好显性化程度。不过，通过上述方式计算得到的各国内部强度远大于对外强度。考虑到量纲差异，马述忠等（2023）首先计算了一国与其他国家的平均社交媒体网络强度，再将各国的国内强度和平均对外强度分别进行归一化处理，最后利用熵值法赋权加总两个细分指标，以得到一国的综合社交媒体网络强度。表 9－13 第（2）列展示了目的国社交媒体网络强度的调节效应，显著为正的交互项系数再次验证了互联网搜索提高偏好识别效率的作用机制。

西方新贸易理论认为，利用大规模生产标准化产品带来的规模经济是传统贸易企业的盈利逻辑（Krugman，1980）。然而在智能制造技术普及率较高的跨境电商中，通过定制生产个性化产品获取长尾效应溢价，才是企业盈利的关键（郭继文和马述忠，2022；Brynjolfsson et al.，2011）。马述忠等（2023）认为，得益于跨境电商智能制造常态化的业态优势，互联网搜索还能助力有效供给的增加。随着消费互联网向产业互联网快速迭代，跨境电商的发展呈现出智能制造高度常态化的趋势。而与传统贸易相比，跨境电商主要贸易标的的生产流程与智能制造技术的契合度更高。具体来说，手机附件、服装饰品等跨境电商主要出口品类具有个性化特点，而智能制造技术则具有碎片化定制生产能力（杜勇等，2022）。这意味着在跨境电商出口方利用互联网搜索精准识别消费者偏好后，能够高效地将偏好衍生出的核心定制需求传递给智能制造部门，最终建立弹性化、灵活化的生产模块，实现供给体系对偏好信息的快速响应和精准适配（徐兰和吴超林，2022）。

为了验证互联网搜索能通过提高偏好识别效率促进跨境电商出口，马述忠等（2023）基于供给侧视角，检验了与工业机器人应用情况，主要是机器人增长率和新增量相关的调节效应。工业机器人作为智能制造的技术基础，能够较好地满足柔性生产要求（裴长洪和刘洪愧，2018），因此相关指标应具有正向调节效应。基于国际机器人联合会提供的我国行业-年份层面的工业机器人存量和增量数据，马述忠等（2023）计算了行业年度工业机器人增长率，并将其作为机制变量进行检验。之所以使用工业机器人增长率而非存量指标，是因为智能制造属于一类新兴技术，而早期投入生产的工业机器人可能更适合批量化、标准化的生产。相比之下，能体现工业机器人新增情况的指标更适合代理各行业具备的智能制造能力。相应的回归结果列于表 9－13 第（3）列，交互项系数显著为正，符合预期。在表 9－13 第（4）列中，马述忠等（2023）使用新增机器人数量的对数值作为机制变量，再次得到了符合预期的结果。

第七节　跨境电商影响企业出口产品转换的内在机制

一、理论命题的提出

自 Bernard et al.（2010）提出多产品贸易模型以来，关于企业出口产品转换的研究一直是国际贸易领域的研究热点之一。对于企业出口产品转换的研究，Bernard et al.（2010）论证了多产品企业可以通过产品的进入和退出实现资源的再分配；伴随着产品转换的动态调整，企业将有限的资源配置到最优产品结构上，有利于自身绩效和生产效率的提升以及行业整体资源配置效率的改善（Bernard et al.，2010；Ma et al.，2014；Bernard & Okubo，2016）。跨境电商作为数字技术在贸易领域的深层次应用，逐步成为我国对外贸易增长的新引擎。跨境电商这一新的理论热点受到许多国内外学者的关注。如

Cowgill & Dorobantu（2012）、Gomez-Herrera et al.（2014）、Alaveras & Martens（2015）先后讨论了地理距离在跨境电商模式下是否产生了所谓的“距离死亡”，大批学者还讨论了跨境电商对贸易成本的影响，还有部分学者考察了跨境电商的出口贸易效应（Brynjolfsson et al.，2019；Hayakawa et al.，2023；马述忠和房超，2021；吕越等，2022）以及网络平台机制建设的相关问题（Lewis，2011；Newberry & Zhou，2019），但尚未有学者考察跨境电商作为一种贸易新业态对企业产品转换及资源配置的影响。

基于此，李小平等（2023）提出了“跨境电商影响企业出口产品转换的内在机制”这一理论命题。

理论命题 9-6

跨境电商作为一种贸易新业态，会通过企业内外环境变化触发企业出口产品转换并产生一定的资源配置效应。

资料来源：李小平，余娟娟，余东升，等．跨境电商与企业出口产品转换［J］．经济研究，2023，58（1）：124-140.

该理论命题首次将跨境电商作为一种贸易新业态，研究其对企业产品转换及资源配置的影响，丰富和拓展了跨境电商对企业微观效应方面的研究。与西方学者考察跨境电商的研究视角不同，李小平等（2023）基于出口产品转换的视角，将跨境电商的相关研究拓展至资源配置层面，是对跨境电商研究的重要完善。

二、理论命题的具体内容

关于跨境电商的研究，不少西方学者曾重点关注，Alaveras & Martens（2015）、Lendle et al.（2016）认为跨境电商有助于企业产品出口到距离更远的市场。跨境电商的“去中介化效应”（Anderson & Anderson，2002）及虚拟店铺的使用也会大幅度地节约贸易成本（Brynjolfsson et al.，2006；2011）。李小平等（2023）将视角聚焦于产品转换，将其纳入跨境电商的分析框架内，从理论和实证两方面探究了跨境电商对我国工业企业出口产品转换的影响及其资源配置效应，丰富和拓展了跨境电商对企业微观效应方面的研究。

在理论分析方面，李小平等（2023）基于 Melitz（2003）和 Bernard et al.（2011）构建了一个多产品企业异质性模型，并结合跨境电商影响企业成本及市场竞争的现实特征，诠释跨境电商影响企业出口产品转换的内在机制，具体如下：

（一）消费者偏好

假设典型的消费者偏好对连续产品 ω 的效用函数满足不变替代弹性的 CES 效用函数形式，企业可以选择出口多个产品种类，则产品消费指数为：

$$C_k=\left[\int_{\omega\in\Omega_k}[\lambda_k(\omega)q_k(\omega)]^{\rho}\mathrm{d}\omega\right]^{\frac{1}{\rho}} \tag{9-37}$$

式中，ω 表示该国出口产品 k 的种类；Ω 表示提供这些产品种类的内生集合，$q_k(\omega)$代表消费量；$\lambda_k(\omega)\geqslant 0$ 代表品质，反映产品的质量、技术水平等方面的特征，$\lambda_k(\omega)$越大，表示产品品质越高。σ 为产品之间的替代弹性，假设 $\sigma>1$，且 $\sigma=\frac{1}{1-\rho}$。

（二）生产者行为

假设企业总的生产成本由不变的边际成本$\frac{1}{\varphi}$和固定成本 f 组成，即企业总生产成本函数满足：

$$TC=\frac{q}{\varphi}+f \tag{9-38}$$

式中，φ 为企业生产率，且 $\varphi\in[0,+\infty)$，分布密度函数为连续函数 $g_i(\varphi)$，累积分布函数为 $G_i(\varphi)$。为了更好地刻画企业在产品品质方面的差异，设定任一企业生产的产品 $k\in[0,1]$，产品品质 $\lambda_k\in[\lambda_l,\lambda_h]$，上下限之差为一个常数，即 $\lambda_h-\lambda_l=d$，产品品质下限 $\lambda_l\in[0,+\infty)$，分布密度为 $z(\lambda_l)$。

（三）企业出口决策

假设企业工资水平 ω 取值 1，则在垄断竞争条件下，利润最大化下产品价格等于边际成本乘以成本加成。在开放经济环境下，企业进入出口市场需要支付贸易成本。假设这一贸易成本不仅包括企业产品进入出口市场的固定成本 F 以及企业产品进入出口市场的固定成本 f_k，还包括表现为“冰山成本”形式的运输成本和可变成本 τ。

由此，根据一般均衡条件可得出企业出口产品 k 的价格、收益、利润函数分别为式（9-39）至式（9-41）：

$$P_k(\varphi,\lambda)=\tau\frac{1}{\rho\varphi} \tag{9-39}$$

$$r_k(\varphi,\lambda)=\tau^{1-\delta}R_k(P_k\rho\varphi\lambda)^{\sigma-1} \tag{9-40}$$

$$\pi_k(\varphi,\lambda)=\frac{r_k(\varphi,\lambda)}{\sigma}-f_k \tag{9-41}$$

当企业生产率 φ 给定时，在零利润条件下，产品 k 的品质临界点$\lambda_k^*(\varphi)$也将确定，即零利润条件下满足式（9-42）：

$$r_k(\varphi,\lambda_k^*(\varphi))=\sigma f_k \tag{9-42}$$

当企业生产的产品集中包含品质大于品质临界点的产品，且企业的预期收益大于出口市场的进入成本时，企业将向特定的市场出口，其利润函数可以表示为：

$$\pi(\varphi,\lambda_l)=\int_{\lambda_k^*(\varphi^*)}^{\lambda_h}\left(\frac{r_k(\varphi,\lambda)}{\sigma}-f_k\right)z(\lambda)\mathrm{d}\lambda-F \tag{9-43}$$

从式（9-43）可以看出，只有当企业利润大于零且出口产品满足$\frac{r_k(\varphi,\lambda)}{\sigma}-f_k>0$时，企业才出口这一产品。

（四）引入跨境电子商务

李小平等（2023）假设跨境电商可以从成本效应和竞争效应两个层面影响企业出口产品转换，下面结合相关文献和跨境电商的现实特征对这两种效应逐一进行推导。

从成本效应的层面看，基于式（9－43），当固定成本 F 和 f_k 降低时，企业利润函数满足：

$$\pi(\varphi,\lambda_l)=\int_{\lambda_k^*(\varphi^*)}^{\lambda_h}\left(\frac{r_k(\varphi,\lambda)}{\sigma}-f_k\right)z(\lambda)\mathrm{d}\lambda-F>0 \tag{9-44}$$

当利润函数大于零时，意味着企业出口产品品质临界值可以进一步下降至新的零利润点。当可变成本降低时，可以将这一变化理解为企业生产率水平的上升。由式（9－42）可知，企业利润为零时的产品临界值与企业生产率之间的关系满足式（9－45）：

$$\lambda_k^*(\varphi)=\frac{\tau(\sigma f_k/R)^{\frac{1}{\delta-1}}}{P_k\rho\varphi} \tag{9-45}$$

在均衡值下对式（9－45）求导，可得出产品临界均值与企业生产率成反比，这表明当可变成本降低带来企业生产率上升时，出口产品品质的临界均值会下降。

由此可见，无论从固定成本还是从可变成本的角度，跨境电商的成本降低效应均有利于降低企业出口产品品质的临界值，无论哪一种形式，最终都会导致企业出口产品范围的变化。

从竞争效应的层面看，跨境电商的普惠性和无边界特征使得更多国家和企业加入统一大市场（马述忠和房超，2021），企业所面临的竞争环境将发生显著变化。这一过程可以通过式（9－43）推导，由于跨境电商对产品出口市场准入门槛的降低及对市场整合程度的提高，使得先行者的成本加成率显著降低（李斌和黄少卿，2021；尹振东等，2022）。随着成本加成率的降低，$\pi(\varphi,\lambda_l)=\int_{\lambda_{k^*}(\varphi^*)}^{\lambda_h}\left(\frac{r_k(\varphi,\lambda)}{\sigma}-f_k\right)z(\lambda)\mathrm{d}\lambda-F>0$ 的条件很难满足，$\pi(\varphi^*)=0$ 对应的出口产品的临界值开始上升，表现为出口产品范围的收缩；在经济含义上表现为，企业为了维持一定的价格加成和利润而倾向于缩小出口产品范围，淘汰同质化的落后产品，立足高品质的核心产品出口。故此认为，跨境电商中中小企业的大量涌入与市场整合程度的提高会通过竞争程度的加剧倒逼企业进行出口产品范围向核心产品的收缩。

所以，从成本效应和竞争效应来看，跨境电商作为一种贸易新业态都会触发企业进行出口产品范围的调整和转换，进而引起企业内资源的重新配置。

基于此，李小平等（2023）提出了假说 1 和假说 2。

假说 1：跨境电商促进了企业出口产品的转换并产生了一定的资源再配置效应。

假说 2：跨境电商主要通过成本效应和竞争效应促进企业出口产品转换。

为了检验上述模型，李小平等（2023）构建了双重差分（DID）模型：

$$\mathrm{trans}_{it}=\alpha\mathrm{CBEC}_i\times\mathrm{Post}_t+\theta X_{it}+\lambda_t+\delta_i+\varepsilon_{it} \tag{9-46}$$

式中，i 表示企业，t 表示年份。被解释变量$trans_{it}$ 为企业出口产品转换率，$CBEC_i \times Post_t$ 为差分变量，系数 α 刻画了处理组和对照组的出口产品转换率在政策实施前后的平均差异，反映跨境电商冲击对微观企业出口产品转换的影响效应。X_{it} 为影响出口产品转换的其他控制变量，λ_t 为时间固定效应，δ_i 为企业固定效应，ε_{it} 为随机扰动项。

被解释变量为企业出口产品转换率，而对于这样一个笼统的概念，李小平等（2023）选择在基准回归中从企业出口产品总转换率与企业出口产品范围两个层面进行考察，在后续的拓展分析中再进一步对不同类型的企业产品转换行为作出细致考察。关于企业出口产品总转换率$trans_{it}$，借鉴 Bernard et al.（2010），以企业产品种类数的变化反映企业内的资源重置。具体的构造方法是：用企业 t 年相比 $t-1$ 年新增加的出口产品种类数（Add_{it}）加上剔除的出口产品种类数（$Drop_{it}$），将两者之和除以 $t-1$ 年该企业的出口产品总数$Product_{t-1}$，即：

$$trans_{it} = \frac{Add_{it} + Drop_{it}}{Product_{t-1}} \tag{9-47}$$

出口产品范围用 $scope_{it}$ 表示，这里直接使用 HS6 位编码下的出口产品数表示，并取其对数。

核心解释变量：差分变量 $CBEC_i \times Post_t$ 为处理组的识别变量与政策实施时间虚拟变量的交互项。其中，$Post_t$ 为政策实施时间虚拟变量，参考马述忠和房超（2021）、张洪胜和潘钢健（2021）选择 2012 年作为政策实施的时间节点，若 $Post_t \geqslant 2012$，该变量取 1，否则取 0。

使用的海关数据的时间跨度为 2009—2014 年，由于 HS 编码体系在 2012 年发生过一次调整，2009—2011 年使用的是 HS-2007 年版的产品代码，2012—2014 年使用的是 HS-2012 年版的产品代码，两个版本之间有一部分代码是相同的，但也有很大的变化。因此，使用 UN Trade Statistics 提供的 Conversion HS-2012—HS-2007 对应表将 2012—2014 年的出口产品数据对应到 HS2007 编码，使之与 2009—2011 年出口产品数据的编码一致。为了更好地识别出受 CBEC 政策影响的企业，采用《CBEC 清单》公布的 1 021 个 HS6 位产品编码作为判断依据，将其与海关数据库和工业企业数据库合并，识别出可能出口该目录产品的企业，将其作为处理组；反之则作为对照组。

控制变量：参照相关文献，将控制变量设定为企业规模、企业年龄、资本密集度、出口密集度和盈利能力。企业规模（scale）采用企业工业总产值取对数来表示；企业年龄（age）为被调查年份减去开业年份加 1 并取对数；资本密集度（capital）采用固定资产与年末总人数的比值表示；出口密集度（export）采用企业出口交货值与销售额的比值表示；盈利能力（profit）采用营业利润与工业销售产值的比值表示。

此命题主要用到 2009—2014 年中国工业企业数据库、中国海关数据库数据及《跨境电子商务零售进口商品清单》数据。具体的数据处理工作参考了聂辉华等（2012）、田巍和余淼杰（2013）等，删除了缺失关键变量和异常观测值样本，对工业企业海关数据进行合并，并利用《CBEC 清单》公布的 HS6 位码与工业企业海关合并数据进行匹配，得到 209 497 个观测值。

表 9-14 报告了跨境电商对企业出口产品转换率与产品范围的影响的估计结果。表 9-14 第（1）列～第（4）列是控制不同固定效应下跨境电商（CBEC×Post）对企业产品转换率（trans）的回归结果。第（1）列只添加了企业层面的控制变量，以减少遗漏变量的干扰。为了控制年份、企业层面的不可观测因素，在第（1）列的基础上分别加入年份固定效应［第（2）列］、企业固定效应［第（3）列］以及企业和年份固定效应［第（4）列］。控制不同固定效应下的回归结果表明，跨境电商（CBEC×Post）的回归系数均在 1%的显著性水平上正向统计显著，表明跨境电商加快了处理组出口产品的转换，促进了企业内资源的重新配置。表 9-14 第（5）列～第（8）列考察了控制不同固定效应下跨境电商（CBEC×Post）对出口产品范围（scope）的回归结果。控制不同固定效应下的回归结果表明，跨境电商（CBEC×Post）的回归系数均在 1%的显著性水平上正向统计显著，表明跨境电商有利于促进我国企业出口产品的多样性。故跨境电商显著促进了企业出口产品转换，且该出口产品转换以扩大产品范围为主。

表 9-14 跨境电商对企业出口产品转换率与产品范围的影响

变量	产品转换率				产品范围			
	trans	trans	trans	trans	scope	scope	scope	scope
	(1)	(2)	(3)	(4)	(5)	(6)	(7)	(8)
CBEC×Post	0.150 4***	0.288 2***	0.096 8***	0.173 2***	0.116 5***	0.227 5***	0.075 3***	0.131 6***
	(0.001 6)	(0.002 5)	(0.002 0)	(0.008 5)	(0.001 5)	(0.003 0)	(0.001 6)	(0.008 4)
控制变量	是	是	是	是	是	是	是	是
年份固定效应	否	是	否	是	否	是	否	是
企业固定效应	否	否	是	是	否	否	是	是
调整的 R^2	0.400 2	0.428 1	0.945 9	0.953 7	0.480 9	0.507 8	0.920 2	0.934 1
观测值	209 497	209 497	177 974	177 974	209 497	209 497	177 974	177 974

注：*** 表示在 1%的显著性水平上统计显著，括号内为稳健标准误。

资料来源：改编自李小平，余娟娟，余东升，等．跨境电商与企业出口产品转换［J］．经济研究，2023，58（1）：124-140。

为了进一步考察跨境电商影响企业出口产品转换的资源配置效应，命题从企业全要素生产率和出口产品质量两个层面做了考察。以企业全要素生产率作为被解释变量，构建跨境电商模式下企业出口产品转换率的提高影响企业全要素生产率的模型如下：

$$\mathrm{TFP}_{it}=\alpha \mathrm{CBEC}_i\times \mathrm{Post}_t\times \mathrm{trans}_{it}+\theta X_{it}+\lambda_t+\delta_i+\varepsilon_{it} \tag{9-48}$$

式中，TFP_{it} 为企业的全要素生产率，使用 LP 法和 OP 法计算；X_{it} 为其他控制变量，其设定与模型（9-46）一致；λ_t 为时间固定效应；δ_i 为企业固定效应；ε_{it} 为随机扰动项。

由于跨境电商引致的出口产品转换所产生的出口产品质量效应在理论上存在不确定性，因此，下面通过测算企业层面的出口产品质量指数 $\mathrm{quality}_{it}$，构建如下模型进行检验：

$$\mathrm{quality}_{it}=\alpha \mathrm{CBEC}_i\times \mathrm{Post}_t\times \mathrm{trans}_{it}+\theta X_{it}+\lambda_t+\delta_i+\varepsilon_{it} \tag{9-49}$$

式中，$quality_{it}$ 为企业出口产品质量。参考施炳展和邵文波（2014）的方法，假设出口数量 Q 是出口产品价格 P、产品质量和出口目的地等的函数，即 $\ln Q_{ikm}=\alpha_m+\beta\ln P_{ikm}+v_{ikm}$，其中 i、k、m 分别代表企业、出口产品及出口目的地，v_{ikm} 为残差项，包含了出口产品质量。在回归方程中控制了出口目的地固定效应，使用该产品出口到其他市场的平均价格作为工具变量，以此回归反推出残差 v_{ikm}，并按照 $qualiy_{ikm}=[v_{ikm}-\min(v_{ikm})]/[\max(v_{ikm})-\min(v_{ikm})]$对其进行标准化。最后按照企业某一产品出口额占出口总额的比重作为权重对产品层面的 $quality_{ikm}$ 进行加权汇总，进而得出企业层面的出口产品质量指数。模型的其他设定与前文的设定一致。

表 9-15 报告了跨境电商影响企业出口产品转换的生产率效应与产品质量效应的估计结果，表 9-15 第（1）列和第（2）列是对企业全要素生产率影响的估计，第（1）列和第（2）列中交互项 CBEC×Post×trans 的系数均显著为正，表明在跨境电商模式下，企业出口产品转换促进了全要素生产率的提高，即跨境电商有利于企业资源配置效率的提升。表 9-15 第（3）列是对出口质量影响的估计结果，第（3）列中交互项 CBEC×Post×trans 的系数显著为正，表明在跨境电商模式下，企业出口产品转换促进了企业出口质量的提升。可见，跨境电商对企业出口产品转换的促进作用有利于企业全要素生产率和出口产品质量的提升，具有良好的资源配置效应。

表 9-15　对企业全要素生产率与出口产品质量的影响

变量	企业全要素生产率		产品质量
	TFP_LP (1)	TFP_OP (2)	quality (3)
CBEC×Post×trans	0.045 1***	0.023 9***	0.017 0***
	(0.019 3)	(0.000 3)	(0.001 0)
控制变量	是	是	是
年份固定效应	是	是	是
企业固定效应	是	是	是
调整的 R^2	0.964 3	0.483 1	0.860 3
观测值	177 974	177 974	177 974

注：*** 表示在 1%的显著性水平上统计显著，括号内为稳健标准误。

资料来源：改编自李小平，余娟娟，余东升，等．跨境电商与企业出口产品转换［J］．经济研究，2023，58(1)：124-140。

综上，假说 1 跨境电商促进了企业出口产品的转换并产生了一定的资源再配置效应得到了验证。

基于前文的理论模型，跨境电商通过成本效应和竞争效应两个渠道促进企业进行出口产品转换。首先，关于跨境电商通过成本效应促进企业产品转换的机制。通过考察跨境电商对产品进入出口市场的距离门槛（dist）与经济门槛（econ）的影响，间接检验跨境电商对贸易成本的降低效应。其中，距离门槛的代理变量选择企业出口产品最远的市场与中国距离的对数值。经济门槛的代理变量选择企业出口产品目的市场中人均 GDP 最低水平的对数值。相应的回归结果见表 9-16，从表 9-16 可以看到，第（1）列在控制了相关变量以及企业固定效应的情况下，交互项 CBEC×Post 对产品出口的距离门槛

(dist) 的估计系数显著为正，第 (2) 列在控制了企业和年份固定效应的情况下，交互项 CBEC×Post 的系数依然显著为正，表明跨境电商有助于企业产品出口到距离更远的市场。背后的原因主要源于信息技术的使用大幅度地降低了传统贸易中地理距离的成本约束，表现出一定的"距离死亡"效应。进一步对应到企业的出口产品策略上，表现为随着跨境电商对贸易成本的降低，使得以往受制于地理距离无法出口的受限品类有机会进入出口市场，进而表现为出口产品种类的新增与拓展。表 9-16 中第 (3) 列和第 (4) 列是对产品出口的经济门槛的估计结果，可以看到，交互项 CBEC×Post 在两列估计中均显著为负，表明跨境电商有利于企业产品出口到人均 GDP 水平更低的国家和地区。

表 9-16 基于成本效应的作用机制检验

变量	产品出口的距离门槛	产品出口的距离门槛	产品出口的经济门槛	产品出口的经济门槛
	dist (1)	dist (2)	econ (3)	econ (4)
CBEC×Post	0.594 3***	0.571 2***	−0.563 0***	−0.684 2***
	(0.029 9)	(0.026 0)	(0.047 8)	(0.127 4)
控制变量	是	是	是	是
年份固定效应	否	是	否	是
企业固定效应	是	是	是	是
调整的 R^2	0.541 6	0.542 7	0.556 1	0.556 5
观测值	177 974	177 974	177 974	177 974

注：*** 表示在 1%的显著性水平上统计显著，括号内为稳健标准误。

资料来源：改编自李小平，余娟娟，余东升，等．跨境电商与企业出口产品转换 [J]. 经济研究，2023，58 (1)：124-140。

其次，对跨境电商通过竞争效应促进企业产品转换的机制，从以下几个方面做出考察：一是从出口竞争的层面进行考察，这里选用国民经济两分位行业-年份的出口企业新增数 (add) 及行业内出口企业占总企业比重 (pro) 反映出口竞争程度。二是从市场竞争的层面进行考察，这里选用国民经济两分位行业-年份的赫芬达尔-赫希曼指数 (HHI) 进行衡量，具体计算公式为 $HHI_j=\sum_{i=1}^{n}\left(\frac{X_i}{X}\right)^2$，其中 x_i 表示企业销售收入，n 表示该行业的企业个数，HHI 指数越小，说明企业面临的市场竞争越激烈。三是从进口竞争的层面进行考察，这里进口竞争选用国民经济两分位行业-年份的进口渗透率 (IMP) 衡量，计算方法为该行业的进口额 M_j 与该行业生产总值 Y_j 和行业净出口 (E_j-M_j) 之差的比值，即 $\frac{M_j}{Y_j-(E_j-M_j)}$。

基于以上设定，对相关变量取对数后考察跨境电商的竞争效应的估计结果见表 9-17。表 9-17 中第 (1) 列和第 (2) 列是基于出口竞争层面的估计结果，第 (1) 列和第 (2) 列中交互项 CBEC×Post 对行业内出口企业新增数 add 及出口企业占比数 pro 的估计系数显著为正，表明跨境电商通过促进行业内出口企业的增多加剧了企业间的出口竞争。表 9-17 第 (3) 列中，交互项 CBEC×Post 对赫芬达尔-赫希曼指数 (HHI) 的系数显著为负，表明跨境电商还显著促进了我国市场竞争程度的加剧。表 9-17 第 (4) 列显示交互项 CBEC×Post 对进口竞争指数（IMP）的估计系数显著为正，表明跨境电商促进了我国进口竞争的加剧。当行业内进口渗透率上升时，企业可能为了逃离国内激烈的竞争而转向国外市场，这种国内市场向国外市场的转换必然伴随着部分企业出口产品范围的变化。综上所述，跨境电商通过竞争效应促进企业出口产品转换的内在机制在经验上是成立的，由此验证了假说 2。

表 9-17　基于竞争效应的作用机制检验

变量	行业内出口企业新增数	行业内出口企业占总企业数	市场竞争指数	进口竞争指数
	add (1)	pro (2)	HHI (3)	IMP (4)
CBEC×Post	0.042 1***	0.010 3***	−0.271 0***	0.084 1***
	(0.001 3)	(0.002 4)	(0.057 3)	(0.004 0)
控制变量	是	是	是	是
年份固定效应	是	是	是	是
企业固定效应	是	是	是	是
调整的 R^2	0.601 5	0.624 4	0.238 3	0.844 3
观测值	177 974	177 974	177 974	177 974

注：*** 表示在 1%的显著性水平上统计显著，括号内为稳健标准误。

资料来源：改编自李小平，余娟娟，余东升，等．跨境电商与企业出口产品转换 [J]. 经济研究，2023，58(1)：124-140。

第八节　中国证据

理论命题 9-1 指出：信息化密度高的企业具有更好的出口绩效，并且在其他条件相同的情况下，在信息基础设施水平高的地区，这种效应会得以放大。《中国数字贸易发展报告（2022）》指出，截至 2022 年底，中国光缆线路总长度达到 5 958 万公里，中国累计建成开通 5G 基站 231.2 万个，5G 用户达 5.61 亿户，全球占比均超过 60%。同时，我国跨境电商出口额达 1.55 万亿元，占我国出口总值的 6.4%，对我国出口贸易的贡献较大，中国可数字化交付的服务出口额为 2 105.4 亿美元，占全球服务出口比重达 57.1%。由此可见，依托于信息化和信息基础设施的数字经济已成为国际贸易发展的重要动力。此外，“国家数字服务出口基地”的实施效果也验证了上述理论。以成都天府软件园为例，自 2020 年 4 月获批国家数字服务出口基地以来，成都高新区管理委员会设立了成都软件开发云创新中心，旨在为软件园企业提供海外服务。在对 119 家使用软件开发云的企业进行调查后发现，所有受访企业的收入均呈现正增长，其中 50%的企业的营业收入增长超过了 20%，63%的企业的开发成本节约了 20%以上，71%的企业的研发协同效率提升了超过 20%，显著提高了企业的出口业绩。

理论命题 9-2 指出：以互联网为代表的信息技术影响了贸易规模和贸易边际，核心机制是互联网促进了国家间信息流动、降低了国际贸易成本。近年来中国互联网产业取得了长足发展，根据 2024 年 8 月中国互联网络信息中心发布的《第 54 次中国互联网络发展状况统计报告》，20 世纪末中国网民总数仅有 2 250 万人，网站总数不足 27 万个；而截至 2024 年 6 月底，中国网民规模近 11 亿人（10.996 7 亿人），网站总数也高达 391 万个。中国互联网产业在规模增大的同时，“对外开放”程度也逐渐提高。2000 年底中国互联网国际出口带宽仅为 2 799 兆，到 2015 年 6 月底这一数据飙升至 4 717 761 兆，增长了约 1 685 倍。从网址链接数量看，2003 年中国网址中的美国网址链接数为 195 143 个，2009 年这一数据上升至 34 859 491 个，增长了约 178 倍；与此同时，美国网址中的中国网址链接数目也从 1 130 110 个增长至 32 474 341 个，增长了约 28 倍。这意味着，中国公民和企业通过互联网获取信息和了解世界的便利性大为增强，其他国家公民和企业通过互联网认知中国企业和中国产品的途径也极大改善。如果说互联网通过平台作用降低交易成本、促进经济交易行为发生，那么中国互联网开放程度的提高也应对中国对外贸易增长具有积极意义。事实上，与中国互联网大发展的趋势一致，中国出口在 2000 年以后也呈现了堪称奇迹的成就：2001 年中国出口规模为 2 660 亿美元，居世界第六位，2014 年中国出口规模增至 23 427 亿美元，居世界第一位，出口规模 14 年间增长了约 7.8 倍，年均增长速度高达 16.7%。中国互联网和中国出口同步大幅增长的事实证实了前述理论命题。按照 2009 年网址链接数量（links09）降序排列，表 9-18 列出了中国与贸易伙伴间的双边、双向网址链接数以及中国对其出口排名。2009 年美国网址中中国网址链接数为 32 474 341 个，与此同时中国对美国出口规模在中国贸易伙伴中排名第 1；澳大利亚网址中中国网址链接数排名第 10，为 2 558 723 个，相应地，中国对澳大利亚出口规模在中国贸易伙伴中排名第 12；由此可以看出，网址链接数与贸易规模成正相关关系。

表 9-18　中国与主要贸易伙伴网址链接数与出口情况

国家	links09	links03	links09_China	links03_China	出口额排名
美国	32 474 341	1 130 110	34 859 491	195 143	1
日本	18 156 219	4 440 000	18 981 889	2 550 000	3
英国	12 080 230	441 000	11 497 440	1 350 000	6
法国	8 569 869	232 000	7 295 727	1 060 000	7
德国	8 394 450	466 000	10 812 898	2 230 000	4
西班牙	5 790 949	173 000	5 842 809	915 000	24
韩国	5 311 260	281 000	5 688 597	1 010 000	5
加拿大	5 157 517	160 000	3 713 572	85 400	8
意大利	5 018 695	213 000	7 516 082	939 000	14
澳大利亚	2 558 723	142 000	4 269 068	1 260 000	12

资料来源：施炳展．互联网与国际贸易：基于双边双向网址链接数据的经验分析 [J]. 经济研究，2016，51（5）：172-187.

理论命题 9-3 和理论命题 9-4 揭示出注意力空间配置以及代表注意力空间配置的搜索行为的重要作用。改革开放 40 多年来，中国市场的开放程度空前提高，各类资源跨国自由流动日益频繁，中国已经成为世界贸易大国、吸引外资和对外投资大国、国际人才流动大国。在各类有形资源配置国际化程度空前提升的同时，中国的一些“无形”资源也日益展现其国际视野和开放胸怀，一个重要表现是中国经济主体对世界经济的关注程度大幅提高；基于行为经济学语言，这一现象可以抽象概括为：中国经济主体的注意力空间配置日益国际化和全球化。根据百度搜索指数测度，2011—2017年间，关键词“国内”的搜索指数从407下降为403，而关键词“国外”的搜索指数则从340上升为464；如果将经济主体的有限注意力标准化为100，2011—2017年间中国对国内的注意力空间配置占比从54.5%下降为46.5%，而对国外的注意力空间配置占比从45.5%上升为53.5%，这从一个侧面证实了中国经济主体的注意力空间配置日益国际化。

为了展现中国对不同贸易伙伴注意力空间配置的空间分布，施炳展和金祥义（2019）通过整理2006—2016年中国出口贸易数据，得到了贸易平均额排名前十位和后十位国家的互联网搜索频数的分布情况，以反映中国对不同贸易伙伴注意力空间配置的差异情况，具体结果如表9-19所示。其中搜索量表示中国对进口国家历年的平均互联网搜索频数。首先，通过观察2006年、2010年和2016年三个年份的单独数据，可以发现从中国进口较多的国家往往具有较高的互联网搜索频数，即中国对这些国家的注意力空间配置更多，而那些与中国贸易较少的国家，互联网搜索的频数也较小，相应的注意力空间配置也更少。比如2006年贸易额排名前三的国家是美国、日本和韩国，相应的互联网搜索频数几乎均在3 000以上。与此相对，2006年排名最后的三个国家是密克罗尼西亚联邦、圣多美和普林西比、圣马力诺共和国，相应的互联网搜索频数均低于20，这也初步反映了注意力空间配置与中国出口之间存在着一定的正向关联。其次，通过观察同一个国家在这三年相应的互联网搜索频数，发现相应的搜索频数呈现出递增的趋势。例如，排名比较靠前的美国在这三年的互联网搜索频数分别为2 970、3 242和12 573，排名比较靠后的圣多美和普林西比在这三年的互联网搜索频数分别为20、76和560，通过对比可以发现，中国对它们的互联网搜索频数都在不断增加，这也表明互联网技术的发展使得互联网搜索的作用更为显著，成为传递信息和了解世界的一种重要方式，因此，中国对不同贸易伙伴的注意力空间配置程度也在不断提高。可见，中国对各贸易伙伴的搜索频数存在跨期和跨截面差异性，这可能会解释中国出口贸易的跨期增长与空间分布。

表9-19 贸易排序与互联网搜索频数

贸易排序	国家	2006年搜索频数	2010年搜索频数	2016年搜索频数
排名前十	美国	2 970	3 242	12 573
	日本	4 126	7 563	21 181
	韩国	3 440	6 271	16 437
	英国	661	1 393	7 392
	墨西哥	228	898	2 273
	加拿大	1 810	1 395	6 133
	印度	876	1 962	9 004
	新加坡	969	2 580	9 925
	澳大利亚	835	1 714	8 051
	俄罗斯	0	91	357

续表

贸易排序	国家	2006 年搜索频数	2010 年搜索频数	2016 年搜索频数
排名后十	厄立特里亚	59	128	175
	中非	121	103	284
	汤加	153	194	678
	不丹	122	399	2 690
	基里巴斯	61	164	440
	圣卢西亚	30	100	217
	格林纳达	62	111	420
	密克罗尼西亚联邦	0	113	148
	圣多美和普林西比	20	76	560
	圣马力诺共和国	0	194	973

资料来源：施炳展，金祥义．注意力配置、互联网搜索与国际贸易 [J]．经济研究，2019，54 (11)：71-86.

在中国场景下，中国企业对世界的搜索频数呈现递增趋势，这意味着中国与主要贸易伙伴的信息成本降低。为了展示互联网搜索与企业出口产品质量的关系，金祥义和施炳展（2022）按照互联网搜索加权指标的均值对企业出口数据进行上下分组，若观测值互联网搜索指标大于样本均值，则该观测值为互联网搜索程度高的组，否则为互联网搜索程度低的组，并在此基础上对这两类样本中出口产品质量的差异进行比较，结果如表 9-20 所示。根据表 9-20 可以得知，互联网搜索程度高的企业的出口产品质量均值为 0.495 9，而互联网搜索程度低的企业的出口产品质量均值为 0.491 4，前者高于后者 0.45 个百分点，且这一差值在 1%的显著性水平上统计显著，初步证明了互联网搜索对企业出口产品质量的促进作用。此外，表 9-20 还给出了细分不同企业类型、不同产品类型的分类处理结果。由此可见，按企业所有权性质、产品技术含量、贸易类型进行分类后的结果均表明，互联网搜索程度高的企业，其出口产品质量的均值都比互联网搜索程度低的企业的大，且差值结果均显著为正，这为互联网搜索与企业出口产品质量提升提供了来自中国的证据。

表 9-20 企业出口产品质量的均值检验

分类	出口产品质量 sq		
	互联网搜索程度高组	互联网搜索程度低组	差值
整体	0.495 9	0.491 4	0.004 5***
外资企业	0.495 2	0.493 5	0.001 7***
其他企业	0.496 2	0.492 1	0.004 1***
高技术产品	0.527 0	0.493 1	0.033 9***
低技术产品	0.495 5	0.492 0	0.003 5***
一般贸易	0.495 9	0.492 7	0.003 2***
加工贸易	0.496 0	0.493 3	0.002 7***

注：表中被解释变量为 sq，差值均是以互联网搜索程度低组作为基准，*** 表示在 1%的显著性水平上统计显著。

资料来源：改编自金祥义，施炳展．互联网搜索、信息成本与出口产品质量 [J]．中国工业经济，2022 (8)：99-117。

理论命题 9－5 指出：相比传统贸易，互联网搜索对我国跨境电商出口具有更加积极的影响，这不仅源于互联网搜索对出口方偏好识别效率的提高，还归功于其能进一步助力有效供给的增加。中国互联网搜索技术的普及和跨境电商企业对搜索引擎的深度应用可以很好地佐证该命题。一方面，截至 2022 年 6 月，我国搜索引擎用户规模达 8.21 亿，占整体网民的 78.2%。互联网搜索不仅广泛融入我国居民的生产生活，还具有鲜明的工具属性，以工作或学习目的使用互联网搜索的用户比例最高，为 76.5%。另一方面，近年来跨境电商企业借助搜索引擎等数字化工具优化供给的成功案例频频诞生（邬爱其等，2021）。这是因为企业不仅可以通过互联网搜索获取前沿市场信息，还能利用搜索引擎提供的广告投放渠道，例如 Google AdWords、Google SEO 等进行个性化营销。

理论命题 9－6 指出：跨境电商显著提升了我国企业出口产品转换率，且这种转换以扩大出口产品范围为主。从理论和实证层面证实了跨境电商通过成本效应和竞争效应促进企业出口产品的转换，其促进作用有利于企业全要素生产率和出口产品质量的提升，具有良好的资源配置效应。跨境电商作为一种贸易新业态，兼具互联网的技术特征与平台经济的市场特征。在交互式网络下，大数据、云计算、人工智能等新技术的使用能够帮助企业高效率、低成本地捕捉海外消费者的深层次需求，企业的出口产品范围更容易根据消费者需求“随需而变”，甚至会基于客户需求创造出新的产品。从平台经济的市场特征看，市场准入门槛的降低以及市场整合程度的提高会重塑微观主体的竞争环境，进而触发产品转换的发生。

第九节　结论性评述

本章通过对六个核心理论命题的分析，揭示了数字贸易时代下多边贸易的深刻变革。这些理论命题不仅拓展了传统贸易理论的研究边界，揭示了数字贸易的内在逻辑，也为理解和应对数字时代的全球贸易挑战提供了新视角。理论命题 9－1 和理论命题 9－2 分别从信息化和互联网的角度，揭示了技术进步如何成为新的比较优势来源，以及如何通过降低信息成本重塑国际贸易的格局。这两个命题不仅为理解数字技术在贸易中的驱动作用提供了新的视角，也为后发国家在全球贸易中的崛起提供了理论支持。理论命题 9－3 和理论命题 9－4 进一步深化了对无形资源在贸易中作用的认识，特别是注意力资源的空间配置如何通过降低不确定性来影响企业的出口决策，以及互联网搜索如何通过降低成本来提升企业的生产和研发效率，从而影响出口产品质量。理论命题 9－5 和理论命题 9－6 则将视角转向了跨境电商这一新兴领域，探讨了互联网搜索如何促进跨境电商出口，以及跨境电商如何影响企业的出口产品转换和资源配置。这两个命题不仅拓展了我们对跨境电商影响的理解，也为跨境电商领域的微观效应研究提供了新的理论基础。从信息化密度的贸易创造效应，到互联网降低信息成本的巨大潜力，再到注意力空间配置和互联网搜索在提升出口绩效中的作用，以及跨境电商对企业出口产品转换的内在影响，本章为我们提供了一个全面理解多边贸易在数字经济时代作用的新视角。

与理论命题 9－1 相关的国外前沿研究主要有以下两个方面：一是信息化建设的积极经济影响。Hanelt et al.（2021）通过利用 2000—2016 年全球汽车企业的面板数据，发现企业自身通过收购大量利用数字技术的企业有助于建立企业的数字知识库，进而转化为新的数字产品和服务，在推动企业数字创新的同时提高了企业绩效。进一步地，部分学者考虑单一技术的变化所带来的影响。Acemoglu & Restrepo（2018）基于人机竞争的视角，认为自动化这一技术减少了就业需求和劳动工资，但由自动化产生的新工作提升了就业需求和劳动工资。由于被自动化取代的劳动力和适应自动化的劳动力之间存在技能水平差距，即使面对快速发展的自动化，就业需求和劳动工资仍能保持长期稳定。二是信息化对国际贸易的影响。Malgouyres et al.（2021）通过利用 1997—2017 年法国各市宽带互联网使用情况数据，发现宽带互联网的扩张极大地改变了法国中小企业的进口模式，并促使企业总进口量增长了约 25%。同时，宽带互联网使企业单位成本降低了 2.22%，其中产品进口渠道增加的贡献率约占总效应的 33%。Hong et al.（2022）基于工业机器人这一快速发展的智能新兴技术视角，利用 2013—2015 年中国企业微观数据，考察了工业机器人应用对中国企业出口产品质量和演变的影响。结果显示，工业机器人的使用与出口产品质量升级之间存在 U 形非线性关系，且超过 U 形拐点的企业数量仅为 67 568 家，即大多数企业尚未实现企业出口产品质量的提升。另外，降低运营成本和重新配置劳动力结构是促进出口企业实现质量升级的主要渠道。未来该命题的相关研究可以进行如下拓展：一是利用机器学习和大语言模型对信息化指标进行更加全面和细分类别的测度，探索细分信息技术对出口绩效的异质性影响。二是融合国际贸易和国际金融多领域理论，进一步构建多视角下信息技术对中国出口贸易发展的理论模型，如可以考虑出口规模、出口质量等多种出口元素的变化，或者从劳动力分工、供应链贸易网络、国内外新变化等视角讨论对国际贸易的独特影响。

理论命题 9－2 指出：以互联网为代表的信息技术影响了贸易规模和贸易边际，核心机制是互联网促进了国家间信息流动、降低了国际贸易成本。未来的研究方向可能有两个方面。其一是贸易动态问题。前沿文献已经开始关注企业贸易动态问题，Albornoz et al.（2023）从时间、产品、空间等多个维度考察企业的动态贸易行为，比如企业在第一期对哪些国家出口哪些产品，进入第二期后，企业在产品和空间层次进行了哪些调整。由此进一步考察信息技术对企业贸易动态的影响可能是一个方向。其二是数据或信息流动问题。该理论命题的底层逻辑是：国家间互联网链接促进了国家间信息流动，从而降低了信息成本。前沿文献开始关注经济主体间的数据流动，Beraja et al.（2023）考察了政府企业间数据流动对数据密集型创新的影响，如何借鉴类似的方法考察数据跨境流动及其影响显然是一个前沿方向。

理论命题 9－3 指出：注意力空间配置通过降低不确定性影响国际贸易，其中注意力空间配置利用互联网搜索这一具体的数字技术进行刻画。与该理论命题相关的学术前沿可能有两个方面。其一，注意力空间配置与贸易韧性问题。当前受地缘政治冲突等一系列突发事件的影响，经济主体韧性成为至关重要的问题，特别地，供应链、价值链韧性是国际贸易学界的关注热点。相关资深专家关注到政府政策对于供应链韧性的影响，如 Grossman et al.（2023，2024）等。如果我们认为注意力空间配置可以降低不确定性，一个可期待的结论是：注意力空间配置可能提升供应链韧性，从而提供有别于政策干预的新视角。其二，关注具体数字技术应用的经济影响。该理论命题的实证检验环节利用互联网搜索指标，这体现了互联网搜索这一具体数字技术的重要价值。当前一些国际前沿文献聚焦于某类具体数字技术应用的影响，如 3D 打印、大数据，可参见 Freund et al.（2022）、Veldkamp（2023）等，这无疑为未来研究某类具体数字技术与国际贸易的关系提供了有益的启发。

理论命题 9－4 强调了互联网搜索这一数字技术对企业出口贸易高质量发展的影响，联系国际前沿文献，未来的研究方向可能有两个。第一，在区分信息规模与信息内容的基础上，前沿文献更加客观辩证地分析数字技术的作用。Bai et al.（2024）指出，全球电商平台在提供海量信息的同时，也存在市场拥挤效应，表现为平台上的电商首先要占据排序靠前的位置，然后才能进入消费者选择集，这也意味着对其他未进入排行榜企业的负面效应，因此要更加客观全面地分析信息规模、信息内容、信息可获得性等对企业交易行为的多维度影响。第二，从研究方法看，当前国际贸易领域的结构模型应用非常广泛。Allen（2014）利用结构模型方法量化了数字技术对市场一体化的影响程度，因此，如何借鉴结构模型方法，仔细考察互联网搜索对生产行为、交易行为影响的相对重要性也是可能的研究方向。

与理论命题 9－5 相关的国外前沿研究主要有以下两个方面：一是关于跨境电商模式下引力模型演变的研究。Hortaçsu et al.（2009）从距离这一核心引力模型要素切入，最早进行了相关研究。基于 Mercado Libre 平台的拉丁美洲国家数据，他们发现，距离的扩大会降低跨境电商出口额，但与传统贸易相比，这种抑制效应大大降低。Lendle et al.（2016）得到了类似的结论，并认为这是对跨境电商“距离之死”现象的较好佐证。Gomez-Herrera et al.（2014）在研究中引入了语言差异、物流成本和支付成本对跨境电商的限制作用。Kim et al.（2017）的研究则进一步考察了和包裹配送时间相关的成本。二是关于互联网搜索在公共卫生、资产交易等方面的经济社会影响（Ginsberg et al.，2009；Veldhuizen et al.，2016；Kim et al.，2019）。借鉴国外前沿研究，未来该命题的相关研究可以进行如下拓展：一是研究数字贸易时代引力模型经典要素的演变逻辑；二是从微观角度研究互联网搜索等数字技术对在线消费者购物行为的影响。

与理论命题 9－6 相关的国外前沿研究主要有以下两个方面：一是跨境电商对贸易的影响。大批学者讨论了跨境电商对贸易成本的影响，具体涉及信息搜寻成本（Lendle et al.，2016；Kim et al.，2017；Jolivet & Turon，2019；孙浦阳等，2017；鞠雪楠等，2020；张洪胜和潘钢健，2021）、物流运输成本（Gomez-Herrera et al.，2014；Gessner & Snodgrass，2015；Kim et al.，2017）及菜单成本（Brynjolfsson & Smith，2000）等。还有部分学者考察了跨境电商的出口贸易效应（Brynjolfsson et al.，2019；Hayakawa et al.，2023；马述忠和房超，2021；吕越等，2022）。二是数字技术在信息交流、知识共享、贸易成本等方面的影响。Kim et al.（2017）认为，信息技术在捕捉消费者偏好上的独特优势，使得线上市场能比线下市场提供更丰富的产品种类。在跨境电商统一的市场平台下，供需信息高度整合，基于交互式的网络显著降低了信息不对称性，信息完全度得到提升，市场竞争也随之增强（Tadelis，2016）。借鉴国外前沿研究，未来该命题的相关研究可以进行如下拓展：一是多维度分析跨境电商领域，推进构建贸易新业态影响微观企业的分析框架；二是关注平台市场重塑对微观企业的影响。

参考文献

第十章

全球生态网络

第一节　问题的提出

自 21 世纪初以来，全球价值链（GVC）的组织模式已成为跨国生产与合作的主导形式，显著推动了国际贸易和产业分工的深化。全球价值链是指在全球范围内，不同国家和地区的企业通过分工合作，将产品从原材料到最终消费的各个环节连接起来的复杂网络。这种分工模式使得生产过程可以跨越国界，实现资源的最优配置和效率的提升。随着全球化和技术进步，全球价值链不断演化，逐渐形成了更为复杂和动态的全球生态网络。全球生态网络可以视为全球价值链的未来形态，它不仅涵盖了传统的生产和贸易活动，还包含了更广泛的经济、社会和环境因素。这一网络强调了生态系统中的相互依存和协同发展，注重产业链的可持续性、灵活性和创新性。在这一网络中，企业不仅要关注自身的生产效率和成本控制，还要考虑供应链的环境影响、社会责任和长期竞争力。通过整合新兴技术如人工智能、大数据和物联网等，全球生态网络能够实现更高效的资源利用、更精准的市场响应和更强大的创新能力，推动经济体在全球范围内实现更高质量、更公平和更可持续的发展。这种网络的深化和扩展，预示着全球经济合作和竞争的新趋势，为各国和企业提供了新的发展机遇，提出了新的挑战。

在本章中，我们将集中探讨全球生态网络中的四个关键理论命题，它们对于理解各国如何在数字经济时代实现全球价值链重塑与全球生态网络重构至关重要：命题一：产业数字化畅通国内大循环理论。这一命题分析了产业数字化如何通过提升生产效率和产品质量，增强国内经济的内生动力，推动经济体向更高质量、更公平和更可持续的发展方向转型。命题二：人工智能助推企业参与全球价值链分工理论。这一命题探讨了人工智能如何通过替代低端劳动力和提升企业生产率，显著提升企业在全球价值链中的参与度和竞争力。命题三：人工智能推动全球价值链网络深化理论。这一命题揭示了人工智能如何通过劳动力替代和资源优化配置，促进全球价值链网络的深化，提升经济体在全球价值链网络中的地位。命题四：人工智能推动全球价值链重构理论。这一命题研究了工业机器人应用水平差异的缩小如何通过技术提升和企业创新，推动全球价值链向更加公平、更有利于发展中经济体的方向重构，形成全球经济合作和竞争的新格局。

通过对本章提出的四个理论命题的学习，读者能够更深入地理解数据的核心价值和重要意义。本章是对第八章贸易成本、第九章多边贸易内容的重要拓展，也是后续章节的重要铺垫。

第二节　产业数字化畅通国内大循环理论

一、概念

在正式讨论该理论命题前，我们需要对该理论命题的核心概念“产业数字化”有一个整体的理解。

产业数字化这一概念的出现基于新一代数字科技快速发展的背景，中国信息通信研究院发布的《全球数字经济白皮书（2023 年）》指出，产业数字化是传统产业应用数字技术所带来的产出增加和效率提升的部分，包括但不限于智能制造、车联网、平台经济等融合型新产业新业态，是数字经济的重要组成部分。目前，学界对于产业数字化的含义尚未达成一致。整体上看，产业数字化最底层的逻辑是传统产业应用数字技术，通过数据采集、传输、存储、处理等促进产业增质提效的数字化转型活动（肖旭和戚聿东，2019；祝合良和王春娟，2021）。因此，产业数字化的最本质属性是利用数字技术对传统产业进行全方位、全角度、全链条的改造。

产业数字化的特有属性主要分为数据和技术两方面。一方面，产业数字化的特有属性表现为数据成为新的生产要素。数据具有的非排他性、可复制性、附加性等特点使其能够依附其他传统要素实现要素间优势互补和生产要素的倍增效应；另一方面，产业数字化的特有属性表现为数字技术是产业数字化的主要驱动力，传统行业借助数字技术进行生产方式的数字化转型和适应性创新，实现了生产流程优化、生产效率提升、管理效率提高。

产业数字化的主体包括企业、政府、科研机构等；产业数字化的目的是提高生产效率、降低成本、提升产品与服务质量，推动产业高端化、智能化发展，以快速应对市场需求变化，增强产业竞争力。

二、理论命题的提出

新发展格局是基于中国现有基础情况与中华民族伟大复兴战略全局提出的新发展战略（汤铎铎等，2020），其本质特征是中国式现代化进程发展到新阶段后的高水平自立自强（黄群慧，2021），其首要含义是塑造国内大循环的主体地位，使经济循环的各个环节更加依托国内需求和国内市场，让国内市场在推动供求平衡中扮演更加重要的角色，重心在于“以国内大循环为主体”，主攻畅通内循环并促进双循环（高培勇，2021）。数字化在推动产业结构转型升级（史丹，2022；田秀娟和李睿，2022）、提升产业效率（肖旭和戚聿东，2019；王一鸣，2020）、推进产业跨界融合（胡乐明和杨虎涛，2022）等方面发挥着重要作用。数字技术既是推动构建新发展格局的重要抓手，也是推进形成新发展格局的加速器。众多行业借助数字技术进行生产方式的数字化转型和适应性创新，实现了生产流程优化、生产效率提升、管理效率提高等，促进形成了供给创造需求、需求牵引供给的高质量动态平衡，为加快构建新发展格局释放新动力。

基于此，张洪胜等（2024）提出了“产业数字化畅通国内大循环理论”这一理论命题。

理论命题 10-1

产业数字化有利于提高全要素生产率、中间品质量以及平均工资水平，分别从供给和需求角度促进国内大循环。

资料来源：张洪胜，杜雨彤，张小龙．产业数字化与国内大循环［J］．经济研究，2024，59（5）：97-115．

该理论命题首次提出在推进新发展格局的构建过程中，产业数字化在供需两端对提升国内大循环韧性的关键作用。这为中国如何在面对日益错综复杂的外部环境下提升国内经济循环的内生动力与可靠性提供了新思路。现有的西方数字经济理论多集中于探讨数字投入、数字技术对生产率、搜寻成本、交易成本等的影响（Lendle et al.，2016；Dinerstein et al.，2018；Goldfarb & Tucker，2019）。张洪胜等（2024）在此基础上梳理并完善了数字投入在供给与需求两端提升国内经济循环韧性的理论机制。

三、理论命题的具体内容

索洛增长模型揭示了长期经济的增长主要依赖于技术进步与资本积累，并非仅仅是劳动力或其他传统要素的投入增加（Solow，1956）。索洛增长模型强调了除传统生产要素外，技术进步在推动经济发展中的核心作用。张洪胜等（2024）基于供给与需求视角，结合数字技术、数字投入的全新特征，从理论与实证上分析了数字投入对国内经济循环的影响，丰富并完善了传统经济增长理论。

在供给侧，数字化投入能够增加来自本国生产的中间品供给份额。一方面，数字技术的应用推动了企业生产率的提升（刘飞，2020）。在数字经济时代，全要素生产率的重要决定因素是蕴含数字化信息和数据的数字投入（Goldfarb & Tucker，2019）。数字投入通过柔性生产和精细管理，变革了生产组织方式，优化了生产流程与要素配置，提升了企业运营效率（李唐等，2020）。比如，传统制造业在生产过程中采用企业资源计划系统（Enterprise Resource Planning，ERP）、企业生产制造执行系统/集散控制系统（Manufacturing Execution System/Distributed Control System，MES/DCS）、企业产品生命周期管理（Product Life-cycle Management，PLM）系统等，实现了订单管理、采购管理、库存管理、供应商管理、客户关系管理等资源的数字化配置，加速了企业决策流、产品信息流、物流等信息的高效传递，提升了企业的生产效率和管理效率。同时，数字投入能够降低企业的搜寻成本和交易成本，提升交易效率。具体来看，互联网的应用缓解了信息不对称，降低了企业市场搜寻成本与风险（Lendle et al.，2016；孙浦阳等，2017；Dinerstein et al.，2018；施炳展和金祥义，2019）；生产端和消费端所产生的数据能够帮助企业迅速掌握设备状态和市场动态，从而优化企业决策，最终降低企业的运营成本；前沿数字技术的应用压缩了供应链各环节的贸易成本（黄群慧等，2019），电子合同、电子支付的普及降低了交易成本。

另一方面，数字投入有助于提升中间品质量。数字仿真、虚拟现实与增强现实技术的运用赋予企业在不同物理参数下精准模拟仿真产品的能力（陈剑等，2020），提高了产品性能和质量。企业运用数字技术对生产环节进行实时监测，加强了对于产品的质量管控（洪俊杰等，2022）。互联网在线反馈机制的双向交流特性向企业提供用户使用数据，成为企业改进产品的持续动力（Dellarocas，2003）。同时，产业数字化的网络性、平台性等特性有利于企业获取所需产品与服务的质量信息，可以帮助企业寻找到同等价位下质量较高的产品，从而提升来自本国生产的中间品供给份额。由此可见，产业数字化可以提升生产率，在增加单位时间内产出的同时降低成本，数字技术的运用有助于提升中间品质量，增强国内中间品生产企业的市场竞争力，从而提升来自本国生产的中间品供给份额。

基于此，张洪胜等（2024）提出了假说 1。

假说 1： 产业数字化能够通过提高全要素生产率与中间品质量提升来自本国生产的中间品供给份额。

在需求侧，产业数字化投入能够增加国内生产的中间品（最终品）中国内生产部门与消费者的需求份额。数字投入能够刺激消费需求并扩大内需市场。首先，产业数字化促进经济增长和行业发展，提高了居民收入水平，促进了消费扩容提质（杨文溥，2022），尤其是服务消费。其次，数字化加快了居民消费理念的转变，创造了新的消费需求（时大红和蒋伏心，2022），如线上医疗、在线教育以及其他数字消费产品和服务等。最后，数字平台的高速发展和广泛应用有助于突破市场竞争壁垒，推动全国统一大市场的加快形成，进而实现内需市场扩大和消费结构升级。具体来看，数字平台促进了生产商、中间商、消费者之间信息的互联互通，促使传统企业向个性化、定制化方向变革（祝合良和王春娟，2021），满足了用户的碎片化需求，凸显了“长尾效应”（肖旭和戚聿东，2019），释放了消费结构升级下产生的内需市场潜力，在降低国内生产对国外市场依赖程度的同时提升了国内生产部门与消费者对来自国内生产的中间品（最终品）的需求。越来越多的中小微企业正借助数字平台直接参与国际贸易（张洪胜和潘钢健，2021），分享全球经济发展带来的红利，这也进一步促进了包容性发展，激发了市场活力，扩大了内需市场（张洪胜等，2023）。需求的增加促进企业扩大生产规模，从而增加了生产部门对于中间品的需求，进而有利于提升国内生产的中间品中来自国内生产部门的需求份额。因此，数字投入有助于提高居民收入水平，进而增加生产部门和消费者对本国产品的需求。

基于此，张洪胜等（2024）提出了假说 2。

假说 2： 产业数字化能够通过提升人均工资水平来增加国内生产的中间品（最终品）中国内生产部门与消费者的需求份额。

为了检验假说 1 和假说 2，张洪胜等（2024）构建了如下计量模型：

$$Y\_r_{cit}=\alpha_0+\alpha_1\mathrm{digit}\_r_{cit}+\beta X_{cit}+\lambda_{ci}+\lambda_{it}+\varepsilon_{cit} \quad (10-1)$$

式中，下标 c 代表国家，i 代表行业，t 代表年份，Y_r_{cit} 表示中间品本国供给率、中间品本国需求率、最终品本国需求率；digit_r_{cit} 表示产业数字化水平；X_{cit} 是由一系列控制变量构成的向量，参考杨飞和范从来（2020）并考虑数据可得性，张洪胜等（2024）选取的控制变量包括：行业规模、劳动生产率、资本密集度、贸易开放程度与来自国外的中间品（最终品）供给额或需求额；λ_{ci} 表示国家-行业联合固定效应，用于控制非时变的国家特征、行业特征以及国家-行业特征；λ_{it} 表示行业-年份联合固定效应，用于控制时变的行业特征；在稳健性检验部分，我们还控制了国家-年份联合固定效应，以控制时变的国家特征；ε_{cit} 为随机扰动项。

考虑到国外对一国的中间品进口与出口限制也会引起中间品本国供给率、中间品和最终品本国需求率的变化的情况，张洪胜等（2024）在中间品本国供给、中间品本国需求与最终品本国需求的回归控制变量部分中分别对应加入了来自国外的中间品供给额、中间品需求额与最终品需求额，以控制国外进出口限制的影响。

产业数字化对国内经济循环的基准回归结果列在表 10-1 中。表 10-1 中第（1）列和第（2）列的被解释变量分别是中间品本国供给率和中间品本国供给额。在控制了国家-行业联合固定效应、行业-年份联合固定效应和控制变量后，产业数字化仍然对中间品本国供给率和中间品本国供给额具有显著的正向促进作用。第（3）列和第（4）列的被解释变量分别是中间品本国需求率和中间品本国需求额。在控制了国家-行业联合固定效应、行业-年份联合固定效应和其他控制变量后，产业数字化仍然对中间品本国需求率和中间品本国需求额具有显著的正向促进作用。第（5）列和第（6）列的被解释变量是最终品本国需求率和最终品本国需求额。在控制了国家-行业联合固定效应、行业-年份联合固定效应和其他控制变量后，产业数字化对最终品本国需求额和需求率的影响均不显著。如表 10-1 第（1）列、第（3）列与第（5）列所示，来自国外的中间品供给、中间品需求与最终品需求变量对应的回归系数均显著为负，表明一国在面临国外对中间品本国进口、中间品与最终品出口的限制时，中间品本国供给率、中间品本国需求率与最终品本国需求率会呈现出“被迫升高”的现象。在控制了国外进口与出口限制的影响后，产业数字化依旧能够对中间品本国供给率与中间品本国需求率产生积极影响。这表明产业数字化水平的提升能够提高产业竞争力，增强国内经济循环的内生动力，有助于提升国内经济循环的韧性与可靠性，充分发挥国内经济循环的主体作用，从而保障经济稳定运行与可持续发展。

表 10-1 基准回归结果

	中间品本国供给		中间品本国需求		最终品本国需求	
	率	额	率	额	率	额
	(1)	(2)	(3)	(4)	(5)	(6)
产业数字化	0.326***	1.946***	0.265***	2.889***	−0.157	1.267***
	(0.054 7)	(0.251)	(0.061 5)	(0.346)	(0.777)	(0.386)
行业规模	0.034 8***	0.215***	0.048 3***	0.601 0***	0.086 6	0.570***
	(0.003 31)	(0.018 8)	(0.005 65)	(0.034 1)	(0.095 3)	(0.040 0)

续表

	中间品本国供给		中间品本国需求		最终品本国需求	
	率	额	率	额	率	额
	(1)	(2)	(3)	(4)	(5)	(6)
劳动生产率	0.024 3***	0.171***	0.014 6***	0.150***	−0.104	0.227***
	(0.003 41)	(0.019 5)	(0.005 03)	(0.031 4)	(0.088 9)	(0.039 2)
资本密集度	0.000 608	0.010 5	−0.009 06**	−0.043 1**	0.032 9	−0.095 6***
	(0.001 84)	(0.010 8)	(0.004 10)	(0.020 4)	(0.061 8)	(0.024 8)
贸易开放度	0.200***	1.394***	−0.009 42	2.553**	0.232	3.009***
	(0.031 4)	(0.273)	(0.217)	(1.139)	(0.535)	(0.690)
国外中间品供给	−0.076 9***	0.535***				
	(0.003 49)	(0.020 4)				
国外中间品需求			−0.082 7***	−0.018 1		
			(0.005 26)	(0.014 8)		
国外最终品需求					−0.068 2***	−0.032 2*
					(0.019 6)	(0.017 0)
常数项	0.693***	0.632***	0.698***	0.961***	0.993***	0.642***
	(0.019 6)	(0.113)	(0.038 2)	(0.206)	(0.369)	(0.247)
国家-行业固定效应	是	是	是	是	是	是
行业-年份固定效应	是	是	是	是	是	是
观测值	33 550	33 978	33 680	33 978	33 806	32 659
调整的 R^2	0.966	0.995	0.939 4	0.977 3	0.015 8	0.971 0

注：***、** 和 * 分别表示在 1%、5%和 10%的显著性水平上统计显著，括号内是聚类到国家-行业层面的稳健标准误。

资料来源：改编自张洪胜，杜雨彤，张小龙. 产业数字化与国内大循环 [J]. 经济研究，2024，59 (5)：97-115。

第三节 人工智能助推企业参与全球价值链分工理论

一、理论命题的提出

随着智能机器人和“互联网＋”的兴起，实现生产销售等环节的信息化和自动化是当前世界各国共同的发展趋势，也是企业提高技术水平的主要方向。可以预见，人工智能和“互联网＋”将会深刻且持续地影响一国的生产率、就业甚至在全球价值链中的参与模式。一方面，人工智能会通过替代低端劳动力（Frey & Osborne，2017），从而在降低劳动成本的同时提高劳动力平均素质来促进企业全球价值链参与水平的提高。另一方面，人工智能会显著提高企业的劳动生产率（Graetz & Michaels，2018；Acemoglu & Restrepo，2020）。而提高劳动生产率有助于全球价值链参与水平的提升（陈旭等，2019；肖宇等，2019）。

基于此，吕越等（2020）提出了“人工智能助推企业参与全球价值链分工理论”这一理论命题。

理论命题 10-2

人工智能可以通过替代从事低端环节生产的劳动力和提高企业的生产率两个渠道对价值链参与产生影响。

资料来源：吕越，谷玮，包群．人工智能与中国企业参与全球价值链分工 [J]. 中国工业经济，2020 (5)：80-98.

该理论命题首次基于微观企业层面的视角，考察人工智能的发展对企业的全球价值链嵌入模式的影响问题，更有利于捕捉微观企业层面的异质性特征——企业的价值链参与模式的差别，从而拓展了人工智能与全球价值链参与的研究边界。一方面，对于人工智能的影响效应的研究大多集中在宏观经济效应方面（Graetz & Michaels，2018；Acemoglu & Restrepo，2020；Frey & Osborne，2017），基于微观企业层面的视角，考察人工智能对价值链参与模式的影响的文献尚不多见。另一方面，现有全球价值链影响因素的研究仍然局限于传统因素，没有考虑人工智能的影响。吕越等（2020）构建了企业层面的微观数据样本，深入分析了人工智能对企业参与全球价值链的影响效应和内在机制问题，是对人工智能时代全球价值链研究的重要拓展。

二、理论命题的具体内容

现有西方研究探究了人工智能对就业的影响，认为人工智能既可以实现原有劳动的自动化，也可以创造新的劳动（Acemoglu & Restrepo，2020；Frey & Osborne，2017）。吕越等（2020）将视角聚焦于全球价值链参与，基于微观企业层面的样本捕捉微观企业层面的异质性特征——企业的价值链参与模式的差别，从而更好地阐释了人工智能对微观企业的价值链嵌入模式的影响，是对人工智能的影响效应这支文献的重要完善。

改革开放以来，中国凭借自身的劳动力成本和基础设施建设优势，已经日渐融入以发达国家为主导的全球价值链分工体系。但产业结构分布不合理、附加值创造有限、“卡脖子”技术缺失等问题，仍然掣肘着中国经济的高质量发展。尤其是随着人口红利的丧失，中国在加工代工方面的优势逐渐丧失，部分产业被人力成本更加低廉的东南亚和非洲国家所取代。基于此，如何实现全球价值链中的跃升，完成经济发展方式和产业结构的转型升级是当前中国必须认真面对和尽力解决的问题。现阶段，要实现世界经济的健康、高效和可持续发展，就必须走创新引领发展的道路。而在这个过程中，能够带动产业变革、具有很强溢出效应的人工智能，无疑是各国构筑核心竞争力的重要模块。2014年，习近平总书记在两院院士大会上提出的“机器人革命”，正式拉开了中国人工智能产业高速发展的序幕。随后，2015年在《国务院关于积极推进“互联网+”行动的指导意见》中，人工智能被列为“互联网+”重点推进的领域之一。党的十九届四中全会提出要“坚持和完善社会主义基本经济制度，推动经济高质量发展”。推动经济高质量发展，科技工作就要进一步发挥支撑引领作用。2019年底新冠疫情暴发以来，探索如何运用人工智能应对突发卫生公共事件引起的产业链冲击被提到了新的高度，如何运用人工智能技术建立国内供应链和全球供应链系统更高效的应急响应体制，将疫情导致的短期经济冲击限制在可控范围之内是事关国民经济健康发展的重要议题。因此，深入研究人工智能对中国企业全球价值链参与的影响效应问题，不仅有利于厘清人工智能如何服务于更高水平的对外开放战略的内在机理，更能为落实创新驱动发展战略和构建全面开放新体制提供有益的理论支持。

吕越等（2020）创新性地采用国际机器人联合会（International Robot Federation，IRF）提供的机器人数据、中国海关数据库和中国工业企业数据库提供的企业数据构成了研究使用的高度细化的微观企业数据。对于企业的全球价值链嵌入度，其参考吕越等（2015）的做法进行测算。对于人工智能水平，其参考 Graetz & Michaels（2018），采用机器人密度的对数来衡量。验证理论分析使用的回归模型为：

$$\begin{aligned} FVAR_{et} = & \beta_0 + \beta_1 \text{lnmarket}_{it} + \sum \text{control}_{iect} + \text{year}_t + \text{prov}_c \\ & + \text{industry}_i + \text{firm}_e + \varepsilon_{iect} \end{aligned} \tag{10-2}$$

式中，i 代表行业，t 代表年份，e 代表企业，c 代表区域。$FVAR_{et}$ 表示企业 e 第 t 年的价值链嵌入程度，lnmarket_{it} 表示行业 i 第 t 年的机器人密集度，$\sum \text{control}_{iect}$ 表示其他控制变量。此外，用year_t 代表年份固定效应，用prov_c 代表省份固定效应，用industry_i 代表行业固定效应，用firm_e 代表企业固定效应。ε_{iect} 代表随机误差。

表 10-2 为人工智能对价值链嵌入的基准回归结果。结果显示，人工智能的估计系数在 1%的显著性水平上统计显著为正，这说明在其他条件不变时，人工智能显著促进了中国企业融入全球价值链。由此可见，要提高中国企业的全球价值链参与水平，就需要通过大力发展人工智能产业，提高全行业的人工智能水平，来逐步实现生产自动化、高效化和智能化，从而增强中国企业特别是中国制造业企业的国际竞争力。

表 10-2 基准回归结果

	(1)	(2)
lnmarket	0.003 5***	0.001 3***
	(0.000 3)	(0.000 2)
lnkl	0.009 9***	0.000 6
	(0.000 7)	(0.000 6)
age	−0.001 6***	−0.000 8***
	(0.000 1)	(0.000 1)
extFinCap	−0.004 3***	0.000 3***
	(0.000 3)	(0.000 1)
hhi	0.085 3***	0.001 7
	(0.013 8)	(0.007 9)
lnassets	0.021 0***	0.010 0***
	(0.000 7)	(0.000 7)
年份固定效应	是	是
行业固定效应	是	否

续表

	(1)	(2)
省份固定效应	是	否
企业固定效应	否	是
观测值	440 349	405 627
R^2	0.027 8	0.002 0

注：lnmarket 为行业机器人密集度的衡量指标，lnkl 为资本的集聚化水平的衡量指标，age 为年龄的衡量指标，extFinCap 为外部融资能力的衡量指标，hhi 为行业集聚化水平的衡量指标，lnassets 为企业规模的衡量指标。*** 表示在 1%的显著性水平上统计显著，回归结果聚类到企业层面，括号内为回归系数的标准误。

资料来源：改编自吕越，谷玮，包群．人工智能与中国企业参与全球价值链分工［J］．中国工业经济，2020（5）：80－98.

替代低端劳动力是人工智能对企业全球价值链参与影响的机制之一。Frey & Osborne（2017）使用高斯过程分类器估计了 702 个详细职业计算机化的可能性，根据估计结果，大约 47%的美国劳动力面临失业风险。吕越等（2020）则进一步将人工智能、劳动力与全球价值链参与纳入同一分析框架，从而为在劳动力成本不断提高的现实情况下，抓住人工智能高速发展的契机，减少人工投入，从而助力中国企业以更高水平融入全球价值链分工体系提供了可能的路径支持。

郭凯明（2019）通过构建多部门动态一般模型分析了人工智能的发展对产业结构转型的影响，指出人工智能推动了生产要素在不同部门之间的流动，从而实现了产业结构的转变以及结构转变带来的劳动收入份额的变化。与之相似，陈彦斌等（2019）在动态一般均衡模型中纳入了人工智能和老龄化两个要素，以此检验了人工智能是否对老龄化具有正面效应。模型表明，人工智能可以通过减少劳动力需求、提高资本回报率和全要素生产率来应对老龄化的不利影响。而替代低端劳动力所带来的劳动力成本的降低能够显著促进中国企业全球价值链参与水平的提高。如刘梦和戴翔（2018）分析了中国的人口结构转型，他们发现，两种路径的联合作用对中国企业的价值链参与产生了积极的促进效应。一种是人口优势消失后，中国企业不得不通过各种方式促进自身的价值链嵌入；另一种是人口结构转型导致劳动力质量结构优化后，中国企业拥有了更丰厚的人力资本，从而有助于促进自身的价值链嵌入。

基于此，吕越等（2020）提出了假说 1。

假说 1： 人工智能会通过替代低端劳动力，从而在降低劳动成本的同时提高劳动力平均素质来促进企业全球价值链参与水平的提高。

为了检验这一点，吕越等（2020）加入企业员工人数（staff）来构建影响渠道模型：

$$\text{staff}_{et}=\beta_0+\beta_1 \text{lnmarket}_{it}+\sum \text{control}_{iect}+\text{year}_t+\text{firm}_e+\varepsilon_{iect} \quad (10-3)$$

$$\text{FVAR}_{et}=\beta_0+\beta_1 \text{lnmarket}_{it}+\beta_2 \text{staff}_{et}+\sum \text{control}_{iect}+\text{year}_t+\text{firm}_e+\varepsilon_{iect} \quad (10-4)$$

影响渠道检验结果见表 10－3。根据第（1）列，人工智能对企业员工人数的影响在 10%的显著性水平上统计显著为负，说明人工智能的发展显著减少了企业的员工人数。而根据第（2）列，企业员工人数对价值链嵌入的影响在 5%的显著性水平上统计显著为负。由此可见，人工智能对价值链嵌入的影响是通过减少企业员工人数即替代低端劳动力来实现的。因此，减轻对低端劳动力的依赖，降低劳动力成本，与此同时，积极培养高素质的人才，依靠高水平的劳动力实现全球价值链参与水平的提高，这些对于当前正在逐渐丧失“人口红利”的中国来说至关重要。在这一过程中，能够实现低端劳动力替代的人工智能将发挥越来越重要的作用。

表 10-3　中间渠道检验（劳动力）

	(1) staff	(2) FVAR
lnmarket	−0.001 3*	0.001 3***
	(0.000 7)	(0.000 2)
staff		−0.000 4**
		(0.000 2)
lnkl	−0.127 9***	0.000 5
	(0.005 9)	(0.000 5)
age	0.000 0	−0.000 8***
	(0.000 2)	(0.000 1)
extFinCap	−0.000 0	0.000 3***
	(0.000 1)	(0.000 1)
hhi	0.371 1***	0.002 0
	(0.113 7)	(0.007 8)
lnassets	0.104 5***	0.010 1***
	(0.005 3)	(0.000 6)
观测值	2 825 358	405 627
R^2	0.004 3	0.002 0

注：lnmarket 为行业机器人密集度的衡量指标，lnkl 为资本的集聚化水平的衡量指标，age 为年龄的衡量指标，extFinCap 为外部融资能力的衡量指标，hhi 为行业集聚化水平的衡量指标，lnassets 为企业规模的衡量指标。***、** 和 * 分别表示在 1%、5%和 10%的显著性水平上统计显著，回归结果聚类到企业层面，括号内为回归系数的标准误。

资料来源：改编自吕越，谷玮，包群．人工智能与中国企业参与全球价值链分工 [J]. 中国工业经济，2020 (5)：80-98。

提高企业的生产率是人工智能对企业全球价值链参与的另一影响机制。Graetz & Michaels（2018）使用了 1993—2007 年 17 个国家采用机器人情况的面板数据，分析了现代工业机器人的经济贡献。其研究结果表明，在提高全要素生产率和降低产出价格的同时，增加机器人的使用对年度劳动生产率增长的贡献约为 0.36 个百分点。吕越等（2020）进一步考察了由人工智能带来的生产率提高如何影响全球价值链参与，厘清人工智能作用于全球价值链参与的具体路径，拓展了全球价值链的研究。

提高劳动生产率有助于全球价值链参与水平的提高。如陈旭等（2019）发现，区域内多中心城市网络能够通过提升全要素生产率来实现中国企业全球价值链参与水平的提高。肖宇等（2019）则通过测算 2000—2009 年中国制造业企业在全球价值链的位置发现，中国制造业企业在全球价值链中的参与水平较低，需要通过提升全要素生产率来提高。吕越等（2017）的研究也表明，提高全要素生产率对于提升企业的全球价值链参与水平非常关键。

基于此，吕越等（2020）提出了假说 2。

假说 2： 人工智能促进企业参与全球价值链的另一个重要渠道是——通过提高企业生产率来促进中国企业全球价值链参与水平的提高。

为了检验这一点，吕越等（2020）采用企业的全要素生产率（lntfplp）指标来衡量企业的生产率，并以此构建了影响渠道模型：

$$\text{lntfplp}_{et} = \beta_0 + \beta_1 \text{ lnmarket}_{it} + \sum \text{control}_{iect} + \text{year}_t + \text{firm}_e + \varepsilon_{iect} \tag{10-5}$$

$$\text{FVAR}_{et} = \beta_0 + \beta_1 \text{ lnmarket}_{it} + \beta_2 \text{ lntfplp}_{et} + \sum \text{control}_{iect} + \text{year}_t + \text{firm}_e + \varepsilon_{iect} \tag{10-6}$$

囿于数据的可得性，吕越等（2020）分两个部分测算了全要素生产率：（1）按照 LP 方法（Levinsohn & Petrin，2003）估计了 2007 年以前的全要素生产率，即立足于 4 位数行业，估计了各个行业生产函数的参数，然后以生产者价格指数为依据调整通货膨胀，数据来源于《中国统计年鉴》。（2）由于中间投入的缺失，基于李杨等（2018）的方法，使用收入法估算 2007 年及以后的全要素生产率，然后用工业总产值减工业增加值加增值税获取了中间投入值，以此对 2007 年以后的中间投入和增加值进行了补充测算，从而得以估计出企业的全要素生产率。

影响渠道检验的结果如表 10－4 所示。根据表 10－4 的第（1）列，人工智能对生产率的影响在 1%的显著性水平上统计显著为正，说明人工智能显著提高了企业的全要素生产率。而根据表 10－4 第（2）列的结果，生产率对全球价值链嵌入的影响在 1%的显著性水平上统计显著为正，说明生产率的提高显著促进了企业全球价值链参与水平的提高。由此可见，人工智能对全球价值链嵌入的影响是通过提高企业的生产率来实现的。

表 10－4 中间渠道检验（全要素生产率）

	(1) lntfplp	(2) FVAR
lnmarket	0.001 9***	0.002 3***
	(0.000 4)	(0.000 3)
lntfplp		0.001 9**
		(0.000 8)
lnkl	−0.178 4***	−0.006 8***
	(0.001 1)	(0.000 9)
age	0.000 3	−0.001 9***
	(0.000 3)	(0.000 1)
extFinCap	−0.000 2	−0.006 2***
	(0.000 2)	(0.000 5)
hhi	−0.276 9***	0.039 0**
	(0.017 4)	(0.015 8)
lnassets	0.147 6***	0.030 0***
	(0.001 3)	(0.000 8)

续表

	(1) lntfplp	(2) FVAR
观测值	2 406 574	377 881
R^2	0.024 0	0.002 5

注：lnmarket 为行业机器人密集度的衡量指标，lnkl 为资本的集聚化水平的衡量指标，age 为年龄的衡量指标，extFinCap 为外部融资能力的衡量指标，hhi 为行业集聚化水平的衡量指标，lnassets 为企业规模的衡量指标。*** 和 ** 分别表示在 1%和 5%的显著性水平上统计显著，回归结果聚类到企业层面，括号内为回归系数的标准误。

资料来源：改编自吕越，谷玮，包群．人工智能与中国企业参与全球价值链分工 [J]．中国工业经济，2020 (5)：80-98。

第四节　人工智能推动全球价值链网络深化理论

一、理论命题的提出

贸易网络不仅可以反映世界整体贸易格局和贸易关联（陈银飞，2011；马述忠等，2016），还可以体现各国在全球贸易中的重要性以及是否处于枢纽位置。如果一国处在贸易网络更中心的位置，意味着其对资源和信息等的控制和获取能力更强（洪俊杰和商辉，2019；吕越和尉亚宁，2020）。现有对 GVC 网络的相关研究聚焦于分析全球 GVC 网络格局以及各国网络特征。GVC 网络呈现出高度集中和不对称的特征，且多年来网络的规模、强度以及连通性都在不断上升（Amador & Cabral，2017），揭示了全球化的日益加深。网络中存在的一些大型经济体如中国、德国、美国以及日本成为核心枢纽，与更多经济体建立了 GVC 合作关系，也意味着掌握了网络中更多的资源（Xiao et al.，2017）。一方面，人工智能可以实现对劳动力的替代，这不仅降低了劳动力成本，而且提高了劳动生产率（Frey & Osborne，2017；Graetz & Michaels，2018）。随着劳动力成本的降低以及劳动生产率的提升，一国在参与全球价值链的过程中会具有相对更强的优势（吕越等，2015；祝树金等，2022），因此，GVC 网络位置会更加位于中心。另一方面，人工智能可以畅通劳动力流动机制，推动生产要素在不同部门之间的流动（郭凯明，2019），缓解资源错配（Hsieh & Klenow，2009），这意味着市场扭曲程度得以减轻以及资源配置效率得到有效提升，为企业参与全球价值链竞争营造了优势（刘斌和潘彤，2020），因此促进了该国在 GVC 网络中的生产和合作，推动其逐渐向 GVC 网络中心发展。

基于此，吕越等（2023）提出了“人工智能推动全球价值链网络深化理论”这一理论命题。

理论命题 10-3

人工智能主要是通过替代劳动力和缓解资源错配两个渠道促进全球价值链网络的深化。

资料来源：吕越，谷玮，尉亚宁，等．人工智能与全球价值链网络深化 [J]．数量经济技术经济研究，2023，40 (1)：128-151.

该理论命题首次提出人工智能促进了全球价值链网络的深化，在很大程度上丰富了人工智能影响效应和 GVC 网络决定因素的研究。一方面，国外学者主要从以下几个方面探究人工智能的影响效应：第一，就业与劳动力收入份额的效应（Acemoglu & Restrepo，2022；Frey & Osborne，2017；Faber，2020；Acemoglu et al.，2022）。第二，劳动生产率的效应（Graetz & Michaels，2018；Acemoglu et al.，2020）。第三，经济发展的效应（Korinek & Stiglitz，2021）。另一方面，西方学者对 GVC 网络的结构特征展开研究（Amador & Cabral，2017；Xiao et al.，2017；Wang et al.，2021）。相比已有文献聚焦于 GVC 网络的典型事实分析，吕越等（2023）探讨了人工智能对 GVC 网络的影响效应，更有助于把握 GVC 网络的深化机制，能够更加清晰地阐释 GVC 网络深化背后的内在机理。同时，也在很大程度上拓展了人工智能影响效应的考察。

二、理论命题的具体内容

在西方经典的贸易模型中，Melitz（2003）通过模型推导出只有高生产率的企业才能通过自选择进行出口。吕越等（2023）在其基础上，构建了包含消费者和生产者的异质性企业出口决策模型，用于分析企业在使用人工智能和面临资源错配（劳动力扭曲）时的出口决策行为。在此基础上，通过将企业层面的生产率加总到国家层面，可以分析出人工智能水平和资源错配对一国增加值出口的影响，进而将其延伸到 GVC 网络的研究中。

根据 Melitz（2003），代表性消费者的偏好由一系列商品 ω 的 CES 效用函数给出：

$$U=\left[\int_{\omega\in\Omega}q(\omega)^{\frac{\sigma-1}{\sigma}}\mathrm{d}\omega\right]^{\frac{\sigma}{\sigma-1}} \tag{10-7}$$

式中，Ω 为提供产品的数量，$q(\omega)$为对商品 ω 的需求量，σ 为不同商品之间的替代弹性，$\sigma>1$。给定 $p(\omega)$是商品 ω 的价格，假设消费的商品集是生产的总商品，即 $U=Q$，此时对应的总价格为：

$$P=\left[\int_{\omega\in\Omega}p(\omega)^{1-\sigma}\mathrm{d}\omega\right]^{\frac{1}{1-\sigma}} \tag{10-8}$$

假定一国内部的异质性出口企业同时生产一系列商品 ω，企业在生产时只需要劳动力 l 这一种生产要素，因此，企业的生产同时受到劳动生产率 φ、劳动力投入 l 以及固定成本即 f 单位的劳动力投入的影响。与此同时，由于企业会在生产中使用人工智能来替代部分劳动力，企业的劳动力投入 l 将由一般劳动力 la 和人工智能 ai 两个部分组成，即 $l=la+ai$。此时企业的生产函数 $q(\varphi)$为：$la+ai=l=f+q/\varphi$。参考 Bai et al.(2019)，将资源错配引入企业出口模型。与此同时，参考季书涵和朱英明（2017）等的设定，将企业面临的劳动力扭曲设定为 τ_L，则企业面临的用工成本即工资会受到扭曲的影响 [$w(\tau_L)$]，此时企业的利润最大化问题为：

$$\max_{p,q} pq-\frac{w(\tau_L)}{\varphi}q-w(\tau_L)f \qquad \text{s. t. } q=\frac{p^{-\sigma}}{P^{-\sigma}}Q \tag{10-9}$$

式中，p 为企业面临的价格，pq 为企业的收益，$w(\tau_L)$为企业的工资水平，$\tau_L\in(0,\infty)$。

$\tau_L>1$ 意味着企业遭遇了最低工资等壁垒，导致用工成本提高；$\tau_L<1$ 意味着企业获得了政府补助等保护，导致用工成本降低。考虑到最低工资等壁垒只作用于一般劳动力，对于同样的人工智能，不同企业的使用成本即支付给人工智能的工资是一致的，因此，假设只有使用一般劳动力时才会面临劳动力扭曲。则企业的工资水平由一般劳动力的工资 w_{la} 和人工智能的工资（使用成本）w_{ai} 两部分组成，$\frac{w(\tau_L)}{\varphi}q+w(\tau_L)f=w(\tau_L)l=\tau_L w_{la}la+w_{ai}ai$ 即为企业的总成本。现有研究表明，人工智能的应用会显著降低工资水平（Acemoglu & Restrepo，2020），这实际上意味着一般劳动力的实际工资远高于人工智能的工资，即 $w_{la}\gg w_{ai}$，则 $\tau_L w_{la}>w_{ai}$。由此可得：$\frac{\partial p}{\partial w(\tau_L)}=\frac{\sigma}{\sigma-1}\frac{1}{\varphi}>0$，$\frac{\partial w(\tau_L)}{\partial ai}=\frac{w_{ai}}{l}<\frac{\partial w(\tau_L)}{\partial la}=\frac{\tau_L w_{la}}{l}$，$\frac{\partial p}{\partial \tau_L}=\frac{\sigma}{\sigma-1}\frac{w_{la}la}{\varphi l}>0$，以及 $\frac{\partial \tau_L}{\partial ai}=-\frac{w_{ai}}{w_{la}la}<0$。

由此可见，企业面临的价格 p 与工资水平 $w(\tau_L)$ 呈正相关关系，企业的工资水平越高，其面临的价格也就越高。与此同时，由于增加一单位人工智能导致的工资水平上升小于增加一单位一般劳动力导致的工资水平上升，在总的劳动投入不变的情况下，人工智能水平越高，企业的工资水平就越低，即企业的工资水平 w 与人工智能占总的劳动投入的比例呈负相关关系。因此，人工智能水平的提高会通过替代一般劳动力来降低企业的工资水平，从而降低其面临的价格。此外，企业的价格 p 与其面临的劳动力扭曲 τ_L 呈正相关关系，企业面临的壁垒越严重，其面临的价格就越高；企业获得的保护越多，其面临的价格就越低。进一步地，企业面临的劳动力扭曲 τ_L 与人工智能水平呈负相关关系，人工智能水平越高，劳动力市场扭曲就越弱。因此，人工智能水平的提高会通过减少企业面临的劳动力市场的资源错配来降低其面临的价格。

当企业的利润为 0 时，企业会停止生产，立即退出市场，此时对应的生产率 $\varphi^*(\tau)$ 为：$\varphi^*(\tau)=\frac{\sigma^{\frac{\sigma}{\sigma-1}}}{\sigma-1}\left[\frac{w(\tau_L)f}{P^\sigma Q}\right]^{\frac{1}{\sigma-1}}w(\tau_L)=\frac{\sigma^{\frac{\sigma}{\sigma-1}}}{\sigma-1}\left[\frac{f}{P^\sigma Q}\right]^{\frac{1}{\sigma-1}}(\tau_L w_{la}la+w_{ai}ai)^{\frac{\sigma}{\sigma-1}}$，由此可得：

$$\begin{aligned}\frac{\partial\varphi^*(\tau)}{\partial w(\tau_L)}&=\frac{\sigma^{\frac{2\sigma-1}{\sigma-1}}}{(\sigma-1)^2}\left[\frac{f}{P^\sigma Q}\right]^{\frac{1}{\sigma-1}}w(\tau_L)^{\frac{1}{\sigma-1}}\\&=\frac{\sigma^{\frac{2\sigma-1}{\sigma-1}}}{(\sigma-1)^2}\left[\frac{f}{P^\sigma Q}\right]^{\frac{1}{\sigma-1}}(\tau_L w_{la}la+w_{ai}ai)^{\frac{1}{\sigma-1}}>0\end{aligned}\tag{10-10}$$

$$\frac{\partial\varphi^*(\tau)}{\partial\tau_L}=\frac{\sigma^{\frac{2\sigma-1}{\sigma-1}}}{(\sigma-1)^2}\left[\frac{f}{P^\sigma Q}\right]^{\frac{1}{\sigma-1}}(\tau_L w_{la}la+w_{ai}ai)^{\frac{1}{\sigma-1}}w_{la}la>0\tag{10-11}$$

根据式（10 - 10），企业停产时的生产率与企业的工资水平呈正相关关系，说明企业的工资水平越高，企业停产时的生产率越高，则企业越容易停产。由等式（10 - 11），企业停产时的生产率与劳动力扭曲呈正相关关系，说明企业遭受的壁垒越严重，企业停产时的生产率越高，则企业越容易停产。而企业的工资水平和遭受的壁垒与人工智能水平呈负相关关系，说明人工智能水平的提高会降低企业停产时的生产率，使得企业更不容易停产。

假设在均衡时市场上有 M 家企业（也有 M 种商品），总收益可以写为：

$$R=PQ=Mp(\widetilde{\varphi})q(\widetilde{\varphi}) \tag{10-12}$$

由式（10－12）可见，一国的出口总收益与企业数量 M 呈正相关关系，当保持生产状况的企业越多时，国家的出口越多。如前所述，在总的劳动投入不变的情况下，人工智能水平越高，企业越不容易停产，则保持生产状况的企业数量越多；企业遭遇的壁垒越严重，企业越容易停产，则保持生产状况的企业数量越少。因此，一国的出口总收益与人工智能占比呈正相关关系，与企业遭遇的壁垒呈负相关关系。

假定存在大量的潜在进入者，企业在进入时会从共同的生产率分布 $g(\varphi)$ 中随机抽取生产率 φ，$\varphi\in(0,\infty)$，$g(\varphi)$ 的连续累积分布为 $G(\varphi)$。由于企业停止生产时的生产率为 φ^*，故只有当企业抽中的生产率 $\varphi>\varphi^*$ 时，企业才会继续生产，否则会马上退出。因此，均衡时的生产率分布 $\mu(\varphi)$ 并不会受到企业退出过程的影响，只由初始抽取的生产率决定。所以 $\mu(\varphi)$ 是 $g(\varphi)$ 在 $[\varphi^*,\infty)$ 上的条件分布：

$$\mu(\varphi)=\begin{cases}\dfrac{g(\varphi)}{1-G(\varphi^*)}，如果\ \varphi>\varphi^* \\ 0，如果\ \varphi\leqslant\varphi^*\end{cases} \tag{10-13}$$

式中，$\int_{\varphi^*}^{\infty}\dfrac{g(\varphi)}{1-G(\varphi^*)}\mathrm{d}\varphi=1$，$p_{in}=1-G(\varphi^*)$ 是企业进入成功的概率。由于 $G(\varphi^*)=P(\varphi\leqslant\varphi^*)$，在其他条件不变的情况下，$\varphi^*$ 的值越小，$P(\varphi\leqslant\varphi^*)$ 的值就越小，则 $1-G(\varphi^*)$ 的值越大，即企业进入成功的概率越高，就会有越多的企业参与出口。而 φ^* 与企业的工资水平和企业面临的劳动力扭曲呈正相关关系，企业的工资水平和企业面临的劳动力扭曲都与人工智能水平呈负相关关系。根据 Xiao et al.（2017）与 Amador & Cabral（2017），GVC 网络反映的主要内容之一就是一国贸易伙伴的数量，贸易伙伴越多，GVC 网络的深化程度越高，越可能处于 GVC 网络的核心位置。而一国参与出口的企业越多，企业将出口到越多不同的国家，这意味着企业的贸易伙伴也会越多，因此该国会向 GVC 网络的核心位置发展。

在已经证实了人工智能水平的提高会导致出口企业数量增多的情况下，进一步关注人工智能水平的提高对企业出口国内增加值的影响。参考 Kee & Tang（2016），考虑人工智能的使用后，企业的总收入可以表示为：

$$PY_i\equiv\pi_i+w_{la}la+w_{ai}ai+rK_i+P^DM_i^D+P^IM_i^I \tag{10-14}$$

式中，$P^DM_i^D$ 表示国内材料的使用，$P^IM_i^I$ 表示国外材料的使用。考虑到国内材料和国外材料中都有国内和国外成分，因此可以将其分别表示为：$P^DM_i^D\equiv\delta_i^F+q_i^D$ 以及 $P^IM_i^I\equiv\delta_i^D+q_i^F$。其中，$\delta_i^F$ 表示国内材料中的进口成分，δ_i^D 表示国外材料中的国内成分；q_i^D 表示国内材料中的国内成分，q_i^F 表示国外材料中的进口成分。基于此，企业的国内出口增加值（DVA_i）可以表示为：

$$\mathrm{DVA}_i\equiv\pi_i+w_{la}\mathrm{la}_i+w_{ai}\mathrm{ai}_i+rK_i+q_i^D+\delta_i^D \tag{10-15}$$

因此，企业的出口国内增加值与人工智能的水平正相关。随着人工智能水平的提高，企业乃至一国的出口国内增加值也会增加。根据 Xiao et al.（2017）与 Amador & Cabral（2017），GVC 网络反映的另一个重要内容是增加值出口，一国的增加值出口越多，就越容易处于 GVC 网络的核心位置。因此，人工智能的发展导致的增加值出口额的增加，有助于一国 GVC 网络的深化。

基于此，吕越等（2023）提出了假说 1 和假说 2。

假说 1： 人工智能水平的提高会替代部分劳动力，提高增加值出口总额，从而深化 GVC 网络。

假说 2： 人工智能水平的提高会缓解资源错配程度，提高增加值出口总额，从而深化 GVC 网络。

为了检验假说 1 和假说 2，吕越等（2020）参考王博等（2019）、李小帆和马弘（2019）的研究，构建了同时控制了国家-行业固定效应以及年份固定效应的回归模型（10－16）进行回归：

$$\text{lnoutstr}_{int}=\beta_0+\beta_1\text{lnmarket}_{int}+X_{it}\beta+\gamma_{in}+\theta_t+\varepsilon_{int} \tag{10-16}$$

式中，lnoutstr_{int} 代表国家 i 的行业 n 在第 t 年基于国内增加值（DVA）计算的全球价值链网络中心位置强度的对数，其值越高，说明一国在全球价值链网络中越处于中心位置。lnmarket_{int} 代表国家 i 的行业 n 在第 t 年的机器人密度的对数，以此来衡量人工智能水平。X_{it} 代表控制变量，包括：劳动力比例（laborrate_{it}）、人口密度的对数（lnperdens_{it}）、区域贸易协定数量的对数（lnRTA_{it}）、法律制度排名（rlr_{it}）、收取的知识产权费用的对数（lntechpay_{it}）和 GDP 增长率（grow_{it}）。此外，加入了国家-行业固定效应 γ_{in}，以控制所有国家行业维度且不随时间变化的因素的影响，以及时间固定效应 θ_t，以控制仅随年份变化的因素的影响，ε_{int} 为随机扰动项。

实证分析使用了 2000—2014 年国别-行业层面的合并数据，来源于 4 个不同的数据库：被解释变量的数据来源于 UIBE GVC Indicators 数据库，使用了其整理的 WIOD 2016 版本的双边总贸易流分解数据；核心解释变量的数据来源于 IRF 发布的工业机器人数据；控制变量中法律制度排名的数据来自 WGI 数据库，而其他控制变量的数据均来源于 WDI 数据库。

基准回归结果如表 10－5 所示。结果显示，人工智能对国家的全球价值链网络具有明显的促进效应。由此可见，一国若要深化其 GVC 网络，就必须高度重视人工智能的积极作用，大力推广发展人工智能产业，提高整个国家和各个行业的人工智能水平，从而增强其国际竞争力。

表 10－5　基准回归结果

变量	(1)	(2)	(3)
lnmarket	0.069 2***	0.081 3***	0.022 1***
	(2.67)	(2.90)	(3.07)

续表

变量	(1)	(2)	(3)
laborrate		−0.005 0	−0.007 9
		(−0.84)	(−1.36)
lnperdens		−3.934 6***	−3.629 1***
		(−7.63)	(−7.47)
lnRTA		0.039 9	0.042 2
		(1.45)	(1.53)
rlr		1.701 4***	1.688 7***
		(5.54)	(5.58)
lntechpay		0.060 2**	0.063 6**
		(2.13)	(2.24)
grow		0.002 3	0.002 2
		(0.85)	(0.83)
国家固定效应	是	是	
行业固定效应	是	是	
年份固定效应	是	是	是
国家-行业固定效应			是
观测值	14 196	12 630	12 630
R^2	0.664 5	0.663 0	0.975 2

注：*** 和 ** 分别表示在 1%和 5%的显著性水平上统计显著，回归结果聚类到国家-行业层面，括号内为回归系数的 t 值。

资料来源：改编自吕越，谷玮，尉亚宁，等．人工智能与全球价值链网络深化 [J]．数量经济技术经济研究，2023，40 (1)：128-115。

在机制检验方面，参考江艇（2022）构建了下面的机制检验模型，以此来分析人工智能对 GVC 网络的可能影响机制，其中mechanism_{int} 为一系列机制变量。

$$\text{mechanism}_{int}=\beta_0+\beta_1\text{lnmarket}_{int}+\sum\text{control}_{it}+\gamma_{in}+\theta_t+\varepsilon_{int} \tag{10-17}$$

下面从劳动力数量和劳动力成本两个角度来对劳动力的替代效应进行分析。将单位产出下的劳动力人数（lnpernum）和劳动力支出（lnpercost）作为代理变量，数据来源于 WIOD 数据库。回归检验结果如表 10-6 中的第（1）列和第（2）列所示，可以看出，无论是单位产出的劳动力数量还是成本，人工智能的回归系数均显著为负，说明人工智能的发展不仅减少了单位产出的劳动力数量，还降低了对劳动力的支出，这就验证了假说 1 即人工智能对劳动力的替代效应。当一国人工智能对劳动力产生替代、劳动生产率发挥提升作用之后，其在参与全球价值链生产分工的过程中会发挥更大的竞争优势（吕越等，2015），从而促进其向 GVC 网络中心发展。由此可见，人工智能可以通过实现劳动力替代，提高一国内部各行业的劳动生产率来实现对全球价值链网络的促进效应。

表 10-6 替代劳动力机制检验

	(1)	(2)
变量	lnpernum	lnpercost
lnmarket	−0.012 9*** (−3.37)	−0.000 6* (−1.74)
控制变量	是	是
国家-行业固定效应	是	是
年份固定效应	是	是
观测值	12 321	12 322
R^2	0.990 6	0.849 6

注：*** 和 * 分别表示在 1%和 10%的显著性水平上统计显著，回归结果聚类到国家-行业层面，括号内为回归系数的 t 值。

资料来源：改编自吕越，谷玮，尉亚宁，等．人工智能与全球价值链网络深化 [J]. 数量经济技术经济研究，2023，40 (1)：128-115。

由于没有企业层面的数据，无法估计企业层面的资源错配，但是除了企业层面的资源错配，企业的出口决策同时还会受到行业层面的资源错配的影响，行业层面的资源错配的减轻同样有助于深化一国的 GVC 网络。根据 Hsieh & Klenow (2009) 以及江艇等 (2018)，资源错配具体表现为生产率的分布不均。因此，采用各行业生产率的对数的方差 (dislnprod)，以及 90%分位的劳动生产率与 10%分位的劳动生产率的差异 (diff) 来衡量一国的资源错配程度，以此来构建与式 (10-17) 相似的机制检验模型。机制检验结果如表 10-7 第 (1) 列和第 (2) 列所示，人工智能分别在 5%和 1%的显著性水平上统计显著为负，说明人工智能显著缓解了资源错配程度。而资源错配的减轻使得一国整体的资源配置效率得到提升，这为参与全球价值链创造了竞争优势（刘斌和潘彤，2020），因此促进了该国 GVC 网络的深化发展。由此可见，人工智能可以通过降低资源错配程度来促进全球价值链网络发展，假说 2 得以成立。

表 10-7 缓解资源错配机制检验

	(1)	(2)
变量	std_lnprod	diff
lnmarket	−0.001 6** (−2.45)	−0.011 8*** (−4.61)
控制变量	是	是
国家-行业固定效应	是	是
年份固定效应	是	是
观测值	12 636	12 636
R^2	0.943 8	0.912 1

注：*** 和 ** 分别表示在 1%和 5%的显著性水平上统计显著，回归结果聚类到国家-行业层面，括号内为回归系数的 t 值。

资料来源：改编自吕越，谷玮，尉亚宁，等．人工智能与全球价值链网络深化 [J]. 数量经济技术经济研究，2023，40 (1)：128-115。

第五节 人工智能推动全球价值链重构理论

一、理论命题的提出

已有研究关注到发展中经济体与发达经济体二元对立下，发展中经济体在全球价值链中处于被动或不利地位（吕越等，2018），也注意到发展中经济体对提升自身在全球价值链中的分工地位、推动全球价值链朝着更有利于发展中经济体方向重构的急迫诉求与探索（戴翔和宋婕，2021）。然而，对于发展中经济体如何推动全球价值链重构，更多是定性的理论研究，缺乏定量的实证检验（王岚和李宏艳，2015），更忽视了工业机器人应用产生的影响。关于工业机器人应用的效应分析多集中于对劳动力市场和经济增长等方面的影响（Acemoglu & Restrepo，2018；闫雪凌等，2020）。

基于此，黄亮雄等（2023）提出了“人工智能推动全球价值链重构理论”这一理论命题。

理论命题 10－4

发展中经济体与发达经济体之间工业机器人应用水平差异的缩小，能够缩小二者在全球价值链分工中地位的差异，推动全球价值链朝着更有利于发展中经济体的方向重构。

资料来源：黄亮雄，林子月，王贤彬．工业机器人应用与全球价值链重构：基于出口产品议价能力的视角 [J]. 中国工业经济，2023（2）：74－92.

该理论命题从发展中经济体视角出发，关注工业机器人发展对南北经济体在全球价值链中分工地位的影响，是对数字经济时代全球价值链分工研究的重要拓展。一方面，与讨论工业机器人应用对全球价值链分工的影响不同（Cali & Presidente，2021），黄亮雄等（2023）创新性地检验发展中经济体与发达经济体间工业机器人应用水平差异对二者全球价值链分工地位差异的影响，深入研究了工业机器人应用对全球价值链重构的影响；另一方面，以往文献对于全球价值链分工地位的指标刻画，一般采用出口产品国内增加值和出口产品技术含量视角，而 Kumbhakar & Parmeter（2009）和卢洪友等（2011）运用双边随机前沿分析模型，构建全球价值链议价能力指数，该指数更具时效性、覆盖性和细致性。

二、理论命题的具体内容

发展中经济体与发达经济体在全球价值链中分工地位的相对变化，是全球价值链重构的重要表现。全球价值链重构本质上是国际市场重新分工、全球经济体重新洗牌的过程，最核心的表现是新兴市场经济体及其企业从价值链低端向高端位置移动，发生地位和角色的转变，推动全球价值链重构的主体是新兴市场经济体及其企业，而不是占主导地位的发达经济体及跨国公司（毛蕴诗等，2015）。打破全球价值链分工及利益分配的失衡，关键在于发展中国家摆脱长期的全球价值链低端锁定位置，缩小与发达国家在全球价值链分工中的地位的差异（吕越等，2018；戴翔和宋婕，2021）。

由此，黄亮雄等（2023）把全球价值链重构表现为发展中经济体与发达经济体在全球价值链中分工地位差异的变化。如果发展中经济体与发达经济体在全球价值链中分工地位的差异在缩小，则全球价值链朝着更有利于发展中经济体的方向重构；如果该差异在扩大，则全球价值链朝着不利于发展中经济体的方向重构。

影响全球价值链重构的因素众多，禀赋变动、技术变革和制度重构是三大关键力量。其中，技术变革的影响包括微观层面和宏观层面。在微观层面，技术存在于企业每一价值生产的活动中，技术变革会促使产品价值链结构出现断层或重组，使得生产环节的附加值发生变化。在宏观层面，当发生全球范围内的技术变革时，由于各国的技术支撑和制度环境不同，导致技术变革对不同国家产生的影响不一，由此对国际政治和经济格局产生深刻影响，改变国家力量对比，从而改变其在全球价值链中的分工地位，且全球价值链的重构往往伴随着国际经贸规则的重塑。

发展中经济体通过积极采纳和应用工业机器人技术，能够逐步缩小与发达经济体在该领域的应用水平差异。这种差异的缩小对全球价值链分工地位产生了显著影响，有助于减轻发展中经济体与发达经济体在全球价值链中的不平等地位。随着工业机器人的广泛应用，发展中经济体能够提高生产效率、优化生产流程，并增强产品竞争力，这些都为其在全球价值链中争取到更有利的位置提供了支持。此外，技术差距的缩小还促进了新兴企业的诞生和发展，增加了市场的活力和竞争力，进一步推动了全球价值链向更加均衡和公正的方向发展。在这一过程中，工业机器人的上下游外溢效应也不容忽视，它通过产业链的关联，对相关行业产生正面影响，促进了整个经济体在全球价值链中的升级和重构。

基于此，黄亮雄等（2023）提出了假说 1。

假说 1： *发展中经济体与发达经济体间工业机器人应用水平差异的减小能显著降低二者之间在全球价值链分工中地位的差异。*

黄亮雄等（2023）为检验工业机器人应用对全球价值链重构的影响，构建了以下计量模型：

$$\text{lchain}_{it}=\beta_0+\beta_1\,\text{lrobot}_{it}+X'\gamma+\lambda_i+\eta_t+\varepsilon_{it} \qquad (10-18)$$

式中，下标 i 代表发展中经济体，t 代表年份。被解释变量 lchain 为南北经济体间全球价值链议价能力指数的比值，lrobot 为二者间工业机器人密度的比值。其中工业机器人密度等于工业机器人存量除以每万名工业就业人数。X 为其他控制变量，取对数。λ_i 和 η_t 分别为个体、年份固定效应。ε_{it} 为随机扰动项。

黄亮雄等（2023）采用 2009—2019 年 33 个发展中经济体的全球面板数据，重在检验工业机器人的应用对全球价值链重构的影响效应。基于式（10－18）进行回归，回归结果如表 10－8 所示。表 10－8 的四列中，核心解释变量 lrobot 的系数均显著为正，至少通过了 5%的显著性水平检验。其中，第（4）列的工业机器人应用水平差异 lrobot 的系数为 0.846 8，表明发展中经济体与发达经济体之间的工业机器人应用水平的差异缩小了1%，则发展中经济体与发达经济体之间的全球价值链议价能力指数的差异缩小了0.846 8%，即发展中经济体与发达经济体工业机器人应用水平差异的缩小能够促进全球价值链朝着更有利于发展中经济体的方向重构。

表10-8 基准回归结果

	被解释变量：lchain			
	(1)	(2)	(3)	(4)
lrobot	1.415 0***	1.301 8***	1.019 1**	0.846 8**
	(0.414 1)	(0.426 2)	(0.439 8)	(0.427 2)
常数项	0.229 7***	1.060 7**	2.703 3***	1.461 1*
	(0.016 2)	(0.444 3)	(0.513 2)	(0.771 8)
控制变量	否	是	是	是
年份-经济体固定效应	是	是	是	是
观测值	354	354	342	341
R^2	0.776 0	0.778 1	0.854 1	0.867 9

注：***、**和*分别表示在1%、5%、10%的显著性水平上统计显著，括号内为稳健标准误。

资料来源：改编自黄亮雄，林子月，王贤彬．工业机器人应用与全球价值链重构：基于出口产品议价能力的视角[J]．中国工业经济，2023（2）：74-92。

工业机器人的应用是推动技术革新的关键因素，它直接提高了生产效率并促进了生产过程的自动化和智能化。如Aghion & Howitt（2008）所述，工业机器人提高了使用中间品生产最终品的效率。Acemoglu & Restrepo（2018）的研究表明，这种技术的应用减少了对劳动力的依赖，从而节约了劳动成本。此外，宋旭光和左马华青（2019）发现，工业机器人与工人之间存在互补式的替代效应，产生了技术溢出效应，这有助于提升整体技术水平。吕越等（2020）也指出，工业机器人通过替代劳动力和提升生产效率，增强了企业的全球价值链分工地位。这些变化表明，工业机器人的广泛应用有助于发展中经济体缩小与发达经济体之间的技术水平差距。

工业机器人的推广不仅改变了生产方式，还促进了产业的裂变和新企业的进入。Aghion et al.（2021）强调，随着信息技术的普及和融合，工业机器人作为人工智能的重要标志，推动了新技术、新产业和新业态的发展。Arkolakis（2011）认为，新企业的进入是市场选择与经济增长的重要驱动力，它们通过提高市场竞争的活跃度来增强产业竞争力。刘斌和潘彤（2020）的研究表明，工业机器人的应用通过促进产业裂变，催生了新产业和新模式，从而提高了产业竞争力和在全球价值链中的分工地位。因此，工业机器人的推广为新企业提供了进入市场的机会，有助于增强市场活力和创新能力，推动全球价值链向更有利于发展中经济体的方向重构。

基于此，黄亮雄等（2023）提出了假说2。

假说2： *发展中经济体与发达经济体间工业机器人应用水平差异的减小能缩小技术水平差异和增加企业进入数量，从而推动全球价值链朝着更有利于发展中经济体的方向重构。*

研发支出和居民专利申请量是衡量经济体技术水平的重要指标。研发支出越高，表明经济体越重视技术创新，研发经费投入越多的经济体能够实现技术创新的可能性越大，技术水平往往越先进；居民专利申请数量越高的经济体技术水平也越高。表10-9中的四列分别以发展中经济体与发达经济体之间的研发支出比值 lrea、居民专利申请量比值 lpat、研发支出占 GDP 百分比 lrrea 和人均专利申请量的比值 lppat 作为被解释变量。

表 10-9 机制检验：缩小技术水平差距

	lrea	lpat	lrrea	lppat
	(1)	(2)	(3)	(4)
lrobot	0.412 1***	1.513 3***	0.250 3	0.858 4***
	(0.129 8)	(0.502 4)	(0.165 2)	(0.257 2)
常数项	0.141 2	0.501 1	0.203 4	−0.194 6
	(0.104 9)	(0.385 5)	(0.315 4)	(0.205 0)
控制变量	是	是	是	是
年份-经济体固定效应	是	是	是	是
观测值	258	296	258	296
R^2	0.982 9	0.961 1	0.935 8	0.902 4

注：*** 表示在 1%的显著性水平上统计显著，括号内为稳健标准误。

资料来源：改编自黄亮雄，林子月，王贤彬. 工业机器人应用与全球价值链重构：基于出口产品议价能力的视角 [J]. 中国工业经济，2023 (2)：74-92。

表 10-9 中的四列回归结果表明，发展中经济体与发达经济体之间工业机器人应用水平差异的缩小，显著缩小了二者间技术水平的差异。科学技术是第一生产力，技术创新能够提高生产效率，降低生产成本，同时提高产品质量，促进新产品形成，从而提高经济体的产品的国际竞争力，最终促进经济体的经济增长，这有利于经济体全球价值链分工地位的提高。因此，发展中经济体与发达经济体之间工业机器人应用水平差异的缩小，能够缩小二者之间的技术水平差异，从而缩小二者之间的全球价值链分工地位的差异，促进全球价值链朝着更有利于发展中经济体的方向重构。

企业进入、成长与退出的兴衰演变是市场选择与经济增长的重要微观基础，新企业进入更是维持与提升行业竞争力的重要推动力。新企业进入的数量越多，市场竞争越激烈。表 10-10 以发展中经济体与发达经济体之间的新企业注册密度的比值作为被解释变量。其中，各经济体的新企业注册密度数据来源于 WDI 数据库。

表 10-10 机制检验：增加企业进入数量

	被解释变量：ldenfirm		
	(1)	(2)	(3)
lrobot	0.486 5*	0.480 6*	0.456 2*
	(0.254 5)	(0.260 0)	(0.257 0)
常数项	0.518 0***	0.639 6**	−0.110 5
	(0.124 8)	(0.290 2)	(0.480 6)
控制变量	是	是	是
年份-经济体固定效应	是	是	是
观测值	248	248	248
R^2	0.961 2	0.961 2	0.962 2

注：***、** 和 * 分别表示在 1%、5%和 10%的显著性水平上统计显著，括号内为稳健标准误。

资料来源：改编自黄亮雄，林子月，王贤彬. 工业机器人应用与全球价值链重构：基于出口产品议价能力的视角 [J]. 中国工业经济，2023 (2)：74-92。

表 10-10 中的三列回归结果表明，发展中经济体与发达经济体之间工业机器人应用密

度的差异缩小，能进一步扩大发展中经济体企业进入的规模，促进二者之间在新企业注册密度上的差异缩小。机器人的应用属于创新技术的推广，而技术的创新总是伴随着企业的进入与退出，其中退出的企业往往是由于路径依赖，不采用工业机器人进行生产，从而生产率相对下降，最终不得不退出市场；新进入的企业具有后发优势，不需承担新旧技术转型成本，往往选择采用最新的技术进行生产，生产率往往较高。因此，工业机器人应用的推广能够促进生产率较低的企业被淘汰、生产率较高的企业进入市场，从而促进市场整体的生产率提高，提高行业竞争力，进而提高全球价值链分工地位。那么，发展中经济体与发达经济体之间的工业机器人应用密度差异的缩小，能够促进二者之间在新企业注册密度上的差异缩小，从而缩小二者之间全球价值链议价能力指数的差异，促进全球价值链重构。

第六节　中国证据

理论命题 10－1 指出：产业数字化有助于畅通国内大循环。中国第二产业的数字化水平较高，维持在 12%的水平；第三产业的数字化水平相较世界主要发达经济体存在差距。中国第一产业的内循环程度较高，第一产业的中间品本国供给率超过 90%，第二产业的中间品本国供给率接近 90%，均高于世界主要发达经济体的平均水平，中国第二产业的中间品本国需求率在 2008 年赶超了美国与日本，接近 90%。根据国家知识产权局与中国专利信息中心联合开发的中国专利数据库，中国行业平均国内核心技术自给率（专利申请过程中第一申请人国别为中国的专利申请量占行业专利申请总量的比率）从 2000 年的 41.8%稳步增长至 2013 年的 84.7%，产业数字化是推进构建新发展格局的加速器。

理论命题 10－2 指出：人工智能促进了中国企业融入全球价值链。吕越等（2020）计算出了 2000—2013 年中国分行业价值链嵌入水平。中国企业的价值链嵌入水平的行业差异较大，其中最低的是农副食品加工业，嵌入程度仅为 0.03，最高的是化学纤维制造业，嵌入程度为 0.34。吕越等（2020）参考 Graetz & Michaels（2018）的做法，采用机器人密度的对数来衡量人工智能水平，中国水平最高的行业是汽车业（29），最低的是纺织业（13～15）。结合两项指标，可以发现，人工智能水平较高的行业（例如橡胶和塑料业、汽车业、电子制造业），其价值链嵌入水平也较高。这与吕越等（2020）的理论命题是一致的。

理论命题 10－3 指出：人工智能产业的发展有利于深化一国的全球价值链网络。吕越等（2023）参考 Graetz & Michaels（2018），采用机器人密度的对数来衡量人工智能水平，将这个指标按年份平均，从而计算出中国人工智能水平的变化趋势。数据表明，中国的人工智能水平在 2005 年后整体呈上涨态势。吕越等（2023）也基于 WWZ 方法对各国出口增加值进行分解，使用各国之间的出口国内增加值作为各国网络之间的贸易流，测度一国在全球价值链网络下的中心程度。数据表明，2000—2014 年中国 GVC 网络深化程度明显提高。人工智能发展水平与网络中心程度呈现相似的发展趋势。

理论命题 10－4 指出：工业机器人应用水平差异的缩小有助于发展中经济体在全球价值链中提升地位，促进更公平的价值链重构。以中国为例，近年来中国大力发展工业机器人技术，显著提升了其制造业的自动化和智能化水平。这种技术进步不仅提高了生产效率和产品质量，还降低了对劳动力的依赖，减少了生产成本。随着中国工业机器人应用水平的不断提升，其与发达经济体在这一领域的技术差距逐渐缩小。具体来说，中国的汽车制造业和电子产品制造业等行业通过广泛应用工业机器人，实现了生产流程的优化和效率的提升。这使得中国在全球价值链中的地位得到提升，能够参与到更高端的生产环节，比如设计和研发，而不仅仅是低附加值的组装工作。同时，中国企业在全球市场上的竞争力增强，能够更好地与发达经济体的企业竞争，获取更高的利润和更大的市场份额。

第七节 结论性评述

本章剖析了数字经济时代全球生态网络发展的阶段性特征。整体而言，产业数字化和人工智能不仅提高了产业链的效率和企业的全球竞争力，而且促进了全球价值链向更复杂、更高效和更可持续的全球生态网络转变。理论命题 10-1 指出，产业数字化有利于提高全要素生产率、中间品质量以及平均工资水平，从供需两端促进国内大循环。理论命题 10-2 指出：人工智能可以通过替代低端劳动力和提高企业的生产率两个渠道对价值链参与产生影响。理论命题 10-3 指出，人工智能主要通过替代劳动力和缓解资源错配两个渠道促进全球价值链网络的深化。理论命题 10-4 指出，发展中经济体与发达经济体之间工业机器人应用水平差异的缩小，能够缩小二者全球价值链分工地位的差异，推动全球价值链朝着更有利于发展中经济体的方向重构。这些理论命题不仅丰富了全球价值链和数字经济的理论基础，也为发展中经济体如何通过技术应用实现产业升级和市场竞争力提升提供了实践指导。

与理论命题 10-1 相关的国外前沿研究主要有以下两个方面：一是数字投入对生产供给侧的影响。已有研究指出，数字技术的应用能够优化生产流程与要素配置，降低搜寻成本与交易成本，提升全要素生产率，增加产品质量管控（Goldfarb & Tucker，2019；Pan et al.，2022；Lyu et al.，2023）。二是数字投入对需求侧的影响。数字技术能够提升居民收入水平，扩大内需（Xun et al.，2020；Leng，2022）。未来本命题的相关研究可以进行如下拓展：一是利用现有数据尝试构建测度国内大循环水平的更精确、更细分的质量型指标，如关键技术“卡脖子”等，在此基础上探究提升国内经济循环内生动力与韧性的应对策略；二是结合当下产业发展趋势进一步探究如何提升最终需求端的国内经济循环水平。

与理论命题 10-2 相关的国外前沿研究主要有以下两个方面：一是人工智能对经济发展的影响。Graetz & Michaels（2018）使用了 1993—2007 年 17 个国家中使用机器人情况的面板数据首次分析了现代工业机器人的经济贡献。研究结果表明，在提高全要素生产率和降低产出价格的同时，增加机器人的使用对劳动生产率增长的贡献约为 0.36 个百分点。Acemoglu & Restrepo（2020）指出，人工智能作为一种新的技术平台，既可以实现原有劳动的自动化，也可以创造新的劳动。但目前人工智能的发展方向侧重于实现劳动的自动化，而没有考虑创造新的有效劳动，从而使得劳动力的需求停滞，由此导致劳动力收入的比例以及生产率增长速度不断下降，不平等也因此加剧。Frey & Osborne（2017）则表示，47%的美国劳动者将因为人工智能带来的自动化而面临失业。二是全球价值链参与的影响因素。Amsden（1989）首次指出，新兴国家更应该通过由代工向研发转变，建立起自主品牌，从而实现产业链升级。此外，人力资本决定了企业技术吸收和知识扩散的能力，从而对企业的价值链参与产生影响（Caselli & Coleman，2006）。除了企业层面的因素，政府层面的因素特别是政府的政策也同样重要。如 Pietrobelli（2008）认为，在最不发达的国家中，政府出台的公共政策是影响全球价值链参与的重要因素。借鉴国外前沿研究，未来本命题的相关研究可以进行如下拓展：其一是使用结构估计方法量化评估人工智能对全球价值链参与的作用，其二是运用文本分析法识别企业层面的人工智能应用水平。

与理论命题 10－3 相关的国外前沿研究主要有以下两个方面：一是探讨人工智能的影响效应问题。首先，人工智能作为劳动密集型行业中劳动力的替代，其发展不可避免地导致失业增加（Frey & Osborne，2017；Faber，2020；Acemoglu et al.，2022）和劳动力收入份额下降（Acemoglu & Restrepo，2022）。但在替代的同时，人工智能也同样可以创造新的劳动力（Acemoglu & Restrepo，2020）。其次，人工智能对劳动生产率存在促进作用。不仅因为人工智能密集的行业本身就有着高劳动生产率的特征，还因为人工智能具有很强的溢出效应，能够带动全行业甚至全社会劳动生产率的提高（Graetz & Michaels，2018；Acemoglu et al.，2020）。最后，人工智能的发展造成了发展的不平等（Korinek & Stiglitz，2021）。二是研究全球 GVC 网络格局以及各国网络特征。GVC 网络呈现出高度集中和不对称的特征，且多年来网络的规模、强度以及连通性都在不断上升（Amador & Cabral，2017），揭示了全球化的日益加深。网络中存在一些大型经济体如中国、德国、美国以及日本成为核心枢纽，与更多经济体建立了 GVC 合作关系，也意味着掌握了网络中更多的资源（Xiao et al.，2017）。借鉴国外前沿研究，未来本命题的相关研究可以进行如下拓展：融合产业经济、国际贸易和 GVC 多领域理论，搭建系统性人工智能对 GVC 影响的理论框架。

与理论命题 10－4 相关的国外前沿研究主要有以下两个方面：一是工业机器人应用如何影响全球价值链分工的地位。Aghion & Howitt（2008）提出，工业机器人应用提高了使用中间品生产最终品的效率；Acemoglu & Restrepo（2018）认为，工业机器人应用使得生产过程更加自动化和智能化，节约了劳动成本。二是工业机器人应用如何影响上下游产业。Autor & Salomons（2018）提出，工业机器人应用首先会促进自身产业生产率提高，然后通过产业关联效应影响其他产业；Acemoglu et al.（2015）发现，产业智能化通过提升本产业生产率增加了对上游行业的产品需求。借鉴国外前沿研究，未来本命题的相关研究可以进行如下拓展：其一是拓展工业机器人应用影响全球价值链分工地位的内在机制，其二是分析工业机器人应用的全产业链影响。

参考文献

第十一章

全要素生产率

第一节　问题的提出

全要素生产率（Total Factor Productivity，TFP）是衡量经济增长和竞争力的重要指标，不仅反映了技术进步和创新的直接影响，还体现了资源配置效率和组织管理水平的提升。在数字贸易学分析框架中，全要素生产率扮演着重要角色，连接着数字技术、平台、消费者、全球公司等核心模块；不仅体现了数字技术在提升生产效率中的作用，还揭示了平台经济对全球贸易的推动力；不仅是数字贸易平台效率和竞争力的关键，也是全球公司在数字化背景下实现增长和可持续发展的重要因素。

在本章中，我们将重点研究三个重要的全要素生产率领域的理论命题。命题一：信息与通信技术（Information and Communication Technology，ICT）与人力资本的互补机制理论。这一命题探讨企业 ICT 应用与不同类型劳动力之间的互补效应，以及如何通过优化劳动力结构，更好地发挥 ICT 在生产率提升中的作用。通过学习这一命题，读者将更好地理解“企业如何配置劳动力结构以更好地发挥 ICT 生产率效应”这个重要问题。命题二：ICT 产业进口的生产率提升机制。这一命题将分析加入 WTO 后，进口自由化对企业生产率的影响，以及如何通过进口结构的优化，实现全要素生产率的提升。这一理论命题有助于我们理解开放经济条件下，企业如何利用国际资源提高生产效率。命题三：全要素生产率的数字化赋能机制。在中国当前的经济发展背景下，企业全要素生产率仍存在较大的提升空间，数字化转型可以通过提高创新能力、优化人力资本结构、推动两业融合发展以及降低成本的机制来促进全要素生产率提升。这一命题首次在中国的情景下，研究数字化转型与企业生产效率的良性互动关系，建构了完整的全要素生产率数字化赋能机制理论，拓展了数字化转型影响效应的研究边界。

通过对这三个命题的深入分析，本章将为理解和提升全要素生产率提供新的视角和理论支持，并为相关政策制定和企业实践提供有力的指导。

第二节 ICT 与人力资本的互补机制理论

一、理论命题的提出

宏观层面的研究表明，不同国家 ICT 投资的生产率效应可能是不同的（Oliner & Sichel，2000；Jorgenson，2001；Jorgenson et al.，2008；Acemoglu et al.，2014），且并未得出一致的结论。与宏观层面结论各异不同，企业（firm）和厂商（plant）层面的多数研究认为不存在“信息技术生产率悖论”，并且不直接讨论悖论本身，而是集中讨论企业特质性特征对 ICT 经济效应的影响。如何发挥企业 ICT 的生产率潜力、寻找破解生产率悖论的有效路径成为研究焦点（Milgrom & Robert，1990；Brynjolfsson & Hitt，1996；Bloom et al.，2012）。与发达国家相比，发展中国家由于经济结构、发展阶段等方面的差异，导致 ICT 的溢出条件发生变化，进而影响其经济效应的发挥。发展中国家企业可能由于在技术水平、劳动力结构以及管理方面存在瓶颈而无法有效吸收 ICT 技术。那么，中国作为处于转型进程中的发展中国家，ICT 的生产率效应是否与其他国家不同，现有研究并未给出确切答案。

基于此，何小钢等（2019）提出了“ICT 与人力资本的互补机制理论”这一理论命题。

理论命题 11-1

企业 ICT 应用与高技能劳动力和长期雇佣员工存在互补效应。一方面，高技能劳动力既能直接与 ICT 互补，又能与由 ICT 应用带来的生产方式与组织结构变革互补，进而强化 ICT 的生产率提升效应；另一方面，承诺型雇佣劳动力具有更丰富的技术经验和更强的分析与解决问题的能力，能更快地适应 ICT 应用带来的生产柔性和组织变革，进而强化 ICT 的生产率提升效应，但同时承诺型雇佣导致的雇佣期锁定与僵化不利于企业根据市场和技术波动及时调整生产，不利于企业 ICT 应用，可能弱化 ICT 的生产率提升效应。

资料来源：何小钢，梁权熙，王善骝．信息技术、劳动力结构与企业生产率：破解“信息技术生产率悖论”之谜 [J]. 管理世界，2019，35（9）：65-80.

该理论命题创新性地将劳动力技能结构与雇佣形式同时纳入 ICT 的互补理论机制的研究框架，探究 ICT 具体与哪种类型劳动力结合能对生产率有显著的积极影响，并运用中国的微观数据对其进行实证检验，回答了“企业如何配置劳动力结构以更好地发挥 ICT 生产率效应”这个重要问题。一方面，现有 ICT 生产率文献主要集中于发达国家，缺乏对发展中国家的研究，在微观层面尤甚。何小钢等（2019）从微观层面提供了发展中国家 ICT 提升企业生产率的直接证据，并从企业人力资本角度验证了发展中国家企业破解“信息技术生产率悖论”的有效路径。另一方面，何小钢等（2019）从劳动力结构角度识别了 ICT 生产率提升效应的作用机制和渠道，为企业更好地利用信息技术提高增长质量提供了一个可能的通道，同时打开并部分回应了“信息技术如何与技能劳动力形成互补”的“黑箱”（Bresnahan et al.，2002；邵文波和李坤望，2014）。

二、理论命题的具体内容

Milgrom & Robert（1990）通过发展互补机制理论来探索 ICT 生产率潜力的可能实现途径。他们认为，组织变革、技术进步与人力资本之间构成一个互补系统，共同作用于企业绩效。互补机制理论认为，企业的 ICT 投资会带来直接和间接的生产率效应。首先，在其他投入要素均不变的情况下，信息技术带来的生产方式革新与企业内部和外部沟通协调效率提高能直接提升企业的生产率。其次，信息技术带来的生产方式和沟通协调成本的变化会引致企业在组织、人力资本、管理实践和生产流程等方面发生变革。要素间能相互补充、共同变化，最终导致生产率的显著改善，这就是企业信息化的间接生产率回报。也就是说，除要素本身对产出产生影响之外，相关要素之间也会形成替代或互补。要素投入之间存在冗余、导致产出降低时就表现出替代效应，而要素投入之间能相互赋能时就表现出互补效应（Brynjolfsson & Milgrom，2013）。互补效应发生时，企业增加某一要素投入时会提高另外一种要素投入的回报（Milgrom & Roberts，1995）。因此，企业不能单纯地进行信息化投资，而应当同时注重识别并投入与 ICT 投资相匹配的互补要素。在互补要素中，高技能劳动力就是与 ICT 投资相互匹配、赋能的关键资源（Hitt & Brynjolfsson，1997；Bresnahan et al.，2002；汪淼军等，2006；Bartel et al.，2007）。这种互补效应体现在两个方面：

其一，便利化 ICT 在企业中的应用，促进 ICT 直接产生生产率效应，同时高技能劳动力与 ICT 匹配后会提升其自身的生产效率。作为一种技能偏向型技术，ICT 在企业生产管理过程中的应用要求工人具备很强的使用高度计算机化系统进行工作的能力。高技能劳动力所具备的分析、协调等能力是对 ICT 的有益补充（Autor et al.，2003），通常会提高 ICT 在企业中的利用效率。同时，ICT 对程序化任务（routine task）的替代，使得高技能劳动力能在相同的工作时间约束下充分利用自身的比较优势完成更多非程序化任务（non-routine task），同时还能辅助高技能劳动力自身提高工作效率（Autor & Dorn，2013），最终表现出更高的生产率。

其二，赋能 ICT 导致的生产流程、组织和管理转型，提升了 ICT 的间接生产率效应。企业信息化会带来组织、管理、生产流程等的改变。这种生产方式与组织结构的转变赋予劳动者更多自由裁量权，要求劳动者提高数据分析和问题解决能力，而这些能力只有高技能劳动力才具备（Bresnahan et al.，2002）。高技能劳动力不但能更加灵活、更快地使用新技术，而且更容易适应新的流程与组织模式并产生协同创新（Krueger & Kumar，2004）。

基于此，何小钢等（2019）提出了假说 1。

假说 1：在其他条件相同时，企业信息化与高技能劳动力存在互补效应，高技能劳动力既能直接与 ICT 互补，又能与由于 ICT 应用带来的生产方式与组织结构变革互补，进而强化 ICT 的生产率提升效应。

由企业劳动力雇佣结构偏差造成的劳动力技能与技术之间的不匹配，会阻碍新技术的应用并减少由新技术带来的潜在生产率提高（Bresnahan et al.，2002）。从理论上看，雇佣形式从三个渠道影响企业 ICT 生产率潜力的实现。

首先，ICT 应用提高了企业生产的柔性（王永进等，2017），在柔性生产系统中，承诺型雇员有利于实现 ICT 的生产率潜力。一方面，柔性生产系统要求工人熟悉生产流程并具有相当的分析能力，能直接解决生产过程中的问题，这正是承诺型雇员所具备的。另一方面，解决问题的能力和生产经验需要通过在职培训、轮岗学习等实践积累，劳动者在承诺型雇佣模式下更容易获得这些技能和经验（MacDuffie，1995）。

其次，雇佣期限也会影响企业投资 ICT 的生产率回报。ICT 会促进分工结构的扩展和深化（Fort，2017），同时还会对信息传输和决策结构产生极大的冲击，促使企业由垂直结构向扁平化组织架构转变，并在决策模式上由集权转向分权（Acemoglu et al.，2007）。这种分工深化和组织结构转变会让员工不断积累专用知识和信息优势，使得管理人员难以恰当地监管与考核员工的工作表现，必须赋予员工更多决策参与权。最终，长期雇佣合同的员工更胜任此类工作。类似地，根据奥托（Autor）的理论，ICT 导致的非程序化任务增多意味着需要投入更多复杂脑力劳动（Autor & Dorn，2013），而长期雇佣员工具有更强的自我驱动和内在激励，更有利于激励员工参与复杂劳动，进而提升 ICT 的应用效率。

最后，企业不同雇佣方式所表现出来的灵活性也会影响企业 ICT 生产率潜力的实现。稳定僵化的承诺型雇佣可能使企业无法及时、灵活地根据市场波动和技术冲击来调整资源配置，不利于企业快速应用 ICT。这是因为当企业灵活性较低时，解雇行为就会减少，企业倾向于采用低技能偏向型技术；而自主权较高的企业能随时根据市场和技术的变化灵活调整人力资源配置，就会采用高技能偏向型技术来替代现有的劳动投入（Gust & Marquez，2004；Alesina et al.，2018）。从这个角度看，企业雇佣流动性更差的长期雇员不利于采用 ICT 这类能替代劳动的先进技术。长期雇佣劳动力的僵化特征还有可能会制约承诺型雇佣的上述两个优势的有效发挥，进而有可能削弱 ICT 的生产率效应。

基于此，何小钢等（2019）提出了假说 2a 和假说 2b。

假说 2a：其他条件相同，承诺型雇佣劳动力具有更丰富的促进 ICT 技术的应用实效的技术经验，同时具有更强的分析和解决问题的能力，能更快地适应 ICT 应用带来的生产柔性和组织变革，进而强化 ICT 的生产率提升效应。

假说 2b：其他条件相同，承诺型雇佣导致的雇佣期锁定与僵化不利于企业根据市场和技术波动及时调整生产，不利于企业 ICT 应用，进而弱化 ICT 的生产率提升效应。

为了检验假说 1、假说 2a 和假说 2b，何小钢等（2019）设定了如下的回归模型来识别 ICT 和劳动力结构对企业生产率的影响：

$$\begin{aligned}\mathrm{PROD}=&\beta_0+\beta_1\mathrm{ICT}+\beta_2\mathrm{LABOR}+\beta_3\mathrm{ICT}\times\mathrm{LABOR}\\&+\sum_k\phi_k\mathrm{CONTROL}^k+\xi\end{aligned} \tag{11-1}$$

式中，PROD 为企业生产率，ICT 为企业 ICT 的应用程度，LABOR 为企业劳动力结构（包括技能结构和雇佣结构），$\mathrm{CONTROL}^k$ 为第 k 个控制变量，ξ 为随机误差项。模型

(11-1) 加入了劳动力结构变量及其与 ICT 的交互项来捕捉二者的交互效应。考虑到企业 ICT 应用程度的潜在内生性，采用普通最小二乘法（OLS）和工具变量两阶段最小二乘法（2SLS）来估计模型（11-1）。由于同一城市或行业企业之间可能存在截面相关，采用根据城市-行业进行聚类调整的稳健标准误。

首先，表 11-1 报告了企业 ICT 与劳动力技能结构互补效应的回归结果。出于稳健性考虑，表 11-1 同时报告了 OLS 和工具变量（IV）回归结果。从第（1）列和第（2）列可知，交互项 ICT×HMsprate 的系数均在 1%的显著性水平上统计显著为正，表明中高技能劳动力与企业 ICT 应用之间存在显著的互补效应，中高技能劳动力有助于强化 ICT 对企业生产率的提升作用。第（3）列和第（4）列将中高技能劳动力细分为高技能劳动力（Hsprate）和中等技能劳动力（Msprate），结果显示，高技能劳动力与 ICT 的交互项（ICT×Hsprate）的系数分别为 0.760 和 2.187，且都在 1%的显著性水平上统计显著；中等技能劳动力与 ICT 的交互项（ICT×Msprate）的系数分别为 0.439 和 0.491，仅在 OLS 回归中统计显著（显著性水平为 10%），在 IV 回归中不再显著。这些结果表明，劳动力技能结构与 ICT 的互补效应主要体现在高技能劳动力上，而中等技能劳动力与 ICT 之间不存在互补效应，这与 Akerman et al.（2015）研究宽带应用对生产率影响的结论一致。特别地，在考虑了劳动力技能结构与 ICT 的交互影响后，所有回归中主效应变量 ICT 的系数值都明显变小，且只在第（3）列回归中统计显著，这表明 ICT 对企业生产率的提升作用主要是通过其与高技能劳动力的互补效应实现的。从经济意义来看，IV 回归结果显示，企业的高技能劳动力比例提高 10%，将导致 ICT 对生产率的边际效应上升 0.218 7（=0.1×2.187），相当于 ICT 平均边际效应的 20.31%（=0.218 7/1.077），这表明高技能劳动力与 ICT 之间的互补效应具有显著的经济意义。上述结果验证了何小钢等（2019）的假说 1。

表 11-1 劳动力技能结构与 ICT 生产率效应回归结果

	OLS (1)	IV (2)	OLS (3)	IV (4)
ICT	0.155	0.014	0.242*	0.219
	(0.140)	(0.561)	(0.140)	(0.564)
ICT×HMsprate	0.969***	1.763***		
	(0.192)	(0.584)		
ICT×Hsprate			0.760***	2.187***
			(0.231)	(0.587)
ICT×Msprate			0.439*	0.491
			(0.257)	(0.846)
HMsprate	−0.205***	−0.406***		
	(0.048)	(0.088)		
Hsprate			0.162	−0.512***
			(0.100)	(0.178)
Msprate			−0.271***	−0.231*
			(0.057)	(0.129)
Size	0.307***	0.305***	0.306***	0.307***
	(0.007)	(0.008)	(0.007)	(0.008)

续表

	OLS (1)	IV (2)	OLS (3)	IV (4)
lnKL	0.191***	0.185***	0.189***	0.188***
	(0.010)	(0.010)	(0.010)	(0.010)
Loan	−0.216***	−0.214***	−0.217***	−0.213***
	(0.020)	(0.020)	(0.020)	(0.020)
Upc	0.396***	0.393***	0.399***	0.394***
	(0.060)	(0.060)	(0.060)	(0.060)
lnage	−0.146***	−0.139***	−0.145***	−0.140***
	(0.013)	(0.013)	(0.013)	(0.013)
Statehold	−0.360***	−0.359***	−0.366***	−0.358***
	(0.033)	(0.034)	(0.033)	(0.034)
Protect	−0.033	−0.014	−0.010	0.004
	(0.078)	(0.078)	(0.077)	(0.078)
Pgdp	0.012	0.006	0.016	0.012
	(0.054)	(0.052)	(0.054)	(0.053)
Gedurate	0.539	0.472	0.507	0.461
	(0.504)	(0.501)	(0.501)	(0.499)
Pcost	−0.045***	−0.043***	−0.048***	−0.045***
	(0.012)	(0.012)	(0.012)	(0.012)
常数项	−0.046	0.063	−0.051	0.008
	(0.353)	(0.373)	(0.364)	(0.361)
行业固定效应	是	是	是	是
观测值	11 999	11 999	11 999	11 999
调整的 R^2	0.440	0.436	0.442	0.436

注：*** 和 * 分别表示在 1%和 10%的显著性水平上统计显著，括号内为根据城市-行业聚类调整的稳健标准误。

资料来源：改编自何小钢，梁权熙，王善骝．信息技术、劳动力结构与企业生产率：破解“信息技术生产率悖论”之谜［J］．管理世界，2019，35（9）：65－80。

其次，表 11－2 汇报了企业 ICT 应用与劳动力雇佣形式交互效应的回归结果。OLS 回归结果显示，ICT 与长期雇佣的交互项 ICT×Permrate 的系数为 0.753，且在 1%的显著性水平上统计显著。由 IV 回归结果可知，在控制了 ICT 的内生性后，交互项 ICT×Permrate 增大了 1.317，且保持在 5%的显著性水平上统计显著。此结果表明，劳动雇佣形式对于 ICT 生产率效应的发挥具有重要的影响，长期雇佣劳动力能够显著强化 ICT 的生产率提升作用。并且，在控制了劳动力雇佣形式及其与 ICT 的交互影响后，变量 ICT 的系数均不再统计显著，这说明 ICT 的生产率提升效应需要结合企业长期雇佣的劳动力才能实现。上述结果验证了何小钢等（2019）的假说 2a。

表 11－2　劳动力雇佣形式与 ICT 生产率效应回归结果

	OLS (1)	IV (2)
ICT	0.168	−0.019
	(0.191)	(0.557)
ICT×Permrate	0.753***	1.317**
	(0.214)	(0.590)

续表

	OLS (1)	IV (2)
Permrate	−0.178***	−0.259***
	(0.042)	(0.073)
Size	0.306***	0.302***
	(0.007)	(0.006)
lnKL	0.190***	0.184***
	(0.010)	(0.008)
Loan	−0.217***	−0.215***
	(0.020)	(0.019)
Upc	0.398***	0.396***
	(0.060)	(0.053)
lnage	−0.145***	−0.139***
	(0.013)	(0.013)
Statehold	−0.362***	−0.367***
	(0.033)	(0.031)
Protect	−0.035	−0.022
	(0.079)	(0.055)
Pgdp	0.008	−0.002
	(0.053)	(0.046)
Gedurate	0.561	0.527*
	(0.505)	(0.319)
Pcost	−0.046***	−0.046***
	(0.012)	(0.009)
常数项	−0.031	0.064
	(0.361)	(0.583)
行业固定效应	是	是
观测值	11 999	11 999
调整的 R^2	0.439	0.437

注：***、** 和 * 分别表示在 1%、5%和 10%的显著性水平上统计显著，括号内为根据城市-行业聚类调整的稳健标准误。

资料来源：改编自何小钢，梁权熙，王善骝．信息技术、劳动力结构与企业生产率：破解“信息技术生产率悖论”之谜 [J]．管理世界，2019，35 (9)：65－80。

第三节 ICT 产业进口的生产率提升机制

一、概念

在正式讨论该理论命题前，我们需要对该理论命题的核心概念“ICT 产业”有一个整体的理解。

(一) ICT 产业的内涵

联合国贸易和发展会议（United Nations Conference on Trade and Development，UNCTD）于 2019 年 9 月发布《数字经济报告 2019》，这是首个由国际权威机构发布的

数字经济研究报告。《数字经济报告 2019》将数字经济划分为三个部门：（1）基础部门，包括基础创新部门（半导体、处理器）、核心技术部门（计算机、电信设备）、支持性基础架构部门（互联网和电信网络）。（2）数字和信息技术（IT）部门，其生产依赖于核心数字技术的关键产品或服务，包括数字平台、移动应用程序和支付服务。数字经济在很大程度上受到这些部门创新服务的影响，这些创新服务对数字经济做出了基础性贡献，并对其他部门产生了潜在的溢出效应。（3）广泛的数字化部门。主要指产业数字化部门，这些部门正在进行数字化转型，使用了数字化产品和服务或者新型的商业模式，比如电子商务、数字金融、数字媒体、数字旅游、数字运输等。很显然，《数字经济报告 2019》对数字经济的定义中前两个部门——基础部门及数字和信息技术部门——大体与 ICT 产业相对应，这也可以称为狭义的数字经济部门。

ICT 产业的本质属性是信息技术与通信技术的融合。伴随着技术的不断发展，原本看似独立的信息编码解码技术与传输通信技术逐渐密不可分。ICT 产业是电信服务、信息服务等多方面的有机结合。

与其他产业相比，ICT 产业具有的特有属性是高度智能化，这一属性主要来自数字技术自身的特性。第一，数字技术的应用提升了生产过程的灵活性与适应性，能够满足消费者日益增长的个性化、碎片化需求。第二，计算、存储、通信技术的不断进步加速了跨平台跨系统的信息互联互通，提升了产业整体的智能化水平。

综上所述，Zhang et al.（2021）给出了 ICT 产业的内涵：ICT 产业是融合了信息技术与通信技术，核心在于利用技术实现信息的传输、存储与处理的综合性产业。ICT 产业具有高度智能化这一特有属性。

（二）ICT 产业的外延

从组成来看，ICT 产业包括广播、电视、移动电话、计算机、网络硬件与软件、卫星系统等。从物理特征来看，ICT 产业不仅包含硬件设备，也包含与之配套的软件与应用。

二、理论命题的提出

自“索洛悖论”提出以来，大量研究对其进行了检验，但大多数研究都以美国等发达国家为研究对象。根据研究结论，这方面的研究大体可以划分为两类。一类研究认为，ICT 投资促进了企业生产率的提升，否定了“索洛悖论”的存在（Oliner at al.，1994；Brynjolfsson & Hitt，1995；Jorgenson & Stiron，1995；Brynjolfsson & Hitt，1996；Jorgenson & Stiron，1999；Triplett，1999；Brynjolfsson & Hitt，2000；Oliner & Sichel，2000；Brynjolfsson & Hitt，2003）。另一类研究认为，“索洛悖论”是在 ICT 发展初期才具有的特征，或者是由于某些因素没有得到满足才形成了“索洛悖论”，肯定了“索洛悖论”的存在（Triplett，1999；Jacobs & Nahuis，2002；Acemoglu et al.，2014；Brynjolfsson et al.，2017）。面对“索洛悖论”，通常的解决方案是大力发展 ICT 产业、促进 ICT 与实体经济融合、提高人力资本水平、优化人力资本结构、完善配套技术等（Triplett，1999；Black & Lynch，2001；Akerman et al.，2015；Brynjolfsson et al.，2017）。

基于此，Zhang et al.（2021）提出了“ICT 产业进口的生产率提升机制”这一理论命题。

理论命题 11-2

加入 WTO 后，进口自由化导致了单位产出资本投入、单位劳动资本投入和单位中间投入资本投入的同时增加，揭示了要素投入结构从劳动密集型逐渐转向资本密集型，要素结构的改变提高了企业生产率；进口自由化导致投入品进口值、进口质量以及进口种类数的增加，促进了企业 TFP 增长；进口自由化还促进了企业研发投入和新产品产值比率提高，有利于企业生产率的长期增长。

资料来源：Zhang H，Wei Y，Ma S. Overcoming the “Solow Paradox”：Tariff reduction and productivity growth of Chinese ICT firms [J]. Journal of Asian Economics，2021（74）：101316.

值得指出的是，何小钢等（2019）是目前搜索到的第一个关于中国 ICT 产业“索洛悖论”（Solow Paradox）的研究。他们首次从微观层面直接考察了中国 ICT 产业的“索洛悖论”问题，并从企业人力资本角度提出了破解路径和机制。而 Zhang et al.（2021）的理论是第二个聚焦于中国 ICT 产业“索洛悖论”现象的严肃学术研究。该研究首次利用大样本权威微观企业层面的中国工业企业数据库对其进行了尝试性考察，发现在 1998—2002 年期间，中国 ICT 产业和非 ICT 产业企业全要素生产率增长都非常缓慢，可能落入了“索洛悖论”阶段，但从 2003 年开始，ICT 产业突然出现了显著的增长，标志着中国 ICT 产业顺利跨越了“索洛悖论”阶段。

三、理论命题的具体内容

“索洛悖论”是由诺贝尔经济学奖得主罗伯特·索洛（Robert Solow）在 1987 年提出的。其核心观点是：计算机等领域的投资处处可见，但在生产率统计中却看不到它的影响。这句话概括了 20 世纪 80 年代初期信息技术（IT）快速发展与经济生产率增长缓慢之间的矛盾现象。

在理论分析方面，张洪胜等关注贸易自由化对 ICT 行业全要素生产率的影响。在对理论分析的实证检验方面，构建了如式（11-2）所示的模型。其中，f 表示企业，t 表示年份，i 表示 4 位码行业（2002 年修订的国民经济行业分类标准，GB/T4754—2002），j 表示 2 位码行业，TFP_{ft} 表示按 ACF 方法计算的企业全要素生产率（Ackerberg et al.，2015）。$Post_t$ 为中国加入 WTO 的时间虚拟变量，即 2002 年及之后取值为 1，其他年份取值为 0。$lnitariff_i$ 为投入品进口关税，$lnytariff_i$ 为产出品进口关税。X_{ft} 为企业层面控制变量，包括企业规模、资本强度、企业年龄、垂直专业化比率、企业杠杆率、补贴收入、外商资本比率、新产品产值比率、出口强度、贸易政策不确定性、FDI 政策等。为了控制不随时间变化的企业特征和年份特征，加入了企业固定效应 v_f、年份固定效应 v_t、4 位码行业固定效应 v_i。ε_{ft} 为随机扰动项。加入 WTO 的时间虚拟变量和投入品关税、产出品关税的交互项 $Post_t \times lnitariff_i$ 和 $Post_t \times lnytariff_i$ 的估计系数 θ_1 和 θ_2 是本节重点关注的对象，其分别度量了在加入 WTO 之后相对于之前，ICT 产业投入品关税和产出品关税下降大的行业相对于下降小的行业，企业生产率的变化差异。

$$\ln \mathrm{TFP}_{ft}=\alpha+\theta_1 \mathrm{Post}_t \times \ln \mathrm{itariff}_i+\theta_2 \mathrm{Post}_t \times \ln \mathrm{ytariff}_i \\ +\varphi \ln X_{ft}+v_f+v_t+v_i+\varepsilon_{ft} \tag{11-2}$$

表 11-3 报告了基准回归结果，其中第（1）列仅纳入投入品进口关税与 Post 的交互项、产出品进口关税与 Post 的交互项以及企业固定效应、4 位码行业固定效应和年份固定效应。第（2）列加入了企业规模、资本强度、企业年龄、垂直专业化比率四个变量，第（3）列和第（4）列进一步加入了企业杠杆率、补贴收入、外商资本比率、新产品产值比率以及出口强度五个变量。第（1）列和第（3）列的标准误在企业层面聚类，第（4）列的标准误为稳健标准误。第（1）列的结果显示，投入品进口关税的交互项符号为负，并且在 1%的显著性水平上统计显著，表示加入 WTO 之后，相对于之前，投入品进口关税下降会导致企业全要素生产率的提高，具体而言，投入品关税下降 1%会促使企业全要素生产率提高 0.7%；产出品进口关税的交互项符号为正，也在 1%的显著性水平上统计显著，表示加入 WTO 之后，相对于之前，产出品进口关税下降会导致企业全要素生产率的下降，具体而言，产出品关税下降 1%会促使企业全要素生产率降低 0.3%。因此，通过投入品进口关税交互项和产出品进口关税交互项的系数大体可以判断，ICT 产业进口关税下降 1%会使企业全要素生产率提高 0.4%。第（2）列的结果显示，在加入了企业规模、资本强度、企业年龄、垂直专业化比率四个变量后，投入品进口关税对企业生产率的提升效应下降到 0.6%，产出品进口关税对生产率的抑制效应下降至 0.2%，ICT 产业进口关税的净效应仍然维持在 0.4%；与此同时，企业规模、企业年龄、垂直专业化比率对企业生产率的影响都显著为负，企业资本强度的影响显著为正，尤其是资本投入强度提高 1%，会带来企业生产率提高 1.4%。第（3）列的结果显示，加入企业杠杆率、补贴收入、外商资本比率、新产品产值比率以及出口强度后，投入品关税和产出品关税的系数符号和显著性都保持与第（2）列的结果一致，表明了结果的稳健性，同时，企业杠杆率、补贴收入、外商资本比率、新产品产值比率都对企业生产率具有显著的负向影响，出口强度对企业生产率具有正向影响，但在统计上不显著。投入品进口关税对生产率的提升效应进一步下降到 0.5%，产出品进口关税对生产率的抑制效应保持在 0.2%，ICT 产业进口关税的净效应下降至 0.3%。第（4）列的结果显示，报告稳健标准误时，结果与第（3）列的结果完全一致。

表 11-3 贸易自由化对于企业全要素生产率影响的基准回归结果

	(1) lnTFP	(2) lnTFP	(3) lnTFP	(4) lnTFP
Post×lnitariff	−0.007***	−0.006**	−0.005**	−0.005***
	(0.003)	(0.002)	(0.002)	(0.002)
Post×lnytariff	0.003***	0.002***	0.002***	0.002***
	(0.000)	(0.000)	(0.000)	(0.000)

续表

	(1) lnTFP	(2) lnTFP	(3) lnTFP	(4) lnTFP
lnfixed		−0.008***	−0.009***	−0.009***
		(0.000)	(0.000)	(0.000)
lnkr		0.014***	0.014***	0.014***
		(0.001)	(0.001)	(0.001)
lnage		−0.009***	−0.009***	−0.009***
		(0.001)	(0.000)	(0.000)
lnintr		−0.004***	−0.004***	−0.004***
		(0.001)	(0.001)	(0.001)
lnlev			−0.005***	−0.005***
			(0.001)	(0.001)
lnsubsidy			−0.000***	−0.000***
			(0.000)	(0.000)
lnforek			−0.004***	−0.004***
			(0.001)	(0.001)
lnnewr			−0.002**	−0.002***
			(0.001)	(0.001)
lnexpr			0.000	0.000
			(0.001)	(0.001)
常数项	1.065***	1.150***	1.161***	1.161***
	(0.003)	(0.004)	(0.004)	(0.003)
公司固定效应	是	是	是	是
行业固定效应	是	是	是	是
年份固定效应	是	是	是	是
观测值	57 729	49 524	49 087	49 087
R^2_a	0.958	0.968	0.969	0.969

注：四列被解释变量都为企业全要素生产率对数值。每列都控制了企业、4 位码行业、年份固定效应。*** 和 ** 分别表示在 1%和 5%的显著性水平上统计显著，括号内为稳健标准误。

资料来源：改编自 Zhang H，Wei Y，Ma S. Overcoming the "Solow Paradox"：Tariff reduction and productivity growth of Chinese ICT firms [J]. Journal of Asian Economics，2021 (74)：101316。

综上，表 11 - 3 所示的基准结果表明，投入品进口贸易自由化显著提高了企业生产率，产出品进口自由化则显著降低了企业生产率，但前者的绝对影响程度大于后者，因此，ICT 产业进口关税削减显著有利于提高企业生产率。

第四节　全要素生产率的数字化赋能机制

一、理论命题的提出

关于数字经济对全要素生产率的影响研究主要分为两类：一类观点认为，数字经济能够显著提高全要素生产率。Bresnahan (2010) 认为，ICT 作为一种通用目的技术，具有多功能性和通用技术性，可以显著提高生产效率；Graetz & Michaels（2018）采用行业面板数据，发现工业机器人和人工智能的使用显著提高了经济增长速度；Kromann et al.（2020）发现，数字技术可以辅助人类工作，实现生产和管理的智能化，从而提高劳动生产率。另一类观点认为，数字经济抑制了全要素生产率的提高，存在“索洛悖论”。Cowen（2011）发现，互联网和计算机技术的发展对于生产率的促进作用不明显；Brynjolfsson et al.（2019）将人工智能“索洛悖论”的原因归为错误的预期、测算误差、滞后效应以及要素错配等四个方面；Aghion et al.（2017）认为，数字技术对 TFP 增长具有时滞性，短期内无法提高 TFP；Acemoglu & Restrepo（2018）指出，过度自动化将导致资源浪费和劳动力错配，抑制 TFP 提升。

基于此，赵宸宇等（2021）提出了“全要素生产率的数字化赋能机制”这一理论命题。

理论命题 11-3

在中国当前的经济发展背景下，企业全要素生产率仍存在较大的提升空间，数字化转型可以通过提高创新能力、优化人力资本结构、推动两业融合发展以及降低成本的机制促进全要素生产率提升。

资料来源：赵宸宇，王文春，李雪松．数字化转型如何影响企业全要素生产率［J］．财贸经济，2021，42（7）：114-129.

该理论命题首次在中国的情景下，研究数字化转型与企业生产效率的良性互动关系，建构了完整的全要素生产率数字化赋能机制理论，拓展了数字化转型影响效应的研究边界。首先，西方学者关于数字化转型对企业全要素生产率的影响尚未有定论。其次，既有研究尚未明确数字化转型对企业全要素生产率的具体作用路径。赵宸宇等（2021）在此基础上，结合企业数字化转型的内涵与特征，从理论层面梳理了数字化转型对企业全要素生产率的提升作用，搭建了完整的数字化转型与企业全要素生产率的理论框架。最后，西方关于数字技术应用的研究大多站在发达国家视角或者使用发达国家数据，从发展中国家视角展开的研究较为少见。赵宸宇等（2021）结合中国企业生产实践经验，使用中国企业微观层面数据，从实证方面厘清了数字化转型驱动企业生产效率提升的具体路径，为政府出台相关政策提供了经验证据，拓展了数字化转型与企业全要素生产率的研究分支。

二、理论命题的具体内容

在理论分析方面，首先，数字化转型通过驱动企业创新来提高全要素生产率。制造业是国民经济的主体，是立国之本和强国之基，是发展数字经济、实施数字化转型的主战场。我国制造业高质量发展和产业链升级，本质上要依靠创新驱动形成竞争优势。通过数字化转型赋能传统产业，不仅可以驱动企业技术创新（Radicic & Petković，2023），而且可以改变企业的创新模式和创新体系（Reim et al.，2022），带动企业全要素生产率的提高。第一，数字化转型可以加快企业的信息化进程，通过大数据、云计算、区块链、物联网等新技术的应用实现传统制造企业向智能制造转型，提升企业的技术创新能力，进而提高企业全要素生产率。第二，数字化转型有助于提升企业的研发效率（Chen & Chen，2024）。一方面，利用软件科学、计算科学、仿真科学赋能研发创新，可以构建系统性的数字研发模型，实现研发设计的数字化处理，减少实验成本或研发成本；另一方面，借助设备数据的自动采集、数据中台的清洗治理和大数据分析技术的运用，可以提升研发效率。第三，数字化改变了企业的创新模式。传统的创新模式以企业为主，与客户的距离较远，而在数字经济背景下，一方面，互联网商业模式的运用拉近了企业和消费者之间的距离，消费者可以更广泛地参与产品生产和价值创造的全过程，成为企业创新发展的重要源泉；另一方面，企业通过智能设备的互联互通和数字技术的应用，可以及时获取客户的数据，实现对客户信息和需求的及时反馈（Cochoy et al.，2017），加快企业对产品和技术改进升级的步伐。第四，随着新一代信息技术的发展，制造业与数字技术深度融合催生出网络化协同制造新模式（Wu et al.，2022），这种模式的核心是将大数据、云计算、物联网等技术应用在产品制造、研发设计、企业管理和客户关系维护等各个环节，实现企业内部研发设计和供应链管理的协同（Abdalla & Nakagawa，2021），扩大数据和知识要素在企业内部系统之间的交流和分享，加速从单打独斗创新向产业协同创新转变，提升企业生产效率。

基于此，赵宸宇等（2021）提出了假说1。

假说1：数字化转型通过驱动企业创新来提高全要素生产率。

其次，数字化转型通过优化人力资本结构提高企业全要素生产率。人力资本水平提升对于增强企业的核心竞争力至关重要（Corvers，1997）。在制造业价值链攀升过程中，劳动要素的专业化程度逐渐增强，高素质劳动力和专业化知识有利于价值链各环节的整合，有助于改进业务流程，降低生产和交易成本，在产业分工中的作用尤为凸显（Jibir et al.，2023）。企业的智能化发展会形成先进机器设备对低端劳动力的替代，同时数字技术的应用会加大对高学历劳动力的用工需求，优化企业人力资本结构（Balsmeier & Woerter，2019）。随着企业人力资本水平的提升，高质量知识资本和人力资本将融入产品的生产和经营过程，产生直接的技术扩散效应，提高企业的创新能力，推动企业向“微笑曲线”两端攀升，不断降低生产成本，提高企业的生产效率。

基于此，赵宸宇等（2021）提出了假说2。

假说2：数字化转型可以优化人力资本结构，通过知识资本和人力资本的外溢效应提高企业全要素生产率。

再次，数字化转型通过两业融合提高企业全要素生产率。当前中国制造业服务化水平仍然较低，根据两化融合服务平台的数据，截至2021年第四季度，中国开展服务型制造的企业比例仅为29.7%。数字化转型可以推动企业商业模式变革，向服务化转型（Favoretto et al.，2022）。比如：陕西鼓风机（集团）有限公司通过引入大数据、云计算和远程控制系统，实现了对机械工程的在线监测和故障诊断，拓展了企业服务业务的广度；

日立建机株式会社通过工业传感器之间的数字通信和大数据分析，可以为客户提供精确的维护服务（Wang et al.，2016）。此外，在互联网尤其是移动互联网商业模式的推动下，价值链主导权转移到消费者手中，消费者通过移动终端、网络营销、社交平台、电子商务等新业态、新平台和新模式实现了与企业的精准互动，企业可以及时获取客户反馈，根据客户的多样化和个性化需求提供解决方案，推进定制化和柔性生产，拓展出包括信息咨询、运行维护、产品研发、系统集成、现代物流和融资租赁等专业性生产性服务，提高企业的市场竞争力（Xiaojun & Jun，2021）。作为制造业的中间投入，生产性服务业有助于降低产品的单位生产成本，最终提高制造业的劳动生产率（Cheng & Xiao，2021）。

基于此，赵宸宇等（2021）提出了假说3。

假说3： 数字化转型可以通过两业融合提高生产性服务要素占比，进而对企业全要素生产率产生积极作用。

最后，数字化转型可以大幅提升企业的运营水平，通过降低成本的方式提高全要素生产率。第一，数字经济时代，数字技术的应用显著改善了生产工具的效率，生产工具进入智能化时代，智能硬件通过互联互通收集数据，软件端根据程序命令对数据进行智能分析和决策，可以极大减少机器检修时间、运行维护成本、故障停机时间、工序间切换时间以及库存成本，显著地提高了生产效率（闫德利等，2019）。第二，随着大数据、云计算、机器学习、区块链等数字技术的应用，企业可以对研发设计、原材料采购、产品制造和成品销售等各环节的信息进行收集和分析，有效提高产业链上下游之间的沟通效率，实现产品全生命周期的精细化管理，降低企业的生产成本和管理成本，实现整个供应链资源的最优配置。不仅如此，数字化信息技术的发展可以有效缓解信息不对称问题（Kulkarni，2000），极大地降低了信息搜寻成本、合同履约成本和产品开发成本，提高了企业资源的利用效率。此外，数字技术和互联网商业模式的应用还催生出分享经济的新业态：一方面，制造业企业中存在长期闲置的生产设备和仪器仪表，大量机器设备的闲置会增加企业的管理成本和维护成本；另一方面，大量中小企业无法负担高价值机器设备的购买和维护费用（安筱鹏，2019）。生产资料的整合分享可以打破企业界限，通过共享技术、设备和服务降低资源利用门槛和生产成本，缓解企业资金短缺问题，有效提高生产资料的配置效率。

基于此，赵宸宇等（2021）提出了假说4。

假说4： 数字化转型可以提升企业的运营水平，通过降低成本的方式提高全要素生产率。

在对理论分析的实证检验方面，赵宸宇等（2021）创新性地使用文本分析法和专家打分法构建企业数字化转型指数。具体分为以下五个步骤：（1）利用Python提取上市公司年报的经营情况分析文本，通过人工判读的方式抽取数字化转型优秀企业样本；（2）对样本企业做分词处理与词频统计，筛选出与数字化转型相关的高频词语组合，并依据现有文献对关键词进行补充，形成涵盖数字技术应用、互联网商业模式、智能制造、现代信息系统等四个维度的数字化转型分词词典；（3）针对所有制造业上市公司年报的经营情况讨论与分析部分文本，统计上述各维度关键词出现的频次，采用熵值法构建文本分析法下的数字化转型指数（Digital_Text）；（4）基于各制造业上市公司年报对上述关键词的描述信息、词频数及生产经营情况，判断每家企业在数字化转型方面的实际进展，借助专家打分法形成相应的数字化转型分指数（Digital_Score）；（5）上述两项数字化转型分指数（Digital_Text、Digital_Score）经标准化处理后，分别以 50%的权重合成最终的数字化转型总指数（DIGI）。

赵宸宇等（2021）采用中介效应模型检验数字化转型对企业全要素生产率的影响路径：

$$TFP_{it}=a_0+a_1 DIGI_{it}+\beta Controls_{it}+\mu_P+\delta_I+\lambda_Y+\varepsilon_{it} \tag{11-3}$$

$$INTER_{it}=b_0+b_1 DIGI_{it}+\beta Controls_{it}+\mu_P+\delta_I+\lambda_Y+\varepsilon_{it} \tag{11-4}$$

$$TFP_{it}=c_0+\lambda INTER_{it}+c_1 DIGI_{it}+\beta Controls_{it}+\mu_P+\delta_I+\lambda_Y+\varepsilon_{it} \tag{11-5}$$

式中，被解释变量 TFP_{it} 代表企业全要素生产率，参考 Levinsohn & Petrin（2003）的方法进行测算。核心解释变量 $DIGI_{it}$ 衡量企业的数字化转型程度。$INTER_{it}$ 为中介变量，对于创新驱动的机制检验，采用专利数量的对数值作为中介变量；对于人力资本的机制检验，采用企业本科及以上学历人员占比作为中介变量；对于两业融合的机制检验，采用企业生产性服务收入占比作为中介变量；对于降低成本的机制检验，采用成本费用率作为中介指标。为了控制宏观、行业和时间因素对全要素生产率的影响，在方程中加入了省份固定效应、行业固定效应和年份固定效应。

表 11－4 为创新机制和人力资本机制的回归结果。结果显示，数字化转型通过驱动创新和人力资本结构优化提升了企业全要素生产率，验证了假说 1 和假说 2。

表 11－4 创新机制和人力资本机制的回归结果

变量	(1) TFP	(2) 专利数量	(3) TFP	(4) TFP	(5) 人力资本	(6) TFP
DIGI	0.221 1***	1.212 9***	0.154 4***	0.265 3***	15.132 9***	0.167 4***
	(4.59)	(10.27)	(3.20)	(8.13)	(24.41)	(5.04)
Patent			0.055 0***			
			(9.79)			
Human_struc						0.006 5***
						(13.23)
其他变量	控制	控制	控制	控制	控制	控制
观测值	5 238	5 238	5 238	11 483	11 483	11 483
R^2	0.720	0.364	0.725	0.674	0.433	0.679

注：TFP 为企业全要素生产率，DIGI 衡量企业数字化转型程度，Patent 为企业专利数量的对数值，Human_struc 衡量企业人力资本结构。回归中控制了省份、行业和年份固定效应以及常数项。*** 表示在 1%的显著性水平上统计显著，括号内为回归系数的 t 值。

资料来源：改编自赵宸宇，王文春，李雪松．数字化转型如何影响企业全要素生产率［J］．财贸经济，2021，42（7）：114－129。

表 11－5 为两业融合和降低成本机制的回归结果。结果显示，数字化转型通过驱动两业融合发展和节约成本的机制提升了企业全要素生产率，验证了假说 3 和假说 4。

表 11-5 两业融合和节约成本机制的回归结果

变量	(1) TFP	(2) 服务收入	(3) TFP	(4) TFP	(5) 成本费用率	(6) TFP
DIGI	0.265 3***	0.216 6***	0.213 4***	0.265 3***	−0.058 5***	0.260 9***
	(8.13)	(16.28)	(6.50)	(8.13)	(−4.77)	(7.99)
Servitization			0.239 7***			
			(10.50)			
Cost						−0.075 1***
						(−3.02)
其他变量	控制	控制	控制	控制	控制	控制
观测值	11 483	11 483	11 483	11 483	11 483	11 483
R^2	0.674	0.126	0.677	0.674	0.278	0.674

注：TFP 为企业全要素生产率，DIGI 衡量企业数字化转型程度，Servitization 为企业生产性服务业务收入占比，Cost 为企业成本费用率。回归中控制了省份、行业和年份固定效应以及常数项。*** 表示在 1%的显著性水平上统计显著，括号内为回归系数的 t 值。

资料来源：改编自赵宸宇，王文春，李雪松．数字化转型如何影响企业全要素生产率 [J]. 财贸经济，2021，42 (7)：114-129。

第五节 中国证据

理论命题 11-1 指出：高技能员工和长期雇佣员工均与 ICT 形成互补效应，能够显著提升 ICT 的生产率效应。中国制造业数字化与智能化转型过程中劳动力素质提高缓慢导致的生产效率下降可以很好地论证这一理论命题。基于中国现实背景的研究认为，新技术的采用必须拥有适当的环境条件，如基础设施、商业惯例和适当的政府政策。这些政策包括鼓励企业应用 ICT，增加教育投入以积累人力资本，以及对新技术进口产品征收低关税等（宁光杰和林子亮，2014）。当前，中国制造正处于由大转强、由低端制造向高端制造转型的攻坚时期。在此背景下，中国政府也制定了相应的数字经济与智能制造发展战略，试图借助 ICT 技术推动企业向数字化生产与智能制造转型，提高生产效率。党的十九大报告明确提出，要加快推动互联网、大数据、人工智能与实体经济深度融合。2019 年的《政府工作报告》强调，要围绕推动制造业高质量发展，拓展"智能+"，为制造业转型升级赋能。然而，制造业的数字化与智能化转型并非一蹴而就。麦肯锡的调研显示，超过 70%的工业企业深陷"试点困境"，无法实现公司层面的全面转型。在中国制造业数字化与智能化转型过程中，由于劳动力素质提高缓慢引致的人机协调程度下降，最终会导致生产效率下降，并且表现为资本报酬递减（蔡昉，2013）。因此，在当前中国，用于提高劳动力素质的教育和人力资本等方面的投入可能要作为政府公共政策的重要着力点。

理论命题 11-2 一方面指出了数字经济时代以中国作为研究对象的代表性、典型性。作为世界上最大的发展中国家，中国通过改革开放实现了举世瞩目的发展成就，不仅解决了上亿人的脱贫和发展问题，而且日益成为全球数字经济变革的领头羊和领军者。对中国的发展实践展开深入剖析，能够为广大发展中国家顺利破解"索洛悖论"提供极具代表性、典型性和贴近现实的经验参考。数字经济日益成为全球经济增长和驱动中国高质量发展的新动能，尤其是中国的数字经济发展在世界上占据重要的一席之地，因此中国的发展现实非常值得研究。《世界互联网发展报告 2018》数据显示，2017 年全球数字经济规模达到 12.9 万亿美元，其中美国和中国分列第一位和第二位，2017 年中国数字经济总量达 27.2 万亿元人民币，规模仅次于美国，同时中国数字经济对 GDP 增长贡献率达到 55%。由此产生的一个直观感受是：中国的 ICT 产业似乎已经跨越了“索洛悖论”的关键阶段。实际情况是否真的如此呢？如果中国已经走过了“索洛悖论”的发展阶段，那么具体是什么时候发生的呢？又是什么因素驱动中国跨越了“索洛悖论”？中国实践为研究“索洛悖论”提供了极具典型性和代表性的现实场景，对其进行深层次实证检验可为广大发展中国家提供经验借鉴。另一方面，理论命题 11－2 提出了 ICT 产业在数字经济发展中的基础性和支撑性作用。ICT 产业是数字经济发展的核心产业和基础性产业，其本身的发展阶段决定了数字经济未来的发展趋势和竞争力。中国数字经济发展在世界名列前茅的典型事实与中国 ICT 产业的高速发展密不可分。数字经济并不是凭空产生的，也不是一朝成长起来、在其出现后就如此发达的，而是经历了长期的积累。信息与通信产业作为数字经济的基础性产业，从 20 世纪末期就开始了快速发展，特别是进入 21 世纪后，ICT 产业的发展更是实现了历史性突破，为中国进入数字经济时代奠定了坚实的技术基础。

理论命题 11－3 指出：数字化转型通过驱动创新、人力资本结构优化、两业融合发展以及成本节约等路径提升了企业全要素生产率。在数字经济快速发展的背景下，数字化转型已经成为企业高质量发展的重要推动力，是企业未来生存与长远发展的必选项。首先，数字化转型提升了企业的研发创新能力。根据腾讯研究院携手腾讯营销洞察推出的《中小企业数字化转型发展研究报告（2022 版）》的调研数据，大部分中小企业通过数字化转型，增强了企业核心研发能力，助力运营全面提质增效。国家互联网信息办公室发布的《数字中国发展报告（2020 年）》显示，中国制造业重点领域企业数字化研发设计工具普及率由 2016 年的 61.8%增长至 2020 年的 73%，有力支撑和引领了企业数字化转型。其次，数字化转型推动了服务型制造发展。根据两化融合公共服务平台的数据，中国开展服务型制造的企业比例逐年上升，数字化转型显著驱动了制造业服务化发展（赵宸宇，2021）。再次，数字化转型有助于优化人力资本结构。智联招聘发布的《2023 雇佣关系趋势报告》显示，数字经济的快速发展催生了大量新兴职业，带动了相关行业人才需求的强劲增长。根据 2019 年中国社会状况综合调查数据，数字经济从业人员的受教育程度普遍高于非数字经济部门。高学历的数字人才为企业提升全要素生产率提供了智力支持。最后，数字化转型降低了企业运营成本。根据中国信息通信研究院 2021 年 12 月发布的《企业数字化转型蓝皮报告》，工业和信息化部近年来开展遴选的智能制造试点示范项目数据显示，相关制造企业在数字化转型后，生产效率平均提升 37.6%，同时运营成本平均降低 21.2%，能源利用率平均提升 16.1%。综上所述，来自中国的证据显示，数字化转型对企业高质量发展具有显著的正向赋能作用。

第六节　结论性评述

本章通过对三个核心理论命题的分析，揭示了数字经济时代企业生产率提升的内在机制。这些命题共同强调了无论是通过优化劳动力结构、利用全球化带来的机遇，还是通过数字化转型，全要素生产率的提升都是多方面因素相互作用的结果，为全球公司在数字化背景下实现可持续发展提供了科学依据和实践指导。理论命题 11－1 揭示了 ICT 与人力资本的互补性，强调了高技能劳动力和长期雇佣员工在 ICT 应用中的关键作用，以及这种互补关系如何影响生产率的提升。同时，它也指出了承诺型雇佣可能带来的生产调整僵化问题，为企业在劳动力配置上提供了重要的策略思考。理论命题 11－2 从全球化的视角出发，分析了加入 WTO 后进口自由化对企业生产率的积极影响。它不仅展示了要素投入结构的转变，还阐明了进口质量提升和研发投入增加对企业长期增长的促进作用。最后，理论命题 11－3 则聚焦于数字化转型，探讨了其如何通过创新、人力资本优化、产业融合和成本降低等途径，赋能全要素生产率的提升，为中国经济的持续发展提供了新的视角和动力。这三个理论命题不仅为我们理解数字贸易背景下的生产率提升提供了新的视角，也为企业在实践中如何更好地利用数字技术和人力资源来实现高质量发展提供了理论指导。

与理论命题 11－1 相关的国外前沿研究主要有以下两个方面：一是微观层面的 ICT 生产率效应。基于微观企业层面的研究表明，ICT 有助于提高企业的生产率，尤其是在制造业领域，研究结果普遍否定企业投资 ICT 存在生产率悖论（Brynjolfsson & Hitt，1995，1996，2003）。更为重要的是，这些研究都强调一点，即并不是所有企业的 ICT 投资都能产生相同的生产率回报（Black & Lynch，2001；Brynjolfsson et al.，2002）。那些在开展信息化的同时，还在“组织变革、无形资本、协同创新、人力资本和管理实践”等方面做相应的投资与变革的企业表现出更高的生产率回报。二是 ICT 与劳动力结构之间的关系。从技能偏向型技术视角看，研究者发现，ICT 作为技能偏向型技术，企业在生产过程中采用的信息技术越多，对高技能劳动力的需求也就越大，进而导致高技能劳动力的相对需求增加、低技能劳动力的相对需求减少（Milgrom & Roberts，1990；Bresnahan et al.，2002）。从 ICT 与劳动力的替代互补视角看，ICT 和劳动力作为企业生产过程中的两种关键要素投入，两者之间是替代关系还是互补关系成为研究者关注的焦点。一些研究认为，与其他资本一样，ICT 的投入会大量替代劳动力（Acemoglu et al.，2014）。但是另外一些研究认为，ICT 资本在一定程度上会与劳动力形成互补，因此，在 ICT 投资的过程中要加大人力资本的投入，以提高企业收入、利润与增加值等企业绩效（Lichtenberg，1995）。

与理论命题 11－2 相关的国外前沿研究主要有以下两个方面：一是有关“索洛悖论”现象的探究。Wen et al.（2022）在当前研究的基础上进一步探究了 ICT 应用中的“索洛悖论”会导致企业无法通过生产率机制降低能源强度。Apergis et al.（2022）发现，ICT 产业的资本投入能够降低失业率并提升劳动生产率，不存在“索洛悖论”现象。二是 ICT 产业的发展。Kumar et al.（2024）探究了影响企业应用信息通信技术的因素，发现基础设施、人力资源与技术环境是决定其应用信息通信技术的关键。借鉴国外前沿研究，未来该命题的相关研究可以进行如下拓展：一是从其他政策和外部冲击视角出发，探究“索洛悖论”现象、跨越“索洛悖论”的现象及其原因。二是进一步探究区域贸易协定深化、跨境数据流动等对 ICT 产业发展的影响，探讨中国 ICT 产业发展面临的挑战以及政策应对。

与理论命题 11-3 相关的国外前沿研究主要有以下两个方面：一方面是探索数字化转型与企业高质量发展其他维度之间的关系，比如研究数字化转型对经营绩效的影响（Peng & Tao，2022）、对企业市场价值的影响（Jafari-Sadeghi et al.，2021）、对绿色发展的影响（Wen et al.，2021）、对组织结构的影响（Chouaibi et al.，2022）以及对社会责任的影响（Fang et al.，2023）等。另一方面是探索企业数字化转型的前向驱动因素，大致可分为技术层面、组织层面和环境层面三个维度（Ghobakhloo & Ching，2019）。从技术层面来看，技术创新是企业实现数字化转型的关键因素（Vial，2021；Verhoef et al.，2021）。从组织层面来看，数字化战略（Bharadwaj et al.，2013；Kane et al.，2015；Proksch et al.，2024）、高管特征（Karimi & Walter，2015）、组织文化（Saarikko et al.，2020）等因素会影响企业数字化转型。从环境层面来看，政策支持（Chen et al.，2021）、对外合作（Vogelsang et al.，2018）、竞争压力（Müller et al.，2018）等是重要影响因素。借鉴国外前沿研究，未来该命题的相关研究可以进行如下拓展：一是深入挖掘数字化转型对高质量发展各细分维度的影响和作用机制；二是基于中国企业数据和经营实践经验，识别中国企业数字化转型的主要驱动因素和驱动模式，搭建系统性企业数字化转型理论框架。

参考文献

第十二章

劳动力市场

第一节　问题的提出

数字经济时代，劳动力市场正在经历前所未有的变革，这些变革不仅影响了劳动力的技能需求和就业形态，还对全球贸易格局产生了深刻影响。因此，数字经济时代的劳动力市场研究对于理解当前的经济变革、制定有效的政策和措施以及促进社会公平与可持续发展具有重要的意义。劳动力市场从属于基于消费者偏好的全球贸易平台次分析框架，受到数字技术、智能制造和数字化转型等多方面的影响。第一，数字技术的发展极大地推动了生产力提升和经济增长，但同时也带来了“数字鸿沟”，加剧了社会不平等。掌握数字技能的劳动力更容易获得就业机会和更高的收入；相反，缺乏数字技能的劳动力则面临失业或低收入的风险。第二，随着人工智能、机器人技术等智能制造技术的普及，许多传统的、重复性的劳动正在被替代。这种替代效应在一定程度上降低了生产成本、提高了生产效率，但同时也造成了就业极化现象，对中低技能劳动力产生了负面影响。第三，数字服务（例如异地办公等）的采用加速了企业数字化转型，导致企业对劳动力的需求发生了变化。一方面，企业数字化转型提高了工作时间和地点灵活性，改变了就业的地理格局；另一方面，企业数字化转型也加剧了全球劳动力市场的竞争，对某些行业和地区的劳动力构成了挑战。

在本章中，我们将重点研究四个劳动力市场领域的重要理论命题：命题一：数字鸿沟理论的“幂次定律”。这一命题揭示了数字技术对劳动力的影响满足分层理论的“幂次定律”，即数字技术扩散对于低技术劳动力和高技术劳动力均有积极影响，并降低了低技术劳动力的收入份额，提高了高技术劳动力的收入份额。命题二：机器人渗透的城乡异质性。这一命题揭示出由中国经济的城乡二元结构导致城市和农村的工作类别和劳动力结构存在差异，进而机器人对收入的影响存在城乡异质性。命题三：数字化转型拉动劳动力就业理论。这一命题梳理了数字化转型拉动劳动力就业的作用机制，认为数字化转型会通过市场规模效应、经营范围效应和生产率效应对劳动力就业产生影响。命题四：

异地办公导致劳动力资源空间重新配置理论。这一命题证明数字经济催生出的新工作方式（异地办公）的出现及其生产率水平变化会导致劳动力资源空间重新配置。

通过对这四个命题的深入分析，本章将帮助读者理解数字经济时代劳动力市场的重要性，以及劳动力如何受到数字经济中不同典型事实的影响。同时，这些知识也将为第八章至第十三章的讨论提供有力的理论支撑，使读者能够全面理解数字经济时代劳动力市场的动态变化。

第二节 数字鸿沟理论的“幂次定律”

一、理论命题的提出

第一阶数字鸿沟是指数字设备的可及性差异，可概括为以下两个方面：社会排斥和地理排斥。其中关于社会排斥的研究主要集中于性别、年龄、家庭背景等方面的个体特征差异（毛宇飞和曾湘泉，2017；戚聿东和刘翠花，2020；Van & Van，2013；Vigdor et al.，2014）。地理排斥则分为区域差异和城乡差异（邱泽奇等，2016；Song et al.，2020）。第二阶数字鸿沟是指数字技能和使用性质的差异（Van & Van，2014）。数字技能和使用性质的差异源于社会趋势和技术偏向型增长的综合作用。其中社会趋势包括：社会中文化分化、全球收入、就业和财产上严重的不平等、公共信息和通信设施的商业化。因而社会趋势增加了数字技术获取的条件性。技术偏向则包括计算机和互联网技术的复杂性、昂贵性和多功能性引起的用途的多样性（Scheerder et al.，2017）。因此，虽然在数字设备的可及性方面的差异已减少，但在数字技能和使用性质方面仍可能存在重大差异。第三阶数字鸿沟是指数字技术扩散导致的结果不平等（Scheerder et al.，2017；Song et al.，2020）。

基于此，马述忠等（2022）提出了“数字鸿沟理论的‘幂次定律’”这一理论命题。

理论命题 12－1

互联网的使用可以通过有助于劳动者签订劳动合同和延长工作时间两个渠道对劳动收入水平产生影响，这种影响满足分层理论的“幂次定律”，即数字技术扩散具备普惠性，但其对于不同受教育水平群体的作用效果存在差异，受教育程度越高，则获益越大。

资料来源：马述忠，吴鹏，潘钢健．互联网使用、生活性服务业扩张与劳动收入分化［J］．经济学动态，2022（2）：68－84．

传统文献对中国数字鸿沟的研究局限于第一阶数字鸿沟和第二阶数字鸿沟，该理论命题首次实证考察了中国第三阶数字鸿沟，拓展了数字鸿沟相关文献的研究边界。一方面，西方经典理论更关注基于商品部门的技术偏向型增长的理论模型（Autor & Dorn，2013），马述忠等（2022）在此基础上纳入了数字经济时代高速发展的生活性服务部门，并首次将数字鸿沟的归一化理论和分层理论统一纳入理论框架，基于数理模型提出了数字鸿沟的三种情形，完善了数字鸿沟理论的“幂次定律”。另一方面，西方经典理论主要从宏观层面探讨互联网发展对地区就业和工资的影响（Forman et al.，2012；Atasoy，2013；Ivus & Boland，2015）。马述忠等（2022）从劳动需求和职业差异两个微观维度发现了互联网使用导致劳动收入分化的影响机制，进一步拓展了数字技术对劳动收入的影响机制。

二、理论命题的具体内容

西方经典研究对数字鸿沟的讨论集中在数字设备的可及性差异（第一阶数字鸿沟）和数字技能和使用性质的差异（第二阶数字鸿沟），且对于第三阶数字鸿沟，即考虑数字扩散导致的个体收入、教育程度、消费水平、社会地位等结果的差异仍然存在争议（Eastin et al.，2015；Van & Van，2014；Scheerder et al.，2017；Song et al.，2020）。马述忠等（2022）将视角聚焦于第三阶数字鸿沟，结合数字技术扩散的全新特征，从理论和实证两方面探究了互联网使用对劳动收入分化的影响，是对数字技术影响下劳动力市场理论的重要完善，赋予了传统理论数字经济时代的全新内涵。

在理论分析上，马述忠等（2022）进一步对 Benzell & Brynjolfsson（2019）和 Autor & Dorn（2013）的模型进行了改进：（1）认为高级技术和普通技术一样都由劳动力要素和资本要素构成，二者可以相互替代。（2）假设数字技术扩散不但会增加高级技术的产出，并且会提高高技术劳动力报酬的份额。（3）在商品部门的基础上纳入了生活性服务部门，用以解释数字技术扩散对于非高技术劳动力劳动收入增长的作用。

根据上述模型完善，可以得到以下三种情形：

情形 1，归一化理论。即数字技术扩散对于低技术劳动力和高技术劳动力均有积极影响，并提高了低技术劳动力的收入份额，降低了高技术劳动力的收入份额。这意味着，随着数字技术扩散，生产普通技术中间品和生活性服务业部门中的低技术劳动力报酬将提高。生产高级技术中间品的高技术劳动力报酬也随之提高。但数字技术扩散对低技术劳动力的需求大于对高技术劳动力的需求。

情形 2，分层理论的“放大效应”。即数字技术扩散对低技术劳动力有消极影响，对高技术劳动力有积极影响。这意味着，随着数字技术扩散，生产普通技术中间品和生活性服务业部门中的低技术劳动力报酬将降低。生产高级技术中间品的高技术劳动力报酬将提高。数字技术扩散对高技术劳动力的需求大于对低技术劳动力的需求。

情形 3，分层理论的“幂次定律”。即数字技术扩散对于低技术劳动力和高技术劳动力均有积极影响，并降低了低技术劳动力的收入份额，提高了高技术劳动力的收入份额。这意味着，随着数字技术的扩散，生产普通技术中间品和生活性服务业部门中的低技术劳动力报酬将提高。生产高级技术中间品的高技术劳动力报酬也随之提高。且数字技术扩散对高技术劳动力的需求大于对低技术劳动力的需求。

基于此，马述忠等（2022）提出了假说 1。

假说 1：互联网使用对劳动收入的影响满足分层理论的“幂次定律”，即数字技术扩散具备普惠性，但其对不同受教育水平群体的作用效果存在差异，受教育程度越高，获益越大。

在实证分析上，马述忠等（2022）利用CGSS和CFPS的相关数据，通过分样本回归方法研究互联网使用频率和互联网使用性质对不同技术劳动力劳动收入绝对值的影响；通过分位数回归方法研究互联网使用频率和互联网使用性质对不同技术劳动力劳动收入相对份额的影响。参考Autor & Dorn（2013）的研究，依照学历将本科及以上学历劳动力定义为高技术劳动力，将本科以下学历劳动力定义为低技术劳动力，设计如下回归方程，通过比较不同学历样本系数的正负和大小来判断不同技术劳动力在数字化过程中的获益程度差异。

$$\begin{aligned}&\text{本科及以上分组：}Wage_i=\beta_0+\beta_1 IU_i+\beta_2 Controls_i+\lambda_q+\varepsilon\\&\text{本科以下分组：}Wage_i=\beta'_0+\beta'_1 IU_i+\beta'_2 Controls_i+\lambda'_q+\varepsilon'\end{aligned}\quad(12-1)$$

式中，$Wage_i$表示受调查人上一年的劳动收入；IU_i表示受调查人上一年的互联网使用情况，包括互联网使用频率和互联网使用性质；$Controls_i$表示控制变量；β_0表示常数项；ε表示误差项；λ_q表示省市q的地区固定效应；下标i表示个体。

表12-1报告了基准回归结果。第（1）列和第（2）列汇报了分样本回归结果，第（3）列和第（4）列汇报了分位数回归结果。由此可知，对于高技术劳动力，互联网使用频率的系数为1.002，并且在1%的显著性水平上统计显著。对于低技术劳动力，互联网使用频率的系数为0.197，并且在1%的显著性水平上统计显著。这说明高技术劳动力更频繁地使用互联网能对劳动收入产生更大的积极影响。同时，对于高技术劳动力，互联网使用性质的系数为1.996，并且在1%的显著性水平上统计显著。对于低技术劳动力，互联网使用性质的系数为1.01，并且在1%的显著性水平上统计显著。这说明低技术劳动力与高技术劳动力在使用互联网时存在效率差异，从而在工作当中由于互联网使用性质和能力的不同放大了这种差异。以上结果证明存在由第一阶数字鸿沟和第二阶数字鸿沟导致的第三阶数字鸿沟。分位数回归的结果显示，第90百分位的互联网使用频率和互联网使用性质的系数分别为0.183和0.262，均显著大于第10百分位系数。结合理论推导可知，数字化带来的普通技术进步的溢出效应并未远大于高级技术进步的溢出效应，二者之差也未远大于普通技术的负向规模效应。数字化对低技术劳动报酬占总产出的比例不存在提升作用。同时普通技术进步的溢出效应也未足够大，数字化对高技术劳动报酬占总产出的比例为促进作用。因此，该基准回归结果初步论证了数字技术扩散满足数字鸿沟理论的情形三，即分层理论中的“幂次定律”，也就是说假说1成立。

表12-1 基准回归结果

变量	OLS		分位数回归	
	本科及以上	本科以下	第90百分位	第10百分位
	(1)	(2)	(3)	(4)
互联网使用频率	1.002***	0.197***	0.183***	−0.032***
	(0.165)	(0.036)	(0.013)	(0.011)
互联网使用性质	1.996***	1.01***	0.262***	0.012
	(0.285)	(0.137)	(0.042)	(0.061)
年龄	0.031***	−0.084***	−0.014***	−0.005***
	(0.011)	(0.004)	(0.002)	(0.001)

续表

变量	OLS		分位数回归	
	本科及以上	本科以下	第 90 百分位	第 10 百分位
	(1)	(2)	(3)	(4)
性别	0.511**	1.908***	0.475***	−0.018
	(0.255)	(0.087)	(0.033)	(0.032)
民族	−1.234**	−0.053	0.062	−0.127**
	(0.559)	(0.192)	(0.067)	(0.059)
家庭规模	−0.122	−0.072**	0.005	−0.03***
	(0.109)	(0.032)	(0.013)	(0.01)
父母受教育程度	−0.11	−0.272	0.265***	−0.022
	(0.181)	(0.176)	(0.043)	(0.047)
城乡	0.986	−0.116	0.696***	−0.001
	(0.614)	(0.106)	(0.04)	(0.031)
党员	0.941***	0.429***	0.402***	0.045
	(0.293)	(0.158)	(0.049)	(0.052)
地区固定效应	控制	控制	未控制	未控制
观测值	1 438	11 136	12 574	12 574
R^2	0.123	0.156		

注：*** 和 ** 分别表示在 1%和 5%的显著性水平上统计显著，括号内为标准误。

资料来源：改编自马述忠，吴鹏，潘钢健．互联网使用、生活性服务业扩张与劳动收入分化［J］．经济学动态，2022（2）：68－84。

西方经典文献中有关互联网使用对劳动需求的影响主要是探讨在宏观层面，互联网发展对地区就业和工资的影响（Forman et al.，2012；Atasoy，2013；Ivus & Boland，2015）。然而，随着数字经济的持续发展和微观数据的广泛挖掘，探讨互联网对工作匹配和工作时间等微观层面的影响越来越重要。马述忠等（2022）基于劳动需求广度和劳动需求强度双重维度，探讨了劳动需求机制下，互联网使用对劳动收入分化的影响，并基于 CGSS 和 CFPS 问卷调查数据进行实证检验。

劳动需求广度和劳动需求强度分别对应工作匹配和工作时间。在工作匹配方面，互联网的发展和应用能够有效提高劳动力市场的信息搜索效率、减少信息不对称、降低工作搜寻成本，从而促进劳动者的正规就业（Kuhn & Skuterud，2004；Fabritz，2013）。因此，从就业数量来看，互联网使用提高了劳动需求广度。Kuhn & Mansour（2014）发现，在网上寻找工作的失业人员的再就业速度比未在网上进行搜索的工人快 25%。但是 Kuhn & Skuterud（2004）的研究进一步发现，受教育程度更高的工作搜索者更多地使用互联网来找工作，其失业时间也更短。Feldman & Klaas（2002）发现，互联网工作搜寻质量显著优于普通纸媒，并且高管和专业人员更倾向于使用互联网平台寻找工作机会。在工作时间方面，互联网技术打破了时区的界限，推动了工作时间的灵活化，令工作和非工作之间形成了一个连续的区域，从而使得工作越来越多地侵占私人时间。因此，从工作时间来看，互联网提高了劳动需求的强度。灵活化的工作时间影响到几乎所有类型的劳动者。一方面，以顾客时间为中心的灵活化工时在高技术劳动力中普遍存在；另一方面，远程办公使高技术劳动力可以在极短的时间内被召集到工作岗位。同时，越来越多的服务业低技能劳动者被置于多种类型的 App 上，灵活化的雇佣关系进一步延长了工作时间（赵炜和 Jens Thoemmes，2021）。在实证研究方面，周广肃等（2021）在城市层面和个人层面估计了智能化对就业强度的影响，发现智能化显著增加了在职劳动力的工作时间。

基于此，马述忠等（2022）提出了假说 2。

假说 2：互联网的使用有助于劳动者签订劳动合同和延长工作时间，从而提高劳动收入，且该效应在高技术劳动力中更显著。

表 12－2 报告了互联网使用的劳动需求机制的影响。第（1）列至第（4）列是劳动需求广度（是否签订劳动合同）的机制分析。是否签订劳动合同使用 CFPS2020 问卷中“在这份工作中是否签订了劳动合同?”来衡量，是取 1，否取 0。其中，第（1）列和第（3）列以是否签订劳动合同为被解释变量，并采用 Probit 模型估计。结果显示，在本科及以上和本科以下两类样本中，互联网的使用的系数分别为 0.883 和 0.407，并均通过了 1%水平的显著性检验。这意味着，互联网的使用能显著提高签订劳动合同的概率，并且高技术劳动力使用互联网来签订劳动合同的概率更高。第（2）列和第（4）列的结果进一步证明，签订劳动合同有利于劳动收入的提高。第（5）列和第（7）列是劳动需求强度（工作时长）的机制分析。工作时长使用 CGSS2017 问卷中“一般每周的工作时间是多少个小时?”来衡量。结果显示，本科及以上和本科以下两类样本中，互联网使用性质的系数分别为 1.158 和 1.314，均通过了 1%水平的显著性检验。这意味着，工作中使用互联网显著延长了高技术劳动力和低技术劳动力的工作时间。第（6）列和第（8）列的结果进一步证明，工作时间的延长会提高劳动收入，且本科及以上样本中工作时长的系数更大。这说明，相对于低技术劳动力，高技术劳动力的单位工资更高。综上，互联网使用能通过促进劳动者签订劳动合同和延长工作时间来提高劳动收入，并且该效应在高技术劳动力中更显著。

表 12－2　劳动需求机制

变量	劳动需求广度				劳动需求强度			
	本科及以上		本科以下		本科及以上		本科以下	
	是否签订了劳动合同 (1)	劳动收入 (2)	是否签订了劳动合同 (3)	劳动收入 (4)	工作时长 (5)	劳动收入 (6)	工作时长 (7)	劳动收入 (8)
互联网使用频率	0.883***	0.782***	0.407***	0.212***				
	(0.118)	(0.077)	(0.047)	(0.032)				
互联网使用性质					1.158***	0.489*	1.314***	0.854***
					(0.099)	(0.257)	(0.061)	(0.145)
是否签订了劳动合同		0.555***		0.423***				
		(0.053)		(0.022)				
工作时长						1.608***		1.201***
						(0.067)		(0.022)
控制变量	控制	控制	控制	控制	控制	控制	控制	控制

续表

变量	劳动需求广度				劳动需求强度			
	本科及以上		本科以下		本科及以上		本科以下	
	是否签订了劳动合同 (1)	劳动收入 (2)	是否签订了劳动合同 (3)	劳动收入 (4)	工作时长 (5)	劳动收入 (6)	工作时长 (7)	劳动收入 (8)
地区固定效应	控制	控制	控制	控制	控制	控制	控制	控制
观测值	1 853	1 822	6 743	6 613	1 413	1 413	10 721	10 721
虚拟 R^2/R^2	0.268 7	0.386	0.066 5	0.188	0.192	0.371	0.243	0.346

注：*** 和 * 分别表示在 1%和 10%的显著性水平上统计显著，括号内为标准误。

资料来源：改编自马述忠，吴鹏，潘钢健．互联网使用、生活性服务业扩张与劳动收入分化 [J]. 经济学动态，2022 (2)：68-84。

西方经典理论认为，互联网对劳动收入的影响是否受到职业差异影响以及受到多大影响尚无明确结论（Guellec & Paunov，2017；Frey & Osborne，2017）。马述忠等（2022）将视角聚焦于职业差异机制，结合数字技术这一全新时代特征，从宏观和微观两方面探究了互联网使用如何通过职业类别对劳动收入产生差异化影响，是对数字经济下劳动力市场理论的有力拓展。

互联网相关的数字技术对于不同技术和职业个体的影响存在巨大差异。一方面，互联网作为技能偏向型技术，被认为与人力资本是互补的。因此互联网使用会增加高技术劳动力的相对需求和相对工资（Michaels et al.，2014；何小钢等，2019）。Bresnahan et al.(2002) 认为，高度计算机化的组织过程通常伴随着更大的数据产生。通过对数据的分析和抽象决策可以提高熟练工人、管理人员和专业人员的价值。Guellec & Paunov (2017) 和 Haskel & Westlake (2020) 则讨论了数字创新如何导致管理人员和其他关键工人获得巨额薪酬。一方面，数字创新会放大基于创新的市场租金。而市场租金主要来自投资者和高层管理人员，较少来自普通工人；另一方面，在出现“创造性破坏”和进入市场的机会时，市场风险水平会比过去更高。较高的市场风险导致投资者要求风险溢价，提高平均资本回报率。因此，数字创新会增加投资者和高层管理人员的报酬。

另一方面，互联网技术可以通过将重复性工作自动化来对从事低技术复杂度职业的劳动力产生替代效应。随着低技术劳动力重新分配到非例行的生活性服务业中，互联网的发展会促进低技术服务行业的工资和就业。Frey & Osborne (2017) 和 David (2017) 分别针对美国和日本就业市场，估算了不同职业被计算机替代的概率。估算结果表明，美国和日本分别有 47%和 55%的职业容易被计算机替代。Pabilonia & Zoghi (2005) 和 Autor & Dorn (2013) 的研究则指出，数字化会使得专门从事例行工作 (routine task) 的低技术劳动力重新分配到非例行的服务业中。具体而言，由于数字技术无法有效替代诸如饭店餐饮、房屋清洁等生活性服务业对劳动力的需求，因此用数字技术替代商品生产中的例行工作会导致工资上涨和低技术服务行业的就业增加。

基于此，马述忠等（2022）提出了假说 3。

假说 3： 互联网的发展催生了各行业的变革，高技术劳动力相对于低技术劳动力更可能从事复杂度更高的职业，随着职业复杂度的提高，互联网对其劳动收入的促进作用更强。

表 12－3 报告了互联网使用的职业差异机制的影响。第（1）列至第（4）列展示的是职业差异机制微观维度的回归结果，使用的是 CFPS2020 数据。CFPS2020 数据汇报了受访者的工作职业，具体为“专业技术人员”“办事人员和有关人员”“国家机关、党群组织、企业、事业单位负责人”“商业、服务业人员”“生产、运输设备操作人员及有关人员”。根据 Autor & Dorn（2013）的分析，将前三类职业定义为高复杂度职业，将后两类职业定义为低复杂度职业。进一步地，将高复杂度职业赋值为 3，将商业、服务业人员赋值为 2，将生产、运输设备操作人员及有关人员赋值为 1。第（1）列和第（2）列是以 1 为基准，采用 mlogit 的回归结果。回归结果显示，更频繁地使用互联网和在工作中使用互联网的最有可能是高复杂度职业人员，其次是商业、服务业人员。是否为本科及以上学历在第（1）列中不显著、在第（2）列中显著。这意味着，高技术劳动力更有可能从事高复杂度职业，而低技术劳动力对于两类低复杂度的职业选择没有显著差异。第（3）列职业复杂度的系数显著为正，第（4）列互联网使用频率和互联网使用性质与职业复杂度的交互项系数均显著为正，说明职业复杂度的提升对工作总收入具有促进作用，并且随着职业复杂度的提高，互联网使用对劳动收入的提升作用增强。第（5）列至第（8）列展示的是职业差异机制宏观维度的回归结果，使用的是 CGSS2017 数据。马述忠等（2022）计算了受调查人所在省市生活性服务业的产出占全行业产出的比重。该数据来自国泰安数据库。为了缓解双向因果，选择了前定变量，即对生活性服务业产出占比进行滞后一期处理。可知第（8）列互联网使用频率与生活性服务业产出占比交互项系数为 1.175，并在 10%的显著性水平上统计显著。这说明对于低技术劳动力，生活性服务部门的扩张可以一定程度地扩大互联网使用对劳动收入的正效应。第（6）列两个交互项系数不显著，说明对于高技术劳动力则不存在类似效应。

表 12－3　职业差异机制

变量	微观维度				宏观维度			
	职业类别		劳动收入		劳动收入		劳动收入	
	(1)	(2)	(3)	(4)	(5)	(6)	(7)	(8)
互联网使用频率	0.505***	1.747***	0.406***	0.018	1.032***	2.774*	0.178***	−0.469
	(0.094)	(0.103)	(0.033)	(0.072)	(0.16)	(1.461)	(0.035)	(0.334)
互联网使用性质	0.629***	1.187***	0.154***	−0.016	2.098***	6.76**	1.02***	1.924
	(0.069)	(0.067)	(0.023)	(0.055)	(0.281)	(3.097)	(0.135)	(1.643)
是否为本科及以上学历	0.0161	1.361***						
	(0.091)	(0.077)						
职业复杂度			0.127***	−0.128***				
			(0.013)	(0.043)				
互联网使用频率与职业复杂度交互				0.229***				
				(0.038)				

续表

变量	微观维度				宏观维度			
	职业类别		劳动收入		劳动收入		劳动收入	
	(1)	(2)	(3)	(4)	(5)	(6)	(7)	(8)
互联网使用性质与职业复杂度交互				0.083*** (0.026)				
生活性服务业产出占比					−4.412* (2.551)	9.167 (9.689)	−2.913*** (1.022)	−4.775*** (1.488)
互联网使用频率与生活性服务业产出占比交互						−3.184 (2.668)		1.175* (0.602)
互联网使用性质与生活性服务业产出占比交互						−8.46 (5.609)		−1.644 (2.961)
控制变量	控制	控制	控制	控制	控制	控制	控制	控制
地区固定效应	未控制	未控制	控制	控制	控制	控制	控制	控制
观测值	8 259	8 259	8 108	8 108	1 438	1 438	11 136	11 136
虚拟 R^2/R^2	0.172	0.172	0.188	0.192	0.097	0.1	0.146	0.146

注：***、** 和 * 分别表示在 1%、5%和 10%的显著性水平上统计显著，括号内为标准误。

资料来源：改编自马述忠，吴鹏，潘钢健．互联网使用、生活性服务业扩张与劳动收入分化 [J]. 经济学动态，2022 (2)：68-84。

第三节　机器人渗透的城乡异质性

一、理论命题的提出

影响城乡收入分配的因素多元而复杂，既有个体人力资本、物质资本、社会资本和代际流动等微观因素，也有产业差异、区域分割、制度与政策等宏观因素（周云波，2009；周兴和张鹏，2014；程名望等，2015；李建军和韩珣，2019）。在这些因素中，学者们尤其关心劳动力流动的作用。对于城乡之间劳动力流动产生的收入分配效应，大量既有研究主要从促进和限制劳动力流动两个角度来探讨具体政策的影响。一方面，以公路为代表的城乡间基础设施和以高铁为代表的城际基础设施的建设导致农业劳动力向非农部门流动，进而提高了留在农村中从事农业部门的个体的边际劳动生产率和农村居民收入（刘晓光等，2015；余泳泽和潘妍，2019），以及农村能够直接获得的来自城市打工的汇款（刘守英和王一鸽，2018），进而缩小了城乡间劳动力收入差异。另一方面，部分研究发现，户籍制度壁垒导致的城乡二元经济社会结构（陈纯槿和李实，2013；万海远和李实，2013）、资本密集型部门优先发展的政府战略导致的城市化进程延缓（陈斌开和林毅夫，2013）都在不同程度上阻碍了农村地区劳动力向非农部门流动，进而造成城乡之间劳动力收入差异增大。综上所述，学者们普遍认为，当劳动力能够在城乡之间自由流动时，农村劳动力会从农村流向城市，进而改善城乡间收入分配。但已有文献鲜有考虑数字技术影响下城乡间劳动力流动产生的收入分配效应。

基于此，马述忠等（2023）提出了“机器人渗透的城乡异质性”这一理论命题。

理论命题 12-2

机器人渗透可以通过促进劳动力跨区域流动和跨部门流动对城乡收入产生异质性影响，其消极影响主要表现在城市。

资料来源：马述忠，吴鹏，潘钢健．机器人渗透对城乡收入影响的异质性研究：基于劳动力流动视角 [J]. 浙江大学学报（人文社会科学版），2023，53（7）：20-38.

该命题首次提出机器人渗透是城乡收入差异化的一个重要原因，为理解机器人渗透对劳动力市场的影响提供了一个独特的理论视角。一方面，相较于绝大多数研究对机器人的就业替代效应持绝对悲观态度，该命题认为，当劳动力能在部门间充分自由流动时，机器人渗透会对农村劳动力产生积极影响；另一方面，该命题从劳动力跨区域流动和跨部门流动两个方面进一步完善了机器人渗透影响城乡居民收入的潜在机制。

二、理论命题的具体内容

在西方经典的“基于任务的模型”中，通常讨论计算机技术和自动化技术对劳动力市场的影响（Autor et al.，2003；Autor et al.，2006），但并不会考虑任务类型在地理空间上的城乡差异。然而，中国经济的城乡二元结构意味着城市和农村的工作类别和劳动力结构存在差异，因此，机器人对收入的影响可能存在城乡的异质性。马述忠等（2023）将城乡劳动力跨区域流动和跨部门流动纳入机器人对劳动力市场的影响研究中，探讨机器人使用对城乡居民收入的影响是否存在差异，并基于 CFPS 调查数据和 IFR 行业层面机器人数据进行实证检验。

近年来，越来越多的学者将“基于任务的模型”应用于机器人的研究中（王永钦和董雯，2020；余玲铮等，2021）。“基于任务的模型”将工作划分成三种类型的任务：抽象任务（abstract tasks，简称 A 任务）、例行任务（routine tasks，简称 R 任务）和手工任务（manual tasks，简称 M 任务）。其中 A 任务是一种非常规任务，需要运用人的认知判断或者进行复杂人际交往的能力来执行，更具有灵活性和创造性，需要高技能劳动力来完成。例如教育、科研、金融服务、信息服务等工作。R 任务和 M 任务都是常规任务，仅需要低技能劳动力来完成。R 任务指那些需要通过遵循明确、易于理解的程序或“惯例”来执行的任务，例如生产流水线上的劳动（余玲铮等，2021；王文等，2020）。M 任务主要指那些生活性服务业的劳动，例如出租车司机、保洁人员、安保人员、外卖员等的劳动，现有的机器人技术既不能直接替代也不能对其进行强有力的补充（Autor et al.，2003；Autor et al.，2006）。

考虑柯布-道格拉斯形式的全社会总生产函数$Y=A^{\alpha}R^{\beta}M^{\gamma}$，其中，$\alpha+\beta+\gamma=1$。$A$和$M$分别由劳动力$L_A$和$L_M$产生，$R$可由机器人$K$和劳动力$L_R$产生，$L_A$对$A$的供给是无弹性的。已有大量国内外的研究证明，机器人技术一方面和A任务互补，会增加对高技能劳动力的需求，另一方面会替代R任务，减少对从事R任务的劳动力的需求（王永钦和董雯，2020；Autor et al.，2003；Autor et al.，2006）。因此，延续"基于任务的模型"的基本假定，假设K和L_R完全替代。令机器人K的应用成本为ρ，控制市场均衡的主要有两个条件：(1) R任务的工资由K的价格确定（$w_r=\rho$）；(2) 劳动力在职业的自我选择中使得劳动力市场出清。

$$w_{Ca}=\frac{\partial Y}{\partial A_C}=\alpha A_C^{\alpha-1}(R_C+R_V)^{\beta}M_C^{\gamma} \tag{12-2}$$

$$w_{Cr}=\frac{\partial Y}{\partial R_C}=\beta A_C^{\alpha}(R_C+R_V)^{\beta-1}M_C^{\gamma}=\frac{\partial Y}{\partial R_V}=w_{Vr} \tag{12-3}$$

$$w_{Cm}=\frac{\partial Y}{\partial M_C}=\alpha A_C^{\alpha}(R_C+R_V)^{\beta}M_C^{\gamma-1} \tag{12-4}$$

记$\eta_i^*=\frac{w_m}{w_r}=\frac{\gamma R}{\beta M_C}$，由于$M$任务仅使用了劳动力投入，则$\eta_i^*$可以改写为$\eta_i^*=\frac{w_m}{w_r}=\frac{\gamma R}{\beta L_M(\eta^*)}$。对$\rho$求偏导可得：$\frac{\partial\eta}{\partial\rho}=\frac{\gamma L_M\cdot\partial R/\partial\rho}{\beta L_M^2+\gamma RL_M'}<0$。其中，$L_M(\eta^*)$是均衡状态下$M$任务的劳动力供给。即机器人应用成本下降，$\eta_i^*$提高。由于$L_M'\geqslant 0$，则$\frac{\partial L_M}{\partial\rho}<0$。机器人应用成本$\rho$的下降增加了对$R$任务的需求。增加的需求可以由额外的$K$或$L_{CR}$和$L_{VR}$来提供。假设本科学历以下的工人的劳动力总供给不变，则可以认为L_i^{Low}从R任务流动至M任务。即由于工人的自我选择，R任务增加的需求将由机器人提供。当劳动力能够在城乡之间完全流动时，机器人应用成本的下降会促进农村的低技能劳动力（L_{VR}^{Low}）从农村的R_V任务流向城市的M_C任务（L_{CM}^{Low}），进而提高农村劳动力的相对工资。相反，若城乡之间的劳动力流动障碍大到使得劳动力完全不流动，L_{VR}^{Low}无法进入城市并实现从R任务到M任务的跨部门流动，只能固守在农村的R_V中，则机器人渗透只对农村的L_{VR}^{Low}产生了单纯的替代效应，进而降低了农村劳动力的收入。当劳动力不完全流动时，机器人渗透对农村劳动力的影响取决于上述两种作用的强弱。同时，城市当中的低技能劳动力（L_{CR}^{Low}）也在自我选择过程中从R_C任务流动至M_C任务。随着M任务劳动力供给的增加和w_{Cr}的下降，城市低技能劳动力L_C^{Low}的总体劳动力价格可能下降。

基于此，马述忠等（2023）提出了假说1和假说2。

假说1：机器人渗透导致M任务相对于R任务的工资上升，促进了劳动力从农村向城市流动。当劳动力在城乡之间能够完全流动时，机器人渗透会促进农村劳动力工资提升；当劳动力在城乡之间完全不流动时，机器人渗透会抑制农村劳动力工资；当劳动力在城乡之间不完全流动时，农村劳动力工资取决于上述两方面作用的强弱。

假说 2：机器人渗透导致 M 任务相对于 R 任务的工资上升，城市内部的劳动力跨部门流动有助于减少机器人渗透产生的负效应。

为了检验假说 1，马述忠等（2023）使用北京大学中国社会科学调查中心的中国家庭追踪调查（CFPS）和 IFR 行业层面机器人数据，地区行业层面的就业数据来自国泰安数据库（CSMAR）。在以下回归模型的基础上纳入交互项。

$$\begin{aligned}&\text{城市：}Wage_{it}=\beta_1\ Robot_{xkt}+\beta_2 Z_{it}+\lambda_q+\lambda_t+\lambda_k+\varepsilon\\&\text{农村：}Wage_{it}=\beta'_1\ Robot_{xkt}+\beta'_2 Z_{it}+\lambda'_q+\lambda'_t+\lambda'_k+\varepsilon'\end{aligned}\tag{12-5}$$

马述忠等（2023）采用两种方法进一步明晰劳动力跨区域流动的影响：一方面，通过将样本分为外出打工和未外出打工两类，观察机器人渗透的影响；另一方面，通过设置机器人渗透率与外出打工（WO）的交互项，观察外出打工能否削弱机器人渗透产生的负面影响，并进一步观察该效应是适用于全样本还是局限于农村样本。

表 12-4 为回归结果。第（1）列和第（2）列汇报了机器人渗透对外出打工样本和未外出打工样本工作收入的影响。第（1）列 Robot 的系数为 0.008，通过了 5%显著性水平的统计检验，第（2）列 Robot 的系数为－0.007，通过了 5%显著性水平的统计检验，证明机器人渗透能显著促进外出打工群体的工作收入，抑制了未外出打工群体的工作收入。结合基准回归结果，机器人渗透对农村地区工作总收入的影响不显著。这一结果证明了假说 1：机器人渗透促进了劳动力从农村向城市流动，进而提高了流动劳动力的工资。同时这一结果也从侧面体现了城乡之间劳动力的不完全流动。

表 12-4　劳动力跨区域流动机制

	外出打工 (1)	未外出打工 (2)	全样本 (3)	农村 (4)
Robot	0.008**	−0.007**	−0.001	−0.006
	(0.004)	(0.003)	(0.002)	(0.007)
Robot×WO			0.004*	0.01***
			(0.002)	(0.004)
控制变量	是	是	是	是
行业固定效应	是	是	是	是
县域固定效应	是	是	是	是
观测值	3 231	3 873	7 303	2 410
虚拟 R^2/R^2	0.265	0.366	0.324	0.307

注：***、** 和 * 分别表示在 1%、5%和 10%的显著性水平上统计显著，括号内为稳健标准误。

资料来源：改编自马述忠，吴鹏，潘钢健．机器人渗透对城乡收入影响的异质性研究：基于劳动力流动视角[J]．浙江大学学报（人文社会科学版），2023，53（7）：20-38。

为了检验假说 2，马述忠等（2023）通过设计交互项来观察劳动力跨部门流动对机器人渗透影响的调节效应。表 12-5 汇报了调节效应的回归结果。第（1）列和第（2）列是城市样本的回归结果，第（3）列和第（4）列是农村样本的回归结果。由此可知，第（2）列 Robot×ifchange 的系数显著为正，表明劳动力的跨部门流动可以降低机器人渗透对城市劳动力工资收入产生的负向影响。这一结果验证了假说 2，并对假说 1 进行了回答。一方面，机器人应用成本下降导致了 R 任务的绝对工资下降；另一方面，M 任务相对 R 任务的工资上升，而 M 任务往往集聚分布在城市当中。因而，城市劳动力可以通过跨部门流动实现 R 任务对 M 任务的转换，进而降低了由机器人渗透产生的负效应。第（4）列中 Robot×ifchange 的系数不显著。可能的合理解释是：一方面，农村地区的经济结构受机器人渗透的影响较小；另一方面，城乡之间仍然存在户籍歧视、交通不便等劳动力流动的障碍，农村劳动力在城乡之间不完全流动，因而农民工无法自由流动于不同行业。

表 12-5 劳动力跨部门流动机制

变量	城市		农村	
	(1)	(2)	(3)	(4)
Robot	-0.006^{**}	-0.008^{***}	-0.003	-0.001
	(0.002)	(0.002)	(0.006)	(0.006)
Robot×ifchange		0.017^{**}		-0.018
		(0.007)		(0.012)
控制变量	是	是	是	是
年份固定效应	是	是	是	是
行业固定效应	是	是	是	是
县域固定效应	是	是	是	是
观测值	9 941	9 941	5 374	5 374
R^2	0.272	0.272	0.188	0.188

注：*** 和 ** 分别表示在 1%和 5%的显著性水平上统计显著，括号内为稳健标准误。

资料来源：改编自马述忠，吴鹏，潘钢健．机器人渗透对城乡收入影响的异质性研究：基于劳动力流动视角[J]．浙江大学学报（人文社会科学版），2023，53（7）：20-38。

西方经典的“基于任务的模型”认为，工作可划分成三种类型的任务：抽象任务、例行任务和手工任务，且尽管该模型认为不同任务之间存在着一定的替代关系，但并没有区分城乡之间的任务差异（Autor et al.，2003；Autor et al.，2006）。马述忠等（2023）引入城乡之间不同任务的互补效应和替代效应，探讨机器人渗透对于城市间和城市内工资收入的影响，是对劳动力市场理论的一个重要拓展。

因为 R_C 和 R_V 是同质的，所以在此之后不再对二者做严格的区分。由于假定 K 和 L_R 是 1∶1 的完美替代，故 $\frac{\partial w_r}{\partial \rho}=1$。同时，记 A 任务的工资随机器人应用成本的变化为：

$$\frac{\partial w_a}{\partial \rho}=\alpha A^{\alpha-1}\left(\beta R^{\beta-1}\frac{\partial R}{\partial \rho}M^{\gamma}+\gamma R^{\beta}L_M^{\gamma-1}L_M'\frac{\partial \eta}{\partial \rho}\right) \tag{12-6}$$

括号内第一项 $\beta R^{\beta-1}\frac{\partial R}{\partial \rho}M^{\gamma}<0$，第二项 $\gamma R^{\beta}L_M^{\gamma-1}L_M'\frac{\partial \eta}{\partial \rho}<0$，因此 $\frac{\partial w_a}{\partial \rho}<0$。进而 A 任务和 R 任务的相对工资随机器人应用成本的变化可以表示为：$\frac{\partial w_a/w_r}{\partial \rho}<0$。

机器人应用成本 ρ 下降会使得 A 任务对 R 任务的相对工资上升，R 任务的绝对工资下降。虽然 A 任务仅由城市的岗位提供，但城市当中 R 任务的比例更高。农村的经济结构包括农林牧渔业和采矿业，受机器人渗透的影响相对较小。因此机器人渗透的影响主要体现在城市地区，取决于对 A 任务的互补效应和对 R 任务的替代效应的强弱。

基于此，马述忠等（2023）提出了假说 3。

假说 3：机器人渗透的影响主要体现在城市地区，取决于对 A 任务的互补效应和对 R 任务的替代效应的强弱。若对 A 任务的互补效应大于对 R 任务的替代效应，则能提升城市地区的劳动力工资收入，反之则会抑制城市地区的劳动力工资收入。

为了检验假说 3，马述忠等（2023）参考相关研究（韩军等，2015；王修华和赵亚雄，2020），设计了式（12-5），并通过比较城市和农村样本系数 β_1 的大小来判断机器人渗透时城市和农村获益程度的差异。同时，为了稳健起见，参考相关研究（连玉君和廖俊平，2017），采用费舍尔组合检验（Fisher's permutation test），以验证组间系数 β_1 差异的显著性。

表 12-6 报告了基准回归结果，其中第（1）列和第（2）列是全样本的回归结果，第（3）列和第（4）列是城市样本的回归结果，第（5）列和第（6）列是农村样本的回归结果。对每一列的回归都控制了年份固定效应、县域固定效应以及行业固定效应。第（1）列、第（3）列和第（5）列均只加入了核心解释变量机器人渗透率，其余则均加入了控制变量。回归结果显示，第（1）列和第（2）列的 Robot 的系数显著为负，表明机器人渗透增加对工作收入有负面影响。这一结果与相关文献观察到的美国的结论和观察到的墨西哥的结论保持一致（Acemoglu & Restrepo，2018），即机器人渗透的替代效应大于生产率效应，总体对工作收入表现为负向效应。对比第（4）列和第（6）列，加入个体的控制变量后，农村地区 Robot 的系数未能通过 10%显著性水平的统计检验，但城市地区 Robot 的系数为−0.007，并在 1%的显著性水平上统计显著。以上结果回答了假说 3 并证明了机器人渗透率对工作收入的影响存在城乡差异：机器人渗透对 A 任务的互补效应小于对 R 任务的替代效应。即由于数字技术价格下降使得 R 任务的绝对工资下降，而城市当中 R 任务的比例更高，因此，机器人渗透率对工作收入的消极效应主要表现在城市当中。

表 12-6　机器人渗透的城乡异质性回归

变量	全样本		城市		农村	
	(1)	(2)	(3)	(4)	(5)	(6)
Robot	−0.010***	−0.004**	−0.01***	−0.007***	−0.014***	−0.003
	(0.002)	(0.002)	(0.003)	(0.002)	(0.004)	(0.006)
Gender		0.37***		0.355***		0.414***
		(0.024)		(0.025)		(0.031)
Age		0.005***		0.005***		0.005***
		(0.001)		(0.001)		(0.001)
Edu		0.151***		0.163***		0.119***
		(0.01)		(0.011)		(0.011)

续表

变量	全样本		城市		农村	
	(1)	(2)	(3)	(4)	(5)	(6)
IQ		0.027***		0.022***		0.037**
		(0.007)		(0.008)		(0.014)
Health		0.023***		0.023***		0.03**
		(0.007)		(0.008)		(0.013)
Familysize		0.007		−0.001		0.022**
		(0.005)		(0.005)		(0.008)
SY		−0.015		−0.016		−0.004
		(0.031)		(0.039)		(0.041)
年份固定效应	是	是	是	是	是	是
行业固定效应	是	是	是	是	是	是
县域固定效应	是	是	是	是	是	是
观测值	23 058	15 899	13 654	9 941	8 264	5 374
R^2	0.133	0.239	0.157	0.272	0.088	0.188

注：*** 和 ** 分别表示在 1%和 5%的显著性水平上统计显著，括号内为稳健标准误。

资料来源：改编自马述忠，吴鹏，潘钢健．机器人渗透对城乡收入影响的异质性研究：基于劳动力流动视角[J]．浙江大学学报（人文社会科学版），2023，53（7）：20－38。

记 M 任务的工资随机器人应用成本的变化为：

$$\frac{\partial w_m}{\partial \rho}=\gamma A^{a}\left[\beta R^{\beta-1}\frac{\partial R}{\partial \rho}M^{\gamma}+(\gamma-1)R^{\beta}L_M^{\gamma-2}L'_M\frac{\partial \eta}{\partial \rho}\right] \tag{12-7}$$

括号内第一项 $\beta R^{\beta-1}\frac{\partial R}{\partial \rho}M^{\gamma}<0$，第二项 $(\gamma-1)R^{\beta}L_M^{\gamma-2}L'_M\frac{\partial \eta}{\partial \rho}>0$，因此机器人应用成本对 M 任务工资的影响无法确定。又因为 $\frac{w_a}{w_r}=\frac{a}{\gamma A}L_M$，易得：

$$\frac{\partial w_a/w_m}{\partial \rho}=\frac{a}{\gamma A}L'_M\frac{\partial \eta}{\partial \rho}<0 \tag{12-8}$$

机器人应用成本下降会使得 A 任务相对于 M 任务的工资上升。同时由上可知，M 任务相对于 R 任务的工资上升。

基于此，马述忠等（2023）提出了假说 4。

假说 4：机器人渗透会降低城市内低技能劳动力的工资。

将本科及以上学历定义为高技能劳动力，将本科以下劳动力定义为低技能劳动力。表 12－7 汇报了区分不同技术水平劳动力的回归结果。其中第（2）列 Robot 的系数为−0.008，并通过了 1%显著性水平的统计检验。第（1）列、第（3）列和第（4）列的 Robot 的系数均不显著。即机器人渗透替代了城市当中的低技能劳动力，并产生了负面效应。机器人渗透对城市地区的高技能劳动力和农村劳动力无明显影响，假说 4 成立。

表 12-7 区分不同技术水平劳动力

变量	城市		农村	
	本科及以上	本科以下	本科及以上	本科以下
	(1)	(2)	(3)	(4)
Robot	0.002	−0.008***	−0.060	−0.004
	(0.005)	(0.002)	(0.036)	(0.006)
控制变量	是	是	是	是
年份固定效应	是	是	是	是
行业固定效应	是	是	是	是
县域固定效应	是	是	是	是
观测值	1 352	8 466	223	5 112
R^2	0.338	0.226	0.470	0.177

注：*** 表示在 1%的显著性水平上统计显著，括号内为稳健标准误。

资料来源：改编自马述忠，吴鹏，潘钢健．机器人渗透对城乡收入影响的异质性研究：基于劳动力流动视角[J]．浙江大学学报（人文社会科学版），2023，53（7）：20-38。

第四节 数字化转型拉动劳动力就业理论

一、理论命题的提出

关于数字经济或人工智能对劳动力就业的影响研究主要分为三类：第一类观点认为，人工智能会对劳动力市场产生显著的替代作用，降低劳动力就业。Frey & Osborne（2017）根据工作任务对 702 个职业进行了分类，预测在接下来的 20 年中，47%的职业会受到自动化的严重冲击。机器换人会使低技能人才的就业岗位大幅萎缩且薪酬水平大幅下降（Acemoglu & Restrepo，2020）。第二类观点认为，人工智能同样存在互补效应，可能对劳动力就业产生积极影响。Dauth et al.（2018）以德国为例，发现机器人的使用会减少制造业的就业岗位，但这些失业会被商业服务部门的就业增长所抵消；Dekle（2020）基于日本劳动力市场数据，发现机器人总体上提高了对劳动力的需求。第三类观点认为，人工智能对就业的负向影响并不明显（Arntz et al.，2016），究竟如何影响取决于替代作用和互补作用哪个占据主要位置（David，2017）。

基于此，赵宸宇（2023）提出了“数字化转型拉动劳动力就业理论”这一理论命题。

理论命题 12-3

数字化转型可以通过市场规模效应、经营范围效应和生产率效应三条路径扩张劳动力需求、拉动就业。同时，数字化转型还可以提高高学历人员占比和高技能人员占比，优化企业的劳动力结构。

资料来源：赵宸宇．数字化转型对企业劳动力就业的影响研究[J]．科学学研究，2023，41（2）：241-252.

该理论命题首次在中国的情景下，研究数字化转型对企业劳动力就业规模和就业结构的影响，梳理了数字化转型拉动劳动力就业的作用机制，从劳动力就业视角拓展了数字化转型影响效应的相关研究。一方面，西方学者关于数字化转型对企业劳动力就业的影响尚未有定论；另一方面，既有研究尚未明确数字化转型对企业劳动力就业影响的具体作用路径。赵宸宇（2023）在此基础上，结合企业数字化转型的内涵与特征，从理论层面梳理了数字化转型对企业就业规模和就业结构的影响机制，搭建了完整的数字化转型与企业劳动力就业的理论框架。最后，西方关于数字技术应用的研究大多站在发达国家视角或者使用发达国家数据，从发展中国家视角展开的研究较为少见。赵宸宇（2023）结合中国企业生产实践经验，使用中国企业微观层面数据，从实证方面厘清了数字化转型拉动企业劳动力就业的具体路径，为政府出台相关政策提供了经验证据，拓展了数字化转型与劳动力就业的研究分支。

二、理论命题的具体内容

西方经典的劳动力理论认为，机器人使用可能会对劳动力就业和工资带来负面影响，也可能会产生互补效应，不一定会减少总的劳动力需求。赵宸宇（2023）的研究是对既有理论的拓展，不只局限于机器人使用，而是从企业数字化转型这一更为宽广的视角出发，利用中国独特的企业层面劳动力就业数据，研究数字化转型对企业劳动力就业规模的影响效应和作用机制。

扩大本土市场规模是解决中国就业问题的关键，数字化转型有助于提升企业的经营绩效和创新绩效（Wen et al.，2022），而经营绩效和创新绩效的提升可以增加企业利润，促使企业扩大生产规模（Arntz et al.，2019），提升对劳动力的需求（Acemoglu & Restrepo，2020）。

基于此，赵宸宇（2023）通过对数字化转型和企业劳动力就业的特征事实探究，提出了假说 1。

假说 1： 数字化转型通过市场规模效应扩大企业就业人数。

数字化转型在对劳动力就业产生替代效应的同时，也会产生创造效应，抵消就业破坏效应的影响。赵宸宇（2023）的研究发现，数字化转型可以驱动服务型制造发展（Favoretto et al.，2022），扩展企业的业务范围。这种业务范围的扩展可以带动劳动力就业，比如数字技术应用可以提升企业的创新能力，拓展出研发设计、信息咨询等业务，提高创新服务方面的人员需求；智能制造的生产模式可以催生新型就业形态，产生就业增量效应。比如智能制造增加了对技术运维从业人员的需求，包括对数字制造装备、生产线进行设计、安装、调试、管控和应用的工程技术人员以及对数字产品进行设计、编码、测试、维护和服务的工程技术人员（《中国数字经济就业发展研究报告（2021 年）》，中国信息通信研究院），衍生出智能制造工程技术人员、工业互联网工程技术人员、虚拟现实工程技术人员、智能硬件装调员、工业视觉系统运维员等新的就业岗位；互联网商业模式的运用让企业更加重视管理、营销和售后服务，增加了应用数字化工具或数字平台，进行产品采购、销售运营、顾客服务、远程运维等的管理和服务人员。

基于此，赵宸宇（2023）提出了假说 2。

假说 2： 数字化转型通过经营范围效应扩大企业就业人数。

已有研究指出，数字化转型可以通过提高创新能力、优化人力资本结构、推动两业融合发展以及降低成本的机制提升企业全要素生产率（赵宸宇等，2021），而全要素生产率的提升有可能产生就业创造效应，增加对劳动力的需求（Mortensen & Pissarides，1998；Kpognon et al.，2022）。

基于此，赵宸宇（2023）提出了假说3。

假说3：数字化转型通过生产率效应拉动企业劳动力就业。

数字化转型可以通过市场规模效应、经营范围效应和生产率效应等机制促进企业的就业创造。与此同时，数字化转型也会产生结构效应，从员工受教育结构和技能结构两方面优化企业人力资本结构。数字化转型可以驱动企业创新发展（Li et al.，2023）。首先，数字化转型的核心要义在于大数据、云计算、区块链、物联网等新型数字技术应用在研发、设计、生产、销售、管理等各个环节，驱动传统制造企业向智能智造转型，这一过程本身就伴随着创新技术的应用。其次，数字化改变了企业的创新模式（Mostaghel et al.，2022）。传统的创新模式以企业为主，与客户的距离较远，而在数字经济背景下，一方面，互联网商业模式的运用拉近了企业和消费者之间的距离（Paiola & Gebauer，2020），消费者可以更广泛地参与产品生产和价值创造的全过程（Matarazzo et al.，2021），成为企业创新发展的重要源泉；另一方面，企业通过智能设备的互联互通和数字技术的应用，可以及时获取客户的数据，实现对客户信息和需求的及时反馈，加快企业对产品和技术改进升级的步伐（Birch-Jensen et al.，2020）。最后，随着新一代信息技术的发展，制造业与数字技术深度融合催生出网络化协同制造新模式（Wu et al.，2022）。这种模式实现了企业内部研发设计和供应链管理的协同（Abdalla & Nakagawa，2021），扩大了数据和知识要素在企业内部系统之间的交流和分享，加速了从单打独斗创新向产业协同创新的转变，提高了企业的创新绩效（Shen et al.，2021）。

创新能力提高对企业就业结构的影响体现在两个方面。从教育结构来看，创新与高等教育人力资本高度相关（You et al.，2021），企业创新能力提高需要高学历的创新型人才作为支撑（Sun et al.，2020；Afcha & Lucena，2022），因此，数字化转型会优化企业教育结构，提升高学历人员占比；从技能结构来看，企业的数字化和智能化发展会对常规的、重复性的、生产性的低技能劳动力产生替代作用，而对非常规的、非重复性的、创造性的高技能劳动力产生促进作用。

基于此，赵宸宇（2023）提出了假说4。

假说4：数字化转型可以提高企业高学历人员占比和高技能人员占比，优化企业的劳动力结构。

在对理论分析假说1至假说3的实证检验方面，对于市场规模效应的机制检验，赵宸宇（2023）构建了以下两个变量来衡量企业的市场规模：第一，主营业务收入（ln_income）。主营业务收入是企业市场规模最直接的测度方式，赵宸宇（2023）采用其对数值作为代理变量。第二，企业市场份额（Marpow），赵宸宇（2023）采用企业营业收入在行业中的比重进行度量。对于经营范围效应的机制检验，赵宸宇（2023）基于中国制造业上市公司按行业分类的企业主营业务收入明细数据，采用以下两种方式对经营范围进行测度：第一，企业是否多元化经营（Prod_dum）指标。如果企业的经营范围横跨多个行业，则 Prod_dum 变量取值为 1；如果企业的业务仅集中于某个行业，则 Prod_dum 设置为 0。第二，经营行业数量（Prod_scope）。赵宸宇（2023）以公司主营业务所属的行业数量衡量企业的经营范围，Prod_scope 变量越大，表示企业的经营范围越广。对于生产率效应的机制检验，赵宸宇（2023）采用 LP（Levinsohn & Petrin，2003）和 OP（Olley & Pakes，1992）两种方法测算企业全要素生产率，并以此作为机制变量。

为了检验数字化转型对企业就业规模的影响机制，赵宸宇（2023）根据中介效应的原理和检验程序，分三步构建中介效应模型。首先，将就业规模对数字化转型变量进行回归；其次，将中介变量对数字化转型变量进行回归；最后，将就业规模同时对数字化转型和中介变量进行回归。完整的中介效应模型如下所示：

$$\text{Job}_{it}=\alpha_0+\alpha_1\text{DIGI}_{it}+\beta\text{Controls}_{it}+\mu_P+\delta_I+\lambda_Y+\eta_F+\varepsilon_{it} \tag{12-9}$$

$$\text{INTER}_{it}=b_0+b_1\text{DIGI}_{it}+\beta\text{Controls}_{it}+\mu_P+\delta_I+\lambda_Y+\eta_F+\varepsilon_{it} \tag{12-10}$$

$$\text{Job}_{it}=c_0+c_1\text{INTER}_{it}+\lambda\text{DIGI}_{it}+\beta\text{Controls}_{it}+\mu_P+\delta_I+\lambda_Y+\eta_F+\varepsilon_{it} \tag{12-11}$$

式中，被解释变量 Job 代表企业就业规模，使用企业当年员工总人数的对数值衡量。核心解释变量 DIGI 衡量制造业企业的数字化转型程度，采用文本分析和专家打分相结合的方法进行构造。INTER 为中介变量。为了控制宏观环境、行业差异、时间因素和企业特征对就业规模的影响，赵宸宇（2023）还在方程中加入了省份固定效应、行业固定效应、年份固定效应和企业固定效应。

表 12-8 为市场规模效应影响机制的回归结果。结果显示，数字化转型通过市场规模效应扩大了企业的就业岗位，验证了假说 1。

表 12-8 市场规模效应的影响机制检验

	(1)	(2)	(3)	(4)	(5)	(6)
	就业规模	主营业务收入	就业规模	就业规模	市场份额	就业规模
DIGI	0.416 2***	0.444 3***	0.173 1***	0.416 2***	0.003 8***	0.390 8***
	(11.29)	(10.88)	(5.88)	(11.29)	(3.54)	(10.80)
ln_income			0.547 3***			
			(82.59)			
Marpow						6.697 2***
						(21.56)
常数项	5.710 2***	18.371 0***	−4.343 6***	5.710 2***	0.002 7	5.692 4***
	(5.90)	(17.11)	(−5.57)	(5.90)	(0.09)	(5.99)
控制变量	是	是	是	是	是	是
观测值	13 907	13 907	13 907	13 907	13 907	13 907
R^2	0.883	0.901	0.926	0.883	0.928	0.887

注：DIGI 衡量企业数字化转型程度，ln_income 为企业主营业务收入的对数值，Marpow 为企业市场份额的代理变量。回归中控制了省份固定效应、行业固定效应、年份固定效应和企业固定效应。*** 表示在 1%的显著性水平上统计显著，括号内为回归系数的 t 值。

资料来源：改编自赵宸宇．数字化转型对企业劳动力就业的影响研究［J］. 科学学研究，2023，41（2）：241-252。

表 12－9 为经营范围效应影响机制的回归结果。结果显示，数字化转型通过经营范围的扩展扩大了企业的就业规模，验证了假说 2。

表 12－9　经营范围效应的影响机制检验

	(1)	(2)	(3)	(4)	(5)	(6)
	就业规模	多元化	就业规模	就业规模	行业种类	就业规模
DIGI	0.417 1***	0.079 6***	0.409 4***	0.417 1***	0.178 0***	0.403 8***
	(11.26)	(3.03)	(11.08)	(11.26)	(4.56)	(10.93)
Prod_dum			0.095 8***			
			(7.10)			
Prod_scope						0.074 5***
						(8.22)
常数项	5.461 2***	0.288 7	5.433 6***	5.461 2***	1.217 7	5.370 5***
	(5.75)	(0.43)	(5.73)	(5.75)	(1.21)	(5.67)
控制变量	是	是	是	是	是	是
观测值	13 019	13 019	13 019	13 019	13 019	13 019
R^2	0.890	0.665	0.891	0.890	0.687	0.891

注：DIGI 衡量企业数字化转型程度，Prod_dum 为企业是否多元化经营指标，Prod_scope 为企业经营行业数量。回归中控制了省份固定效应、行业固定效应、年份固定效应和企业固定效应。*** 表示在 1%的显著性水平上统计显著，括号内为回归系数的 t 值。

资料来源：改编自赵宸宇．数字化转型对企业劳动力就业的影响研究 [J]. 科学学研究，2023，41 (2)：241－252。

表 12－10 为生产率效应影响机制的回归结果。结果显示，数字化转型通过提升全要素生产率扩大了企业的就业规模，验证了假说 3。

表 12－10　生产率效应的影响机制检验

	(1)	(2)	(3)	(4)	(5)	(6)
	就业规模	TFP_LP	就业规模	就业规模	TFP_OP	就业规模
DIGI	0.277 1***	0.232 4***	0.156 4***	0.289 1***	0.080 7***	0.273 9***
	(8.48)	(8.48)	(5.30)	(8.70)	(3.70)	(8.30)
TFP_LP			0.519 2***			
			(49.94)			
TFP_OP						0.188 5***
						(12.98)
常数项	5.037 8***	5.787 1***	2.033 1***	5.123 3***	3.077 2***	4.543 1***
	(6.05)	(8.28)	(2.70)	(6.02)	(5.51)	(5.37)
控制变量	是	是	是	是	是	是
观测值	12 774	12 774	12 774	12 967	12 967	12 967
R^2	0.911	0.910	0.928	0.907	0.877	0.908

注：DIGI 衡量企业数字化转型程度，TFP_LP 为 LP 方法测算的企业全要素生产率，TFP_OP 为 OP 方法测算的企业全要素生产率。回归中控制了省份固定效应、行业固定效应、年份固定效应和企业固定效应。*** 表示在 1%的显著性水平上统计显著，括号内为回归系数的 t 值。

资料来源：改编自赵宸宇．数字化转型对企业劳动力就业的影响研究 [J]. 科学学研究，2023，41 (2)：241－252。

西方既有研究更多考察计算机或机器人使用对企业就业结构的影响，而随着数字技术的进步和广泛应用，数字化转型对就业结构的影响越来越引起学者的关注。赵宸宇（2023）的研究立足中国企业实际情况，进一步细分劳动力就业形态，从学历构成、技能差异和岗位性质等多方面考察数字化转型对企业劳动力就业结构的影响，是对 Autor et al.（2003）模型的完善。

在对理论分析假说 4 的实证检验方面，高学历员工占比为本科、硕士和博士学历员工人数与员工总数之比。参考 Autor et al.（2003）的做法，赵宸宇（2023）将技术人员、销售人员和财务人员归为高技能劳动力，这部分劳动力主要从事科技研发、产品设计、市场营销、资产管理、投融资等工作，不容易被数字技术所替代；将生产人员、客服人员、人事人员和行政人员归为低技能劳动力，这部分劳动力主要从事低技能体力劳动、重复性工作和支持性工作，容易被数字技术所替代。验证假说 4 使用的回归模型为：

$$\text{Job\_struc}_{it}=\alpha+\beta\text{DIGI}_{it}+\gamma\text{Controls}_{it}+\mu_P+\delta_I+\lambda_Y+\eta_F+\varepsilon_{it} \quad (12-12)$$

式中，被解释变量 Job_struc 代表企业的就业结构，使用企业当年高学历员工占比和高技能劳动力占比衡量。核心解释变量 DIGI 衡量制造业企业的数字化转型程度，采用文本分析和专家打分相结合的方法进行构造。为了控制宏观环境、行业差异、时间因素和企业特征对就业结构的影响，赵宸宇（2023）还在方程中加入了省份固定效应、行业固定效应、年份固定效应和企业固定效应。

表 12 - 11 为数字化转型对企业劳动力就业结构影响的回归结果。结果显示，数字化转型显著提高了企业本科及以上学历员工占比，说明在企业就业规模扩张的同时，有良好教育背景的员工的比例也在提升，教育结构得到优化。同时，数字化转型显著提高了企业高技能劳动力占比，降低了低技能劳动力的比例，改善了企业员工的技能结构。高技能劳动力中，数字化转型显著提高了企业技术人员的占比；低技能劳动力中，数字化转型显著降低了企业生产人员的占比。由此可见，数字化转型有助于提高企业高学历员工占比和高技能劳动力占比，优化企业的劳动力结构，验证了假说 4。

表 12 - 11　数字化转型对企业劳动力就业结构影响的检验结果

	(1) 高学历 员工占比	(2) 高技能 劳动力占比	(3) 技术人员 占比	(4) 低技能 劳动力占比	(5) 生产人员 占比
DIGI	2.149 5***	3.410 6***	2.295 1***	−4.277 3***	−2.671 0***
	(3.68)	(4.79)	(3.89)	(−4.11)	(−2.59)
常数项	51.231 7***	17.585 3	0.403 4	97.263 9***	82.184 0***
	(4.30)	(1.00)	(0.03)	(3.79)	(3.23)
控制变量	是	是	是	是	是
观测值	10 324	10 952	10 952	10 952	10 952
R^2	0.888	0.867	0.821	0.771	0.799

注：DIGI 衡量企业数字化转型程度。回归中控制了省份固定效应、行业固定效应、年份固定效应和企业固定效应。*** 表示在 1%的显著性水平上统计显著，括号内为回归系数的 t 值。

资料来源：改编自赵宸宇．数字化转型对企业劳动力就业的影响研究 [J]. 科学学研究，2023，41（2）：241 - 252。

第五节　异地办公导致劳动力资源空间重新配置理论

一、理论命题的提出

在传统经济中，居住地与就业地往往是统一的。Heblich et al.（2020）通过对1801—1921年伦敦新建的空间分类数据进行分析，展现了蒸汽铁路的发明带来了通勤成本的降低，导致了工作场所和居住地的首次大规模分离，并构建了一类定量城市模型来解释该类经济活动的重组，发现在生产和居住方面都存在巨大的集聚力，随着通勤成本的降低，工人可以将居住地和工作地分开，以利用相对于设施而言生产率高的地方的高工资（将这些地方专门作为工作地）和相对于生产率而言设施高的地方的低生活成本（将这些地方专门作为居住地），由此带来的是邻近城市之间的生产和居住功能分区。Monte et al.（2018）也量化了通勤成本降低对劳动力市场资源的再配置。而近年来，随着云计算、大数据、物联网等数字技术的发展，在线的信息传递、交流沟通变得更加便捷与流畅，异地办公逐渐变为现实，并且在疫情的催化下，迅速流行发展。异地办公的出现打破了工作场所和住所之间的联系，允许个人在一个城市生活、在另一个城市工作，可以实现过去无法实现的空间套利机会；在成本高、生产率高的地方工作的工人可以搬到成本低、生产率低的地区，同时通过远程办公保持他们原来的生产性工作（Brueckner et al.，2023）。虽然异地办公的一个重要特点是可以减少通勤成本，但异地办公所探究的远不止通勤成本的降低，而是对其本质——工人居住地与工作地的分离所带来的一系列影响的研究，包括各地区劳动力供给、居民数量、物价指数、房价水平、贸易状况、城市规模以及经济布局等方面。

基于此，王永进和刘玉莹（2023）提出了“异地办公导致劳动力资源空间重新配置理论”这一理论命题。

理论命题 12-4

以“异地办公”为代表的数字化劳动力市场正在逐渐突破传统劳动力市场的涵盖范围，并使得就业地与居住地的分离成为可能，将带来中国劳动力资源空间新配置与区域经济新布局的产生。

资料来源：王永进，刘玉莹．在线劳动力市场、异地办公与中国区域经济布局［J］．数量经济技术经济研究，2023，40（8）：25-45.

该理论命题首次构建了一个纳入异地办公新工作形式的具有投入产出联系、企业异质性生产率和劳动异质性生产率的多区域量化空间均衡模型，对传统西方量化空间经济模型进行了引申与发展。一方面，王永进和刘玉莹（2023）首次量化分析了数字经济催生下新工作方式——异地办公——的出现及其生产率水平变化对中国各地区经济发展所带来的影响，探讨异地办公这种打破居住地与工作地之间地理限制的新特征对区域经济布局的影响。另一方面，王永进和刘玉莹（2023）进一步对中国各地区经济发展、人口分布与经济布局可能出现的新趋势与变化进行了预测，为劳动力资源错配提供了新的解决思路，为通过大力发展数字劳动力市场来缓解大城市的"城市病"提供了理论依据。

二、理论命题的具体内容

传统西方理论对办公地点的讨论主要考虑城市内部，认为居家办公的效果等价于通勤成本下降对区域经济布局的影响（Brueckner，1987）。王永进和刘玉莹（2023）将异地办公这种新工作模式纳入量化空间模型当中，构建了一个具有异地办公、投入产出联系、企业异质性生产率和劳动异质性生产率的多区域量化空间均衡模型，考虑到了中国各省份的实际情况，探究了异地办公的出现及其生产率水平变化对不同省份和八大经济区经济活动的具体影响，是对传统西方理论的拓展。

王永进和刘玉莹（2023）在 Caliendo et al.（2018）和 Brueckner et al.（2023）的基础上构建了一个纳入异地办公新劳动形式的具有投入产出联系、企业异质性生产率和劳动异质性生产率的多区域量化空间一般均衡模型①，通过该模型探究数字经济催生的新型劳动力形式对各地区经济活动及布局的影响。

具体而言，假设经济体有 N 个地区，用 i 与 n 表示。劳动力可跨地区自由流动，地区 n 拥有 L_n^R 的居民。异地办公形式的出现改变了工人居住地与工作地之间的联系，使工作不受到地区的限制，工人可以在地区 n 居住、为地区 i 的企业工作。居民可以选择异地办公或者实地去企业工作，去企业实地办公的工人，则意味着其在该地居住并工作。企业使用劳动力、由土地建筑物等构成的综合要素以及其他部门生产的中间品进行生产。地区 $n \in N$ 具有外生不变的土地建筑物供应 H_n，其可以被任意部门使用。地区 $n \in N$ 的企业雇用 L_n^E 的工人，包括本地居民 L_{nn} 与异地办公的工人 L_{in}（$\forall i \neq n$）。商品可跨地区进行贸易。

1. 消费者

居住在地区 n 的个体的效用函数为柯布-道格拉斯形式：

$$U = b_n C_n^{\alpha} (H_n^h)^{1-\alpha}$$

式中，$\alpha \in [0,1]$代表对 C_n 的支出份额，C_n 代表综合商品，H_n^h 代表该地区的居民住房的消耗，b_n 代表个体对地区的异质性偏好，假定其服从 Fréchet 分布。

该命题参照 Armington（1969）的基本设定，综合商品由各地区生产的不同商品组成，个体具有常替代弹性偏好，地区 n 消费的各地区生产的商品 c_{ni} 可以根据下式加总：

$$C_n = \left(\sum_{i \in N} c_{ni}^{\frac{\sigma-1}{\sigma}} \right)^{\frac{\sigma}{\sigma-1}}$$

地区 n 的消费者对商品的最终需求 D_n 可表示为：

① WFH 所带来的城市内效用较为直观，该命题重点考察 WFH 所带来的对区域经济布局影响作用更大的城市间效应。

$$D_n = \alpha y_n L_n^R$$

地区 n 的消费者对住房的最终需求 H_n^h 可表示为：

$$H_n^h = (1-\alpha) y_n L_n^R$$

2. 生产者

假设市场是完全竞争的。每个地区的企业只生产一种产品 q_n，各地区生产的产品各不相同。地区 n 的企业生产出来的产品可以直接作为最终品被消费者消费，也可作为中间品 M_n 进入下一环节的生产。企业生产过程中需要工人、厂房以及中间品的投入。

可将企业生产函数具体写为包含异地办公与线下实地工作工人的表达式，如下式所示：

$$q_n = Z_n\left[\left(z_{off}L_{nn} + \sum_{i\neq n} z_{on}L_{in}\right)^{\beta_n}(H_n^f)^{(1-\beta_n)}\right]^{\gamma_n}(M_n)^{(1-\gamma_n)}$$

式中，（$1-\gamma_n$）为中间品所占的比例，γ_n 表示劳动力及厂房在生产中所占份额，β_n 表示劳动力在此份额中的占比。Z_n 表示地区 n 的生产率，H_n^f 代表除劳动力、中间投入外的其他投入要素如地区 n 企业生产所需的土地、厂房等固定要素，M_n 为地区 n 企业生产过程中购买的总中间投入，$M_n = \int m(i,n)\mathrm{d}n$，式中，$m(i,n)$为地区 n 购买的 i 生产的产品。劳动投入分为两种：一种是异地办公型的工人，用 L_{in} 来表示，其生产率为 z_{on}；另一种是可以到企业实地工作的工人，用 L_{nn} 来表示，其生产率为 z_{off}。

具体地，远程办公工人的生产率 z_{on} 服从分布函数为 Fréchet（$\bar{z}_{on},\epsilon$）的分布，实地工作工人的生产率 z_{off} 服从分布函数为 Fréchet（$1,\epsilon$）的分布；远程办公工人面临设备连接、网络及操作可及性、沟通便捷程度及有效性等潜在的问题，其生产率均值低于实地办公工人的生产率均值，因此有 $0<\bar{z}_{on}<1$。① $\bar{z}_{on}$ 表示地区 n 的远程办公工人的生产率水平均值，受到该地区互联网等基础设施、产业结构差异、受教育程度等因素的影响。参数 ϵ（其中 $\epsilon>1$）衡量了劳动生产率的差异化程度：ϵ 越大，表示各地区劳动生产率的差异化程度越低；ϵ 越小，表示各地区劳动生产率的差异化程度越高。

地区 n 企业支付给在企业实地工作工人 L_{nn} 的工资为 w_n，无差别支付给居住在各地的异地办公工人 $L_{in}(i\neq n)$ 的工资为 w_{on}。②

企业生产的单位成本为：

$$\phi_n = \psi_n\left\{\left[w_n^{-\epsilon}\lambda_{nn} + (1-\lambda_{nn})w_{on}^{-\epsilon}\right]^{\left(-\frac{\beta_n}{\epsilon}\right)} r_n^{(1-\beta_n)}\right\}^{\gamma_n} P_n^{(1-\gamma_n)}$$

式中，λ_{nn} 为地区 n 企业雇用的实地在企业办公的工人占比，（$1-\lambda_{nn}$）为地区 n 企业雇用的异地办公工人的份额。具体地，企业选择实地在企业办公的工人份额为该类型工人成本低于异地办公工人成本的概率，如下式所示：

---

① 注意，各地区的生产率是不同的，为Z_n。异地办公以及实地办公工人的生产率是一个相对值，实地办公工人的生产率均值单位化为 1，此时异地办公工人的生产率均值相对于实地办公工人的生产率均值为 $\bar{z}_{on}$。

② 假设初始时不同地区企业为异地办公工作形式的工人支付的工资是不同的，地区 i 支付的工资高于地区 r 支付的工资（$w_{in}>w_{rn}$），因为线上办公进行跨地区转移的成本接近于零，异地办公工人则将全部为地区 i 的企业工作，以获取更高工资；当劳动力供需达到平衡时，各地区企业为居家办公工作形式的工人支付的工资是相同的。

$$\lambda_{nn}=\Pr\left(\frac{w_n}{z_{off}}<\frac{w_{on}}{z_{on}}\right)=\frac{(w_n)^{-\epsilon}}{(w_n)^{-\epsilon}+\left(\frac{w_{on}}{\bar{z}_{on}}\right)^{-\epsilon}}，其中\ 0<\bar{z}_{on}<1$$

地区 n 企业所雇用的劳动力 L_n^E 为：

$$L_n^E=\frac{\gamma_n\beta_n P_n q_n}{[w_n^{-\epsilon}\lambda_{nn}+(1-\lambda_{nn})w_{on}^{-\epsilon}]^{-\frac{1}{\epsilon}}}$$

地区 n 企业对异地办公工人的需求 L_{on}^D 为：

$$L_{on}^D=\sum_{n=1}L_n^E(1-\lambda_{nn})$$

3. 价格与区域贸易

地区 n 生产的商品销售到地区 i，每单位需 $\kappa_{ni}(\kappa_{ni}>1)$ 的冰山成本，如果本地销售，则 $\kappa_{ni}=\kappa_{nn}=1$。因此，在地区 i 的产品价格 $p_{ni}=\kappa_{ni}\phi_n$，消费者选择最低的价格 $\min p_{ni}$ 进行消费。参照 Eaton-Kortum（2002），地区 n 的生产率 Z_n 服从分布函数为 $F_n(\varphi)=e^{-\varphi^{-\theta}}$ 的 Fréchet 分布。从而可以推导出购买地区 i 生产的商品占地区 n 总支出的比重，也就是该地区的均衡贸易份额 π_{in} 为：

$$\pi_{in}=\frac{(\kappa_{in}\phi_i)^{-\theta}}{\sum_{m=1}^{N}(\kappa_{mn}\phi_m)^{-\theta}}$$

最终商品的价格为：

$$P_n=\gamma[\sum_i(\kappa_{in}\phi_i)^{-\theta}]^{-\frac{1}{\theta}}$$

式中，γ 为常数。

令 X_n 表示地区 n 的总支出。地区 n 的总盈利为：

$$R_n=\sum_i^N\pi_{ni}X_i$$

结合消费者的最终需求以及生产者对中间投入品的需求，得到地区 n 的总支出：

$$X_n=D_n+(1-\gamma_n)R_n$$

4. 工人位置与工作形式的选择与收入

工人可跨地区流动，来选择他们的居住地、工作地以及办公方式，以最大化其福利水平（效用水平）。为便于理解与分析，可将工人选择视为两步来进行。第一步，工人通过比较居住在各地可获得的期望效用函数 $\overline{V}_n$ 水平的高低来选择居住地；第二步，工人选择工作方式：异地办公或者实地办公。如前所述，对于异地办公的工人而言，选择为何处的企业进行远程办公是无差别的，所以达到均衡时，异地办公工人无论为何处企业工作获得的工资都是相等的。对于实地办公的工人而言，去企业办公的过程中会面临额外的通勤成本 t_{off}（包括时间、交通等方面）；工人通勤成本 t_{off} 的均值为 τ_{off}，工人通勤过程中可能面临异质性冲击（比如，通勤过程中路线意外绕远、坐错车次、堵车等意外因素）或者对路线具有异质性偏好，假设其服从 Fréchet(τ_{off},δ)分布。

具体来看，第一步，工人在各地所获得的期望效用函数 $\overline{V}_n$ 受到预期工资 $\overline{w}_n$、商品的价格指数 P_n、住房土地的价格 r_n 以及对地区的异质性偏好 b_n 等影响，地区 n 工人的期望效用函数为：

$$\overline{V}_n=\frac{b_n\overline{w}_n}{P_n^a r_n^{(1-a)}}$$

式中，期望工资 $\overline{w}_n=\left[\left(\frac{w_n}{\tau_{off}}\right)^{\delta}+w_{on}{}^{\delta}\right]^{\frac{1}{\delta}}$，$\tau_{off}>1$，$b_n$ 服从分布函数为 $G_n(b)=\mathrm{e}^{-b^{-\kappa}}$ 的 Fréchet 分布。

如前所述，工人可以迁移到不同地区，以获取更高的期望福利水平（期望效用函数）。因此，当工人选择到地区 n 居住时，意味着相较于其他地区，地区 n 能够给工人带来最高的福利水平。地区 n 居民占比的表达式为：

$$\mu_n^R=\Pr\left\{\frac{b_n\overline{w}_n}{P_n^a r_n^{(1-a)}}\geqslant\max\left[\frac{b_{n'}\overline{w}_{n'}}{P_{n'}^a r_{n'}^{(1-a)}}\right]\right\}$$

定理 1：给定地区 n 的期望工资 $\overline{w}_n$、商品的价格指数 P_n、住房土地的价格 r_n，以及地区异质性偏好的分布函数 G_n，便可以得到地区 n 的居民占比：$\mu_n^R=\dfrac{(\overline{w}_n/P_n^a r_n^{(1-a)})^{\varepsilon}}{\sum_{n'}^{N}\left(\dfrac{\overline{w}_{n'}}{P_{n'}^a r_{n'}^{(1-a)}}\right)^{\varepsilon}}$。

据此可知，地区 n 的居民数量为：

$$L_n^R=L\mu_n^R$$

由定理 1 可知，居家办公这种新的工作模式出现后，改变了以往居住地的选择方式与过程。与传统工作模式不同的是，异地办公这种新工作形式出现后，不再是单一地考虑在该地区获得的真实收入；而是需要考虑期望工资、该地区的物价水平、房价水平以及对不同地区的异质性偏好。其中，期望工资 $\overline{w}_n=\left[\left(\frac{w_n}{\tau_{off}}\right)^{\delta}+w_{on}{}^{\delta}\right]^{\frac{1}{\delta}}$，不仅包含了不同工作方式的工资水平，还将实地办公时所需的通勤成本考量在内。这意味着，异地办公出现后，工人拥有了更多的选择，居住地的选择不再同样是对工作地的选择，居民可以实现居住在某一地区，享受该地区的高宜居度、低房价、低物价的同时，选择异地办公为其他地区企业工作或者是本地办公，以获取高收入。

工人在选择居住地后，接着进行第二步选择——工作方式的选择。工人通过比较不同工作方式可获得的收入以及所需支付的成本来选择实地办公或者异地办公。由上文可知，实地办公需要支付通勤成本，实地办公所获得的收入为$\frac{w_n}{t_{off}}$，因为工人通勤过程中需要花费时间通过交通工具从居住地到达工作地，因此实地办公过程（相对于异地办公）

中将产生额外的通勤成本 t_{off}，其服从 Fréchet(τ_{off},δ)分布；而异地办公无须支付通勤成本。因此，居民选择线下工作的份额为线下办公所带来的真实工资要高于异地办公所带来的真实收入工资的概率：

$$\rho_{nn}=\Pr\left(\frac{w_n}{t_{off}}\geqslant w_{on}\right)$$

定理 2： 给定地区 n 居民不同工作方式（线下实地办公与异地办公）可获得的工资以及工作过程中所面临的成本，便可得到地区 n 居民选择线下实地办公工作方式的比例：

$$\rho_{nn}=\frac{\left(\frac{w_n}{\tau_{off}}\right)^{\delta}}{\left(\frac{w_n}{\tau_{off}}\right)^{\delta}+(w_{on})^{\delta}}$$

据此可知，地区 n 实地工作的工人数量为 $L_n^R\rho_{nn}$。其中，$w_{ni}(i\neq n)$表示异地办公工人在地区 n 居住而在地区 i 工作的工资，w_n 表示在地区 n 实地办公工人的工资。

从而，异地办公工人总的劳动供给 L_{on}^s 可以表达为下式：

$$L_{on}^s=\sum_n L_n^R(1-\rho_{nn})$$

由定理 2 可知，异地办公在为居民省去了通勤成本、提高效用水平的同时，也为居民提供了多样化的选择，使得居民不仅可以在本地工作，也可以异地办公，以获得更高水平的工资。

5. 地区收入与资产持有

定义 I_n 为地区 n 居民的人均收入，由三部分构成：工资收入、地区人均土地收入 $(1-\iota_n)H_nr_n/L_n^R$ 以及人均投资收入 χ。表达式如下：

$$I_nL_n^R=\sum_{i\neq n}w_{on}L_{ni}+w_nL_{nn}+(1-\iota_n)H_nr_n+\chi L_n^R$$

为了更好地刻画我国各地区间的贸易状况，参照 Caliendo et al.（2018）以及 Monte et al.（2018）对贸易不平衡的处理方式，将现实中的失衡纳入贸易流量的量化模型。具体来看，也就是假设土地由当地人和非当地人拥有。因此，个人为全球投资组合贡献了 $\iota_n\in[0,1)$的土地租金份额，该投资组合以人均支付的形式重新分配给他们，其余收入则由本地居民拥有。也就是通过将“刨去可变要素之外的收入（如土地收入）中的一部分用于全球资本投资”来解释和刻画贸易不平衡；且随着贸易状况的变化，贸易不平衡会发生相应的变化。ι_n 表示地区 n 的居民持有该地区土地收入的比重。经济体中人均投资收入为：

$$\chi=\left(\frac{1}{L}\right)\sum_{n\in N}(\iota_nH_nr_n)$$

贸易净赤字可进一步表达为一地区的支出减去收入：

$$Y_n=M-X$$

$$Y_n = \iota_n H_n r_n - \chi L_n^R$$

根据土地市场出清可得，地区固定资产的收入 $H_n r_n$ 由消费者住房消费和工厂场地支出两部分构成，如下式所示：

$$H_n r_n = H_n^f r_n + H_n^h r_n = (1-\alpha) I_n L_n^R + (1-\beta)\gamma_n R_n$$

将上式代入，可得地区人均收入 y_n 为：

$$y_n = \frac{1}{\alpha + \iota_n - \alpha\iota_n}\left[(w_{on}(1-\rho_{nn}) + w_n \rho_{nn}) + (1-\beta)(1-\iota_n)\frac{R_n}{L_n^R} + \chi \right]$$

6. 市场出清

令 X_n 表示地区 n 的总支出，从而，地区 n 最终品的市场出清可写作：

$$X_n = D_n + (1-\gamma_n) R_n$$

$$X_n = \alpha I_n L_n^R + (1-\gamma_n)\sum_{i=1}^{N} \pi_{ni} X_i$$

达到均衡时，对于任何地区 n 而言，购买其他地区生产的中间品的总支出等于出售给其他地区中间品所获得的总收入：

$$\sum_{i=1}^{N} \pi_{ni} X_n + Y_n = \sum_{n=1}^{N} \pi_{in} X_i$$

异地办公工人总的劳动力市场出清需满足：

$$L_{on}^S = L_{on}^D$$

$$\sum_{n=1}^{N} L_n^R (1-\rho_{nn}) = \sum_{n=1}^{N} L_n^E (1-\lambda_{nn})$$

地区 n 实地办公工人的劳动力市场出清需满足：

$$L_{nn}^S = L_{nn}^D$$

$$L \frac{(\overline{w}_n / P_n^{\alpha} r_n^{(1-\alpha)})^{\varepsilon}}{\sum_{n'=1}^{N}\left(\frac{\overline{w}_{n'}}{P_{n'}^{\alpha} r_{n'}^{(1-\alpha)}}\right)^{\varepsilon}} \frac{\left(\frac{w_n}{\tau_{off}}\right)^{\delta}}{\left(\frac{w_n}{\tau_{off}}\right)^{\delta} + (w_{on})^{\delta}} = L\mu_n^R \rho_{nn} = L_n^R \rho_{nn}$$

$$= L_n^E \lambda_{nn}$$

$$\frac{\gamma_n \beta_n P_n q_n}{[w_n^{-\epsilon}\lambda_{nn} + (1-\lambda_{nn}) w_{on}^{-\epsilon}]^{-\frac{1}{\epsilon}}} \frac{(w_n)^{-\epsilon}}{(w_n)^{-\epsilon} + \left(\frac{w_{on}}{\overline{z}_{on}}\right)^{-\epsilon}}$$

在厂商利润最大化以及各均衡条件下：

$$\sum_{i \neq n} w_{on} L_{ni} + w_n L_{nn} = \beta_n \gamma_n \sum_{i=1}^{N} \pi_{ni} X_i$$

$$r_n H_n^f = (1-\beta_n)\gamma_n \sum_{i=1}^{N} \pi_{ni} X_i$$

7. 均衡水平与相关变化

本部分安排如下：首先，求解初始的一般均衡，从而获得相应初始变量的值；其次，参照 Dekle et al.（2007）的反事实方法，通过分析可知，部分变量变化后，模型达到新均衡时的情况。

给定要素 L、$\{H_n\}_{n=1}^{N}$ 的供给，模型均衡条件包括商品市场出清、劳动力市场出清（包括异地办公类型与实地办公类型劳动力市场出清）、土地市场出清、人口布局和工人工作类型的选择。给定消费者偏好、贸易替代弹性、各种投入品份额、贸易份额、各地区支出以及各地区投资比例等数据，便可将均衡条件表示出来。

根据市场出清条件，基于 $\{L_n^E$、π_{ni}、X_i、$H_n\}$ 的数据以及 $\{\gamma_n$、α、β_n、τ_{off}、θ、ϵ、δ、$\varepsilon\}$ 等参数的值，可求解模型初始均衡，解得 $\{w_n$、w_{on}、P_n、r_n、ι_n、$\chi\}$ 的值，其余经济变量均可由上述变量表示出来。

8. 反事实分析

该命题通过"帽子代数"（hat algebra）来计算异地办公形式的出现以及其生产率变化所带来的影响。假设任意变量 x 在新的均衡下的取值为 $\hat{x}'$，相对于初始均衡下变量 x 的变化为 $x'=x\hat{x}$。给定模型的参数 $\{\gamma_n$、α、β_n、τ_{off}、θ、ϵ、δ、$\varepsilon\}$ 以及初始的变量值 $\{L_n^E$、π_{ni}、X_i、H_n、P_n、$\gamma_n\}$ 等，根据异地办公生产率的变化，可求得其他内生变量的相对变化情况。

第六节　中国证据

理论命题 12-1 指出：源于数字设备可及性差异及数字技能和使用性质差异，不同技术劳动力使用互联网产生的结果和内在机制可能有所不同。中国互联网和生活性服务业的发展可以很好地印证这一理论命题：第一，互联网作为技能偏向型技术，被认为与高技能劳动力是互补的。互联网发展会提高对高技能劳动力的需求和相对工资。智联招聘发布的《2022 年春招市场行情周报》显示，不同技能劳动力通过互联网求职的行业状况存在巨大差异。薪资较高的行业主要集中于金融、互联网、医药和半导体行业等高技能行业。第二，互联网平台减少了就业市场的信息摩擦，提高了工作匹配的效率。而高技能劳动力相对于低技能劳动力能更有效地利用互联网获得工作机会。艾媒咨询发布的《2019 中国互联网招聘行业市场研究报告》显示，越来越多劳动者使用互联网求职，但从求职者画像来看，超半数求职者为本科及以上学历。第三，生活性服务业依托互联网的新商业模式发展很快，相应引出了若干对低技能劳动力的需求。58 同城招聘研究院联合中国连锁经营协会发布的《2020 年中国生活服务业就业指数报告》显示，得益于互联网和平台经济的发展，与五年前相比，生活服务业相关职位种类的数量增长了 25.54%，几乎每年都会有新职位出现。第四，生活性服务业通过互联网向低技术劳动力提供了新的社会流动通道，并促进了低技能劳动力收入的增长。一方面，互联网平台工作时间的灵活性和自雇性质的职业特征使得劳动者可以通过延长工作时间获得更多劳动报酬。第一财经商业数据中心与苏宁易购联合发布的《2018 快递员群体洞察报告》显示，80%的快递小哥工作时间超过 8 小时，他们通过增加送件数量来提高工资收入。另一方面，生活性服务业依托互联网平台释放了传统行业从业人员，对贫困地区的人口具有吸附效应，体现了精准扶贫的作用。美团研究院发布的《2018外卖骑手就业报告》显示，全国832个贫困县中，美团外卖平台骑手覆盖781个，覆盖率高达94%，带动了贫困县67万个骑手就业，占总体骑手人数比例的25%。

理论命题12-2指出：机器人渗透对工作收入的消极效应主要表现在城市当中；机器人渗透促进了劳动力从农村流向城市，并有助于提升流动劳动力的工资；机器人渗透促进了劳动力从制造业向其他服务业部门转移，并进一步导致了城乡收入变化。中国机器人发展和城乡间劳动力流动可以很好地论证这一理论命题。根据国际机器人联合会（International Federation Robotics，IFR）公布的数据，2011—2019年，中国全行业机器人保有量从74 317台上升至782 725台，年均增速高达34.7%。2016年，中国工业机器人存量首次超越日本，成为全球机器人存量最大的国家。虽然当前中国流动人口规模正在进一步扩大，农村劳动力仍然在不断流向城市，但却并非集中流向城市的工业部门。其中，城镇就业人数从2011年的35 914万人增长至2019年的44 247万人。相反，乡村就业人数从2011年的40 506万人缩减至2019年的33 224万人。而机器人渗透程度最高的制造业的职工人数从2011年的4 088万人缩减至2019年的3 831万人，呈现不断下降的趋势。根据IFR公布的各行业机器人存量数据和国家统计局公布的分行业平均工资数据来描绘中国各行业机器人存量和工资变动的特征可以发现，从存量和增长幅度来看，各行业的机器人使用情况的差异很大。其中制造业的机器人存量和增长幅度最大，其他服务业次之。在其他行业，例如农林牧渔业、建筑业等，机器人存量和变动幅度相对较小。对于中国各行业平均工资变化的时间趋势，可以得到以下几点事实：（1）各行业的平均工资都呈现增长趋势，但不同行业的增长幅度有所差异。其中卫生和社会工作的增长幅度最大。（2）制造业是机器人使用程度最高的行业，但制造业工资的增长幅度小于行业总计。（3）住宿和餐饮及居民服务、修理和其他服务业工资的增长幅度小于行业总计。

理论命题12-3指出：数字化转型不仅有助于扩张劳动力需求、拉动就业，还可以优化劳动力结构。在数字经济快速发展的背景下，大数据、人工智能、物联网、云计算等新一代信息技术的发展与应用，推动着数字就业的兴起，成为稳就业的重要支持力量。我国目前虽然存在部分岗位被替代、新技术岗位转岗难等问题，但劳动力市场并没有出现大规模失业现象，主要是数字技术与产业融合拓展了新的就业空间，成为接续有力的就业新动能（《2022数字生态就业创业报告》，中国劳动和社会保障科学研究院）。中国信息通信研究院发布的《中国数字经济发展与就业白皮书（2019年）》显示，数字经济在创造就业方面的作用日益凸显。2018年我国数字经济领域就业岗位达到1.91亿个，占全年总就业人数的24.6%。在全国总就业人数同比下降0.07%的背景下，数字经济领域就业岗位实现了两位数的高速增长，同比增长11.5%。数字经济发展衍生出智能制造工程技术人员、人工智能训练师等新的就业岗位（《中国数字经济就业发展研究报告（2021年）》，中国信息通信研究院）。拉勾招聘数据研究院发布的《2021人工智能人才报告》显示，2021年人工智能人才需求指数较2020年增长了103%。从高校毕业生的视角看，根据东北师范大学与阿里研究院共同发布的《高校毕业生数字经济就业创业报告》，

2020—2022届高校毕业生中有11.68%在数字经济相关行业就业创业，这意味着高校毕业生每10人中，就有1人进入数字经济领域就业创业，且这一数字呈现逐年上升的趋势。综上所述，来自中国的证据显示，数字化转型对扩张就业规模和优化就业结构有显著的正向赋能作用。

理论命题12-4指出：异地办公会改变工人居住地与工作地之间的联系，提高劳动力空间配置效率。后秀企业突破跨区管理瓶颈，探索多地办公新模式的案例可以很好地印证该理论命题。后秀在北京、厦门、石狮等拥有多个办公地点，由于员工分布在不同的地方，传统的沟通方式往往需要通过电话、邮件等方式来实现。这些方式往往存在信息滞后、沟通效率低等问题。为了解决这些问题，后秀采用高频使用钉钉视频会议的方式来满足企业内部许多沟通的场景。钉钉专业版云会议室与传统的视频会议软件有所不同，专业版云会议室采用了云端渲染技术，避免了因为网络环境和设备限制导致的视频质量差、画面卡顿等问题。钉钉视频会议可以自动适应不同网络环境，提供更加稳定的视频质量。此外，钉钉视频会议还支持高清语音和视频传输，以及屏幕共享、文档编辑等多种功能，使得后秀的会议效率和质量得到了大幅提升。后秀通过钉钉专业版云会议室实现了员工之间的实时沟通和协作，解决了高频会议、跨区域管理和内部沟通效率中的问题，让企业内部的管理更加高效和透明，从而提高了工作效率并减少了成本。

第七节　结论性评述

本章通过对四个核心理论命题的分析，揭示了在数字贸易时代劳动力市场研究的发展趋势。这四个理论命题分别代表数字经济时代劳动力市场研究的四个关键因素，对于促进经济高质量发展和实现社会公平具有重要的理论与现实意义。理论命题12-1揭示了互联网使用如何对劳动收入水平产生影响，强调了其对劳动力的影响满足分层理论的“幂次定律”。理论命题12-2揭示出机器人主要通过促进劳动力流动对城乡收入产生异质性影响，并且其消极影响主要表现在城市。理论命题12-3则强调了数字化转型的市场规模效应、经营范围效应和生产率效应三条路径。理论命题12-4则突出以“异地办公”为代表的数字化劳动力市场使得就业地与居住地分离，从而将带来劳动力资源空间新配置与区域经济新布局的作用。

与理论命题12-1相关的国外前沿研究主要对第三阶数字鸿沟有两种截然不同的理论观点：归一化理论和分层理论。归一化理论表明，数字资源会从地位高的人向下流向地位低的人。潜在的经济理念是：由于数字资源的价格随着时间的推移而降低，社会类别之间的差距将相对缩小，从而使获取和使用上的数字鸿沟正常化。分层理论表明，因为数字媒介网络复制了线下结构，将线下人力资本转移到在线世界，互联网使用过程复制了现有的社会不平等（DiMaggio & Garip，2012）。分层理论又可以分为两类：放大效应和幂次定律。放大效应表明，互联网主要是现有社会分层现象的放大器。因此，当社会不平等加剧时，互联网往往会强化这一趋势。幂次定律是一种统计定律，指在一个极化分布中（即存在数字不平等的情况下），一类人使用高质量的互联网设备，并用于越来越多样化的用途，而另一类人体验这个过程则相对缓慢，进而导致一个人的能力越大，互联网提供的机会就越多；一个人的能力越小，互联网的价值就越低。最终导致了贫富差距的扩大（DiMaggio & Garip，2012；Helsper，2012）。借鉴国外前沿研究，未来该命题的相关研究可以进行如下拓展：一是使用结构估计等方法量化评估数字技术在不同社会客观条件下对第三阶数字鸿沟产生的影响，二是进一步探究数字经济和数字贸易等新兴商业模式对不同人群劳动收入分化的重要影响。

与理论命题 12－2 相关的国外前沿研究主要有以下两个方面：一是认为机器人技术的应用有利于企业节约生产经营成本、扩大生产经营规模、提高生产效率，使得相关商品和服务的价格下降，并通过收入效应增加消费者的消费需求。随着消费者消费需求的增加，最终劳动力市场增加了对非自动化岗位的高技能劳动力的需求，即产生了就业创造效应，提高了高技能劳动力的相对工资（Acemoglu & Restrepo，2020）。二是认为当机器人相对于低技能劳动力更具有比较优势时，低技能劳动力就会被机器人所取代，进而导致劳动力市场均衡中的低技能劳动力需求和工资下降（Graetz & Michaels，2018；Acemoglu & Restrepo，2020）。实际上，这对应了全球主要经济体出现的就业极化现象，即不仅高技能的就业岗位和工资在增加，部分低技能的就业岗位和工资也在增加（Autor & Dorn，2013）。借鉴国外前沿研究，未来该命题的相关研究可以进行如下拓展：一是基于机器人等数字技术探讨技术进步在不同行业的差异化应用及其对劳动力市场的影响；二是进一步探究劳动力结构、就业质量和工资水平等劳动力市场因素如何影响企业发展数字技术。

与理论命题 12－3 相关的国外前沿研究主要有以下三个方面：第一，学者基于各国数据深入研究数字化转型对劳动形式和岗位变动的影响。Popelo et al.（2021）总结了数字化进程对劳动力市场就业形式、职业范围以及工作岗位的影响，并且分析了这种变化对经济的积极影响和消极影响。Digilina & Teslenko（2020）研究了数字化对俄罗斯劳动力市场的影响，发现数字化不仅会导致信息技术相关行业的就业结构发生变化，而且从根本上改变了整个经济对劳动力资源的需求和供给。Fossen & Sorgner（2021）基于美国市场的调查数据，发现数字化与个体创业存在显著的相关性。第二，进一步拓展了劳动力的研究议题，研究数字化转型对劳动者劳动收益的影响，比如工资、劳动收入份额和工作满意度等方面。Li et al.（2023）发现，数字化转型通过缓解融资困境提高了企业劳动收入份额。Bolli & Pusterla（2022）以瑞士联邦职业教育与培训研究所的学生为样本进行研究，发现数字化与工作满意度之间呈正相关关系，原因主要是生产率提高以及工作变得更有趣。第三，研究和数字时代下劳动力市场相匹配的制度安排。Nissim & Simon（2021）的研究揭示出数字时代下工会任务和作用的转变。Schekoldin et al.（2017）探讨了数字技术在劳动监管中的应用。借鉴国外前沿研究，未来该命题的相关研究可以进行如下拓展：一是利用中国劳动力大样本数据，深入研究哪些数字化技能将成为劳动力市场的热门需求，这些技能如何影响具体的劳动形式和就业岗位变动，以及如何通过政策调整和市场机制来促进劳动力在不同行业间的流动和再配置。二是结合中国劳动力市场数据，进一步探讨数字化转型对工作满意度、工作稳定性、劳动力市场分割以及社会伦理等方面的影响。三是研究和中国企业数字化转型相适应的劳动力制度安排，比如灵活就业制度、数字技能培训体系、社会保险制度、失业预警和救助机制以及跨部门合作机制等，促进数字经济可持续健康发展。

与理论命题 12 - 4 相关的国外前沿研究集中在居家办公的文献上，主要分为两大类：一类是通过探究新冠疫情的暴发对居家办公生产率及趋势的影响；另一类是探究居家办公对城市形态以及房租等方面的影响，此类文献主要通过区分高低技能两种工人或者是两个标准单中心城市构建模型，以模拟居家办公对这两类工人或者两个城市的相对影响。如 Davis et al.（2021）通过构建高低技能工人的模型，调查了因居家办公技术的增加而导致的城市形态、租金和收入不平等的长期变化。Althoff et al.（2022）利用简约模型研究了远程办公趋势对消费业工人的影响。实证研究发现，大城市的远程办公现象更为普遍，主要影响消费业工人的生活，当高技能工作者离开大城市后，低技能工作者也可能会离开，大城市的优势地位可能会受到威胁。Brueckner et al.（2023）通过构建一个具有两个面积相等标准单中心城市、同质性工人的空间享乐理论模型，从城际和城内两个角度论证并预测了居家办公对住房市场的影响。借鉴国外前沿研究，未来该命题的相关研究可以从经济地理（量化空间）的角度来探究异地办公给各地区带来的具体影响。

参考文献

第十三章

数字贸易规则

第一节　问题的提出

数字贸易规则的制定源于数字技术的飞速发展和全球贸易格局的深刻变革。随着互联网和信息技术的普及，全球贸易从传统的商品贸易和服务贸易逐步扩展到数字贸易。数字贸易不仅涵盖了数字产品和服务的跨境流动，还包括通过电子手段进行的各种交易和商业活动。由于数字贸易的独特性和复杂性，现有的国际贸易规则和统计方法难以完全覆盖和规范这一新兴领域。自 1998 年 WTO 宣布对电子传输暂时免征关税以来，数字贸易规则的多边制定进展有限，各国纷纷转向区域和双边协定，以更好地适应和规范数字贸易的发展。数字贸易规则的重要性不仅体现在其对促进国际贸易的自由化和便利化的影响上，还体现在其对各国提升全球竞争力、实现经济增长和可持续发展的深远影响上。数字贸易规则的制定旨在解决数字贸易中的诸多挑战，例如数据跨境流动、隐私保护、网络安全、知识产权保护以及电子商务的公平竞争等问题。这些规则的建立和完善，有助于减少贸易壁垒，降低交易成本，提高贸易透明度和效率，进而推动全球数字经济的发展。此外，数字贸易规则在推动企业数字化转型、创新能力提升和业务模式优化方面也发挥着重要作用。通过规范和引导企业在数字环境中的行为，数字贸易规则可以帮助企业更好地适应和利用数字技术，提升其在全球价值链中的地位。同时，数字贸易规则的制定还促进了各国在数字经济领域的合作与协调，为国际社会应对数字时代的经济和贸易挑战提供了新的框架和基础。

在本章中，我们集中探讨了数字贸易规则中的六个关键理论命题，它们对于理解各国如何在数字经济时代中实现战略转型和创新发展至关重要：命题一：数字贸易规则构建的多维因素理论。这一命题深入分析了经济规模、地理距离、互联网普及率等因素如何影响两国签署数字贸易协定的可能性。命题二：制度创新赋能产业发展机制。这一命题聚焦于跨境电商综合试验区如何缓解企业融资约束、降低贸易成本，从而显著促进跨境电商出口的发展。命题三：制度创新提升消费者福利机制。这一命题聚焦于跨境电商综合试验区如何通过降低贸易成本提升国内外消费者福利水平。命题四：制度型开放推动跨境电商出口机制。这一命题揭示了“丝路电商”合作备忘录通过政策沟通、规划对接和技术支持，降低跨境电商的交易成本，促进双边电子商务法律法规的相似性，提升中国跨境电商出口的效果。命题五：数字贸易规则助推全球价值链升级机制。这一命题研究了数字贸易规则如何通过加速研发要素跨境流动、推动企业数字化转型、提升企业的管理专业化水平等助推企业向全球价值链上游攀升。命题六：数字贸易规则助推研发要素流动机制。这一命题揭示了数字贸易规则如何通过降低跨境数据流动成本、增强空间知识溢出的交叉网络外部性和减少商业心理防备来影响研发要素的跨国流动。

通过这六个理论命题的学习，本章将帮助读者形成对数字贸易规则和制度创新的全面理解，不仅拓展了数字贸易、跨境电商、制度创新等的研究视野，也为理解数字经济时代各国如何通过战略行为实现价值创造和绩效提升提供了深刻的洞见。

第二节　数字贸易规则构建的多维因素理论

一、理论命题的提出

数字技术从根本上改变着国际贸易格局。21 世纪以来，全球贸易从商品贸易扩展到服务贸易，目前已进一步发展到数字贸易，服务业数字化正在促使更具创新性的商业模式出现。尽管数字贸易取得了显著进展，但现有国际贸易规则和统计方法无法完全涵盖数字贸易带来的史无前例的问题。自 1998 年 WTO 宣布对电子传输暂时免征关税以来，数字贸易的多边准则制定并没有取得多大进展，一方面，各缔约方在对电子传输永久性免征关税这个问题上尚未达成一致意见；另一方面，数字产品是属于货物或是属于服务仍然没有得到确认，进而无法确定该用“关税及贸易总协定”（GATT）还是“服务贸易总协定”（GATS）来规制。WTO 多哈回合的停摆使各国都将贸易规则谈判的目光转向双边或区域之间，数字贸易谈判也不例外。美国和欧盟等发达经济体正通过区域贸易协定（Regional Trade Agreement，RTA）积极引导双边数字贸易规则的制定，更多国家也开始将目光转向双边谈判，旨在解决一个更加综合的由数字驱动所带来的全球经济问题（Sen，2018）。

基于此，韩剑等（2019）提出了“数字贸易规则构建的多维因素理论”这一理论命题。

理论命题 13-1

两国经济规模越大且越相似、贸易创造效应越大、双边地理距离越近，由于更多潜在的贸易创造，签署数字贸易协定的可能性也越大。

资料来源：韩剑，蔡继伟，许亚云．数字贸易谈判与规则竞争：基于区域贸易协定文本量化的研究 [J]．中国工业经济，2019（11）：117-135.

韩剑等（2019）通过梳理多边与双边数字贸易条款的“美式模板”与“欧式模板”，对比中国区域贸易协定的电子商务条款，运用自然语言文本处理分析方法对数字贸易条款的异质性进行比较分析，在此基础上对各国签署数字贸易条款的影响因素进行实证检验，是对当前数字贸易规则相关研究的重要补充与完善。

二、理论命题的具体内容

当前数字贸易规则的分歧并非仅仅体现为经贸规则上的不同，还牵涉到复杂的文化、价值观、政治制度、法律制度等巨大分歧，在短期内双方很难就数字贸易规则达成一致意见。同时，贸易协定带来的潜在净福利是各国签署相关规则的主要动力，取决于其贸易创造与贸易转移效应的相对大小，故各种影响贸易规模的因素都可能影响贸易协定及相关条款的形成。Baier & Bergstrand（2004）对 RTA 形成因素进行了系统的理论和实证分析，提出了若干影响贸易协定签署可能性的假说：若成员国地理距离较小、与世界其他国家距离较大、经济规模以及经济规模相似性较大、成员国以外第三国经济规模较小、相对要素禀赋较大，那么 RTA 给成员国带来的净福利收益将越大，两国签署贸易协定的可能性较大。他们基于标准一般均衡模型从消费者和企业的角度进行了理论推导，采用 286 个贸易协定及 53 个国家间的双边数据进行数据分析与实证检验（离散选择模型），结果证实了上述假说。Orefice & Rocha（2014）在他们的研究基础上研究了 RTA 与贸易的双向影响，其 Probit 模型回归结果与前者几乎一致。异质性分析结果表明，前期贸易规模较大的国家之间签署的 RTA 质量较高。Bergstrand et al.（2016）使用久期分析法从经验上解释了 1950—2006 年所有 RTA 的形成和扩大，分析表明，仅使用一些经济或政治变量就能大致预测出 RTA 的实际生效时间，且该模型的短期样本外预测表现很好（82%）。在上述学者的研究基础上，韩剑等（2019）进一步探索了 RTA 中数字贸易相关条款的形成及其异质性影响因素，提出了下列假说并进行了实证检验。

假说 1： 两国经济规模越大且越相似、贸易创造效应越大、双边地理距离越近，由于更多潜在的贸易创造，签署数字贸易协定的可能性也越大。因为从本国产业利益的角度出发，两国数字经济发展规模和潜力越大，数字产业竞争力越强，数字贸易规模越大，贸易规则谈判的收益就越高。

假说 2： 贸易谈判国家对存在三种情况：北-北、北-南、南-南。由上述分析可知，不同发达程度的国家对数字贸易和跨境电商的利益诉求存在差异，以美欧日为代表的发达经济体倾向于用区域贸易规则来管理数字贸易，以中国、俄罗斯为代表的新兴经济体倾向于采用电子商务规则，而大多数欠发达经济体因自身互联网基础设施尚不完善而回避此类话题。因此，北-北、北-南签署数字贸易条款的可能性更大。

假说 3： 当双边互联网普及率差异较大时，两国数字贸易规模往往较小，贸易协定所带来的净福利较小，故通过谈判签署相关条款的可能性较小；但是，一旦两国决定签署，那么为了弥补这一差距，两国会倾向于签署覆盖范围更广、深度更大的条款。

假说 4： 当双边国家制度环境差异较大时，贸易谈判成本较高，贸易协定所带来的净福利较小，故通过谈判签署相关条款的可能性较小；但是，一旦两国决定签署，那么为了降低风险，两国往往会签署覆盖范围更广、深度更大的条款，并且当协定双方为北-南国家对时，这一特点更为明显。

假说 5：当双边数字贸易开放度差异较大时，贸易规模较小，贸易谈判成本较高，贸易协定所带来的净福利较小，通过谈判签署相关条款的可能性也较小；同样，一旦两国决定签署，为了避免两国内部关于数字贸易规定的差异所带来的冲突，两国往往会签署覆盖范围更广、深度更大的条款，并且当协定双方为北-南国家对时，这一特点更为明显。

为检验以上假说，构建了以下模型来检验各国或地区签署包含数字贸易条款的 RTA 的可能性的影响因素：

$$\begin{aligned}D_{ij}=&\alpha_0+\alpha_1\mathrm{Dist}_{ij}+\alpha_2\mathrm{Remote}_{ij}+\alpha_3\mathrm{Sumgdp}_{ij}+\alpha_4\mathrm{Simgdp}_{ij}\\&+\alpha_5\mathrm{Rgdppc}_{ij}+\alpha_6\mathrm{SqRgdppc}_{ij}+\alpha_7\mathrm{NN}_{ij}+\alpha_8\mathrm{NS}_{ij}+\alpha_9\mathrm{Rnet}_{ij}\\&+\alpha_{10}\mathrm{Ricrg}_{ij}+\alpha_{11}\mathrm{Rdtri}_{ij}+\varepsilon_{ij}\end{aligned}\qquad(13-1)$$

式中，下标 i、j 分别代表贸易双方，D_{ij} 为两国是否签有数字条款的虚拟变量，若有，则取值为 1，否则取 0。影响因素主要包括以下四类：（1）地理因素。Dist_{ij} 表示双边地理距离，Remote_{ij} 为两国与除对方之外的世界其他国家的距离。（2）经济因素。Sumgdp_{ij} 为双边 GDP 之和，表示总经济规模，Simgdp_{ij} 为各国 GDP 占 GDP 之和的比重之积，用于表示签署者的经济相似程度，Rgdppc_{ij} 和 $\mathrm{SqRgdppc}_{ij}$ 为两国相对人均国民生产总值及其平方项。（3）贸易谈判的国家对类型。NN_{ij} 为北-北国家对虚拟变量，NS_{ij} 为北-南国家对虚拟变量。（4）互联网设施和制度因素。Rnet_{ij} 衡量了两国的相对互联网普及率，Ricrg_{ij} 为两国相对政治风险，Rdtri_{ij} 为两国的数字贸易限制性指数之差的绝对值。ε_{ct} 表示残差项。

为进一步考察所签署的数字贸易条款异质性的影响因素，构建了如下模型：

$$\begin{aligned}\mathrm{Index}_{ij}=&\beta_0+\beta_1\mathrm{Value}_{ij}+\beta_2\mathrm{Dist}_{ij}+\beta_3\mathrm{Remote}_{ij}+\beta_4\mathrm{Sumgdp}_{ij}\\&+\beta_5\mathrm{Rgdppc}_{ij}+\beta_6\mathrm{SqRgdppc}_{ij}+\beta_7\mathrm{Rnet}_{ij}+\beta_8\mathrm{Ricrg}_{ij}\\&+\beta_9\mathrm{Rdtri}_{ij}+\delta_i+\eta_j+\lambda_c+\varepsilon_{ij}\end{aligned}\qquad(13-2)$$

式中，Index_{ij} 分别用四个数字贸易条款异质性指标 Scope1、Scope2、Similarity、Pca 来表示，数值越大，表示该 RTA 所包含的数字贸易条款覆盖的范围越广、深度越深。由于数字贸易多以服务贸易的形式进行，故纳入了双边分行业服务贸易额（Value_{ij}），考察前期服务贸易额对签署的数字条款的范围和深度的影响，δ_i、η_j、λ_c 分别表示国家 i、国家 j、服务业细分行业 c 的固定效应。

为进一步探索当协定双方为北-南国家对时，这种制度环境差异和数字贸易开放度差异对数字条款异质性的影响是否更为明显，在模型（13-2）的基础上进一步构造了模型（13-3）：

$$\begin{aligned}\mathrm{Index}_{ij}=&\beta_0+\beta_1\mathrm{Value}_{ij}+\beta_2\mathrm{Dist}_{ij}+\beta_3\mathrm{Remote}_{ij}+\beta_4\mathrm{Sumgdp}_{ij}+\beta_5\mathrm{Rgdppc}_{ij}\\&+\beta_6\mathrm{SqRgdppc}_{ij}+\beta_7\mathrm{Rnet}_{ij}+\beta_8\mathrm{Ricrg}_{ij}+\beta_9\mathrm{Rdtri}_{ij}+\beta_{10}\mathrm{NS}_{ij}\\&+\beta_{11}\mathrm{Ricrg}_{ij}\times\mathrm{NS}_{ij}+\beta_{12}\mathrm{Rdtri}_{ij}\times\mathrm{NS}_{ij}+\delta_i+\eta_j+\lambda_c+\varepsilon_{ij}\end{aligned}\qquad(13-3)$$

式中，$Ricrg_{ij} \times NS_{ij}$ 为其与相对制度环境的交互项，$Rdtri_{ij} \times NS_{ij}$ 为其与相对数字贸易开放度的交互项。

表 13-1 报告了两国签署数字条款可能性的影响因素的 Probit 回归结果。第（1）列的结果显示，Dist 的回归系数显著为负，Remote 的回归系数显著为正，表明两国之间距离越近、与世界其他国家距离越远，则进行相关贸易的可能性及规模越大，越倾向于签署相关协定；Sumgdp 的回归系数不显著，Simgdp 的回归系数显著为正，表明两国经济相似度越高，签署的可能性也越大；相对要素禀赋（Rgdppc）及其二次项（SqRgdppc）的符号与 Orefice & Rocha（2014）的结果一致，但并不显著。因此，部分验证了韩剑等（2019）的假说 1。第（2）列进一步考察了国家对类型，其中地理因素仍然保持稳健，各经济影响因素都变得不显著，NN、NS 均显著为正，表明发达经济体更倾向于用贸易规则来管理数字贸易。即韩剑等（2019）的假说 2 得到了验证。第（3）列纳入了与数字贸易更为相关的三个因素：互联网普及率、国家风险以及数字贸易开放度。其中，Rnet 的回归系数显著为负，表明两国互联网普及率差异越大，两国“数字鸿沟”越大，签署数字贸易条款的可能性越小；Ricrg 的回归系数显著为负，表明两国国内风险差距越大，风险较低的一方相对而言越不愿意与风险较高的一方开展贸易活动，签署相关协定的可能性越小；Rdtri 的回归系数显著为负，表明两国关于数字贸易开放度差异越大，意味着两国国内与数字贸易有关的财政限制、建立（企业）限制、数据限制以及贸易限制等存在越大差异，对数字贸易施加重大限制的经济体会增加企业和消费者的成本，贸易谈判成本越大且难以达成一致意见，从而签署数字贸易条款的必要性和可能性也越小。因此，韩剑等（2019）的假说 3、假说 4、假说 5 部分得到了验证。

表 13-1 签署数字贸易条款可能性的影响因素

	全样本			剔除欧盟整体		
	(1)	(2)	(3)	(4)	(5)	(6)
Dist	−0.291 9***	−0.274 0***	−0.183 4*	−0.387 8***	−0.393 5***	−0.242 6**
	(0.078 0)	(0.080 3)	(0.099 0)	(0.091 6)	(0.094 7)	(0.114 3)
Remote	0.154 7***	0.160 9***	0.174 1***	0.155 4***	0.163 8***	0.201 8***
	(0.018 5)	(0.019 2)	(0.027 0)	(0.021 7)	(0.022 4)	(0.031 7)
Sumgdp	0.056 0	−0.048 1	−0.016 5	0.141 3***	0.056 5	0.089 0
	(0.041 1)	(0.045 7)	(0.058 1)	(0.048 1)	(0.052 4)	(0.067 0)
Simgdp	0.135 5***	0.048 2	−0.001 3	0.131 1**	0.061 9	0.030 6
	(0.050 9)	(0.054 6)	(0.067 6)	(0.058 0)	(0.061 9)	(0.077 8)
Rgdppc	0.180 7	−0.006 1	0.263 3	0.288 3	0.226 9	0.359 8
	(0.152 6)	(0.195 9)	(0.248 6)	(0.192 7)	(0.247 4)	(0.298 3)
SqRgdppc	−0.064 0	−0.040 7	0.001 4	−0.094 0*	−0.087 6	0.025 1
	(0.040 5)	(0.044 6)	(0.059 9)	(0.053 8)	(0.058 8)	(0.067 3)
NN		1.003 6***	0.762 0***		0.912 3***	0.607 3**
		(0.173 2)	(0.213 5)		(0.207 5)	(0.256 1)
NS		0.891 8***	0.530 2**		0.647 7***	0.170 0
		(0.185 0)	(0.232 9)		(0.213 5)	(0.274 1)

续表

	全样本			剔除欧盟整体		
	(1)	(2)	(3)	(4)	(5)	(6)
Rnet			−0.017 7***			−0.012 5*
			(0.005 7)			(0.006 7)
Ricrg			−1.624 8**			−1.937 0**
			(0.683 0)			(0.796 6)
Rdtri			−3.355 4***			−3.659 7***
			(0.967 2)			(1.096 3)
常数项	0.007 4	1.795 5	0.806 5	−1.893 1	−0.340 4	−1.884 6
	(1.129 1)	(1.200 7)	(1.722 2)	(1.315 9)	(1.387 7)	(2.001 8)
观测值	906	906	697	784	784	580
R^2	0.347 3	0.383 6	0.418 9	0.375 4	0.401 8	0.435 9

注：***、** 和 * 分别表示在 1%、5%和 10%的显著性水平上统计显著，括号内为回归系数的 t 值。

资料来源：改编自韩剑，蔡继伟，许亚云．数字贸易谈判与规则竞争：基于区域贸易协定文本量化的研究［J］．中国工业经济，2019（11）：117-135。

表 13-2 报告了数字条款异质性影响因素的 OLS 回归结果。第（1)列至第(4）列分别使用了韩剑等（2019）构建的四个异质性指标作为被解释变量。Dist、Remote 的回归系数符号与 Probit 结果一致，表明若两国地理距离较近且与世界其他国家距离较远，那么它们签署的数字条款覆盖范围更广、深度更深；Sumgdp 的回归系数显著为正，表明经济规模越大的国家签署的数字贸易条款质量越高；Rgdppc 的回归系数显著为正且其二次项（SqRgdppc）的回归系数显著为负，表明两国要素禀赋差距越大，形成的相关条款范围越广、质量越高，而当要素禀赋差距大到一定程度时，即使两国签署协定，也没有形成高质量协定的动机，即两国签署的数字贸易条款的深度与相对要素禀赋呈倒 U 形关系。互联网普及率、制度因素的回归结果不同于 Probit 模型的回归结果。Rnet 的回归系数显著为正，表明互联网设施差距较大的国家之间签署的数字条款质量更高；Ricrg 的回归系数不显著为正；Rdtri 的回归系数显著为正，表明两国对于数字贸易的限制情况相差越大，在进行贸易谈判时，越有可能将存在冲突的内容纳入谈判并形成法律条文，故相关条款的范围和深度也越大。Value 的回归系数显著为正，意味着两国前期服务贸易规模越大，签署的数字条款质量越高。对比第（1)列至第(4）列的结果可知，各影响因素对不同指标度量的数字贸易条款异质性的影响保持一致，且与预期一致，表现出了很强的稳健性。

表 13-2　数字贸易条款深度的影响因素

	(1) Scope1	(2) Scope2	(3) Similarity	(4) Pca
Value	0.040 7***	0.060 7**	0.052 9**	0.030 5**
	(0.012 8)	(0.020 5)	(0.017 1)	(0.010 2)
Dist	−0.789 8***	−1.188 9***	−1.008 3***	−0.608 7***
	(0.099 3)	(0.150 7)	(0.128 3)	(0.076 6)
Remote	0.121 4***	0.208 1***	0.175 5***	0.097 6***
	(0.033 0)	(0.050 0)	(0.042 7)	(0.025 4)

续表

	(1) Scope1	(2) Scope2	(3) Similarity	(4) Pca
Sumgdp	0.105 4**	0.160 9**	0.124 5**	0.086 2**
	(0.035 7)	(0.051 4)	(0.042 6)	(0.027 6)
Rgdppc	0.256 3**	0.336 0**	0.290 9**	0.194 8**
	(0.088 0)	(0.134 5)	(0.116 9)	(0.066 9)
SqRgdppc	−0.111 6***	−0.151 1***	−0.123 9***	−0.087 7***
	(0.024 1)	(0.037 2)	(0.031 6)	(0.018 7)
Rnet	0.008 5*	0.014 8*	0.011 1*	0.007 3*
	(0.004 3)	(0.006 9)	(0.005 8)	(0.003 4)
Ricrg	0.479 4	0.318 6	0.391 5	0.250 7
	(0.268 3)	(0.422 8)	(0.353 7)	(0.210 7)
Rdtri	0.962 5**	1.519 6**	1.371 3**	0.722 9**
	(0.336 8)	(0.548 3)	(0.482 2)	(0.256 0)
常数项	1.492 4	5.890 2***	−1.599 6	−0.120 3
	(0.893 8)	(1.289 7)	(1.139 2)	(0.660 1)
观测值	1 246	1 246	1 246	1 246
R^2	0.839 2	0.851 9	0.852 7	0.840 9

注：***、** 和 * 分别表示在 1%、5%和 10%的显著性水平上统计显著，括号内为回归系数的 t 值。

资料来源：改编自韩剑，蔡继伟，许亚云. 数字贸易谈判与规则竞争：基于区域贸易协定文本量化的研究 [J]. 中国工业经济，2019 (11)：117-135。

表 13-3 给出了双方为北-南国家对时制度环境差异、数字贸易开放度差异对数字条款异质性的影响。其中，交互项 Ricrg×NS 的回归系数显著为正，与预期一致，表明若双方为北-南类型，因不同发达程度的国家对数字贸易和跨境电商的利益诉求不同，在进行贸易谈判时往往更加重视制度环境，故一旦两国决定签署包含数字条款的 RTA，两国将会签署质量更高的条款。此外，表 13-3 显示，直接回归结果中 Ricrg 的回归系数显著，可能正是由于这一影响存在国家对类型的差异；交互项 Rdtri×NS 的回归系数显著为正，意味着若谈判双方为北-南类型，那么为了避免两国因内部数字贸易规定的差异所带来的冲突，两国往往会签署覆盖范围更广、深度更大的条款。对于 4 个不同的指标，结果均保持稳健。

表 13-3 数字贸易条款深度的影响因素：签署国家对类型

	(1) Scope1	(2) Scope2	(3) Similarity	(4) Pca
Value	0.036 1**	0.052 5**	0.046 1**	0.026 6**
	(0.013 1)	(0.021 1)	(0.017 5)	(0.010 5)
Dist	−0.793 9***	−1.197 1***	−1.015 8***	−0.612 5***
	(0.099 8)	(0.152 4)	(0.129 6)	(0.077 2)
Remote	0.122 1***	0.209 2***	0.176 3***	0.098 2***
	(0.032 3)	(0.048 9)	(0.041 7)	(0.024 8)

续表

	(1) Scope1	(2) Scope2	(3) Similarity	(4) Pca
Sumgdp	0.129 6***	0.202 6***	0.159 3***	0.106 2***
	(0.037 9)	(0.055 6)	(0.045 7)	(0.029 7)
Rgdppc	0.352 9***	0.472 3***	0.418 4***	0.266 7***
	(0.087 3)	(0.138 9)	(0.117 2)	(0.068 2)
SqRgdppc	−0.163 9***	−0.241 2***	−0.198 0***	−0.131 0***
	(0.020 9)	(0.032 1)	(0.027 3)	(0.016 1)
Rnet	0.007 9	0.013 7*	0.010 3	0.006 9*
	(0.004 6)	(0.007 3)	(0.006 2)	(0.003 7)
Ricrg	−0.646 4**	−1.576 2***	−1.163 7***	−0.668 5**
	(0.288 6)	(0.401 2)	(0.356 7)	(0.211 8)
Rdtri	0.570 9	0.674 0	0.674 9	0.349 2
	(0.463 2)	(0.765 3)	(0.652 2)	(0.366 6)
NS	−0.285 6***	−0.440 4***	−0.391 9***	−0.222 7***
	(0.065 2)	(0.108 5)	(0.088 4)	(0.054 6)
Ricrg×NS	1.875 0***	3.093 8***	2.553 2***	1.513 7***
	(0.423 3)	(0.677 3)	(0.583 7)	(0.329 8)
Rdtri×NS	0.929 5**	1.899 6**	1.565 2**	0.856 0**
	(0.412 8)	(0.695 6)	(0.586 1)	(0.335 3)
常数项	1.050 6	5.163 1***	−2.209 1*	−0.476 8
	(0.856 2)	(1.206 8)	(1.064 6)	(0.629 8)
国家 1 固定效应	是	是	是	是
国家 2 固定效应	是	是	是	是
行业固定效应	是	是	是	是
控制变量	是	是	是	是
观测值	1 246	1 246	1 246	1 246
R^2	0.840 4	0.853 1	0.853 9	0.842 1

注：***、** 和 * 分别表示在 1%、5%和 10%的显著性水平上统计显著，括号内为回归系数的 t 值。

资料来源：改编自韩剑，蔡继伟，许亚云. 数字贸易谈判与规则竞争：基于区域贸易协定文本量化的研究 [J]. 中国工业经济，2019 (11)：117 - 135。

第三节　制度创新赋能产业发展机制

一、理论命题的提出

跨境电商能够有效突破地理距离的限制，缩减贸易中间环节，显著降低国际贸易参与门槛，使得消费者和生产者的直接对接成为现实，是数字经济时代重要的贸易途径（Anderson & Anderson，2002；Brynjolfsson et al.，2003；Gorodnichenko & Talavera，2017；马述忠等，2019）。然而，由于模式新颖以及前期经验缺乏，跨境电商在两个方面面临发展阻碍。一方面，中小企业是我国跨境电商产业的主要参与者，而中小企业内部稳定资金流的能力较差，外部面临的融资约束又较高（吕劲松，2015），加之由于难以获得合法有效的进货凭证而无法享受出口退税优惠，使得从事跨境电商的中小企业面临的融资约束问题非常突出；另一方面，跨境电商订单呈现小批量、高频化、多品类、价值低等特点，快递、包裹等数量庞大，报关手续过于烦琐，不但耗费大量的人力物力，还大大延长了通关时间，贸易成本居高不下（来有为和王开前，2014；Kim et al.，2017)。政策试点是在一定制度空间下先于立法的"行政试验"，被视为解决新业态发展过程中所遇到问题的有效路径，是渐进式改革的重要特色（Heilmann & Perry，2020)。在跨境电商出口方面，跨境电商综合试验区无疑是最重要的"行政试验"，通过制度创新赋予地方突破跨境电商发展桎梏的自主能力。

基于此，马述忠和郭继文（2022）提出了"制度创新赋能产业发展机制"这一理论命题。

理论命题 13-2

以跨境电商综合试验区为代表的制度创新能够通过缓解企业融资约束、降低企业贸易成本来提升跨境电商出口。

资料来源：马述忠，郭继文．制度创新如何影响我国跨境电商出口?：来自综试区设立的经验证据 [J]. 管理世界，2022，38（8)：83-100.

该理论命题首次将制度创新纳入跨境电商影响因素的分析框架，从供给侧拓展了理解数字贸易产生与发展的视角。现有的西方文献主要从需求侧论证了阻碍跨境电商出口发展的因素，包括消费者偏好、地理距离、文化距离、语言差异、信息摩擦等（Blum & Goldfarb，2006；Hortaçsu et al.，2009；Gomez-Herrera et al.，2014)，鲜有研究从供给侧切入来理解数字贸易的产生和发展，尤其是从制度供给的角度出发的研究更是缺乏。马述忠和郭继文（2022）以跨境电商综合试验区为例，首次为通过供给侧的制度创新破解跨境电商发展的体制障碍提供了理论支撑。

二、理论命题的具体内容

奉行自由放任的市场机制的西方奥地利学派主张政府取消所有干预管制或者产业政策，由企业自主在市场不均衡中寻得机会，推动产业及经济整体发展（Von Mises，1962；Rothbard，2006)。然而，从现实经济的运行来看，市场失灵问题的解决、软硬基础设施配套等常常离不开政府作用的发挥，尤其是在新兴产业诞生与发展的过程中，往往需要政府采取一定的措施来扫除产业发展的体制机制性障碍，通过试点政策形成可供复制的经验后再进行全国推广，这也是中国渐进式改革得以成功的原因所在。马述忠和郭继文（2022）以跨境电商这一数字经济时代的贸易新业态为例，基于翔实的经验证据，探究政府出台的试点政策对业态发展的影响，以期为后续的制度优化提供参考。

为了扫除跨境电商的发展障碍、有效激励市场，中国政府自 2012 年起推出一系列政策措施来支持跨境电商产业发展。国务院先后发布了《关于实施支持跨境电子商务零售出口有关政策的意见》《关于大力发展电子商务加快培育经济新动力的意见》《关于促进跨境电子商务健康快速发展的指导意见》《关于加快发展外贸新业态新模式的意见》等文件来加强顶层指导，财政部、国家税务总局多次调整税收政策来提升企业参与的主动性，海关总署增列了“9610”“1210”“1239”“9710”“9810”等监管方式来促进物流通关阳光化。在众多措施中，设立跨境电商综合试验区是尤为重要的一项改革。2015 年 3 月，国务院同意设立杭州跨境电商综合试验区，之后分批次不断扩大试点范围。截至 2024 年 12 月已累计批复了七批共 165 个城市设立跨境电商综合试验区，涵盖 31 个省、直辖市和自治区。综合试验区自设立之初就与制度创新紧密联系在一起，旨在通过在技术标准、业务流程、监管模式等方面先行先试，破解跨境电子商务发展中的深层次矛盾和体制性难题，以促进跨境电子商务的自由化、便利化、规范化发展。自第一批综合试验区设立以来，综合试验区内诞生了简化申报、汇总统计、批量转关、便捷结售汇、“无票免税”等多项制度方面的创新，在大幅简化流程的同时给予了跨境电商企业切实的优惠和扶持，显著优化了跨境电商发展的外部环境，因此在理论上能够对地方的跨境电商出口产生明显的激励效果。马述忠和郭继文（2022）以第三批跨境电商综合试验区的设立为准实验，基于利用国内领先跨境物流企业的运单数据构造的城市-行业-月度层面的面板数据，采用双重差分方法，实证考察综合试验区的设立对于城市-行业-月度层面跨境电商出口的影响。验证理论分析的回归模型为：

$$\ln value_{ikym}=\alpha+\beta Treat_i\times Post_{ym}+\delta_{kym}+\delta_{iy}+\delta_{im}+\delta_{ik}+\varepsilon_{ikym} \tag{13-4}$$

式中，i 表示城市，k 表示 HS6 位码行业，y 表示年份（具体为 2016—2019 年），m 表示月份（具体为 1—12 月）。$\ln value_{ikym}$ 为对数化处理后的跨境电商出口额，$Treat_i$ 表示是否为国务院批复同意设立的第三批综合试验区城市，是取 1，否则取 0；$Post_{ym}$ 表示政策发生的时间虚拟变量，由于第三批综合试验区城市于 2018 年 7 月 24 日正式设立，故将 2018 年 7 月之后赋值为 1，2018 年 7 月及以前赋值为 0。δ_{kym} 为行业、年份、月份的三维交互固定效应，δ_{iy} 为城市、年份的二维交互固定效应，δ_{im} 为城市、月份的二维交互固定效应，δ_{ik} 为城市、行业的二维交互固定效应。ε_{ikym} 表示多维随机扰动项。

表 13-4 展示了跨境电商综合试验区设立的政策效果。回归结果表明，综合试验区的设立对地区的跨境电商出口产生了显著的正向促进作用。由第（4）列可以看出，综合试验区的设立使得城市内各行业的跨境电商出口平均增加了 21.8%（$=e^{0.197}-1$）。

表 13-4 综合试验区设立对跨境电商出口的影响

	(1)	(2)	(3)	(4)
Treat×Post	0.972 8***	0.244 1***	0.238 3***	0.197 0***
	(40.09)	(8.09)	(5.54)	(4.64)
常数项	2.237 1***	2.412 4***	2.413 8***	2.472 7***
	(383.05)	(332.29)	(233.08)	(240.17)
行业-年份-月份固定效应	是	是	是	是
城市-年份固定效应	否	是	是	是
城市-月份固定效应	否	否	是	是

续表

	(1)	(2)	(3)	(4)
城市-行业固定效应	否	否	否	是
观测值	398 992	398 992	398 984	384 840
R^2	0.233	0.481	0.490	0.739

注：回归结果聚类到 HS6 位码行业层面，*** 表示在 1%的显著性水平上统计显著，括号内为修正异方差后的 t 值。

资料来源：改编自马述忠，郭继文．制度创新如何影响我国跨境电商出口?：来自综试区设立的经验证据 [J]. 管理世界，2022，38 (8)：83-102。

相对于非综合试验区来说，跨境电商综合试验区的优惠措施更多、所受限制更少、自主发挥的空间更大。在样本期内，综合试验区的制度创新主要集中在以下几方面：(1) 在税收监管方面，“无票免税”政策正式出台。该政策是指 2018 年 10 月 1 日起施行的，对于综合试验区电子商务企业出口但未取得有效进货凭证的货物，符合一定条件时，可以享受增值税、消费税免税的政策。“无票免税”政策的免征不退、免追责等规定，不仅使得跨境电商出口实现了税务阳光化，还大大降低了中小企业的税收负担。(2) 在申报通关方面，出口流程大大简化。海关总署、国家税务总局等政府部门出台了简化归类、清单核放、汇总统计、允许批量转关等一系列措施，使得企业申报通关的烦琐程度大大降低，显著提高了申报的准确率和通关速度。(3) 在保障服务方面，着力提供金融便利，引导建立产业园区。综合试验区普遍出台了一系列金融服务措施以缓解资金压力，如对小微企业直接提供贷款贴息服务，鼓励金融机构开展跨境电商供应链金融服务等。此外，各综合试验区普遍开展跨境电商产业园区建设，通过完善园区内金融、通关、检疫、物流、人才等供应链综合服务，打造跨境电商产业生态圈。归纳这些措施，大致可以从融资约束和贸易成本两方面因素去理解及探究综合试验区制度创新为跨境电商企业出口带来的便利或激励。

融资约束是限制企业出口扩张的重要因素（Manova，2013；Feenstra et al.，2014；Manova et al.，2015）。中小企业是参与跨境电商贸易的绝对主体，但贷款限制多、外部融资难度大、自身资金周转能力差等因素对中小企业参与跨境电商出口造成了非常大的限制，这一点在本身对资金依赖程度较高的行业或者融资约束较大的行业中体现得更为明显。综合试验区建设过程中出台了各式各样的创新措施来缓解中小企业融资压力，如对小微企业直接提供贷款贴息服务，鼓励金融机构开展跨境电商供应链金融服务并开发专属创新型信贷产品，引导金融机构与平台合作，对企业按信用等级授信，支持金融机构在风险可控的前提下探索投贷结合、动产质押、订单授信等业务模式等。这些金融扶持措施大大降低了企业周转及使用资金的成本，进而促进了出口，且预期这种效应在融资约束更大的行业中会更加显著。

基于此，马述忠和郭继文（2022）提出了假说 1。

假说 1：跨境电商综合试验区的制度创新能够缓解跨境电商出口企业的融资约束。

为了检验假说 1，马述忠和郭继文（2022）将基准模型的双重差分项交乘，表征行业层面的融资约束程度 FinVuln_k，构建新的模型。FinVuln_k 具体包括 density_k、ext_k、

inv_k、f_access_k 四种代理衡量方式。$density_k$ 表示该行业是否为资本密集型行业（capital-intensive industry），是取 1，否则取 0；ext_k 和 inv_k 参考 Manova et al.（2015）利用中国海关细分数据对 ISIC（Rev. 2）行业层面的外部融资依赖（reliance on external finance）的衡量，ext_k 表示行业层面的资本支出份额（share of capital expenditures），inv_k 表示行业层面的库存收入比（ratio of inventories to sales）；f_access_k 为直接测度的行业层面金融可达性程度，该变量数据来自 2012 年世界银行中国企业投资环境调查数据库。

表 13-5 汇报了融资约束缓解效应的回归结果。第（1）列表明，综合试验区设立后，资本密集型行业的出口相较于非资本密集型行业增加了 16.2%（$=e^{0.1504}-1$）。第（2）列和第（3）列中，核心解释变量均在 5%的显著性水平上显著为正，表明对于外部融资依赖越强的行业，综合试验区设立的出口促进效应越强。第（4）列中，系数依然显著为正，表明对于金融可达性越低的行业，综合试验区设立对其出口的促进作用越大。这些结果意味着，综合试验区的制度创新降低了企业的融资约束，假说 1 成立。

表 13-5 融资约束缓解效应

	资本密集性 (1)	资本支出份额 (2)	库存收入比 (3)	金融可达性 (4)
Treat×Post×density	0.150 4***			
	(2.64)			
Treat×Post×ext		0.138 9**		
		(2.02)		
Treat×Post×inv			0.581 2**	
			(2.07)	
Treat×Post×f_access				0.322 7***
				(4.43)
常数项	2.511 3***	2.543 4***	2.536 5***	2.400 0***
	(723.15)	(48 285.85)	(225.60)	(169.44)
行业-年份-月份固定效应	是	是	是	是
城市-年份固定效应	是	是	是	是
城市-月份固定效应	是	是	是	是
城市-行业固定效应	是	是	是	是
观测值	384 840	315 858	301 685	235 253
R^2	0.739	0.737	0.736	0.738

注：回归结果聚类到 HS6 位码行业层面，*** 和 ** 分别表示在 1%和 5%的显著性水平上统计显著，括号内为修正异方差后的 t 值。

资料来源：改编自马述忠，郭继文．制度创新如何影响我国跨境电商出口?：来自综试区设立的经验证据 [J]. 管理世界，2022，38（8）：83-100。

综合试验区的一系列创新措施理论上能够显著降低跨境电商出口的贸易成本，而贸易成本的降低与贸易规模的扩张存在显著的正相关性（Anderson & Van Wincoop，2004）。跨境电商与传统贸易的本质区别之一在于，跨境电商主要通过提供多样化的产品或个性化定制来满足国外消费者的差异化需求，因此交易呈现碎片化、小额化、高频化的特征，其标准、规格难以统一。而现实中，越是标准化、规格化的产品，越容易汇总统计、集中出口；越是差异化的产品，申报通关越复杂，需要为多个批次的多种类型产品分别申请报关单，单证繁多、手续繁杂，这大大增加了出口的贸易成本。且在地理距离对跨境电商的限制作用大大弱化的背景下（Hortaçsu et al.，2009；Lendle et al.，2016），申报、清关、检疫等方面的贸易成本成为影响企业出口绩效更为重要的因素。"无票免税"政策使得跨境电商出口退税的流程大大简化，同时简化归类、清单核放、汇总统计、允许批量转关等一系列便利化措施的出台使得企业在申报、检疫、清关等环节的贸易成本大幅降低，从而利于企业顺利出口，且预期这种效应在差异化程度较大的或者原本贸易成本较大的行业中会更加显著。

基于此，马述忠和郭继文（2022）提出了假说2。

假说2： 跨境电商综合试验区的制度创新能够降低跨境电商出口企业的贸易成本。

为了检验假说2，马述忠和郭继文（2022）将基准模型的双重差分项交乘表征行业层面的贸易成本密集程度 $Excost_k$，构建新的模型。$Excost_k$ 具体包括 con_k、lib_k、$cost_k$、$costgroup_k$ 四种代理衡量方式。con_k、lib_k 分别为按照 Rauch（1999）的 Conservative、Liberal 标准划分的是否为差异化产品的二元变量，差异化产品（differentiated products）取1，同质化产品（homogeneous products）取0；$cost_k$ 为行业层面的贸易成本当量，来源于许统生等（2011）对中国 ISIC（Rev. 3）制造业分行业贸易成本的测度；为进一步观测不同组别的差异，以贸易成本的中位数为界，将贸易成本分为低贸易成本组和高贸易成本组两组，以 $costgroup_k$ 来表示，高贸易成本组记为1，低贸易成本组记为0。

表13-6汇报了贸易成本降低效应的回归结果。第（1）列和第（2）列显示，不论是按照 Conservative 标准还是按照 Liberal 标准，综合试验区设立对差异化产品的促进作用要显著高于同质化产品，高出幅度在17%～19%之间。第（3）列的结果表明，对于原本贸易成本越高的行业，综合试验区的出口促进作用越显著。从第（4）列可以进一步看出，相比低贸易成本的行业，高贸易成本的行业在综合试验区设立后出口增加了23.4%。上述分析结果意味着，综合试验区的制度创新降低了企业的贸易成本，假说2成立。

表13-6　贸易成本降低效应

	Conservative 标准	Liberal 标准	贸易成本	贸易成本分组
	(1)	(2)	(3)	(4)
Treat×Post×con	0.172 8***			
	(3.99)			
Treat×Post×lib		0.156 4***		
		(3.59)		
Treat×Post×cost			0.157 3***	
			(3.56)	
Treat×Post×costgroup				0.210 0***
				(4.32)
常数项	2.479 6***	2.483 9***	2.505 9***	2.516 2***
	(242.33)	(244.43)	(225.63)	(371.66)
行业-年份-月份固定效应	是	是	是	是
城市-年份固定效应	是	是	是	是

续表

	Conservative 标准 (1)	Liberal 标准 (2)	贸易成本 (3)	贸易成本分组 (4)
城市-月份固定效应	是	是	是	是
城市-行业固定效应	是	是	是	是
观测值	384 840	384 840	341 128	341 128
R^2	0.739	0.739	0.737	0.737

注：回归结果聚类到 HS6 位码行业层面，*** 表示在 1%的显著性水平上统计显著，括号内为修正异方差后的 t 值。

资料来源：改编自马述忠，郭继文．制度创新如何影响我国跨境电商出口?：来自综试区设立的经验证据 [J]. 管理世界，2022，38 (8)：83－100。

第四节　制度创新提升消费者福利机制

一、理论命题的提出

贸易成本是新古典贸易理论（Eaton & Kortum，2002)、新贸易理论（Krugman，1980）和新新贸易理论（Melitz，2003）等主流国际贸易理论的核心概念之一。在不变生产率假设下，贸易成本在地区间的相对变化决定了地区贸易份额的扩张与否。跨境电商在理论上如何影响贸易成本这一重要问题得到较多学者的关注。跨境电商的本质是“互联网＋国际贸易”，以往的跨境电商政策通过互联网这一通用技术变革，改革传统贸易模式，利用电子商务的计算机属性、互联网属性和平台属性大幅降低贸易成本（张洪胜和潘钢健，2021）。而跨境电商综合试验区政策与以往政策的不同在于：先变革制度属性，通过制度型创新直接降低“政策租金”和制度型交易成本；再进一步利用部分城市的先行先试带动区域贸易发展，培育跨境电商产业增长极（张正荣等，2020）；吸引跨境电商平台企业、外贸综合服务企业、电商专业服务企业入驻，汇集多要素开发服务链，利用生产性服务业的专业化集聚（刘玉荣等，2023），整合信息资源，共享信息渠道，降低生产环节的信息摩擦成本（Lendle et al.，2016）以及由信息不对称带来的匹配成本、合同成本等；通过综合试验区内部更大幅度的政策优惠，促进企业出口规模扩张（马述忠和郭继文，2022）；市场规模的扩张使得企业出口平均固定成本下降（Krugman，1980），产生规模效应。

基于此，张洪胜等（2023）提出了“制度创新提升消费者福利机制”这一理论命题。

理论命题 13－3

跨境电商综合试验区的建设可以显著降低贸易成本，提升消费者福利收益。

资料来源：张洪胜，谢月星，杨高举．制度型开放与消费者福利增进：来自跨境电商综试区的证据 [J]. 经济研究，2023，58 (8)：155－173.

该理论命题系统性地将贸易成本纳入制度型开放的分析中，完善了数字领域制度型开放的研究对象。一方面，将跨境电商综合试验区对贸易成本的影响引入一个含消费者异质性和地区异质性的一般均衡模型中，首次量化评估了跨境电商综合试验区建设在中国的异质性福利效应；另一方面，首次量化测算了最终品贸易份额和中间品投入产出两种机制的影响，具象化地展示了跨境电商综合试验区建设如何通过降低贸易成本实现区域间生产分工优化和消费者福利收益增长，为跨境电商综合试验区建设布局提供决策参考。

二、理论命题的具体内容

张洪胜等（2023）假定世界分为 $N+M$ 个地区，其中将中国划分为 N 个地区（省级单位），将世界其他国家划分为 M 个地区。下标 i 表示地区。每个地区可以划分为 J 个行业，用上标 $j\in\{1,\cdots,J\}$表示，$j=1$ 表示农林牧渔业，$j=2,3,4,\cdots,17$ 表示非农行业。张洪胜等（2023）沿用 Nigai（2016）的假设，即存在异质性消费者，不同收入消费者的农产品需求占收入的比重不同，效用函数为 Stone-Geary 函数形式，即：

$$U_i=(x_i^1-\mu)^{1-\alpha_{id}}\left[\prod_{j=2}^{J}(x_i^j)^{\beta_i^j}\right]^{\alpha_{id}}$$

$$Y_{id}=p_i^1x_{id}^1+\sum_{j=2}^{J}p_i^jx_{id}^j$$

$$Y_i=\sum_{d=1}^{5}Y_{id} \tag{13-5}$$

式中，$\sum_{j=2}^{J}\beta_i^j=1$，$x_{id}^1$ 和 $x_{id}^j(j>1)$分别表示 i 地区 d 类消费者在农业 1 和非农业 j 的消费支出。p_i^1 和 $p_i^j(j>1)$分别表示 i 地区农业和 j 行业的物价水平。Y_{id} 为 i 地区 d 类消费者的总收入①，Y_i 为 i 地区消费者的总收入。μ 为非位似参数，α_{id} 为非农产品的边际消费倾向。

当 $Y_{id}>\mu p_i^1$ 时，i 地区 d 类消费者对农产品和非农产品的消费分别为：

$$x_{id}^1=(1-\alpha_{id})Y_{id}+\alpha_{id}\mu p_i^1$$

$$x_{id}^j=\alpha_{id}\beta_i^j(Y_{id}-\mu p_i^1) \tag{13-6}$$

当 $Y_{id}\leqslant\mu p_i^1$ 时，$Y_{id}=p_i^1x_i^1$，消费者所有收入都用于购买农产品，非农产品的购买为 0。由此可以得到消费者分行业最终品的消费比例为：

$$S_i^1=\frac{\sum_{d=1}^{5}p_i^1x_{id}^1}{\sum_{d=1}^{5}Y_{id}}=\frac{\sum_{d=1}^{5}\{[P(Y_{id}>\mu p_i^1)((1-\alpha_{id})Y_{id}+\alpha_{id}\mu p_i^1)]+P[(Y_{id}\leqslant\mu p_i^1)Y_{id}]\}}{\sum_{d=1}^{5}Y_{id}}$$

$$S_i^j=\frac{\sum_{d=1}^{5}p_i^jx_{id}^j}{\sum_{d=1}^{5}Y_{id}}=\beta_i^j(1-S_i^1) \tag{13-7}$$

---

① 各地区分阶层收入由各阶层收入占比与地区总收入相乘得到。其中各阶层收入占比从世界不平等数据库和各省统计年鉴获取。

式中，p_i^1 表示各地区农产品价格指数。[①]

张洪胜等（2023）沿用 Caliendo & Parro（2015）的做法，假定各地区各行业产品市场是完全竞争的，生产率服从 Fréchet 分布，i 地区 j 行业的生产函数为：

$$y_i^j(\overline{\omega})=z_i^j(\overline{\omega})L_i^j(\overline{\omega})^{\eta_i^j}\prod_{k=1}^{J}y_i^{jk}(\overline{\omega})^{\gamma_i^{jk}} \tag{13-8}$$

式中，η_i^j 和 γ_i^{jk} 分别表示 i 地区 j 行业 1 单位中间品生产所需要的劳动力投入即所创造的增加值，和 i 地区 j 行业生产所需要的其他地区 k 行业的中间投入品，并且满足 $\eta_i^j+\sum_{k=1}^{J}\gamma_i^{jk}=1$；$z_i^j$ 表示 i 地区 j 行业的劳动生产率，$\overline{\omega}$ 为各行业生产的产品种类。因此，可以得到 i 地区 j 行业的生产成本为：

$$c_i^j(\phi)\propto\frac{1}{\phi}\left(w_i^{j\,\eta_i^j}\prod_{k=1}^{J}p_i^{jk\,\gamma_i^{jk}}\right) \tag{13-9}$$

式中，w_i^j 和 p_i^{jk} 分别表示 j 行业生产劳动力投入价格和来自 k 行业中间投入品的价格。在生产率分布上，张洪胜等（2023）借鉴 Eaton & Kortum（2002），假定生产率 ϕ 服从 Fréchet 分布，即：

$$F_n^j(\phi)=e^{-\lambda_n^j\phi^{-\theta^j}} \tag{13-10}$$

式中，λ_n^j 为技术参数，θ^j 为贸易弹性。根据给定的生产率分布函数和冰山成本 τ，可以得到某一地区出口到另一地区的产品价格是所有地区出口到该地区产品价格的最低价的概率，也就是出口地区占进口地区的贸易份额：

$$\pi_{ni}^j=P[p_{ni}^j\leqslant\min(p_{ns}^j)]=\frac{\lambda_i^j(c_i^j\tau_{ni}^j)^{-\theta^j}}{\sum_{s=1}^{N+M}\lambda_s^j(c_s^j\tau_{ns}^j)^{-\theta^j}} \tag{13-11}$$

式中，$\pi_{ni}^j=\frac{x_{ni}^j}{x_n^j}$，也即 i 地区 j 行业出口到 n 地区 j 行业的出口值 x_{ni}^j 占 n 地区该行业总需求 x_n^j 的比例。地区总需求可以分为最终品需求和中间投入品需求之和，也就是：

$$x_i^j=D_i^j+\sum_{k=1}^{J}\gamma_i^{kj}\sum_{n=1}^{M+N}x_{ni}^k \tag{13-12}$$

式中，$D_i^j=S_i^jY_i$，即消费者的最终品需求，Y_i 为消费者收入，$Y_i=w_iL_i$。$\sum_{k=1}^{J}\gamma_i^{kj}\sum_{n=1}^{M+N}x_{ni}^k$ 为 i 地区总产出中的中间投入品需求。

i 地区 j 行业的价格指数为：

$$p_i^j=\Psi^j\left[\sum_{n=1}^{N+M}\lambda_n^j(\tau_{in}^jc_n^j)^{-\theta^j}\right]^{-\frac{1}{\theta^j}} \tag{13-13}$$

① 从联合国粮农组织数据库中获取。

式中，Ψ^j 为常数，$\Psi^j=\Gamma\left(\dfrac{\theta^j+1-\sigma}{\theta^j}\right)^{\frac{1}{1-\sigma}}$，$\sigma<\theta^j+1$。

张洪胜等（2023）进一步对福利进行分解，得到：

$$\ln\frac{\text{warefare}_i'}{\text{warefare}_i}=-\sum_{j=1}^{J}(S_i^{j'}\frac{1}{\theta^j}\ln\widehat{\pi_{ii}^j}-S_i^{j'}\ln\widehat{S_i^j})-\sum_{j=1}^{J}\{S_i^{j'}[(1-\frac{1}{\eta_i^j})\ln\widehat{c_i^j}+\frac{1}{\eta_i^j}\sum_{k=1}^{J}\gamma_i^{jk}(\ln\hat{p}_i^{jk})]\}\qquad(13-14)$$

制度型开放的福利影响渠道可以分为贸易份额渠道和投入产出渠道。贸易份额渠道是指通过扩大进口贸易份额，优化消费者的消费结构，实现消费者消费过程中整体物价水平的下降；投入产出渠道是指通过要素投入价格变化降低生产成本直接实现的产出价格变化，进而引起物价变化，以及工资要素价格变化从收入侧实现消费者福利收益变化。从表面上看，进口和出口通过不同渠道影响地区福利收益：进口贸易成本下降直接降低了最终品和中间品的进口价格，出口贸易成本下降直接降低了企业出口产品的价格。但不论是哪种渠道，其对福利收益的影响最终都可以归结为对贸易份额渠道和投入产出关联渠道的影响。

基于此，张洪胜等（2023）提出了假说 1。

假说 1：跨境电商综合试验区建设能通过最终品贸易份额渠道和中间品投入产出渠道提升消费者福利的收益。

张洪胜等（2023）综合利用我国省际投入产出表和亚洲开发银行的多区域投入产出表（Asian Development Bank Multi-Region Input Output Table）和海关贸易数据库等多源数据，借鉴 Tombe（2015）改进的 Head-Ries 指数计算非对称贸易成本，实现了基于真实数据的内生参数测算（见表 13－7）。

表 13－7　参数描述及数据来源

参数	参数描述	参数取值和来源
β_i^j	最终品支出份额	由数据计算而来
π_{ni}^j	贸易份额	由数据计算而来
γ_i^{kj}	投入产出系数	由数据计算而来
η_i^j	增加值系数	由数据计算而来
θ^j	贸易弹性	4
Y_{id}	异质性消费者收入	由数据计算而来
$\hat{\tau}_{in}^j$	贸易成本变化	回归计算得到
α_{id}	i 地区 d 类消费者非农产品边际消费倾向	Frank Copula 函数
ρ	y_{id} 和 α_{id} 的相关系数	49.604
μ	非位似参数	0.000 036

资料来源：改编自张洪胜，谢月星，杨高举．制度型开放与消费者福利增进：来自跨境电商综试区的证据［J］．经济研究，2023，58（8）：155－173。

根据已有参数，张洪胜等（2023）借助 MATLAB，利用帽子代数法迭代求解得到内生变量在反事实条件下的取值$\{\hat{p}_i^j,\hat{c}_i^j,S_i^{j'},\hat{\pi}_{ni}^j,\hat{\omega}_i,X_i^{j'}\}$，并进一步计算得到中国不同地区的分渠道消费者福利收益增长。根据福利测算结果来看（见表 13-8），地区福利收益主要来自投入产出关联渠道，东中西部地区该渠道福利收益占比均超过 50%。东部地区贸易份额渠道福利占比较低，仅占 34.776%；中部地区占比为 50.173%，西部地区占比为 44.522%。相较于中西部地区，东部地区更好地克服了生产成本上升的压力，近 2/3 的福利收益来自投入产出渠道。从投入产出结构来看，东部地区生产单位束中劳动力成本占比（行业产值加权）为 30.77%，而中西部地区分别为 36.81%和 40.39%。在生产扩张的情况下，东部地区生产成本受劳动力价格上涨影响较中西部地区更小；同时，当劳动力价格上涨引致的中间投入价格上升时，更高的贸易成本变化使得东部地区拥有更为丰富和成熟的供应链，能够更好地应对成本压力，因此投入产出关联渠道福利收益占比更高。

表 13-8 分渠道福利效应（%）

地区	最终品贸易份额	中间品投入产出	第四批综合试验区最终品贸易份额福利占比
东部	0.303	0.569	34.776
中部	0.040 7	0.040 4	50.173
西部	0.026 3	0.032 8	44.522

资料来源：改编自张洪胜，谢月星，杨高举．制度型开放与消费者福利增进：来自跨境电商综试区的证据 [J]．经济研究，2023，58（8）：155-173。

一般来说，高收入人群的非农产品边际消费倾向更高，非农产品价格变化权重更高。高收入人群更具选择性的消费结构能使其更好地应对物价上涨的冲击，同时更多地享受到物价下降的福利影响。对于物价水平上涨的情况，当地区农业价格指数高于非农业价格指数时，高收入人群福利收益更高，反之亦然。中国农业劳动密集型的生产方式使得非劳动要素投入占比小，名义工资的增长使得农业行业受到更大的成本上升的压力，从而也就削弱了综合试验区建设对低收入人群的福利效应。简言之，中国农业的高人力投入弱化了低收入人群在综合试验区建设下的福利增长效应。而当地区农业和非农业的价格指数增幅较为相近时，就会出现低收入人群的福利收益高于高收入人群的现象。

基于此，张洪胜等（2023）提出了假说 2。

假说 2：跨境电商综合试验区建设更有利于高收入人群福利收益的增长，但是对于部分农业集约化程度高的地区来说，低收入人群的福利收益会高于高收入人群。

表 13-9 为张洪胜等（2023）引进非位似参数所测算的地区内不同收入水平消费者的福利效应。从总体来看，收入越高的消费群体福利增长效应越高，这与张洁等（2022）的研究结论一致。部分地区如吉林和云南的福利收益呈现相反的方向：收入越高，福利收益越小。在综合试验区逐渐深化的过程中，大多数地区在更加开放的贸易关系条件下实现了生产扩张，这也必然不可避免地造成了全国范围内名义工资水平的上升，进而促进了各地区生产成本的提升，提高了地区行业物价水平。除上海、北京外，中国其余省份的农业生产增加值系数（η_i^j）均处于 50%以上，国内加权的整体农业生产增加值系数（η_i^j）为 58.25%，远高于非农业生产增加值系数的 31.96%、国际市场的 44.37%，与张洪胜等（2023）的假说相符。

表 13-9　异质性消费者福利的影响（%）

地区	dv1	dv2	dv3	dv4	dv5
安徽	0.055 1	0.086 2	0.090 8	0.093 4	0.095 8
北京	0.112	0.132	0.134	0.136	0.137
重庆	0.024 3	0.083 8	0.092 9	0.098 3	0.103
福建	0.458	0.496	0.501	0.504	0.507
甘肃	0.026 4	0.070 8	0.088 2	0.098 3	0.108
广东	1.638	1.751	1.765	1.775	1.785
广西	0.010 0	0.015 2	0.016 0	0.016 4	0.016 8
贵州	0.009 89	0.064 8	0.079 6	0.088 3	0.096 5
海南	0.047 6	0.054 5	0.063 4	0.069 2	0.074 6
河北	0.053 0	0.068 8	0.071 1	0.072 3	0.073 5
黑龙江	0.082 9	0.212	0.232	0.243	0.254
河南	0.033 2	0.037 4	0.038 0	0.038 3	0.038 6
湖北	0.046 7	0.068 9	0.071 9	0.073 8	0.075 6
湖南	0.033 0	0.047 0	0.049 0	0.050 1	0.051 1
内蒙古	0.054 4	0.076 0	0.079 1	0.080 9	0.082 5
江苏	0.612	0.673	0.681	0.685	0.690
江西	0.049 2	0.142	0.156	0.164	0.171
吉林	0.056 4	0.054 4	0.054 1	0.053 9	0.053 7
辽宁	0.371	0.467	0.482	0.490	0.497
宁夏	−0.018 5	0.009 66	0.049 1	0.075 1	0.099 2
青海	0.007 30	0.034 0	0.050 3	0.060 3	0.069 7
陕西	0.013 0	0.022 5	0.024 0	0.024 8	0.025 6
山东	0.678	0.722	0.728	0.732	0.735
上海	0.262	0.264	0.264	0.265	0.265
山西	0.012 0	0.016 7	0.017 4	0.017 8	0.018 2
四川	0.022 7	0.056 0	0.061 1	0.064 1	0.066 8
天津	0.093 4	0.136	0.142	0.146	0.150
新疆	0.000 199	0.000 260	0.000 274	0.000 282	0.000 290
云南	0.096 2	0.071 1	0.067 4	0.065 2	0.063 2
浙江	1.542	1.809	1.847	1.869	1.890
加权福利	0.352	0.402	0.409	0.414	0.418

注：dv1～dv5 表示收入从低阶层消费者到高阶层消费者的福利收益。

资料来源：改编自张洪胜，谢月星，杨高举．制度型开放与消费者福利增进：来自跨境电商综试区的证据［J］．经济研究，2023，58（8）：155-173。

第五节　制度型开放推动跨境电商出口机制

一、理论命题的提出

跨境电商在贸易模式和贸易主体等特征上区别于传统贸易，这使得现行的传统贸易规则无法满足跨境电商不断发展的需要，而 WTO 的现有协议也没有为数字贸易规则提供一个合适的法律框架（Weber，2010；Wunsch-Vincent & Hold，2012；Burri，2015）。随着 WTO 多哈回合谈判陷入僵局，数字贸易规则的制定情景更多由多边贸易协定转为区域贸易协定（González & Ferencz，2018；Azmeh et al.，2020），其中包含的跨境电商条款产生了集群性特征（Elsig & Klotz，2021；韩剑等，2019）。在集群间由于利益诉求不同，跨境电商条款呈现碎片化趋势，制度冲突在不断加剧。国家间法律法规的差异使得部分国家可以凭借对知识产权法的狭隘解释来刻意阻碍跨境电商的产品和服务的传输（Bieron & Ahmed，2012），而跨境电商在交易过程中的信息不对称和制度差异性也会引发交易纠纷（张其林和汪旭晖，2021）。随着中国的跨境电商进出口规模不断扩大，如何缓解制度冲突以保障跨境电商活动的顺利开展是一个亟须解决的难题。

基于此，马述忠等（2024）提出了“制度型开放推动跨境电商出口机制”这一理论命题。

理论命题 13-4

“丝路电商”合作备忘录的签订能够通过制度型开放促进中国跨境电商出口，而且这一促进作用对于有相似电子商务法律法规和较高电商基础环境水平的出口目的国更强。

资料来源：马述忠，王晔辰，房超．制度型开放与跨境电商出口：基于“丝路电商”合作备忘录的研究［J］．浙江社会科学，2024（2）：78-90.

该理论命题首次将国家间在数字贸易规则上的顶层设计纳入跨境电商交易活动的分析中，从制度型开放的崭新视角来探究对跨境电商进出口的影响因素。一方面，数字贸易规则会对跨境电商贸易流产生影响，而现有研究主要集中于传统贸易协定的领域（Baier & Bergstrand，2007；Lee et al.，2023；Cheong，2023）；另一方面，与西方学者主要聚焦于关税与非关税壁垒等贸易成本因素不同（Anderson & Yotov，2016；Harada & Nishitateno，2021），马述忠等（2024）将制度性因素引入分析框架，包括国家间在电子商务法律法规上的相似性与国家内在物流、通关和电子支付上的制度环境水平等。

二、理论命题的具体内容

在使用引力模型来分析贸易规则对贸易流的影响时，西方经典理论主要聚焦于传统贸易协定的作用（Baier & Bergstrand，2007；Baier & Bergstrand，2009）。在数字经济时代，由于跨境电商的兴起，数字贸易规则在国际经贸规则制定中的地位不断提升。马述忠等（2024）关注中国主动参与数字贸易规则构建的重要尝试——“丝路电商”，从数字贸易规则的全新角度出发，为制度型开放和跨境电商出口的关系建立了一定的理论支撑。

“丝路电商”合作备忘录是推动国与国之间电子商务机制性合作的重要尝试，是中国政府对外实现跨境电商领域制度型开放的关键抓手。“丝路电商”合作备忘录可以充分发挥中国电子商务技术应用、模式创新和市场规模等优势，积极推进电子商务国际合作，在举措上包括：加强政策沟通、规划对接，探讨发展方向和合作领域；组织政企对话和企业对接，畅通交流合作渠道；开展研修培训活动，共同提升数字素养。“丝路电商”合作备忘录的签订使伙伴国国内的电商基础环境建设水平提升，降低了贸易成本。一方面，中国在提升通关便利、优化监管服务和健全支撑体系等方面给伙伴国带来了可供效仿的跨境电商成熟模式。例如，中国在部分海关推广应用“提前申报”模式，以支持综合服务企业进出口货代衔接，并为跨境电商业务提供跨境结算服务支持。与此同时，中国支持国际贸易单一窗口跨境电商公共服务平台对接海关、税务、市场监管等部门系统，推动跨境电商业务实现“信息互换、监管互认、执法互助”。另一方面，中国还可以为伙伴国提供间接的制度帮扶作用。中国政府和企业开展多种旨在提升伙伴国电子商务能力的培训，促进共建“一带一路”国家在物流、支付等多个方面实现创新发展。共建国家在学习并采用制度型创新举措后，可以降低跨境电商进出口的贸易成本，而这与贸易规模的扩张正相关（Anderson & Van Wincoop，2004；Jacks et al.，2008），因此中国跨境电商出口得以增长。

基于此，马述忠等（2024）提出了假说 1。

假说 1： *以“丝路电商”合作备忘录为代表的制度型开放可以促进中国跨境电商出口。*

为了检验假说 1，马述忠等（2024）构建了如下计量模型：

$$Trade_{ijym}=\beta_0+\beta_1 DTR_{iym}+\lambda_{jym}+\lambda_{iy}+\lambda_{im}+\lambda_{ij}+\varepsilon_{ijym} \tag{13-15}$$

用二元虚拟变量 $DTR_{iym}=\{1,0\}$ 来衡量中国与进口国是否签订了“丝路电商”合作备忘录，以反映中国与进口国之间的制度型开放。具体而言，根据商务部新闻办公室发布的新闻，确定中国与进口国 i 关于“丝路电商”合作备忘录的签订日期，当中国与进口国 i 在 y 年 m 月已经签署了“丝路电商”合作备忘录，DTR_{iym} 记为 1，否则为 0。被解释变量 $Trade_{ijym}$ 表示中国跨境电商对 i 国 j 行业 y 年 m 月的出口总额。λ_{jym}、λ_{iy}、λ_{im} 和 λ_{ij} 表示行业-年份-月份、国家-年份、国家-月份和国家-行业固定效应，ε_{ijym} 表示随机扰动项。

表 13-10　“丝路电商”合作备忘录的签订对中国跨境电商出口的影响

变量	(1) lnvalue	(2) lnvalue	(3) lnvalue	(4) lnvalue
DTR	0.145 1***	0.124 4***	0.094 1***	0.091 2***
	(0.021 4)	(0.028 6)	(0.025 4)	(0.028 2)
常数项	2.257 8***	2.262 8***	2.286 2***	2.313 7***
	(0.104 1)	(0.103 7)	(0.006 2)	(0.006 8)
国家-年份固定效应	是	是	是	是
国家-月份固定效应	否	是	是	是
行业-年份-月份固定效应	否	否	是	是
国家-行业固定效应	否	否	否	是
观测值	1 135 343	1 135 343	1 121 499	1 104 067
调整的 R^2	0.118	0.121	0.650	0.727

注：*** 表示在 1%的显著性水平上统计显著，括号内为聚类到 HS2 位码行业层面的标准误。

资料来源：改编自马述忠，王畔辰，房超．制度型开放与跨境电商出口：基于“丝路电商”合作备忘录的研究 [J]. 浙江社会科学，2024 (2)：78-90。

表 13-10 为签订“丝路电商”合作备忘录对中国跨境电商出口的影响，第（1）列为引入了目的国和年份的交叉固定效应，第（2）列至第（4）列在第（1）列的基础上依次引入了目的国-月份高维固定效应、行业-年份-月份高维固定效应、目的国-行业高维固定效应。第（1）列至第（4）列的双重差分项 DTR 系数都在 1%的显著性水平上统计显著为正，初步说明“丝路电商”备忘录的签订对中国向目的国的跨境电商出口产生了显著的正向促进作用。此外，随着固定效应的加入，核心解释变量的系数值逐渐减小，模型拟合优度不断提高，也说明了逐渐剥离其他可能的影响因素对于尽可能准确识别“丝路电商”合作备忘录的政策效果很重要。第（4）列结果显示，在引入了全部四种高维固定效应后，DTR 系数的大小为 0.091 2。根据准确的估计公式 $\exp(\beta)-1$，“丝路电商”合作备忘录的签订大约使得中国向目的国的跨境电商各行业出口平均增加了 9.5%，因此假说 1 成立。

西方经典理论在探讨贸易流的影响因素时，主要聚焦于关税与非关税壁垒等贸易成本因素（Anderson & Neary，1992）。随着国家间电子商务规则的谈判呈现出双边和区域性质，由于不同经济体在利益诉求上的不同，跨境电商条款的制定呈现碎片化的趋势，制度冲突成为影响跨境电商活动的重要阻碍。马述忠等（2024）聚焦于国家间在政策顶层设计与沟通机制上的制度性因素，拓展了对贸易流影响因素的研究。

不同国家由于数字经济的发展水平差异，在数字贸易中有不同的利益诉求，对于数字贸易规则的制定存在分歧，数字贸易发展会受到阻碍。“丝路电商”合作备忘录深化了国家间的政策沟通机制，通过双方在数字经济发展规划上的交流增进对彼此相关数字贸易法律法规的理解，推动在政策的顶层设计上达成一定共识。一方面，中国与伙伴国不断增进对彼此电子商务法律法规和产业政策的理解。中国与“丝路电商”沿线国家召开了电子商务工作组会议，和主管部门开展了工作沟通。通过政府、行业和企业间的多层次合作，中国与伙伴国在电商标准和监管上进行协商交流，以加强政策沟通，为“丝路电商”的发展营造了良好的制度环境。另一方面，中国和“丝路电商”伙伴国加强了规划对接。中国和“丝路电商”伙伴国共同推进机制建设，举办政企对话会和圆桌工作会，促进地方合作和产业对接。现有研究指出了政策协调对于在国际合作中提升收益有很高的重要性（Canzoneri et al.，2005），而“一带一路”倡议以“共商”为原则开展的政策沟通，有助于促进国家间在发展战略和发展规划等层面的对接，实现共建国家的产业互补与互助（戴翔和宋婕，2021）。政策沟通和规划对接是“丝路电商”的重要举措，而随着“一带一路”倡议在经贸合作模式上不断创新，在数字贸易新业态上力求发展，“丝路电商”也成为推动“一带一路”贸易畅通的关键驱动力（吕越等，2022）。在数字贸易规则中，中国既关注跨境电商营商环境改善，也注重数据流动中的隐私安全（盛斌和陈丽雪，2023）。在跨境电商交易中，国家间在营商环境和安全保护条款上的相似性，有助于双方在贸易规则上达成一致，通过政策沟通对话合作在跨境电商领域达成更多的共识，对于跨境电商的贸易促进作用更强。

基于此，马述忠等（2024）提出了假说 2。

假说 2： *以“丝路电商”合作备忘录为代表的制度型开放可以通过加强政策沟通促*

进中国跨境电商出口。

为了检验假说 2，马述忠等（2024）构建了三重差分（difference-in-difference-in-difference）模型，将双重差分项与国家层面特征变量交乘后展开分析，计量模型设定如下：

$$Trade_{ijym}=\beta_0+\beta_1 DTR_{iym}+\beta_2 DTR_{iym}\times simi_i+\lambda_{jym}+\lambda_{iy}+\lambda_{im}+\lambda_{ij}+\varepsilon_{ijym} \quad (13-16)$$

式中，simi 即为目的国电子商务法律法规和中国电子商务法律法规的相似度，相似度越高，表示中国和目的国在政策沟通后能够在数字经济领域达成越多共识。simi 包含了 total、pro 和 safety 三个变量，分别表示中国电子商务法全文、贸易促进部分与安全保护部分与伙伴国电子商务相关法律的相似度。马述忠等（2024）提取了“丝路电商”沿线国家中有关电子商务相关法律法规的文本，使用余弦相似度自然语言文本分析法（韩剑等，2019）和中国的电子商务法进行了比较，并将余弦值和双重差分项进行交互后引入四种高维固定效应进行回归。

表 13－11 报告了政策沟通的机制分析结果。从表 13－11 的第（1）列可以看出，三重差分项系数显著为正，表明两国间电子商务法律法规的相似度越高，“丝路电商”合作备忘录对于中国跨境电商出口的促进作用越强。这说明“丝路电商”合作备忘录可以通过促进政策协调，增进中国和沿线国家对彼此电子商务相关法律法规的理解，从而促进跨境电商出口。此外，如第（2）列所示，在使用中国电子商务法中贸易促进条款和“丝路电商”伙伴国电子商务法律法规相似度进行实证分析后的三重差分项系数为 0.222 6，对于第（3）列中安全保护条款的相似度进行实证分析后的三重差分项系数为 0.284 7，即对于“丝路电商”合作备忘录而言，两国电子商务法律法规中安全保护条款的相似度要比贸易便利化条款的相似度有更高的贸易促进作用。这也间接地说明了两国在“丝路电商”合作备忘录的政策沟通中，相比基本的贸易便利化措施而言，两国更加看重在安全保护等领域的沟通合作，而这与国家间在数字贸易规则博弈的焦点集中在隐私保护等方面的现状相符（周念利和陈寰琦，2020）。结果表明了“丝路电商”合作备忘录的签订在促进国家间的政策沟通方面，特别是在安全保护方面的交流合作作用十分关键，假说 2 得到验证。

表 13－11 政策沟通的机制分析结果

变量	(1) 总规则	(2) 贸易便利化	(3) 安全保护
DTR	0.106 0**	0.112 7***	0.113 0**
	(0.043 5)	(0.042 0)	(0.050 6)
DTR×total	0.230 6***		
	(0.063 7)		
DTR×pro		0.222 6***	
		(0.064 7)	
DTR×safety			0.284 7***
			(0.075 3)
常数项	2.226 4***	2.225 8***	2.228 0***
	(0.008 0)	(0.008 0)	(0.008 8)

续表

变量	(1) 总规则	(2) 贸易便利化	(3) 安全保护
国家-年份固定效应	是	是	是
国家-月份固定效应	是	是	是
行业-年份-月份固定效应	是	是	是
国家-行业固定效应	是	是	是
观测值	968 317	968 317	968 317
调整的 R^2	0.720	0.720	0.720

注：*** 和 ** 分别表示在 1%和 5%的显著性水平上统计显著，括号内为聚类到 HS2 位码行业层面的标准误。虽然《中华人民共和国电子商务法》在 2018 年才正式颁布并开始生效，但在 2016 年时《中华人民共和国电子商务法（草案）》已公布，且是在 2013 年起草之后广泛征求意见和修订后的版本，能够代表中国政府、行业和企业对于数字经济领域的规划和诉求。故此处将 2016 年的电子商务法草案作为中国电子商务领域法律法规的代表，将第四章中主要包含隐私保护和消费者权利等的条款记为中国电子商务法律中的安全保护部分，将章节主要包含贸易便利化条款的内容记为中国电子商务法律中的贸易便利化部分，并使用余弦相似度自然语言文本分析法计算相似度。部分处理组国家的电商法律由于无法获取、无法翻译等问题，在样本中进行了剔除，最终样本中包含了 12 个处理组和 38 个对照组。

资料来源：改编自马述忠，王晔辰，房超．制度型开放与跨境电商出口：基于“丝路电商”合作备忘录的研究[J]. 浙江社会科学，2024 (2)：78 - 90。

第六节 数字贸易规则助推全球价值链升级机制

一、理论命题的提出

深度 RTA 不仅是保障价值链分工合作体系平稳运行的重要制度安排，也是促进产业分工不断细化的主要抓手（韩剑和王灿，2019)。签署含有数字贸易规则的深度 RTA 会降低成员国之间的数字贸易成本，这不仅有助于增加现有企业的数字贸易业务，而且会促使成员国开始交易数字贸易规则签署前没有发展的数字贸易产品。显然，数字贸易规则会通过影响可变贸易成本从集约边际和扩展边际两个维度来推动企业的数字贸易发展，促使企业更深层次地参与全球价值链分工，向全球价值链上游攀升，突破价值链“低端锁定”困境。

基于此，侯俊军等（2023）提出了“数字贸易规则助推全球价值链升级机制”这一理论命题。

理论命题 13 - 5

数字贸易规则可通过研发要素跨境流动、企业数字化转型、管理专业化水平三个渠道对企业全球价值链位置产生影响，加速研发要素跨境流动、推动企业数字化转型、提升企业的管理专业化水平都能稳定且有效地助推企业向全球价值链上游攀升。

资料来源：侯俊军，王胤丹，王振国．数字贸易规则与中国企业全球价值链位置[J]. 中国工业经济，2023 (4)：60 - 78.

该理论命题首次将数字贸易规则纳入企业全球价值链位置的分析，拓展了数字经济时代企业全球价值链位置的研究边界。一方面，作为一种新兴业态，数字贸易的方式和对象与传统贸易存在较大区别，传统的贸易规则已经无法与现行数字贸易发展需求相匹配（侯俊军和王胤丹，2022）。为把握数字贸易发展契机，抢占数字贸易发展的制高点，各经济体围绕数字贸易规则展开激烈角逐。另一方面，全球价值链的主要议题包含于数字贸易政策议题当中，已成为各类经济体开展数字贸易谈判的竞争焦点之一。不同经济体对数字贸易规则的诉求存在差异，这种差异与其在全球价值链的位置密切相关（沈玉良等，2022）。而作为全球价值链的微观主体，企业在全球价值链中的位置关系到中国经济发展质量乃至国际地位（倪红福和王海成，2022）。

二、理论命题的具体内容

国际分工理论是解释企业全球价值链贸易行为的经典理论，为分析企业全球价值链位置的动因奠定了基础。数字贸易规则作为一种新型制度，由于涉及的领域与传统的贸易形式有所不同，必然会对现行的国际分工造成与之前不同的影响，进而影响企业全球价值链位置。侯俊军等（2023）将数字贸易规则纳入国际分工理论，探讨数字贸易规则对企业全球价值链位置的影响，基于 2000—2014 年 TAPED 数据库中国缔结的 RTA 数字贸易规则数据以及 WIOD 数据库、中国海关数据库和中国工业企业数据库的匹配数据进行实证检验。

数字贸易规则已成为全球贸易规则的角力场，也是价值链贸易向数字贸易转型的牵引力（裴长洪和刘洪愧，2020）。现行数字贸易的博弈已由“市场之争”转变为“规则之争”。数字贸易规则不仅是国际经贸规则重构的焦点议题，也是各国参与国际经贸合作的重要战略基础。面临数字贸易规则的“美式模板”和“欧式模板”，起步较晚的中国在制定数字贸易规则时应该以提升企业全球价值链位置为目标。系统研究和衡量数字贸易规则对企业全球价值链位置的影响，不仅关系到全面客观评估以往签署数字贸易规则的效果以及未来如何签署数字贸易规则、拓展数字贸易交际圈，从而有助于中国在全球数字贸易规则体系建设中提出中国方案并增强话语权；也关系到如何进一步推动中国企业向全球价值链上游攀升，突破价值链“低端锁定”困境，实现由贸易大国向贸易强国的转变。

随着数字化转型的不断深化，数字贸易蓬勃发展，外延在不断扩大的同时，内涵也在逐步丰富（韩剑等，2019）。迄今为止，学界对数字贸易暂无统一的定义，基本可以概括为下述两类：一类认为数字贸易的第一阶段是将其贸易对象仅仅视为数字产品与服务贸易，第二阶段则认为其标的物中还包含了实体货物（USITC，2014；马述忠等，2018）；另一类认为数字贸易是通过数字技术实现的产品和服务贸易，其交易方式和交易对象都是数字化的（USITC，2017；中国信通院，2019）。

有鉴于此，本节拟采用中国信息通信研究院 2019 年发布的《数字贸易发展与影响白皮书》对数字贸易内涵的界定，从贸易方式数字化与贸易对象数字化两个维度来区分数字贸易规则。其中，贸易方式数字化是指信息技术与传统贸易开展过程中各个环节深入融合渗透；而贸易对象数字化是指数据和以数据形式存在的产品和服务贸易。中国数字贸易最早的表现形式为跨境电子商务即贸易方式数字化，后期逐渐发展到贸易对象数字化领域。考虑到 RTA 数字贸易规则覆盖的领域发展速度不同，引致的效应会有一定的差别，即签署的 RTA 数字贸易规则覆盖的领域发展速度越快，可能对中国企业全球价值链位置攀升具有越大的作用空间。

基于此，侯俊军等（2023）提出了假说 1。

假说 1：签署含有数字贸易规则的 RTA 有助于推动企业向全球价值链上游攀升。与贸易对象数字化规则相比，签署贸易方式数字化规则更有利于中国企业向全球价值链上游攀升，且水平广度越广、垂直深度越深，助推效应越明显。

为了检验上述假说，侯俊军等（2023）设立了如下计量模型：

$$UP_{ft}=\beta_0+\beta_1 Digital_{it}+\delta Z+\varphi_t+\theta_f+\varepsilon_{fit} \quad (13-17)$$

式中，f、i、t 分别代表企业、中国的贸易伙伴国和年份。被解释变量 UP_{ft} 表示企业 f 第 t 年在全球价值链中的位置。解释变量 $Digital_{it}$ 表示中国在第 t 年与贸易伙伴国 i 签署的数字贸易规则指数，分别用是否签署含有数字贸易规则的 RTA（Dummy）、覆盖数字贸易规则的水平广度（Width）、覆盖数字贸易规则的垂直深度（Depth）三个指标来衡量。Z 为控制变量集，φ_t 表示年份固定效应，θ_f 表示企业固定效应，ε_{fit} 表示随机误差项。

表 13-12 报告了基准回归结果，第（1）列、第（3）列、第（5）列分别为未加入任何控制变量且控制年份和企业固定效应时，Dummy、Width、Depth 与 UP 单独进行回归的结果。第（2）列、第（4）列、第（6）列在此基础上加入了系列控制变量。实证结果显示，无论是否加入控制变量，解释变量 Dummy、Width、Depth 的估计系数均在 1%的显著性水平上统计显著为正。由此可见，假说 1 得以验证，签署含有数字贸易规则的 RTA 可以显著促进中国企业的全球价值链位置攀升，且 RTA 中数字贸易规则的水平广度越广、垂直深度越深，越有利于中国企业向全球价值链上游攀升。

表 13-12　基准回归结果

变量	(1)	(2)	(3)	(4)	(5)	(6)
Dummy	0.001 4***	0.001 4***				
	(0.000 2)	(0.000 2)				
Width			0.003 0***	0.003 1***		
			(0.000 6)	(0.000 6)		
Depth					0.002 2***	0.002 2***
					(0.000 6)	(0.000 6)
lnage		0.000 5**		0.000 5**		0.000 5**
		(0.000 3)		(0.000 3)		(0.000 3)
lnwage		−0.000 7***		−0.000 6***		−0.000 6***
		(0.000 1)		(0.000 1)		(0.000 1)
lncap		0.000 1		0.000 1		0.000 1
		(0.000 1)		(0.000 1)		(0.000 1)
size		−0.000 8***		−0.000 8***		−0.000 8***

续表

变量	(1)	(2)	(3)	(4)	(5)	(6)
		(0.000 2)		(0.000 2)		(0.000 2)
liquidity		−0.001 7***		−0.001 7***		−0.001 7***
		(0.000 5)		(0.000 5)		(0.000 5)
hhi		−0.007 4**		−0.007 5**		−0.007 5**
		(0.003 6)		(0.003 6)		(0.003 6)
常数项	0.853 6***	0.855 7***	0.853 8***	0.855 9***	0.853 8***	0.856 0***
	(0.000 1)	(0.000 8)	(0.000 0)	(0.000 8)	(0.000 0)	(0.000 8)
企业固定效应	是	是	是	是	是	是
年份固定效应	是	是	是	是	是	是
观测值	618 725	618 725	618 725	618 725	618 725	618 725
R^2	0.906 7	0.906 7	0.906 7	0.906 7	0.906 7	0.906 7

注：*** 和 ** 分别表示在 1%和 5%的显著性水平上统计显著，括号内为稳健标准误。

资料来源：改编自侯俊军，王胤丹，王振国．数字贸易规则与中国企业全球价值链位置［J］. 中国工业经济，2023 (4)：60 - 78。

表 13 - 13 第（1）列和第（2）列报告了签署贸易方式数字化规则的水平广度（M-Width）和垂直深度（M-Depth）对 UP 的影响，其估计系数分别为 0.003 2 和 0.002 4，且都在 1%的显著性水平上统计显著。第（3）列和第（4）列报告了签署贸易对象数字化规则的水平广度（O-Width）和垂直深度（O-Depth）对 UP 的影响，其估计系数分别为 0.002 4 和 0.001 6，同样显著。显然，不论是水平广度还是垂直深度，贸易方式数字化规则的估计系数都远高于贸易对象数字化规则，签署数字贸易规则时覆盖的领域发展速度越快，对中国企业全球价值链位置攀升具有越大的作用空间，回归结果验证了假说 1。

表 13 - 13　区分数字贸易规则性质的回归结果

变量	贸易方式数字化规则		贸易对象数字化规则	
	(1)	(2)	(3)	(4)
M-Width	0.003 2***			
	(0.000 6)			
M-Depth		0.002 4***		
		(0.000 6)		
O-Width			0.002 4***	
			(0.000 5)	
O-Depth				0.001 6***
				(0.000 6)
控制变量	是	是	是	是
企业固定效应	是	是	是	是
年份固定效应	是	是	是	是
观测值	618 725	618 725	618 725	618 725
R^2	0.906 7	0.906 7	0.906 7	0.906 7

注：*** 表示在 1%的显著性水平上统计显著，括号内为稳健标准误。

资料来源：改编自侯俊军，王胤丹，王振国．数字贸易规则与中国企业全球价值链位置［J］. 中国工业经济，2023 (4)：60 - 78。

在机制检验方面，侯俊军等（2023）从研发要素跨境流动、企业数字化转型和管理专业化水平等三个视角展开分析。

签署数字贸易规则能够通过降低跨境数据流动成本和提高空间知识溢出程度来促进研发要素跨境流动（刘斌和甄洋，2022）。从贸易方式数字化规则来看，认识到电子商务的重要性、电子传输免征关税等具体规则能够加大缔约经济体在跨境数据上的合作，降低跨境数据流动的搜寻成本和磋商成本，促进研发要素跨境流动。无纸化贸易管理、电子认证等具体条款优化了研发要素的跨境流动程序，缩短了研发要素的跨境流动时间。从贸易对象数字化规则来看，未应邀商业信息、建立原产地电子数据交换系统等具体规则拓宽了跨境数据流动的范围，进而降低了跨境数据流动的信息成本（马述忠和房超，2021），提升了研发要素跨境流动的效率。跨境数据流动、数字产品非歧视待遇等具体规则减少了开展贸易对象数字化活动的限制，降低了贸易对象数字化活动的准入门槛，减轻了部分不合理的政策监管压力，增加了研发要素跨境流动的参与主体数量。

同时，签署数字贸易规则有助于降低缔约经济体之间的数字贸易壁垒，增强缔约经济体在数字贸易领域的合作，这种合作伴随着数字知识、数字研发资源的共享、交流和学习，会产生以研发要素为载体的空间知识溢出效应（Baldwin & Lopez-Gonzalez，2015）。更重要的是，数字技术能够突破空间地理的限制（马述忠等，2019），通过溢出反馈效应，促进缔约经济体的知识水平提升，加速了研发要素在经济体之间的循环流动（刘斌和甄洋，2022）。此外，与传统生产要素相比，承载更多知识和技术的研发要素跨境流动有利于传播和扩散创新知识（白俊红等，2017），拓宽技术领域边界，从而提升企业创新水平，推动创新成果应用至全球价值链的价值增值环节，进而促使企业向全球价值链上游攀升。

基于此，侯俊军等（2023）提出了假说 2。

假说 2： *签署数字贸易规则会通过促进研发要素跨境流动助推企业向全球价值链上游攀升。*

侯俊军等（2023）借鉴刘斌和甄洋（2022），使用中国和 i 国的 d 行业在 t 年的研发要素跨境流动额来测度研发要素跨境流动情况。具体表现为计算 WIOD 数据库里中国“科学研究与开发”行业的流入额与流出额之和。在此基础上，依据 Chor et al.（2021）计算企业的研发要素跨境流动水平（RD）。

表 13－14 为研发要素跨境流动机制的检验结果，第（1）列、第（3）列、第（5）列分别估计了 Dummy、Width 和 Depth 对 RD 的影响，估计系数在 1%的显著性水平上统计显著为正，意味着签署含有数字贸易规则的 RTA、数字贸易规则的水平广度越广和约束深度越深，越能够显著促进企业研发要素跨境流动。第（2）列、第（4）列、第（6）列显示了在控制了数字贸易规则的情况下 RD 对 UP 的影响，估计系数显著为正，说明企业研发要素跨境流动能够显著提升企业全球价值链位置，即可认为签署数字贸易规则可以通过推动企业研发要素跨境流动来推动企业全球价值链位置攀升，假说 2 得以验证。

表 13-14　研发要素跨境流动机制检验

变量	(1) RD	(2) UP	(3) RD	(4) UP	(5) RD	(6) UP
Dummy	0.252 6***	0.001 3***				
	(0.004 8)	(0.000 2)				
Width			0.758 6***	0.002 8***		
			(0.018 9)	(0.000 6)		
Depth					0.659 3***	0.002 0***
					(0.021 1)	(0.000 6)
RD		0.000 3***		0.000 4***		0.000 4***
		(0.000 1)		(0.000 1)		(0.000 1)
控制变量	是	是	是	是	是	是
企业固定效应	是	是	是	是	是	是
年份固定效应	是	是	是	是	是	是
观测值	618 725	618 725	618 725	618 725	618 725	618 725
R^2	0.738 7	0.906 8	0.738 0	0.906 7	0.737 5	0.906 7

注：*** 表示在 1%的显著性水平上统计显著，括号内为稳健标准误。

资料来源：改编自侯俊军，王胤丹，王振国．数字贸易规则与中国企业全球价值链位置［J］．中国工业经济，2023（4）：60-78。

签署数字贸易规则既能增强企业数字化转型的意愿，又能拓宽数字贸易市场并倒逼企业实施数字化转型。从贸易方式数字化规则来看，电子商务合作、公开电子商务相关法律法规、法律救济和安全港等具体规则会清晰阐述缔约双方可以合作的数字贸易领域，并且根据可操作性规定条款的法律可执行性，明确法律保障程度。而贸易对象数字化规则如知识产权保护、电子权限管理信息保护等具体规则能在一定程度上保护企业的数字贸易行为。对企业而言，足够明晰的市场指引和一定的法律承诺如税收减免，或与对方开展数字贸易活动时，遇到某些问题可以援引相应的争端解决机制，都能加强企业为应对市场竞争效应而实施数字化转型的决心（Lanzolla et al.，2021）。

同时，签署避免对数字贸易施加壁垒、非强制本地化等具体贸易方式数字化规则会促使缔约伙伴削弱数字贸易壁垒，提升数字贸易领域的开放水平，增加数字贸易市场准入机会（林僖和鲍晓华，2018）。签署数字产品非歧视性待遇、数字产品进口载体媒介价格的确定、文化合作等具体贸易对象数字化规则会增加现行市场中数字贸易产品的多样性，扩大从缔约伙伴国数字贸易市场获取新一代数字产品的可能性，从而拓宽中国数字贸易市场的广度和深度。企业为应对新进市场中激烈的市场竞争，必须了解该市场的发展业态和盈利模式，准确把握数字贸易市场需求。通过建设新型数字平台（Correani et al.，2020）、集聚高素质的数字人才、提供数字化服务（Tronvoll et al.，2020）来及时响应市场的数字化需求。

显然，上述商业模式的数字化转变都在助推企业数字化转型。此外，企业通过升级数字化流程、开发数字产品、提升数字技术等数字化转型会提升生产效率，创新商务模式（陈剑等，2020），提升企业绩效，激发企业的规模效应。这在一定程度上打破了价值链上各价值创造环节的垄断现象，逐步帮助企业摆脱面临的“低端锁定”困境，进一步提高了企业参与全球价值链分工的深度和广度，促使企业向全球价值链上游攀升。

基于此，侯俊军等（2023）提出了假说 3。

假说 3： 签署数字贸易规则会通过推动企业数字化转型助推企业向全球价值链上游攀升。

侯俊军等（2023）参考蔡跃洲和牛新星（2021），基于投入产出表中的 ICT 投入，使用完全消耗系数来测度行业数字化水平，并依据 Chor et al.（2021）计算企业的数字化水平，以此作为企业数字化转型的代理变量（DT）。显然，数值越大，意味着企业数字化转型程度越深。

表 13－15 为企业数字化转型机制的检验结果，第（1）列、第（3）列、第（5）列分别估计了 Dummy、Width 和 Depth 对 DT 的影响，估计系数在 1%的显著性水平上统计显著为正，意味着签署含有数字贸易规则的 RTA、数字贸易规则的水平广度越广和约束深度越深，越能够显著促进企业数字化转型。第（2）列、第（4）列、第（6）列显示了在控制了数字贸易规则的情况下 DT 对 UP 的影响，估计系数显著为正，说明企业数字化转型能够显著推动企业全球价值链位置攀升，即可认为签署数字贸易规则可以通过推动企业数字化转型促使中国企业向全球价值链上游攀升，假说 3 得以验证。

表 13－15　企业数字化转型机制检验

变量	(1) DT	(2) UP	(3) DT	(4) UP	(5) DT	(6) UP
Dummy	0.002 9***	0.001 4***				
	(0.000 3)	(0.000 2)				
Width			0.008 2***	0.003 0***		
			(0.000 8)	(0.000 6)		
Depth					0.006 2***	0.002 2***
					(0.000 8)	(0.000 6)
DT		0.003 4***		0.003 5***		0.003 5***
		(0.001 2)		(0.001 2)		(0.001 2)
控制变量	是	是	是	是	是	是
企业固定效应	是	是	是	是	是	是
年份固定效应	是	是	是	是	是	是
观测值	618 725	618 725	618 725	618 725	618 725	618 725
R^2	0.860 1	0.906 8	0.860 1	0.906 7	0.860 1	0.906 7

注：*** 表示在 1%的显著性水平上统计显著，括号内为稳健标准误。

资料来源：改编自侯俊军，王胤丹，王振国．数字贸易规则与中国企业全球价值链位置［J］．中国工业经济，2023（4）：60－78。

数字贸易规则主要从以下两方面来影响企业的管理专业化水平：一是克服企业管理者的短视行为。签署含有数字贸易规则的 RTA 能够有效降低数字贸易的政策不确定性，此时企业的数字贸易行为能向外界传递高竞争力和高效率的信号（毛其淋，2020），外界对企业的看好能够提高企业管理者对自身职业发展的信心。企业管理者在制定发展战略时会克服追求短期盈利目标的短视行为，更加追求长远利益（祝树金和汤超，2020）。为进一步提升企业的长期竞争力，企业管理者对外会主动学习行业内领头企业的先进管理经验，提高管理水平，采用有力的管理手段来维持企业的竞争优势；对内会加强企业内部控制，完善治理机制，增加在管理层面的资金投入，使用更有效的管理系统，提升管理质量。

二是从贸易方式数字化规则来看，无纸化贸易管理、电子认证等具体规则都在一定程度上借助数字技术优化了企业的管理流程，降低了企业用于管理的时间成本，提升了企业的管理效率。从贸易对象数字化规则来看，建立原产地电子数据交换系统等具体规则都丰富了企业的管理手段，创新了企业的管理模式。同时，位于“微笑曲线”两端的管理对整个价值链条的控制和影响力远胜于位于底端的制造（Meng et al.，2020），提升企业的管理专业化水平能够优化企业嵌入全球价值链时“依托制造，遥望管理”（王振国等，2020）的功能发展路径，进而推动中国企业出口功能升级，迈向全球价值链中高端。

基于此，侯俊军等（2023）提出了假说 4。

假说 4： 签署数字贸易规则会通过提升管理专业化水平助推企业向全球价值链上游攀升。

侯俊军等（2023）参考王振国等（2020），基于 WIOD 和劳动力职业数据库的匹配数据，采用贸易增加值前向分解法，依据产业要素收益来测度行业管理专业化水平，并依据 Chor et al.（2021）映射至企业层面，得到企业管理专业化水平（MGT），数值越大，意味着企业管理能力越强。

表 13－16 为上述影响机制的检验结果。第（1）列、第（3）列、第（5）列分别估计了 Dummy、Width 和 Depth 对 MGT 的影响，估计系数在 1%的显著性水平上统计显著为正，意味着签署含有数字贸易规则的 RTA、数字贸易规则的水平广度越广和约束深度越深，越能够显著提升企业的管理专业化水平。第（2）列、第（4）列、第（6）列显示，MGT 对 UP 的估计系数在 1%的显著性水平上统计显著为正，说明提升管理专业化水平能够显著提升企业全球价值链位置，即可认为签署数字贸易规则可以通过提升管理专业化水平来推动中国企业全球价值链位置攀升，假说 4 得以验证。

表 13－16　管理专业化水平机制检验

变量	(1) MGT	(2) UP	(3) MGT	(4) UP	(5) MGT	(6) UP
Dummy	0.000 7***	0.001 4***				
	(0.000 3)	(0.000 2)				
Width			0.004 0***	0.003 0***		
			(0.001 0)	(0.000 6)		
Depth					0.003 7***	0.002 2***
					(0.001 1)	(0.000 6)
MGT		0.012 7***		0.012 7***		0.012 7***
		(0.001 7)		(0.001 7)		(0.001 7)
控制变量	是	是	是	是	是	是
企业固定效应	是	是	是	是	是	是
年份固定效应	是	是	是	是	是	是
观测值	618 725	618 725	618 725	618 725	618 725	618 725
R^2	0.937 6	0.906 8	0.937 6	0.906 8	0.937 6	0.906 8

注：*** 表示在 1%的显著性水平上统计显著，括号内为稳健标准误。

资料来源：改编自侯俊军，王胤丹，王振国．数字贸易规则与中国企业全球价值链位置［J］．中国工业经济，2023（4）：60－78。

第七节 数字贸易规则助推研发要素流动机制

一、理论命题的提出

现有文献从人员交流、东道国制度环境、知识产权保护、基础设施建设、出口管制等视角进行了考察（Jaffe et al.，2000；Gangopadhyay & Mondal，2012；Sundaram & Richardson，2013；谢建国，2007；杜莉和谢皓，2010；卞元超等，2019；纪祥裕和顾乃华，2021）。但有一个研究视角并没有受到学者们的足够关注。随着互联网技术的兴起，数字已经成为研发要素流动的重要载体，数字贸易规则的达成可以有效降低研发要素跨境流动面临的障碍。

基于此，刘斌和甄洋（2022）提出了“数字贸易规则助推研发要素流动机制”这一理论命题。

理论命题 13-6

不论是在 WTO、RTA 框架下，还是在专门的数字贸易协定框架下，数字贸易规则的达成对研发要素跨境流动均有着深刻影响，这种影响主要通过降低跨境数据流动成本、增强空间知识溢出的交叉网络外部性和减少商业心理防备三条机制实现。

资料来源：刘斌，甄洋．数字贸易规则与研发要素跨境流动［J］．中国工业经济，2022（7）：65-83.

一方面，对接高水平自贸规则是中国主动融入全球经济治理体系的重要手段。拜登政府上台以来，极力推行“印太经济框架”，制定印太版数字贸易规则是其重要抓手。中国政府高度重视数字经济国际合作，并在 2021 年 11 月正式申请加入《数字经济伙伴关系协定》，以主动对接高水平自贸协定，有效削减数字贸易壁垒。另一方面，研发要素流动对创新型国家建设至关重要，有助于中国加快建设全球人才中心和创新高地，研发的“高端”环节往往具有较强的跨境研发关联，是中国融入全球研发网络的重要渠道。在某种意义上，该理论命题对于当前逆全球化背景下防止“研发脱钩”具有重要的政策意涵。与已有文献相比，该理论命题可能存在如下贡献：一是研究视角的创新。该理论命题较早关注到数字贸易规则对研发要素跨境流动的影响，为今后数字贸易规则的量化分析提供了一个新的视角。二是计量分析的拓展。在指标测度方面，使用余弦相似度文本分析法测度了国家间数字贸易规则水平，进一步丰富了数字贸易规则的量化研究。该理论命题还从研发网络角度分析数字贸易规则对入度中心度和出度中心度的影响差异性。

二、理论命题的具体内容

1. 跨境数据流动成本的影响机制

从数字贸易自由化条款看，电子传输永久免关税等条款降低了研发要素跨境流动的边境成本。跨境数据自由流动等条款承诺不限制跨境数据自由流动，倡导就跨境数据流动展开合作，进而可以促进研发要素跨境流动。从数字贸易便利化条款看，无纸贸易、电子签字、电子发票和制式合同等条款简化了研发要素跨境流动的交易程序，降低了跨境流动的时间成本和菜单成本（Wilson et al.，2005）。互联网接入等条款会扩大网络接入范围，扩容网络带宽，降低网络延迟，提高网络传输速度，促进研发要素的跨境流动。从数字贸易公平竞争条款看，数字产品非歧视性待遇等条款减少了对数字贸易的变相流动限制，排除了不合理的政策监管负担（席涛，2007），促进了研发要素跨境流动。

2. 空间知识溢出交叉网络外部性的影响机制

数字贸易规则通过促进区域间市场准入和异质性信息交换来提高空间知识溢出程度（Das & Andriamananjara，2006）。通常而言，知识溢出的空间受制于行政地理边界，即知识溢出存在空间衰减效用。互联网和数字技术在一定程度上打破了知识溢出的地理边界，促进以研发要素为载体的知识溢出。与传统市场不同，互联网具有更为明显的双边市场特征，存在着交叉网络外部性和反馈效应，这种数字形态的非物化型知识在区域间可以实现二次溢出效应（刘舜佳和王耀中，2014）。双边市场中母国知识增长会通过数字技术传输促使东道国知识水平提升，由于交叉网络外部性的存在，异质性信息交换又会促进母国知识水平提升，如此反复，研发要素在两国间循环流动。正因如此，网络外部性不仅会产生反馈效应，还会增大用户黏性，形成锁定效应。反之，如果两国间存在较高的数字贸易壁垒，研发要素流动会相应减少，交叉网络外部性和反馈效用会减弱（张永林，2016），空间知识溢出效用会加倍衰减，研发要素流动性会进一步降低。

3. 商业心理防备的影响机制

数字贸易规则可以通过两个商业心理防备行为影响研发要素的跨境流动。一是外资企业的谨慎陷阱（prudence trap）。如果东道国没有实施相对严格的源代码保护，或者对“数据存储本地化”提出强制性要求，外资企业会担心研发等高端要素在东道国流动和存储过程中存在被窃取的风险，外资企业很可能会陷入谨慎陷阱（Hammond et al.，1998），进而降低合作创新的动机，减少研发要素跨境流动，甚至会导致研发要素跨境流动从所谓的“高壁垒国家”向“友好国家”转移。二是传输中介的谨慎陷阱。在数字贸易壁垒较高的国家，网络中介责任豁免程度相对较低、责任豁免范围相对较窄，网络中介较高的义务会大大提高其承担责任的可能性。由于研发要素的知识产权和隐私保护属性较强，网络中介为了规避可能存在的责任风险，会于无形中降低研发要素跨境传输的意愿。此外，良好的契约环境是企业降低商业心理防备和保持经营活力的重要保障（于文超和梁平汉，2019）。数字贸易规则的达成可以为市场交易释放积极信号，促进成员国间的研发投资和要素跨境流动。

在对理论分析的实证检验方面，刘斌和甄洋（2022）运用世界投入产出数据库和WTO的RTA数据库，通过将“科学研究与开发”行业在k行业从i国到j国的流入额和流出额加总得到“本国-伙伴国-行业-年份”四维层面的研发要素跨境流动额数据，借鉴韩剑等（2019）的研究，通过余弦相似度自然语言文本处理方法，对数字贸易条款的异质性进行了测算，实证分析数字贸易规则对研发要素流动的影响。使用的基准回归模型为：

$$RDFF_{ijkt}=\beta_0+\beta_1 DTR_{ijt}+\beta Controls+v_{jk}+v_{kt}+\varepsilon_{ijkt} \tag{13-18}$$

式中，i、j、k 和 t 分别代表本国、伙伴国、行业和年份。被解释变量为 $RDFF_{ijkt}$，代表 i 国和 j 国 k 行业在 t 时期的研发要素跨境流动；核心自变量为 DTR_{ijt}，代表 i 国和 j 国在 t 时期的数字贸易规则水平；Controls 代表控制变量；v_{jk} 和 v_{kt} 分别代表伙伴国-行业固定效应和行业-年份固定效应；ε_{ijkt} 为随机扰动项。此外，为降低异方差，除虚拟变量、比值变量与零值变量外，其他控制变量均取对数表示。

表 13-17 为数字贸易规则对研发要素跨境流动的基准回归结果。结果显示，核心解释变量数字贸易规则的回归系数均显著为正，说明国家间达成数字贸易规则会促进研发要素跨境流动。

表 13-17 数字贸易规则对研发要素跨境流动的基准回归结果

	(1)	(2)	(3)
DTR_{ijt}	0.069 2***	0.094 4***	0.019 1**
	(0.006 4)	(0.007 4)	(0.008 1)
$lnGDP_{it}$		0.065 2***	0.019 7***
		(0.000 3)	(0.000 5)
$lnGDP_{jt}$		0.066 7***	0.077 1***
		(0.002 4)	(0.002 6)
$lnDis_{tij}$		−0.081 9***	−0.071 2***
		(0.000 7)	(0.000 7)
$Comlang_{ij}$		0.110 2***	0.091 6***
		(0.003 5)	(0.003 7)
EC_{ijt}			−0.032 1***
			(0.000 8)
$lnFDI_{it}$			0.022 0***
			(0.000 4)
$lnFDI_{jt}$			−0.002 7***
			(0.000 6)
$lnIPP_{it}$			0.034 2***
			(0.003 3)
$lnIPP_{jt}$			−0.059 6***
			(0.011 3)
$lnIC_{it}$			0.025 2***
			(0.000 4)
$lnIC_{jt}$			0.008 1***
			(0.001 0)
Internetik			0.163 9***
			(0.016 1)
伙伴国-行业固定效应	是	是	是
行业-年份固定效应	是	是	是

续表

	(1)	(2)	(3)
常数项	0.109 5***	−2.740 2***	−2.214 6***
	(0.000 7)	(0.065 1)	(0.069 3)
观测值	655 200	655 200	579 264
R^2	0.243 7	0.326 1	0.333 4

注：*** 和 ** 分别表示在 1%和 5%的显著性水平上统计显著，括号内为稳健标准误。

资料来源：改编自刘斌，甄洋．数字贸易规则与研发要素跨境流动 [J]. 中国工业经济，2022 (7)：65-83。

学者们进一步探究了数字贸易规则对研发要素跨境流动的可能影响渠道，温忠麟等(2004) 提出的中介效应模型更多地适用于心理学研究，而在经济学中进行中介效应检验并不可靠，存在内生性偏误和部分渠道识别不清等问题（江艇，2022）。因此，理论命题参考 Liu & Mao（2019）的研究思路，通过观测核心自变量对中介变量的影响进行机制检验。

首先，数字贸易规则对跨境数据流动成本的机制检验。当前尚没有直接测算跨境数据流动成本的方法，亟须寻找一个相关的替代变量。随着互联网技术的应用和数字经济的兴起，数字贸易逐步成为服务贸易的主要形式。据普华永道报告，数字贸易占服务贸易的比重由 2008 年的 46%上升到 2020 年的 61%。因此，理论命题运用服务贸易成本作为数据跨境流动成本的代理变量。其次，数字贸易规则对空间知识溢出的交叉网络外部性的机制检验。知识溢出产生于企业间的模仿示范效应、科研协作以及人员的接触交流(苏丹妮和盛斌，2021)。一般而言，交叉网络外部性是市场一边用户数量增多会提高另一边的效用水平，由于效用是一种主观认知，难以将其精准量化，因此很多研究选择使用用户数量作为代理变量（Kim et al.，2014）。参考上述研究，理论命题选取两国的研发人员增量占总人口的比重作为空间知识溢出交叉网络外部性的替代变量进行机制检验。最后，数字贸易规则对商业心理防备的机制检验。囿于数据可获得性，难以找到直接衡量商业心理防备（BPP）的指标，理论命题退而求其次，运用《世界银行营商环境报告》的“投资者保护力度”指数进行度量。

表 13-18 报告了三条渠道机制检验的回归结果。其中第（1）列和第（2）列为跨境数据流动成本的机制检验，第（2）列为空间知识溢出的交叉网络外部性的回归结果，第(3) 列为数字贸易规则对商业心理防备的回归结果。结果显示，数字贸易规则对跨境数据流动成本、空间知识溢出的交叉网络外部性以及商业心理防备的系数分别显著为负、为负、为正，表明数字贸易规则确实会通过上述三条机制促进研发要素跨国流动。

表 13-18 机制检验

	跨境数据流动成本	空间知识溢出的交叉网络外部性	商业心理防备
	(1)	(2)	(3)
DTR_{ijt}	−2.062 9***	−0.551 5***	3.670 1***
	(0.032 5)	(0.025 6)	(0.077 0)
控制变量	是	是	是
伙伴国-行业固定效应	是	是	是

续表

	跨境数据流动成本	空间知识溢出的交叉网络外部性	商业心理防备
行业-年份固定效应	是	是	是
常数项	48.997 2***	11.188 2***	−24.699 5***
	(0.616 4)	(0.302 4)	(1.181 6)
观测值	65 576	579 264	393 008
R^2	0.594 5	0.233 7	0.161 9

注：*** 表示在 1%的显著性水平上统计显著，括号内为稳健标准误。

资料来源：改编自刘斌，甄洋．数字贸易规则与研发要素跨境流动 [J]. 中国工业经济，2022 (7)：65－83。

第八节　中国证据

理论命题 13－1 指出：两国经济规模越大且越相似，贸易创造效应越大，双边地理距离越近，由于更多潜在的贸易创造，签署数字贸易协定的可能性也越大。在发展早期，双边贸易协定中的数字贸易议题并没有引起中国的足够重视，只是在协定的附件中会偶尔涉及，近年来，中国电商产业迅速崛起使中国成为当之无愧的跨境电商大国，但能反映中国诉求的规则十分零散。不过在最近签订的双边贸易协定中，中国开始将电子商务条款单独列章阐述，2015 年达成的中-韩、中-澳 FTA 中均涵盖了电子商务章节，表明数字贸易议题在中国参与的双边贸易协定中的重要程度正在逐步攀升。2019 年 1 月 1 日，《中华人民共和国电子商务法》正式实施，标志着中国电子商务法律法规的不断完善，电子商务进入规则治理新时代。2019 年《政府工作报告》要求，深化大数据、人工智能等研发应用，培育新一代信息技术、高端装备、生物医药、新能源汽车、新材料等新兴产业集群，壮大数字经济，坚持包容审慎监管，支持新业态新模式发展，促进平台经济、共享经济健康成长，加快在各行业各领域推进“互联网＋”。从中长远来看，中国必然要加快数字经济发展，主动参与国际数字贸易谈判，设计出“以我为主”的数字贸易谈判标准，这对于提升中国在全球贸易规则制定中的话语权和竞争力具有重要的全局性意义。

理论命题 13－2 指出：跨境电商综合试验区设立带来的制度创新通过缓解企业融资约束、降低其贸易成本，显著提升了城市的跨境电商出口。由各个综合试验区披露的跨境电商交易数据能够很好地印证这一理论命题。2015 年 3 月批复成立的杭州跨境电商综合试验区是全国第一个跨境电商综合试验区，在 2016 年 3 月召开的杭州跨境电商综合试验区设立一周年新闻发布会宣布，2015 年杭州实现跨境电子商务出口 22.73 亿美元，进口 11.91 亿美元，拉动杭州外贸出口增长 5.4 个百分点，交易规模从 2014 年的不足 2 000 万美元快速增至 2015 年底的 34.64 亿美元，成为地区外贸增长的新引擎。再如，作为第二批跨境电商综合试验区城市的郑州（2016 年 1 月获国务院批复），2017 年进出口清单 9 128.7 万票，同比增长 59.1%；货值 113.9 亿元，同比增长 71.7%；进口清单 7 366.9 万票，同比增长 32.7%；出口清单 1 761.8 万票，同比增长 8.5 倍。综合试验区的设立极大促进了郑州的出口增长，带动相关产业实现创新发展。

理论命题 13－3 指出：跨境电商综合试验区这一制度型开放举措的实施促进了中国

进出口贸易成本的降低，有利于促进消费者福利收益的增长。设立跨境电商综合试验区，致力于破解跨境电商发展的深层次矛盾和体制性难题，推动形成一套适应和引领全球跨境电商发展的管理制度和规则，是数字经济时代的典型制度创新和制度型开放的重要举措。自第一批综合试验区设立以来，综合试验区内诞生了简化申报、汇总统计、批量转关、便捷结售汇、无票免税等多项制度方面的创新，大幅简化流程的同时给予了跨境电商企业切实的优惠和扶持，显著优化了跨境电商发展的外部环境。

理论命题 13-4 指出：以“丝路电商”合作备忘录为代表的制度型开放可以加强国家间的政策沟通，促进中国向伙伴国的跨境电商出口。中国与部分共建“一带一路”国家在“丝路电商”框架下展开的政府、行业和企业间的多层次电子商务交流合作和随后中国对伙伴国跨境电商出口经历的高速增长可以很好地印证这一命题。自 2016 年中国商务部与智利外交部签署了首个双边电子商务合作的谅解备忘录以来，截止到 2023 年 9 月，中国已经和 29 个国家建立了双边电子商务合作机制，与 18 个国家签署了数字经济投资合作备忘录。中国与巴西、新西兰、俄罗斯、越南、爱沙尼亚等伙伴国分别召开了电子商务工作组会议，与冰岛、匈牙利和柬埔寨等伙伴国的主管部门开展了工作沟通，在电商标准和监管上进行协商交流，不断增进对彼此电子商务法律法规和产业政策的理解。2022 年第一季度，中国对共建“一带一路”国家跨境电商出口增长幅度达到 92.7%。福建省作为“21 世纪海上丝绸之路”核心区，对共建“一带一路”国家跨境电商出口增长迅速。海关跨境电商管理平台数据显示，福建省 2024 年 1—2 月对共建“一带一路”国家跨境电商出口 226.7 亿元，创同期历史新高，同比增长 2 倍。

理论命题 13-5 指出：中国参与全球数字贸易规则制定虽然起步较晚，但随着数字贸易的迅猛发展，中国越来越重视数字贸易规则的签署，有意识地在开展贸易谈判时引入数字贸易规则。中国数字贸易发展的早期更多表现为跨境电子商务，主要集中在货物贸易领域，现行签署的 RTA 数字贸易规则中，贸易方式数字化规则大多比贸易对象数字化规则覆盖的议题更广、法律约束程度更深。一方面，中国在数字贸易领域“摸着石头过河”的实践探索中，持续发展本国的比较优势领域，确保数字贸易主要业务领域即贸易方式数字化能够有相应的规则与之匹配；另一方面，现行数字贸易大国正在贸易对象数字化领域“开疆拓土”，逐步建设符合其利益需求的规则。为保障中国的数字贸易市场，中国逐渐意识到必须重视该领域的发展，因此在贸易方式数字化蓬勃发展的同时，尝试发展新的业务领域即贸易对象数字化，虽然起步较晚，但仍在持续进步。

理论命题 13-6 指出：在 WTO、RTA 及数字贸易协定中，规则制定深刻影响跨境 R&D 流动。全球数字贸易规则呈现出大国主导、区域分割等特征，主要经济体在数据贸易规则的竞合博弈日益加剧，中国如何有效参与全球数字贸易治理已成为重要命题。中国申请加入《数字经济伙伴关系协定》和《全面与进步跨太平洋伙伴关系协定》是中国深度参与全球数字贸易规则制定的关键行动，展现了其推动经济全球化和数字经济发展的战略意图。这不仅彰显了中国市场的进一步开放和对国际合作的承诺，也体现了中国在促进研发要素流动、加强区域经济一体化、提升全球竞争力方面的积极姿态。

第九节　结论性评述

本章通过对数字贸易规则在全球贸易中的作用进行深入分析，提出了六个重要的理论命题，这些理论命题共同揭示了数字贸易规则和制度创新在推动国际贸易适应数字经济、实现战略转型中的关键作用。理论命题 13－1 探讨了经济规模和地理距离对数字贸易协定签署的影响，发现两国经济规模越大且越相似，双边地理距离越近，签署数字贸易协定的可能性越大。这些因素共同促进了数字贸易规则的制定，有助于降低国际贸易的成本和风险，提高贸易效率和效益。理论命题 13－2 分析了跨境电商综合试验区的制度创新对企业融资和贸易成本的缓解，发现综合试验区的设立通过简化申报流程、提供金融便利和建设产业园区等措施，降低了跨境电商企业的运营成本，提升了其国际竞争力和市场份额。理论命题 13－3 分析了跨境电商综合试验区所带来的贸易成本下降对于消费者福利的提升作用，发现综合试验区的设立可以同时提高国内消费者和国外消费者的福利水平，对高收入人群的福利提升效应更大。理论命题 13－4 揭示了“丝路电商”合作备忘录通过制度型开放促进中国跨境电商出口的机制，中国与伙伴国在政策沟通、规划对接、技术支持等方面加强合作，提升了双边贸易的便利性和安全性。理论命题 13－5 强调了数字贸易规则在推动企业全球价值链升级中的作用。数字贸易规则通过降低数字贸易成本，促进企业增加数字贸易业务，并鼓励企业发展新的数字贸易产品，从而推动企业更深层次地参与全球价值链分工。理论命题 13－6 研究了数字贸易规则如何通过削减跨境数据流动成本、增强空间知识溢出的交叉网络外部性以及降低商业心理防备三条途径促进研发要素流动。这六个理论命题共同构成了对数字贸易规则和制度创新的全面理解，不仅拓展了数字贸易、跨境电商、制度创新等的研究视野，也为理解数字经济时代各国如何通过战略行为实现价值创造和绩效提升提供了深刻的洞见。它们揭示了在数字经济背景下，各国不仅要适应数字贸易规则和动态，还需要主动塑造和利用这些规则来优化自身的战略定位，实现持续创新和贸易模式的转型升级。

与理论命题 13－1 相关的国外前沿研究主要有：国外学者运用定量分析方法，探讨了影响数字贸易规则形成的因素。Baier & Bergstrand（2004）的研究表明，地理距离、经济规模、经济相似性、要素禀赋等是影响 RTA 形成的关键因素。Orefice & Rocha（2014）研究了 RTA 对贸易流量的双向影响，发现贸易规模较大的国家间签署的 RTA 质量更高。Bergstrand et al.（2016）使用久期分析法，从经验上解释了 RTA 的形成和扩大，为预测 RTA 的实际生效时间提供了新视角。借鉴国外前沿研究，未来该命题的相关研究可以进行如下拓展：一是将来的实证研究中可以使用更加准确的量化分析来解决由此带来的测量误差问题；二是在未来数据可得的前提下，使用真实的数字贸易数据将使研究结论更加可靠，这也是未来相关研究的改进方向之一。

理论命题 13－2 主要围绕如何促进跨境电商更好发展展开分析，但基本以定性梳理或理论模型为主。在宏观层面，研究发现，除了互联网基础设施、资金投入、便捷的支付手段、人均受教育水平、其他国家的溢出效应等基本驱动因素外（Ho et al.，2007），破除消费税、增值税等税收壁垒对于跨境线上贸易的有效开展也至关重要（Martens，

2013；Einav et al.，2014）。也有研究认为，监管障碍的存在明显不利于跨境电商企业出口，简化现有流程规制、缩小跨区域的监管差异是促进跨境电商交易规模增长的重要一步（Coad & Duch-Brown，2017；Kim et al.，2017）。在微观层面，Gupta et al.(2004) 构建了线下、线上购买渠道转换决策模型，并基于消费者问卷调查数据发现，只有让消费者明显感觉到跨境电商的搜索成本和价格要明显低于线下，消费者才可能进行渠道切换。Li et al.(2019) 指出，较高的风险感知会对消费者的跨境在线购买产生明显的负面影响。Valarezo et al.(2018) 使用 2016 年西班牙的 16 209 名个体消费者数据分析了跨境电商发展的驱动因素和阻碍因素，发现教育水平、互联网技能等是影响个体是否使用跨境线上购物的重要因素。借鉴国外的前沿研究，未来该命题的相关研究可以进行如下拓展：一是在企业层面开展跨境电商相关政策评估，用详细的财务营收信息揭示宏观政策影响微观企业决策的具体链条；二是搭建纳入制度因素的数字贸易增长模型，从理论上证明政府努力在数字经济业态发展中的重要作用。

与理论命题 13－3 相关的国外前沿研究主要有以下两个方面：一方面是关于如何定量测算区际贸易壁垒，也就是贸易成本（Cowgill & Dorobantu，2012；Head & Ries，2001；Novy，2006；Novy，2013；Tombe，2015）。然而，现有的研究表明，源自关税、非关税壁垒、物流成本、信息不对称等因素的影响，区域间贸易成本是非对称的。现有研究使用单一化指标或者假设贸易成本的对称性的做法都会引起贸易成本的测量偏差；另一方面是研究制度型开放过程中各个一般均衡参与主体的行为变化。现有学者已经在 EK 模型（Eaton & Kortum，2002）的基础上做了大量延伸（Tombe & Zhu，2019；Fieler，2011；Nigai，2016）。贸易成本的降低能放大地区间贸易过程中的区域比较优势力量，但不同地区、不同收入群体存在的异质性差异，引发了收入差距扩大风险。区域间贸易增长的背后也蕴含着生产比较优势的变化，生产的快速扩张也会给地方造成成本增长压力，在该过程中劳动力流动起着重要的缓冲剂的作用。从行业角度来看，对于新兴产业来说，提高生产率仍然是关键举措，贸易成本对其国际竞争力的贡献较小，而对于化工、农业等传统行业来说，差异化生产是有效提升国际竞争力的方式，贸易壁垒的削弱对提高其市场竞争力具有重要意义。借鉴国外前沿研究，未来该命题的相关研究可以进行如下拓展：一是制定科学的异质性综合试验区建设质量指标；二是搭建完备的理论模型，以探讨产业链的分工和协作深化的影响。

与理论命题 13－4 相关的国外前沿研究主要有以下两个方面：一是将贸易协定引入引力模型的分析。贸易协定对于双边贸易流的促进在时间维度上具有长期效应（Baier & Bergstrand，2007），在区域维度上对于第三国具有正向的溢出效应（Lee et al.，2023），且贸易协定的效应会由于签署协定对象国的不同而在作用渠道上产生差异（Cheong，2023）。二是讨论对贸易流可能产生影响的贸易成本因素。关税变化和非关税性质的成本削减是影响双边贸易的重要因素（Anderson & Yotov，2016），其中关税减免在不同的情境下带来的贸易创造效应会相差七倍之多（Harada & Nishitateno，2021）。借鉴国外前沿研究，未来该命题的相关研究可以进行如下拓展：一是将数字贸易协定引入传统的引力模型，在理论模型中探讨数字贸易协定和传统贸易协定的异质性；二是从关税和非关税壁垒的角度拓展“丝路电商”合作备忘录对贸易流的影响机制。

与理论命题 13－5 相关的国外前沿研究主要有以下两个方面：一方面是贸易协定对

全球价值链的影响研究，Laget et al.（2020）认为，深度 RTA 能够促进增加值出口中的国外增加值提高。González & Jouanjean（2017）认为，签署深度 FTA 会促使国家提升制造业价值链配置效率与经营效率，进而向高附加值的研发环节攀升。另一方面是数字经济对全球价值链的影响研究。Kano et al.（2020）认为，数字经济可以加强企业间的关联，企业的数字化转型对企业跨境贸易能力有积极的影响，从而更好地化解风险、提升全球价值链稳定性（Sharma et al.，2021）。借鉴国外前沿研究，未来该命题的相关研究可以进行如下拓展：一是进一步深化签署数字贸易规则对中国企业在全球价值链中的行为影响，如探究签署数字贸易规则对企业全球价值链位置收敛、企业全球价值链韧性的影响，进一步拓展企业全球价值链位置新的测算方法，以便更好地衡量全球价值链攀升问题。二是探究中国签署最新的数字贸易规则对企业全球价值链位置的影响，从世界维度探讨不同经济体签署数字贸易规则对其企业全球价值链位置的影响是否存在异质性。

与理论命题 13－6 相关的国外前沿研究主要有以下两个方面：一是研发要素流动的影响因素研究，二是数字贸易规则的相关研究。一方面，许多学者从人员交流、东道国制度环境、知识产权保护、基础设施建设、出口管制等视角对研发要素流动的影响因素进行了考察。从人员交流的视角，Jaffe et al.（2000）研究发现，专利发明人之间的交流有助于专利引用，知识溢出促进了研发要素流动。从知识产权保护的视角，Gangopadhyay & Mondal（2012）认为，过度的知识产权保护可能会抑制科学知识的流动、传播和积累，不利于研发要素自由流动。上述文献主要分析了国内研发要素流动的影响因素，也有部分学者将研究视角转向研发要素的跨境流动。Sundaram & Richardson（2013）发现，出口管制导致了研发要素从所谓的“高威胁进口国”向“友好国家”转移。另一方面，随着互联网技术的兴起，数字已经成为研发要素流动的重要载体，数字贸易规则的达成可以有效降低研发要素跨境流动面临的障碍。但囿于数据可用性，相关的经验研究相对较少，主要是定性分析。近年来，国外学者开始关注数字贸易规则或数字贸易壁垒的经济效应。Cory（2017）发现，跨境数据流动限制会削弱企业竞争力和经济效率。Meltzer（2019）认为，数据本地化措施会增加数据的使用成本，进而减少数字贸易收益。借鉴国外前沿研究，未来该命题的相关研究可以进行如下拓展：一是深入探究研发要素流动的动因与障碍，包括文化、政策、知识产权保护等因素如何综合作用于研发要素的国际流动，以及如何在保护创新成果与促进知识共享之间找到平衡点；二是量化分析数字贸易规则的经济效应，利用前沿计量经济学方法评估这些规则对企业竞争力、产业创新和宏观经济的具体影响，为政策制定者提供数据支持，优化跨境数据流动监管机制。

参考文献

下篇

基于需求驱动的全球公司

第十四章

平台生态系统

第一节　问题的提出

在数字化浪潮推动下的平台经济时代，平台生态系统的战略重要性日益凸显，成为企业持续成长和创新的关键所在。平台生态系统是一种以平台为核心，连接多方参与者共同创造价值的商业模式。它具有开放性、互联性和动态性等特征。开放性意味着平台对外部资源和参与者持开放态度，鼓励创新和多样性的输入；互联性则体现为平台内部各要素之间的紧密联系和高效协作；动态性则是指平台能够快速响应市场变化，不断进行自我优化和升级。平台生态系统的成功，在很大程度上依赖于其能够不断吸引和保留优秀的参与者。例如，苹果的 App Store，通过提供一个安全、便捷的应用分发平台，吸引了全球数百万开发者加入，共同创造了一个丰富多样的应用生态。这些应用不仅满足了用户的需求，也为开发者带来了可观的收益。平台生态系统还具有强大的数据整合能力。通过收集和分析用户行为数据，平台能够更准确地把握市场趋势，预测用户需求，从而为参与者提供更有针对性的服务和支持。平台生态系统是数字经济时代的一个缩影，它代表了一种全新的商业逻辑和价值创造方式。随着技术的不断进步和市场的不断演变，平台生态系统将继续发挥其独特的作用，推动企业和整个经济的发展。

在本章中，我们将集中探讨平台生态系统中的两个关键理论命题，它们对于理解企业如何在数字经济时代实现战略转型和创新发展至关重要：命题一：平台生态系统参与者的解耦战略。这一命题深入分析了平台生态系统内参与者如何通过多重身份战略、多栖定制战略和平台镶嵌战略来打破对平台企业的互补性和依赖度的耦合困境。命题二：生态系统参与者的依附式升级战略。这一命题聚焦于传统企业如何利用数字平台的赋能，推进数字化转型，实现从依附平台到逐步增强自主性的升级过程。

通过对这两个命题的深入分析，本章将帮助读者理解平台生态系统在数字经济时代的重要性，以及企业如何通过战略性地参与平台生态系统来提升自身的竞争力和市场适应性。同时，相关的理论知识也有助于为第十五章、第十六章、第十七章的学习打好基础，全面理解数字经济时代的平台生态系统。

第二节 平台生态系统参与者的解耦战略

一、概念

在正式讨论该理论命题前，我们需要对该理论命题的核心概念“生态系统参与者的解耦战略”有一个整体的理解。

平台生态系统是由平台企业设定界面规则，开放架构吸引参与者进入，共同为用户提供产品和服务的一种结构安排（Adner，2017；Jacobides et al.，2018）。对于大量企业而言，在大平台生态“赢家通吃”的格局中（苏治等，2018），自建平台生态极为困难。为了获取生态快速扩张的红利，加入已有平台生态系统，成为生态系统参与者不失明智之举（Cenamor et al.，2013）。然而，并不是所有参与者都能从生态发展中获利（Zhu，2019）。由于平台生态系统是权力高度不对称的结构安排，参与者要提升绩效，必须对互补性和依赖度进行整合考量。事实上，参与者要提升对平台企业的互补，意味着参与者要在与平台企业的合作关系中进行大量的动机性投资（Emerson，1962），这会同时提升参与者对平台企业的依赖度。参与者处于权力非对称的弱势地位，缺少议价能力，即便其对平台企业高度互补，也不能从平台企业所领导的生态系统中获利。进一步，参与者如果想降低对平台企业的依赖度，需要减少动机性投资，这就会减弱参与者为平台生态开发产品和服务的能力，从而降低对平台企业的互补。在平台生态系统权力不对称的情境下，平台企业将会对参与者实施排他性政策，逼迫参与者加大对本生态的投入。由此，参与者容易陷入提升互补就会提升依赖、降低依赖就会降低互补的耦合困境，处于左右为难的不利位置。可见，生态系统参与者要打破对平台企业互补和依赖的耦合困境，同时提升价值创造能力和价值获取能力，方能提升绩效。

综上所述，王节祥等（2021）给出了解耦战略的内涵：解耦战略是指参与者既能提升对平台企业的互补性，为平台企业及其所领导的生态创造价值；同时又能降低对平台企业的依赖度，提升自身的议价能力，顺利从平台企业所领导的生态中获取价值的战略。

二、理论命题的提出

生态系统参与者与平台企业的关系，其中一个理论维度在于参与者对平台企业的互补。生态系统的核心特征是互补性（Adner，2017；Jacobides et al.，2018）。参与者与平台企业的关系首先体现在互补性上。在平台生态系统情境中，Jacobides et al.(2018) 将互补性归纳为交易互补和创新互补，受此启发，参与者对平台企业的互补可以细化为两个方面：一是参与者对平台企业所领导的生态系统内其他参与者的互补，二是参与者对平台企业功能的互补。由于平台生态系统内参与者与平台企业之间是“N 对 1”的关系（Song et al.，2018），生态系统参与者一旦采取瓶颈战略，必然会引发平台企业的警惕和忌惮，使平台企业采取“制裁”策略较为容易（Zhu，2019），出现参与者对平台企业的互补性提升，为平台企业所领导的生态创造价值，绩效表现却下降的独特现象。可见，参与者对平台企业的互补性水平，即为平台企业创造价值的能力只是生态参与者战略分析的一个理论维度。

另一个理论维度体现在参与者对平台企业的依赖。依赖水平决定了价值获取的议价能力（Pfeffer & Salancik，1978），需要对互补性和依赖度展开整合分析（Jacobides et al.，2018）。依赖度取决于资源对组织的重要性和不可替代性（Emerson，1962）。在平台生态系统情境下，参与者对平台企业的依赖度取决于参与者对平台企业的动机性投资和平台企业及其所领导的生态对参与者资源或收入获取的不可替代程度。资源依赖理论关注组织应对外部环境的能动性，提出了约束吸收的降低依赖策略。但是，这些策略适用于依赖关系中的优势方，对平台生态系统参与者这类依赖关系中劣势方的作用有限（Pfeffer & Salancik，1978；Hillman et al.，2009）。已有分析提及较多的参与者战略是多栖策略（Doganoglu & Wright，2006）。尽管多栖能够降低参与者对特定平台企业的依赖度，但也会降低产品和服务对原平台用户的特质程度，从而降低互补性水平。由于参与者与平台企业的权力高度不对称，平台企业完全可以出台“二选一”（只能选择在单一平台栖息）的排他性治理策略（Rochet & Tirole，2003），从而使得参与者无法改变不利地位。此外，参与者很难改变其与平台企业的绝对权力不对称结构，但平台生态系统多边和开放的架构特征（Gawer & Cusumano，2002），为参与者降低相对依赖水平提供了能动空间。如果平台企业忽视参与者的能动空间，或者不能妥善处理好与参与者的关系，容易带来被颠覆的风险（Ozalp et al.，2018）。

基于此，王节祥等（2021）提出了“平台生态系统参与者的解耦战略”这一理论命题。

理论命题 14-1

参与者对平台企业的互补性和依赖度存在同升同降的耦合困境，主要有三大解耦战略，包括多重身份战略、多栖定制战略和平台镶嵌战略。

资料来源：王节祥，陈威如，江诗松，等．平台生态系统中的参与者战略：互补与依赖关系的解耦 [J]. 管理世界，2021 (2)：126-147.

该理论命题从生态系统参与者视角出发，构建参与者对平台企业的互补性和依赖度整合分析框架，归纳提炼了参与者提升互补同时降低依赖的解耦战略，并揭示了三大战略提升互补和降低依赖的解耦机制。一方面，考量了生态系统参与者的战略能动性，突破了参与者被动性假定，分析其如何发挥战略能动性，处理好与平台企业的关系进而提升绩效的机理；另一方面，突破了已有生态系统研究惯常采用的互补性理论或传统双边关系研究惯常采用的资源依赖理论无法完全解释平台生态系统参与者的战略行为和绩效差异的困境。

三、理论命题的具体内容

西方理论对于平台生态系统参与者实施何种战略才能为其带来高绩效的问题，主要从平台企业这一主导者视角分析其竞争和治理策略（Gawer & Cusumano，2002；Eisenmann et al.，2011），而将参与者视为同质化、被动接受治理安排的个体，这难以解释参与者多样化的战略选择和绩效差异。实际上，生态系统参与者是能动主体，与平台企业存在竞合互动（Hoffmann et al.，2018），参与者会根据战略情境的演变选择差异化的响应战略（Jacobides & Winter，2012）。少量关注参与者战略的研究（Zhu，2019；Zhu & Liu，2018）并未系统剖析参与者应该如何处理与平台企业的关系、战略选择的逻辑及提升绩效的机制。从生态系统参与者视角出发，研究其在平台生态系统中的战略选择是已有研究的重要缺口（McIntyre & Srinivasan，2017；Tavalaei & Cennamo，2021）。

西方学者认为，平台企业采取开放架构吸引了多样化种群进入，形成了平台生态系统（Eisenmann et al.，2011；Cennamo et al.，2018）。生态系统内的企业不是独自为用户提供产品和服务，而是与生态内其他主体一起共同满足用户需求、提升用户体验。其中，平台企业扮演着基石作用（Iansiti & Levien，2004；Ozalp et al.，2018），因而较多关注平台企业战略（Cenamor et al.，2013；Zhu，2019），对参与者在生态系统中如何进行战略定位、能动处理与平台企业的互补和依赖关系缺少剖析（McIntyre & Srinivasan，2017）。王节祥等（2021）基于互补-依赖整合分析框架，构建起参与者解耦战略-解耦机制-绩效结果机理模型，弥补了单一采用互补性理论或资源依赖理论难以完全解释生态系统参与者战略选择及其绩效差异的不足。

王节祥等（2021）遵照归纳性嵌入式多案例研究的步骤和规范开展研究，选择蘑菇街、韩都衣舍和云集三家平台生态系统参与者企业作为案例样本，进行案例复制和比较分析，以同一参与者的不同战略过程（包括企业面临的特定战略情境、采取的应对战略以及相应的绩效结果）为分析单元，通过对同一参与者在采取不同战略后的绩效变化结果进行对比分析，归纳出参与者三大解耦战略的类型及其解耦机制（如图 14－1 所示），同时在组内控制了一定的干扰变量，提升了研究结论的稳健性。

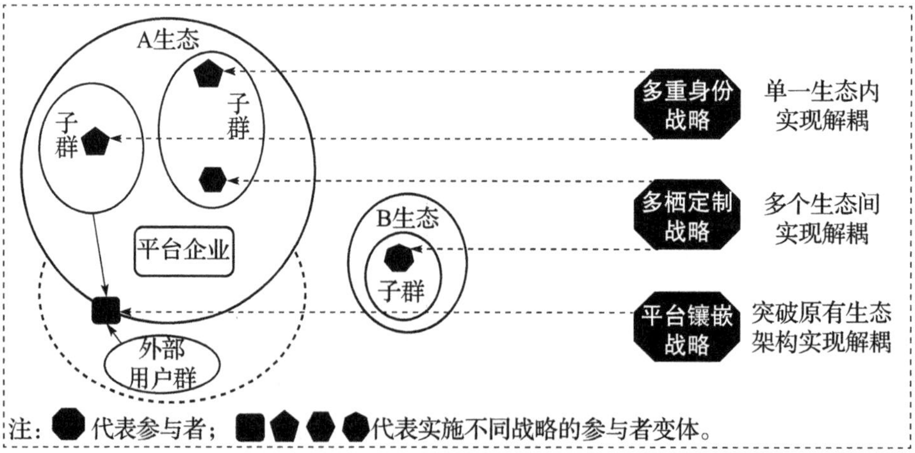

图 14－1　三大解耦战略及其差异示意图

资料来源：王节祥，陈威如，江诗松，等．平台生态系统中的参与者战略：互补与依赖关系的解耦 [J]．管理世界，2021 (2)：126－147.

王节祥等（2021）以互补性和依赖度分析框架为基础，结合案例素材和理论演绎，揭示了三大战略的解耦机制。研究发现，参与者实施瓶颈战略和简单多栖战略，在提升互补时也提升了依赖、在降低依赖时也降低了互补，无法实现互补和依赖关系的解耦。多重身份、多栖定制和平台镶嵌三大战略则能实现提升互补同时降低依赖。

1. 多重身份战略的解耦机制

多重身份战略通过拓展生态位宽度，增强产品和服务供给能力，从而提升对平台企业的互补性。平台用户需求十分多样，当参与者发现自己在某一市场陷入了互补依赖耦合困境时，可以尝试向其他市场扩展业务范围，即扩大生态位宽度。生态位越宽，意味着组织越接近通才，Freeman & Hannan（1983）的研究认同通才组织在高度动荡的环境中具有更强的生命力。扩大生态位宽度，有助于参与者为更多的平台用户提供多样化的产品和服务，进而提升对平台企业的互补性水平。蘑菇街选择在导流服务商身份基础上做社区运营商，扩展生态位宽度，扩大导流规模，提升了蘑菇街对淘宝平台的互补性。韩都衣舍选择同时做卖家和品牌孵化商的多重身份战略，即开始将自己内部的品牌孵化能力对外输出。云集选择同时做经销商与品牌商的多重身份战略，即培育自主品牌“素野”等。韩都衣舍和云集均通过扩大自己的生态位宽度，为用户提供多样化产品或服务，加快激发平台生态的跨边网络效应（Cenamor et al.，2013），提升了自身对平台企业的互补性。

多重身份战略通过构建多样化交换，开发多种收入获取通道，分担了单一产品和收入获取方式的脆弱性风险，从而相对降低了参与者对平台企业的依赖度。资源依赖理论认为，组织的脆弱是由对单个交换的依赖造成的，最直接的解决方法就是将组织发展成为一个依靠各种交换，而较少依赖单个交换的状况（Pfeffer & Salancik，1978）。在平台生态系统中，参与者实施多重身份战略，扩大自己服务的市场谱系，构建起多样化交换，有利于降低由特定产品类别波动所带来的市场风险（Tavalaei & Cennamo，2021），从而更好地应对来自平台企业的战略不确定性，相对降低了对平台企业的依赖。蘑菇街既做导流服务商又做社区服务商，既有其他社区的佣金分成，又有自己直接赚取的佣金，开拓了新的交换和获利通道。韩都衣舍通过做品牌孵化商，增加了收入获取来源。同理，云集也通过开发自主品牌，在产品经销的基础上拓展了品牌运营这一新的交换和收入获取方式。

2. 多栖定制战略的解耦机制

多栖定制战略通过跨平台学习，增强参与者针对特定平台特征进行产品和服务差异化开发的能力，从而提升对平台企业的互补性。多栖定制战略不是指参与者将原有产品和服务照搬到新的生态，而是需要参与者针对生态特征进行定制开发。参与者多栖定制有利于开展跨平台学习，熟悉不同平台用户偏好的异质性（Panico & Cennamo，2020）和平台更新等治理规则的不同（Kapoor & Agarwal，2017），进行差异化的产品开发（Tavalaei & Cennamo，2021）。数字化时代，参与者可以通过累积的交易数据，对用户需求开展大数据分析，结合特定平台提供的数据赋能，合作开发出适合平台特征的产品和服务（Cennamo et al.，2018），从而提升对平台企业的互补性。参与者在实施多栖定制战略时，也会让具有一般适用性的产品和服务进行跨平台流动，进而提升对平台企业的互补。韩都衣舍基于互联网品牌孵化和运营商的职能，采取了多栖定制战略。通过对不同平台的用户数据进行深度学习，提升自身代运营能力，针对不同品牌商在不同平台提供差异化的运营服务。同时韩都衣舍还为淘宝、京东和唯品会等平台定向孵化不同的新品牌，从而能够为平台用户提供更适配的产品和服务，提升对平台企业的互补性。

多栖定制战略通过服务于不同平台，培育了自身的通用性能力，能够多方式、多来源地获取收益，从而降低了对特定平台企业的依赖度。由于参与者隶属于多个平台，其大量投资并发展自身通用性能力，即能够进行跨情境应用的二阶竞争力（Danneels，2016），因而这类投资不属于动机性投资。与此同时，多栖定制战略为参与者提供了多样的目标可得性（Emerson，1962），包括收入来源和获取方式等，降低了平台企业所领导的生态对参与者的不可替代度。韩都衣舍作为生态服务商，在孵化外部品牌的过程中增加的仓储物流、供应链、培训、营销等投资均服务于多个平台，对淘宝平台的动机性较弱；同时，韩都衣舍品牌运营和孵化收入来源也扩展到了多个平台，因此对淘宝平台的依赖度下降。值得注意的是，多栖定制战略与多栖战略存在显著差异。多栖，实际是指简单多栖战略，即默认在不同平台提供相同的产品和服务（Rochet & Tirole，2003；Doganoglu & Wright，2006）。参与者实施简单多栖战略，能够降低对特定平台企业的依赖度，但同时也会降低互补性，导致平台企业常常会出台排他性政策，强制要求参与者“二选一”。韩都衣舍基于已有品牌和产品在京东和当当网开店，就面临过淘宝的“二选一”制约，其最终不得不选择从京东“撤店”。但韩都衣舍实施多栖定制战略后，提供差异化的品牌孵化和运营服务，在降低依赖度的同时并没有降低对淘宝平台的互补性，反而通过跨平台学习进一步提升了互补性。

3. 平台镶嵌战略的解耦机制

平台镶嵌战略通过在已有平台生态中嵌入一个共生子平台，来扩展原有平台的功能边界，连接外部用户加入生态，从而提升参与者对平台企业的互补性。平台生态系统参与者大多被默认是作为平台产品和服务的提供商（Zhu，2019），如淘宝生态内的卖家。这忽视了参与者可以不直接提供产品和服务，而是在已有生态中嵌入一个与平台企业共生的子平台，成为子平台服务商的可能。平台镶嵌是参与者开展的跨边界活动（Fleming & Waguespack，2007），弥补了平台企业没有关注或者无法顾及的功能缺失，为外部用户进入平台生态提供基础区块（Gawer & Cusumano，2002），扩展了生态边界，促进了生态内不同用户群之间的交易和创新活动。云集作为子平台嵌入微信生态，补充了微信平台的交易架构。通过连接大量外部品牌商，服务微信用户，扩展了微信生态范围，从而提升了云集对微信平台的互补性。

平台镶嵌战略通过连接多边用户，特别是聚集了平台企业所需要的生态外部用户，形成了对平台企业的社会防御机制，从而降低了对平台企业的依赖度。参与者通过构建子平台为其他生态参与者提供基础区块，促进了参与者之间的交易和创新活动，提升了这些用户对所构建子平台的黏性，形成了对平台企业的社会性防御（Hallen et al.，2014；应瑛等，2018），降低了平台企业所领导的生态对参与者的不可替代度。云集与供应链上游形成合作，通过自身强大的销售能力，为厂商打造爆款、为微信店主带来收入，与微信生态参与者达成良好的合作联盟关系，形成了社会防御机制，这降低了云集对微信平台的依赖度。事实上，云集只要将自身的子平台构建好，便可嵌入服务各种流量聚集的生态。

王节祥等（2021）基于互补-依赖整合分析框架，发现生态系统参与者对平台企业的互补性和依赖度存在同升同降的耦合。生态系统参与者需要实现解耦，在提升互补（增强价值创造能力）的同时，降低依赖（增强价值获取能力）方能真正提升绩效。平台生态系统参与者解耦战略与绩效结果的机理模型如图 14-2 所示。多重身份战略提升互补和降低依赖的机制分别是拓展生态位宽度和促进多样化交换；多栖定制战略提升互补和降低依赖的机制分别是促进跨平台学习和培育通用性能力；平台镶嵌战略提升互补和降低依赖的机制分别是实现跨边界连接和增强社会性防御。

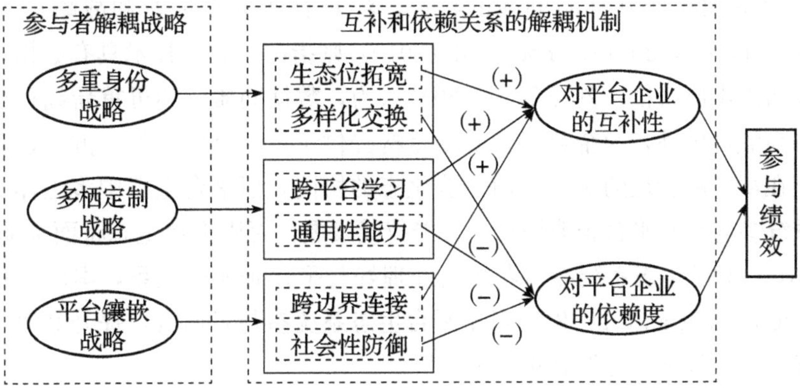

图 14-2　平台生态系统参与者解耦战略与绩效结果的机理模型

资料来源：王节祥，陈威如，江诗松，等．平台生态系统中的参与者战略：互补与依赖关系的解耦 [J]. 管理世界，2021 (2)：126-147.

第三节　生态系统参与者的依附式升级战略

一、概念

在正式进入该理论命题前，我们需要对该理论命题的核心概念“依附式升级”有一个整体的理解。

传统企业借力数字平台赋能，加入平台生态系统，成为生态系统参与者，利用平台赋能加快数字化进程（Li et al.，2018），实现“既依附平台升级，又不丧失自主性”。在推进数字化转型的过程中，参与者需要思考如何将自身积累的行业经验提炼输出，与平台企业产生互补共创（Jacobides et al.，2018），实现“依附平台趁势而起”。此外，作为参与者的传统企业，如果不能降低对平台企业的依赖，缺少议价能力，也很难从双方的共创成果中获利（Teece，1986）。因此，传统企业利用平台赋能推进数字化转型，需要处理好与平台企业互补和依赖关系的张力（Cutolo & Kenney，2019）。互补和依赖是生态主体间关系的一体两面（Agarwal & Kapoor，2018），生态系统参与者需要与平台企业合作推进数字化转型，处理好互补和依赖关系。

综上所述，陈威如和王节祥（2021）给出了依附式升级的内涵：依附式升级是指参与者依附平台企业推进数字化转型，最终实现可以独立发展的过程。

二、理论命题的提出

关于企业数字化转型的定义，应抓住数字技术和作用对象两个本质，企业数字化转型则是需要分析数字技术如何重构企业的经营活动。一方面，理论研究对于数字技术的本质特征正在达成共识。企业基于数字技术的可供性、繁殖力和开放度等特征，利用其信息、连接和分析能力（Lenka et al.，2017），对自身流程和结构进行变革（Svahn et al.，2017），发展出数字化赋能等概念（Cui et al.，2017）。Teece（2018）指出，数字技术的持续改进和赋能互补品创新的特征，将对企业创新创业和战略产生巨大影响（Nambisan & Baron，2021）。Yoo et al.（2010）则指出，数字技术具有数据同质化和可重新编程性两大本质特征。刘洋等（2020）认为，数据同质化和可重新编程性使得数字技术具备极高的可供性，为企业经营活动重构提供了广阔空间。另一方面，数字技术的作用对象正在从内部管理的协同走向产业生态的协同，但平台生态中多主体协同挑战极大，生态系统参与者与平台企业协作，方能持续发展，否则平台生态将面临崩溃（Ozalp et al.，2018）。对于生态系统参与者如何处理好与平台企业的关系，本质上是对互补性的考察（Jacobides et al.，2018）。对于平台生态系统参与者而言，提升其对平台的互补性，同时降低其依赖度，方能真正实现升级。

基于此，陈威如和王节祥（2021）提出了“生态系统参与者的依附式升级战略”这一理论命题。

理论命题 14-2

传统企业作为生态系统参与者可以借助数字平台企业推进自身的数字化转型，参与者通过可视化、可重组的数字化行为，逐步实现效率提升、业务增长与生态构建；参与者与平台企业间的互补和依赖关系的平衡与演化是推动数字化进程的内生动力。

资料来源：陈威如，王节祥．依附式升级：平台生态系统中参与者的数字化转型战略［J］．管理世界，2021，37（10）：195-213.

该理论命题首次从生态系统参与者视角出发，构建传统企业加入平台生态系统推进数字化转型的过程模型。第一，数字技术推进数字化转型的研究较多聚焦于概念与理论框架的构建（Yoo et al.，2010；Vial，2021），没有体现更大范围的产业链多主体协同（Sandberg et al.，2020），对传统企业利用数字平台进行数字化转型的过程机制缺少分析。第二，参与者与平台企业关系的协同机制尚未完全揭示（Cutolo & Kenney，2019），从平台主视角出发应关注平台如何破除“鸡生蛋”难题，实现“赢家通吃”（Rochet & Tirole，2003；Eisenmann et al.，2011；Cennamo et al.，2013）。陈威如和王节祥（2021）认为，传统企业作为生态系统参与者，如何利用平台资源发展自我，同时又能对平台发展做出贡献？一方面需要提升互补性，为双边合作创造价值；另一方面要降低依赖度，以便从共创中获取价值。

三、理论命题的具体内容

西方数字化转型理论首先关注了传统企业数字化转型忽视大量企业存在能力约束的前提情境（Svahn et al.，2017；Sandberg et al.，2020），有的分析企业利用平台赋能推进数字化转型（Li et al.，2018），也有的关注数字技术的信息技术、沟通技术等以及数据同质性、可重新编程性和可供性等（Lenka et al.，2017；Yoo et al.，2010）。陈威如和王节祥（2021）剖析传统企业通过加入平台生态系统，利用数字化平台企业赋能的方式推进自身数字化转型的互融、共生和自主过程机制，指出参与者需要处理好与平台企业的互补和依赖关系，剖析数字化情境下的共创、共生和共演过程（陈威如和王节祥，2021）明确了不同过程中的行为、结果和阶段演进动因，最后归纳出可视化和可重组两个数字化行为，揭示了数字技术推动企业经营活动变革的中间机制。西方平台生态系统理论认为，数字赋能技术（Teece，2018）使平台支撑能力加强，但西方平台生态系统理论多建立在单一平台主导架构的假定中。陈威如和王节祥（2021）提出多平台嵌套的新组织形态，更加符合产业互联网时代全链路协同升级的现实。在西方互补性理论和资源依赖理论中，互补和依赖的理论割裂难以解释管理实践的发展。陈威如和王节祥（2021）发现了数字化正在重构产业互联化生态中参与者与平台的互补和依赖关系。

陈威如和王节祥（2021）立足生态参与者而非主导者（平台企业）视角，基于互补-依赖整合分析框架，采用单案例纵向研究方法，选择洛客集团依托阿里巴巴的钉钉平台推进数字化转型的案例，揭示了参与者与平台企业一起推进自身数字化转型的互融、共生、自主三阶段过程，如图 14－3 所示。

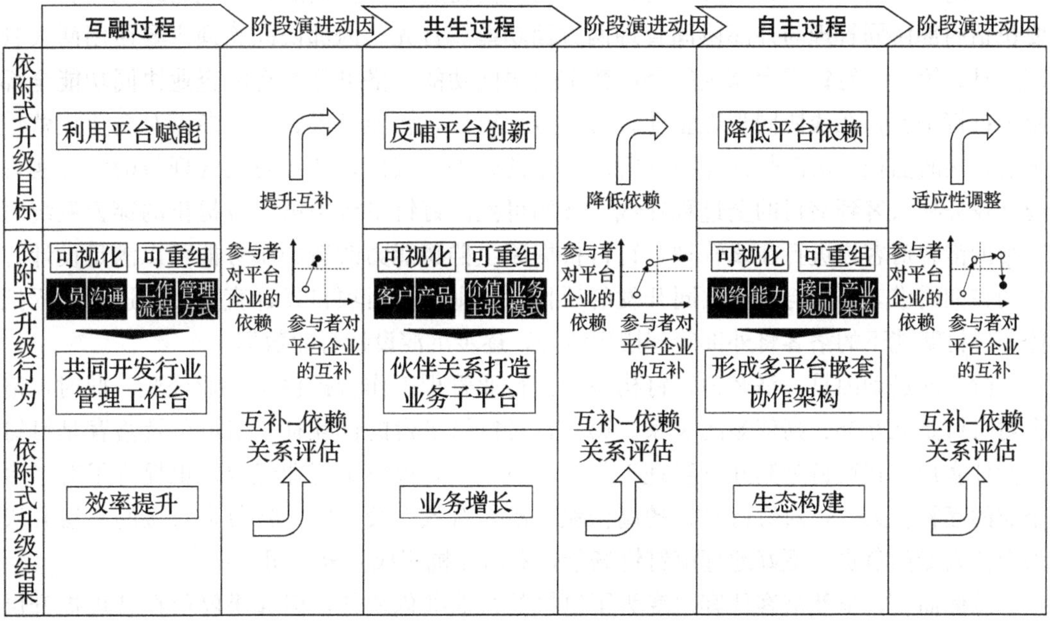

图 14－3　生态系统参与者的依附式升级过程模型

资料来源：陈威如，王节祥．依附式升级：平台生态系统中参与者的数字化转型战略［J］．管理世界，2021，37（10）：195－213.

1. 生态系统参与者的依附式升级战略的互融过程

互融是指参与者与平台企业共同对焦数字化认知及行业未来发展趋势，明确合作的基础，进而推动所在行业的人员和沟通要素数字化，重组工作流程和管理方式，打造数字化管理工作台，提升运营效率。参与者较依赖平台赋能，对平台的贡献有限，为了避免被边缘化，需要向共生阶段拓展。

洛可可和钉钉在彼此对数字化未来的世界观及服务中小企业发展的价值观方面互相认同，实现了深度互融。参与者提供行业经验和问题反馈，平台企业做定制开发，洛可可与钉钉合作构建设计行业管理工作台，改变了传统设计服务行业的线下管理模式，帮助洛客实现与设计师、客户等多边主体的线上管理、在线交付，同时实现了整个项目管理数字化闭环，并且基于运营数据对设计服务流程进行智能优化。参与者与平台企业的互动模式从简单软件服务走向携手共同开发，双方基于长期信任而非短期项目服务费开展合作。

在互融过程中，参与者推进数字化转型中面临的资源和能力约束，希望利用平台的赋能来加快自身的数字化进程，重点是将原本线下运营的业务线上化，利用数字技术提升业务运营的效率。

依附式升级行为是：第一，人员可视化。将管理流程中所涉及人员的身份信息、岗位信息等进行标签化和在线化。第二，沟通可视化。沟通行为的过程全面在线化和可视化。第三，工作流程重组。人员可视化与沟通可视化推动参与者内外部管理工作在线，原有工作流程重组升级。第四，管理方式重组。人员可视化与沟通可视化推动工作流程重组，企业运营在线，沉淀数据驱动企业管理方式的重组升级。

依附式升级结果是：洛可可与钉钉互融，构建起设计行业的数字化管理工作台，主要包括内部协同管理与外部协同管理两方面功能。首先，内部协同管理主要使用两大管理工具。第一，钉钉平台原生的企业数字化协同功能。洛可可原有的企业协同功能全部搬至钉钉平台，在线协同管理企业日常事务。第二，智能参谋。智能参谋对企业运营情况进行实时监控，沉淀数据并指导管理工作的开展。其次，外部协同管理帮助洛客实现设计业务从获客到交付的全过程在线，透明可控。钉钉平台中第三方提供的穿云系统可以帮助洛客对客户进行在线管理，钉钉根据原生群聊能力改造的服务群可以满足设计客户的咨询需求，钉钉与洛客共同开发的项目空间则可以对项目设计直至交付进行全程把控。钉钉赋能下的洛客将外部管理搬到线上，逐步沉淀设计行业数据。

阶段演进动因是：洛客为钉钉构建设计行业管理工作台提供了行业经验。此时，洛客对钉钉是低互补、高依赖的关系。第一，对钉钉平台的低互补。洛可可及洛客是钉钉的标杆客户，在钉钉为其开发管理工作台的过程中，提供了行业经验，也提升了对平台企业的互补。第二，对钉钉平台的高依赖。洛客有效对接钉钉，将负责对接的中层升级为合伙人专门负责；更好地理解钉钉场景，专门在杭州成立分公司。

总体而言，虽然洛客从客户变为了钉钉的行业共创伙伴，但如果停留在管理提升层面，洛客本质上仍只是钉钉的一个细分应用场景的客户，而难以成为共同开拓新业务的战略伙伴，洛客也担心平台将战略重点及资源导向其他细分场景。如果洛客只是利用钉钉的平台赋能，无法为平台生态创造新的价值，终将逐步被边缘化。因此，在这种高依赖、低互补贡献的处境下，洛客尝试谋求与钉钉的进一步战略合作。

2. 生态系统参与者的依附式升级战略的共生过程

共生是指参与者与平台企业共同推进所在行业的客户和产品要素可视化，一起构建出全新的价值主张的业务模式，满足平台生态类其他用户的需求，数字化推动双方业务的共同增长。共生过程中参与者提升了对平台的互补贡献，但整个业务发展和收入获取都嵌入在生态架构之中，对平台主体的依赖度依旧很高。参与者经过此阶段的合作，初步积累了自主能力，开始谋求为更多的生态主体创造更大的价值，进入自主阶段，降低对特定平台企业的依赖。

洛客与钉钉携手构建"服务市场"，推出云端设计部。钉钉（免费）办公模块服务超过1 000万家企业级客户，针对这一潜在市场，钉钉与洛客合作打造延伸（付费）服务市场。洛客为了更好地理解钉钉发展的应用场景，开发出适合的设计服务，云设计服务成为钉钉服务市场里的"种子"供应商，自身演化为钉钉生态中的设计业务子平台，对接钉钉生态用户的设计需求和外部海量设计师资源。参与者与平台企业的互动模式从平台企业对参与者的单方赋能走向彼此深度需要，参与者对平台企业是高互补、高依赖的关系。洛客与钉钉一起捕捉到业务合作的契机，在帮助钉钉发展"服务市场"的同时，也提升自己的数字化的设计服务能力，从而促进双方业务的共同增长和利益的绑定。

在共生过程中，参与者能够与平台企业一起，共同开发新产品和新服务，帮助平台拓展新的业务场景和服务模式，促进平台的用户黏性和生态繁荣，同时实现自身的业务增长。

依附式升级行为是：第一，客户可视化。数据帮助锁定目标客群，明确客户需求特征，指导参与者进行市场分析。第二，服务产品可视化。依托数字技术模块化拆解产品，指数式降低参与者的开发成本。第三，价值主张重组。以客户与产品可视化为基础，参与者和平台企业针对客户需求设定新的价值主张。第四，业务模式重组。客户与产品可视化驱动参与者与平台企业价值主张的重组，进而指导业务模式的创新升级。

依附式升级结果是：洛客与钉钉在共生阶段开展了彼此共同投入的紧密合作，双方重组构建新的价值主张与业务模式。钉钉提供平台内用户画像、需求分析和平台基础设施，帮助洛客升级成为钉钉服务市场中的业务子平台；洛客提供设计行业经验，帮助钉钉以设计服务为切入点构建服务市场，拓展平台业务边界，找寻到新的生态价值增长点。

阶段演进动因是：洛客与钉钉的互动模式从钉钉赋能为主走向彼此需要。洛客凭借设计师资源及管理能力、设计行业经验累积帮助钉钉以设计服务为切入点，构建起服务市场；钉钉基于运营数据为洛客更好地服务钉钉生态提供市场分析。洛客有效提升了其在钉钉生态中的互补性。此时，洛客对钉钉是高互补、高依赖的关系。第一，对钉钉平台的高互补性。洛客从补充生态基础区块和满足生态内其他用户需求两方面着手，提高对钉钉的互补性。一方面，洛客带着海量的设计师进入钉钉市场，依托钉钉提供的用户画像，有针对性地为钉钉生态内的企业客户提供标准化、"接地气"的设计服务；另一方面，洛客主导与钉钉共创了云端设计中心，分享设计行业经验，在云端建立小微企业的专属设计部门，满足钉钉生态内众多小微企业客户的设计服务需求，成为钉钉服务市场中的第一批种子服务商，极大提高了其在钉钉生态中的互补性，确立了其在钉钉生态中的合法地位。第二，对钉钉平台的高依赖。一是洛客服务客户的场景主要是在钉钉上，钉钉在业务协同中扮演着重要角色；二是洛客需要钉钉提供基础技术架构，云端设计中心需要依靠双方技术人员的合作。

总体而言，洛客通过提供设计行业经验、设计师资源和管理能力，提高了其对钉钉的互补性，但整个业务发展和收入获取都嵌入在钉钉平台的架构之中，对平台的依赖度依旧很高。与此同时，洛客经过此阶段开发出了智能设计产品线，初步具备自主能力，因此，洛客开始谋求为更多的生态主体创造更大的价值，以便降低对特定平台企业的依赖。

3. 生态系统参与者的依附式升级战略的自主过程

自主是指参与者与平台企业一起推进更大范围的网络和能力要素可视化及解构重组，合作主体能够针对新的行业场景，更准确地判断彼此协作的价值和可能性，为整个行业拓展新的产品和服务，满足全行业各方更新升级的需求，数字化帮助参与者构建起自主生态。初始依附的平台企业是参与者推进新业务共创的“试验场”，平台主自身也在拓展新的细分场景，参与者还需要进行持续的适应性调整，乃至开启新一轮的互融、共生和自主过程。

洛客孵化出“洛智能”新业务板块，与钉钉探索新的服务场景。洛智能设计团队强化自身智能设计能力，与多个平台生态探索新的业务合作，以数字化能力打通需求分析-品牌定位-产品创新管理-产品设计-生产-营销策划-销售的创造全产业链。参与者采取多栖战略，作为子平台镶嵌于多个生态架构中，在保持对单个平台企业高互补性的同时降低了依赖度。

在自主过程中，参与者作为具备自主能力的子平台，与多个平台企业合作，重构产业架构，为各方带来新增长，并反哺原生态的平台主；平台企业则与生态参与者共同推进原有生态的价值更新。

依附式升级行为是：洛客构建数字化的设计产业互联网，明晰设计产业架构和各方合作主体的特征，本质是通过主体网络与主体能力的可视化推动接口规则与产业架构重组，服务新的客户场景和需求。一是网络可视化。协作网络中的各个合作方，包括参与者和各类平台企业均实现了在线化和主体特征的可视化，能快速判断主体间协作的潜在价值和可能性。二是能力可视化。网络中的合作主体都将自身的能力进行标准化、在线化，封装为可以实时调用的能力模块。三是接口规则重组。网络协作与能力可视化改变了企业与外部生态连接的规则，主体之间合作根据用户需求设定互补资源的调用规则。四是产业架构重组。网络与能力可视化改变了参与者与平台企业的接口规则，帮助参与者推进产业架构重组和自身地位的升级。

依附式升级结果是：一是依靠沉淀的运营数据和积累的技术能力，推动智能设计的快速发展；二是跳出对单一平台的依赖，进而与多平台生态展开合作，串联起从商品设计到生产到销售的流程，重构设计服务产业架构，带来用户个性化需求驱动创新、快速高效的交付等变革。

阶段演进动因是：在自主阶段洛可可保持对钉钉的高互补性，降低对钉钉的特定依赖。“洛可可＋洛客＋洛智能”不再局限于钉钉，而是与阿里云、1688、淘宝、南极人电商等平台开展多栖合作。第一，参与者提高对平台企业的互补。洛智能继续优化其在钉钉市场中提供的设计服务基础，根据钉钉市场中的客户需求不断对产品更新迭代。第二，参与者降低对平台企业的依赖度。洛客探索外部生态合作伙伴的获取途径，降低对钉钉的依赖度。洛客在技术赋能以及服务市场两方面对钉钉都有较高的依赖度，不利于在生态中获取价值，但在自主阶段，洛客寻求阿里云和达摩院技术赋能，积累了一定产品开发经验后，独立进行算法编写，提升了技术能力；洛客将智能设计业务推向更广阔的市场，阿里等合作伙伴丰富了洛客智能设计业务的服务场景，并帮助了从创意到产品交付的全链路流程数字化重构。

洛可可集团通过依附式升级，成功推进了自身与产业的数字化转型，并且降低了对钉钉单一平台的依赖度，与其他大型数字平台的嵌套协作并不意味着离开钉钉。随着钉钉的能力提升和业务场景的拓展，洛客（洛智能）又会提升对钉钉的依赖度，双方又会开启新一轮互融、共生、自主过程，特别是在多平台嵌套背景下，三边以上的合作结构中的互补和依赖关系变化将更加迅速、更为复杂，需要参与者具备适应性调整的能力，在互融、共生和自主过程中进行快速切换，螺旋上升。

第四节 中国证据

理论命题 14-1 指出：参与者对平台企业的互补性和依赖度存在同升同降的耦合困境，主要有三大解耦战略，包括多重身份战略、多栖定制战略和平台镶嵌战略。韩都衣舍通过实施多重身份战略，不仅作为卖家参与市场，还扩展为品牌孵化商。这种战略使得韩都衣舍能够提供多样化的产品与服务，增强了与平台企业的互补性。同时，通过扩大生态位宽度，韩都衣舍开发了新的收入来源，减少了对单一平台的依赖。蘑菇街采取了多重身份战略，扩展了其生态位宽度，从导流服务商转变为社区运营商。这不仅提升了其与淘宝平台的互补性，还通过增加新的交换和获利通道，如社区佣金分成，降低了对平台的依赖度。云集采用了多重身份战略，同时扮演了经销商与品牌商的角色，培育出自主品牌如“素野”。这种战略不仅加强了云集与平台企业的互补性，而且通过品牌运营这一新的交换和收入获取方式减少了对平台的依赖。

理论命题 14-2 指出：传统企业作为生态系统参与者可以借助数字平台企业推进自身的数字化转型，参与者通过可视化、可重组的数字化行为，逐步实现效率提升、业务增长与生态构建；参与者与平台企业间的互补和依赖关系的平衡与演化是推动数字化进程的内生动力。洛可可集团的数字化转型案例生动体现了这一理论命题。通过与钉钉平台的深度合作，洛可可经历了互融、共生到自主的三个阶段。在互融阶段，洛可可利用钉钉的数字化工具，实现了管理流程的线上化和可视化，提升了运营效率。随后，在共生阶段，洛可可与钉钉共同开发了“服务市场”，推出云端设计部，成为钉钉生态中的业务子平台，不仅增强了对钉钉的互补性，也为平台拓展了新的业务场景。到了自主阶段，洛可可孵化出“洛智能”新业务板块，探索与多个平台的新服务场景，通过强化自身的智能设计能力，实现了跨平台合作，降低了对单一平台的依赖度。这一过程不仅展示了传统企业如何依托数字平台推进数字化转型，也揭示了在数字化转型过程中，企业与平台企业间互补和依赖关系的平衡与演化是推动转型的内生动力。

第五节 结论性评述

本章通过对平台生态系统中参与者战略行为的深入分析，揭示了在数字经济时代企业如何通过解耦和依附式升级战略来提升自身的竞争力和实现可持续发展。这些理论命题共同强调了平台结构、互补性、依赖度以及数字化转型在推动企业适应并利用平台生态系统、增强创新能力和优化业务模式中的关键作用，为企业在复杂多变的数字经济环境中把握机遇、实现战略转型提供了理论依据和实践指导。理论命题 14－1 深入探讨了生态系统参与者如何在平台生态系统中通过解耦战略来打破对平台企业的互补性和依赖度的耦合困境，提出了多重身份战略、多栖定制战略和平台镶嵌战略三种解耦机制，这些战略有助于参与者在提升对平台企业互补性的同时降低依赖度，增强自身的议价能力和价值获取能力。理论命题 14－2 则聚焦于传统企业如何利用数字平台推进数字化转型，实现依附式升级，分析了生态系统参与者在数字化转型过程中的互融、共生和自主三个阶段，揭示了参与者与平台企业互补和依赖关系的平衡与演化是推动数字化进程的内生动力。这两个理论命题共同构成了对平台生态系统参与者战略行为的全面理解，不仅拓展了平台生态系统、企业互补性、依赖度和数字化转型的研究视野，也为理解数字经济时代企业如何通过战略行为实现价值创造和绩效提升提供了深刻的洞见。它们揭示了在数字经济背景下，企业不仅要适应平台生态系统的规则和动态，还需要主动塑造和利用这些规则来优化自身的战略定位，实现持续创新和业务模式的转型升级。

与理论命题 14－1 相关的国外前沿研究主要有以下两个方面：一是从边缘参与者到生态领导者的演进战略。已有研究大多探讨核心企业通过生态系统发展来利用需求侧价值，与核心企业不同，边缘参与者作为边缘互补企业，缺乏关键的供给侧资源，较难获得核心竞争力和进行价值创造。最新研究指出，资源劣势的互补者可以凭借自身得以立足的核心资源，切入生态系统，建立需求侧单元，整合供给侧资源，建立需求侧和供给侧的协调，进而成为生态领导者（Shi et al.，2023）。二是平台生态更新背景下的参与者战略。已有研究默认平台生态系统是静态、稳定的，但为了适配外部环境的变化，平台生态系统需要推动价值更新。最新研究开始关注在此背景下，生态系统参与者与大平台生态的共演问题（Cutolo & Kenney，2021；Khanagha et al.，2022）。借鉴前沿研究，未来该命题的相关研究可以进行如下拓展：一是深入考察生态系统参与者的异质性对解耦战略采用的影响，二是分析平台生态系统特征及其变化对参与者解耦战略实施效果的影响。

与理论命题 14－2 相关的国外前沿研究主要有以下两个方面：一是依附平台生态的创业企业成长问题。参与者依附平台的挑战是多重的（O'Mahony & Karp，2022），最新研究关注了参与者面临的双元身份困境问题，开始从微观行为视角切入（Kang & Suarez，2023），剖析了平台依赖型创业企业可以通过框架重点、框架形式和补充行动的结合，动态实施“双向身份探索”、“跟随身份聚焦”和“自主身份构建”等身份塑造策略，从而应对双元身份困境（梅景瑶和王节祥，2024）。二是多层次数字平台生态系统问题。

在数字经济时代，产品往往在分层模块化架构上，对于新兴数字商业生态而言，也表现出纵向分层的特点。对于生态系统参与者而言，辨识数字商业生态系统中的分层模块化架构，有助于确定价值创造和价值获取的位置（Bohnsack et al.，2024）。借鉴前沿研究，未来本命题的相关研究可以进行如下拓展：一是数字原生企业与大平台的依附创新问题。如在人工智能大模型对创业过程的系统性冲击下，需要进行人机协同，这会改变价值创造进程（刘志阳和张宇擎，2024），对生态系统参与者而言既是新的机会，也是新的挑战。二是研究生态子平台与大平台的竞合问题。在多层嵌套的平台生态中，蕴含着大量被称为生态子平台的机会，当然，这对生态系统参与者的成长战略也是更大的考验。

参考文献

第十五章

组织变革

第一节　问题的提出

在当前数字经济飞速发展的时代，组织变革的重要性愈发凸显，已成为企业生存与发展的核心议题。企业若想在竞争激烈的市场中立于不败之地，必须不断调整和优化其组织结构与运营模式。在数字贸易学分析框架中，组织变革是连接理论与实践、技术与管理的桥梁。它不仅体现了数字技术对企业运营模式的深刻影响，也是全球公司在数字贸易环境下进行自我革新的体现。组织变革是实现平台化组织模式创新、商业模式创新、供应链优化、数字营销战略和数字并购决策的基础。具体而言，数字技术是组织变革的催化剂，云计算、大数据等技术的应用使得企业能够更加灵活地调整生产和运营策略；数据是组织变革的重要资源，企业通过数据分析，能够更准确地预测市场趋势，制定战略决策；消费者的数字化行为和偏好直接影响企业的组织结构和市场策略，通过分析消费者数据，企业的供应链和物流系统不断优化；智能制造是组织变革在生产领域的具体体现，通用电气利用物联网技术，实现了生产线的智能化和自动化；组织变革是平台生态系统健康发展的基石，一个灵活、高效的组织能够更好地融入平台生态系统，推动整个体系的创新和发展；而全球公司在组织变革中扮演着引领者的角色，例如 IBM 通过组织结构的调整，成功地从硬件制造商转型为全球领先的 IT 服务提供商。

在本章中，我们将重点研究三个重要的组织变革领域的理论命题：命题一：信息通信技术渗透下的企业柔性化产能调整。这一命题揭示了信息化对企业产能利用率的影响，强调了信息基础设施在推动企业柔性化产能调整中的关键作用。通过学习这一命题，读者将能够更好地理解信息化如何助力企业在数字贸易环境中实现高效资源配置。命题二：互联网平台化组织模式的创新促进机制。这一命题深入探讨了互联网平台化组织模式对企业创新的影响，为理解平台经济与企业创新之间的良性互动提供了理论依据。掌握这一命题有助于企业在数字贸易时代把握创新发展的机遇。命题三：数字基础设施支撑的企业数字化转型。这一命题将政府行为纳入数字经济研究框架，验证了政府在推动企业数字化转型中的积极作用。学习这一命题有助于读者全面理解数字基础设施对企业发展的重要意义。

通过对这三个命题的深入分析，本章将帮助读者理解组织变革在数字贸易时代的重要性，以及如何通过组织变革来提升企业的竞争力和市场适应性。同时，这些知识也将为第十六章至第十九章的讨论提供有力的理论支撑，使读者能够全面理解数字经济时代的企业运营与管理。

第二节　信息通信技术渗透下的企业柔性化产能调整

一、概念

在正式讨论该理论命题前，我们需要对该理论命题的核心概念“企业柔性”有一个整体的理解。

柔性是复杂、多维和难以综合界定的概念（Sethi & Sethi，1990；Gupta & Somers，1992）。Mandelbaum（1978）、Mascarenhas（1981）和 Gupta & Goyal（1989）认为柔性是企业应对环境变化的能力；Upton（1994）的定义更为细化，认为企业柔性差别主要体现在需求变化时，生产根据需求进行调整导致的成本差异。抛开学者们对柔性概念表述的差异，柔性的实质是企业应对内部环境变化如设备故障、工作时间变化以及各种延误和返工等（Buzacott & Mandelbaum，1985），以及需求冲击、产品价格和产品结构变化、竞争者行为等外部环境变化（Garrett，1986；Gupta & Goyal，1992；Zelenovic，1982）时的调整能力。企业需要在环境变化时调整自身的生产、设计和销售，尽可能减少资源浪费，提高产能利用，降低冲击造成的影响。很显然，柔性大的企业在面对冲击时的调整能力更强，资源浪费也更少，产能利用自然就更高。

从柔性的分类来看，柔性可以根据企业反应范式程度划分为主动型柔性和被动型柔性（Evans，1991），也可以根据柔性的主体分为战略柔性、资源柔性、财务柔性和创新柔性等（Gamba & Triantis，2008；Combs et al.，2011）。从柔性的作用来看，企业需要在环境变化时调整自身的生产、设计和销售，尽可能减少资源浪费，提高产能利用，降低冲击造成的影响。很显然，柔性大的企业在面对冲击时的调整能力更强，资源浪费也更少，产能利用自然就更高。从柔性的影响因素来看，包括劳动力的柔性，如跨专业培训、加班、工作时间弹性等（Cox，1989；Upton，1994；Suarez et al.，1995）、生产设备的柔性（Buzacott，1982）、生产成本（Gupta & Goyal，1989；Mills & Schumann，1985）、产品的范围（Kekre & Srinivasan，1990）、供货网络（Cox，1989）、与供应商的关系（Suarez et al.，1995）以及子公司数量和国外公司数量等（Jordan & Graves，1995；Ferdows，1997）。从针对企业柔性的改善措施来看，能直接影响设计、生产、销售、配送以及企业的管理等各个方面，并对企业的生产经营方式产生根本性变革的，是信息技术的使用，因为厂商的行销、生产、组织和管理是一个互补性的整体，当信息化发展造成生产组织方式的变化以后会引起连锁效应（Milgrom & Roberts，1990），信息技术的应用使得设计的产能可以得到更好的利用，厂商可以更为精确地完成各项生产任务（Nightingale et al.，2003）。Swamidass（1988）指出，自动化控制技术如计算机信息控制系统和物料自动储运系统有机结合的整体的柔性制造系统（FMS）和计算机辅助设计（CAD）提高了企业的柔性，相似的研究还有 Suarez et al.（1995）和 Swaminathan & Tayur（1999）。

二、理论命题的提出

产能过剩是指实际产出小于潜在产出的现象（Klein et al.，1973），即“事前”建立的生产能力与“事后”产出的偏离，实际上反映的是企业对需求的判断失误和反应滞后。一方面，市场需求状况预测准确与否，在很大程度上取决于信息收集的数量和质量。如果企业用于信息技术和信息服务的投入更多，可以利用先进的智能化设备和网络收集与处理数据，自然能够获得更为准确的市场信息，更大程度地减少投资失误（Wigand，1997；Li et al.，2011）。另一方面，企业的柔性与企业的生产和销售方式有关（Carter & Narasimhan，1990；Cooper et al.，1997；Suarez et al.，1995；Swaminathan & Tayur，1999）。信息技术的使用使得企业在设计和生产上相对更为灵活，缩短了生产周期，当遭遇需求冲击时，不仅可以及时调整产量，而且还能很快更改设计，以满足用户的更多需求，更大程度地争取到尽可能多的用户，提高了企业应对需求冲击的能力（Nightingale et al.，2003；Swamidass，1988）。另外，从销售和配送的角度看，电子商务的应用和信息化的物流管理不仅缩短了配送时间，而且减少了供需之间的信息不对称，拓展了销售的范围，同样减少了需求冲击造成的影响（Lindbeck & Wikstrom，2000）。

基于此，王永进等（2017）提出了“信息通信技术渗透下的企业柔性化产能调整”这一理论命题。

理论命题 15-1

信息化会通过降低信息不完全程度和增加企业的柔性来提高企业产能利用率，并且这一作用对于信息基础设施水平高地区的企业更强。

资料来源：王永进，匡霞，邵文波．信息化、企业柔性与产能利用率［J］．世界经济，2017，40（1）：67-90.

该理论命题首次将信息化、企业柔性和产能利用率纳入统一分析框架，拓展了产能利用率理论的研究边界。一方面，从企业角度，西方学者认为，企业竞争性决策行为是产能差异的重要成因（Barham & Ware，1993；Benoit & Krishna，1987），而且他们注意到了信息不完全和不确定性在决定企业产能利用率中的重要性（Paraskevopoulos et al.，1991；Banerjee，1992），但忽略了信息化对于信息不完全和不确定的影响。王永进等（2017）结合中国背景，从信息技术发展的视角解释产能利用率的差异，并就企业柔性与产能利用率之间的关系进行进一步研究，完善了信息化和产能利用的理论框架。另一方面，考虑到信息化具有很强的网络外部性，王永进等（2017）从地区的信息基础设施水平这一角度探讨异质性，是对异质性企业产能理论的一个重要拓展。

三、理论命题的具体内容

一方面，古典和新古典经济学对于投资的研究是基于完全信息的假设，不存在因为投资者预测误差造成投资失误；凯恩斯考虑了未来的不确定性，指出投资者对于未来预期悲观时会减少投资甚至不投资，从而造成“投资陷阱”，强调了企业家的预期因素。实际上，在做出投资决策之前，企业需要充分收集市场信息，在对当前的经济形势和需求状况做出判断的基础上，预测未来的经济走势。企业在搜集信息的数量与质量，以及根据搜得的信息进行预测的能力上参差不齐，决定企业这种异质性的一个很重要的因素就是企业对于信息技术使用的数量和质量，也就是企业的信息化程度。信息化程度高的企业会更多、更好地利用先进的信息技术进行市场调研和经济分析，不仅能得到更为准确的信息数据，而且能够相对准确地做出判断，以此为基础进行投资，减少了失误，降低了因投资失误造成资源浪费的比例（Wigand，1997；Li et al.，2011）。因此，信息化程度高的企业通过减少预测误差，降低了因投资失误造成的产能过剩。

另一方面，虽然研究的角度不同，但已有的研究基本都肯定了信息技术对提高企业柔性的作用。CAD、CAM 和 FMS 等信息技术在设计和生产中的运用改变了传统的流水线生产方式，缩短了生产和设计的周期，使得企业能更快地根据市场的变化进行调整（Nightingale et al.，2003；Swamidass，1988；Suarez et al.，1995；Swaminathan & Tayur，1999）。并且，信息技术对于企业柔性的提高并不仅仅体现在生产和设计过程中：在销售环节，电子商务的应用拓展了营销的范围，网络信息的发布减少了供求双方的信息不对称（Lindbeck & Wikstrom，2000）；在分发和配送环节，智能化控制系统的应用在缩短配送时间的同时提高了配送的可靠性；在企业的管理上，信息技术的使用同样节约了劳动者之间的交流时间，提高了管理的效率（Milgrom & Roberts，1990），这些都从不同角度提高了企业应对环境变化时的调整能力——柔性。很显然，信息化程度高的企业柔性更大，在受到需求冲击时，可以很快地调整生产和设计，使得生产资源得到充分利用，提高了产能利用率，减少了因需求冲击等经济环境变化所造成的产能过剩。

基于此，王永进等（2017）提出了假说 1。

假说 1： 企业信息化程度的提高一方面降低了信息不对称和不完全造成的影响，提高了投资准确性，另一方面增加了企业的柔性，这两个方面因素都会造成企业产能利用率的提高，减少产能浪费。

为检验企业信息化程度与产能利用率的关系，王永进等（2017）建立了如下 OLS 回归模型：

$$\begin{aligned}\ln CU_{fic} = {} & \alpha + \beta IT_{fic} + \gamma_1 \ln productivity_{fic} + \gamma_2 \ln Awage_{fic} + \gamma_3 Export_{fic} \\ & + \gamma_4 \ln KL_{fic} + \gamma_5 Rwsupplier_{fic} + \gamma_6 Finance_{fic} + \gamma_7 Temporaryworker_{fic} \\ & + \gamma_8 Income_{fic} + \gamma_9 LCU_{fic} + \gamma_{10} Dustate_{fic} + \sum_i \lambda_i Industrydummy_i \\ & + \sum_c \lambda_c Citydummy_c + \varepsilon_{fic}\end{aligned} \tag{15-1}$$

式中，f、i 和 c 分别表示企业、行业和城市编号；被解释变量 CU 表示产能利用率，主要解释变量 IT 代表企业的信息化程度。企业的产能利用率与其他很多因素有关，包括企业的劳动生产率、资本密集度以及规模等等，因此，为了计量的稳健性，模型中还加入了其他控制变量。在控制变量的选择上，一方面借鉴已有关于产能的实证文章，如 Lieberman（1989），另一方面根据 Cox（1989）和 Suarez et al.（1995）等的研究，加入有关企业柔性的影响因素。控制变量主要有企业的劳动生产率 Productivity、平均工资 Awage、出口 Export、资本密集度 KL、与供货商的关系 Rwsupplier、融资难易程度 Finance、临时工所占比例 Temporaryworker、总销售收入 Income、是否为国有企业的虚拟变量 Dustate，2002 年的产能利用率 LCU，以及行业虚拟变量 Industrydummy 和城市虚拟变量 Citydummy，以控制行业和地区的固定效应。

回归结果如表 15-1 所示，第（1）列～第（4）列分别为用产能利用率对信息化投资、通过网络实现的销售额、使用计算机员工数和信息化培训的员工数四种指标，在控制了行业和地区固定效应后的 OLS 回归结果，且对应加入了各种控制变量。从结果可以看出，不同指标所衡量的企业的信息化程度与产能利用率均显著正相关，并且无论是否加入其他控制变量，结果和显著性均没有发生改变，在一定程度上证实了假说 1。

表 15-1　企业产能利用率与信息化程度的 OLS 回归结果

	(1) lnCU	(2) lnCU	(3) lnCU	(4) lnCU
IT Investment	0.002 29***			
	(3.16)			
E-sale		0.001 55***		
		(4.43)		
IT Employment			0.005 69***	
			(5.55)	
IT Train				0.003 75***
				(6.52)
lnproductivity	0.017 0***	0.017 1***	0.016 8***	0.016 7***
	(8.13)	(8.22)	(8.07)	(8.01)
lnAwage	0.035 9***	0.037 3***	0.029 3***	0.031 6***
	(3.84)	(4.00)	(3.11)	(3.37)
Export	1.78e-08	1.63e-08	2.00e-08	2.21e-08
	(0.56)	(0.52)	(0.63)	(0.70)
lnKL	−0.005 25***	−0.005 16***	−0.006 45***	−0.005 99***
	(−2.76)	(−2.72)	(−3.36)	(−3.15)
Rwsupplier	−0.004 76***	−0.004 89***	−0.005 74***	−0.005 49***
	(−3.11)	(−3.20)	(−3.72)	(−3.58)
Finance	0.017 7***	0.017 9***	0.017 6***	0.017 0***
	(8.82)	(8.91)	(8.76)	(8.42)
Temporaryworker	−0.000 086 4	−0.000 090 8	−0.000 028 1	−0.000 055 7
	(−1.01)	(−1.07)	(−0.33)	(−0.65)

续表

	(1) lnCU	(2) lnCU	(3) lnCU	(4) lnCU
Income	−7.64e−09	−6.48e−09	−1.30e−08	−1.39e−08
	(−0.54)	(−0.46)	(−0.92)	(−0.98)
LCU	0.432***	0.431***	0.430***	0.430***
	(79.55)	(79.52)	(79.26)	(79.20)
Dustate	−0.036 9***	−0.036 2***	−0.037 8***	−0.036 6***
	(−6.45)	(−6.32)	(−6.61)	(−6.40)
_cons	2.128***	2.118***	2.158***	2.167***
	(29.51)	(29.40)	(29.83)	(29.95)
观测值	11 866	11 866	11 866	11 862
R^2	0.417	0.417	0.418	0.418

注：所有截面回归均控制了城市固定效应和行业固定效应，*** 表示在1%的显著性水平上统计显著，括号内为 t 值。

资料来源：王永进，匡霞，邵文波．信息化、企业柔性与产能利用率［J］．世界经济，2017，40（1）：67－90.

在控制变量方面①，劳动生产率 Productivity 的回归系数显著为正，与预期一致，因为劳动生产率更高的企业拥有更高的资源利用效率，减少了浪费，提高了产能利用率；与供货商的关系 Rwsupplier 的回归系数显著为正，与 Suarez et al.（1995）的研究结果相符，企业与供货商有稳定、持久的良好关系可以增加其柔性，提高产能利用率；Finance 代表企业在遇到宏观经济政策变化时的融资能力，融资约束越小，企业应对冲击的能力就越强，柔性就越大，回归结果符合预期。

Cox（1989）、Upton（1994）等研究了劳动力柔性的多个影响因素，王永进等（2017）加入了平均工资 Awage 和临时工所占的比重 Temporaryworker，用以控制劳动力的影响。结果显示，Awage 的回归系数显著为正，符合预期，因为 Awage 体现了企业雇用劳动力的平均技能水平，技能水平更高的劳动力更易于吸收和运用自身专业范围以外的知识，“柔性”更大，有利于企业更好地利用产能。但是 Temporaryworker 的回归系数不显著，说明对劳动力柔性更重要的影响因素是劳动力的技能水平，而不是劳动力的种类。

资本密集度 KL 的回归系数显著为负，王永进等（2017）认为，这可能是因为在遇到需求冲击时，资本的调整能力要小于劳动，在控制了行业和地区固定效应后，同等条件下使用劳动力相对更多的企业可以更快地调整产出。Lieberman（1989）的计量结果显示，规模对于产能的作用不明显，王永进等（2017）的回归结果也证明了这一点，Income 的回归系数并不显著，与曼勒模型的预期一致。从结果还可以看出，企业出口与产能利用率之间呈负相关，但是并不显著。王永进等（2017）认为，这也许是两个方面效应的结果：一方面是出口扩大了产品的市场范围，提高了其柔性，有利于产能利用率的提高；另一方面是我国出口的“生产率悖论”，即出口企业大多是劳动生产率低的企业

① 需要注意的是，主要解释变量与控制变量以及控制变量之间存在一定的共线性，如 IT、Productivity 和 Awage 等。为了结果的稳健性，在回归中王永进等（2017）采用逐个加入控制变量进行回归，结果显示，回归系数的符号和显著性水平没有发生明显变化。

（李春顶，2010），对于资源利用的效率和应对冲击的能力要低于不出口的企业。这两个方面效应作用的最终结果是不确定的。同时王永进等（2017）还发现，国有企业的产能利用率要相对更低。滞后项 LCU 的符号显著为正，说明产能利用率的变化有其延续性，上一期产能利用率高的企业，本期产能利用率相对也会更高。

接下来，首先王永进等（2017）不考虑企业信息化程度的差异，单独考虑地区的信息基础设施水平对于企业的影响。

从市场信息完善程度的角度来看，地区的信息基础设施水平高促进了信息资源的开发和利用（林毅夫和董先安，2003），意味着该地区与信息技术相关的硬件、软件以及各项服务和配套完善，为企业和消费者搜寻和发布信息提供了更多的便利，通过降低供求之间的信息不对称提高了企业的产能利用率。由此可见，即便企业的信息化投入相同，由信息化造成的产能变化也有着显著的区域性差异，信息基础设施水平高的地区，企业的产能利用率更高。

其次，信息技术的一个重要特点是具有较强的网络外部性，这就意味着使用信息技术的企业越多，则信息技术对企业生产的作用越大。地区信息基础设施的完善一方面可以促使更多企业使用信息技术，另一方面也可以直接提高单个企业 ICT 的使用效率。因此，一个地区的信息基础设施越完善，则企业采用信息技术所带来的外部性越强（Shapiro & Varian，1999）。具体而言，信息基础设施的完善不仅增加了信息技术和服务的可得性，降低了使用成本，而且提高了信息技术支持和服务的质量，企业可以获得更好的信息化服务支持，提高了信息技术、设备的利用效率。很明显，企业的信息化投入越大，受到地区信息基础设施变化的影响也就越大。因此，企业信息化投资的效果在很大程度上要受到地区信息基础设施水平的制约，地区信息基础设施水平提高会提高企业对于信息资源的利用效率，尤其是对信息化程度高的企业表现得更明显。

基于此，王永进等（2017）提出了假说 2。

假说 2：地区信息基础设施水平的改善不仅减少了市场的信息不对称和不完全，而且提高了企业对于信息化资源的利用效率。这两个方面都会提高企业的产能利用率，并且，这种效应与企业的信息化程度有关，信息化程度大的企业获得了更大的产能利用率提升。

为进一步考察信息基础设施的作用，验证假说 2，参考 Nunn（2007）的主要思想，加入地区信息基础设施水平和企业的信息化程度的交互项，建立面板固定效应回归模型：

$$
\begin{aligned}
\ln CU_{fict} = {} & \alpha_f + \delta_t + \beta IT_{fic} \times INFR_{ct} + \beta' IT_{fic} + \gamma_1 \ln productivity_{fict} \\
& + \gamma_2 \ln Awage_{fict} + \gamma_3 Export_{fict} + \gamma_4 \ln KL_{fict} + \gamma_5 Temporaryworker_{fic} \\
& + \gamma_6 Income_{fict} + \varepsilon_{fict}
\end{aligned}
\tag{15-2}
$$

式中，$INFR_{ct}$ 表示城市 c 在时期 t 的信息基础设施水平，若城市的信息基础设施水平与企业的信息化程度的交互项的回归系数 β 显著为正，则说明地区信息基础设施水平提高放大了企业信息化投入所造成的产能利用率的提高，验证了假说 2。

王永进等（2017）将地区信息基础设施水平以及地区信息基础设施水平与企业信息

化程度的交互项作为主要解释变量，面板固定效应的回归结果如表 15－2 和表 15－3 所示。表 15－2 和表 15－3 分别使用 $I1$ 和 $I2$ 作为地区信息基础设施水平的衡量指标，第（1）列表示单独的地区信息基础设施水平对于企业产能的影响，第（2）列～第（5）列分别表示用地区信息基础设施水平与代表企业信息化程度的指标 IT Investment、E-sale、IT Employment 和 IT Train 的交互项作为解释变量的回归结果。在面板回归中剔除了不随时间变化的控制变量。

表 15－2 地区信息基础设施、企业信息化程度与产能利用率的面板回归结果（1）

	(1) lnCU	(2) lnCU	(3) lnCU	(4) lnCU	(5) lnCU
IT Investment ×$I1$		0.000 224			
		(0.54)			
E-sale×$I1$			0.000 128		
			(0.37)		
IT Employment ×$I1$				0.004 84***	
				(6.08)	
IT Train×$I1$					0.000 132
					(0.25)
$I1$	0.020 0***	0.019 1***	0.019 4***	−0.015 5**	0.019 4***
	(8.37)	(6.36)	(6.72)	(−2.45)	(5.56)
lnproductivity	0.083 3***	0.083 2***	0.083 3***	0.083 5***	0.083 3***
	(35.67)	(35.57)	(35.63)	(35.78)	(35.67)
lnAwage	0.241***	0.241***	0.241***	0.234***	0.241***
	(18.84)	(18.78)	(18.79)	(18.23)	(18.80)
lnKL	−0.014 3***	−0.014 3***	−0.014 3***	−0.013 6***	−0.014 3***
	(−6.11)	(−6.11)	(−6.11)	(−5.84)	(−6.11)
Temporaryworker	0.001 97***	0.001 97***	0.001 97***	0.001 91***	0.001 97***
	(7.95)	(7.95)	(7.95)	(7.74)	(7.94)
Income	1.30e－09	1.26e－09	1.28e－09	2.50e－10	1.27e－09
	(0.83)	(0.80)	(0.81)	(0.16)	(0.80)
_cons	2.338***	2.341***	2.340***	2.380***	2.339***
	(27.40)	(27.37)	(27.37)	(27.82)	(27.37)
观测值	36 456	36 456	36 456	36 456	36 456
R^2	0.086 9	0.086 9	0.086 9	0.088 3	0.086 9

注：所有截面回归均控制了城市固定效应和行业固定效应，*** 和 ** 分别表示在 1%和 5%的显著性水平上统计显著，括号内为 t 值。

资料来源：王永进，匡霞，邵文波．信息化、企业柔性与产能利用率［J］．世界经济，2017，40（1）：67－90.

表 15－3 地区信息基础设施、企业信息化程度与产能利用率的面板回归结果（2）

	(1) lnCU	(2) lnCU	(3) lnCU	(4) lnCU	(5) lnCU
IT Investment ×$I2$		0.004 97***			
		(11.71)			
E-sale×$I2$			0.003 56***		
			(9.38)		

续表

	(1) lnCU	(2) lnCU	(3) lnCU	(4) lnCU	(5) lnCU
IT Employment ×$I2$				0.017 3***	
				(25.92)	
IT Train×$I2$					0.006 89***
					(11.36)
$I2$	0.029 1***	0.006 41	0.009 71**	−0.108***	−0.005 11
	(7.75)	(1.52)	(2.26)	(−16.71)	(−1.06)
观测值	36 456	36 456	36 456	36 456	36 456
R^2	0.086 5	0.091 7	0.089 8	0.111	0.091 4

注：所有截面回归均控制了城市固定效应和行业固定效应，*** 和 ** 分别表示在1%和5%的显著性水平上统计显著，括号内为 t 值。

资料来源：王永进，匡霞，邵文波．信息化、企业柔性与产能利用率［J］．世界经济，2017，40（1）：67－90.

回归结果显示，单独的信息基础设施面板回归结果显著为正；不同指标衡量的交互项的回归系数均为正，绝大部分都显著，只有以 $I1$ 衡量的信息基础设施水平的少数交互项变得不显著。王永进等（2017）认为，这可能是因为人均互联网用户随着时间推移变化相对较快，而由于企业的信息化程度不随时间的推移而变化，因此在加入水平项之后，面板回归的时间维度变化更多体现在水平项中，被水平项“吸收”了。但这并不影响该命题的结论，表明信息基础设施水平提高对于企业的产能利用率有明显的促进作用，并且对于信息化程度更高的企业作用更明显，从而验证了理论部分的假说 2，与预期完全一致。在加入其他各项控制变量后并没有改变解释变量的显著性，其余变量的系数与截面回归的结果大体一致。

所不同的是，一方面，Temporaryworker 的系数变得显著，而 Income 的系数变得不显著。王永进等（2017）认为，这可能是因为企业绝对规模大小会影响企业的产能，但是加入时间因素以后，规模的变化对于产能的影响并不明显，而企业临时工相对数量的作用效应则正好相反，企业临时工相对数量的增加提高了劳动力的灵活性，从而使得企业能更为灵活地调整劳动力的投入。①

第三节 互联网平台化组织模式的创新促进机制

一、概念

在正式讨论该理论命题前，我们需要对该理论命题的核心概念“互联网平台化组织模式”有一个整体的理解。

“互联网平台是通过网络信息技术，使相互依赖的双边或者多边主体在特定载体提供

① 为了验证设想，王永进等（2017）采用 OLS 对交互项进行截面回归，结果发现，交互项的回归系数显著为正。

的规则下交互，以此共同创造价值的商业组织形态。”① 互联网平台具有网络集聚性，不受地域或行业的限制，利用网络集聚线下的海量产品和服务。同时，互联网平台具有交叉网络外部性，平台上商户越多，消费者获得的收益越大；平台上消费者越多，商户能够实现的交易量和交易额也越大。

得益于网络外部性和规模经济，相较于传统企业，互联网平台企业的增长速度更快、成长周期更短、规模更大。在组织形式上，互联网平台企业与传统企业也显著不同。传统企业的权力源自其产权，源自其与员工之间的雇佣关系。而互联网平台企业与平台上的多边用户，如生产者、消费者、开发者等，均没有从属关系或雇佣关系，不能直接决定平台上的用户行为。以电商平台为例，电商平台上的非自营卖家独立决定自己生产什么、如何生产和产品价格与质量。互联网平台主要凭借其技术、用户链接的核心地位，发挥“看门人”的作用，控制平台准入、治理规则以及收益分配。互联网平台企业与平台上的用户分散决策，平台决定其对用户收取的会员费或交易费大小，而用户之间的交易则完全由用户自主决定。②

二、理论命题的提出

互联网平台的相关研究聚焦于互联网平台的网络外部性特征，研究平台最优定价、平台竞争策略及平台规制等问题。早期的经典文献为分析平台的网络外部性提供了基本框架，如 Rochet & Tirole（2006）和 Armstrong（2006）。互联网平台具有显著的网络外部性特征，平台上活跃用户或交易数量越多，平台对用户的价值越高，而平台定价必须考虑这种网络外部性，选择合理的价格结构。正因如此，互联网平台定价不一定能反映其成本，高成本加成定价不一定意味着垄断势力，低于边际成本的定价也不一定是掠夺性定价。而且，由于网络外部性和规模经济特征，互联网平台在突破一定的用户容量后，可以迅速发展，形成正反馈效应，进而可能造成“赢者通吃”现象。后续研究主要将模型扩展到更一般的情形，考察平台用户的异质性、多归属和平台竞争等因素的影响以及平台规制与反垄断等问题（Hagiu & Wright，2015；Jullien & Pavan，2019；Tan & Zhou，2021）。国内相关文献则主要从中国互联网平台实践出发，重点研究平台上产品质量（王宇等，2019；刘小鲁和鲍仁杰，2020）、平台“二选一”（曾雄，2021）和平台规制与反垄断等问题（王勇等，2020；杜创，2021）。这些研究往往突出平台市场规律的特殊性及其对一般市场规律的颠覆，但是没有考虑互联网平台化组织模式作为一种重要的商业模式创新，对生产企业行为的冲击和影响，尤其是对生产企业创新行为的影响。互联网平台的出现如何影响企业的创新行为？相对于传统模式，平台化组织模式是有利于还是不利于企业创新？平台上的线上企业与平台下的线下企业的创新行为如何？这些重要的问题仍没有答案。

基于此，欧阳耀福（2023）提出了“互联网平台化组织模式的创新促进机制”这一理论命题。

---

① 该定义来自 2021 年《国务院反垄断委员会关于平台经济领域的反垄断指南》。

② 关于平台化组织模式与传统企业组织模式在组织上的差异，详见 Kretschmer et al.（2022）。

理论命题 15-2

互联网平台化组织模式不仅可以打破市场割据，加剧生产企业之间的竞争，对生产企业的创新行为产生竞争效应；而且还会对生产企业产生规模效应或网络外部性，提高其创新收益。因此，互联网平台化组织模式可以提高线上企业的创新水平、降低线下生产企业的创新水平。而且，互联网平台对线上生产企业创新水平的促进作用随着互联网平台覆盖的市场数量增加而变大。

资料来源：欧阳耀福．互联网平台化组织模式对企业创新的影响研究 [J]. 经济研究，2023，58（4）：190-208.

该理论命题首次研究了互联网平台化组织模式与企业创新的良性互动关系，建构了平台化组织模式与企业创新之间的机制理论，为理解中国数字经济和平台经济的发展提供了一个新的视角。

三、理论命题的具体内容

经典技术创新平台理论假定创新平台与平台上的第三方开发者之间存在创新互补关系，研究平台提供创新组件、互补式创新、纵向合并的激励（Gawer & Henderson，2007；Hagiu & Spulber，2013；Jeziorski，2014）。创新平台的规则尤其是平台开放与否也是这类研究的重点（Parker & Van Alstyne，2018）。平台开放与否会面临“采用与专有”之间的权衡。开放平台会降低进入壁垒，强化平台内竞争，降低创新者的创新收益，但是开放平台也会减少创新者对平台锁定的恐惧，促进平台的推广应用。欧阳耀福（2023）聚焦于交易性平台、互联网平台与生产企业之间不存在创新互补性，确定了互联网平台化组织模式本身对生产企业创新的影响。互联网平台对线上生产企业的创新会产生竞争效应和规模效应两种效应，而对线下生产企业的创新只有竞争效应。

考虑市场上有两家生产企业：生产企业 1 和生产企业 2，其各自都拥有自己的本地市场。由于地理距离、空间或制度等障碍，两家生产企业都只能在本地市场运营销售，是本地市场的垄断者。但是，随着数字经济的发展，市场上出现了一个垄断互联网平台。两家生产企业可以选择支付一定的会员费 F 加入互联网平台，把自己的产品销售到所有市场上。选择不加入互联网平台的生产企业仍然只能在自己的本地市场销售。

市场需求结构是线性的。当本地市场只有本地生产企业销售产品时，给定其产品价格为 p_i，代表性消费者只能消费一种产品，其效用是消费数量 q_i 的函数：

$$u(q_i) \equiv a_i q_i - q_i^2 - p_i q_i \tag{15-3}$$

但是，当本地市场通过互联网平台接入了其他生产企业的产品后，消费者可以消费两种产品。给定两种产品价格分别为 p_1 和 p_2，代表性消费者的效用函数是两种产品的消费数量 $q=(q_1, q_2)$ 和所需要支付的价格总和 I 的函数：

$$u(q, I) = \sum_{i=1}^{2}(a_i q_i - q_i^2) - 2\sigma q_1 q_2 - I \tag{15-4}$$

式中，价格总和 $I=\sum_{i=1}^{2}p_iq_i$。在消费者需求函数（15-3）和（15-4）中，$a_i=1+s_i$，s_i 是生产企业 i 的创新水平，即消费者的支付意愿是生产企业创新水平的函数。生产企业创新水平越高，消费者对其产品的支付意愿也越高，即生产企业的创新活动是一种产品创新。同时，生产企业的创新不是颠覆式创新，而是一种渐进式创新。生产企业 1 和生产企业 2 的产品是替代品，两家企业产品的可替代程度由参数 $\sigma\in[0,1]$表示。$\sigma=0$ 意味着两家企业的产品是完全独立的，而 $\sigma=1$ 则意味着两家企业的产品是完全可替代的。

为简单起见，假定两家生产企业都没有固定成本，而且产品的边际成本也为零。① 但是，生产企业的创新活动是有成本的，需要支出产品研发费用。为了实现创新水平 s_i，生产企业需要付出的产品研发费用为：

$$c(s_i)=\frac{ks_i^2}{2} \tag{15-5}$$

式中，$i\in\{1,2\}$，$k\geqslant\underline{k}:=1/2(1-\sigma^2)$。这一参数设定保证了两家生产企业同时加入互联网平台可以达成市场均衡。根据 Haucap et al.(2019)，k 可以用来衡量行业的研发强度。当 k 比较大时，生产企业的产品创新活动的单位成本比较高，该行业的研发强度比较低；而当 k 比较小时，该行业的研发强度比较高。

互联网平台、两家生产企业和消费者之间的动态博弈结构如下：在博弈的第一阶段，互联网平台决定向加入平台的生产企业收取会员费 F。之后，观察到平台的会员费定价后，生产企业 1 和生产企业 2 同时选择是否加入互联网平台$D_i\in\{Y,N\}$。两家生产企业是否加入互联网平台的决定是公开信息。之后，生产企业 1 和生产企业 2 同时选择其创新水平和产品价格组合$\{(p_1,s_1),(p_2,s_2)\}$。最后，消费者决定自己的消费数量（q_1，q_2），并按照相应的价格完成支付。

上述博弈不存在信息不对称，是一个完全信息的动态博弈，均衡解的概念是子博弈完美纳什均衡。互联网平台的策略是选择最优的会员费 F，最大化其期望利润。其中的权衡是：会员费过高会使得一家甚至两家生产企业都不加入平台的结果，而会员费过低则会损失一部分利润。在市场均衡中，互联网平台确定最优的会员费，可能出现只有一家生产企业加入平台或两家生产企业都加入平台的结果。给定互联网平台确定的会员费，生产企业 1 和生产企业 2 的策略包括两个行动：首先选择是否加入互联网平台 $D_i\in\{Y,N\}$，$i\in\{1,2\}$，其中 Y 表示生产企业加入互联网平台，N 表示生产企业不加入互联网平台；然后确定最优的创新水平 s_i 和产品价格 p_i。因此，生产企业 i 的策略可以表示为$\{D_i,(s_i,p_i)\}$，$i\in\{1,2\}$。消费者的策略是给定互联网平台的策略和两家生产企业的策略，决定两种商品的消费数量，即 $\{q_1,q_2\}$。当消费者所在市场只有本地生产企业提供的产品时，只需要决定消费该产品的数量 q_i。接下来，利用倒推法求解博弈的均衡。

在博弈的第二阶段和第三阶段，给定两家生产企业均不加入平台时，市场均衡如下：

---

① 可以不失一般性地假定企业没有固定成本，因为两家企业是否存在固定成本主要影响企业是否会进入市场，而不会影响企业进入市场后的行为。对于边际成本，只需要假设两家企业的边际成本不存在差异，即假定两家企业都拥有相同的边际成本 c。这与该命题的分析是一样的，只需要将所有市场均衡价格从 p 变为 $p+c$ 即可。

引理 1：当两家生产企业都不加入互联网平台时（$D_1=D_2=N$），两家生产企业的均衡创新水平和产品价格分别为 $p_1^m=p_2^m=\frac{2k}{4k-1}$ 和 $s_i^m=s_2^m=\frac{1}{4k-1}$。此时两家生产企业的均衡利润为 $\pi_1^m=\pi_2^m=\frac{k}{8k-2}$。

类似地，给定两家生产企业均加入平台时，市场均衡如下：

引理 2：当两家生产企业都加入互联网平台时（$D_1=D_2=Y$），两家生产企业的均衡创新水平和产品价格分别为 $p_1^{\text{both}}=p_2^{\text{both}}=\frac{k(1-\sigma^2)}{k(2+\sigma-\sigma^2)-1}$ 和 $s_1^{\text{both}}=s_2^{\text{both}}=\frac{1}{k(2+\sigma-\sigma^2)-1}$。此时，两家生产企业的均衡利润为：$\pi_1^{\text{both}}=\pi_2^{\text{both}}=\frac{k(2k(1-\sigma^2)-1)}{2(1+k(-2+\sigma)(1+\sigma))^2}-F$。

最后，给定只有一家生产企业加入平台时，市场均衡如下：

引理 3：当只有一家生产企业选择加入互联网平台，即 $D_i=Y$，$D_j=N$，$i\neq j\in 1,2$ 时，加入平台的生产企业的均衡产品价格和创新水平分别为 $p_i^{\text{on}}=\frac{2k(-1+\sigma)(1+\sigma)(1+k(-4+\sigma+3\sigma^2))}{2-\sigma^2+k(-12+13\sigma^2-3\sigma^4)+2k^2(8-13\sigma^2+5\sigma^4)}$ 和 $s_i^{\text{on}}=\frac{(-2+\sigma^2)(1+k(-4+\sigma+3\sigma^2))}{2-\sigma^2+k(-12+13\sigma^2-3\sigma^4)+2k^2(8-13\sigma^2+5\sigma^4)}$；不加入平台的生产企业的均衡产品价格和创新水平分别为 $p_j^{\text{off}}=\frac{2k(-1+\sigma)(1+\sigma)(-2+\sigma^2+k(4-2\sigma-3\sigma^2+\sigma^3))}{2-\sigma^2+k(-12+13\sigma^2-3\sigma^4)+2k^2(8-13\sigma^2+5\sigma^4)}$ 和 $s_j^{\text{off}}=\frac{-2+\sigma^2+k(4-2\sigma-3\sigma^2+\sigma^3)}{2-\sigma^2+k(-12+13\sigma^2-3\sigma^4)+2k^2(8-13\sigma^2+5\sigma^4)}$。两家生产企业的均衡利润分别为 $\pi_i^{\text{on}}=\frac{k(-2+\sigma^2)(2-\sigma^2+4k(-1+\sigma^2))(1+k(-4+\sigma+3\sigma^2))^2}{2(2-\sigma^2+k(-12+13\sigma^2-3\sigma^4)+2k^2(8-13\sigma^2+5\sigma^4))^2}-F$ 和 $\pi_j^{\text{off}}=\frac{k(1+4k(-1+\sigma^2))(-2+\sigma^2+k(4-2\sigma-3\sigma^2+\sigma^3))^2}{2(2-\sigma^2+k(-12+13\sigma^2-3\sigma^4)+2k^2(8-13\sigma^2+5\sigma^4))^2}$。

回到博弈的第一阶段，继续分析互联网平台的最优会员费 F，最大化平台的利润，以此确定博弈的均衡。

定义两个参数 F_1^* 和 F_2^*，博弈的市场均衡如下。

定理 1：当 $2F_1^*\geqslant F_2^*$ 时，互联网平台会收取较低的会员费 F_1^*，均衡中两家生产企业都选择加入互联网平台，两家生产企业的均衡创新水平、产品价格和利润由引理 2 给出。

反之，当 $2F_1^*<F_2^*$ 时，互联网平台会收取较高的会员费 F_2^*，均衡中只有一家生产企业选择加入互联网平台，两家生产企业的均衡创新水平、产品价格和利润由引理 3 给出。

基于以上市场均衡，研究互联网平台的出现对生产企业创新水平的影响，即对比本地垄断与互联网平台出现后的均衡创新水平，得到如下定理。

定理 2：当 $2F_1^*\geqslant F_2^*$ 时，两家生产企业的均衡创新水平都高于本地垄断情形下的创新水平（$s_i^{\text{both}}>s_i^m$）；当 $2F_1^*<F_2^*$ 时，加入平台的线上生产企业的均衡创新水平高于本

地垄断情形下的创新水平（$s_i^{on}>s_i^m$），但是没有加入平台的线下生产企业的均衡创新水平低于本地垄断情形下的创新水平（$s_i^{off}<s_i^m$）。

定理2表明，互联网平台化组织模式一定可以提高加入平台的线上生产企业的创新水平，但是当市场均衡中只有一家生产企业加入互联网平台时，互联网平台化组织模式会降低没有加入平台的线下生产企业的创新水平。

直观上，互联网平台化组织模式对线上生产企业的创新水平会产生两种效应：一是规模效应，加入互联网平台后，线上生产企业可以接入所有市场的需求，扩大其产品的市场规模，进而增加其创新的边际收益；二是竞争效应，当互联网平台进入当地市场后，市场结构从本地垄断变成了寡头竞争，而且生产企业间的竞争会随着两家生产企业的产品可替代程度提高而加剧，降低生产企业的产品价格，减少生产企业创新的边际收益。这两种效应的相对大小决定了互联网平台化组织模式对生产企业创新水平的影响。

根据定理1可知，当两家生产企业的产品替代程度较小或行业的创新强度相对较低时，市场均衡为两家生产企业都加入互联网平台。此时，由于两家生产企业的产品替代程度相对较低，互联网平台化组织模式造成的竞争效应比较小，规模效应占优，生产企业的创新边际收益增加、创新激励增强，均衡中两家生产企业的创新水平均提高。但是，当两家生产企业的产品替代程度比较大且行业的创新强度较高时，均衡中只有一家生产企业加入互联网平台。加入互联网平台的生产企业可以在保持本地市场垄断的情况下，扩大自己的市场需求，加入平台的规模效应一定高于竞争效应，因为竞争只发生在外地市场。因此，均衡中加入平台的线上生产企业的均衡创新水平会提高。相对地，对没有加入平台的线下生产企业而言，互联网平台对其创新的影响只有竞争效应，没有规模效应，创新的边际收益降低，导致其创新水平相应降低。

为考察上述主要结论的稳健性，将模型扩展到n家生产企业的情形，分析此时的市场均衡创新水平，比较其与本地垄断和社会最优创新水平的大小。拓展模型只分析所有生产企业都加入互联网平台的市场均衡结果，而不考虑只有部分生产企业加入互联网平台及整个市场的均衡结果。

考虑存在n家生产企业，每家生产企业都拥有一个本地市场。每家生产企业都可以支付一定的会员费加入互联网平台。不加入互联网平台的生产企业只能在本地市场销售，而加入互联网平台的生产企业则可以在所有市场销售。市场需求结构是线性的。设生产企业i的产品价格为p_i，其中$i\in\{1,2,\cdots,n\}$。代表性消费者的效用函数是消费向量$q=(q_1,q_2,\cdots,q_n)$和支付的价格总和I的函数：

$$u(q,I)=\sum_{i=1}^{n}(a_iq_i-q_i^2)-2\sigma\sum_{i=1}^{n}\sum_{j>i}^{n}q_iq_j-\sum_{i=1}^{n}p_iq_i \tag{15-6}$$

式中，$a_i=1+s_i$。为保证均衡中产品价格和创新水平为正，假定$k>\underline{k}':=\frac{n+(-2+n)n\sigma}{2(2+(-3+n)\sigma)(1+(-1+n)\sigma)}$。求解消费者效用最大化问题可得，所有生产企业都加入互联网平台的需求函数为：$q_i^n=\frac{a_i-p_i}{2(1-\sigma)}-\frac{\sigma\sum_{j=1}^{n}(a_j-p_j)}{2(1-\sigma)(1-\sigma+n\sigma)}$。

因此，生产企业 i 的利润最大化问题为：$\max_{p_i, s_i}\pi_i = np_i q_i^n - \frac{k}{2}s_i^2$。求解该利润最大化问题可得，所有生产企业都加入互联网平台的最优价格和创新水平分别为 $p_i^n = \frac{2k(1-\sigma)(1-\sigma+n\sigma)}{2k(2-3\sigma+n\sigma)(1-\sigma+n\sigma)-n(1-2\sigma+n\sigma)}$ 和 $s_i^n = \frac{n(1-2\sigma+n\sigma)}{2k(2-3\sigma+n\sigma)(1-\sigma+n\sigma)-n(1-2\sigma+n\sigma)}$。

对 s_i^n 关于 n 求导，可得：$\frac{\partial s_i^n}{\partial n} = \frac{2k(1-\sigma)(2+\sigma(-7+4n+2(3+(-3+n)n)\sigma))}{(n+(-2+n)n\sigma-2k(2+(-3+n)\sigma)(1+(-1+n)\sigma))^2} > 0$。因此，当所有生产企业都加入互联网平台后，生产企业的创新水平随着本地市场的数量增加而增加。此时生产企业的创新水平高于只有两家生产企业情形下的创新水平，也高于本地垄断情形下的创新水平：

$$s_i^n > s_i^{both} > s_i^m \tag{15-7}$$

直觉上，当所有生产企业都加入互联网平台后，市场需求随着本地市场的数量 n 增加而增大，互联网平台对生产企业创新的规模效应越大，就越会促使生产企业进一步提高其创新水平。将以上分析总结如下。

定理 3：当市场中存在 n 个本地市场且所有生产企业都加入互联网平台时，(1) 市场均衡创新水平和社会最优创新水平分别为 $s_i^n = \frac{n(1-2\sigma+n\sigma)}{2k(2-3\sigma+n\sigma)(1-\sigma+n\sigma)-n(1-2\sigma+n\sigma)}$ 和 $s_i^s = \frac{n}{2k(1+(n-1)\sigma)-n}$，对所有 $i\in\{1,2,\cdots,n\}$；(2) 市场均衡创新水平高于本地垄断情形下的创新水平，随着互联网平台覆盖的本地市场数量 n 增加，均衡创新水平 s_i^n 也提高。

第四节 数字基础设施支撑的企业数字化转型

一、概念

在正式进入该理论命题前，我们需要对该理论命题的核心概念“数字化转型”有一个整体的理解。

（一）数字化转型的内涵

数字化转型是指由信息技术应用引发的企业变革。部分学者认为，数字化转型是企业对计算机、通信设备和软件的研发使用，从而借助数字技术推动生产流程和组织结构等方面的优化升级（Jorgenson & Vu，2005；Fueki & Kawamoto，2009；Legner et al.，2017），形成数字化的经营思维与价值观念，最终实现重大业务改进和组织变革（Agarwal et al.，2010；Westerman et al.，2011；Karimi & Walter，2015；Matt et al.，2015；Vial，2019）。就其本质而言，数字化转型被视为行业发展与数字技术融合应用的过程，即通过全方位、系统化变革和重塑企业人力资源、业务流程、组织架构等环节，形成新的商业模型和价值创造路径，其内涵主要包括技术应用、组织变革和价值创造三个方面。

首先，技术应用。数字技术是数字化转型的重要驱动力，企业借助数字技术和数字算法更快速地收集、处理并储存数据资源（Christensen，2016），打通企业生产经营的各个环节，进而加强业务与技术融合并提升数字化运营水平。早期阶段将互联网视为推动企业数字化转型的主要新信息技术之一（Andal-Ancion et al.，2003），突出强调信息技术对组织架构、流程等的适应能力。此后数字技术范畴逐步扩展为移动技术、云技术和物联网技术等（Sebastian et al.，2017），并陆续应用于企业生产管理各环节，打破了企业原有的竞争模式、竞争机制和竞争边界，致使企业不得不面临来自不同领域的颠覆式创新和替代式竞争（Porter & Heppelmann，2014；戚聿东和肖旭，2020）。在此背景下，企业加速向数字化转型的道路迈进，通过应用数字技术并根据不断变化的数字化环境调整业务流程和企业实践活动，来获得竞争优势。

其次，组织变革。借助数字技术，企业对传统组织进行多维度创新与变革。在人力资源方面，企业通过招聘首席数字官并构建独立员工团队，在组织内创建跨职能团队和多学科能力网络，以此促进知识跨界交流，推动数字化转型进程（Ghobakhloo & Azar，2018）；在组织结构方面，数字化转型下组织结构向网络化和扁平化转型，不再依赖于传统层级式管理体系，而是通过信息化手段突破部门间壁垒，促进信息共享和团队协作，从而实现高效、灵活的二维组织模式创新（戚聿东和肖旭，2020）；在业务流程方面，数字技术能够改变企业整体业务流程，通过快速测试、更新市场假设以及市场反馈数据进行策略调整，从而满足客户需求。

最后，价值创造。数字化转型将不断推动企业价值体系优化、创新和重构，通过构建企业价值网络并形成数字化通道，创造新的价值主张和价值创造路径（Loebbecke & Picot，2015；Björkdahl，2020）。一方面，价值网络的重构致使企业绕过中介机构与价值网络参与者进行直接交流，达到去中介化效果并实现价值共创（Hansen & Sia，2015）；另一方面，数字化通道拓展和改进了企业内部和外部沟通渠道，这主要表现为数字化系统软件打通了内部沟通渠道，有助于协调企业内部活动（Newell & Marabelli，2015）。同时企业通过建立与用户进行直接对话的数字化通道来建立多渠道营销战略（Hansen & Sia，2015）。

综上，数字化转型是企业利用数字技术对组织模式进行重塑、再造与革新的重要方式。

（二）数字化转型的外延

在体现形式上，基于 5G、云计算、大数据和人工智能等数字技术在企业内部的融合应用构成了数字化转型的外在表象。从转型过程来看，首先，考虑到传统无线网络在系统容量和时延等方面存在不足，无法满足智能制造的应用场景和数据复杂多变的工业现场，企业借助 5G 技术积极推进智能制造和智能工厂建设；其次，为降低硬件采购和维护成本，解决“信息孤岛”问题，企业在数字化转型过程中积极部署云计算，通过将企业资产及相关业务迁移到云端，在整合更多技术、人力、客户等资源的同时，快速开发和部署新的应用程序和服务，加速创新和产品上线速度；再次，企业运用大数据技术将数据应用在各种业务和运营场景中，由此促进数据资源整合，打通各个环节数据链条，形成全流程的数据闭环；最后，通过人工智能等技术对客户进行精准营销，形成基于销售数据分析和全生命周期管理的数字化服务。

从转型结果来看，企业通过 5G、云计算、大数据、人工智能等数字技术，构建了以数据为驱动的智能生产、柔性供应、精准营销等业务场景，并最终实现了体验优化、效率提升和价值创造。5G、云计算等技术能够助力企业整合内外部数据，实现业务场景一体化分析，进而帮助企业更深入地洞察和指导自身经营管理，在实现流程优化的同时驱动智能化决策。大数据技术的精准分析能力则优化了企业资源配置，促使企业提供符合市场需求的高质量产品，实现降本增效和柔性生产；人工智能技术通过构建动态的客户画像，助力企业不断创新产品的交付和服务模式，并提高与客户的持续互动能力，最终实现价值创造模式从“以产品为中心”向“以客户为中心”转变。

二、理论命题的提出

进入数字经济时代，数字化转型成为企业重塑生产、经营以及管理等组织模式的重要手段（Agarwal et al.，2010；Vial，2019）。在初级层面，加快信息通信等数字技术在企业内部的运用构成了数字化转型的基础（Jorgenson & Vu，2005；Fueki & Kawamoto，2009；Westerman et al.，2011）。研发、引进并利用数字化设备对组织活动进行集成化管理能够提高企业经营效率、强化企业市场竞争力（Kromann et al.，2020；Verhoef et al.，2021）。但这一转型路径局限于企业内部，并未形成协同式的数字化发展模式。在高级层面，数字化转型逐渐被定义为企业的数字化经营思维、数字化组织结构以及数字化生产活动，并在产业链协同合作中形成广泛的数字化生态系统（Karimi & Walter，2015；Matt et al.，2015）。但从实施效果来看，现阶段的数字化转型进程因企业转型能力不足和转型资源匮乏等诸多因素而停留于初级阶段，如何引领数字化转型跃升至高级阶段，是对数字经济领域研究提出的重大挑战。

基于此，王海等（2023）提出了“数字基础设施支撑的企业数字化转型”这一理论命题。

理论命题 15-3

数字基础设施政策实施会带动软件信息技术服务业发展、提高市场竞争程度以及改善企业经营状况，助力企业数字化转型。

资料来源：王海，闫卓毓，郭冠宇，等．数字基础设施政策与企业数字化转型：“赋能”还是“负能”？[J]．数量经济技术经济研究，2023，40（5）：5-23.

该理论命题首次将政府行为纳入数字经济领域的研究框架，验证了“有为政府”在助力企业数字化转型、加快数字经济发展过程中起到的积极作用，丰富了数字化转型理论的研究内容。一方面，现有研究侧重于关注数字化转型的经济绩效，对于数字化转型的动因研究有所不足。王海等（2023）基于政府行为的视角对数字化转型的促进因素予以解读，是对数字化转型领域研究的重要完善。另一方面，现有研究因数据可得性原因而局限于某一类数字基础设施的影响评估。王海等（2023）在全面收集政策文本数据的基础上，从理论和实证两个方面解读了数字基础设施政策的影响方向与作用机理，丰富了数字经济领域的研究策略。

三、理论命题的具体内容

作为数字经济发展的底部支撑，大数据中心、物联网等数字基础设施直接关系到数字化转型相关技术和方案的供给质量。然而，由于数字基础设施建设具有前期投入大、资金回收慢、不确定性风险高等特征，社会资本的投资积极性明显不足。对此，为响应中央战略部署，地方政府纷纷出台数字基础设施政策，以此激励、引导区域数字基础设施建设，这也将对企业数字化转型产生显著影响。具体来说，作为政府引导地区数字基础设施建设而制定的产业政策，数字基础设施政策不仅能够为开展数字化活动的企业提供银行信贷、政府补助等转型资源支持，缓解数字化转型“协调失灵”困境，还能通过推动软件与信息技术服务业发展等方式（郭凯明和潘珊，2020），解决企业“数字底座”不牢、转型经验不足等问题，从而为企业转型提供可行路径。由此可见，数字基础设施政策不仅注重培育新兴技术与产业，也突出强调数字技术和传统产业的深度融合。因此，地方政府发布的数字基础设施政策不仅可以指导区域数字基础设施升级路径，还具有推动企业数字化转型的政策潜力。

基于此，王海等（2023）提出了假说 1。

假说 1：数字基础设施政策对企业数字化转型的影响是正向的。

在对理论分析的实证检验方面，王海等（2023）从政府网站以及北大法宝法律数据库中全面收集、整理相应数字基础设施政策文本，建立了数字基础设施政策数据库。对于企业数字化转型水平的衡量，使用企业年报中“人工智能技术”、“大数据技术”、“区块链技术”、“云计算技术”以及“数字技术应用”五类关键词出现的频次，在此基础上，利用其汇总后加 1 的对数值来刻画。

验证假说 1 使用的基准回归模型为：

$$\text{digital}_{it}=\beta_0+\beta_1\text{policy}_{j,t-1}+\theta_1 X_{it}+\theta_2 X'_{jt}+\lambda_t+\mu_i+\varepsilon_{ijt} \tag{15-8}$$

式中，i 为企业，t 为时间，j 为省份。解释变量为滞后 1 期的数字基础设施政策文本数量（$\text{policy}_{j,t-1}$）；被解释变量为企业数字化转型程度（digital_{it}）；X_{it} 和 X'_{jt} 分别为企业层面和宏观经济层面的一系列控制变量。在实际回归中，还对企业固定效应以及时间固定效应进行控制。

表 15-4 为数字基础设施政策对企业数字化转型的基准回归结果。结果显示，数字基础设施政策的系数都是显著为正的，这说明在其他条件不变时，数字基础设施政策可以显著促进企业数字化转型。

表 15-4 数字基础设施政策对企业数字化转型的基准回归结果

	(1)	(2)	(3)	(4)	(5)
			digital		
policy	0.005 0**	0.005 0**	0.005 1**	0.005 1**	0.004 7**
	(0.002 1)	(0.002 1)	(0.002 1)	(0.002 1)	(0.002 1)
size_emp		0.188 6***	0.169 2***	0.172 4***	0.170 4***
		(0.017 6)	(0.018 4)	(0.018 5)	(0.018 4)

续表

	(1)	(2)	(3) digital	(4)	(5)
age		−0.080 4***	−0.079 3***	−0.079 3***	−0.076 4***
		(0.026 3)	(0.026 0)	(0.025 9)	(0.026 0)
leverage			0.082 3	0.067 9	0.072 6
			(0.080 0)	(0.080 7)	(0.080 5)
liquid			−0.010 5*	−0.010 4*	−0.010 3*
			(0.005 6)	(0.005 6)	(0.005 6)
fixasset			−0.709 3***	−0.717 3***	−0.713 9***
			(0.096 6)	(0.096 4)	(0.096 2)
capinten			−0.000 4	0.000 7	0.000 3
			(0.008 3)	(0.008 3)	(0.008 3)
roa			−0.070 9	−0.047 3	−0.049 2
			(0.147 7)	(0.148 0)	(0.148 0)
cash			−0.250 2***	−0.230 6***	−0.223 6**
			(0.088 2)	(0.088 5)	(0.088 5)
dual				−0.046 7**	−0.046 6**
				(0.021 3)	(0.021 3)
top10				−0.165 2*	−0.147 9
				(0.096 6)	(0.096 9)
stru3					−0.002 4
					(0.003 1)
lgdp					0.216 0***
					(0.078 1)
finance					−0.016 8
					(0.057 9)
_cons	0.945 2***	0.880 6*	1.224 1**	1.310 9***	−0.871 6
	(0.009 9)	(0.479 6)	(0.483 1)	(0.484 5)	(1.030 6)
观测值	16 033	16 033	16 033	16 033	16 033
年份固定效应	是	是	是	是	是
企业固定效应	是	是	是	是	是
R^2	0.727 3	0.730 1	0.731 5	0.731 7	0.732 0

注：***、** 和 * 分别表示在 1%、5%和 10%的显著性水平上统计显著，括号内为标准误。

资料来源：王海，闫卓毓，郭冠宇，等．数字基础设施政策与企业数字化转型："赋能"还是"负能"？[J]．数量经济技术经济研究，2023，40（5）：5－23.

促进软件信息技术服务业发展是数字基础设施政策对企业数字化转型影响的第一个机制。就技术服务水平而言，由于行业管理思维僵化，加之技术能力有限且转型人才匮乏，致使企业数字化转型失败率居高不下（陈威如和王节祥，2021）。因此，企业数字化转型需要技术、资本、人才以及数据等多要素支撑的数字化转型服务。考虑到软件、信息技术等在数字化进程中发挥着重要的基础支撑作用，相关产业的发展能够有效加速企业向网络化、平台化、智能化方向转型。而数字基础设施政策的实施可以通过搭建面向中小企业发展的数字化赋能平台、推进产业转型升级示范区建设以及鼓励企业"上云用数赋能”等方式提高地区软件、信息技术服务水平，从而有利于优化企业数字化转型发展的外部环境，进而加速企业数字化转型发展。因此，数字基础设施政策的出台将有助于提升数字化转型服务市场的规模和活力，从而通过增强第三方服务机构的关键软件技术创新和供给能力来推动企业数字化转型（马荣等，2019）。

基于此，王海等（2023）提出了假说 2。

假说 2： *数字基础设施政策会促进软件信息技术服务业发展，从而促进企业数字化转型。*

在相应机制的实证检验方面，王海等（2023）借鉴邵帅等（2021）对渠道检验的论述，在构建机制变量的基础上，单独检验了解释变量与机制变量之间的关系。对于软件信息技术服务业发展变量，其使用省份层面软件业务收入的对数值（software）进行表征。表 15－5 报告了软件信息技术服务业发展渠道的回归结果。结果显示，数字基础设施政策会促进软件信息技术服务业发展，证实了软件信息技术服务业发展是数字基础设施政策对企业数字化转型影响的渠道之一。

表 15－5　软件信息技术服务业发展机制

	software
policy	0.018 7**
	(0.007 7)
_cons	−10.982 3***
	(4.086 3)
观测值	240
控制变量	是
年份固定效应	是
省份固定效应	是
R^2	0.987 5

注：*** 和 ** 分别表示在 1%和 5%的显著性水平上统计显著，括号内为标准误。

资料来源：王海，闫卓毓，郭冠宇，等．数字基础设施政策与企业数字化转型："赋能"还是"负能"？[J]．数量经济技术经济研究，2023，40（5）：5－23.

市场竞争是数字基础设施政策影响企业数字化转型的第二个机制。通常而言，竞争环境与产业竞争力是提升企业发展动力的关键（廖国民和王永钦，2003）。合理的市场竞争能够有效发挥优胜劣汰机制，从而有利于加速数字资源从低效率企业流向高效率企业，进而优化数字资源配置并提升企业生产效率（王永进和张国峰，2016）。相反，市场竞争程度越低，企业面临的现金流波动风险往往越高，抵御外部冲击的能力相对更弱，使得企业的数字化转型发展更易于受阻（陈志斌和王诗雨，2015）。而数字基础设施政策的实施能够通过加速新企业进入、鼓励企业跨界经营以及催生新产品等方式提高市场竞争程度，进而加速企业数字化转型发展。第一，随着数字基础设施政策出台，区域数字基础设施建设有助于降低企业交易成本、扩大企业市场范围并提升企业产品生产与市场需求的匹配速度（Toptal & Sabuncuoglu，2010）。此时，地区产业发展会吸引大量新企业进入，企业数量方面的扩张会明显加剧地区市场的竞争程度（刘修岩和张学良，2010）。第二，数字基础设施所带来的技术融合应用还会加快技术变革速度，缩短产品生命周期，激发产品创新活力，改变传统企业的生产方式和组织模式，从而衍生出新产品和新业态（Sun et al.，2020），由此促使企业围绕产品迭代展开激烈竞争。第三，数字基础设施政策的出台会促进地区数字技术的融合应用，该类技术融合会打破组织边界，便于企业跨界发展，由此形成替代性竞争效应（戚聿东和肖旭，2020）。市场竞争的不断强化会进一步压缩企业的盈利空间（Nielsen，2002；Haushalter et al.，2006），激励企业依托数字变革实现柔性化生产与个性化定制，推动产品及服务的高质量供给（戚聿东和肖旭，2020），以此提高其市场占有率。

基于此，王海等（2023）提出了假说3。

假说3：数字基础设施政策会加剧企业面临的市场竞争，促进企业数字化转型。

在市场竞争机制的实证检验方面，王海等（2023）采用与上文相同的方法。对于市场竞争变量，其采用地级市新企业注册数目加1的对数值（number）进行衡量。表15-6的结果表明，数字基础设施政策会提高市场竞争程度，进而促进企业数字化转型，证实了市场竞争是渠道之一。

表15-6 市场竞争机制

	number
policy	0.002 7*
	(0.001 6)
_cons	5.814 5***
	(0.513 5)
观测值	3 069
控制变量	是
年份固定效应	是
城市固定效应	是
R^2	0.963 4

注：***和*分别表示在1%和10%的显著性水平上统计显著，括号内为标准误。

资料来源：王海，闫卓毓，郭冠宇，等．数字基础设施政策与企业数字化转型："赋能"还是"负能"？[J]．数量经济技术经济研究，2023，40（5）：5-23.

改善企业经营状况是数字基础设施政策影响企业数字化转型的第三个机制。具体来说，数字基础设施政策还具有改善企业经营状况、强化内在能力建设，进而激励企业数字化转型的可能。对于企业而言，推进数字化转型需要大量资本投入，并可能产生沉没成本。在数字化转型初期，随着数字化投入的增多，产出效率却呈下降趋势，致使企业难以承受继续进行数字化投入的经营压力，甚至陷入"不转型等死、转型找死"的两难困境（刘淑春等，2021）。此外，现阶段数字产业发展基础薄弱，数字技术对传统企业的支撑作用不易发挥，加之数字化转型投入高、周期长、试错风险大，企业在盈利不足的情况下难以弥补数字化转型的成本投入，缺乏持续进行数字化改造的内在能力。在此背景下，数字基础设施政策的扶持可在扩大企业生产要素供给的同时，为企业发展提供资金支持，并能够激励其开展研发创新活动，从而提高企业利润率。

基于此，王海等（2023）提出了假说 4。

假说 4：数字基础设施政策会改善企业的经营状况，促进企业数字化转型。

在经营状况机制的实证检验方面，王海等（2023）采用与上文相同的方法。对于经营状况变量，其采用营业成本增长率（opercost_rate）、净资产收益率（ROE）进行衡量。表 15－7 的结果表明，数字基础设施政策会降低企业营业成本、提高企业净资产收益率，从而改善企业经营状况、促进企业数字化转型。

表 15－7　企业经营状况机制

	(1)	(2)
	opercost_rate	ROE
policy	-0.0055^{*}	0.0011^{**}
	(0.003 0)	(0.000 5)
_cons	-10.2302^{***}	−0.163 0
	(3.653 1)	(0.157 6)
观测值	13 419	16 018
控制变量	是	是
年份固定效应	是	是
企业固定效应	是	是
R^2	0.202 0	0.596 0

注：***、** 和 * 分别表示在 1%、5%和 10%的显著性水平上统计显著，括号内为标准误。

资料来源：王海，闫卓毓，郭冠宇，等．数字基础设施政策与企业数字化转型："赋能"还是"负能"？[J]．数量经济技术经济研究，2023，40（5）：5－23.

第五节　中国证据

理论命题 15－1 指出：信息化发展会提高企业的产能利用率，而这一作用在地区信息基础设施水平强的企业中更强。中国制造业企业的案例可以很好地论证这一理论命题。工业和信息化部 2021 年发布的《智能制造标杆企业案例集》指出：鞍钢集团矿业有限公司一方面通过利用新一代信息技术扩展了信息化应用的范围，使公司 2015—2018 年的劳动生产率提高了 90%；另一方面通过应用工业大数据技术，建立了高耗能设备的能耗分析模型，改造后每年节约了 1 734 吨标准煤，减少了约 4 577.5 吨二氧化碳排放，并且通过打造智能化集成平台，使得成本降低了 18%，不良品率下降了 50%，有效提高了产能利用率。类似地，作为我国最大的建材企业之一，安徽海螺集团有限责任公司通过将生产模式智能化和可视化，使生产线设备自动化控制率达到了 100%，生产效率提高了 21%，资源综合利用率提升了 5%，能源消耗下降了 1.2%，单个工厂每年减少二氧化碳排放 2.55 万吨，取得了显著的经济效益和社会效益，并极大提高了资源利用率。

理论命题 15－2 指出：互联网平台的出现会提高加入互联网平台的线上生产企业的创新水平，降低线下生产企业的创新水平。而且，互联网平台对线上生产企业创新的促进作用随着互联网平台覆盖的市场数量增加而变大。该理论命题为理解中国数字经济和平台经济的发展提供了一个新的视角。从专业分工的角度来看，互联网平台化组织模式得益于互联网的发展和应用，跨越了物理距离和空间的障碍，使生产者与消费者的供需匹配服务环节专业化，带来了规模经济和网络外部性，降低了市场摩擦和交易成本。这些是互联网平台化组织模式的直观优势，是显而易见的效率提升。然而，仅从专业化分工和降低交易成本的视角，很难解释中国数字经济和平台经济的长期高速发展态势。欧阳耀福（2023）的研究结论则对此提供了新的视角，即创新驱动的视角。创新是引领发展的第一动力，而且往往是可持续发展的驱动力。作为数字经济的典型模式，互联网平台化组织模式可以通过网络外部性推动行业竞争的同时带来规模效应，促进企业提高创新水平，以此形成了新组织模式与企业创新之间的良性互动关系，不断提高数字经济和平台经济的创新水平。这一点也可以解释为什么以淘宝、京东等为代表的交易性平台上不断涌现出新产品和质量更高的产品。通过这些互联网平台，消费者不仅可以享受更多的产品多样性，而且可以获得更高质量的产品，社会福利水平得到了极大的提升。

理论命题 15－3 指出：政府实施的数字基础设施政策能够助力企业数字化转型。日趋完善的数字基础设施体系对于数字化转型的积极影响可以很好地论证这一理论命题。据工业和信息化部《2023 年通信业统计公报》，截至 2023 年底，全国移动通信基站总数达 1 162 万个，其中 5G 基站为 337.7 万个；全国光缆线路总长度达 6 432 万公里，其中长途光缆线路、本地网中继光缆线路和接入网光缆线路长度分别达 114 万公里、2 310 万公里和 4 008 万公里；互联网宽带接入端口达到 11.36 亿个，比上年末净增 6 486 万个，其中光纤接入（FTTH/O）端口达到 10.94 亿个；具备千兆网络服务能力的 10G PON 端口达 2 302 万个；三家基础电信企业为公众提供服务的互联网数据中心机架达 97 万个。通信网络等数字基础设施的覆盖广度与宽度逐步加深，直接为企业发展数字技术、进行数字化转型提供了底层支撑。

第六节　结论性评述

本章通过对三个核心理论命题的分析，揭示了在数字贸易时代实现组织变革的关键路径。这些命题共同强调了技术驱动、平台赋能和政策支持在推动企业适应数字化环境、提升创新能力和优化产能结构中的重要作用，为企业在不断变化的数字贸易浪潮中把握机遇、实现转型升级提供了坚实的理论支撑和实践指导。理论命题 15－1 揭示了信息化如何通过提升企业柔性来优化产能利用率，尤其是在信息基础设施完善的地区，这一作用更为显著。理论命题 15－2 深入探讨了互联网平台化组织模式对企业创新的双重影响，指出了线上企业创新水平的提升与线下企业创新能力可能面临的挑战，同时强调了平台覆盖市场数量对创新促进作用的重要性。最后，理论命题 15－3 则突出了数字基础设施政策在企业数字化转型中的关键角色，证实了政府在推动数字经济发展中的积极作用。这三个命题共同构成了对组织变革理论的全面拓展，不仅拓展了产能利用率、企业创新和数字化转型理论的研究边界，也为我们理解数字贸易时代企业如何通过变革实现持续创新和优化运营提供了宝贵的视角和深刻的洞见。它们共同构成了一个有机的整体，揭示了在数字贸易背景下，组织变革不再是企业内部的一种选择，而是一种应对外部环境变化的必然趋势。

与理论命题 15-1 相关的国外前沿研究主要有以下两个方面：一是关于产能过剩或产能利用率的现象及成因的研究。与产能相关的研究可以从宏观、行业以及企业三个层面进行归纳。宏观层面的研究相对较少，主要思想是将投资、不确定性和资本利用率等结合在一起进行分析，把产能纳入经济周期的分析框架进行讨论，如 Greenwood et al.（1988）和 Gilchrist & Williams（2005）等。行业层面着重于行业特征差异，比较著名的是曼勒模型（Manne model）、报童模型（Newsboy model）和威特-卢斯模型（Whitt-Luss model），这几个模型建立了行业产能变化与需求变动、行业内厂商数量，资本密集度和投资的规模经济的关系。针对中国的产能过剩问题，目前大多数文献将其归咎于市场化不完全（Dong & Sun，2022）和政府对经济的不当干预（Liu et al.，2019）。在企业层面，早期文献将产能过剩视为企业将竞争对手挤出市场的策略行为（Barham & Ware，1993；Benoit & Krishna，1987），局限于寡头市场，难以解释广泛存在的产能过剩问题。因此，此后更多的研究开始将目光聚焦于信息不完全和不确定性。Paraskevopoulos et al.（1991）认为，厂商面临的需求不确定造成了其实际产出与设计产能不一致；Banerjee（1992）从信息不完全角度出发，认为企业可能对外部环境出现误判，造成类似“羊群效应”的“跟风”现象，由此形成了产能过剩。二是关于企业柔性的研究。Troise et al.（2022）通过对意大利的 204 家创新型中小企业进行在线问卷调查，发现数字技术能力、关系能力和创新能力有助于中小企业加强企业柔性，并进一步提高企业的绩效。其中，数字技术能力发挥了核心作用。借鉴国外前沿研究，未来该命题的相关研究可以进行如下拓展：一是相关指标测度，利用机器学习和大语言模型对信息化指标进行更全面和细分类别的测度，探索细分信息技术对产能利用率的异质性影响。二是可以多视角探讨产能利用率的影响因素。如从淘汰产能过剩过程中首先受到冲击的中小企业视角考虑，或者从国际贸易、体制机制、政府政策等角度讨论过剩产能的形成与化解。

与理论命题 15-2 相关的国外前沿研究主要聚焦于技术创新平台，假定创新平台与平台上的第三方开发者之间存在创新互补关系，研究平台提供创新组件、互补式创新、纵向合并的激励（Gawer & Henderson，2007；Hagiu & Spulber，2013；Jeziorski，2014）。创新平台的规则尤其是平台开放与否也是这类研究的重点（Parker & Van Alstyne，2018）。平台开放与否会面临采用与专有之间的权衡。开放平台会降低进入壁垒，强化平台内竞争，降低创新者的创新收益，但是开放平台也会减少创新者对平台锁定的恐惧，促进平台的推广应用。实践中，技术创新平台对企业创新创业和整个行业的创新提升都十分重要。成熟的大型互联网平台已经成为新的商业基础设施，为初创企业的产品发布、商业交易、技术和数据开发等创新环节提供完整的支持，形成创业生态，激励企业创新。例如，谷歌和亚马逊平台为软件或程序开发者提供了整套的开发工具。这种技术创新平台与企业创新和行业创新之间的互动，值得未来进一步研究。

与理论命题 15-3 相关的国外前沿研究主要有以下两个方面：一是在传统基础设施相关研究的基础上，讨论数字基础设施的影响。早期研究主要讨论“铁公基”等传统基础设施的影响（Démurger，2001；Fan & Zhang，2004；Cantos et al.，2005；Faber，2014）。伴随着数字经济的发展，已有学者开始关注数字基础设施对于地区、行业以及企业发展的多维度影响（Choi & Yi，2009；Czernich et al.，2011；Audretsch et al.，

2015；Nambisan et al.，2019；黄群慧等，2019）。二是探索与数字化转型相关的测度。基于数字经济发展的特征属性，已有学者从数字产业化、产业数字化等维度构建了区域层面的数字化转型发展指数（许宪春和张美慧，2020）。在先前研究的基础上，部分学者认为人工智能、区块链、云计算、大数据等数字技术构成了数字化转型的技术支撑，因而构建了相应的特征词库，结合企业年报文本刻画企业数字化转型程度，从而对企业数字化转型战略的重视或实施程度进行表征（吴非等，2021）。借鉴国外前沿研究，未来该命题的相关研究可以进行如下拓展：一是进一步收集数字基础设施建设政策在各地的实施状况的相关资料，全面考察中国数字基础设施建设的现实趋势与面临的挑战；二是融合新质生产力等理论，讨论数字基础设施建设对于中国经济高质量发展的现实影响。

参考文献

第十六章

商业模式

第一节　问题的提出

在数字经济的浪潮中，商业模式创新已成为推动企业尤其是中小企业专业化分工和市场竞争力提升的关键策略。数字化转型的实施，使得企业能够利用云计算、大数据分析、人工智能等先进技术降低交易成本，提高信息透明度，优化供应链管理，从而在激烈的市场竞争中保持灵活性和响应速度。中小企业通过接入跨境电商平台，以较低的成本拓展到更广阔的市场，利用平台的数据分析工具优化营销策略，提升品牌知名度，实现销售增长。例如，阿里巴巴国际站为中小企业提供了国际化的市场接入点，通过平台网络效应促进资源共享和企业间协作，加速了企业的全球市场拓展。同时，社交媒体和电子商务平台的兴起，也为中小企业的品牌建设和在线销售提供了新的成功路径。这些商业模式创新的实践不仅帮助企业更好地满足客户需求，提高客户满意度和忠诚度，而且使企业能够在市场竞争中脱颖而出，实现快速成长。随着技术的不断进步和市场环境的不断演变，商业模式创新将继续作为企业适应数字经济要求、实现可持续发展的重要动力。

在本章中，我们将集中探讨数字化转型如何成为推动企业专业化分工和中小企业构建核心竞争力的新引擎。命题一：数字化转型推动企业专业化分工机制。这一命题深入分析了企业数字化转型如何显著提升中国上市企业的专业化分工水平，这主要是通过降低外部交易成本实现的。这一转型不仅优化了企业边界，也促进了资源配置的高效化，为企业带来了更高的生产效率和更快的市场响应速度。命题二：中小企业核心竞争力的构建逻辑。这一命题拓展了我们对中小企业核心竞争力的理解，提出了企业家心智、竞争力深化、竞争力广化和平台网络效应四个关键维度，为中小企业在数字经济时代的发展提供了新的分析框架。

对本章提出的两个理论命题的深入分析，将帮助读者深刻理解商业模式创新在数字经济时代的核心地位，以及上市公司和中小企业如何通过这些创新来增强自身的市场竞争力和适应性。这些内容是对第十四章平台生态系统和第十五章组织变革的很好拓展，使读者能够更好地理解数字经济时代的商业模式与组织形态。

第二节　数字化转型推动企业专业化分工机制

一、理论命题的提出

企业专业化分工有利于提高劳动生产率，推动技术创新，促进经济增长（Smith，1776）。习近平总书记在2020年9月召开的中央财经委员会第八次会议上也强调，要建设现代流通体系，推动分工深化，为构建新发展格局提供有力支撑。企业分工是经济学领域非常重要的学术话题，交易成本理论认为，市场与企业是开展交易的两种治理结构，企业专业化分工程度取决于外部交易成本与内部管控成本之间的权衡（Coase，1995；Williamson，1995）。沿着该理论逻辑，后续学者考察了资产专用性（Acemoglu et al.，2010）、不确定性（Fan & Lang，2000）、制度环境（Fan et al.，2017）等因素对企业分工的影响，并已得出较为一致的结论。随着数字技术的发展，学者们开始关注数字化对企业专业化分工的影响。一方面，数字化程度的提高可以帮助企业降低内部管控成本，实现组织的高效管理与运转（Malone et al.，1987），进而促进企业纵向一体化发展；另一方面，数字化的发展也使得企业信息获取更加便捷，降低了企业与市场之间的协调成本，从而降低了企业面临的外部交易成本，这有利于促进企业专业化发展（施炳展和李建桐，2020）。由此可见，已有文献对数字化究竟是促进企业专业化还是一体化发展尚未形成一致结论。

基于此，袁淳等（2021）提出了“数字化转型推动企业专业化分工机制”这一理论命题。

理论命题 16-1

企业数字化转型显著提升了中国上市企业的专业化分工水平，并且主要是通过降低企业面临的外部交易成本来实现的。

资料来源：袁淳，肖土盛，耿春晓，等．数字化转型与企业分工：专业化还是纵向一体化[J]．中国工业经济，2021（9）：137-155.

该理论命题丰富和拓展了数字化影响机制与经济后果的研究框架，系统剖析了微观企业数字化转型对企业边界的影响机理及效率后果。企业是市场的微观主体，是一切经济关系的载体，同时也是数字技术与实体经济深度融合的微观承载者。因此，袁淳等（2021）从企业边界这一视角，全方位、多维度地考察微观企业数字化转型的经济后果对于揭示数字化对实体经济的影响机理具有重要意义，为理解企业数字化转型、释放数字红利提供了新的视角与思路。

二、理论命题的具体内容

袁淳等（2021）考虑市场上生产某种最终品的一家代表性企业，产出 y 单位该产品需要投入产业链上的 N 种中间品，将所有中间品看成连续统，每种中间品 i 的需求量为 $x_i(i\in[0,N])$。假定企业的生产函数满足如下常数替代弹性（CES）函数的形式：

$$y=\left[\int_0^N (x_i)^{\frac{\sigma-1}{\sigma}}\mathrm{d}i\right]^{\frac{\sigma}{\sigma-1}} \tag{16-1}$$

式中，$\sigma>1$ 为替代弹性。企业既可以选择从产业链上的外部供应商处购买中间品（即外购），也可以选择自己生产中间品（即自制）。

在选择外购中间品 i 的情况下，假定中间品 i 的单位外购成本为 $c_i\equiv c=p(1+t(\Delta))$。其中，$p$ 为中间品的出厂价格，$t(\Delta)>0$ 为外部交易成本，$\Delta>0$ 表示企业数字化水平。企业面临的外部交易成本大致包括如下内容：（1）企业为确定合适的交易对手需要付出一定的搜寻成本（施炳展和李建桐，2020）。（2）确定交易对手之后，企业起草契约、与交易对手就契约条款进行协商、谈判需要付出一定的契约签订成本。（3）为了确保缔结的契约能够得到执行，企业需要付出一定的监督控制成本。一旦发生事后不合作行为或干扰契约执行的其他情况，交易双方还需付出沟通协调、讨价还价等纠正成本（Williamson，1985）。（4）契约的签订与执行情况还与企业生产密切相关。例如，一旦企业与供应商之间对原材料数量或工艺的约定不完备或供应商出现违约等情况，企业很有可能因原料供应异常或工艺异常而出现产能闲置或存货积压；类似地，一旦企业与客户之间对产成品数量或质量的约定欠缺完备或客户出现违约等情况，企业可能面临因需求不足而导致的产能闲置和存货积压，或者因难以满足客户需求而承担缺货成本。上述情形意味着与外部交易对手开展交易时，由于契约签订不完备或交易对手违约等情况，企业面临潜在的生产相关成本（如产能闲置成本、存货管理成本等），这也是外部交易成本的体现之一。

相应地，数字化转型能够从如下角度降低企业面临的外部交易成本：（1）数字技术的发展能够加速信息的储存、扩散与传播，有助于企业接触到更大范围内的上下游企业，并了解这些潜在交易对手的资信水平、履约历史、产品或服务质量等信息，从而有利于企业对潜在交易对手进行比较、筛选，降低企业需要付出的搜寻成本（Malone et al.，1987）。（2）数字技术带来的信息传播极大地便利了企业间的交流沟通，使得标的产品价格、工艺、质量等契约关键要素变得透明、可比，从而降低企业与交易对手在签订契约过程中所需要付出的协商、谈判成本（施炳展和李建桐，2020）。（3）数字化下的互联网、物联网等技术确保在契约签订后，企业可以与交易对手及标的产品建立及时联系与实时跟踪，一旦交易对手行为偏离合作方向，或出现契约签订时未预期的其他情况，企业可以及时施加干预，以保障交易正常进行。这意味着数字化技术下企业所需付出的监督成本将显著下降（Clemons et al.，1993）。此外，数字技术带来的企业间及时联系与物料的实时追踪确保了即便出现契约未列明的情况，企业与交易对手之间也可根据即时需要而灵活地调整交易细节，降低因契约不完备而引发的生产相关成本。（4）数字化带来的信息储存与传播能够帮助企业在事前就对潜在交易对手进行高效筛选，进而匹配到高质量交易对手的概率提高，这类交易对手的违约风险往往较低。同时，数字化技术下高度透明的资信水平、履约记录、市场评价等信息意味着交易对手一旦发生违约，其所需承担的声誉损失大大提高。基于声誉威胁，数字化背景下交易对手的违约概率也会降低（施炳展和李建桐，2020）。这进一步确保了企业因交易对手违约或其他机会主义行为所付出的生产相关成本也将降低。

综上分析，外部交易成本将随着企业数字化水平的提升而降低，即$\frac{\partial t(\Delta)}{\partial \Delta}<0$。

在选择自制中间品 i 的情况下，假定中间品 i 的单位生产成本为 $c_i=\theta i$（其中 $\theta>0$）。这意味着随着产业链向终端产品的延伸，中间品的生产成本逐渐提高，换言之，企业更擅长生产低端中间品。此时易得，如果企业自制中间品仅涉及生产成本，则存在一个临界点 i^*。对于 $i\leqslant i^*$ 的中间品，自制成本低于外购成本；对于 $i>i^*$ 的中间品，外购成本低于自制成本。换言之，企业将自制 $i\leqslant i^*$ 的中间品，而外购 $i>i^*$ 的中间品。不难理解，i^* 是企业一体化程度的正向指标，较高的 i^* 意味着企业自制较多的中间品、一体化程度较高。然而，现实中企业自制中间品除了承担生产成本外，还面临内部管控成本。内部管控成本的来源主要有两部分：（1）纵向一体化意味着将原本在市场中开展的供应链交易置于同一企业内部进行，一体化企业内部各分部间的生产活动具有很强的相互依存性，而要对彼此高度依存的各分部活动进行统筹和协调意味着需要付出高昂的管控成本（D'Aveni & Ilinitch，1992）。否则，各分部间的生产失衡可能会给一体化企业造成额外的产能闲置成本及存货管理成本等（Harrigan，1985）。值得说明的是，虽然专业化企业也会面临与外部供应商或客户之间关于产能及存货的协调问题，但随着纵向一体化水平的提高，一体化企业需要协调的内部产业链节点也会增加，同时对产业链上多个节点的生产活动进行统筹协调所需付出的管控成本可能远高于专业化企业与外部供应商和客户之间的协调成本。（2）纵向一体化可能会带来分部代理问题及其所导致的效率损失，以及企业为缓解代理问题而付出的监督控制成本。由于各分部不是独立的利益主体，一体化企业无法像市场一样对各分部实施高能激励，进而催生出各分部与总部之间的代理问题，如偷懒怠惰、攫取私利等（Williamson，1985；Ozbas & Scharfstein，2010）。同时，复杂的分部结构使得一体化企业比专业化企业内部的信息不对称程度更高，这进一步为各分部在研发、生产等内部环节的自利行为提供了机会。

综上分析，内部管控成本 $F(i^*;\Delta)>0$ 将随着企业自制中间品 i^*（或企业一体化程度）的提升而提高，即$\frac{\partial F(i^*;\Delta)}{\partial i}>0$。进一步地，假定$\frac{\partial^2 F(i^*;\Delta)}{\partial i^2}>0$，即边际内部管控成本$\frac{\partial F(i^*;\Delta)}{\partial i}$也随着企业一体化程度的提升而提高。

相应地，数字化转型可能从以下两方面降低企业的内部管控成本：（1）数字化下的管理信息系统、财务信息系统等信息技术能够赋能组织管理（刘政等，2020），有利于企业内部各分部间实现信息的及时沟通与分析、物料的实时记录与追踪，从而优化分部间投料、生产、运输、仓储等活动的协作联动，降低各分部间的协调成本，进而提高一体化企业的管理决策效率（Fernandez & Nieto，2006）。（2）数字技术的发展有利于实现企业内部管理过程、研发过程、生产流程、财务控制等重要活动的实时化和透明化（曾建光和王立彦，2015），有助于压缩分部投机空间，从而降低纵向一体化企业的监督成本以及分部代理问题所造成的效率损失（Chen & Kamal，2016）。

因此，内部管控成本将随着企业数字化水平的提升而降低，即$\frac{\partial F(i^*;\Delta)}{\partial \Delta}<0$。进一步地，假定$\frac{\partial^2 F(i^*;\Delta)}{\partial i\partial \Delta}<0$，即边际内部管控成本$\frac{\partial F(i^*;\Delta)}{\partial i}$同样随着企业数字化水平的提升而降低。

根据CES生产函数的性质，如果企业自制前i^*种中间品，而外购后（$N-i^*$）种中间品，则企业的单位成本为：

$$C=\left\{\int_0^{i^*}(\theta i)^{1-\sigma}\mathrm{d}i+\int_{i^*}^{N}[p(1+t(\Delta))]^{1-\sigma}\mathrm{d}i\right\}^{\frac{1}{1-\sigma}} \tag{16-2}$$

给定企业的总产出为Q，那么总成本函数可表示为：

$$\mathrm{TC}=Q\left\{\int_0^{i^*}(\theta i)^{1-\sigma}\mathrm{d}i+\int_{i^*}^{N}[p(1+t(\Delta))]^{1-\sigma}\mathrm{d}i\right\}^{\frac{1}{1-\sigma}}+F(i^*;\Delta) \tag{16-3}$$

式中，$Q\left\{\int_0^{i^*}(\theta i)^{1-\sigma}\mathrm{d}i+\int_{i^*}^{N}[p(1+t(\Delta))]^{1-\sigma}\mathrm{d}i\right\}^{\frac{1}{1-\sigma}}$为中间品的自制成本及外购成本，$F(i^*;\Delta)$为内部管控成本。企业的目标是总成本最小化，即企业需要选择最优的一体化程度以使总成本TC最小，可得i^*的一阶条件（FOC）为：

$$\frac{Q}{\sigma-1}\left\{\int_0^{i^*}(\theta i)^{1-\sigma}\mathrm{d}i+\int_{i^*}^{N}[p(1+t(\Delta))]^{1-\sigma}\mathrm{d}i\right\}^{\frac{\sigma}{1-\sigma}}\{(\theta i^*)^{1-\sigma}-[p(1+t(\Delta))]^{1-\sigma}\}=\frac{\partial F(i^*;\Delta)}{\partial i} \tag{16-4}$$

式（16-4）等号左侧反映了企业增加自制中间品的边际收益（由于自制$i\leqslant i^*$种中间品的生产成本低于外购成本），这一收益推动着企业一体化程度的提升（即i^*的提高）；式（16-4）等号右侧则反映了企业增加自制中间品的边际成本，即边际内部管控成本，这一成本推动着企业专业化程度的提升（即i^*的降低）。在式（16-4）的基础上，袁淳等（2021）重点考虑以下两种特殊情形，以更清晰地描述数字化转型对企业分工的影响。

情形1：假定企业数字化主要降低了外部交易成本，而边际内部管控成本对企业数字化水平的变动不敏感，即$\frac{\partial^2 F(i^*;\Delta)}{\partial i\partial \Delta}\simeq 0$。

由此可得$\frac{\partial F(i^*;\Delta)}{\partial i}=\int_0^{\Delta}\frac{\partial^2 F(i^*;\Delta')}{\partial i\partial \Delta'}\mathrm{d}\Delta'\simeq 0$，进一步代入式（16-4），可推出$\theta i^*\simeq p(1+t(\Delta))$。随着$\Delta$的上升，由于$\frac{\partial t(\Delta)}{\partial \Delta}<0$，$i^*$将下降。这意味着，随着数字化水平的提高，企业自制中间品的范围将缩小，即专业化程度将提升。

基于此，袁淳等（2021）提出了命题1。

命题1：如果企业数字化转型主要降低了外部交易成本，那么其将显著促进企业专业化程度的提升。

情形 2：假定企业数字化主要降低了内部管控成本，而外部交易成本对企业数字化水平的变动不敏感，即 $t(\Delta)\simeq t$。

代入式（16－4），则有：

$$\frac{Q}{\sigma-1}\left\{\int_0^{i^*}(\theta i)^{1-\sigma}\mathrm{d}i+\int_{i^*}^{N}[p(1+t)]^{1-\sigma}\mathrm{d}i\right\}^{\frac{\sigma}{1-\sigma}}\{(\theta i^*)^{1-\sigma}-[p(1+t)]^{1-\sigma}\}$$
$$\simeq\frac{\partial F(i^*;\Delta)}{\partial i} \tag{16-5}$$

当 Δ 上升时，由于 $\frac{\partial^2 F(i^*;\Delta)}{\partial i\partial\Delta}<0$，式（16－5）等号右侧的 $\frac{\partial F(i^*;\Delta)}{\partial i}$ 将下降。这意味着 Δ 上升，企业自制中间品 i^* 所对应的边际收益基本不变，但边际成本下降，此时价值最大化的企业将选择自制更多的中间品 i，以达到边际收益等于边际成本的新均衡点（即 i^* 将提高）。利用反证法也可以证明，随着 Δ 的上升，i^* 将提高，即企业的一体化程度将提升。

基于此，袁淳等（2021）提出了命题 2。

命题 2：如果企业数字化转型主要降低了内部管控成本，那么其将显著促进企业一体化程度的提升。

在实证数据中，公司财务数据主要来源于国泰安（CSMAR）数据库，地区层面数据主要来源于《中国城市统计年鉴》。被解释变量企业专业化程度（VSI）参照 Buzzell（1983）、范子英和彭飞（2017）的研究，采用修正的价值增值法进行度量。解释变量企业数字化程度（Digital）采用企业数字化相关词汇频数总和除以年报“管理层讨论与分析”部分语段长度衡量。

此外，袁淳等（2021）借鉴范子英和彭飞（2017）、施炳展和李建桐（2020）等的研究，构建了如下计量模型：

$$\mathrm{VSI}_{i,t}=\alpha_0+\alpha_1\mathrm{Digital}_{i,t}+\sum\mathrm{Controls}+\sum\mathrm{Firm}$$
$$+\sum\mathrm{Industry}+\sum\mathrm{Province}+\sum\mathrm{Year}+\varepsilon_{i,t} \tag{16-6}$$

式中，被解释变量 $\mathrm{VSI}_{i,t}$ 表示 i 企业在 t 年的专业化分工程度，核心解释变量 $\mathrm{Digital}_{i,t}$ 为 i 企业在 t 年的数字化程度。Controls 为一系列企业和地区层面的控制变量。Firm、Industry、Province 和 Year 分别表示企业、行业、省份及年份固定效应。

为了考察企业数字化转型对于企业分工的影响，对模型（16－6）进行回归分析。表 16－1 报告了基准回归结果，发现 Digital 的系数均在 1%的显著性水平上统计显著为正，这意味着企业数字化程度越高，其专业化分工水平就越高。该结果表明，整体而言，企业数字化转型对外部交易成本的降低效果要比对内部管控成本的降低效果更为明显，即推动企业边界向专业化分工方向移动的作用占主导，最终体现为数字化转型显著促进了企业专业化分工，这支持了理论模型中的命题 1。

表 16-1 数字化程度对企业分工的影响

因变量：VSI	(1)	(2)
Digital	0.032 7***	0.027 3***
	(3.126 8)	(2.706 3)
控制变量	否	是
企业-行业-省份-年份固定效应	是	是
观测值	15 942	15 942
调整的 R^2	0.014 6	0.036 7

注：VSI 为企业专业化分工程度的衡量指标，Digital 为企业数字化程度的衡量指标，*** 表示在 1%的显著性水平上统计显著，括号内为经企业层面聚类调整后的 t 值。

资料来源：袁淳，肖土盛，耿春晓，等．数字化转型与企业分工：专业化还是纵向一体化 [J]．中国工业经济，2021（9）：137-155.

基于上文的理论模型，如果数字化对企业专业化水平的提升效果确实是通过降低企业在分工过程中面临的外部交易成本来实现的，那么数字化水平的提高应当更有利于那些外部交易成本原本就较高的企业，从而对这类企业专业化分工的促进作用将更加显著。由于难以对企业的外部交易成本进行直接度量，袁淳等（2021）分别从企业、行业和地区三个层面来间接刻画企业面临的外部交易成本，并进一步考察外部交易成本所发挥的机制作用。

在企业层面，使用企业资产专用性来反映外部交易成本。参考 Collis & Montgomery（1997）的研究，采用无形资产占总资产的比例来度量企业资产专用性，若该比例高于样本中位数，则虚拟变量 H_IA 取值为 1，否则为 0。在行业层面，使用行业契约密集度来反映外部交易成本。参考李坤望和王永进（2010）的研究，采用行业契约密集度来衡量企业面临的契约制式化程度，该指标值越高，表示行业契约的制式化程度越低，相应的外部交易成本越高。若企业所处行业的契约密度高于样本中位数，则虚拟变量 H_Contract 取值为 1，否则为 0。在地区层面，使用市场化水平来反映外部交易成本。利用企业所处省份的市场化指数（王小鲁等，2019）来度量地区市场化水平，若该指数低于样本中位数，则虚拟变量 L_MktIndex 取值为 1，否则为 0。表 16-2 的结果整体表明，当企业面临的外部交易成本较高（资产专用性较高、行业契约密集度较高以及地区市场化水平较低）时，数字化水平的提升对外部交易成本的降低作用更加重要，最终体现为数字化对企业专业化分工具有更显著的促进作用，这反映出外部交易成本的降低是数字化促进企业专业化分工的机制渠道。

表 16-2 机制检验：外部交易成本的影响

因变量：VSI	(1) H_IA	(2) H_Contract	(3) L_MktIndex
Digital×H_IA	0.028 4***		
	(2.642 2)		
H_IA	−0.005 1		
	(−0.980 2)		
Digital×H_Contract		0.074 3***	
		(3.352 7)	

续表

因变量：VSI	(1) H_IA	(2) H_Contract	(3) L_MktIndex
H_Contract		−0.034 9**	
		(−2.121 0)	
Digital×L_MktIndex			0.032 8***
			(2.973 8)
L_MktIndex			−0.000 3
			(−0.039 5)
Digital	0.014 3	0.001 2	0.008 0
	(1.309 4)	(0.070 5)	(0.733 1)
控制变量	是	是	是
企业-行业-省份-年份固定效应	是	是	是
观测值	15 942	8 710	15 942
调整的 R^2	0.037 4	0.054 7	0.037 7

注：*** 和 ** 分别表示在 1%和 5%的显著性水平上统计显著，括号内为经企业层面聚类调整后的 t 值。

资料来源：袁淳，肖土盛，耿春晓，等. 数字化转型与企业分工：专业化还是纵向一体化 [J]. 中国工业经济，2021 (9)：137 - 155.

如前文理论分析所指出的，数字化将改变企业的内部生态与外部环境，进而影响企业分工。具体地，当企业内部管控成本原本就较低时，数字化对内部管控成本的降低空间有限，此时数字化对外部交易成本的降低效果将更加明显，从而对企业专业化水平的提升效果也更显著。为了验证上述推测，使用如下三个指标来衡量企业的内部管控成本：(1) 管理费用比重。当企业管理费用占营业收入比重低于样本中位数时，虚拟变量 L_MgtCost 取值为 1，否则为 0。(2) 在职消费水平。若高管在职消费水平低于中位数，则虚拟变量 L_Perk 取值为 1，否则为 0。(3) 企业成长性。采用销售收入增长率来度量企业成长性，当企业成长性高于样本中位数时，虚拟变量 H_Growth 取值为 1，否则为 0。表 16 - 3 的结果整体表明，当企业的内部管控成本较低（管理费用比重较低、在职消费水平较低以及企业成长性较高）时，数字化水平的提升对内部管控成本的降低空间不大，此时对外部交易成本的降低效果更加明显，体现为数字化对企业专业化的推动作用在内部管控成本较低时更加显著。表 16 - 3 的结果也在一定程度上反映出，数字化确实会通过同时作用于外部交易成本与内部管控成本两条逻辑来影响企业边界。

表 16 - 3　异质性分析：内部控制成本的影响

因变量：VSI	(1) L_MgtCost	(2) L_Perk	(3) H_Growth
Digital×L_MgtCost	0.031 0***		
	(2.762 1)		
L_MgtCost	0.028 5***		
	(5.176 1)		

续表

因变量：VSI	(1) L_MgtCost	(2) L_Perk	(3) H_Growth
Digital×L_Perk		0.029 0**	
		(2.491 0)	
L_Perk		0.007 3	
		(1.445 0)	
Digital×H_Growth			0.016 5**
			(2.224 6)
H_Growth			0.002 1
			(0.671 9)
Digital	0.015 3	0.014 6	0.021 0*
	(1.370 6)	(1.262 3)	(1.874 8)
控制变量	是	是	是
企业/行业/省份/年份固定效应	是	是	是
观测值	15 942	15 942	15 191
调整的 R^2	0.044 3	0.038 2	0.036 8

注：***、** 和 * 分别表示在 1%、5%和 10%的显著性水平上统计显著，括号内为经企业层面聚类调整后的 t 值。

资料来源：袁淳，肖土盛，耿春晓，等. 数字化转型与企业分工：专业化还是纵向一体化 [J]. 中国工业经济，2021 (9)：137-155.

第三节　中小企业核心竞争力的构建逻辑

一、概念

在正式讨论该理论命题前，我们需要对数字经济时代中小企业核心竞争力有一个整体的理解。

企业核心竞争力最早被定义为企业的积累性知识，特别是有关如何协调不同的生产技能和整合多种技术流派的知识。随后，企业核心竞争力成为研究企业如何把握市场竞争主动权的关键。拥有核心竞争力的企业，也就等同于在市场上具有竞争优势，能更持续地获得盈利和保持自身发展（金碚，2003）。

随着西方经典理论对企业这一“暗箱”运作研究的不断深入，陆续有更多学者提出新的企业核心竞争力分析架构，但由于研究思路的不同，目前尚未形成一个统一的理论范式，但基本可以将企业核心竞争力理论分为四个较为成熟的流派，即资源基础观、核心能力观、知识基础观和动态能力观。其中，资源基础观是企业竞争力理论研究的一个热点，动态能力观则是最近几年企业能力理论研究的前沿。此外，还有技能网络观、系统能力观和要素协调观等其他流派。为了解释新兴市场企业如何创造独特的竞争优势或发展路径，陆亚东和孙金云（2013）还提出了一个研究我国企业成长的战略新视角，即复合能力观。

与大企业相比，中小企业相关数据和案例的获取相对困难，已有研究中探讨如何拓展中小企业核心竞争力的文献较少。蔡宁和阮刚辉（2002）指出，知识、信息与技术的获取、吸收与整合以及对资源的有效运用是在当前经济社会环境下影响中小企业核心竞争力的主要因素，并运用层次分析法和模糊数学等工具来构建资源创新性组合能力的评价体系。解学梅（2010）认为，中小企业能够通过协同创新提高创新绩效，从而提升竞争力。当前，中小企业核心竞争力的研究仍属全新命题。一方面，已有的战略管理研究大多数过于关注大型企业的组织转型、战略变革和创新管理问题，在中国时下特定情景中探究中小企业如何赢取竞争优势是一个不容回避的问题（赵杰等，2013）；另一方面，以往有关中小企业核心竞争力的研究基本沿用大企业的分析框架，并没有考虑中小企业的特殊性以及现代信息技术和新型贸易模式对中小企业核心竞争力的影响。

当前尽管已有不少文献关注互联网对外贸的影响，但大多关注互联网在宏观层面、成熟渠道、大中型企业的贸易影响，对专门从事线上贸易的跨境电商平台和中小企业的分析尚显不足。作为新型跨境交易方式，跨境电商对贸易实体及其运作机制、流程和竞争态势产生了重大影响（Fingar，2000）。一方面，主流观点认为，跨境电商会通过促进国际分工深化、更新国际贸易交易手段、改变国际贸易成本结构、重组全球贸易条件、左右国际贸易政策等途径影响国际贸易的发展（Ma et al.，2019）；另一方面，从跨境电商典型特征，包括贸易成本降低、交易摩擦减少、中间环节减少、生态系统互联、弱势群体参与等出发，一些研究剖析跨境电子商务对传统全球价值链分工的重塑（Lendle et al.，2016）。但在跨境电商不断成熟并向全球数字贸易蜕变的过程中，跨境电商平台发挥着越来越重要的作用，逐渐成为研究中小企业核心竞争力提升的关键。

综上所述，马述忠和潘钢健（2021）给出了数字经济时代中小企业核心竞争力的内涵：数字经济时代，中小企业核心竞争力的内涵是企业通过数字化转型和创新，加强其市场地位和竞争能力的根本能力和属性。这种竞争力体现在企业能够采用数字技术，如大数据、云计算、人工智能等，来优化其运营流程、产品和服务，并通过这些技术促进创新。

基于核心竞争力理论文献与跨境电商发展的典型事实，以中小企业降低运营成本、增进运营效率和提高利润率为战略目标，马述忠和潘钢健（2021）从外延的角度界定了数字经济时代中小企业核心竞争力的概念：数字经济时代中小企业核心竞争力是广义的，既包括利用平台提供的数据和数字化工具，更高效地配置和利用企业内外部资源，实现传统核心竞争力数字化拓展的企业家心智和能力；又包括全面整合和开发平台资源，与平台建立战略合作关系，衍生新型核心竞争力的知识和技能。前者是一个动态比较优势增进的过程，后者是一个竞争优势捕获的过程。

二、理论命题的提出

基于跨境电商平台视角探讨数字经济时代中小企业核心竞争力还将推动传统理论的进一步发展，具有重要的理论意义。企业核心竞争力最早被定义为企业的积累性知识，特别是有关如何协调不同的生产技能和整合多种技术流派的知识（Prahalad & Hamel，

2009)。随着学界对企业这一“暗箱”运作研究的不断深入，不同的学者从不同的角度对企业核心竞争力进行分析，这使得学术界对于核心竞争力的界定和构建尚存争议。随着互联网的兴起，各流派都开始关注智能制造、技术创新和数字化效应的影响(Banalieva & Dhanaraj，2019)，但无论是哪种流派，传统企业核心竞争力理论都难以解释数字经济时代中小企业核心竞争力发展的典型事实，面临着严峻的挑战。而新视角将有助于解释跨境电子商务是如何推动中小企业在激烈的国际贸易环境中提高核心竞争力的。作为当前最具有竞争力的组织模式，平台改变了以往的商业组织模式，能够高效地跨时空跨国界跨部门地集成社会生产、分配、交换与消费活动，大力促进了电子商务与社会生产力的发展，从而能够推动中小企业核心竞争力的提高。

基于上述分析，马述忠和潘钢健（2021）提出：数字经济时代中小企业核心竞争力外延分为企业家心智、竞争力深化、竞争力广化和平台网络效应四个维度：企业家心智是中小企业利用跨境电商平台提高核心竞争力的必要条件；竞争力深化和竞争力广化分别是数字经济时代中小企业核心竞争力提高的不同方向。核心竞争力深化的本质是中小企业通过跨境电商平台实现传统核心竞争力数字化拓展的过程，使得自身比较优势进一步凸显；核心竞争力广化的本质是中小企业通过跨境电商平台获取传统核心竞争力理论中不存在或不被重视的新型核心竞争力的过程，使得自身竞争优势进一步凸显。平台网络效应是跨境电商平台与中小企业之间双边关系的催化剂。

基于此，马述忠和潘钢健（2021）提出了“中小企业核心竞争力的构建逻辑”这一理论命题。

理论命题 16-2

数字经济时代中小企业核心竞争力外延分为企业家心智、竞争力深化、竞争力广化和平台网络效应四个维度。

资料来源：马述忠，潘钢健．跨境电子商务平台与中小企业核心竞争力：基于阿里巴巴国际站的案例研究［J］．湖北大学学报（哲学社会科学版），2021，48（6）：136－148＋179.

西方经典核心竞争力理论认为，数字化提高了企业以较低成本在外国市场开发先进人力资本的能力（Banalieva & Dhanaraj，2019），从而提高了要素市场的流动性，这就在极大程度上挑战了资源基础观的假设（Prahalad & Hamel，2009)。但这些文献与该命题尝试解构和拓展传统核心竞争力的角度不尽相同。马述忠和潘钢健（2021）首次指出，跨境电商平台等数字经济商业是中小企业核心竞争力的重要载体，并在此基础上结合数字经济的特有属性，使中小企业在数字经济时代实现数字化转型，特别是在跨境电商平台上实现数字化转型，高度凝练出数字经济时代中小企业核心竞争力的具体内涵。

三、理论命题的具体内容

企业核心竞争力最早由 Prahalad & Hamel（2009）提出，被定义为企业的积累性知识，特别是有关如何协调不同的生产技能和整合多种技术流派的知识，并且更多关注大企业的核心竞争力。马述忠和潘钢健（2021）将视角聚焦于中小企业，结合跨境电商平台这一全新事物的全新特征，将其纳入企业核心竞争力的分析框架，从理论和案例两方面探究了中小企业核心竞争力的内涵与外延，是对企业核心竞争力理论的重要完善，赋予了传统理论数字经济时代的全新内涵。

自心理学提出心智模式并被引入管理学后，越来越多的研究开始探究企业家心智对企业行为的影响。在跨境电商平台上，企业家心智对中小企业提升核心竞争力具有十分重大的影响，这是因为外界环境对企业家社会网络以及企业合作创新意愿有显著的影响。企业家作为中小企业创新的发起人和关键支持者，对培育和提升创新能力起决定性作用，因此相较于具有成熟规章制度和投入大量资源来构建风险管控系统的大企业，企业家心智对中小企业核心竞争力提高的影响更大。

基于此，马述忠和潘钢健（2021）提出了假说 1。

假说 1： 企业家心智是中小企业利用跨境电商平台提高核心竞争力的必要条件。

马述忠和潘钢健（2021）采用归纳式主题分析方法来证明假说 1，Gioia et al.（2013）提出的编码方法是目前公认的一种严谨地实现归纳式主题分析的具体策略。其原理是利用数据分析方法和文本分析方法，将收集到的资料进行抽象和编码，与学术文献进行反复对比，形成理论性诠释，再归纳形成研究命题，最终达到现实状况、编码概念与传统理论相匹配。从企业家心智、竞争力深化、竞争力广化和平台网络效应四个维度出发，结合国际站发展的三个阶段，梳理中小企业核心竞争力内涵逐渐丰富的过程。在平台萌芽期，企业家心智是指企业决策层能够洞察别人看不到的风险，以及善于快速抓住瞬息万变的市场机会。在平台成长期，创业是企业家寻找到潜力市场的结果，与其相似，二次创业是企业家寻找到更具潜力市场的结果。具体而言，二次创业是指在全球经济体系逐步演化为数字复杂系统的背景下，消费者需求个性化日益凸显，中小企业面临数字化转型困境，遇到的挑战远超单个企业所能独立承载的阈值，其借助平台提供的数字化工具和手段来增强企业核心竞争力、完成数字化转型的过程。在平台成熟期，创新意识是企业家心智的本质，商业模式创新是创新意识的重要组成部分。因此，假说 1 成立。

传统企业核心竞争力理论强调企业资源及其应用能力。作为一种有效降低交易成本的新型贸易模式，跨境电商无疑能大幅度提高中小企业的资源利用能力。也就是说，跨境电商平台在不同阶段通过不同的形式都提高了中小企业利用平台内外部资源的效率，助推中小企业核心竞争力的数字化拓展，将这一效应定义为竞争力深化。

基于此，马述忠和潘钢健（2021）提出了假说 2。

假说 2： 竞争力深化和竞争力广化分别是数字经济时代中小企业核心竞争力提高的不同方向。核心竞争力深化的本质是中小企业通过跨境电商平台实现传统核心竞争力数字化拓展的过程，使得自身比较优势进一步凸显。

马述忠和潘钢健（2021）采用归纳式主题分析方法来证明假说 2。在平台萌芽期，竞争力深化表现为深化资源识取能力。资源识取是企业资源整合的起点，明确资源间的关联是资源价值链重组和资源整合最为直接有效的一步，是实现竞争力深化的关键。深化资源识取能力一方面表现为深化客户资源识取能力，另一方面表现为深化信息资源识取能力。在平台成长期，竞争力深化表现为深化资源协调能力。资源协调能力是指中小企业协调外部活动与内部技术、资源和知识，以应对外部环境变化的能力。在跨境电商平台上，深化资源协调能力一方面表现为中小企业通过平台提供的数据资源实现生产资源和环境协调的能力，另一方面表现为中小企业通过平台提供的工具实现营销资源和环境协调的能力。在平台成熟期，竞争力深化表现为深化资源配用能力和深化需求匹配能力。资源配用能力是资源基础观的重要内容，包括资源配置和利用（黄培伦等，2009）。与中小企业自己需要花费大量成本来识别采购商不同，跨境电商平台能通过历史交易数据帮助中小企业快速识别采购商的优劣。此外，跨境电商平台还能够帮助中小企业将目标客户进行有效分类，对广泛未曾接触的公海客户实行批量营销，提高员工的营销效率，从而实现客户资源的有效配置和利用。产品创新是中小企业匹配消费者需求的一个重要途径（高海霞，2011）。中小企业能够利用跨境电商平台提供的数字化工具获取消费端信息，基于消费者需求匹配订单，实现定向创新，即提高了企业深化需求匹配能力。因此，假说 2 成立。

互联网技术的应用除了解决传统企业管理问题外，还衍生出新的企业管理问题，如何处理这些新问题是企业衍生新型竞争力的关键所在。以大数据技术为核心的电子商务平台对中小企业的产品和商业模式产生了重要影响。跨境电商平台提供的全新数字化工具与手段，助推了中小企业捕获新竞争优势的能力，并将这一效应定义为竞争力广化。

基于此，马述忠和潘钢健（2021）提出了假说 3。

假说 3：核心竞争力广化的本质是中小企业通过跨境电商平台获取传统核心竞争力理论中不存在或不被重视的新型核心竞争力的过程，使得自身竞争优势进一步凸显。

马述忠和潘钢健（2021）采用归纳式主题分析方法来证明假说 3。在平台萌芽期，竞争力广化表现为获取信息优化能力。贸易企业凭借电商平台跨越了时空对实际交易的束缚，极大降低了线上化成本。由于这种能力是中小企业在传统贸易中无法获取的，且需要依靠平台搜索引擎机制，因而是一种竞争力广化。在平台成长期，竞争力广化表现为获取云处理能力。获取云处理能力是指中小企业获取云化供应链管理技能，即中小企业通过平台管控供应链各环节所要具备的云处理能力。一方面，云化供应链管理技能表现为云化信息推广与匹配技能；另一方面，云化供应链管理技能还表现为云化服务搜寻与匹配技能。在平台成熟期，竞争力广化表现为获取默会知识的能力和获取管理信用的能力。中小企业普遍存在融资难题，而发展供应链金融成为中小企业解决该难题的一个重要选择，但这对中小企业自身的信用资产质量提出了更高要求。默会知识亦称隐性知识，是指无法用语言表达的未编码知识。在传统贸易中，部分出口企业可以通过加工贸易等形式通过“干中学”获取默会知识，但在此过程中出口企业是被动接受者，无法选择默会知识的方向，但在跨境电商平台上就有所不同。跨境电商平台能够留存中小企业信用的历史数据，展现企业实力，提升企业信誉，在极大程度上帮助中小企业获取管理信用能力，从而解决融资难题。因此，假说 3 成立。

网络效应是平台经济的重要理论基础，也是中小企业提高核心竞争力的重要来源。

基于平台这一数字化时代的重要标志性新形态组织，网络效应可能成为组织价值创造的源泉和超额绩效的来源。平台网络效应作为中小企业影响外部环境的重要渠道，能使中小企业形成虚拟集群，增强中小企业对外部环境的影响力，同时作为催化剂帮助中小企业融入跨境电商生态圈建设，进而提高数字经济时代的核心竞争力。

基于此，马述忠和潘钢健（2021）提出了假说 4。

假说 4： 平台网络效应是跨境电商平台与中小企业之间双边关系的催化剂。

马述忠和潘钢健（2021）采用归纳式主题分析方法来证明假说 4。在平台萌芽期，平台网络效应表现为双边网络效应，包括同边网络效应和跨边网络效应。同边网络效应是指供应商规模扩大产生羊群效应，吸引其他企业成为新供应商，推动供应商用户规模的进一步扩大。跨边网络效应是指供应商规模扩大产生规模效应，可以提供更多产品和服务，吸引更多采购商入驻，采购商规模也不断扩大。在平台成长期，平台效应表现为集群网络效应。传统线下产业集群有利于供应链服务价格洼地的形成，降低企业的交易成本（陈小勇，2017）。伴随着平台用户规模的增大，构建集群网络，平台提供的供应链服务价格下降，供应链服务质量提高，进一步降低交易成本，提高履约确定性。在平台成熟期，平台网络效应表现为生态网络效应。因此，假说 4 成立。

第四节 中国证据

理论命题 16－1 指出：数字化程度的提升显著促进了企业专业化分工，主要是通过降低企业的外部交易成本来实现。海尔集团的“互联网＋”战略是推动企业数字化转型并促进专业化分工的成功案例。通过将物联网技术融入其产品，海尔集团实现了智能制造和用户个性化定制，显著提升了产品的附加值。这一战略改变了传统的生产模式，使海尔集团能够灵活应对市场需求，加速生产效率的提升。海尔集团建立了开放的生态系统，连接全球用户、供应商和合作伙伴，减少信息传递的时间和成本，从而快速获取市场反馈、优化生产流程并降低库存成本。同时，海尔集团推动制造业的专业化分工，将设计、生产和物流等环节外包给专业服务商，进一步提升整体生产效率。这一模式使海尔集团能够专注于核心业务，在快速变化的市场中保持竞争优势。通过成功降低外部交易成本，海尔集团的“互联网＋”战略推动了行业的智能化和专业化进程，成为数字化转型的典范，清晰展示了数字化程度提升如何促进企业之间的专业化合作和资源配置的效率。

理论命题 16－2 指出：越来越多跨境电商平台开始构建更加完善的生态体系，即以平台企业所构建的机制、技术和共同语言为依托，在互动中实现资源共享和价值共创的“服务生态系统”，为中小企业提高核心竞争力创造更有利的环境。中国跨境电商平台的发展及其对中小企业的影响可以很好地论证这一理论命题。2022 年我国跨境电商交易模式中，企业对企业（B2B）交易占比为 75.6％，企业对消费者（B2C）交易占比为 24.4％，其中 B2C 交易占比持续增长。这些跨境电商平台包括以亚马逊和 eBay 为首的国外平台以及 B2B 领域的阿里巴巴国际站、敦煌网等国内平台，B2C 出口领域的速卖通、兰亭集势等国内平台和B2C进口领域的天猫国际、洋码头等国内平台，而跨境电商主体超10万家，建设独立站超20万个。广大中小企业借助跨境电商平台大力拓展全球市场，逐步在全球数字化浪潮中成长为新型贸易经营者。这些都从侧面验证了中小企业对跨境电商平台的认可程度在不断提高，并将其视为参与国际贸易的重要战略合作伙伴。

第五节　结论性评述

本章深入剖析了数字化转型在商业模式创新中的核心作用，阐释了其如何推动企业专业化分工，为中小企业构建核心竞争力提供了新的视角和理论支撑。数字化通过降低交易成本和提升管理效率，不仅优化了企业边界，也促进了资源配置的高效化。根据理论命题16－1，企业数字化转型显著提升了中国上市企业的专业化分工水平，主要通过减少外部交易成本实现。而理论命题16－2进一步拓展了中小企业核心竞争力的理论内涵，提出了企业家心智、竞争力深化、竞争力广化和平台网络效应四个关键维度，为中小企业在数字经济时代的发展提供了新的分析框架。这些理论命题不仅丰富了商业模式创新的理论基础，也为数字经济下企业如何通过商业模式转型实现持续增长和市场适应性提供了实践指导。

与理论命题16－1相关的国外前沿研究主要有以下两个方面：一是数字化转型的经济后果。在宏观层面，学者们考察了数字化或信息化对经济发展（Ze et al.，2023）、产业链及产业结构（Gong et al.，2021；Toth-Peter et al.，2023）、人力资本（Acemoglu & Restrepo，2019）、绿色创新（Karlilar et al.，2023）等方面的影响；在微观层面，学者们聚焦于数字化或数字技术对企业绩效（Zeng et al.，2022；Broccardo et al.，2023）、企业生产率（Wen et al.，2022）、企业创新（Ferreira et al.，2022；Babina et al.，2024）、企业绿色行为（Hu et al.，2024）、投融资决策（Goldstein et al.，2023）等方面的影响。二是企业数字化水平的度量方式。当前，学者们主要采用信息资产（Müller et al.，2018）、自动化技术的使用（Acemoglu & Restrepo，2020；Ashraf，2025）、构建词典对企业年报进行文本分析（Peng et al.，2022；Cheng et al.，2023）等方法来衡量企业数字化水平。未来该命题的相关研究可以进行如下拓展：一是利用大语言模型对企业数字化水平进行更加精细的测量；二是关注政府在企业数字化转型中的重要作用，实现对数字化转型推动分工深化进而提升经济效率这一发展路径的积极引导，助力微观企业顺利实施数字化转型。

与理论命题16－2相关的国外前沿研究主要有以下两个方面：一方面是突破传统核心竞争力理论，探索数字技术给企业带来的新竞争优势。Alexandrova et al.（2020）讨论了在动荡的商业环境中企业必须基于复杂数字环境创建和发展竞争力的趋势，并认为企业需要一种数字战略来指导它们利用数字经济技术获取核心竞争力。另一方面是天生全球化企业在数字经济时代的新型核心竞争力。Hagen & Zucchella（2014）发现，企业家特征、战略伙伴关系以及进入复杂市场是天生全球化企业核心竞争力的重要来源。借鉴国外前沿研究，未来该命题的相关研究可以进行如下拓展：一是量化评估跨境电商平台等数字经济时代的新事物对企业核心竞争力的影响；二是利用国际数字营销、国际金融和国际物流等多领域理论，搭建系统性数字经济时代企业核心竞争力理论框架。

参考文献

第十七章

供应链管理

第一节　问题的提出

作为现代商业运作的基石，供应链管理是连接生产与消费、线上与线下、国内市场与国际市场的桥梁。特别是在当今全球化和数字化迅猛发展的背景下，随着数字技术的飞速发展，供应链已不仅仅是物流和库存管理的简单集合，其对于提升企业竞争力、优化资源配置、降低交易成本具有不可替代的作用。有效的供应链管理能够提高企业的响应速度，降低成本，增强客户满意度，从而在激烈的市场竞争中占据优势。在数字贸易学分析框架中，供应链管理直接关系到全球公司如何通过供应链管理来适应和满足市场需求，既是企业数字化转型的关键环节，也是实现全球公司整体战略目标的重要支撑。在本章之前，我们探讨了平台生态系统、组织变革和商业模式等主题，为供应链管理提供了理论基础和实践背景。而在本章之后，我们将进一步探讨数字营销和数字投资，这些内容都离不开供应链管理的有效支撑。可以说，供应链管理是贯穿数字贸易学分析框架的核心纽带，它将数字技术、平台、消费者、全球公司、数据和智能制造等模块紧密联系在一起，实现了从理论到实践的完美过渡。

在本章中，我们将重点研究三个重要的供应链管理领域的理论命题。命题一：客户数字化转型沿供应链扩散的机制。这一命题探讨了客户公司数字化转型如何通过供应链的治理连接与企业学习机制向上游公司扩散，从而促进整个供应链的数字化转型。这不仅拓展了对公司数字化转型影响因素的理解，也有助于理解企业在数字化时代如何通过供应链管理实现创新和发展。命题二：客户数字化转型的供应链创新传导机制。这一命题深入探讨了客户数字化转型如何通过倒逼效应和资源效应影响供应商创新，以及客户集中度在这一过程中的作用。这将为我们揭示供应商-客户关系互动的新视角，为供应链管理提供新的理论依据。命题三：跨境电商供应链的协同策略选择及其激励机制。这一命题立足于跨境电商市场新特征，探讨了协同策略选择与消费者对平台服务的敏感度、税率状态等因素的关系。通过分析，我们能够更好地理解如何通过激励机制促使产品供应商采取协同策略，实现供应链的帕累托优化。

通过对这三个命题的深入分析，本章将帮助读者深刻地认识到供应链管理在数字贸易时代的重要性，以及如何运用相关理论指导企业实践，实现供应链的高效运作和持续创新；也将帮助读者掌握供应链管理在数字贸易时代的新理念、新方法和新策略，为未来的职业生涯和学术研究打下坚实的基础。

第二节　客户数字化转型沿供应链扩散的机制

一、理论命题的提出

创新扩散理论框架下创新源、扩散渠道、创新采纳过程及一定的社会系统等共同构成了创新扩散的要素（Rogers，1962）；其中，创新采纳是扩散的核心并贯穿创新扩散全过程。在供应链中，客户公司和其上游公司因商业业务联系，使供应链成为可供信息流动及扩散的经济系统（Orlando，2004；Isaksson et al.，2016）。而客户公司数字化转型作为公司利用数字技术对其经营模式及业务组织的全面重构与改造过程，其实质是公司基于数字技术的企业技术和组织的全面创新实践。创新扩散理论下的创新想法、知识和信息等都可以成为创新扩散源（Brown，1981），所以，在供应链系统内，客户公司数字化转型实践中的技术创新及其组织创新等经验与知识可以为其向供应链上游公司扩散提供传播源。进一步地，企业数字化转型即与数字技术在企业中高水平使用相伴，也将催生企业数据要素并推动企业数据要素挖掘与利用（Liang et al.，2017；谢康等，2020），在数字技术的连接性和网络性以及数据要素的流通性和共享性等作用下，企业经营模式以及商业关系将得到重塑，这将凸显利益相关者之间价值共创的重要性（戚聿东和肖旭，2020；陈剑等，2020），进而驱动企业突破数字化转型中的“数字孤岛”，与利益相关者达成广泛连接。面对这一经营环境变化，企业将主动了解并接纳数字化转型，以提升应对数字经济环境变化的动态能力并构筑新的竞争优势（焦豪等，2021）。供应链中客户公司数字化转型意味着上游公司经营环境发生变化，在价值共创与企业动态能力提升因素的驱动下，客户公司数字化转型将沿供应链扩散并推动上游公司数字化转型。

基于此，李云鹤等（2022）提出了“客户数字化转型沿供应链扩散的机制”这一理论命题。

理论命题 17-1

客户公司数字化转型将沿着供应链向上游公司扩散，从而显著促进上游公司数字化转型。而且，客户公司数字化转型向上游公司扩散的驱动作用主要是通过供应链上公司间治理连接与企业学习机制实现的。

资料来源：李云鹤，蓝齐芳，吴文锋．客户公司数字化转型的供应链扩散机制研究 [J]. 中国工业经济，2022（12）：146-165.

该理论命题从企业供应链中客户公司角度出发，将数字化转型视作企业的全面创新实践。研究发现，客户公司数字化转型实践经验与知识将通过供应链扩散促进上游公司数字化转型，拓展了公司数字化转型影响因素和供应链扩散效应的文献。与西方学者从微观视角的创新扩散研究主要关注采纳者决策中技术扩散的单向触发动力和机制不同（Bianchi et al.，2017；Kertcher et al.，2020），李云鹤等（2022）从客户公司和上游公司数字化转型资源供求出发，通过分析并揭示客户公司数字化转型沿供应链扩散的上游公司与客户公司的双向互动触发机理，拓展并深化了创新扩散理论研究。

二、理论命题的具体内容

从客户公司来看，其与供应商公司互为重要的利益相关者，从而将相互影响（Freeman，1984）。一方面，客户公司数字化转型对其自身的赋能作用受到上游供应商公司影响，这是因为数字经济下数字技术连接性及数据共享性更加强调供应链企业价值共创（戚聿东和肖旭，2020；陈剑等，2020），客户公司数字化技术应用对企业间交易成本降低作用的发挥需要交易对手采纳并使用数字技术，这样才能有助于客户公司在数字技术应用中突破“数字孤岛”（戚聿东和肖旭，2020；谢康等，2020），并促进供应链公司之间经济业务数据化，从而为客户公司数据要素利用及挖掘提供可靠的基础数据资源。因此，客户公司有动力推动其数字化转型实践向上游供应商公司扩散，促进上游公司采纳并实施公司数字化转型。另一方面，客户公司需求反馈将促使上游企业做出适应性应对（Lee et al.，2011），客户公司数字技术应用对其业务及运营模式的改造将通过需求反馈对供应商公司施加数字化对接压力，这种压力不断地通过客户公司反馈将促使上游公司采纳数字技术并实施数字化改造；类似地，客户公司对交易数据需求的反馈也将倒逼上游公司重视数据要素的生成、存贮与流动（Lee et al.，2011；陈剑等，2020；谢康等，2020）。因此，需求反馈效应将推动客户公司数字化转型向上游供应商公司扩散，从而促进上游公司数字化转型。

从上游供应商公司来看，其需要不断提升动态能力，以应对客户公司数字化转型等供应链经营环境变化。企业动态能力是企业整合、构建及重新配置企业内外部资源和能力更新以应对经营环境变化的能力（Teece et al.，1997），它将不断推动企业保持竞争优势，驱动价值创造。数字经济发展深刻改变了企业经营环境，实施企业数字化转型是企业应对发展环境变化而做出的反应，而数字化转型所呈现的数字技术对企业的全面改造与数据要素产出和使用取决于企业对其内外资源的有效利用与能力构筑。供应链作为企业经营最直接依赖的外部环境，上游供应商企业必然对客户公司数字化转型做出反应。一方面，客户公司作为企业外部经营信息与资源的重要来源（Lee et al.，2011），其数字化转型实践将为上游公司持续了解、观察、评估与采纳数字化转型提供重要的外部信息与知识经验资源。这样，上游公司能够不断地利用这些客户公司的数字化转型实践资源更好地推动与客户公司对接的公司数字技术应用，有效地建立畅通供应链企业间数据要素生成及流动的数据体系，从而有助于提升供应链企业间数字技术连接及数据要素利用对企业经营效率的赋能效果。因此，上游公司对客户数字化转型资源利用将驱动客户公司数字化转型沿供应链向上游公司扩散，从而推动上游公司数字化转型。另一方面，上游公司对客户公司不断的需求回应将驱动上游公司数字化能力持续提升，促进客户公司数字化转型沿供应链向上游公司扩散。数字经济对企业以客户为中心的经营模式塑造以及价值共创重要性的强调（戚聿东和肖旭，2020；陈剑等，2020），将推动企业更加重视对客户公司的需求回应，这样，供应商公司将不断提升其数字技术应用能力，以回应客户公司的数字技术连接需求，也将不断提升数据生产与利用能力来回应客户公司的数据要素流动需求；而上游公司数字技术应用能力及数据能力的提升，将增强企业采纳与实施数字化转型的效果，从而推动客户公司数字化转型沿供应链向上游公司扩散，促进上游公司数字化转型。

基于此，李云鹤等（2022）提出了假说 1。

假说 1：客户公司数字化转型将沿供应链扩散，从而促进上游公司数字化转型。

李云鹤等（2022）以 2008—2020 年沪深 A 股上市公司的前五大供应商和客户供应链关系数据为样本，建立了如下模型来考察客户公司数字化转型对供应链上游公司数字化转型的影响：

$$\text{Digital}_{i,t}^{S}=\alpha_0+\beta_1\text{Digital}_{i,t-1}^{C}+\beta_i\sum\text{Controls}_{i,t-1}+\text{Year}_i+\text{Pair}_i+\text{Industry}_i+\varepsilon_{i,t} \tag{17-1}$$

式中，因变量是上游公司数字化转型程度（$\text{Digital}_{i,t}^{S}$），核心自变量是客户公司数字化转型程度（$\text{Digital}_{i,t-1}^{C}$），这两项指标均是在采用文本挖掘方法获取企业数字化转型信息的基础上构建的。$\text{Controls}_{i,t-1}$ 为控制变量组，包括客户公司与其上游公司的资产规模、资产负债率、资产收益率、资本性支出及账面市值比。$\varepsilon_{i,t}$ 为扰动项。为了提升回归结果的科学性，还进行了如下处理：(1) 考虑到客户公司数字化转型影响到上游公司数字化转型需要一定时间，因此对核心解释变量进行滞后一期处理；(2) 在模型中首先控制了个体（Pair）和年份（Year）固定效应，而后同时控制个体、行业和年份固定效应作为基准检验结果。

表 17-1 为客户公司数字化转型对上游公司数字化转型影响的基本回归结果。从混合面板结果来看，前两列中控制了供应链 Pair 及年份固定效应后，客户公司数字化转型变量（L. DigitalC）与上游公司数字化转型变量（DigitalS）之间的关系为正，且在加入和不加入上游公司控制变量时分别在 10%和 5%的显著性水平上统计显著。在后两列中同时控制了供应链 Pair 固定效应、行业和年份固定效应后，无论是否加入上游公司控制变量，客户公司数字化转型变量（L. DigitalC）与上游公司数字化转型变量（DigitalS）均显著为正。该结果表明，客户公司数字化转型对上游公司数字化转型具有显著的促进作用，假说 1 成立。

表 17-1 客户公司数字化转型对上游公司数字化转型影响的基本回归结果

变量	DigitalS	DigitalS	DigitalS	DigitalS
L. DigitalC	0.070 6*	0.074 1**	0.074 1**	0.077 8**
	(0.037 2)	(0.037 3)	(0.037 3)	(0.037 4)
控制变量	控制	控制	控制	控制
常数项	−0.463 8	−2.441 0	−1.072 5	−2.841 8
	(1.667 9)	(2.583 3)	(1.693 7)	(2.568 4)

续表

变量	DigitalS	DigitalS	DigitalS	DigitalS
年份固定效应/个体固定效应	是	是	是	是
行业固定效应	否	否	是	是
观测值	2 934	2 934	2 934	2 934
R^2	0.116 7	0.122 2	0.127 9	0.134 0

注：** 和 * 分别表示在 5%和 10%的显著性水平上统计显著，括号内为稳健标准误。

资料来源：李云鹤，蓝齐芳，吴文锋．客户公司数字化转型的供应链扩散机制研究［J］．中国工业经济，2022（12）：146－165．

从获取客户公司数字化转型实践知识及经验资源来看，资源依赖理论认为，企业生存发展需要从环境中吸取资源，并将通过让渡权力增强对关键资源的控制，以降低对外部环境的依赖（Pfeffer & Salancik，1978）。共同股东是同时在两个公司持股的权益所有人（He et al.，2019；Andrew et al.，2021）。公司通过鼓励股东对客户公司投资持股或者引入客户公司股东持股增强公司与客户公司之间的股权连接，将形成客户公司数字化转型创新实践资源沿供应链扩散的治理渠道；而被共同持股公司的数字化转型成效都将影响共同股东利益，供应链上公司的共同股东具有促进其持股的供应链公司数字化转型创新实践扩散的动机。同时，共同股东还可以通过参与股东会不断地获得与反馈公司数字化发展信息（He et al.，2019；Andrew et al.，2021），这为上游公司持续观察、了解及采纳数字化转型提供了实践信息及知识资源，将促进客户公司数字化转型实践信息与知识资源不断地在共同股东持股的供应链公司间扩散，推动上游公司数字化转型。类似地，董事作为公司决策委员会成员，是公司重大战略决策的参与者。董事兼任形成的连锁董事有利于企业间信息流动（Chiu et al.，2013），为公司利用企业间信息资源流动提供了重要渠道。公司可以通过引导高管兼任客户公司董事或者引入客户公司高管作为董事来增强公司对外部数字化资源的契约连接，而连锁董事因履行董事职能必然参与不同公司的数字化转型讨论、决策与实施等，从而能够持续获得并反馈客户公司数字化转型实践知识与信息，为上游公司认识、把握与采纳及实施数字化转型提供实践资源支持，这将促进客户公司数字化转型经验在供应链企业间扩散，从而推动上游公司数字化转型。

基于此，李云鹤等（2022）提出了假说 2。

假说 2： *客户公司数字化转型将通过治理层连接机制沿供应链向上游公司扩散。*

从企业能力更新或提升来看，组织学习是企业获取并重组资源、提升竞争力的重要方式，也是企业突破自身惯例、转型发展的内在动力及能力（Levitt & March，1988）。企业间供应链关系是公司与客户公司之间信息流动的桥梁，为企业获取客户公司经营发展资讯提供了知识信息来源。客户公司数字化转型中呈现的先进数字技术及其对组织的改造与数据要素获取及利用经验将持续地为上游公司数字化转型提供学习借鉴，促进上游公司数字化转型能力不断提升。首先，客户公司数字化转型中先进数字技术采用经验积累将为上游公司数字化技术采纳决策过程提供持续的经验知识。技术采用文献认为，公司技术采用受企业组织能力、财务支持及外部环境等因素影响（Selander & Jarvenpaa，2016；Cho et al.，2022)。公司因与客户业务往来而熟悉，这有助于上游公司向客户公司不断地学习数字技术选择经验，并结合自身特征，分阶段地选择适合自身的数字技术（Matarazzo et al.，2021)，从而不断地提升数字化能力，推进公司数字化转型。其次，数字技术采用后组织如何进行适应性调整也是数字化转型需要面对的问题（Selander & Jarvenpaa，2016)，客户公司组织适应数字技术的变革经验积累也将为上游公司应对数字技术冲击的组织变革提供参考，上游公司通过不断地对此进行学习、借鉴与实践，将推动上游公司数字化能力持续提升，从而促进上游公司数字化转型。最后，客户公司经营信息的数据化及客户公司对数据要素的开发利用在企业赋能和增效方面的体现，也将激发上游公司不断地学习数据要素开发与利用经验，从而促进公司数字化能力提升，推动上游公司数字化转型。

基于此，李云鹤等（2022）提出了假说 3。

假说 3：客户公司数字化转型将通过企业间学习机制沿供应链向上游公司扩散。

在机制检验方面，李云鹤等（2022）从治理连接机制和企业间学习机制两个角度展开分析。(1）治理连接机制。首先，关于股东治理连接，李云鹤等（2022）参考现有文献做法（Dai et al.，2021)，将同一供应链上同时持股客户公司和上游公司的机构投资者视作该供应链的共同股东，并采用共同股东是否持股虚拟变量（Dumy_CoOwner）和共同股东持股比例变量（CoOwner）两个变量进行度量。具体而言，若一条供应链上存在着同时持股上游公司和客户公司的机构投资者，那么 Dumy_CoOwner 取值为 1，否则取值 0。共同股东持股比例指标则通过对该条供应链上的所有共同股东持股比例在客户公司一侧进行累计加总（CoOwner）来度量。其次，李云鹤等（2022）还参考了 Andrew et al.(2021）对共同董事的度量方法，选用供应链公司间是否有共同董事虚拟变量（Dumy_CoDirector）和同一供应链公司的共同董事数量（LnCoDirector）两个指标来度量董事治理连接。(2）企业间学习机制。根据组织学习文献中关于企业学习的定义及现有实证文献的度量思路（Levitt & March，1988)，首先，李云鹤等（2022）选择公司间供应链关系存续时长来度量公司学习。一般而言，公司间供应链关系存续时间越长，公司间交流也越来越频繁，企业有动机且有更多机会向供应链公司学习，为此，李云鹤等（2022）将同一供应链存续时间的长短（SC_Duration）作为测度公司学习的一个指标。其次，李云鹤等（2022）还参考现有文献做法（Jaffe et al.，2000)，采用公司主动的专利引用来刻画公司学习，这是因为公司专利活动是知识流动与学习的活动，公司申请专利所引用的其他专利越多，反映公司学习其他创新知识的范围越广及能力越强；学习能力强的公司对数字化扩散的能力也将越高。考虑到专利引用数据的截断特征，李云鹤等（2022）采用公司单位申请专利所引用的其他机构专利数的对数值（lnPtnCiting）作为企业学习的另一个指标。

表 17-2 中 Panel A 报告了治理连接机制检验结果。从供应链公司间共同股东反映的治理连接机制结果看，共同股东是否持股虚拟变量和客户数字化转型程度的交互项（L. DigitalC×L. Dummy_CoOwner）关系为正，其系数在 10%的显著性水平上统计显著。这表明在治理连接机制下，客户公司数字化转型沿着供应链向上游公司扩散的效果

是显著的。同时，共同股东持股比例变量和客户数字化转型程度的交互项（L. DigitalC×L. CoOwner）关系为正，其系数在1%的显著性水平上统计显著。这进一步表明在共同股东所反映的治理连接机制下，客户公司数字化转型沿供应链向上游扩散效果显著。从供应链公司间共同董事反映的治理连接机制结果看，供应链上是否存在共同董事虚拟变量和客户公司数字化的交互项（L. DigitalC×L. Dummy_CoDirector）系数为正，且其系数在1%的显著性水平上统计显著。同时，共同董事数量指标和客户数字化转型程度的交互项（L. DigitalC×L. LnCoDirector）系数为正，且其系数也在1%的显著性水平上统计显著。这进一步表明在共同董事所反映的治理连接机制下，客户公司数字化转型沿供应链向供应商公司扩散效果显著，且供应链公司间共同董事数量越多，这一扩散效应越强。总之，上述结果表明，客户公司数字化转型将通过治理连接机制沿供应链向上游公司扩散，从而驱动上游公司数字化转型，这验证了假说2。

表17-2 客户公司数字化沿供应链向上游公司扩散的治理连接机制与企业间学习机制

变量	Panel A：治理连接机制			Panel B：企业间学习机制		
	DigitalS	DigitalS	DigitalS	DigitalS	DigitalS	DigitalS
L. DigitalC	0.052 4	0.058 8	0.053 5	0.054 0	−0.087 3	−0.020 2
	(0.040 9)	(0.037 7)	(0.037 8)	(0.037 3)	(0.070 6)	(0.051 0)
L. DigitalC×L. Dummy_CoOwner	0.123 9*					
	(0.074 0)					
L. Dummy_CoOwner	−0.068 1					
	(0.070 6)					
L. DigitalC×L. CoOwner		0.727 9***				
		(0.202 4)				
L. CoOwner		−0.581 9				
		(0.499 2)				
L. DigitalC×L. Dummy_CoDirector			0.297 9***			
			(0.088 8)			
L. Dummy_CoDirector			−0.225 2			
			(0.168 2)			
L. DigitalC×L. LnCoDirector				0.153 7***		
				(0.029 9)		
L. LnCoDirector				−0.111 2		
				(0.071 0)		
L. DigitalC×L. SC_Duration					0.039 2***	
					(0.013 9)	
L. SC_Duration					—	
					—	
L. DigitalC×L. Slnptnciting						0.029 2**
						(0.013 2)
L. Lnptnciting						0.020 8
						(0.021 0)

续表

变量	Panel A：治理连接机制			Panel B：企业间学习机制		
	DigitalS	DigitalS	DigitalS	DigitalS	DigitalS	DigitalS
控制变量	控制	控制	控制	控制	控制	控制
常数项	−2.824 0	−2.705 3	−2.634 1	−2.619 0	−3.096 1	−2.316 3
	(2.547 5)	(2.521 7)	(2.554 1)	(2.544 5)	(2.589 8)	(2.532 5)
年份固定效应/行业固定效应/个体固定效应	是	是	是	是	是	是
观测值	2 934	2 934	2 934	2 934	2 934	2 934
R^2	0.136 8	0.139 4	0.140 4	0.142 4	0.140 2	0.141 0

注：***、**和*分别表示在1%、5%和10%的显著性水平上统计显著，括号内为稳健标准误。

资料来源：李云鹤，蓝齐芳，吴文锋．客户公司数字化转型的供应链扩散机制研究［J］．中国工业经济，2022（12）：146-165.

表17-2中Panel B报告了企业间学习机制检验结果。结果显示，供应链稳定（L. SC_Duration）所反映的企业间学习状况和客户数字化转型程度的交互项（L. DigitalC×L. SC_Duration）系数为正，且其系数在1%的显著性水平上统计显著。这表明在稳定供应链关系下，企业间学习将强化客户公司数字化转型沿供应链扩散进而驱动上游公司数字化转型的效果。供应商主动专利引用（L. Slnptnciting）所反映的公司学习能力变量和客户数字化转型程度的交互项（L. DigitalC×L. Slnptnciting）系数为正，且其系数在5%的显著性水平上统计显著。这表明供应商主动学习能力越强，客户公司数字化转型沿着供应链向上游公司扩散，进而驱动后者数字化转型的效果越好，这验证了假说3。

第三节　客户数字化转型的供应链创新传导机制

一、理论命题的提出

从客户-供应商互动关系看，现有文献主要探讨了外部客户或供应商关系对核心企业多方面行为绩效的影响。在企业金融财务决策上，供应商和客户间互动会影响核心企业经济动机的掺假风险（Levi et al.，2020；Wang & Cai，2024）、融资成本和融资途径（Gornall & Strebulaev，2018）等。在企业创新行为方面，现有研究关注供应链上企业间互动影响知识溢出和信息共享行为，如知识溢出（Chu et al.，2018；Kosasih et al.，2024）、关系互动和网络信任等（Choi et al.，2020）。聚焦于数字转型下的客户-供应商关系，供应商与数字化转型程度高的企业建立和维持客户关系，可能会对供应商自身的创新水平产生重要影响。具体地，客户-供应商关系具有一定的独特性，既存在非平等的上下游资金和利益交换关系，也可能存在平等的协同合作关系。非平等的上下游关系也要求供应商立足于客户需求视角，响应客户创新需求和迎合客户进行数字化转型。平等合作关系意味着客户能够作为供应商知识和创新资源的重要来源渠道，或作为供应商重要的二级社会资本。因而可以认为，客户数字化转型将通过倒逼效应和资源效应对供应商创新产生影响。

基于此，杨金玉等（2022）提出了“客户数字化转型的供应链创新传导机制”这一理论命题。

理论命题 17-2

客户数字化转型将通过倒逼效应和资源效应影响供应商创新，客户集中度将强化客户数字化转型对供应商创新的影响，并在不同特征的企业中呈现差异。

资料来源：杨金玉，彭秋萍，葛震霆．数字化转型的客户传染效应：供应商创新视角 [J]. 中国工业经济，2022（8）：156-174.

该理论命题丰富了对客户-供应商关系互动机制的理解，揭示了客户数字化转型通过两种既相互独立又相互关联的效应——资源效应和倒逼效应——在不同情境下如何塑造并影响供应商创新。尽管现有文献已经凸显了客户特征对供应商决策的显著影响（Choi et al.，2020；Lehar et al.，2020），指出客户创新对供应商创新有显著的正向影响（Chu et al.，2018；Isaksson et al.，2016；Wang et al.，2024），但这些研究主要集中于行业创新程度等整体供应链指标和机制（Li et al.，2018），较少关注客户通过何种具体途径影响企业创新（陶锋等，2023；巫强和姚雨秀，2023）。同时，关于供应商与客户之间的互动关系的平等性的讨论，以及如何整合不同理论视角来分析这些互动关系在不同情境下的作用和可能的矛盾，尚未得到深入研究，并呈现有争议的研究结论（Forman & McElheran，2019）。杨金玉等（2022）尝试搭建倒逼效应和资源效应的理论分析框架，从客户数字化转型出发，深入考察客户的数字化转型对供应商企业创新水平的倒逼机制和资源效应，有利于丰富与客户-供应商关系互动作用机理相关的研究。

二、理论命题的具体内容

在供应链管理的现有研究中，学者们日益认识到供应商与客户之间关系的复杂性以及它们对创新策略的影响，但对于客户-供应商互动影响企业决策的理论视角却并不统一。通过梳理和对比前期文献，杨金玉等（2022）认为，主要存在两个理论视角：资源基础观（Resource-Based View，RBV）和客户需求基础观（Demand-Based View，DBV）。资源基础观认为，客户是企业获取知识和创新资源的重要来源，构成企业的关键二级社会资本（Second-Order Social capital），在此视角下，供应商倾向于主动从客户那里获取知识和信息，以此提升自身的创新绩效（Ni et al.，2024；Zhao et al.，2021）。与之不同，客户需求基础观则强调，供应商在满足客户对产品创新的需求过程中，需要根据客户要求不断完善自身的产品开发流程，从而提升其产品竞争力，以维持长期竞争优势（Zhong et al.，2021；蔡卫星等，2024）。

基于客户-供应商关系的独特性——既存在非平等的上下游资金和利益交换关系，也可能存在平等的协同合作关系，在理论方面，杨金玉等（2022）整合两方面的理论视角，从倒逼效应和资源效应角度剖析了客户数字化转型影响供应商创新的作用机制。

从倒逼效应看，供应商公司与客户公司非平等的产品、资金和利益交换关系将导致供应商为了满足客户伴随数字化转型的效率和创新需求，驱动自身做出相应的数字化转型决策，提升自身的创新流程优化和创新产品水平。首先，客户数字化转型的高效性和便利性可能促使客户提出更多的创新需求，进而影响供应商创新。该数字化进程对供应商在供需的响应范围和响应时效、产品的多元化和个性化等方面都提出了更高的要求。有研究表明，客户企业的创新需求会加快供应商产品创新绩效（王玮等，2016）。其次，为了更好地适应客户数字化转型的效率和协同需求，供应商会迫于客户倒逼压力进行数字化转型，继而提升自身创新水平。客户公司的数字化转型能够引领供应商进行数字化追随，以满足客户公司的效率追求和未来隐性需求，从而不断增进自身的创新水平。例如，Lyytinen et al.（2016）的研究发现，数字化企业能够不断降低通信成本和扩大通信范围，从而引导供应链建立数字化创新网络。

从资源效应看，客户借由数字化转型获取的知识和信息可能具有额外的溢出效应（知识溢出），供应商能够通过借鉴、学习和模仿客户高效的数字化生产方式和创新模式来提高自身的企业创新（创新溢出）。首先，客户公司数字化转型有利于拓宽企业知识和信息获取的途径，能够提高客户企业知识和信息搜寻效率（Ling et al.，2015）。这时，供应商企业借由客户联结能够直接获得客户公司用于实时交互的海量数据和共享性的数据资源等。这些信息和数据的获得能够极大地降低供应商公司的知识搜寻成本，从而有效提高供应商公司的创新效率。其次，客户公司数字化转型有助于提高自身创新水平，并通过创新溢出效应促进供应商创新绩效。企业数字化转型将通过降低通信成本和扩大通信范围来增加创新网络的连通性（Lyytinen et al.，2016），在有利于客户公司从外界挖掘新的、异质性知识的同时，也会促进客户公司自身的创新产品向外部供应链的扩散和溢出。

杨金玉等（2022）立足于客户需求基础观和资源基础观，并结合客户-供应商互动关系的独特性，提出了假说1。

假说1：客户数字化转型对供应商创新有显著的正向影响，并通过倒逼效应（供应商响应客户创新需求和供应商数字化转型）和资源效应（知识溢出和创新溢出）的作用机制带来影响。

在对理论分析的实证检验方面，杨金玉等（2022）利用2007—2019年的中国上市企业供应链数据，构建出客户-供应商-年份（Pair）数据集。随后，通过对上市企业年报的挖掘和关键词提取，构建出了企业数字化转型指标。对于供应商创新指标，杨金玉等（2022）使用创新数量和创新质量两方面指标来测量供应商创新水平：一是参考Chu et al.（2018）的研究，使用企业当年的专利申请数量（Patent_apply）和专利授权数量（Patent_grant）来测量企业创新数量；二是参考Kaiser et al.（2018）等的研究，使用供应商专利申请数量加上这些专利在后三年内被引用的总次数之和来测量供应商创新质量。

为检验研究假设，杨金玉等（2022）构建了以下基准检验模型：

$$\begin{aligned}\text{Patent}_{i,t}=&\alpha_0+\alpha_1\text{Cus\_digit}_{i,t-1}+\alpha_2\text{Control}_{i,t-1}\\&+\text{Year}_{t-1}+\text{Industry}_{i,t-1}+\varepsilon_{i,t}\end{aligned}\tag{17-2}$$

式中，$\text{Patent}_{i,t}$为供应商创新，包括供应商专利申请数量（Patent_apply）、专利授权数量（Patent_grant）以及考虑了专利被引用信息的供应商创新质量指标（InCite）三个指标；$Cus\_digit_{i,t-1}$ 为客户数字化转型指标，包括关键词数量（Cus_digit）和所占比例（Cus_digit_ratio）两种测量方式。Control 表示一系列控制变量；$Year_{t-1}$ 和 $Industry_{i,t-1}$ 分别是年份和行业固定效应。

表 17 - 3 是客户数字化转型程度对供应商创新的数据结果，可以看出，客户数字化转型对供应商创新有显著的正向影响。

表 17 - 3　客户数字化转型与供应商创新

	(1) Patent_apply	(2) Patent_grant	(3) InCite	(4) Patent_apply	(5) Patent_grant	(6) InCite
Cus_digit	0.176 8**	0.258 8***	0.286 7***			
	(0.072 2)	(0.066 9)	(0.081 0)			
Cus_digit_ratio				2.932 3***	4.279 2***	4.671 7***
				(1.111 8)	(1.032 6)	(1.252 3)
控制变量/行业固定效应/年份固定效应	是	是	是	是	是	是
观测值	2 345	2 345	2 345	2 345	2 345	2 345
调整的 R^2	0.461 2	0.465 0	0.496 3	0.461 1	0.466 2	0.496 3

注：Cus_digit 为客户数字化转型关键词数，Cus_digit_ratio 为客户数字化转型关键词数占总关键词的比例，Patent_apply 和 Patent_grant 分别为供应商专利申请数量和专利授权数量，InCite 为考虑了专利被引用信息的供应商创新质量指标。Control 为一系列控制变量，回归中控制了年份固定效应和行业固定效应。*** 和 ** 分别表示在 1%和 5%的显著性水平上统计显著，括号内为稳健标准误。

资料来源：杨金玉，彭秋萍，葛震霆．数字化转型的客户传染效应：供应商创新视角［J］．中国工业经济，2022（8）：156 - 174.

随后，杨金玉等（2022）构建了以下模型来检验倒逼效应（供应商响应客户创新需求和供应商数字化转型）和资源效应（知识溢出和创新溢出）的作用机制：

$$Med_{i,t}=\beta_0+\beta_1 Cus_{digit_{i,t-1}}+\beta_2 Control_{i,t-1}+Year_{t-1}+Industry_{i,t-1}+\varepsilon_{i,t} \tag{17-3}$$

$$Patent_{i,t}=\lambda_0+\lambda_1 Cus_{digit_{i,t-1}}+\lambda_2 Med_{i,t-1}+\lambda_3 Control_{i,t-1}+Year_{t-1}+Industry_{i,t-1}+\varepsilon_{i,t} \tag{17-4}$$

式（17 - 3）和式（17 - 4）中，$Med_{i,t}$ 为中介变量，倒逼效应包括供应商响应客户创新需求（Cus_inno）和供应商数字化转型（Sup_digit），资源效应包括知识溢出（Knowledge）和创新溢出（Cus_Pat）。

从倒逼效应的作用机制来看，表 17 - 4 Panel A 为供应商响应客户创新需求的作用机制。可以看出，客户创新需求显著提高了供应商创新水平；同时，在放入中介变量和自变量后，客户数字化转型依旧显著为正，表明客户创新需求的作用机制成立。表 17 - 4 Panel B 为供应商数字化转型的作用机制。可以看出，客户数字化转型通过倒逼供应商数字化转型，提升了供应商创新绩效。从资源效应的作用机制来看，表 17 - 4 Panel C 为知识溢出的作用机制。可以看出，知识溢出在客户数字化转型和供应商创新之间的作用机制成立。表 17 - 4 Panel D 为创新溢出的作用机制。可以看出，客户数字化转型通过促进创新溢出，提高了供应商创新水平，创新溢出的作用机制成立。

表 17-4 作用机制检验结果

	(1)	(2)	(3)	(4)
Panel A：供应商响应客户创新需求的作用机制				
	Cus_inno	Patent_apply	Patent_grant	InCite
Cus_digit	1.065 2***	0.212 0**	0.262 6***	0.287 1***
	(0.054 6)	(0.089 8)	(0.085 2)	(0.100 5)
Cus_inno		0.123 0***	0.099 1***	0.181 2***
		(0.035 1)	(0.033 9)	(0.039 5)
控制变量/行业固定效应/年份固定效应	是	是	是	是
观测值	2 060	2 060	2 060	2 060
调整的 R^2	0.275 1	0.468 2	0.466 1	0.500 3
Panel B：供应商数字化转型的作用机制				
	Sup_digit	Patent_apply	Patent_grant	InCite
Cus_digit	0.063 9***	0.140 4*	0.225 8***	0.245 0***
	(0.020 0)	(0.071 7)	(0.066 8)	(0.080 9)
Sup_digit		0.570 2***	0.516 7***	0.653 1***
		(0.082 4)	(0.082 0)	(0.091 7)
控制变量/行业固定效应/年份固定效应	是	是	是	是
观测值	2 345	2 345	2 345	2 345
调整的 R^2	0.224 3	0.471 2	0.474 0	0.506 2
Panel C：知识溢出的作用机制				
	Knowledge	Patent_apply	Patent_grant	InCite
Cus_digit	0.025 2*	0.150 8**	0.242 0***	0.257 9***
	(0.014 4)	(0.071 0)	(0.066 5)	(0.079 9)
Knowledge		1.033 7***	0.667 7***	1.144 7***
		(0.111 5)	(0.103 8)	(0.126 5)
控制变量/行业固定效应/年份固定效应	是	是	是	是
观测值	2 345	2 345	2 345	2 345
调整的 R^2	0.180 1	0.483 2	0.475 4	0.516 2
Panel D：创新溢出的作用机制				
	Cus_Pat	Patent_apply	Patent_grant	InCite
Cus_digit	0.577 6***	0.160 4**	0.245 9***	0.277 7***
	(0.122 3)	(0.072 5)	(0.067 4)	(0.080 5)
Cus_Pat		0.028 4**	0.020 6	0.051 0***
		(0.014 3)	(0.014 3)	(0.019 7)
控制变量/行业固定效应/年份固定效应	是	是	是	是
观测值	2 345	2 345	2 345	2 345
调整的 R^2	0.099 8	0.462 2	0.466 1	0.497 3

注：Cus_digit 为客户数字化转型关键词数，Cus_inno 为供应商响应客户创新需求指标，Sup_digit 为供应商数字化转型指标，Knowledge 为知识溢出指标，Cus_Pat 为创新溢出指标，Patent_apply 和 Patent_grant 分别为供应商专利申请数量和专利授权数量，InCite 为考虑了专利被引用信息的供应商创新质量指标。Control 为一系列控制变量，回归中控制了年份固定效应和行业固定效应。***、** 和 * 分别表示在 1%、5% 和 10% 的显著性水平上统计显著，括号内为稳健标准误。

资料来源：杨金玉，彭秋萍，葛震霆．数字化转型的客户传染效应：供应商创新视角 [J]．中国工业经济，2022 (8)：156-174.

综上所述，客户数字化转型通过倒逼效应（供应商响应客户创新需求和供应商数字化转型）和资源效应（知识溢出和创新溢出）影响供应商创新。

客户集中度代表着供应商对客户的依赖程度，供应商对客户的依赖程度越高（Zhong et al.，2021；蔡卫星等，2024），就将越重视客户战略决策和创新模式等的变革，也更有动机去迎合客户数字化转型所带来的需求。因此，当客户集中度较高时，客户数字化转型对供应商数字化转型和企业创新的影响作用也将可能越明显。

在理论层面，受制于企业资源和能力等方面的因素，企业无法平等、全面地向每个客户提供所需的产品和服务，相反，它们可能会根据不同客户的集中度差异来进行排序，并优先关注客户集中度较高企业的期望、偏好和需求等。已有研究表明，供应商能够从客户集中度高的企业获取更多的交易额和利润，能够促进供应商和客户间的关系互动，获取有价值的资源和信息（Zhong et al.，2021）。另外，当客户集中度较高时，意味着双方的关系嵌入程度较高（Uzzi & Gillespie，2002）。高嵌入关系使得供应商公司有机会通过紧密交流获得客户公司的知识和创新产品细节，以便更明晰客户公司的数字化转型和创新方向，从而对提升自身创新水平有更清晰的目标。同时，较高的关系嵌入程度有利于供应商公司进一步吸收和消化客户公司与数字化创新相关的隐性知识（Eapen & Krishnan，2019），从而增加了自身进行客户知识吸收和重构提高创新水平的概率。因此，当客户集中度越高时，供应商越有机会和能力去满足客户当前和未来的创新需求，并通过客户关系获取更多的知识和创新信息溢出，以辅助供应商的创新决策，并提供更有针对性的创新产品。

基于此，杨金玉等（2022）提出了假说 2。

假说 2：客户集中度越高，(a) 客户数字化转型对供应商创新的正向影响作用越明显；(b) 客户数字化转型对中介机制（倒逼效应和资源效应）的正向影响作用越明显；(c) 中介机制（倒逼效应和资源效应）对供应商创新的正向影响作用越明显。

在客户集中度调节作用的实证检验方面，首先检验了客户集中度在客户数字化转型和供应商创新间的正向调节作用，回归结果如表 17－5 Panel A 所示，可以看出，客户集中度在客户数字化转型和供应商创新间起到正向调节作用。其次检验了客户集中度在客户数字化转型和中介变量（倒逼效应和资源效应）间起到的调节作用。从表 17－5 Panel B 可以看出，客户集中度在客户数字化转型和中介变量之间起到正向调节作用。最后检验了客户集中度在中介变量（倒逼效应和资源效应）和供应商创新之间起到的调节作用，回归结果如表 17－5 Panel C 和 Panel D 所示。可以看出，客户集中度分别和倒逼效应（供应商响应客户创新需求和供应商数字化转型）、资源效应（知识溢出和创新溢出）的交互项显著为正。

表 17－5 客户集中度的调节作用

Panel A：客户集中度在数字化转型和供应商创新间的调节作用						
	(1) Patent_apply	(2) Patent_grant	(3) InCite	(4) Patent_apply	(5) Patent_grant	(6) InCite
Cus_digit ×CC	0.346 4*** (0.127 7)	0.287 5** (0.128 5)	0.385 4*** (0.146 8)			

续表

Panel A：客户集中度在数字化转型和供应商创新间的调节作用						
	(1) Patent_apply	(2) Patent_grant	(3) InCite	(4) Patent_apply	(5) Patent_grant	(6) InCite
Cus_digit_ratio×CC				5.343 0*** (2.011 4)	4.459 2** (1.999 3)	5.988 9*** (2.288 7)
控制变量/行业固定效应/年份固定效应	是	是	是	是	是	是
观测值	2 345	2 345	2 345	2 345	2 345	2 345
调整的 R^2	0.463	0.467	0.498	0.463	0.467	0.498
Panel B：客户集中度在数字化转型和中介变量间的调节作用						
	(1) Sup_digit	(2) Sup_digit	(3) Knowledge	(4) Knowledge	(5) Cus_apply	(6) Cus_apply
Cus_digit×CC	0.107 6*** (0.037 8)		0.070 1** (0.034 9)		0.457 6*** (0.155 7)	
Cus_digit_ratio×CC		1.641 2*** (0.590 7)		1.132 6** (0.545 9)		8.001 4*** (2.474 2)
控制变量/行业固定效应/年份固定效应	是	是	是	是	是	是
观测值	2 334	2 334	2 345	2 345	2 345	2 345
调整的 R^2	0.231	0.231	0.156	0.156	0.106	0.095 9
Panel C：客户集中度在倒逼效应和供应商创新间的调节作用						
	(1) Pat_apply	(2) Pat_grant	(3) InCite	(4) Pat_apply	(5) Pat_grant	(6) InCite
Cus_inno×CC	0.214 7** (0.097 7)	0.188 2* (0.096 8)	0.229 0** (0.112 1)			
CC×Sup_digit				0.337 9*** (0.112 0)	0.266 9** (0.110 0)	0.387 3*** (0.125 9)
控制变量/行业固定效应/年份固定效应	是	是	是	是	是	是
观测值	2 060	2 060	2 060	2 334	2 334	2 334
调整的 R^2	0.428	0.426	0.462	0.471	0.473	0.504
Panel D：客户集中度在资源效应和供应商创新间的调节作用						
	(1) Pat_apply	(2) Pat_grant	(3) InCite	(4) Pat_apply	(5) Pat_grant	(6) InCite
CC×Knowledge	0.611 2*** (0.236 0)	0.537 1** (0.216 5)	0.628 9** (0.293 0)			
CC×Cus_apply				0.143 1*** (0.035 2)		
CC×Cus_grant					0.118 9*** (0.041 1)	

续表

Panel A：客户集中度在数字化转型和供应商创新间的调节作用						
	(1)	(2)	(3)	(4)	(5)	(6)
	Patent_apply	Patent_grant	InCite	Patent_apply	Patent_grant	InCite
CC× Cus_InCite						0.230 8*** (0.069 2)
控制变量/ 行业固定效应/ 年份固定效应	是	是	是	是	是	是
观测值	2 345	2 345	2 345	2 345	2 345	2 345
调整的 R^2	0.518	0.502	0.541	0.464	0.465	0.497

注：Cus_digit 为客户数字化转型关键词数，Cus_digit_ratio 为客户数字化转型关键词数占总关键词的比例，CC 为客户集中度指标，Cus_inno 为供应商响应客户创新需求指标，Sup_digit 为供应商数字化转型指标，Knowledge 为知识溢出指标，Cus_apply 为客户专利申请数量，Cus_grant 为客户专利授权数量，Cus_InCite 为包含引用信息的客户创新质量指标，Patent_apply 和 Patent_grant 分别为供应商专利申请数量和专利授权数量，InCite 为考虑了专利被引用信息的供应商创新质量指标。Control 为一系列控制变量，回归中控制了年份固定效应和行业固定效应。***、** 和 * 分别表示在 1%、5%和 10%的显著性水平上统计显著，括号内为稳健标准误。

资料来源：杨金玉，彭秋萍，葛震霆．数字化转型的客户传染效应：供应商创新视角 [J]．中国工业经济，2022 (8)：156－174.

第四节　跨境电商供应链的协同策略选择及其激励机制

一、理论命题的提出

跨境电商供应链协调不充分和需求信息传导时滞性高等因素制约了跨境电商的发展，也成为阻碍外贸新业态充分发挥其优势的重要因素（魏浩和王超男，2021；Fang & Wang，2021）。供应链协同作为打破成员间信息共享壁垒并实现多方企业资源整合的有效方式，在协调跨境电商供应链各成员利益，提高供应链整体运作效率等方面具有重要意义（Ralston et al.，2017）。需求预测信息共享作为供应链协同的关键维度之一，受到了国内外学者的广泛关注。在需求预测信息共享过程中，企业将对未来市场不确定性需求的观测信号转化为需求预测信息，并将需求预测信息全部或部分共享给其他企业，随后双方企业根据已掌握的私有信息和共享信息做出决策（Yue & Liu，2006；Ha et al.，2017）。供应链协同不是一蹴而就的，供应链成员间信任程度低、企业组织结构差异和利益分配不均衡等因素阻碍了供应链协同的实现（Fawcett et al.，2010）。在供应链成员间设置恰当的协同激励机制是促进供应链协同的有效方式。典型的协同激励机制包括奖励机制和惩罚机制等（Soosay & Hyland，2015）。

基于此，马述忠等（2023）提出了“跨境电商供应链的协同策略选择及其激励机制”这一理论命题。

理论命题 17－3

跨境电商平台总会因协同获利，而产品供应商的协同策略选择与消费者对于平台服务努力水平的敏感系数和税率状态的先验概率有关。当敏感系数位于中间水平且税率状态的先验概率满足一定条件时，跨境电商供应链存在帕累托优化的可能性，即恰当的协同激励机制可以促使产品供应商采取协同策略。

资料来源：马述忠，刘夙扬，柴宇曦．考虑需求与税率不确定性的跨境电商供应链协同激励机制研究［J］．北京交通大学学报（社会科学版），2023，22（4）：111－125.

该理论命题立足于当前时代背景下跨境电商市场的新特征，拓展了跨境电商供应链协同激励机制的研究边界。一方面，西方经典信息共享理论认为，降低需求不确定性是需求信息共享的出发点（Li，2002；Mishra et al.，2009）。马述忠等（2023）在此基础上，结合税率对于跨境电商的综合影响，考虑了供应链成员在决策过程中需求不确定性和税率不确定性的共同作用，为跨境电商供应链协同提供了新的研究思路。另一方面，马述忠等（2023）关注到跨境电商平台通过提供自营物流、优化购物体验等提升消费者满意度，以期借助额外服务获得更大的市场份额，而关于跨境电商平台服务努力水平对供应链协同决策影响的研究还相对匮乏，将此作为研究内容之一是对跨境电商发展研究的重要完善。

二、理论命题的具体内容

在西方经典的供应链协同激励机制模型中，需求不确定性对传统供应链决策的影响受到广泛关注（Li，2002；Ralston et al.，2017）。电商供应链的决策主体、成本构成等与传统供应链相比存在一定的差异，电商供应链中涉及的需求预测信息共享决策可能受到线下销售渠道和制造商售后服务投资效率等影响（Zhang & Zhang，2020；Yang et al.，2021）。马述忠等（2023）将视角聚焦于跨境电商供应链，结合当前时代背景下需求和税率不确定的特征，将其纳入跨境电商供应链协同分析框架，探究了需求和税率不确定性对跨境电商供应链协同的影响，是对供应链协同相关研究的重要完善。

马述忠等（2023）考虑到跨境电商平台上的交易属于国际商务活动，境外消费者在跨境电商平台购物时需额外支付与商品销售价格成比例的税（包括关税、增值税等），尽管这部分额外费用可能并非由消费者直接支付，而是通过产品供应商间接作用于商品销售价格。与此同时，区别于制造商-零售商-消费者的传统供应链结构，跨境电商供应链中产品供应商直接将商品出售给消费者，而跨境电商平台按照商品销售价格的一定比例从产品供应商处赚取交易佣金。鉴于此，马述忠等（2023）提出的的概念模型如图 17－1 所示，其中 $j \in N$，S 分别表示非协同策略和协同策略，p_{rp}^{j} 为商品销售价格，θ^{j} 和 s_{cep}^{j} 分别为跨境电商平台的交易佣金比例和服务努力水平，D 为境外消费者需求，$\beta_i(i \in H, L)$分别为高税率状态和低税率状态下的税率。

马述忠等（2023）结合当前跨境电商发展的实际情况，参考 Zhang et al.（2022）的研究，假设 β_i 的先验知识服从二项分布，且跨境电商市场中单位商品的税收不超过商品销售价格，即 $0 \leqslant \beta_i < 1$。该假设符合现实中税率波动的一般情况。例如，2019 年 5 月美国宣布将约 2 000 亿美元中国进口商品的关税从 10％提高到 25％，2021 年 7 月欧盟取消了低价值进口商品的增值税豁免，均涉及高税率状态和低税率状态间的转变。在实际税

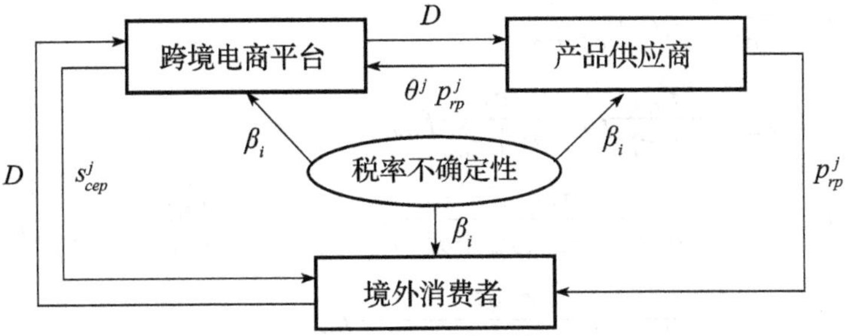

图 17-1 考虑需求与税收不确定性的跨境电商供应链决策概念模型

率可以被观测之前，β_H 的先验概率 Λ 和 β_L 的先验概率 $1-\Lambda$ 作为跨境电商供应链中的共同知识被用于协同决策。

马述忠等（2023）参考 Mishra et al.（2009）的研究，假设市场基本需求 α 不是一成不变的，其由稳定需求 μ_t 和变动需求 ξ_t 组成，其中 $\xi_t \sim N(0,\sigma_t^2)$ 衡量了需求波动的大小，且 μ_t 相较于 σ_t 是一个充分大的数，以避免需求为负。随着境外消费者线上购物比例的提高，σ_t^2 的变化幅度与频率显著增加，逐渐成为影响产品供应商和跨境电商平台管理决策的关键因素之一。

马述忠等（2023）参考 Yao & Liu（2005）、Wang et al.（2019）的研究，假设消费者对于 p_{rp}^j 和 s_{cep}^j 的敏感系数 b 和 η 均大于零，需求函数是关于 p_{rp}^j 和 s_{cep}^j 的线性函数。考虑到跨境电商平台间会相互效仿有效的服务策略，同一市场内不同平台的服务努力将趋向同质化，当市场内共有 N 家跨境电商平台提供增值服务时，其中一家平台的服务努力水平对消费者的需求促进作用为 $\left(1-\dfrac{N-1}{N}\right)\eta s_{cep}^j$。为方便表示，定义 $\delta=\dfrac{N-1}{N}$ 为平台间服务努力的竞争水平。综上，得到境外消费者的需求函数：

$$D=\alpha-b(1+\beta_i)p_{rp}^j+(1-\delta)\eta s_{cep}^j \tag{17-5}$$

马述忠等（2023）参考 Tsay & Agrawal（2000）、文悦等（2019）的研究，假设在产品供应商承担单位商品的生产成本 τ_{ps} 的同时，跨境电商平台承担单位商品的销售成本 τ_{cep} 和服务努力水平的服务成本 τ_s^j，且 τ_s^j 是关于 s_{cep}^j 的凸函数，用二次形式 $\dfrac{1}{2}\nu {s_{cep}^j}^2$ 表示，其中 ν 为服务努力水平的成本系数，其值越小代表跨境电商平台的服务提升效率越高，即提升单位服务水平所需承担的成本越少。

马述忠等（2023）参考 Wang et al.（2020）、文悦和王勇（2023）的研究，假设需求预测误差的存在导致产品供应商和跨境电商平台各自对 α 的预测值 $f_k(k\in ps,cep)$ 与 α 之间的关系满足 $f_k=\alpha+\xi_k$，其中 $\xi_k \sim N(0,\sigma_k^2)$ 且独立于 α，f_{ps} 和 f_{cep} 相互独立，$\mathrm{Cov}(f_{sp},\xi_t)=\mathrm{Cov}(f_{cep},\xi_t)$。在需求波动幅度与频率日益增加的时代背景下，需求预测信息共享成为跨境电商供应链成员间常见的协同模式。参考 Yue & Liu（2006）的研究，σ_k^2 衡量了 k 的需求预测精度，其值越小代表需求预测精度越高。由 Winkler（1981）的研究可推导得到以下条件期望表达式：

$$E[\alpha \mid f_k]=\frac{\sigma_k^2}{\sigma_t^2+\sigma_k^2}\mu_t+\frac{\sigma_t^2}{\sigma_t^2+\sigma_k^2}f_k \tag{17-6}$$

$$E[f_{ps} \mid f_{cep}]=\frac{\sigma_{cep}^2}{\sigma_t^2+\sigma_{cep}^2}\mu_t+\frac{\sigma_t^2}{\sigma_t^2+\sigma_{cep}^2}f_{cep} \tag{17-7}$$

$$\begin{aligned}E[\alpha \mid f_{ps},f_{cep}]=&\frac{\sigma_{ps}^2\sigma_{cep}^2}{\sigma_{ps}^2\sigma_{cep}^2+\sigma_t^2(\sigma_{ps}^2+\sigma_{cep}^2)}\mu_t+\frac{\sigma_{cep}^2\sigma_t^2}{\sigma_{ps}^2\sigma_{cep}^2+\sigma_t^2(\sigma_{ps}^2+\sigma_{cep}^2)}f_{ps}\\&+\frac{\sigma_{ps}^2\sigma_t^2}{\sigma_{ps}^2\sigma_{cep}^2+\sigma_t^2(\sigma_{ps}^2+\sigma_{cep}^2)}f_{cep}\end{aligned} \tag{17-8}$$

$$E[f_k^2]=E[f_{ps}f_{cep}]+\sigma_k^2=\mu_t^2+\sigma_t^2+\sigma_k^2 \tag{17-9}$$

与此同时，马述忠等（2023）假设需求预测之前税率是不确定的，产品供应商和跨境电商平台首先确定是否采取一定的协同激励机制，然后以各自期望净收益最大为目标确定协同策略。在需求预测完成后，税率可以被观测到，产品供应商和跨境电商平台两者服从 Stackelberg 博弈。依据 f_{cep}、$\beta_i(i\in H,L)$ 和协同策略、跨境电商平台决策 θ^j 和 s_{cep}^j，相关信息传递给产品供应商后 p_{rp}^j 被确定，最后实际需求发生。过程中主要事件的决策顺序如图 17-2 所示。

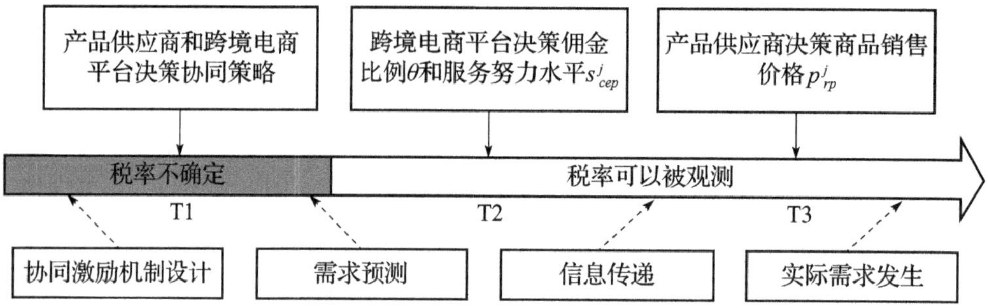

图 17-2 博弈决策事件时序图

基于以上考虑，马述忠等（2023）提出，产品供应商和跨境电商平台在采取非协同策略时关于需求预测结果的条件期望净收益为：

$$\begin{aligned}E[\Pi_{ps}^N \mid f_{ps},f_{cep}]=E\Big[&[(1-\theta^N)p_{rp}^N-\tau_{ps}][\alpha-b(1+\beta_i)p_{rp}^N\\&+(1-\delta)\eta s_{cep}^N] \mid f_{ps},f_{cep}\Big]\end{aligned} \tag{17-10}$$

$$\begin{aligned}E[\Pi_{cep}^N \mid f_{cep}]=E\Big[&(\theta^N p_{rp}^N-\tau_{cep})[\alpha-b(1+\beta_i)p_{rp}^N\\&+(1-\delta)\eta s_{cep}^N]-\frac{1}{2}\nu s_{cep}^{N\ 2} \mid f_{cep}\Big]\end{aligned} \tag{17-11}$$

产品供应商和跨境电商平台在采取协同策略时关于需求预测结果的条件期望净收益为。

$$\begin{aligned}E[\Pi_{ps}^S \mid f_{ps},f_{cep}]=E\Big[&[(1-\theta^S)p_{rp}^S-\tau_{ps}][\alpha-b(1+\beta_i)p_{rp}^S\\&+(1-\delta)\eta s_{cep}^S] \mid f_{ps},f_{cep}\Big]\end{aligned} \tag{17-12}$$

$$E[\Pi_{cep}^{S}\mid f_{cep},f_{ps}]=E\left[(\theta^{S}p_{rp}^{S}-\tau_{cep})[\alpha-b(1+\beta_{i})p_{rp}^{S}+(1-\delta)\eta s_{cep}^{S}]-\frac{1}{2}\nu s_{cep}^{S\ 2}\mid f_{cep},f_{ps}\right] \tag{17-13}$$

基于此，马述忠等（2023）提出了假说 1。

假说 1：跨境电商平台总会因协同获利，而产品供应商的协同策略选择与消费者对于平台服务努力水平的敏感系数和税率状态的先验概率有关。

关于假说 1 的证明，马述忠等（2023）主要基于数理分析的角度。首先，求解出非协同策略下产品供应商和跨境电商平台存在关于商品销售价格 p_{rp}^{N}、供货量 Q^{N}、佣金比例 θ^{N} 和平台服务努力水平 s_{cep}^{N} 的均衡解，此时产品供应商和跨境电商平台的条件期望净收益分别为 $E[\Pi_{ps}^{N*}\mid f_{ps},f_{cep}]$ 和 $E[\Pi_{cep}^{N*}\mid f_{cep}]$。其次，求解出协同策略下产品供应商和跨境电商平台存在关于商品销售价格 p_{rp}^{S}、供货量 Q^{S}、佣金比例 θ^{S} 和平台服务努力水平 s_{cep}^{S} 的均衡解，此时产品供应商和跨境电商平台的条件期望净收益分别为 $E[\Pi_{ps}^{S*}\mid f_{ps},f_{cep}]$ 和 $E[\Pi_{cep}^{S*}\mid f_{cep},f_{ps}]$。最后，用采取协同策略与非协同策略时产品供应商和跨境电商平台的条件期望净收益之差衡量税率不确定下协同的价值。由于协同策略决策在需求预测之前进行，双方企业事先对 f_{ps} 和 f_{cep} 是不可知的，因此，协同策略价值的期望是双方企业进行协同策略决策的依据。由此得到采取协同策略对产品供应商、跨境电商平台和供应链整体的期望价值分别为：

$$\begin{aligned}\Omega_{ps}&=\int_{0}^{\infty}\int_{0}^{\infty}\sum_{i\in\{H,L\}}P(\beta_{i})(E[\Pi_{ps}^{S*}\mid f_{ps},f_{cep}]-E[\Pi_{ps}^{N*}\mid f_{ps},f_{cep}])g(f_{ps},f_{cep})\mathrm{d}f_{ps}\mathrm{d}f_{cep}\\&=\sum_{i\in\{H,L\}}P(\beta_{i})\frac{-[6\nu b(1+\beta_{i})-\eta^{2}(1-\delta)^{2}][2\nu b(1+\beta_{i})-\eta^{2}(1-\delta)^{2}]\sigma_{cep}^{4}\sigma_{t}^{4}}{8b(1+\beta_{i})H[4\nu b(1+\beta_{i})-\eta^{2}(1-\delta)^{2}]^{2}}\end{aligned} \tag{17-14}$$

$$\begin{aligned}\Omega_{cep}&=\int_{0}^{\infty}\int_{0}^{\infty}\sum_{i\in\{H,L\}}P(\beta_{i})(E[\Pi_{cep}^{S*}\mid f_{cep},f_{ps}]-E[\Pi_{cep}^{N*}\mid f_{cep}])g(f_{ps},f_{cep})\mathrm{d}f_{ps}\mathrm{d}f_{cep}\\&=\sum_{i\in\{H,L\}}P(\beta_{i})\frac{\nu\sigma_{cep}^{4}\sigma_{t}^{4}}{2H[4\nu b(1+\beta_{i})-\eta^{2}(1-\delta)^{2}]}\end{aligned} \tag{17-15}$$

$$\begin{aligned}\Omega_{sc}&=\int_{0}^{\infty}\int_{0}^{\infty}\sum_{i\in\{H,L\}}P(\beta_{i})\begin{pmatrix}E[\Pi_{ps}^{S*}\mid f_{ps},f_{cep}]-E[\Pi_{ps}^{N*}\mid f_{ps},f_{cep}]+\\E[\Pi_{cep}^{S*}\mid f_{cep},f_{ps}]-E[\Pi_{cep}^{N*}\mid f_{cep}]\end{pmatrix}g(f_{ps},f_{cep})\mathrm{d}f_{ps}\mathrm{d}f_{cep}\\&=\sum_{i\in\{H,L\}}P(\beta_{i})\frac{-[4\nu^{2}b^{2}(1+\beta_{i})^{2}-6\nu b\eta^{2}(1-\delta)^{2}(1+\beta_{i})+\eta^{4}(1-\delta)^{4}]\sigma_{cep}^{4}\sigma_{t}^{4}}{4b(1+\beta_{i})H[4\nu b(1+\beta_{i})-\eta^{2}(1-\delta)^{2}]^{2}}\end{aligned} \tag{17-16}$$

式中，$H=(\sigma_{cep}^{2}+\sigma_{t}^{2})[(\sigma_{ps}^{2}+\sigma_{t}^{2})\sigma_{cep}^{2}+\sigma_{ps}^{2}\sigma_{t}^{2}]$，$P(\beta_{i})(i\in H,L)$ 为关于税率 β 的先验概率分布，$P(\beta_{H})=\Lambda$，$P(\beta_{L})=1-\Lambda$，$g(f_{ps},f_{cep})$ 为 f_{ps} 和 f_{cep} 的二维概率密度函数。将 $\Omega_{cep}(\Lambda)$ 和 Ω_{ps} 进行化简分析可证明假说 1。

在西方经典的供应链协同激励机制模型中，部分学者基于需求预测的角度研究了协同激励机制可能对信息共享造成的影响（Kembro et al.，2014；Ma et al.，2019）。

Shang et al.（2016）通过研究两个竞争型制造商经一个共同零售商销售可替代产品的供应链中的信息共享问题，揭示了在一定条件下信息共享契约可以让零售商具有共享信息的动机。Jain et al.（2011）研究了由制造商和多个零售商组成的二级供应链中信息共享难以实现的原因，并提出两种不同的定价机制，以促进零售商主动共享真实的需求信息。马述忠等（2023）基于纳什讨价还价机制设计恰当的协同激励机制，探讨跨境电商供应链实现帕累托优化的可能性，为跨境电商供应链协同战略规划等管理实践提供科学参考，丰富了供应链协同激励机制设计的研究内容。

基于协同策略对产品供应商、跨境电商平台和供应链整体的期望价值的分析，马述忠等（2023）提出了假说2。

假说2：当消费者对于平台服务努力水平的敏感系数位于中间水平且税率状态的先验概率满足一定条件时，跨境电商供应链存在帕累托优化的可能性，即恰当的协同激励机制可以促使产品供应商采取协同策略。

关于假说2的证明，马述忠等（2023）仍然基于数理分析的角度。当 $\eta^2 \leqslant \frac{(3-\sqrt{5})\nu b(1+\beta_L)}{(1-\delta)^2}$ 时，$\Omega_{sc}<0$ 在 $0\leqslant\Lambda<1$ 时恒成立。当 $\frac{(3-\sqrt{5})\nu b(1+\beta_L)}{(1-\delta)^2}<\eta^2\leqslant\frac{(3-\sqrt{5})\nu b(1+\beta_H)}{(1-\delta)^2}$ 时，$\Omega_{sc}(\Lambda=0)>0$ 且 $\Omega_{sc}(\Lambda=1)\leqslant 0$，故存在 Λ_1 为 $\Omega_{sc}(\Lambda)=0$ 的根，使得 $\Lambda<\Lambda_1$ 时 $\Omega_{sc}(\Lambda)>0$ 且 $\Lambda\geqslant\Lambda_0$ 时 $\Omega_{sc}(\Lambda)\leqslant 0$。当 $\frac{(3-\sqrt{5})\nu b(1+\beta_H)}{(1-\delta)^2}<\eta^2<\frac{4\nu b(1+\beta_L)}{(1-\delta)^2}$ 时，$\Omega_{sc}(\Lambda=1)>0$，故 $\Omega_{sc}>0$ 在 $0\leqslant\Lambda<1$ 时恒成立。当跨境电商供应链存在帕累托优化的可能性时，应同时满足 $\Omega_{sc}>0$ 和 $\Omega_{ps}<0$。结合式（17-4）中 $\Omega_{ps}(\Lambda)$ 与 η^2 的关系，解得 $\Omega_{sc}>0$ 且 $\Omega_{ps}<0$ 时 η^2 与 Λ 应满足的条件。与此同时，为实现帕累托优化，应有转移支付后双方企业采取协同策略的期望净收益均不小于采取非协同策略时的期望净收益。当产品供应商的议价能力为 ρ 时，由此跨境电商平台的议价能力为 $1-\rho$，由此得到纳什议价模型：

$$\begin{cases}\max\limits_{F}(\Omega_{ps}(\Lambda)+F)^{\rho}(\Omega_{cep}(\Lambda)-F)^{1-\rho}\\ \text{s. t. } \min[\Omega_{ps}(\Lambda)+F,\Omega_{cep}(\Lambda)-F]\geqslant 0\end{cases} \tag{17-17}$$

解得 $F^*=(\rho-1)\Omega_{ps}(\Lambda)+\rho\Omega_{cep}(\Lambda)$，完成了对假说2的证明。

第五节　中国证据

理论命题17-1指出：客户公司数字化转型将沿着供应链向上游公司扩散，从而显著促进上游公司数字化转型，这要求在推进中国企业数字化转型时，需要充分利用供应链企业间数字化转型扩散的好处，实现企业间数字化协同功能发挥。近年来，中央和地方均对数字化转型的供应链扩散效果予以关注，并陆续出台了供应链数字化转型的指导性意见，可以很好地印证这一理论命题。《商务部等 8 部门关于进一步做好供应链创新与应用试点工作的通知》（商建函〔2020〕111 号）明确指出，试点企业要主动加快物联网、大数据、边缘计算、区块链、5G、人工智能、增强现实/虚拟现实等新兴技术在供应链领域的集成应用，加强数据标准统一和资源线上对接，推广应用在线采购、车货匹配、云仓储等新业态、新模式、新场景，促进企业数字化转型，实现供应链即时、可视、可感知，提高供应链整体应变能力和协同能力。鼓励有条件的企业搭建技术水平高、集成能力强、行业应用广的数字化平台，开放共享供应链智能化技术与应用，积极推广云制造、云服务平台，赋能中小企业。此外，浙江省围绕供应链协同创新综合体建设，加快建设一批数字化供应链协同平台更是基于国内领先的数字经济发展优势下着力推动企业供应链数字化转型的生动实践。阿里巴巴、云集共享等电商企业数字供应链全国领先，吉利、天能、超威、东磁、华峰、森马等传统制造企业，积极依托工业互联网建设推动供应链数字化创新，有效推动了企业降本增效；物产中大、浙商中拓、明日控股等大型流通企业，立足供应链数字化集成创新纷纷上马实施数字中台战略，等等。推动供应链数字化已成为浙江省龙头骨干企业创新发展的重要战略选择。这些与供应链数字化转型密切相关的政策文件、客观现实与理论命题 17 - 1 是高度一致的。

理论命题 17 - 2 指出：客户数字化转型具有供应链传染效应，通过资源效应和倒逼效应显著提高了供应商创新质量和创新数量。随着移动互联网、云计算、智能技术等的蓬勃发展，数字技术已成为促进经济发展、提高经济各领域竞争力、打造新兴市场并保障全面可持续增长的关键因素之一。该命题立足于供应链情景，给出客户数字化转型影响供应商创新的相关特征事实。小米生态链模式中的“投资＋孵化”方式成功培育了一批生态链产品生产商，由它们负责产品研发和生产等工作，小米则利用其市场、渠道影响力及供应链管控能力，为生态链公司提供销售服务和共享供应链资源，双方风险共担、利益共享。从具体实践来看，小米生态链孵化器在小米科技“All in 5G＋AIoT”的产业布局中，承担着发掘、加速、投资潜在“小米生态链企业”的功能。类似恩力适这种创新型新消费品牌，小米先后投资孵化了 300 余家生态链创业公司，并在设计、研发、采购、制造、质量、销售等领域协同创新。在这其中，小米谷仓发挥了重要作用。谷仓是小米生态链中为创业者提供方法论、设计、渠道、资本赋能的“指导员角色”。因而，除了通过与外部企业构建供应链关系，并借助其数字化转型契机来提升自身创新外，企业也可以通过自身的数字化转型优势来培育生态链产品生产商，助力企业巩固在产业链供应链中的关键角色。

理论命题 17 - 3 指出：跨境电商供应链成员对于协同策略的选择与消费者对于平台服务努力水平的敏感系数和税率先验知识等密切相关，而恰当的协同激励机制可以推动跨境电商供应链协同的实现。中国跨境电商发展的时代特征可以很好地印证马述忠等（2023）的理论命题。一方面，跨境电商市场的蓬勃发展伴随着跨境电商平台间竞争的日益激烈，跨境电商平台通过提供自营物流、优化购物体验等提升消费者满意度，以期借助额外服务获得更大的市场份额。例如，TikTok 在英国开始试点建设自己的物流供应链服务“Fulfilled By TikTok”，以期弥补其在物流配送上的不足，而这一工作在影响产品需求量的同时，改变了跨境物流等数据的获取方式，跨境电商供应链协同也因此受到一定程度的影响。另一方面，在《区域全面经济伙伴关系协定》（RCEP）等自由贸易协定为国际贸易自由化提供重要支撑的同时，单边主义、贸易保护主义抬头，地区间关税税率和增值税税率的变动日益频繁，税率不确定性深刻影响着跨境电商市场（郭晶和周玲丽，2019；Giuffrida et al.，2019）。例如，SHINE 作为一家专注于快时尚的跨境电商企业，关注到消费者需求和税率等不确定性对资金流的消极影响，通过自建制造执行系统（Manufacturing Execution System，MES）打通供应链协同路径，通过“小单快返”等方式以小批量订单测试市场，与供应链成员签订激励合同，在降低存货积压的基础上保障各方利益。

第六节 结论性评述

本章通过对三个核心理论命题的分析，揭示了数字化转型在供应链管理中的重要作用和复杂性。这些命题不仅拓展了公司数字化转型的影响因素和供应链扩散效应的研究，还深化了对客户-供应商关系互动机制的理解，并为跨境电商供应链的协同激励机制提供了新的视角。理论命题 17－1 表明，客户公司的数字化转型不仅能够促进自身业务的创新和效率提升，而且通过供应链的治理连接机制和企业间学习机制，能够显著推动上游供应商的数字化进程，实现整条供应链的协同发展。理论命题 17－2 揭示了客户数字化转型如何通过倒逼效应和资源效应影响供应商的创新行为，以及客户集中度如何加强这一影响。这为我们提供了对客户-供应商关系互动机制的深入理解，并指出了不同企业特征下的差异性影响。最后，理论命题 17－3 则从当前跨境电商市场的新特征出发，探讨了协同策略选择与消费者敏感度、税率状态等因素的关系，为实现供应链的帕累托优化提供了理论基础和策略指导。这三个理论命题不仅为我们理解供应链管理提供了新的视角，也为企业在数字贸易时代实现创新发展提供了有力的理论支持。

与理论命题 17－1 相关的国外前沿研究主要有以下两个方面：一是企业供应链扩散的影响因素。相关文献研究发现，企业间的地理距离和技术接近度以及公司间业务依赖强度等将影响供应链企业间生产要素共享与知识扩散（Orlando，2004；Isaksson et al.，2016；Hsu et al.，2022）。二是企业供应链的扩散机制。相关研究主要探讨了公司外部竞争压力机制、公司内部决策信息溢出机制、客户公司需求与反馈机制以及公司高管社会联系机制（Chu et al.，2018；Dai et al.，2021）等将推动企业知识信息沿供应链扩散。借鉴国外前沿研究，未来该命题的相关研究可以进行如下拓展：一是探讨数字化转型风险沿供应链扩散问题。数字化转型作为创新实践，在带来效率提升的同时也伴随着风险，值得从风险视角深入拓展。二是考察供应商或核心企业数字化转型扩散问题，并可融入产品市场、资本市场以及劳动力市场等进行探索。

与理论命题 17－2 相关的国外前沿研究主要有以下两个方面：一是企业数字化转型的相关研究。早期研究强调数字化的计算机和技术特性（Erik et al.，1996；Majchrzak，2016），从技术性的角度探讨数字化的定义、内涵和主要内容，并聚焦于数字化转型战略和前因的过程的研究（Vial，2019）。随后，研究关注到数字化对宏观经济实体、微观企业具有重要的影响，聚焦于数字化和数字化转型企业的经济效益（Nwankpa & Roumani，2016；谢康等，2020)，在数字化与企业绩效相关的实证研究上，相继取得了部分重要成果。在企业生产效率的提高上，前期研究表明，信息技术、互联网发展、数据管理等数字化形式可以通过降低联通成本、优化资源配置来显著提高企业生产率（Zhong，2018)。在产品绩效上，谢康等（2020）和池毛毛等（2023）的研究发现，数字化有利于提高企业能力，促进新产品的开发及创新绩效。在资本市场上，吴非等（2021）研究指出，企业数字化转型显著提高了股票流动性水平。二是客户-供应商互动关系的相关研究。大量客户-供应商关系文献探讨其对公司财务决策的影响，例如融资成本和融资途径（Gornall & Strebulaev，2018)、经济动机的掺假风险（Levi et al.，2020)、供应链韧性（陶锋等，2023)、供应链整合配置（巫强和姚雨秀，2023）等。除影响财务、金融决策以及知识溢出外，客户-供应商互动关系同样影响供应链上企业创新（Chu et al.，2018；Isaksson et al.，2016)。运用博弈论和数学建模方法，已有研究围绕供应链创新主题展开探讨（Liu & Yang，2018)。未来该命题的相关研究可以从以下方面做进一步考察：首先，由于不同的国家和地区经济环境、市场背景具有较大差异，因此在不同情境中客户数字化转型对供应商创新的影响还有待进一步考察。其次，在使用不同的方法例如新产品数量、新推出的服务类型等测量企业创新时，命题结论是否成立还需要做进一步探讨。最后，客户数字化转型影响企业创新的其他机制有待做进一步的探讨，例如企业不同类型的动态能力、数字化创新网络、客户提高产品和其他服务要求等也可能具有重要的影响机制作用。与此同时，不同影响机制间的相互作用，例如是否存在互补作用、替代作用以及不同路径的影响程度差异还有待做进一步的考察。

与理论命题 17-3 相关的国外前沿研究主要有以下两个方面：一是关注到财务和效率导向的绩效在供应链协同激励机制的研究中经常被讨论，而质量和环境导向的绩效则较少被提及（Yang et al.，2016；Ma et al.，2019)。二是生产资源和物流资源等较特殊的资源的共享被作为供应链协同的出发点，供应链成员可以通过库存共享和生产机械共享等实现生产运作效率的提升（Skelton & Allwood，2013；Kurata，2014)。借鉴国外前沿研究，未来该命题的相关研究可以进行如下拓展：一是将决策目标由最大化期望净收益拓展为最大化生产资源效率，综合考虑质量和环境导向下跨境电商供应链协同激励机制的设计。二是进一步深化跨境电商平台营销、共享海外仓、跨境物流运输时效的不确定性等对跨境电商供应链协同的影响机制。

参考文献

第十八章

数字营销

第一节　问题的提出

在数字经济时代，数字营销已成为企业竞争的重要手段，其不仅关系到企业如何在激烈的市场竞争中脱颖而出，更关系到企业如何在全球范围内构建品牌影响力和消费者忠诚度，在推动数字贸易发展、提升企业市场竞争力方面发挥着至关重要的作用。在数字贸易学的整体分析框架中，数字营销既是基于需求驱动的全球公司次分析框架的重要组成部分，也是数字贸易实践与理论研究的交汇点，与第十四章的“平台生态系统”、第十五章的“组织变革”、第十六章的“商业模式”和第十七章的“供应链管理”相互关联，共同构成了对全球公司在数字经济时代运作模式的全面解读。同时，本章还与前几个章节中探讨的数字技术、平台和消费者等内容紧密结合，体现了数字化背景下营销策略的多维度特征。数字营销的实践和理论，为其他章节提供了实证分析的案例和数据支持，同时也从营销的角度反哺和丰富了对数字贸易平台、消费者行为以及全球公司战略的理解。

在本章中，我们将重点研究两个重要的数字营销领域的理论命题。命题一：质量认证的营销赋能效应。质量认证在跨境电商中具有显著的市场信号作用，它能有效削弱产品质量的不确定性，缓解逆向选择问题。通过对质量认证的深入研究，我们将揭示其在企业内部和行业内的溢出效应，为企业调整经营策略提供理论依据。命题二：细分市场排名的销量促进机制。在跨境电商平台细分市场中，商品的搜索排名、价格和评分对其销量具有显著影响。该命题分析了细分市场排名对商品直接和间接销量的促进作用，拓展了国际贸易理论对商品和市场关系的理解，有助于读者认识数字经济中的消费者需求偏好和“流量”机制，为我国跨境电商出口增长提供微观视角的理论支撑。

本章不仅深化了数字贸易理论的实践应用，而且为理解数字经济时代企业如何利用数字工具进行市场拓展提供了关键视角。通过对这两个命题的深入分析，本章能帮助读者全面了解数字营销在数字贸易中的应用与理论基础，以及如何通过营销策略来优化企业的市场表现和全球竞争力，为数字经济时代的市场营销策略提供深入见解。

第二节 质量认证的营销赋能效应

一、理论命题的提出

逆向选择问题由信息经济学的奠基者乔治·阿克洛夫（George A. Akerlof）提出，是指在严重的信息不对称下，产品质量不确定性引发的市场失灵（Akerlof，1970）。具体而言，在买卖双方信息不对称下消费者难以获知准确的产品质量信息，产品质量不确定性较高（Hendel & Lizzeri，1999；Dimoka et al.，2012），此时消费者只愿意支付反映产品平均质量的价格（例如按照高质量和低质量的加权平均价格来出价），市场价格不能真实地反映产品质量，低质量产品更有动力进入市场，高质量产品则会逐渐退出市场。对跨境电商而言，由于信息很难跨越地理、语言和文化的障碍而进行有效传递，境外消费者居于信息的劣势地位，很难了解产品的真实质量状况（Tu & Shangguan，2018；钟覃琳和陆正飞，2018）。而由于中国曾出口过一些低质量、低价格的产品（刘晓宁，2021），因此境外消费者对中国产品质量存在一定认知壁垒。基于这一固有印象，境外消费者往往会为中国出口的跨境电商产品设定较低的保留价格，使得大量高质量产品被迫退出市场，无法实现市场的帕累托最优状态。

基于此，马述忠等（2024）提出了"质量认证的营销赋能效应"这一理论命题。

理论命题 18-1

跨境电商的质量认证可以通过削弱产品的质量不确定性来缓解逆向选择问题。

资料来源：马述忠，贺歌，郭继文．如何缓解跨境交易中的信息不对称?：来自跨境电商质量认证的经验证据 [J]. 数量经济技术经济研究，2024，41（6）：88-110.

该理论命题系统性地将逆向选择纳入跨境电商的分析中，完善了数字经济时代跨境电商的研究对象。一方面将关于认证机制的研究从企业质量不确定性视角扩展到产品质量不确定性视角，更直观地展示了跨境电商中质量信号对市场交易的影响，并首次揭示了质量信号在企业内和行业内的溢出效应；另一方面，首次探讨了认证与评分这两种重要声誉机制之间的互动效应，为跨境电商企业和平台更全面地认识认证所带来的市场反应并在实践中更合理地调整经营策略提供了重要参考。

二、理论命题的具体内容

认证机制是一种典型的声誉工具，平台依靠大量公开的和未公开的内部数据来推断企业或产品的质量水平，形成较为客观专业的评价并展示给消费者（Dimoka et al.，2012），典型的认证机制有亚马逊的"Amazon's Choice"、eBay 的"Top Rated Seller (eTRS)"以及 Wish 的"Verified by Wish"等。相较于评分机制，认证机制由第三方利用大数据对企业或产品质量进行综合判别，更具系统性和权威性。此时，企业或产品认证作为质量信号，极大减少了消费者的搜索成本，在垂直差异化中发挥了重要作用（Cheng et al.，2020；Hui et al.，2023）。

基于此，马述忠等（2024）提出了假说1。

假说1：在跨境电商平台上，质量认证会提升产品的销量和价格。

为了验证质量认证对产品销量和价格的影响，马述忠等（2024）采用清晰时间断点回归方法在局部估计平均处理效应。考虑到样本包含的产品较多（$N=74\,583$），截面层面的变化比较丰富，较为靠近规范的断点回归，能在一定程度上规避时间序列带来的估计偏误。由于不同产品在每个月可能受到季节性、周期性或特定事件等多种因素的影响，其每个月甚至每周所面临的需求状况可能会差异较大。这些因素可能包括但不限于：消费者行为和购买习惯的变化、季节性需求波动、假期因素、市场竞争态势的变化以及宏观经济因素的波动等。参照 Li et al.（2020）的做法，为了排除特定产品在特定时间可能受到的需求冲击的影响，控制了产品-月度固定效应 $\gamma_s \times \text{Month of Year}_d$、产品-周度固定效应 $\gamma_s \times \text{Week of Month}_d$ 以及产品-假期固定效应 $\gamma_s \times \text{Holiday}_h$。①

由于断点回归中使用的有效样本数较少，固定效应在狭窄的时间窗口内可能变化不足，使得实证上难以充分剔除固定效应带来的干扰，因此，马述忠等（2024）根据 Hausman & Rapson（2018）的建议，采用两步估计法（two-step estimation）进行实证估计。具体做法为：（1）基于全部样本，使用固定效应对因变量进行估计并保存残差，得到 $\widetilde{y_{iyw}}$；（2）利用断点两侧狭窄时间窗口内的因变量残差，使用矩形核（rectangular kernel）函数进行局部线性非参数估计（Li et al.，2020），如式（18-1）所示：

$$\widetilde{y_{iyw}}=\beta \text{Verified}_{iyw}+\tau\,\text{Diff}_{iyw}+\alpha \text{Diff}_{iyw}\times \text{Verified}_{iyw}+\epsilon_{iyw} \qquad (18-1)$$

式中，i 代表产品，y 代表年份，w 代表该年的第 w 个自然周。$\widetilde{y_{iyw}}$ 指代产品 i 在 y 年 w 周的平均日销量和平均日单价在对固定效应进行回归后得到的残差值。Verified_{iyw} 代表产品 i 在 y 年 w 周是否处于认证状态，若是则取1，否则取0。Diff_{iyw} 代表产品 i 在 y 年 w 周时距离其初始获得认证周（断点周）的周数。例如，若 $\text{Diff}_{iyw}=-1$，代表处于产品 i 获得质量认证的前1周。

表18-1汇报了最优带宽下认证对产品销量和价格的影响。第（1）列显示，在控制了各种固定效应后，质量认证使得产品销量平均增加10.5%（$=e^{0.100}-1$）②，这意味着质量认证会对消费者的购买意愿产生较大的积极影响。从第（2）列的回归结果可以看出，质量认证会使产品价格平均提高3.0%（$=e^{0.030}-1$）。获得认证后，产品更容易在纵向差异化竞争中脱颖而出，这使得厂商可以更加自信地定价其产品，将自己的产品与低质量产品区分开来。

---

① 此处没有控制年度-周度固定效应，是因为驱动变量 Diff_{iyw} 的计算方式是当周减去认证周（因产品而异）的差值，在已经控制了产品固定效应的情况下，再加入周度固定效应会与 Diff_{iyw} 完全共线，从而使得两步估计法的第二步无法控制 Diff_{iyw}，导致估计偏误。

② 若 $\beta>0$，则系数的经济含义基于 $100\times(e^{\beta}-1)\%$ 进行计算；若 $\beta<0$，则系数的经济含义基于 $100\times(1-e^{\beta})\%$ 进行计算。后同。

表 18-1 认证对跨境电商销量和价格的影响

	(1) 销量	(2) 价格
Verified	0.100***	0.030***
	(0.006)	(0.003)
$\gamma_s \times$Month of Year_d	是	是
$\gamma_s \times$Week of Month_d	是	是
$\gamma_s \times \text{Holiday}_h$	是	是
观测值	196 429	122 026
带宽	7	4

注：*** 表示在1%的显著性水平上统计显著，括号内为聚类到行业的稳健标准误。极少量样本的销量和价格信息缺失；回归均使用了 mserd 估计方法下计算的最优带宽。

资料来源：马述忠，贺歌，郭继文．如何缓解跨境交易中的信息不对称?：来自跨境电商质量认证的经验证据[J]．数量经济技术经济研究，2024，41（6）：88-110.

当消费者在跨境电商平台上购物时，他们会面临较高的产品描述不确定性和性能不确定性（Dimoka et al.，2012）。质量认证作为一种官方担保的质量信号，一方面，其出现在页面正中央且较为醒目，可以使消费者在企业描述不清晰的情况下迅速获得产品质量信息（Wang et al.，2023）；另一方面，认证部分依赖于过去消费者在使用产品后的反馈（Fan et al.，2016），该信息能有效反映产品性能，降低产品性能的不确定性。

基于此，马述忠等（2024）提出了假说 2。

假说 2：质量认证减少了产品质量不确定性，促进了消费者的购买行为，并激励企业更自信地定价其产品。

由于难以度量产品质量不确定性的具体数值大小，马述忠等（2024）试图通过检验对于质量不确定性程度不同的产品而言，质量认证是否呈现异质性效应来验证认证的作用机制。如果质量认证能降低产品质量不确定性，那么当产品质量不确定性越高时，质量认证的价值应当越高。在具体的实证分析中，参考 He et al.（2020）等的做法，采用交互项回归的形式来检验认证对于质量不确定性程度不同的产品的影响。模型如下：

$$\widetilde{y_{iyw}} = \beta_0 \text{Verified}_{iyw} + \tau_0 \text{Diff}_{iyw} + \alpha_0 \text{Diff}_{iyw} \times \text{Verified}_{iyw} + M_i [\beta_1 \text{Verified}_{iyw} + \tau_1 \text{Diff}_{iyw} + \alpha_1 \text{Diff}_{iyw} \times \text{Verified}_{iyw}] + \epsilon_{iyw} \quad (18-2)$$

式中，M_i 代表了产品 i 的质量不确定性程度，由于难以直接测度该变量，马述忠等（2024）使用了三种分类变量来代理，分别为：产品是同质化产品还是差异化产品、产品技术复杂度以及行业竞争程度。当产品为差异化产品、低技术产品或是行业内竞争程度较高的产品时，其质量不确定性越高，此时 M_i 取 1，否则取 0。需要关心的系数为 β_1，其反映了认证对于质量不确定性程度不同的产品的影响差异。如果认证能降低产品质量不确定性，那么当产品质量不确定性越高时，质量认证的价值应当越高，即 β_1 应当显著为正。在带宽的选择上，参考 Grembi et al.（2016）的做法，分别对质量不确定性较低的样本和质量不确定性较高的样本进行断点回归后，得到各自 MSE 标准下的最优带宽，然后以其带宽平均值对上式进行回归。

回归结果如表 18-2 所示。第（1）列和第（2）列表明，获得质量认证后，质量不确定性更大的差异化产品的销量提升更多，价格提高也更多；第（3）列和第（4）列表明，产品的技术复杂度越低、质量不确定性越高，质量认证的作用越大；第（5）列和第（6）列表明，在产品竞争激烈的市场中，消费者面临的产品质量不确定性越大，质量认证的价值也越大。

表 18-2 质量不确定性视角的机制分析结果

	产品差异化程度		技术复杂度		行业竞争程度	
	(1)	(2)	(3)	(4)	(5)	(6)
	销量	价格	销量	价格	销量	价格
Verified×Different	0.047**	0.020**				
	(0.019)	(0.008)				
Verified×Low_Tech			0.033**	0.013**		
			(0.015)	(0.005)		
Verified×Competition					0.031**	0.017***
					(0.012)	(0.006)
固定效应	是	是	是	是	是	是
观测值	163 419	126 024	140 843	125 068	196 429	151 493
带宽	7	5	6	5	7	5

注：*** 和 ** 分别表示在 1%和 5%的显著性水平上统计显著，括号内为聚类到行业的稳健标准误。极少量样本的销量和价格信息缺失；回归均使用了 mserd 估计方法下计算的最优带宽。

资料来源：马述忠，贺歌，郭继文．如何缓解跨境交易中的信息不对称?：来自跨境电商质量认证的经验证据[J]．数量经济技术经济研究，2024，41（6）：88－110.

第三节 细分市场排名的销量促进机制

一、理论命题的提出

以往的实证证据和理论模型表明，产品质量在国际贸易中扮演着重要的角色。其中，Flam & Helpman（1987）是研究产品质量对国际贸易影响的理论代表，其他相关研究包括 Hallak（2006）、Khandelwal（2010）、Jaimovich & Merella（2012）以及 Cagé & Rouzet（2015）。卢向华（2013）以淘宝网的直通车关键词市场为研究对象，发现在企业层面上，点击量对直接销售量、直接销售量对交叉销售量有显著的正向作用。Ghose & Yang（2008）则发现了关键词广告中商品品类间负向的溢出效应。可见，商品的搜索排名、价格和评分还会影响企业其他商品的销量。

基于此，马述忠和濮方清（2022）提出了“细分市场排名的销量促进机制”这一理论命题。

理论命题 18-2

在跨境电商平台细分市场中，商品的搜索排名越靠前、价格越低、评分越高不仅会增加该商品的直接销量，还会增加该商品的间接销量，即增加企业其他商品的销量。

资料来源：马述忠，濮方清．电子商务平台出口影响因素及其溢出效应：基于消费者关键词搜索视角的研究[J]．国际贸易问题，2022（1）：37－54.

该理论命题首次提出，在跨境电商平台上，商品在细分市场中的搜索排名是影响跨境电商出口的重要影响因素，为理解中国跨境电商出口增长提供了平台细分市场的微观视角。一方面，以往跨境电商的相关研究多从商品视角分析，而马述忠和濮方清（2022）特别引入和强调了关键词对于界定跨境电商平台细分市场的意义。在跨境电商平台上商品的浏览几乎都始于消费者的关键词搜索，又因为关键词可以直观反映消费者的购买需求，依据消费者搜索的关键词可以较好地将具有相似需求和购买行为的消费者划分为同一细分市场，实现细分市场整合。另一方面，现有研究国际贸易中营销行为的文献从市场渗透成本边际递增假设出发，解释市场进入和市场规模的正相关性，以及每个出口市场中存在大量小出口企业的现象（Arkolakis，2010）；从消费者注意力有限假设出发，认为过高的广告出价使得以提供信息为主的广告成为一种浪费（Egger & Falkinger，2016）。马述忠和濮方清（2022）认为，除了商品价格和评分之外，细分市场中商品搜索排名的作用也十分重要，搜索排名提高能够促进商品的直接和间接销量。这些研究能够拓展以往国际贸易理论对商品和市场、商品和商品关系的理解，有助于认识数字经济、数字贸易中的消费者需求偏好、市场细分、注意力配置和“流量”机制。

二、理论命题的具体内容

由于消费者在跨境电子商务中的地位比在传统国际贸易中更为重要，而且平台上的商品出口数量等于境外消费者购买数量，所以，马述忠和濮方清（2022）从消费者搜索、浏览、点击和购买的行为模式出发，将可能影响消费者决策的商品特征，如搜索排名、价格和评分作为跨境电商平台出口的影响因素进行讨论，特别强调商品排名对出口的作用。根据一般经济规律，跨境电商平台上商品的价格越低，其销量越高。平台作为双边市场提供了每个商品的消费者评分，消费者可依此判断商品的质量和受欢迎程度，质量越高、越受欢迎的商品的销量越高。在依据关键词划分的细分市场中，除了价格、评分维度的竞争外，商品在消费者搜索中出现的位置也会影响销量。由于跨境电商平台搜索成本依然存在，且消费者注意力有限，排名越靠前的商品获得的关注越多，从而提升了销量。

除了增加商品的直接销量，上述影响因素还影响了企业其他商品的销量，背后的机制解释如下。一方面，消费者在浏览搜索结果时，会获得商品的排名、价格和评分信息，这些商品信息影响了消费者为深入了解该商品而产生的点击行为。显然，排名越靠前、价格越低和评分越高的商品越具吸引力，获得的点击量也越大。在其他条件不变的情况下，“流量”越大的商品销量也越大，同时还增加了企业其他商品的曝光量，从而增加了间接销量，实现了溢出效应。另一方面，商品排名、价格和评分还会影响消费者的预期效用和购买意愿。商品价格越低、评分越高，购买该商品的预期效用就越高，消费者的购买意愿就越强烈。商品的搜索排名靠前在一定程度上反映了企业的整体实力及其所售商品质量。和价格、评分相比，商品排名的排他性较弱，因此，商品排名不仅可以增加消费者直接购买的预期效用，还可以增加消费者购买同一企业其他商品的预期效用。

基于此，马述忠和濮方清（2022）提出了假说 1。

假说 1：*在跨境电商平台细分市场中，商品的搜索排名越靠前、价格越低、评分越*

高，不仅会增加该商品的直接销量，还会增加该商品的间接销量，即增加企业其他商品的销量。

为了检验该假说，马述忠和濮方清（2022）构建了以下回归模型：

$$Q_{pkt}=\alpha_0+\alpha_1 \text{lnbid}_{pkt}+\alpha_2 \text{lnprice}_{pt}+\alpha_3 \text{lnstars}_{pt}+FE_k+FE_t+FE_{ct}+\varepsilon_{pkt} \tag{18-3}$$

式中，Q_{pkt} 表示跨境电商平台上商品 p 在第 k 个关键词细分市场于时间 t 的出口数量。模型中平台商品出口数量分为两种：一种是消费者直接购买商品产生的直接销售数量，另一种是消费者间接购买其他商品产生的间接销售数量。具体的统计方法是：消费者于时间 t 在关键词 k 搜索结果页面中点击商品 p 链接并购买该商品的数量记为直接销售数量 Q_{pkt}^{dir}，而点击商品 p 链接后购买企业的其他商品的数量记为间接销售数量 Q_{pkt}^{ind}。参考卢向华（2013）的方法，将企业的关键词竞价排名的点击付费成本作为商品搜索排名的代理变量，lnbid_{pkt} 表示企业于时间 t 为商品 p 对关键词 k 的竞价成本的对数，在其他条件不变的情况下，企业竞价成本越高，其商品在第 k 个关键词细分市场的搜索排名越靠前；控制变量 lnprice_{pt} 表示商品 p 在时间 t 的价格的对数；控制变量 lnstars_{pt} 表示商品 p 于时间 t 的消费者评分的对数。另外，由于缺乏细分市场中其他商品的信息，为了减少遗漏变量可能会导致的内生性问题，模型中还加入了关键词细分市场的固定效应 FE_k、时间固定效应 FE_t 和商品类别随时间变化的固定效应 FE_{ct}，ε_{pkt} 表示随机误差项。选取中国企业在美国最大的电子商务平台 Amazon. com 的出口销售和关键词广告数据，并按照上述条件进行处理和匹配，数据来自江苏四海商舟电子商务有限公司代运营业务数据库中的企业出口交易表和营销记录表。

表 18-3 汇报了基准回归模型分别用混合最小二乘法和控制固定效应方法估计得到的结果。第（1）列至第（3）列是以商品直接销量 Q^{dir} 为被解释变量的回归结果，其中第（1）列为不考虑关键词细分市场异质性情况下的回归结果，lnbid、lnprice 和 lnstars 均在 1%的显著性水平上统计显著为正（负），表明商品在细分市场中搜索排名的提高、价格的降低以及消费者评分的提高都会显著增加商品的直接销量。第（2）列控制了商品固定效应和时间固定效应，第（3）列控制了关键词固定效应、时间固定效应和商品类别随时间变化的固定效应。第（2）列和第（3）列的结果显示，在考虑异质性的情况下解释变量均在 5%的显著性水平上统计显著为正（负），支持假说 1 中关于直接销量的表述。

表 18-3　跨境电商平台商品搜索排名、价格和评分对其直接和间接销量的影响

	(1)	(2)	(3)	(4)	(5)	(6)
		Q^{dir}			Q^{ind}	
	Pooled_OLS	FE	FE	Pooled_OLS	FE	FE
lnbid	0.063 8***	0.052 9***	0.039 1***	1.491 8***	0.027 0***	0.023 5***
	(53.42)	(4.86)	(10.14)	(32.74)	(4.50)	(10.28)
lnprice	−0.060 7***	−0.129 1***	−0.060 0***	1.152 8***	−0.040 9***	−0.019 0***
	(−57.36)	(−5.31)	(−4.09)	(28.54)	(−3.24)	(−2.65)
lnstars	0.068 2***	0.106 1***	0.024 1**	1.761 0***	0.032 5*	0.015 9*
	(16.17)	(2.94)	(2.07)	(10.94)	(1.75)	(1.78)
常数项	0.045 0***	0.293 1***	0.194 4***	−8.721 2***	0.092 7	0.045 2
	(5.43)	(3.43)	(3.17)	(−27.60)	(1.61)	(1.43)

续表

	(1)	(2)	(3)	(4)	(5)	(6)
		Q^{dir}			Q^{ind}	
	Pooled_OLS	FE	FE	Pooled_OLS	FE	FE
关键词固定效应	否	否	是	否	否	是
商品固定效应	否	是	否	否	是	否
时间固定效应	否	是	是	否	是	是
商品类别-时间固定效应	否	否	是	否	否	是
R^2	0.011	0.078	0.170	0.004	0.046	0.095
观测值	534 014	533 969	532 174	534 014	533 969	532 174

注：*** 、** 和 * 分别表示在 1%、5%和 10%的显著性水平上统计显著，括号内为修正异方差后的 t 值。如果控制了关键词固定效应，则聚类到商品层面；如果控制了商品固定效应，则聚类到商品类别层面。

资料来源：马述忠，濮方清．电子商务平台出口影响因素及其溢出效应：基于消费者关键词搜索视角的研究[J]. 国际贸易问题，2022 (1)：37-54.

第（4）列至第（6）列是以商品间接销售数量 Q^{ind} 为被解释变量的回归结果，估计方法分别和第（1）列至第（3）列一样。第（4）列中在没有控制商品异质性的情况下，所有影响因素的系数在 1%的显著性水平上统计显著为正，其中提高商品价格会增加商品间接销量，说明在假设所有细分市场无差异的情况下，商品之间体现出替代的关系。第（5）列和第（6）列在分别控制了商品和关键词固定效应之后，搜索排名的系数依旧显著为正，商品价格的系数显著为负，说明价格提高会导致商品的间接销量减少。另外，商品评分对间接销量的正向作用的显著性在控制固定效应后降低，说明商品评分具有一定的排他性，对提升商品间接销量的作用较弱。所以在控制了异质性后的细分市场层面上，某一商品的搜索排名越靠前、价格越低、评分越高，会增加企业其他商品的出口量，支持假说 1 中关于间接销量的表述。

综上，从基准回归结果中可以得出，在跨境电商平台关键词细分市场中企业提高搜索排名、降低商品价格、提升消费者评分都会增加商品的直接销量和间接销量，假说 1 得到验证。

由于关键词反映消费者对商品的需求偏好，因此关键词表述的特点反映了细分市场中消费者的偏好特征。以往的研究多将关键词是否包含品牌名称、关键词长度等特征作为影响关键词广告绩效的重要因素，马述忠和濮方清（2022）则更加侧重关键词表述特点背后的细分市场上消费者需求的特征。

在品牌名称方面，Rutz & Bucklin（2011）在研究非品牌关键词对品牌关键词的溢出效应时，发现消费者在搜索非品牌关键词时提高了品牌认知度，进而会搜索该品牌关键词。品牌是消费者搜索和购买最重要的影响因素之一，会使消费者产生安全感和信任感，从而形成购买的忠诚感，有品牌偏好的消费者对价格不敏感，若消费者心中有特定的品牌名称，则更容易购买该品牌商品（Im et al.，2016）。马述忠和濮方清（2022）认为，关键词包含品牌名称反映出消费者一定程度的品牌偏好，从而形成了拥有品牌偏好的消费者细分市场。在这一类型的细分市场中，消费者更加关注品牌，从而忽视了商品的其他特征，因此对搜索排名和商品价格不敏感，此时企业降低价格或提高搜索排名对提高销量的作用比较弱。另外，品牌偏好也同样影响着消费者后续的间接购买决策。

在关键词长度方面，Aula et al.(2010)通过实验发现，搜索任务越难，实验参与者越倾向于通过更长的关键词进行搜索，且成功完成任务的关键词精炼过程伴随着关键词长度的增加。Phan et al.(2007)通过研究关键词长度和信息需求之间的关系，发现关键词长度越长，信息需求越具体，并以3个英文词组为长度的转折点，若英文词组长度小于3，则信息需求越广泛。另外，搜索更长、更具体关键词的消费者更倾向于购买（Ramaboa & Fish，2018）。跨境电商平台上较长关键词对应的细分市场中，消费者往往有较为明确的购物需求，购买决策受到商品排名、价格和评分的影响较小。同理，在这类细分市场中，企业采取提高排名、降低价格或提高评分的举措，对提升商品销量的作用较小。另外，购物需求明确程度也同样影响着消费者后续的间接购买决策。

除此之外，由企业决定的关键词匹配方式反映了商品和需求的相关度。Du et al.(2017)、Ramaboa & Fish（2018）分别研究了匹配方式对品牌名称和关键词长度影响广告绩效的调节效应，其中广泛匹配、短语匹配和精确匹配控制了商品和消费者需求由远到近的相关程度。企业为商品选择关键词及其匹配方式，如果该商品出现在消费者的关键词搜索结果里，并更精确地匹配了消费者需求，那么该商品更容易得到关注，从而得到更多的点击量和更高的购买转化率，强化了商品排名对直接和间接销量的提升作用。

基于此，马述忠和濮方清（2022）总结了三类关键词特征，并提出了假说2。

假说2： *在有品牌偏好和明确购买目标的细分市场中，商品搜索排名的作用被减弱了；商品和消费者需求匹配度越高，搜索排名提升对出口的促进作用越大。*

马述忠和濮方清（2022）依照细分市场中消费者的特征，从三个维度进行分样本回归。为避免分样本后样本数量差异较大带来的影响，在基准回归的基础上，通过加入虚拟变量和解释变量交互项来构造Chow检验。交互项系数显示，在组间系数差异中，首先，按照细分市场所对应的关键词是否包含品牌名称，可以将细分市场分为无品牌偏好细分市场和有品牌偏好细分市场。如表18-4第（1）列和第（2）列所示，在控制了关键词固定效应、时间固定效应和商品类别随时间变化的固定效应之后，发现相较于无品牌偏好的细分市场，有品牌偏好的细分市场中搜索排名和商品价格的系数不再显著，且组间系数有显著的差异。结果说明在面对有品牌偏好的消费者时，企业提升搜索排名或降低价格对促进商品销量的作用在统计上并不显著。由于细分市场中消费者品牌偏好的存在，他们在购买其搜索的品牌产品时，往往对排名和价格不敏感，所以在有忠实消费者的细分市场中品牌商品的销量受到的排名波动和价格调整的影响并不显著。另外，从表18-5第（2）列可以看出，核心解释变量的系数相较第（1）列变得不显著，且组间系数在10%的显著性水平上显著有差异，说明品牌偏好也削弱了搜索排名的溢出作用。

表18-4 商品直接销量分样本回归

变量	(1) 无品牌偏好	(2) 有品牌偏好	(3) 目标模糊	(4) 目标明确	(5) 广泛匹配	(6) 短语匹配	(7) 精确匹配
lnbid	0.041 5***	−0.008 8	0.041 6***	0.009 9***	0.023 5***	0.035 0***	0.065 7***
	(10.34)	(−0.89)	(9.97)	(3.04)	(8.54)	(4.88)	(3.90)

续表

变量	(1) 无品牌偏好	(2) 有品牌偏好	(3) 目标模糊	(4) 目标明确	(5) 广泛匹配	(6) 短语匹配	(7) 精确匹配
lnprice	−0.061 1***	−0.015 2	−0.063 0***	−0.034 8**	−0.089 9***	−0.052 4***	0.030 4
	(−4.06)	(−1.09)	(−4.02)	(−2.35)	(−4.05)	(−3.65)	(0.76)
lnstars	0.024 1**	0.082 3**	0.025 9**	0.015 8	0.030 5***	0.026 8	0.011 6
	(2.05)	(2.52)	(2.16)	(0.74)	(2.64)	(1.36)	(0.24)
常数项	0.190 9***	0.031 0	0.200 9***	0.160 5**	0.341 2***	0.181 1***	−0.117 8
	(3.04)	(0.32)	(3.09)	(2.17)	(3.80)	(2.92)	(−0.70)
固定效应	有	有	有	有	有	有	有
组间系数差异	无偏好 vs 有偏好		模糊 vs 明确		广泛 vs 短语		广泛 vs 精确
lnbid	−0.037 5***		−0.019 0***		−0.002 4		0.059 1**
lnprice	0.042 8**		0.060 1***		0.012 9		−0.013 9
lnstars	−0.020 4		−0.037 3**		−0.014 8		−0.074 3*
R^2	0.172	0.187	0.172	0.225	0.170	0.238	0.222
观测值	519 453	11 795	473 498	57 370	348 249	145 555	36 676

注：***、** 和 * 分别表示在 1%、5%和 10%的显著性水平上统计显著，括号内为修正异方差后的 t 值。如果控制了关键词固定效应，则聚类到商品层面；如果控制了商品固定效应，则聚类到商品类别层面。组间系数差异系数根据 Chow 检验算出。

资料来源：马述忠，濮方清．电子商务平台出口影响因素及其溢出效应：基于消费者关键词搜索视角的研究[J]. 国际贸易问题，2022 (1)：37 - 54.

表 18 - 5 商品间接销量分样本回归

变量	(1) 无品牌偏好	(2) 有品牌偏好	(3) 目标模糊	(4) 目标明确	(5) 广泛匹配	(6) 短语匹配	(7) 精确匹配
lnbid	0.025 2***	−0.004 1	0.024 9***	0.007 3***	0.016 3***	0.017 1***	0.027 4***
	(11.38)	(−0.29)	(10.00)	(2.65)	(8.43)	(3.15)	(3.53)
lnprice	−0.018 8***	−0.032 4**	−0.019 8**	−0.010 3*	−0.028 2***	−0.020 1**	0.048 0
	(−2.59)	(−2.44)	(−2.53)	(−1.82)	(−4.16)	(−2.00)	(1.44)
lnstars	0.015 8*	−0.004 9	0.017 8*	−0.001 6	0.018 2*	0.022 5*	−0.001 3
	(1.76)	(−0.17)	(1.86)	(−0.16)	(1.93)	(1.88)	(−0.04)
常数项	0.038 1	0.229 4**	0.045 5	0.052 7*	0.092 8***	0.071 0	−0.126 0
	(1.20)	(2.27)	(1.32)	(1.78)	(3.14)	(1.47)	(−0.97)
固定效应	是	是	是	是	是	是	是
组间系数差异	无偏好 vs 有偏好		模糊 vs 明确		广泛 vs 短语		广泛 vs 精确
lnbid	−0.028 8*		−0.012 2***		−0.008 0*		0.022 1***
lnprice	−0.012 6		0.020 7**		0.008 2*		0.003 5
lnstars	−0.015 7		−0.026 4**		−0.002 2		−0.041 5**
R^2	0.096	0.325	0.096	0.167	0.082	0.177	0.110
观测值	519 453	11 795	473 498	57 370	348 249	145 555	36 676

注：***、** 和 * 分别表示在 1%、5%和 10%的显著性水平上统计显著，括号内为修正异方差后的 t 值。如果控制了关键词固定效应，则聚类到商品层面；如果控制了商品固定效应，则聚类到商品类别层面。组间系数差异系数根据 Chow 检验算出。

资料来源：马述忠，濮方清．电子商务平台出口影响因素及其溢出效应：基于消费者关键词搜索视角的研究[J]. 国际贸易问题，2022 (1)：37 - 54.

其次，按照细分市场所对应关键词的长度是否大于 3 将细分市场分为消费者购买目标模糊（关键词小于等于 3 个英文单词，如 white hat）和明确（关键词大于 3 个英文单词，如 white dress with sleeves）两类。Phan et al.(2007) 发现，在信息请求（information request）中，当搜索关键词长度大于 3 时信息需求越明确，小于 3 时需求越模糊。回归结果如表 18－4 和表 18－5 的第（3）列和第（4）列所示。从组间系数差异的结果可以看出，与第（3）列购买目标模糊的细分市场相比，第（4）列目标明确的细分市场中商品排名和评分的系数显著较小，价格的系数显著较大，系数变化方向均与系数符号相反。这说明在消费者购买目标明确的细分市场中，商品搜索排名、价格和评分对商品直接和间接销量的影响被弱化。由于消费者在充分了解相关商品行情之后，往往通过更多的单词搜索缩小选择范围，购物意图更加明确，相较于目标模糊时，其购买决策受到商品的搜索排名、价格和评分的影响较小。

最后，按照细分市场中商品和消费者需求匹配度，将细分市场分为广泛匹配、短语匹配和精确匹配，商品相关程度依次变大。回归结果如表 18－4 和表 18－5 的第（5）列至第（7）列所示。相较于商品相关度最低的广泛匹配细分市场，随着需求匹配度的提高，商品价格和评分对增加出口销量的作用越来越不显著，且在精确匹配时，系数在 10%的显著性水平上统计不显著；但是对于商品搜索排名变量来说，系数在 1%的显著性水平上统计显著为正，在组间系数差异中，精确匹配中的系数显著比广泛匹配中的大。结果说明，企业在平台相关度越高的细分市场中，出口销量越不容易受到商品价格和评分的影响，反而更容易受到商品在搜索结果中排名的影响。

综上，通过分样本回归和组间系数检验，回归结果很好地验证了假说 2，即在有品牌偏好和明确购买目标的细分市场中，商品搜索排名的作用被减弱了；商品和消费者需求匹配度越高，排名提升对出口的促进作用越大。

第四节　中国证据

理论命题 18－1 指出：认证这一声誉机制能发挥质量信号的作用，对于缓解跨国交易的信息不对称，解决跨境电商面临的“柠檬市场”问题具有重要指导意义。中国跨境电商平台的特定实践可以很好地论证这一命题。阿里巴巴国际站作为中国领先的跨境电商平台，其认证机制包括“金品诚企”认证和“信用保障服务”，通过严格的企业资质审核和产品质量检验，平台认证显著提高了消费者的信任水平，增加了交易成功率。数据显示，阿里巴巴国际站的认证企业销售额较非认证企业高出 30%以上，有效减少了交易中的信息不对称问题。

理论命题 18－2 指出：在跨境电商平台细分市场中，商品的搜索排名越靠前、价格越低、评分越高，不仅会增加该商品的直接销量，还会增加该商品的间接销量，即增加企业其他商品的销量。中国跨境电商企业的出口以及广告行为很好地印证了理论命题 18－2。中国跨境电商企业常常借助亚马逊、eBay、全球速卖通（AliExpress）、Wish 等跨境电商平台出海。eCommerceDB 发布的报告显示：2017 年，中国跨境电商企业在亚马逊上的商品交易额为 480 亿美元，这相当于亚马逊商品交易总额的 18%；2022 年，中国跨境电商企业的商品交易额达到了 2 010 亿美元，占比为 26%。亚马逊向美国证券交易委员会提交的文件显示，中国跨境电商企业占美国亚马逊头部卖家的比例接近50%，并占亚马逊第三方卖家服务和广告收入的很大一部分。提升商品在跨境电商平台上的广告排名对中国跨境电商企业来说是提高销量和品牌知名度的重要策略，常见的提升排名方法有选择合适关键词、优化广告语言、提高关键词广告竞价、优化产品列表等。例如，借助AmzChart、Jungle Scout等关键词分析网站，中国跨境电商能够有效提高其商品的搜索排名，进而提高直接和间接销量。

第五节 结论性评述

本章通过对两个核心理论命题的分析，系统性地分析了数字贸易中的关键营销策略，不仅揭示了质量认证在降低产品不确定性、缓解逆向选择问题中的重要作用，以及它在企业内部和行业内的溢出效应，还强调了细分市场排名对商品销量，尤其是对企业整体销量的积极影响。它们不仅为跨境电商的实践提供了理论支撑，也为数字贸易学的理论体系增添了新的维度。理论命题18-1揭示了质量认证在降低产品不确定性、缓解逆向选择问题中的关键作用，同时也突出了质量信号在企业内部和行业内的溢出效应，以及认证与评分机制之间的互动关系。这一命题强调了质量认证在数字经济时代对跨境电商市场交易效率提升的重要性，为企业提供了一个优化市场反应和经营策略的新视角。理论命题18-2则从微观层面剖析了跨境电商平台中商品搜索排名、价格和评分对销量的直接影响，以及这种影响如何转化为对企业其他商品销量的间接促进作用。这一命题不仅为理解中国跨境电商出口增长提供了新的视角，也拓展了对数字经济时代消费者需求偏好、市场细分、注意力配置和流量机制的认识。这些研究不仅拓展了数字经济和数字贸易中的理论视角，也为企业在全球市场中的营销实践提供了宝贵的指导。在数字经济的大潮中，企业必须不断适应和利用数字营销工具来提高市场竞争力和响应消费者需求。随着技术的不断进步和市场的不断演变，数字营销的理论和实践将继续发展，为企业在全球贸易中赢得先机提供强有力的支持。

与理论命题18-1相关的国外前沿研究主要有以下两个方面：一方面是研究产品评分系统在缓解企业或产品质量不确定性上的作用（Cabral & Hortacsu，2010；Anderson & Magruder，2012；Klein et al.，2016）。然而，现有的研究表明，消费者评分可能是有偏的。虽然反馈机制在交易效率上有了相当大的提高，但该机制也存在一种公共产品问题，即值得信赖的行为的利益没有完全内化，导致道德风险问题持续存在。具体而言，许多经验不佳的买家选择不留下反馈（Dellarocas & Wood，2008）、企业的报复性行为（Klein et al.，2016）以及刷单行为的存在（Brown & Morgan，2006；Mayzlin et al.，2014）都会加剧这一偏差，使得评分机制被滥用，损害消费者福利和平台商业信誉。另一方面是研究认证机制作为代表性声誉机制的经济效应。认证机制作为另一种代表性声誉机制，通过将受信任的第三方引入交易中，在一定程度上缓解了主观声誉机制的偏差（陈艳莹和王丽丽，2010），具有更强的质量信号作用。已有文献研究了认证对个别市场的影响，例如邮票、单反相机、音乐、酒店住宿、信贷产品市场等（Jin & Leslie，2003；Dewan & Hsu，2004；Rietveld et al.，2021；刘诚，2023）。但由于市场特征的差异性，这些研究结论的外部有效性存在一定的限制。而跨境电商平台，尤其是 eBay 的 eTRS 认证政策为跨行业的分析提供了丰富的研究情境。借鉴国外前沿研究，未来该命题的相关研究可以进行如下拓展：一是进一步求解出能使认证机制发挥最佳作用的认证条件，二是搭建完备的理论模型以探讨认证可能存在的溢出效应。

与理论命题 18－2 相关的国外前沿研究包括数字平台上搜索广告的溢出效应，有以下两个方面：一是来自竞争者的溢出效应。Agarwal et al.（2015）研究竞争对广告商赞助广告表现的影响，发现自然搜索结果中的竞争可能不利于广告的点击转化但有助于广告的购买转化表现。Agarwal & Mukhopadhyay（2016）发现，出现在广告上方竞争者的高质量广告对点击表现的负面影响较低，相比之下，竞争者的低质量广告的负面影响更大。Lu & Yang（2017）对广告商关键词市场进入决策的溢出效应进行了实证分析，揭示了来自排名较低的竞争者的正面溢出效应，而来自排名较高竞争者的效应则取决于特定产品特性。二是交叉销售的溢出效应。Lu & Zhao（2014）关注了广告产品的直接销售和其他产品的间接销售。该研究强调，使用特定关键词的战略可以提高间接销售，而使用通用关键词的战略可以提高直接销售。Wang et al.（2019）比较了在线和移动设置中付费搜索关键词对直接销售和间接销售的差异效应。研究结果显示，移动搜索与直接销售正相关、与间接销售负相关。借鉴国外前沿研究，未来该命题的相关研究可以进行如下拓展：一是关注跨境电商平台中消费者层面的行为，利用更加微观的数据从消费者行为路径的角度研究广告的溢出效应；二是将跨境电商平台出口影响因素细化，例如从消费者评价方面、平台推荐系统方面、商品价格排名方面探讨更多的影响因素。

参考文献

第十九章

数字投资

第一节　问题的提出

数字技术的快速发展以及市场对数字产品和服务的庞大需求催生了全球数字投资热潮，巨大的市场增长潜力和创新驱动性凸显出数字投资的重要性。在数字贸易学分析框架中，数字投资从属于基于需求驱动的全球公司次分析框架。数字技术提供了新的投资标的和工具，数字平台提升了投资的便捷性和效率，而数据则为投资决策提供了关键的支持，三者紧密相连，共同构成了数字投资的基石。第一，数字技术如人工智能、大数据、区块链和物联网，推动了全新的数字经济商业模式和组织变革，使得跨国公司无须在东道国设立常设机构并进行跨境经营。第二，数字平台如电子商务平台、社交媒体、金融科技应用等，聚合了大量的用户和市场资源，通过规模效应和网络效应不断吸引跨境资本。第三，数据作为关键生产要素，是数字投资的核心。一方面，企业可以通过对东道国消费者行为等大数据的分析，更精确地刻画消费者偏好，从而提高供需匹配效率，制定更为精准的投资策略；另一方面，随着世界各国数据安全领域的法律法规相继推行和生效，企业进行投资时难免会遇到个人数据保护和数据跨境流动监管等政策阻碍。

在本章中，我们将重点研究三个重要的数字投资领域的理论命题。命题一：技术寻求驱动数字型跨国并购理论。这一命题关注到数字经济领域的跨国并购行为及其特征与驱动力，揭示出技术寻求对中国企业数字型跨境并购的重要性。通过学习这一命题，读者可以快速了解数字投资的特征和驱动因素。命题二：数字型绿地投资的创新动机。这一命题深入探讨了中国企业数字型绿地投资的具体动机是避税还是创新。通过学习这一命题，读者可以理解数字经济时代知识产权税收政策对国际投资的影响。命题三：数据保护的影响。这一命题基于成本和收益分析揭示了数据保护对数字投资的负面影响。掌握这一命题，有助于企业加强个人数据隐私保护和跨境数据流动的合规性。

通过对这三个命题的深入分析，本章将帮助读者掌握数字投资的特征和发展趋势，以及数字经济不断涌现的新的经济事实对数字投资的影响。同时，这些知识也与第十四章至第十八章的内容相呼应，使读者能够快速掌握数字经济时代对外直接投资相关前沿理论。

第二节 技术寻求驱动数字型跨国并购理论

一、理论命题的提出

Boote et al.（2019）提到，2017 年数字并购占全球并购市场的 24%，其中三分之二的并购者是想要获取数字能力和技术的非技术型企业。可见，数字并购有着强烈的数字技术寻求动机。正如 Buckley et al.（2008）所言，并购适用技术是后发型国家迅速提升企业技术水平的捷径，购买最新技术而后消化吸收可以促进企业自身技术进步和研发创新，而数字技术的创新效应早已得到许多研究的支持与验证（Yoo et al.，2010，2012；Hanelt et al.，2021）。并且，由于数字技术推陈出新速度极快，在“赢家通吃”的市场上，哪怕产品和技术的一点点领先，也会捕获大批“改换门庭”的消费者，落后厂商如果不在技术上迎头赶上，将很快被市场遗弃。激烈的市场竞争会刺激企业不断寻求技术突破，提高产品质量和服务品质。本质上，这种数字技术寻求动机也与 Nocke & Yeaple（2007）提出的“互补资源假说”十分契合。对数字型企业来说，海外先进的数字技术资源就是最好的互补资源，可以直接提升企业的技术水平和市场竞争力；就传统企业而言，通过数字并购直接获取数字技术，能够降低自我创新风险，迅速培养出自身所需的数字能力，有助于加速推进企业的数字化转型进程。

基于此，蒋殿春和唐浩丹（2021）提出了“技术寻求驱动数字型跨国并购理论”这一理论命题。

理论命题 19-1

中国企业进行数字型跨国并购的技术寻求动机强烈，东道国丰富的数字技术和研发资源是其发起并购的核心驱动力。此外，制度距离和文化距离等“无形”距离仍会深刻影响数字型海外并购的投资决策。

资料来源：蒋殿春，唐浩丹．数字型跨国并购：特征及驱动力［J］．财贸经济，2021，42（9）：129-144.

该理论命题首次关注到数字经济领域的跨国并购行为及其特征与驱动力，将多个数字经济行业的跨国并购整体作为分析对象，拓展了数字经济与数字并购的研究边界。Nocke & Yeaple（2007）提出的“互补资源假说”还揭示了企业进行跨国并购的两类动机：一方面，企业具有“可转移”优势资源，如生产率、技术和管理优势，并购国外企业的“不可转移”资源，如营销网络、销售渠道和客户资源等；另一方面，企业具有“不可转移”优势，如在本国的销售能力和品牌等，并购国外企业的先进技术和研发资源等。不同于互补资源假说，蒋殿春和唐浩丹（2021）聚焦数字型跨国并购并探讨其特征和驱动力，是对互补资源假说的拓展。

二、理论命题的具体内容

西方经典的投资引力模型从理论和实证上都验证了东道国市场规模是企业进行跨国并购的重要驱动因素，即跨国并购具有市场寻求（market-seeking）动机：东道国市场规模越大，企业发生跨国并购的可能性越大（Head & Ries，1997，2008；Horn & Persson，2001；Neary，2007；Raff et al.，2008）。蒋殿春和唐浩丹（2021）将多个数字经济行业的跨国并购整体作为分析对象，从理论和实证两方面探究了数字型跨国并购的特征和驱动因素，是对投资引力模型的重要完善。

在理论分析方面，蒋殿春和唐浩丹（2021）认为，虽然“技术获取”也常常被用来解释传统制造业领域内新兴市场国家的对外并购（Nocke & Yeaple，2007；Buckley et al.，2008；Pradhan & Singh，2017），以区别于发达国家跨国公司基于垄断优势的对外扩张，但中国企业通过对外数字并购进行的“技术获取”并不完全是技术追赶的手段，同时也是许多头部企业巩固自身平台优势、丰富技术储备的主要渠道。尽管我国在数字技术基础研究和创新方面还存在明显的不足，但中国企业在全球数字技术发展中的地位大大高于我国在制造业领域中的地位，并在数字金融、电子商务、人工智能和无人机等领域逼近甚至达到了世界领先水平；中国作为全球数字经济大国，孕育了全球三分之一的“独角兽”企业，而绝大多数中国的对外并购就是由这些独角兽企业完成的。[①] 蒋殿春和唐浩丹（2021）判断获取数字技术是中国企业数字并购的主要动机，并不是说这些中国企业缺乏垄断优势，而是说它们既有的优势通过贸易形式服务海外市场可能更为有效，因为这既发挥了数字产品和服务贸易成本低下的优势，同时又兼顾了集中生产带来的巨大规模经济效应；另外，有自身平台优势的加持，并购国外数字技术资产变得相对容易，也较为经济。因为平台的成本分摊效应能够允许标的企业提出较高的溢价，尤其是在潜在标的处于初创期的情况下更是如此。

基于此，蒋殿春和唐浩丹（2021）通过对数字型跨国并购的特征事实探究，提出了假说 1 和假说 2。

假说 1： 东道国市场规模对我国数字型跨国并购无显著影响。

假说 2： 东道国数字技术资源丰富能够显著促进我国对其进行数字型跨国并购。

在对理论分析的实证检验方面，蒋殿春和唐浩丹（2021）借鉴麦肯锡全球研究院（MGI）的做法并结合 PitchBook 数据库提供的垂直行业分类，清晰且全面地界定数字经济行业，将其中 26 个行业归类到数字经济领域，具体如表 19－1 所示。基于 2009—2018 年中国数字型跨国并购数据，利用面板负二项回归模型实证检验了数字型跨国并购的特征和驱动因素。对于数字型跨国并购，其采用每一年度中国企业向相关国家（地区）在

---

① 麦肯锡全球研究院．中国数字经济如何引领全球新趋势，2017－08．其中，“独角兽”企业指市值超过 10 亿美元的非上市企业。

上述 26 个数字经济行业内完成的并购交易数量[①]来刻画，数据来自 PitchBook 数据库。对于东道国规模，其采用基本市场规模（gdp）和网络市场规模（intuse）两个方面来衡量。对于东道国的数字技术资源，其采用东道国高校或科研机构在计算机领域的论文发表及引用数量（paper）和东道国 ICT 服务出口规模（ICTs_ex）来衡量。对于双边地理距离（dist），其采用蒋殿春和张庆昌（2011）的做法，将考虑了各国城市层面人口分布状况的双边球面距离用国际原油价格做权重调整。对于双边制度距离（institutional distance，ID），其借鉴 Kaufmann et al.（2011）和 Aleksynska & Havrylchyk（2013）的做法，以 WGI 六个维度的简单均值作为制度水平值，并借鉴黄新飞等（2013）的方法，以各维度的指标为基础计算出中国与投资目的国（地区）的制度距离。

表 19-1 数字经济行业分类

线上服务类		非线上服务类	
Verticals	行业名称	Verticals	行业名称
AdTech	广告技术	3D Printing	3D 打印
AI & Machine Learning	人工智能与机器学习	AudioTech	语音技术
B2B Payments	B2B 支付	Augmented Reality	增强现实
Big Data	大数据	Autonomous cars	自动驾驶
CloudTech	云技术	Car-Sharing	共享汽车
Cryptocurrency/Blockchain	加密货币/区块链	Digital Health	数字健康
Cybersecurity	网络安全	eSports	电子竞技
E-Commerce	电子商务	EdTech	教育技术
Ephemeral Content	短内容	Internet of Things	物联网
FinTech	金融科技	Ridesharing	共享出行
Mobile Commerce	移动商业	Robotics and Drones	机器人与无人机
SaaS	软件即服务	Virtual Reality	虚拟现实
Supply Chain Tech	供应链技术	Wearables	可穿戴设备

资料来源：蒋殿春，唐浩丹．数字型跨国并购：特征及驱动力 [J]. 财贸经济，2021，42（9）：129-144.

基准回归模型为：

$$E(\mathrm{M\&A}_{j,i,t})=E(y_{j,i,t})=\exp(x'_{j,i,t-1})\beta$$
$$=\exp(\beta_0+\beta_1 M_{j,t-1}+\beta_2 T_{j,t-1}+\beta_3 D_{j,t-1}+\gamma \mathrm{CV}+\delta_i+\lambda_t+\varepsilon_{j,t}) \tag{19-1}$$

式中，$M_{j,t}$，$T_{j,t}$，$D_{j,t}$ 分别表示东道国 j 在 t 年的市场规模、数字技术资源以及与我国的各类距离，是该命题的核心解释变量。CV 为一系列控制变量，δ_i 和 λ_t 分别为行业固定效应和年份固定效应。为缓解内生性问题，所有解释变量均做滞后一期处理。β、γ 为待估参数，$\varepsilon_{j,t}$ 为球形扰动项。

表 19-2 为中国数字型跨国并购驱动因素的回归结果。结果显示，数字型跨国并购

① 采用并购交易笔数一方面是因为数据库中有并购金额记录的样本不到总数的 50%（涉及非上市企业或私人的跨国并购交易一般不会披露并购金额）；另一方面，即使数据库有交易金额记录，许多数值也是通过估算得到的，并非最终的实际成交金额。从数据可得性和可靠性考量，采用并购笔数可能是较好的策略。

出现了不同于传统经济领域跨国并购的四个特征：第一，在数字经济领域中，旨在开拓全球市场的水平型并购已不多见，东道国市场规模不再是企业跨国并购的重要驱动力；第二，地理距离不再是数字型跨国并购的阻碍因素；第三，对于中国企业而言，获取海外先进的数字技术和研发资源是它们对外进行数字并购的主要动力；第四，在数字经济领域，制度距离过大对跨国并购的负向作用依旧显著，而文化距离过大则表现出对并购显著的促进作用。

表 19-2 数字型跨国并购驱动因素的回归结果

解释变量	(1)	(2)	(3)
gdp	0.083	−0.258	−0.169
	(0.24)	(0.19)	(0.18)
intuse	−0.113	−0.030	0.085
	(0.21)	(0.19)	(0.18)
paper	0.845***	0.623***	0.763***
	(0.17)	(0.14)	(0.14)
ICTs_ex	0.259***	0.146**	0.203***
	(0.08)	(0.06)	(0.06)
dist	−0.136	−0.206	−0.062
	(0.18)	(0.14)	(0.14)
ID	−0.154	−0.453*	−0.685***
	(0.24)	(0.24)	(0.22)
CD	0.236***	0.205***	0.414***
	(0.08)	(0.08)	(0.07)
col		0.670	1.044**
		(0.51)	(0.51)
contig		0.176	0.215
		(0.27)	(0.26)
tradeop		0.005	0.148
		(0.17)	(0.16)
ipr		0.187*	0.255**
		(0.10)	(0.11)
world		1.048***	0.410***
		(0.05)	(0.07)
cons	−13.981***	−13.016***	−13.590***
	(3.43)	(3.15)	(3.39)
ln_r	2.918***	4.068***	5.934***
	(0.52)	(0.46)	(0.85)
ln_s	1.081***	1.025***	2.524***
	(0.12)	(0.24)	(0.50)
年份固定效应	是	是	是
行业固定效应	否	否	是
观测值	9 880	9 880	9 880

注：***、**和*分别表示在1%、5%和10%的显著性水平上统计显著，括号内为标准误。

资料来源：蒋殿春，唐浩丹．数字型跨国并购：特征及驱动力 [J]．财贸经济，2021，42 (9)：129-144.

西方经典跨境并购理论认为，并购双方地理距离过大对跨国并购具有显著的抑制作用。蒋殿春和唐浩丹（2021）认为，互联网和移动互联网的普及不仅有利于企业搜寻到对自己最有利的并购标的——无论它近在眼前还是远在天边，还大大降低了投资前的沟通谈判成本和投资后的管理成本。同时，数字技术资源作为一类特殊的无形资产，天然不受地理距离的限制，使得主要以数字技术资源为标的资产的数字并购基本不会考虑因地理距离较远带来的信息成本和贸易成本。因此，蒋殿春和唐浩丹（2021）是对西方经典跨境并购理论的重要拓展。

就制度距离而言，其对并购的负向影响将在数字型跨国并购中表现得更为明显。在当前全球范围内民粹主义盛行、经济逆全球化趋势明显的世界经济新格局下，制度差异较大的国家之间信任和沟通本就尤为困难，加之数字技术是数字经济发展的重要战略资源，各国为防止关键数字技术外流都加强了对数字领域外资并购的审查力度，因此，在数字经济领域中制度差异所带来的成本与风险将会更高，尤其是数字型企业发起的数字型并购更是成为主要审查对象。近年来，美国对我国的中兴、华为和字节跳动等企业的长臂管辖与定点打击以及美国外国投资委员会（The Committee on Foreign Investment in the United States，CFIUS）以国安为由介入调查并取消的并购案例越来越多都是制度距离负向作用进一步放大的鲜明体现。

就文化距离（cultural distance，CD）对跨国并购的影响而言，现有文献还未得出一致结论。一些学者指出，并购双方较大的文化距离会增加多项并购成本而抑制并购发生：并购前，较大的文化差异会加大搜寻标的的难度，提高搜寻成本；交易过程中，文化观念与习俗的较大差异也会导致并购双方在信息沟通、商业理念上难以协调，从而产生较高的沟通和谈判成本（阎大颖，2011）；而在并购签约后，较大的文化距离也会带来较高的文化整合成本和经营成本（Barkema et al.，1996；Siegel el al.，2012；Ahern et al.，2015），这也是文化距离影响跨国并购的主要因素。在数字型跨国并购中较远的文化距离带来的成本问题会有所减弱，而收益会进一步提高。一旦企业成功打破文化壁垒并收获多元文化背景的消费族群，便能更好地在世界范围内实现规模经济与范围经济，并且文化距离越大，跨越文化鸿沟后企业获得的经济收益也会越高。不仅如此，企业主动融合多元文化也能更好地捕获长尾市场中具有个性需求与偏好的消费者，进一步发挥数字经济的长尾效应。在成本与收益的此消彼长之下，蒋殿春和唐浩丹（2021）认为，较大的文化距离对数字型跨国并购的正向影响很可能大于负向影响而总体促进并购发生。

基于此，蒋殿春和唐浩丹（2021）提出了假说 3、假说 4 和假说 5。

假说 3： 东道国与我国的地理距离对我国数字型跨国并购无显著影响。

假说 4： 东道国与我国的制度距离越大，越会抑制我国对其进行数字型跨国并购。

假说 5： 东道国与我国的文化距离越大，越会促进我国对其进行数字型跨国并购。

在异质性分析方面，蒋殿春和唐浩丹（2021）考虑到数字型企业与传统企业发起数字型跨国并购的动机存在较大的异质性，下面将主并企业分为数字型企业和传统企业两组进行了分组回归，其中数字型企业共完成 418 笔数字型跨国并购，传统企业共完成 650

笔。① 此外，为对比分析两类行业在跨国并购时可能存在的不同表现，将数字经济行业分为线上服务和非线上服务两类，并分别作为子样本进行回归。

表 19-3 报告了异质性分析结果。结果表明，数字型企业对外进行数字型跨国并购时的数字技术资源寻求动机整体上弱于传统企业。一方面，这可能是由数字型企业自身的数字知识库更丰富、数字技术水平更高所致；另一方面，数字型企业寻求的数字技术更加前沿与高端，在进行跨国并购时可能受到更多非经济因素的影响而导致并购难度加大，因而数字型企业对外数字并购的数字技术资源寻求动机有所减弱。此外，非线上服务类行业的跨国并购更加受到东道国数字技术资源的吸引。可能的原因是，相较于非线上服务类行业而言，我国在线上服务类数字行业的技术水平相对领先（比如，在电子商务、大数据和人工智能等领域我国技术已处于世界领先水平），因此对外获取先进技术的动力较小；抑或是由于这两类行业的技术难度和知识产权保护强度存在一定差异，比如线上服务类行业中更加注重商业模式输出的电子商务、短内容等行业，其相关技术难度低，受东道国保护强度弱，因而更易通过模仿等方式低成本获取，使得对这类行业的技术获取动机有所减弱。

表 19-3　异质性分析

解释变量	数字型主并企业 (1)	传统主并企业 (2)	线上服务类 (3)	非线上服务类 (4)
gdp	0.415	−0.378	−0.145	−0.181
	(0.28)	(0.26)	(0.19)	(0.43)
intuse	−0.308	−0.014	0.051	−0.093
	(0.28)	(0.26)	(0.19)	(0.49)
paper	0.535**	1.015***	0.576***	2.139***
	(0.23)	(0.21)	(0.15)	(0.57)
ICTs_ex	0.192*	0.220***	0.174***	0.285**
	(0.11)	(0.08)	(0.07)	(0.14)
dist	0.316	−0.439	−0.048	−0.405*
	(0.26)	(0.28)	(0.15)	(0.23)
ID	−1.175***	−0.631**	−0.674***	−0.540***
	(0.37)	(0.32)	(0.24)	(0.20)
CD	0.385***	0.493***	0.333***	0.527***
	(0.11)	(0.09)	(0.08)	(0.16)
年份固定效应	是	是	是	是
行业固定效应	是	是	是	是
观测值	9 880	9 880	4 940	4 940
paper 系数差异	P=0.003		P=0.000	
ICTs_ex 系数差异	P=0.206		P=0.070	

注：P 值是用来判定假设检验结果的一个参数，若小于 0.05，则认为 paper 系数不显著。***、** 和 * 分别表示在 1%、5%和 10%的显著性水平上统计显著，括号内为标准误。

资料来源：蒋殿春，唐浩丹. 数字型跨国并购：特征及驱动力 [J]. 财贸经济，2021，42 (9)：129-144.

① 由于部分投资企业行业分类缺失，有 39 笔交易未被分类。

第三节　数字型绿地投资的创新动机

一、理论命题的提出

绿地投资是指跨国公司通过在东道国设立新的企业来实现生产能力扩张的一种资本输出方式（Hennart & Park，1994）。对于市场饱和度不高的发展中国家而言，以创新为动机的绿地投资是获取国外先进技术、提升本国生产率的重要渠道（Castellani et al.，2022；Amendolagine et al.，2023）。在新一轮产业革命和科技革命的背景下，世界各国积极出台鼓励创新的税收政策，其中就包括知识产权盒制度（intellectual property box regime，IPBR）。作为一种针对数字企业的优惠政策，除鼓励创新外，IPBR 还可能吸引以避税为目的的数字型投资（Bornemann et al.，2023）。具体而言，与传统商业模式相比，软件等知识产权在数字企业中扮演着更重要的角色，IPBR 使得数字企业的税负远远小于其他行业的企业税负，从而可能引发税基侵蚀和有害税收竞争。在此情形下，OECD 要求各国对 IPBR 进行修改，并规定知识产权相关收入必须与企业在当地的研发活动相关联（Merrill，2016），这极大地降低了数字型绿地投资的避税动机。

基于此，马述忠等（2024）提出了“数字型绿地投资的创新动机”这一理论命题。

理论命题 19-2

IPBR 的实施对于中国以创新为动机的数字型绿地投资有吸引作用，而对于中国以避税为动机的数字型绿地投资没有吸引作用。

资料来源：马述忠，刘锴，吴鹏．知识产权盒制度对数字型绿地投资的影响：鼓励创新还是滋生避税 [J]. 财贸经济，2024，45（4）：89-104.

该理论命题首次考察了知识产权相关的税收优惠政策对数字型绿地投资的影响，拓展了数字经济时代国际投资的研究边界。一方面，虽然已有大量文献分析了国际税收对投资的影响（Xie et al.，2017；Arulampalam et al.，2019），但主要是关于公司一般所得税的分析，鲜有文献关注知识产权相关税收政策，且关于 IPBR 对数字型绿地投资影响的研究仍是空白；另一方面，与传统绿地投资的动因分析不同，马述忠等（2024）结合 IPBR 的主要特征，从创新动机和避税动机两个方面进行分析，是对数字型绿地投资相关研究的重要补充。

二、理论命题的具体内容

在西方经典理论中，制度基础观理论为研究新兴市场国家企业对外直接投资行为提供了较为全面的理论框架（North，1990；Kim et al.，2010），其认为管理者在正式制度和非正式制度的约束下理性地追求利益，强调了制度环境对于企业战略选择的重要性。在数字经济时代，创新的重要性日益凸显，各国政府陆续出台各种政策和优惠制度以促进企业创新，如研发补贴、税收优惠等，影响企业进行跨国投资的因素进一步扩大。马述忠等（2024）将视角聚焦于 IPBR 这一全新制度，探讨知识产权相关的税收优惠政策对中国数字型绿地投资的影响，并从创新动机和避税动机两个维度进行辨别，是对数字经济时代制度基础观理论的进一步拓展和完善。

创新带来技术进步，是长期经济增长的主要驱动力。如何为创新活动提供公共政策支持是政府和学界共同关注的重要话题（Bradley et al.，2021；Haufler & Schindler，2023）。在数字经济时代，与创新活动有关的税收优惠变得愈加普遍。直接影响创新活动的主要税收政策包括两类。其一，利用支出型税收激励措施来降低创新投入的成本，例如缩短无形资产的折旧期限或用研发支出作为税收抵免。其二，降低知识产权收入的税率，即 IPBR。与前者不同的是，除了鼓励创新，IPBR 还会诱发跨国企业出于避税目的的投资。具体而言，知识产权本质上是一种具有较高流动性的无形资产，跨国企业很容易将其转移到低税率的国家来减少纳税义务（Dischinger & Riedel，2011）。可以说，IPBR 在欧盟流行的重要原因是，Apple、Google 和 Microsoft 等数字巨头普遍通过投资和知识产权进行避税（肖冰等，2021）。在此情形下，以避税为目的的数字型投资引发了各国对税基侵蚀和有害税收竞争的关注，国际组织的税收工作也逐渐以完善国际税收治理为重点（曹明星，2022）。例如，2013 年 G20 在圣彼得堡峰会上发布公报，决定实施税基侵蚀和利润转移（Base Erosion and Profit Shifting，BEPS）项目，并委托 OECD 牵头推进。中国的数字经济发展处于全球领先地位，数字型企业也在加快海外布局，更容易受到 IPBR 的影响。遗憾的是，目前鲜有文献关注 IPBR 的实施对数字型绿地投资的影响，尤其是以中国为分析对象的实证研究仍是空白。为此，马述忠等（2024）使用多期双重差分法（DID）实证检验 IPBR 对中国数字型绿地投资的影响，并辨别具体的投资动机。具体而言，马述忠等（2024）参考联合国贸发会议（UNCTAD，2018）的分类标准，从全球企业绿地投资数据库筛选出最为相关的数字型行业 Software & IT services，并将此行业内企业的绿地投资识别为数字型绿地投资，对其采用 ln(1＋投资数量）的形式。参考已有的研究（蒋殿春和唐浩丹，2021），马述忠等（2024）将中国有绿地投资的东道国视为投资选择集合，将实施 IPBR 的国家设置为处理组，将投资选择集合中的其余国家设为对照组，通过对比 IPBR 实施前后中国对处理组和对照组的数字型绿地投资数量来实证检验 IPBR 的影响。验证理论分析使用的回归模型为：

$$\mathrm{DOFDI}_{ct}=\beta_0+\beta_1\,\mathrm{IPBR}_{ct}+\beta_2 Z_{ct}+\lambda_c+\lambda_t+\varepsilon_{ct} \tag{19-2}$$

式中，c 表示东道国，t 表示年份。因变量 DOFDI_{ct} 表示 t 年中国对 c 国数字型绿地投资的数量。IPBR_{ct} 是一个虚拟变量，由 Treat_c 和 Post_t 组成。其中 Treat_c 为区分处理组和对照组的虚拟变量，若 c 国实施了 IPBR 则为 1，否则为 0。Post_t 为时间虚拟变量，IPBR 实施当年及之后的年份为 1，之前的年份为 0。Z 是一系列国家层面的控制变量，具体包括：东道国人均 GDP、东道国 GDP 增长率、东道国实际汇率、双边地理距离、共同语言、共同宗教、东道国营商环境指数。ε_{ct} 表示残差项。

表 19－4 显示了中国数字型绿地投资数量在 IPBR 实施前后的变化情况。结果表明，IPBR 实施后，相较于未实施 IPBR 的国家，中国对于实施 IPBR 国家的数字型绿地投资数量

显著增加，因此可以认为，与知识产权相关的税收优惠政策吸引了中国的数字型绿地投资。

表 19－4 IPBR 对中国数字型绿地投资的影响

	(1)	(2)	(3)	(4)
IPBR	0.309**	0.239***	0.294**	0.269***
	(0.145)	(0.067)	(0.149)	(0.084)
控制变量	否	否	否	是
国家固定效应	否	是	否	是
年份固定效应	否	否	是	是
观测值	1 625	1 625	1 625	1 275
R^2	0.068	0.569	0.076	0.613

注：*** 和 ** 分别表示在 1%和 5%的显著性水平上统计显著，括号内为聚类到国家层面的标准误。

资料来源：马述忠，刘锴，吴鹏．知识产权盒制度对数字型绿地投资的影响：鼓励创新还是滋生避税［J］．财贸经济，2024，45（4）：89－104．

传统跨国公司理论指出，企业进行对外直接投资的目的通常涉及资源获取、产业升级、风险分散以及政策诱导等。马述忠等（2024）以 IPBR 为例，从创新和避税两个角度对中国数字型绿地投资的动机进行分析，是对数字经济时代国际投资理论的进一步完善和拓展。

世界各国普遍使用支出型税收激励政策来鼓励创新，但是这类政策主要存在两方面缺点。一方面，有针对性的补贴，特别是选择特定项目进行支持的补贴，往往会产生较高的评估和审计成本；另一方面，当项目不成功时，政治支持可能会使规模较大、创造就业较多的项目难以终止。而 IPBR 是针对收入的税收优惠，避免了支出型税收激励政策的上述缺点。且 IPBR 可以通过降低知识产权收入的税率来吸引中国增加对实施 IPBR 东道国的数字型投资。其一，IPBR 能够增加企业知识产权税后收入（Davies et al.，2020），并因此提高中国数字企业研发投资的回报预期，进而提高企业的创新积极性，促进研发投资和知识产权研发。其二，IPBR 对知识产权收入认定范围的多样化会鼓励中国数字企业将创新成果商业化，通过知识流动和溢出促进创新，激励其在当地开展研发活动。其三，IPBR 会留住拥有大量数字资产的企业，同时吸引其他企业，通过集聚效应，扩大数字型绿地投资和创新活动。

基于此，马述忠等（2024）提出了假说 1。

假说 1：IPBR 的实施对于中国以创新为动机的数字型绿地投资有吸引作用。

IPBR 如果仅仅吸引知识产权所有权，那么就有可能无法促进当地的研发活动。有许多文献表明，IPBR 并不一定起到了鼓励创新的作用。首先，与以费用为基础的支出型税收激励措施不同，IPBR 不对企业无法获得社会效益的创新成果进行奖励，只对已经享有知识产权保护的成功创新给予额外的税收优惠。其次，受到覆盖范围、目标定位和组织实践的限制，IPBR 的创新激励效果可能不如其他税收激励措施（Alstadsæter et al.，2018）。相反，IPBR 可能会滋生避税，吸引中国增加对实施 IPBR 的东道国的数字型投资。跨国企业将利润转移到低税率地区的方式主要有三种：转让定价、债务转移和改变知识产权所在地（Stantcheva，2021）。OECD《税收协定范本》第 12（1）条规定，因使用知识产权而产生的特许权使用费只在居住国征税，条件是收款人是付款的实际所有人。

如果特许权使用费的实际所有人是跨国公司设在避税地的子公司等，就会出现避税机会。在这种情况下，知识产权产生的收入很可能主要在避税地以低税率甚至零税率征税。与其他形式的资产相比，知识产权的流动性更强，将有版权的软件所有权转移到拥有更优惠税收待遇的国家是一个简单且成本相对较低的程序（Gaessler et al.，2021），因此数字企业可以轻易将知识产权相关收入转移到海外，从而降低企业所得税税负（Griffith et al.，2014）。知识产权转移的具体方式有以下几种。其一，软件等知识产权可以以远低于市场的价格（转让定价）出售给子公司，从而掩盖知识产权的真实价值。其二，企业也可以将软件等所有权许可给低税率所在国的子公司，使得未来的收入适用子公司所在国的低税率。其三，利用成本分摊协议（cost contribution arrangements），即母国的企业以虚假的低价提供软件等知识产权，而子公司则为知识产权的改进提供资金，从而保证来自母国以外的收入不被母国征税（De Simone & Sansing，2019）。

基于此，马述忠等（2024）提出了假说 2。

假说 2：IPBR 的实施对于中国以避税为动机的数字型绿地投资有吸引作用。

在机制检验方面，马述忠等（2024）通过构建交互项的方式进行调节效应分析，进一步辨别创新动机和避税动机。具体而言，马述忠等（2024）从东道国创新指数和东道国购买基于新技术的机器、设备或软件的企业数量两个维度对创新动机进行检验，数据分别从欧盟委员会和欧洲统计局处收集。理论上，东道国创新条件越好，中国进行数字型绿地投资的创新收益越高。在避税动机方面，马述忠等（2024）同样从两个维度进行检验。一个维度是两国企业所得税税率差，即（中国企业所得税税率 25%＋中国知识产权相关收入税率 15%）－(东道国企业所得税税率＋东道国知识产权相关收入税率)；另一个维度是知识产权相关收入税率差额，即（中国知识产权相关收入税率 15%－东道国知识产权相关收入税率）。数据分别从税基网和国家税务总局处收集。理论上，中国与东道国的税收差额越大，中国对其数字型绿地投资的避税动机越强。

表 19－5 第（1）列和第（2）列展示了创新动机检验的结果。其中第（1）列显示，核心解释变量与交互项的系数显著为正，说明在创新指数越高的东道国，IPBR 实施的正面影响越大，这与理论预测相符。第（2）列显示，核心解释变量与交互项的系数显著为正，说明东道国购买基于新技术的机器、设备或软件企业数量越多，IPBR 实施的正面影响越大。综合第（1）列和第（2）列的回归结果，假说 1 成立，即 IPBR 的实施对于中国以创新为动机的数字型绿地投资有吸引作用。

表 19－5 投资动机检验

	创新动机		避税动机	
	(1)	(2)	(3)	(4)
IPBR	−0.148	−0.609***	0.372***	0.387***
	(0.127)	(0.160)	(0.110)	(0.121)
IPBR×EII	0.890***			
	(0.258)			

续表

	创新动机		避税动机	
	(1)	(2)	(3)	(4)
IPBR×Purchase		0.092***		
		(0.016)		
IPBR×Cut			−0.010	
			(0.007)	
IPBR×IPCut				−0.016
				(0.014)
控制变量	是	是	是	是
国家固定效应	是	是	是	是
年份固定效应	是	是	是	是
观测值	1 236	1 210	1 262	1 262
R^2	0.603	0.524	0.619	0.618

注：EII 代表 2007 年的东道国创新指数，Purchase 代表 2018 年欧盟各国购买的基于新技术的机器、设备或软件企业的数量，Cut 代表中国与东道国的企业所得税税率差额，IPCut 代表中国与东道国知识产权相关收入税率的差额。*** 表示在 1%的显著性水平上统计显著，括号内为聚类到国家层面的标准误。

资料来源：马述忠，刘锴，吴鹏．知识产权盒制度对数字型绿地投资的影响：鼓励创新还是滋生避税 [J]. 财贸经济，2024，45（4）：89－104.

表 19－5 第（3）列和第（4）列展示了避税动机检验的结果。其中第（1）列显示，核心解释变量与交互项的系数不显著，说明两国的企业所得税税率差额对于 IPBR 的作用效果无显著影响。第（2）列显示，核心解释变量与交互项的系数不显著，说明两国知识产权相关收入税率差额也不会影响 IPBR 的作用效果。综合来看，IPBR 并没有在税收差额更大的国家产生更大的积极影响，假说 2 不成立，即 IPBR 的实施对于中国以避税为动机的数字型绿地投资没有吸引作用。

前文已述，OECD 发布的《BEPS 行动方案》第 5 项行动报告将 IPBR 视为重点打击对象之一（Bradley et al.，2021），要求知识产权相关收入必须与企业在当地的研发活动相关联，即要求知识产权所产生的收入与知识产权所有者的研发支出成正比，或与外包研发的非关联公司的研发支出成正比。因此，IPBR 鼓励了创新动机很可能与关联法相关。参考 Chen et al.(2023）的研究，马述忠等（2024）通过设置虚拟变量的方式来考察关联法的作用。具体而言，马述忠等（2024）考察东道国关于 IPBR 关联要求的规定是否在 OECD 的《考虑透明度与实质性因素更有效地打击有害税收实践》文件出台后发生了改变。表 19－6 展示了检验结果。可以发现，解释变量与交互项的系数显著为正，表明关联法显著强化了 IPBR 的积极影响，进一步证明了 IPBR 通过鼓励创新吸引中国的数字型绿地投资与关联法相关。

表 19－6　关联法的影响

	(1)
IPBR	0.041**
	(0.018)
IPBR×Nexus	0.259***
	(0.088)

续表

	(1)
控制变量	是
国家固定效应	是
年份固定效应	是
观测值	1 275
R^2	0.615

注：若2016年前未涉及关联要求，且2016年后涉及关联要求，则Nexus为1，否则为0。*** 和 ** 分别表示在1%和5%的显著性水平上统计显著，括号内为聚类到国家层面的标准误。

资料来源：马述忠，刘锴，吴鹏．知识产权盒制度对数字型绿地投资的影响：鼓励创新还是滋生避税［J］. 财贸经济，2024，45（4）：89－104.

第四节　数据保护的影响

一、理论命题的提出

跨境并购是跨国公司常用的一种资本输出方式，长期以来受到国家商务、国际贸易和国际金融等领域学者的关注。从原理上讲，跨境并购发生的原因与国内并购相同，即如果收购公司经理认为两家公司的合并会增加公司价值（或效用），并购就会发生（Erel et al.，2012）。国界使得跨境并购相对于国内并购而言增加了一些额外的影响因素，包括两国的地理距离（Erel et al.，2012）、文化差异（Bekaert et al.，2005；Ahern et al.，2015）、金融市场（Baker et al.，2008）、制度环境（Ahmad & Lambert，2019）以及母国和东道国的经济关联度（张建红等，2010）等。随着数字经济的发展，新的数字技术和数字规则不断涌现，对传统因素的有效性产生了冲击，并对跨境并购的研究提出了新挑战。

基于此，马述忠等（2023）提出了“数据保护的影响”这一理论命题。

理论命题 19－3

东道国数据保护会通过提高跨境并购的成本和降低跨境并购能够获得的潜在收益来抑制电商企业跨境并购。

资料来源：马述忠，吴鹏，房超．东道国数据保护是否会抑制中国电商跨境并购［J］. 中国工业经济，2023（2）：93－111.

该理论命题首次将消费者数据保护纳入跨境并购的分析，拓展了数字经济时代跨境并购的研究边界。一方面，政府对消费者的数据保护政策会对企业跨境并购产生影响，然而现有跨境并购理论仍然局限于传统因素，没有考虑数据保护的影响；另一方面，与传统跨境并购理论的成本和收益分析不同，马述忠等（2023）将数据保护法规成本-收益分析具体化，包括数据采集、违规罚款等成本和电商销售收入、在线广告等收益，是对跨境并购研究的重要完善。

二、理论命题的具体内容

国际生产折中（OLI）范式是解释跨国公司投资行为的经典理论，为分析企业对外直接投资（OFDI）的动因奠定了基础（Dunning，1988）。OLI 范式认为，只有当企业同时具备所有权优势、区位优势和内部化优势时，才能够对外直接投资。区别于 OLI 范式，马述忠等（2023）认为，政府对消费者数据保护难以归结为所有权优势、区位优势或内部化优势，是数字经济时代影响跨国公司投资行为的新因素。

数字经济时代，个人不再仅仅是商品和服务的消费者，还是数据的公共生产者，为推动企业生产效率提升和供给需求精准匹配提供了重要支撑。尽管个人数据的好处显而易见，但“大数据杀熟”、违规收集和泄露用户信息等问题频发，公众对个人数据使用的担忧不断增加。为了回应对于数据安全和隐私的关切，2016 年 4 月欧盟通过了《通用数据保护条例》（General Data Protection Regulation，GDPR），于 2018 年 5 月正式生效。GDPR 旨在通过“设计和默认”来保护数据，要求收集个人数据的公司必须征得用户的同意，并对数据流动和数据处理的违规行为规定了大量的责任风险和惩罚措施，如对侵犯隐私的行为处以高达全球营业额 4%的巨额罚款（Jia et al.，2021）。毫无疑问，GDPR 是全球最引人注目且对个人数据保护影响最深远的法规之一。电子商务企业是一类典型的平台企业，在数字经济中居于核心地位，是最依赖个人数据，也是最易受数据法规影响的类型之一。系统研究和衡量个人数据保护法规对电子商务国际化的影响具有重要的理论和现实意义。马述忠等（2023）以欧盟《通用数据保护条例》（GDPR）为例，基于数据安全公司（Security Data Corporation，SDC）数据库和双重差分法（DID），考察个人数据保护对中国电商跨境并购的影响以及潜在机制。具体而言，SDC 数据库提供了跨境并购的行业分类的英文名称，马述忠等（2023）从中筛选出属于电子商务行业的跨境并购，具体为“E-commerce/B2B”和“Internet and Catalog Retailing”，并对其采用 ln(1+并购数量）的形式。马述忠等（2023）将世界其他国家作为对照组、将欧盟国家作为实验组，通过对比 GDPR 实施前后中国对欧盟国家和世界其他国家的电商跨境并购数量来实证检验 GDPR 的影响。验证理论分析使用的回归模型为：

$$\mathrm{DMA}_{ct}=\beta_0+\beta_1\,\mathrm{EU}_c+\beta_2\,\mathrm{Post}_t+\beta_3\,\mathrm{EU}_c\times\mathrm{Post}_t+\beta_4 Z_{ct}+\varepsilon_{ct} \tag{19-3}$$

式中，c 表示国家或地区，t 表示年份。因变量 DMA_{ct} 表示 t 年中国对 c 国电商跨境并购的数量。EU 为虚拟变量，如果是欧盟国家为 1，否则为 0。Post 为虚拟变量，根据 GDPR 实施的年份，此处设定 2018 年及之后的年份为 1，之前的年份为 0。Z 是一系列国家层面的控制变量，包括：东道国人均 GDP、东道国 GDP 增长率、东道国实际汇率、东道国制度质量、双边地理距离、双边贸易额、共同语言、共同宗教。ε_{ct} 表示残差项。

表 19－7 为中国对欧盟国家的电商跨境并购数量在 GDPR 实施前后的变化情况。回归结果表明，GDPR 政策实施后，中国对欧盟国家的电子商务类并购数量相较于对世界其他国家的电子商务类并购数量显著减少，因此可以认为个人数据保护法规抑制了中国电商跨境并购。

表 19－7 个人数据保护对电商跨境并购的影响

	(1)	(2)	(3)	(4)	(5)
EU×Post	-0.0264^{***}	-0.0263^{**}	-0.0252^{**}	-0.0264^{***}	-0.0485^{***}
	(0.008 5)	(0.011 1)	(0.011 1)	(0.008 5)	(0.018 0)

续表

	(1)	(2)	(3)	(4)	(5)
EU	−0.010 1	−0.018 9	−0.020 2		
	(0.007 9)	(0.013 3)	(0.013 3)		
Post	0.020 0***	0.019 3			
	(0.007 3)	(0.011 8)			
控制变量	否	是	是	否	是
年份固定效应	否	否	是	是	是
国家固定效应	否	否	否	是	是
观测值	1 716	1 094	1 094	1 716	1 094
R^2	0.007 5	0.151 8	0.167 4	0.307 5	0.340 9

注：*** 和 ** 分别表示在 1%和 5%的显著性水平上统计显著，括号内为聚类到国家层面的标准误。

资料来源：马述忠，吴鹏，房超．东道国数据保护是否会抑制中国电商跨境并购 [J]. 中国工业经济，2023 (2)：93-111.

传统跨境并购理论认为，企业跨境并购的决策主要受两个因素影响：一是跨境并购需要支付的成本；二是跨境并购可能产生的收益。长期看，如果贴现后的预期收益大于所需投入的成本，则跨境并购是有利可图的，但如果贴现后的预期收益小于所需投入的成本，则不适合开展跨境并购（Erel et al.，2012）。马述忠等（2023）以 GDPR 为例，把数据保护纳入跨境并购的成本和收益分析，是对跨境并购理论在数字经济时代的拓展。

GDPR 的实施会影响电商企业跨境并购的各类成本。GDPR 的第 7 条指出，对个人数据的处理要基于数据主体同意，且控制者应当能够证明数据主体已经同意处理其个人数据。这就要求电商企业需要改变原有的应用程序，以符合 GDPR 对个人数据监管的要求，如增加同意使用个人数据的界面等。这无疑会间接增加客户获取成本。GDPR 的第 4 节对哪类企业需要聘请数据保护官（第 37 条），以及数据保护官的职位（第 38 条）和任务（第 39 条）都做了详细划分。电商企业的核心行为是通过处理个人数据实现的，因此，电商企业需要专业的数据隐私方面的法律支持，如聘请专业的法律人才、购买专业咨询机构服务等。GDPR 对处以行政罚款的条件做了划分，并规定了高额罚款额度。电商企业很可能会因为违规使用数据、泄露数据而受到欧盟执法机构处罚，将会面临高额的罚单。因而，从成本的角度看，GDPR 的实施会抑制中国电商企业并购欧盟企业。

值得注意的是，GDPR 带来的成本上升因国家而异。一方面，虽然 GDPR 是欧盟统一的法规，但 GDPR 的监管被分配到某一特定国家监管机构，欧盟内部不同国家监管的严格程度可能存在差异，尤其是不同国家监管机构的处罚力度可能有所不同。因此，对于企业而言，可以预见监管严格程度更高的国家对于电商企业的合规调查可能更频繁，设置的处罚金额也可能更高。这增加了电商企业的数据合规成本，限制了中国电商企业跨境并购的动机。即一国对数据的监管越严格，GDPR 的实施对中国电商跨境并购的负面影响越大。另一方面，对于个体而言，不同的人对个人信息的敏感程度存在差异。如果一国的居民对个人数据保护的敏感程度更高，那么该国对数据违规行为的查处力度可能更大，产生的数据合规成本更高。即一国居民对个人数据保护越敏感，GDPR 的实施对中国电商跨境并购的负面影响越大。

基于此，马述忠等（2023）提出了假说 1。

假说 1：GDPR 的实施会带来各类成本上升，抑制中国电商企业并购欧盟企业；东道国政府对数据监管越严格、居民对数据敏感程度越高，GDPR 通过提高成本抑制跨境并购的作用越明显。

GDPR 的实施还会影响电商企业跨境并购后的潜在收益。一般而言，电商企业利润的主要来源包括交易佣金、平台广告等，这些利润来源都可能受到 GDPR 影响。一是电商企业的运营是高度数据密集的，商品推荐、搜索匹配、信用评分、广告投放等都高度依赖于消费者的购买记录、搜索记录、浏览记录等个人信息。GDPR 实施之后电商企业获取和使用消费者数据将会变得困难，增加消费者的搜索成本，电商企业的商品个性化推荐可能无法再做到高度个性化，这会使得买卖双方的匹配效率降低、成交额下降，电商企业的收入也随之下降（Sun et al.，2023）。二是电商企业的广告业务同样会受到 GDPR 的影响（Aridor et al.，2020；Congiu et al.，2022；Goldberg et al.，2019）。电商企业通过收集用户数据，连接用户的浏览路径，将这些信号聚合成用户档案，并根据消费者的特定兴趣和特征向第三方提供广告服务。GDPR 降低了电商广告投放的精准度，广告效果明显下降，这会降低电商企业的广告收入。因而，从收益的角度看，GDPR 的实施会抑制中国电商企业并购欧盟企业。

GDPR 带来的潜在收益的下降同样因国家而异。一方面，一个国家有越多消费者使用互联网购物或者有越多企业接受在线订单，该国的电商市场越发达，中国电商跨境并购的初始动机也就越强。但是，GDPR 强有力地约束了企业收集和处理个人数据的能力，因此，预计电商跨境并购的动机在电商市场更发达的国家下降幅度更大。另一方面，一国的在线广告业务越发达，电商企业潜在的广告收益越大，中国电商跨境并购的初始动机也就越强。但是，GDPR 降低了广告投放效果，因此预计电商跨境并购的动机在在线广告业务更发达的国家下降幅度更大。

基于此，马述忠等（2023）提出了假说 2。

假说 2：GDPR 的实施会降低潜在收益，抑制中国电商企业并购欧盟企业；东道国电商市场越发达、在线广告市场越大，GDPR 通过降低收益抑制跨境并购的作用越明显。

在机制检验方面，马述忠等（2023）从成本和收益两个视角展开分析。在成本视角方面，马述忠等（2023）从东道国数据监管的严格程度和个人数据保护的敏感程度两方面开展实证检验，使用 2008 年欧盟委员会的调查问卷"欧盟的数据保护：数据控制者的看法"（Data Protection in the European Union：Data Controllers' Perceptions）来量化欧盟国家的监管严格程度，使用知道 Cookies 可以用来追踪人们在互联网上行动的人数占比和曾改变其互联网浏览器的设置以防止或限制 Cookies 数量的人数占比两个指标来反映东道国居民对个人数据保护的敏感程度。在收益视角方面，马述忠等（2023）从东道国电商市场和在线广告业务发达程度两方面开展实证检验，使用电子商务营业额占比以及个人使用互联网订购商品和服务的比例来度量欧盟各国的电商市场发达程度，使用付费在互联网上做广告的企业占比来度量东道国的在线广告业务发达程度。

表 19－8 报告了成本视角机制分析的回归结果。这一部分从东道国数据监管的严格程度和个人数据保护的敏感程度两方面开展实证检验：第（1）列的结果显示，核心解释变量与交互项的系数显著为负，表明在数据监管越严格的东道国，GDPR 的实施对中国电商跨境并购的负面影响越大，这与理论预测相符。第（2）列和第（3）列的结果显示，核心解释变量与交互项的系数显著为负，说明在个人数据保护敏感程度越高的东道国，GDPR 的实施对中国电商跨境并购的负面影响越大。综合表 19－8 的估计结果，假说 1 成立。

表 19－8　成本视角的机制分析结果

	(1)	(2)	(3)
EU×Post	0.004 4	0.000 9	0.000 6
	(0.019 6)	(0.019 1)	(0.019 8)
EU	−0.020 3	−0.020 3	−0.020 3
	(0.013 5)	(0.013 4)	(0.013 4)
EU×Post×RSI	−0.126 5**		
	(0.050 6)		
EU×Post×Privacy1		−0.071 8**	
		(0.033 4)	
EU×Post×Privacy2			−0.148 7*
			(0.080 1)
控制变量	是	是	是
年份固定效应	是	是	是
观测值	1 094	1 094	1 094
R^2	0.167 9	0.167 8	0.167 7

注：RSI 代表数据监管的严格程度，数据来源于“欧盟的数据保护：数据控制者的看法”问卷。该问卷是对 4 835 名数据控制者的调查，其中问题 Q3_b 为：“（我们国家的）数据保护法比其他成员国的解释和适用更严格”。受访者的选项为：“完全同意”“同意”“不同意”“完全不同意”“弃权”。马述忠等（2023）使用同意和完全同意占比来表示该国数据监管的严格程度。调查结果显示，大约 1/3 的受访者认为，本国的数据保护法比其他成员国适用得更严格，大约 1/4 的受访者则表示相反。法国、德国和英国等发达国家的监管严格程度更高。Privacy1 是知道 Cookie 可以用来追踪人们在互联网上行动的人数占比，Privacy2 是曾改变其互联网浏览器的设置以防止或限制 Cookies 数量的人数占比，数据均来自欧洲统计局。** 和 * 分别表示在 5%和 10%的显著性水平上统计显著，括号内为聚类到国家层面的标准误。

资料来源：马述忠，吴鹏，房超．东道国数据保护是否会抑制中国电商跨境并购［J］．中国工业经济，2023 (2)：93－111.

表 19－9 报告了收益视角机制分析的回归结果。第（1）列的结果显示，交互项的系数显著为负，说明随着东道国企业电商营业额占比增加，GDPR 对中国电商跨境并购的负面影响增加。第（2）列的结果显示，交互项的系数同样显著为负，说明东道国网购人群占比越大，GDPR 对中国电商跨境并购的负面影响越大。第（3）列的结果显示，交互项的系数显著为负，说明东道国在线广告业务越发达，GDPR 对中国电商跨境并购的负面影响越大。综合表 19－9 的估计结果，假说 2 成立。

表 19-9 收益视角的机制分析结果

	(1)	(2)	(3)
EU×Post	0.004 4	−0.000 8	0.008 5
	(0.018 9)	(0.017)	(0.022 1)
EU	−0.020 1	−0.020 3	−0.020 3
	(0.013 5)	(0.013 5)	(0.013 5)
EU×Post×eEM	−0.305 1***		
	(0.11)		
EU×Post×iEM		−0.088 8***	
		(0.032 7)	
EU×Post×Advertisement			−0.147 1**
			(0.061 8)
控制变量	是	是	是
年份固定效应	是	是	是
观测值	1 094	1 094	1 094
R^2	0.168 1	0.168 1	0.167 9

注：eEM 代表电子商务营业额占比，iEM 代表个人使用互联网订购商品和服务的比例，Advertisement 表示付费在互联网上做广告的企业占比。上述指标数据来自欧洲统计局。*** 和 ** 分别表示在 1%和 5%的显著性水平上统计显著，括号内为聚类到国家层面的标准误。

资料来源：马述忠，吴鹏，房超．东道国数据保护是否会抑制中国电商跨境并购 [J]. 中国工业经济，2023 (2)：93-111.

第五节 中国证据

理论命题 19-1 指出：市场规模和地理距离不再是数字型跨国并购的阻碍因素，丰富的数字技术和研发资源是企业发起并购的核心驱动力。美的全面收购德国库卡，推进机器人业务的案例可以很好地印证这一理论命题。2021 年 11 月，美的集团发布公告，拟通过全资子公司全面收购公司控股的德国法兰克福交易所上市公司 KUKA Aktiengesellschaft（以下简称“库卡”）的股权并私有化。德国库卡是全球四大机器人集团之一，专注于向工业生产过程提供先进的自动化解决方案，其主要客户来自汽车制造领域，包括特斯拉、奔驰、宝马、奥迪、通用、福特汽车等汽车巨头。2016 年，美的集团开启了对库卡的并购，并在 2017 年 1 月完成交割，耗资 272 亿元人民币拿下库卡 95%的股权。2018 年 3 月 21 日，美的集团宣布向库卡中国下属业务注资，共同成立三家合资公司，以拓展工业机器人、医疗、仓储自动化三大领域的业务，顺应中国市场在智能制造、智能医疗和智能物流、新零售等方面的高速发展需求。其后，美的更是大力发展其机器人产业。按计划，美的库卡智能制造科技园在 2021 年实现生产销售机器人 14 000 台，产值破 20 亿元。

理论命题 19-2 指出：IPBR 的实施对于中国以创新为动机的数字型绿地投资有吸引作用。中国绿地投资的现状可以较好地印证这一理论命题。《中国对外投资合作发展报告(2022)》显示，截至 2021 年，信息传输、软件和信息技术服务业的对外直接投资存量占据中国对外直接投资存量总额的 5.8%，且欧洲已成为中国绿地投资的重要目的地。具体而言，中国对于欧洲的绿地投资以获取先进技术和管理经验为主要目的，主要集中在英国、意大利、法国等实施 IPBR 的国家，且在新能源、数字电子等领域表现突出。此外，据 FDI Markets 数据库统计，中国以创新为目的的绿地投资金额的年均增长率达 18.5%。从专利产出来看，世界知识产权组织（WIPO）发布的《2022 世界知识产权指标》显示，2021 年，中国申请人在海外提交专利申请的数量相比 2020 年增加了 16.2%，创下历史新高。且中国与欧洲各国在数字通信、计算机技术和电力领域的合作日益密切，尤其是与爱尔兰等实施 IPBR 的国家。以 2022 年为例，中国向欧洲专利局提交了近两万项专利申请，同比增长 15.1%。

理论命题 19-3 指出：东道国数据保护会通过罚款等形式提高企业境外经营的成本，抑制中国企业海外业务扩张。中国电商企业的国际业务受到境外数据保护法规的影响可以很好地论证这一理论命题。2020 年，中国跨境电商 SHEIN 母公司 Zoetop 被美国纽约州判定未能保护好客户数据，导致数千万客户的数据被泄露，并被罚款 190 万美元。印度依据《信息技术法》第 69A 条，禁止印度用户访问 43 款中国 App，包括全球速卖通（AliExpress）、阿里卖家（AliSuppliers）和 Alipay Cashier 等电子商务应用。

第六节 结论性评述

本章通过对三个核心理论命题的分析，揭示了数字经济时代涌现的新经济事实对数字投资的影响。这些命题共同塑造了数字投资的新格局，对推动高水平对外开放具有重要指导意义。理论命题 19-1 揭示了东道国丰富的数字技术和研发资源是企业发起并购的核心驱动力，制度距离和文化距离等“无形”距离仍会深刻影响数字型跨国并购的投资决策。理论命题 19-2 深入探讨了知识产权收入的减税政策是通过滋生避税还是鼓励创新吸引数字型绿地投资。最后，理论命题 19-3 则突出了数据保护对跨国并购产生潜在收益的损失和直接成本的上升对电商类并购的负面影响。这三个命题拓展了跨国公司理论的研究边界，为我们深入理解数字经济时代投资行为的内涵以及对传统理论的挑战提供了有力证据。

与理论命题 19-1 相关的国外前沿研究主要有以下两个方面：一是跨国并购驱动因素的研究。基于投资引力模型，许多学者从理论和实证上都验证了东道国市场规模是企业进行跨国并购的重要驱动因素，即跨国并购具有市场寻求动机：东道国市场规模越大，企业发生跨国并购的可能性越大（Head and Ries，1997，2008；Horn & Persson，2001；Neary，2007；Raff et al.，2008）。二是各类距离对于跨国并购的影响，包括地理距离、制度距离和文化距离等。就地理距离而言，投资双方较远的地理距离将带来较高的信息成本和运输成本，降低企业的跨国并购投资动机（Buckley & Casson，1985；Portes & Rey，2005；Head & Ries，2008）。就制度距离而言，Habib & Zurawicki（2002）认为，如果并购双方所在国家制度环境差异较大，外来投资者适应当地相关规章制度所需的时间更长、成本更高，这将一定程度上加大双方信息不对称，不利于并购方及时制定有效的并购策略，从而加大并购难度。就文化距离而言，投资双方文化差距的增大会提高跨国企业的经营成本，因而不利于跨国企业的进入（Siegel el al.，2012）。借鉴国外前沿研究，未来该命题的相关研究可以进行如下拓展：一是进一步探究在生成式人工智能（AIGC）时代数字型跨国并购的发展趋势及其潜在的溢出效应；二是融合国际商务、国际贸易和国际金融等多领域理论，搭建系统性数字并购理论框架。

与理论命题 19-2 相关的国外前沿研究主要包括以下两个方面：一方面是完善传统的制度基础观理论，从税收优惠政策视角对跨国企业投资行为进行分析。Ohrn（2018）估算了美国企业所得税税率变化对绿地投资的影响，发现税率每降低 1%，投资就会增加 4.7%。Bilicka et al.（2023）指出，开曼群岛等避税地的人均专利数量远高于中美两个专利大国，欧洲市场 5%的专利由避税地持有，跨国企业 30%的全球跨境专利交易的买家位于避税地。另一方面是探索 IPBR 的经济影响，为国际税收治理提供思路和建议。Davies et al.（2020）使用 1978—2017 年欧洲专利局的专利申请数据，发现 IPBR 的引入使申请的平均成功率提高了 4.4%。并指出，如果 IPBR 仅适用于新的知识产权，并且存在需要在本地从事研发活动才能获得税收减免的要求，这种影响会更大。Bradley et al.（2021）考察了 IPBR 的激励措施对并购交易量和并购概率的影响。该研究发现，由于可能失去优惠税收资格，严格“关联要求”削弱了并购的积极性。相反，在没有“关联要求”的国家，IPBR 会对并购产生积极影响。借鉴国外前沿研究，未来该命题的相关研究可以进行如下拓展：一是量化评估 IPBR 等数字经济时代新型税种对于绿地投资和跨境并购后企业经营绩效的影响；二是进一步探讨 IPBR 等的跨境效应和溢出效应，为公司治理提供管理洞见；三是结合国际税收、国际贸易等领域的经典理论，系统性搭建数字型投资的分析框架。

与理论命题 19-3 相关的国外前沿研究主要有以下两个方面：一方面是突破传统 OLI 范式，探索数字化给跨国公司带来的新优势。Luo（2021）提出了跨国公司国际化优势的新视角，认为数字化产生了开放资源优势、联动优势和整合优势。虽然这些新的优势是互补的，并与传统的 OLI 优势相结合，但数字全球化削弱了传统的优势，并增强了新的优势。Banalieva & Dhanaraj（2019）认为，数字化不仅改变了企业特定优势跨境转移的信息成本，而且改变了企业特定优势的本质。另一方面是研究数字型跨国公司的国际化战略，以归纳普适性的理论。Vecchi & Brennan（2022）分析了 2015 年以来中国数字型跨国公司的国际化模式，并指出，这些公司依靠其卓越的技术，直接以欧洲消费者为目标，通过推出适合某种本地化的创新核心产品进入欧洲市场，和 2015 年以前的跨国公司相比表现出明显更高的水平。借鉴国外前沿研究，未来该命题的相关研究可以进行如下拓展：一是量化评估数据保护等数字经济时代的新事物对跨境并购后企业经营的影响；二是融合国际商务、国际贸易和国际金融等多领域理论，搭建系统性数字并购理论框架。

参考文献

教学支持说明

1. 教辅资源获取方式

为秉承中国人民大学出版社对教材类产品一贯的教学支持，我们将向采纳本书作为教材的教师免费提供丰富的教辅资源。您可直接到中国人民大学出版社官网的教师服务中心注册下载——http://www.crup.com.cn/Teacher。

如遇到注册、搜索等技术问题，可咨询网页右下角在线 QQ 客服，周一到周五工作时间有专人负责处理。

注册成为我社教师会员后，您可长期根据您所属的课程类别申请纸质样书、电子样书和教辅资源，自行完成免费下载。您也可登录我社官网的"教师服务中心"，我们经常举办赠送纸质样书、赠送电子样书、线上直播、资源下载、全国各专业培训及会议信息共享等网上教材进校园活动，期待您的积极参与！

2. 高校教师可加入下述学科教师 QQ 交流群，获取更多教学服务

经济类教师交流群：809471792

财政金融教师交流群：766895628

国际贸易教师交流群：162921240

税收教师交流群：119667851

3. 购书联系方式

网上书店咨询电话：010－82501766

邮购咨询电话：010－62515351

团购咨询电话：010－62513136

中国人民大学出版社经济分社

地址：北京市海淀区中关村大街甲 59 号文化大厦 1506 室　100872

电话：010－62515803　010－62516948

传真：010－62514775

E-mail：jjfs@crup.com.cn

图书在版编目（CIP）数据

中级数字贸易学 / 胡增玺等著. --北京 : 中国人民大学出版社，2025.7. --（新编 21 世纪研究生系列教材）.
ISBN 978-7-300-33613-8

Ⅰ. F724.6

中国国家版本馆 CIP 数据核字第 2025NS0941 号

新编 21 世纪研究生系列教材

中级数字贸易学

胡增玺　房超　吴鹏　马述忠 等　著

Zhongji Shuzi Maoyixue

出版发行	中国人民大学出版社		
社　　址	北京中关村大街 31 号	**邮政编码**	100080
电　　话	010－62511242（总编室）		010－62511770（质管部）
	010－82501766（邮购部）		010－62514148（门市部）
	010－62511173（发行公司）		010－62515275（盗版举报）
网　　址	http://www.crup.com.cn		
经　　销	新华书店		
印　　刷	固安县铭成印刷有限公司		
开　　本	787 mm×1092 mm　1/16	**版　　次**	2025 年 7 月第 1 版
印　　张	32 插页 1	**印　　次**	2025 年 7 月第 1 次印刷
字　　数	718 000	**定　　价**	98.00 元
